A razão e o voto

**DIÁLOGOS CONSTITUCIONAIS
COM LUÍS ROBERTO BARROSO**

A razão e o voto

DIÁLOGOS CONSTITUCIONAIS COM LUÍS ROBERTO BARROSO

Oscar Vilhena Vieira
Rubens Glezer

ORGANIZAÇÃO

Copyright © 2017 Oscar Vilhena Vieira e Rubens Glezer

EDITORA FGV
Rua Jornalista Orlando Dantas, 37
22231-010 | Rio de Janeiro, RJ | Brasil
Tels.: 0800-021-7777 | 21-3799-4427
Fax: 21-3799-4430
editora@fgv.br | pedidoseditora@fgv.br
www.fgv.br/editora

Todos os direitos reservados. A reprodução não autorizada desta publicação, no todo ou em parte, constitui violação do copyright (Lei nº 9.610/98).

Os conceitos emitidos neste livro são de inteira responsabilidade dos autores.

1ª edição – 2017

Preparação de originais: Ronald Polito
Revisão: Aleidis de Beltran
Projeto gráfico, diagramação: Abreu's System
Capa: Studio 513

Ficha catalográfica elaborada pela Biblioteca Mario Henrique Simonsen/FGV

> A razão e o voto: diálogos constitucionais com Luís Roberto Barroso / Oscar Vilhena Vieira e Rubens Glezer, organização. - Rio de Janeiro : FGV Editora, 2017.
> 572 p.
>
> Inclui bibliografia.
> ISBN: 978-85-225-1985-9
>
> 1. Brasil. Supremo Tribunal Federal. 2. Direito constitucional. 3. Poder judiciário. 4. Barroso, Luís Roberto, 1958 - . A razão sem voto: o Supremo Tribunal Federal e o governo da maioria. I. Vieira, Oscar Vilhena. II. Glezer, Rubens Eduardo. III Fundação Getulio Vargas.
>
> CDD – 341.4191

Sumário

Parte 1 – A base do debate 9

Diálogo constitucional 11
Oscar Vilhena Vieira

A razão sem voto: o Supremo Tribunal Federal e o governo da maioria 25
Luís Roberto Barroso

Parte 2 — Bloco 1: Legitimidade do STF e razão jurídica 79

O Supremo que não erra 81
Diego Werneck Arguelhes

Até que ponto é possível legitimar a jurisdição constitucional pela
racionalidade? Uma reconstrução crítica de "A razão sem voto" 108
Fernando Leal

O voto sem razão (jurídica): o positivismo jurídico inconsciente de Barroso 140
Rubens Glezer

Parte 2 — Bloco 2: Legitimidade do STF e performance do Tribunal 167

A razão sem condições de qualidade 169
Ivar A. Hartmann
Daniel Chada

Democraticidade ou juridicidade? Reflexões sobre o passivismo do STF e o
futuro do controle judicial de constitucionalidade 197
Dimitri Dimoulis
Soraya Lunardi

A razão sem voto e um constitucionalismo de realidade 224
Joaquim Falcão

Parte 2 — Bloco 3: Legitimidade do STF e sistema político 239
Supremo, legitimidade democrática e incentivos políticos 241
Gustavo Binenbojm

STF como fomentador, no ambiente majoritário, do voto com razões 259
Ana Paula de Barcellos

O direito, a política e a vanguarda do STF: riscos democráticos 280
Adriana Ancona de Faria
Roberto Dias

Usos e abusos em matéria de direitos sociais ou a jurisdição constitucional
na esfera do controle de políticas públicas e na (des?) construção do estado
democrático de direito 309
Ingo Wolfgang Sarlet

Parte 2 — Bloco 4: Legitimidade do STF, acesso e as partes no processo 355
O Judiciário pode ser entendido como representante do povo?
Um diálogo com "A razão sem voto" de Luís Roberto Barroso 357
Jane Reis Gonçalves Pereira

Dar voz a quem não tem voz: por uma nova leitura do art. 103, IX,
da Constituição 384
Daniel Sarmento

Legitimidade judicial e o argumento das partes 404
Eloísa Machado de Almeida

O limitado estoque de decisões contramajoritárias na jurisdição constitucional... 420
Rodrigo Brandão

Parte 2 — Bloco 5: Legitimidade da jurisdição constitucional 439
As relações entre as cortes ou tribunais constitucionais e os demais poderes
do Estado. Perspectivas brasileira e latino-americana 441
Marcelo Figueiredo

Constituição, governo democrático e níveis de intensidade do controle jurisdicional 468
Clèmerson Merlin Clève
Bruno Meneses Lorenzetto

A jurisdição constitucional como parte de um ciclo institucional de decisão democrática 520
Eduardo Mendonça

O âmbito material da representação discursiva pela jurisdição constitucional: um diálogo com Luís Roberto Barroso 548
Cláudio Pereira de Souza Neto

Parte 3: Resposta e comentários de Luís Roberto Barroso às críticas 563
Contramajoritário, representativo e iluminista: o Supremo, seus papéis e seus críticos 565
Luís Roberto Barroso

PARTE 1

A base do debate

Diálogo constitucional

Oscar Vilhena Vieira*

Em "A razão sem voto", publicado neste livro, Luís Roberto Barroso nos convida para um estimulante diálogo sobre o papel constitucional do Judiciário, mais especificamente do Supremo Tribunal Federal. O faz de uma forma ao mesmo tempo provocadora e generosa. Provocadora, pois as ideias colocadas em discussão se contrapõem a alguns dos cânones da teoria constitucional. Generosa porque se dispõe a debater de forma aberta e objetiva sua descrição das operações teóricas, políticas e morais que estruturam as decisões do Supremo Tribunal Federal nos dias de hoje. Mais do que debater, Luís Roberto Barroso parece determinado a submetê-las a teste. Desde que começou a dar conhecimento público de seu mais recente texto, em diversos encontros e conferências, abriu-se a um debate franco com seus interlocutores, ainda que para ouvir críticas às suas proposições.

Daí ter se demonstrado animado com o convite para submeter seu texto a um escrutínio estrito, para usar o jargão da Suprema Corte Norte-Americana, por parte de colegas de academia, alguns deles seus ex-alunos. Importa dizer que o critério para a convocação desses colegas foi a expectativa de que se engajariam num diálogo sincero, robusto e construtivo.

---

* É diretor da Escola de Direito da Fundação Getulio Vargas de São Paulo (FGV Direito SP), onde leciona nas áreas de direito constitucional, direitos humanos e direito e desenvolvimento. Possui graduação em direito pela Pontifícia Universidade Católica de São Paulo (1988), mestrado em direito pela Universidade de Columbia, Nova York (1995), mestrado e doutorado em ciência política pela Universidade de São Paulo (1991-98) e pós-doutorado pelo Centre for Brazilian Studies — St. Antonies College, Universidade de Oxford (2007).

Esta disposição não é algo trivial, vindo de alguém que não apenas alcançou uma marcada autoridade intelectual ao longo de décadas como professor, mas que agora, como ministro do Supremo Tribunal Federal, tem seu modo de interpretar a Constituição revestido de autoridade jurisdicional irrecorrível. Talvez tenha sido exatamente a clara dimensão das dificuldades e da responsabilidade de aplicar um direito constitucional ubíquo e com alto grau de indeterminação que o tenha levado a esse exercício intelectual pouco comum a magistrados.

Igualmente não trivial foi a disposição dos colegas de academia de oferecerem suas melhores e mais sinceras ponderações, críticas e observações ao texto de Luís Roberto Barroso. Afinal, o embate direto e rigoroso, ainda que imensamente cordial, não é prática comum em nossa academia jurídica. Destaca-se o fato de que as críticas mais contundentes vieram de autores muito jovens, que não se deixaram intimidar pela cátedra ou pela toga.

As ideias apresentadas em "A razão sem voto" vêm sendo amadurecidas há um bom tempo, talvez desde os anos 1980, quando Luís Roberto Barroso militava pela redemocratização do país. Se a primeira missão era estabelecer as bases constitucionais para uma democracia mais generosa, como acadêmico, era necessário dar curso a uma renovação do direito constitucional que, com notáveis exceções, tinha se transformado num ramo secundário do direito público durante o período militar.

Ousaria dizer que logo após a adoção da Constituição de 1988, o tema da efetividade surge como fio condutor das preocupações de Luís Roberto Barroso. O risco de que a vontade constitucional se visse frustrada, seja por falta do enraizamento de um "sentimento constitucional" ou mesmo do estranhamento entre o disposto no texto e a vida das instituições, era o que se buscava evitar.

Como jurista, partindo dos trabalhos seminais de José Horácio Meirelles Teixeira e José Afonso da Silva, Luís Roberto Barroso vai se empenhar na construção de argumentos dogmáticos que favoreçam a expansão da efetividade das normas constitucionais e, consequentemente, a ampliação da eficácia social do projeto constitucional como um todo. Essa preocupação também irá despertar a atenção de inúmeros outros colegas de geração, entre eles Ingo Sarlet e Clèmerson Clève, também pilares do novo direito constitucional brasileiro e partícipes dessa roda de diálogos constitucionais.

A entrada em vigor da nova Constituição desafia não apenas os juristas a trabalhar as novas categorias criadas pelo constituinte, mas também redefine os parâmetros de conduta dos mais diversos atores políticos, sociais e institucionais. Mesmo os mais céticos com a ambição e falta de harmonia do texto, que buscavam sua aplicação a partir das categorias do direito constitucional deposto, começam a perceber uma paulatina sobreposição da nova constitucionalidade. Sua efetivação não é obviamente linear e simétrica. Os avanços são incrementais. É da interação entre norma, ação social, reformulação dogmática e reação institucional que a Constituição vai dialeticamente ampliando sua eficácia social.

No centro desse processo de construção de nossa vida constitucional surge o Supremo Tribunal Federal. A ambição do Texto, a ampliação das competências da Corte, a criação de novos instrumentos processuais e, em especial, a legitimação de novos atores com acesso direto ao Tribunal já permitiam vislumbrar que, embora não houvesse sido criada uma corte constitucional no modelo europeu, o Supremo assumiria um papel central na arena político-institucional brasileira que, de forma impressionista, tenho chamado de "supremocrático".

Evidente que o fato de não ter havido uma renovação imediata de sua composição, quando da transição para a democracia ou mesmo com a adoção da Constituição de 1988, retardou a atuação do Tribunal como garantidor da vontade normativa da nova Constituição. Com o ingresso no Tribunal de ministros afinados com o Texto de 1988, como Sepúlveda Pertence, Celso de Mello e Paulo Brossard, o Supremo foi lentamente adicionando à sua função tradicional de Corte de Recursal o papel de Corte Constitucional.

Nesse novo ambiente, em que a Constituição se demonstrava cada vez mais uma norma a ser levada a sério pelos múltiplos atores sociais, políticos, econômicos e institucionais, ficou clara a necessidade de uma renovação dos debates sobre a adjudicação, que haviam sido esquecidos por boa parte do direito constitucional brasileiro.

Assim, Luís Roberto Barroso e seus colegas de geração adicionam às suas preocupações com a efetividade das normas uma intensa investigação sobre a interpretação constitucional. Essa nova luz sobre o problema da interpretação não se coloca em abstrato, mas no contexto de uma Constituição permeada por normas com alta densidade moral, em que os direitos fundamentais e os princípios jurídico-constitucionais parecem dominar a topografia constitucional.

A ambição da Constituição de 1988 é expressão de um "compromisso maximizador", que conferiu ao nosso direito constitucional, na feliz expressão de Daniel Sarmento, uma posição "ubíqua" dentro do sistema jurídico brasileiro. Essa ubiquidade tem um alto custo, em especial para o Poder Judiciário, que passa a ser demandado na sua posição de guarda da Constituição.

Num contexto de forte indeterminação normativa, como salienta Barroso, surge a necessidade de que os constitucionalistas se voltem para refletir sobre o papel do juiz, bem como sobre os limites racionais da atividade de interpretação e aplicação do direito. Barroso passa, então, a acessar um novo conjunto de autores, em especial Dworkin e Alexy. Sua leitura desses e de outros autores, que se colocam na fronteira entre a teoria do direito, a teoria constitucional e a teoria política, é instrumental. Como ele próprio afirma, a pretensão não é de um jus-filósofo, mas de um constitucionalista engajado com a expansão da efetividade de uma Constituição rica em direitos e ambiciosa em promover a mudança social.

A chegada ao Supremo permite ao acadêmico e advogado buscar colocar em prática suas concepções de como bem interpretar e aplicar a Constituição. Há restrições estruturais, no entanto, com as quais o exercício jurisdicional irá se confrontar. Ao longo das últimas duas décadas o Supremo tornou-se um tribunal onipresente e, em muitas circunstâncias, disfuncional. Onipresente porque qualquer atuação do Estado é passível de gerar litígio constitucional, exigindo o exercício de uma das múltiplas funções do Tribunal. Embora sejam as atribuições como tribunal constitucional e foro especial aquelas que mais chamem a atenção do público, é o excesso de demanda decorrente das competências de tribunal recursal que gera enormes problemas de funcionalidade.

Ao se deixar enredar por milhares de casos todos os anos, em especial agravos de instrumento, recursos extraordinários e mesmo *habeas corpus*, o Supremo vê seu tempo e energia institucionais sequestrados pela irracionalidade do sistema. Na prática os ministros têm pouco tempo para deliberar com a devida tranquilidade sobre questões de natureza efetivamente constitucional. Apesar das alterações positivas trazidas pela Emenda 45, como a repercussão geral e as súmulas vinculantes, o Supremo ainda não foi capaz de se desfazer de sua tradição centenária de tribunal de recursos.

A BASE DO DEBATE

Há, assim, um constrangimento material contra o qual o Supremo tem que se defrontar todos os dias. Algumas das variantes forjadas para buscar dar vazão aos milhares de casos que chegam ao Tribunal a cada ano, como o exercício monocrático da jurisdição, ou mesmo as listas de votação, não solucionam o problema, podendo eventualmente colocar a autoridade da Corte em risco.

Tomei a liberdade de chamar a atenção do leitor, ainda que de forma abreviada, para esse percurso de nossa história constitucional recentíssima, pois é nesse contexto que Luís Roberto Barroso escreve "A razão sem voto: o Supremo Tribunal Federal e o governo da maioria".

Mesmo correndo o risco de realizar uma síntese ligeira de "A razão sem voto", arrisco dizer que o argumento fundamental de Luís Roberto Barroso é que o Supremo Tribunal Federal, além de exercer a clássica função "contramajoritária", inerente ao exercício do controle da constitucionalidade das leis, passou também a exercer uma função "representativa" e, mais do que isso, a desempenhar o papel de "vanguarda iluminista".

Para Barroso, as inúmeras fragilidades do sistema representativo contemporâneo impõem a um tribunal como o Supremo a necessidade de exercer, eventualmente, a função de representar setores ou ambições sociais legítimas que, por algum motivo, não encontram eco no sistema representativo. Da mesma forma, deve ocupar o papel de "vanguarda iluminista, encarregada de empurrar a história quando ela emperra". Embora alerte que essa competência é perigosa e deva ser exercida com parcimônia, pelos riscos que traz à democracia, trata-se de "papel imprescindível". Essa polêmica proposição é que atraiu a atenção e crítica de grande parte dos autores que participam deste diálogo, que foram reunidos em blocos, de acordo com sua afinidade de abordagem.

Em relação à estrutura do livro, no primeiro bloco, "Legitimidade do STF e razão jurídica", os autores se concentraram em analisar as premissas teóricas de texto de Barroso, apontando suas dificuldades, especialmente no que se refere a sua proposta de que o Supremo Tribunal Federal (STF) age e deve agir como "vanguarda iluminista". Tal proposição gera problemas de legitimidade democrática. Diego Werneck Arguelhes apresenta a crítica mais ampla a esse respeito, ao afirmar que,

independentemente do que Barroso diz sobre a importância da política democrática, o que surge como implicação de seu argumento é que, na prática, a independência sem voto *sempre pode ser vista como solução*. No arranjo teórico criado por Barroso, a legitimação do STF — qualquer que seja a sua forma de atuação — é completamente sobre-determinada.

Esse diagnóstico é reforçado por Fernando Leal, para quem o texto de Barroso justifica a nova legitimidade do STF pela racionalidade de suas decisões, mas se valendo de argumentos que utilizam o termo "racionalidade" de formas distintas e incompatíveis entre si. Em seu capítulo afirma que Barroso deve escolher entre concepções "substantivas", "discursivas" ou "instrumentais" de racionalidade, para enfrentar de maneira coerente as dificuldades que surgem do modelo de legitimação escolhido. Nesse sentido, propõe-se a "apresentar questões que deveriam ser enfrentadas para que cada estratégia de justificação oferecida por Barroso pudesse fornecer uma resposta convincente para o problema da legitimidade democrática da jurisdição constitucional".

O diagnóstico teórico se fecha com o provocativo argumento desenvolvido por Rubens Glezer, para quem a opinião de Barroso deve ser lida e compreendida como uma proposta positivista. O autor aponta que esse "positivismo inconsciente" não seria um problema em si, mas um fator que esclarece e transforma o argumento de "A razão sem voto" de maneira substantiva. Em síntese, nessa leitura, Barroso estaria defendendo que, em casos difíceis, ministros do STF devem agir com discricionariedade judicial e, ao seu ver, movidos primordialmente pela racionalidade política/consequencialista. Se, de fato, a tese da "vanguarda iluminista" se resume a dizer que "em casos de discricionariedade judicial em que estão envolvidas demandas políticas majoritárias, o ministro do STF não deve ser guiado pela lógica jurídica, mas pela prudência política", isso implica que quase todo caso relevante do Supremo deve ser decidido de acordo com a lógica exclusivamente política e não com a jurídica. Para o autor, o argumento de Barroso chegaria a um impasse: ao agir como vanguarda iluminista o STF poderia estar protegendo interesses de minorias, mas ao custo de fragilizar a lógica e a cultura de direitos.

O risco apontado por esses autores é que os argumentos de "A razão sem voto" levados à última consequência colocam os ministros do STF à vontade para decidirem num espaço de ampla discricionariedade. Nesses casos, estariam autorizados a se valer das mais variadas formas de racionalidade para pensar o resultado adequado, sem contarem com um critério de avaliação, que não a verificação *a posteriori* (pelos resultados) do sucesso da decisão. O argumento dos três textos se fecha em um só, como um desafio fundamental ao texto de Barroso.

No segundo bloco, "Legitimidade do STF e performance do Tribunal", os autores se utilizam de dados empíricos para testar os argumentos de Barroso para afirmar que o Supremo Tribunal Federal deveria ser capaz de exercer melhor as suas funções atuais antes de se propor a exercer a função de "vanguarda iluminista". O texto de Ivar A. Hartmann e Daniel Chada realiza um diagnóstico empírico amplo sobre a performance do STF em "A razão sem condições de qualidade". Após um levantamento sistemático sobre o tempo das decisões, as condições de informação para a tomada de decisões pelos ministros e se as decisões são tomadas de forma monocrática ou plena, concluem de maneira embasada e contundente que "o Supremo não atua hoje em condições que pudessem vir a viabilizar o exercício de uma função representativa [...], [ou seja] o Tribunal não tem como produzir decisões com a qualidade necessária descrita por Barroso em seu artigo".

Esse também parece ser o ponto de partida de Dimitri Dimoulis e Soraya Lunardi. Para os autores, o critério de legitimidade último do Supremo Tribunal Federal é a qualidade jurídica de suas decisões e nunca a pretensa representatividade democrática invocada, questionando, assim, normativamente as premissas de Barroso. Por outro lado, do ponto de vista descritivo, também questionam que o STF venha se comportando de forma ativista — como entendem indicar a narrativa de Barroso —, o que deixaria a Corte muito longe de exercer qualquer papel representativo. A partir desses argumentos normativo e empírico, o artigo "Democraticidade ou juridicidade? Reflexões sobre o passivismo do STF e o futuro do controle judicial de constitucionalidade" é finalizado com uma proposta de "reforma processual para melhorar o desempenho do STF no controle de constitucionalidade".

Em "A razão sem voto e um constitucionalismo de realidade", após realizar uma narrativa sobre a complexa relação estabelecida entre "doutrina, interpretação e regime político", Joaquim Falcão questiona o quanto a proposta de Barroso seria realmente compatível com uma demanda forte por legitimidade democrática. Para o autor, a legitimidade da jurisdição constitucional defendida por Barroso é insuficiente porque sofre de duas reduções. Por um lado, ela está reduzida a uma legitimidade comparativa em relação ao Legislativo e não aos eleitores com ou sem voto. Por outro, ela não considera que o desempenho institucional do Supremo influencia na produção da sua legitimidade.

Com isso, o texto de Joaquim Falcão se torna uma dobradiça entre os argumentos deste livro, porque (i) retoma a ideia aprofundada no primeiro bloco de que Barroso promove uma tese de infalibilidade e incontrolabilidade do STF, bem como (ii) abre caminho para um debate sobre o papel do STF na democracia brasileira, que é justamente o objeto dos artigos reunidos nos demais blocos.

O terceiro bloco do livro, "Legitimidade do STF e sistema político", tem início com o artigo de Gustavo Binenbojm. Seu primeiro movimento é mapear as diferentes correntes doutrinárias que tratam do papel político do Judiciário nos sistemas políticos contemporâneos. Aponta que o elemento fundamental a ancorar as distintas posições é o modo pelo qual os diferentes autores conceituam a democracia. Após esse levantamento, o autor de "Supremo, legitimidade democrática e incentivos políticos" junta sua própria voz ao debate para indicar que

> a atribuição de função representativa às Cortes Constitucionais cria, potencialmente, uma alteração da estrutura de incentivos políticos no regime democrático. Preocupados em buscar apoio popular, juízes constitucionais sentir-se-iam intimidados pelo risco de reprovação de sua atuação em pesquisas de opinião ou em críticas jornalísticas, o que poderia inibir a prolação de decisões impopulares.

Esse mesmo diagnóstico é partilhado pelos dois outros textos do bloco, por caminhos distintos, no entanto. Ana Paula de Barcellos assume o pressuposto da democracia deliberativa e argumenta que o Judiciário não tem como ser o principal efetivador de direitos fundamentais. Se o Judiciário tentar assumir o posto dos demais poderes, irá fracassar na sua própria pretensão de fortalecer o direito das minorias. Em suas próprias palavras, a autora encerra seu "STF como fomentador, no ambiente majoritário, do voto com razões" com a ideia de que,

[se] o propósito é ampliar a promoção dos direitos fundamentais, parece muito mais pertinente que o Judiciário, e o STF em particular, se ocupe de fomentar a produção de razões nos espaços majoritários, de modo a ampliar a legitimidade democrática da atuação daqueles órgãos estatais, e não a sua própria.

Adriana Ancona de Faria e Roberto Dias, em "O direito, a política e a vanguarda do STF: riscos democráticos", também concordam que a noção de *vanguarda iluminista* carrega tons paternalistas, mas focam seu argumento no histórico de atuação do Supremo. Ao analisar alguns dos principais casos de interferência do STF no sistema político-partidário, identificam uma série de fragilidades no processo decisório dos ministros e nas consequências que disso decorrem. Com isso, concluem que o Supremo historicamente interfere no campo político mesmo quando há leis claras, adequadas e que não ameaçam minorias, e quando isso ocorre a ação do Supremo não fortalece, mas sim fragiliza a democracia. Assim, afirmam que

os argumentos de satisfação majoritária na atuação da jurisdição constitucional do STF, além de frágeis ante a natureza de proteção de direito a que essa atuação deve responder (muitas vezes de caráter contramajoritário), desconsideram os riscos democráticos ao desempoderar a política como espaço de solução de conflitos e de construção social de consensos.

Já Ingo Wolfgang Sarlet concentra sua atenção sobre a atuação no STF no campo dos direitos sociais. Com robusto aporte teórico e comparação com a prática alemã, argumenta que o Supremo cria e em grande medida dá respaldo para que o Judiciário empregue mal a gramática dos direitos fundamentais, favorecendo em ações obtusas e prejudicando o desenvolvimento dos direitos sociais. Sarlet critica o modo como conceitos e princípios vagos são utilizados, mas não articulados, para se decidir. Ao invés de favorecer o diálogo institucional, opta pela imposição de critérios porque

se revela abusiva a reiterada prática, detectada na jurisprudência brasileira, de afirmar que o mínimo existencial por si só afasta qualquer relevância concreta da reserva do possível ou outros limites ao reconhecimento de um direito subjetivo, seja na forma individual ou coletiva. Assim, o abuso aqui apontado diz respeito ao uso do mínimo existencial e da dignidade da pessoa humana como evidentes e esgrimidos na condição de bloqueadores de toda e qualquer objeção — por mais racional e razoável que seja — no sentido mesmo de operarem como um *"conversation stoper"*.

No quarto bloco, "Legitimidade do STF, acesso e as partes no processo", os artigos exploram, sobretudo, a busca de ampliação de legitimidade do STF, por intermédio do aumento do influxo de argumentos que os diversos setores da sociedade civil conseguem levar ao Tribunal. Nesse sentido, Jane Reis Gonçalves Pereira argumenta que a legitimidade democrática do Supremo não pode redundar em uma "credencial para falar em nome da comunidade", mas no estabelecimento de uma "porosidade" concreta do Tribunal a diferentes argumentos e interesses sociais diversos. Em "O Judiciário pode ser entendido como representante do povo? Um diálogo com 'A razão sem voto' de Luís Roberto Barroso" se defende que a proposta de o STF atuar como "vanguarda iluminista" somente pode prosperar no ambiente democrático se significar um esforço no qual,

> para que os Tribunais possam ter uma utilidade representativa — primária ou corretiva das instâncias tradicionais — eles devem estar aparelhados para agir como guardiões do pluralismo e da igualdade. No entanto, isso não é possível sem que o acesso a eles seja efetivamente igualitário.

Daniel Sarmento desenvolve o argumento sinalizado por Pereira, em "Dar voz a quem não tem voz: por uma nova leitura do art. 103, IX, da Constituição", de que o Supremo não tem como exercer adequadamente o papel de representação argumentativa diante da interpretação restritiva que se faz do rol de legitimados a participar das ações de controle concentrado de constitucionalidade, especialmente no que se refere às associações. Argumenta que o artigo 103, IX,

> é atualmente interpretado de modo a abranger tão somente as entidades que congregam categorias econômicas ou profissionais específicas, quando deveria ser lido de forma mais ampla e democrática, para abarcar também aquelas que representam grupos de outra natureza, como mulheres, grupos étnicos, minorias sexuais e religiosas, presidiários, populações sem-terra e sem-teto etc.

A BASE DO DEBATE

Conclui que a interpretação vigente sobre o rol de legitimados do artigo 103 da Constituição Federal cria incentivos para que as demandas que chegam ao Supremo digam respeito a interesses específicos e causas autointeressadas, ao invés de fomentar debates em causas de interesse e valor social. Essa interpretação "desprotege direitos básicos, ao dificultar sua garantia pela jurisdição constitucional; empobrece a agenda do STF; e mina sua legitimidade democrática, tornando ilusória a ideia anteriormente discutida da representação argumentativa".

Se Sarmento desenvolve a proposição de Pereira a respeito de quem deve ter acesso ao STF, Eloísa Machado de Almeida questiona o modo como o Supremo vem lidando com os argumentos trazidos à Corte pela sociedade civil. Em "Legitimidade judicial e o argumento das partes" defende que

> o juiz constitucional deverá considerar todo o repertório de argumentos apresentados em sua decisão — inclusive, diga-se de passagem, pelos *amici curiae* —, seja para incorporar, seja para afastar os referidos argumentos. Não há limites máximos para a interpretação e argumentos a serem escolhidos pelo juiz na decisão de casos constitucionais difíceis, mas os argumentos presentes no processo, feito pelas partes, são o mínimo com o qual os juízes têm que lidar para se levar a sério a noção de ônus argumentativo.

Esse dever de analisar todos os argumentos trazidos é que justificaria a existência de instrumentos de abertura como o *amicus curiae* e mesmo dos diversos pareceres que instruem as ações de controle concentrado. Caso isso não ocorra, como parece demonstrar Eloísa Machado, a busca de legitimação como arena de debate público fica bastante esvaziada.

Nesse sentido, o argumento conjunto de Pereira, Sarmento e Almeida é que a função de "vanguarda iluminista" somente pode ser positiva para a democracia, se ela for entendida como uma inclinação do Supremo para maior acesso e valorização dos interesses e argumentos das partes. Essa conclusão entra em uma tensão saudável com a afirmação desenvolvida por Rodrigo Brandão, para quem o influxo e a relevância de razões e argumentos da sociedade civil são altamente contingentes em relação à natureza do pleito posto perante a Corte Constitucional. Em "O limitado estoque de decisões contramajoritárias na jurisdição constitucional" se alega que a intensa participação social, além de ser uma fonte de *accountability* democrático do Tribunal, é também uma força mobilizadora que fornece certo capital político para se supere ou confronte com uma opção legislativa relevante. Porém, o principal capital político de uma Corte Constitucional para enfrentar o Legislativo não se estabelece caso a caso, mas se acumula diante da confiabilidade que possui perante a opinião pública. Nesse sentido, o diálogo mais intenso com os argumentos do processo, que permitiria uma atuação mais ousada de "vanguarda iluminista", não estaria na lógica e nas razões do caso em si, mas em um quadro mais amplo que envolve como a Corte Constitucional se porta de modo geral no regime democrático; algo que é aprofundado e desenvolvido no último bloco do livro.

No quinto e último bloco, "Legitimidade da jurisdição constitucional", os artigos assumem uma defesa do modo como o STF tem exercido sua jurisdição constitucional, envidando esforços para aperfeiçoar a tese de Barroso, fixando com mais precisão os limites para a atuação de "vanguarda iluminista" pela Corte Constitucional. Marcelo Figueiredo se incumbe de traçar um panorama amplo sobre a jurisdição brasileira, indicando as raízes norte-americanas e europeias do nosso pensamento constitucional, mas reconstruindo também o desenvolvimento próprio que o STF traz para nossa identidade dentro do contexto latino-americano. Em "As relações entre as Cortes ou Tribunais Constitucionais e os demais poderes do Estado. Perspectivas brasileira e latino-americana" desenvolve seu estudo para apontar que "as decisões dos Tribunais Constitucionais sejam não só acatadas e respeitadas, mas também cuidadosamente construídas e, por que não, admiradas, para que o risco de serem antidemocráticas ou intrusivas possa ser menor".

Por sua vez, Clèmerson Merlin Clève e Bruno Menezes Lorenzetto realizam uma incursão detalhada no desenvolvimento da jurisdição constitucional norte-americana e no debate teórico em seu entorno, com o objetivo de oferecer pontos de reflexão para o caso brasileiro. Em "Constituição, governo democrático e níveis de intensidade do controle jurisdicional" se desenvolve um argumento sobre diferentes níveis de intensidade que o STF deveria adotar no exercício da jurisdição constitucional, de modo que a atuação forte e vanguardista deveria ser reservada para dois casos:

A) para a defesa das condições para o exercício da democracia em matérias que envolvam i) liberdade de expressão (direito ao protesto e censura ao discurso silenciador); ii) proteção do processo democrático (regularidade do processo legislativo e controle do poder político ou econômico no processo eleitoral); iii) proteção de minorias (legislação suspeita ou com presunção de inconstitucionalidade); iv) outros direitos básicos naquilo que é condição necessária (embora não suficiente) para a proteção da dignidade humana; e v) direitos sociais, em particular os prestacionais, nos casos de eficácia originária ou diante da defesa do mínimo existencial (que não se confunde com o mínimo vital), verdadeiras condições materiais para a democracia; e B) contra leis perfeccionistas, de esquerda (todos devem ser solidários, generosos, bons e virtuosos) ou de direita (criminalização indevida de condutas — relações homoafetivas, *verbi gratia*).

Eduardo Mendonça também se demonstra favorável à tese de fortalecimento do STF como "vanguarda iluminista" ao indicar que é um equívoco supor que suas decisões se cristalizam como "palavra final" no jogo democrático. Em "A jurisdição constitucional como parte de um ciclo institucional de decisão" defende que uma visão mais ampla do cenário político e democrático resolve a tensão entre os poderes e permite enxergar que a jurisdição tem o papel de ser "uma alavanca de complemento e contraponto às instâncias representativas na materialização do autogoverno democrático" ao resolver bem demanda a demanda.

Cláudio Pereira de Souza Neto, embora também seja um defensor de uma jurisdição constitucional robusta, em "O âmbito material da representação discursiva pela jurisdição constitucional: um diálogo com Luís Roberto Barroso", preocupa-se com o modo pelo qual o discurso constitucional descreve o Poder Legislativo. Destaca que o Legislativo delibera e exerce ampla representatividade: "suspeito que o discurso predominante no direito constitucional brasileiro sobre a relação entre jurisdição e política incorra na chamada 'falácia do espantalho': exagera-se na descrição das virtudes do judiciário e nos defeitos do parlamento". Feita essa correção, pode-se conceber um espaço adequado ao desempenho da jurisdição constitucional que reforce a democracia.

Para que o leitor tenha uma clara compreensão da empreitada que redundou neste livro, algumas informações podem ser úteis. O projeto envolveu a cooperação de professores dos programas de pós-graduação em direito da Uerj, PUC-SP, PUC-RS, UFPR, FGV Direito Rio e FGV Direito SP. Todos foram convidados a reagir ao texto "A razão sem voto: o Supremo Tribunal Federal e o governo da maioria", produzindo um ensaio curto e que dialogasse diretamente com as ideias do autor. Esses ensaios foram previamente encaminhados a todos os participantes do projeto, que se reuniram em um seminário na FGV Direito SP, para uma intensa jornada de debates. Após a apresentação de cada um dos ensaios, em que deveriam ser destacados apenas os pontos essenciais do diálogo, a palavra era franqueada inicialmente a Luís Roberto Barroso e, posteriormente, a todos os membros do colóquio. Findo o encontro, a cada um dos participantes, inclusive Luís Roberto Barroso, foi dado um prazo para que pudessem enriquecer seus respectivos textos a partir das críticas e proposições debatidas ao longo do seminário.

Como organizador deste diálogo constitucional, tenho apenas que agradecer ao colega de academia e agora ministro do Supremo Tribunal Federal, Luís Roberto Barroso, pela sua enorme disposição e generosidade em participar dessa empreitada, lendo detidamente cada um dos ensaios e reagindo com enorme inteligência e elegância a todos eles, mesmo os mais críticos. Agradeço também meu querido colega Rubens Glezer pela sua total disposição e entusiasmo para com a realização deste projeto. Por fim, gostaria de agradecer a cada um de meus colegas que, com igual inteligência e elegância, elaboraram seus ensaios e participaram desses diálogos.

A razão sem voto: o Supremo Tribunal Federal e o governo da maioria

*Luís Roberto Barroso**

Introdução

A história é um carro alegre
Cheio de um povo contente
Que atropela indiferente
Todo aquele que a negue.
CHICO BUARQUE

Dois professores debatiam acerca do papel do Poder Judiciário e das cortes supremas nas democracias, em uma das mais renomadas universidades do mundo. Ambos eram progressistas e tinham compromissos com o avanço social. O primeiro achava que só o Legislativo poderia consagrar direitos e conquistas. O segundo achava que o Legislativo deveria ter preferência em atuar. Mas se não agisse, a atribuição se transferia para o Judiciário. Eis o diálogo entre ambos:

Professor 1: "A longo prazo as pessoas, por meio do Poder Legislativo, farão as escolhas certas, assegurando os direitos fundamentais de todos, aí

---

* Ministro do Supremo Tribunal Federal. Professor titular de direito constitucional da Universidade do Estado do Rio de Janeiro (Uerj). Professor do Centro Universitário de Brasília (UniCeub). Mestre em direito pela Universidade de Yale. Doutor e livre-docente pela Uerj. Conferencista visitante na Universidade de Poitiers, França (2010). *Visiting scholar* na Universidade de Harvard (2011).

incluídos o direito de uma mulher interromper a gestação que não deseja ou de casais homossexuais poderem expressar livremente o seu amor. É só uma questão de esperar a hora certa".

Professor 2: "E, até lá, o que se deve dizer a dois parceiros do mesmo sexo que desejam viver o seu afeto e seu projeto de vida em comum agora? Ou à mulher que deseja interromper uma gestação inviável que lhe causa grande sofrimento? Ou a um pai negro que deseja que seu filho tenha acesso a uma educação que ele nunca pôde ter? Desculpe, a história está um pouco atrasada; volte daqui a uma ou duas gerações?".[1]

O texto que se segue lida, precisamente, com essa dualidade de perspectivas. Nele se explora o tema do papel representativo das cortes supremas, sua função iluminista e as situações em que elas podem, legitimamente, *empurrar a história*. Para construir o argumento, são analisados os processos históricos que levaram à ascensão do Poder Judiciário no mundo e no Brasil, o fenômeno da indeterminação do direito e da discricionariedade judicial, bem como a extrapolação da função puramente contramajoritária das cortes constitucionais. A conclusão é bastante simples e facilmente demonstrável, apesar de contrariar em alguma medida o conhecimento convencional: em alguns cenários, em razão das múltiplas circunstâncias que paralisam o processo político majoritário, cabe ao Supremo Tribunal Federal assegurar o governo da maioria e a igual dignidade de todos os cidadãos.

A premissa subjacente a esse raciocínio tampouco é difícil de se enunciar: a política majoritária, conduzida por representantes eleitos, é um componente vital para a democracia. Mas a democracia é muito mais do que a mera expressão numérica de uma maior quantidade de votos. Para além desse aspecto puramente formal, ela possui uma dimensão substantiva, que abrange

---

[1] O debate foi na Universidade de Harvard entre o professor Mark Tushnet e o autor deste texto, realizado em 7 de novembro de 2011. Intitulado *Politics and the Judiciary*, encontra-se disponível em vídeo em: <www.youtube.com/watch?v=giC_vOBn-bc>. Sobre o tema, ver, de autoria de TUSHNET, Mark. *Taking the constitution away from the courts*. Princeton: Princeton University Press, 1999; e TUSHNET, Mark. *Weak courts, strong rights*: judicial review and social welfare rights in comparative constitutional law. Princeton: Princeton University, 2008. De autoria de Luís Roberto Barroso, ver: Constituição, democracia e supremacia judicial: direito e política no Brasil contemporâneo. In: BARROSO, Luís Roberto. *O novo direito constitucional brasileiro*: contribuições para a construção teórica e prática da jurisdição constitucional no Brasil. Belo Horizonte: Fórum, 2012b.

a preservação de valores e direitos fundamentais. A essas duas dimensões — formal e substantiva — soma-se, ainda, uma dimensão deliberativa, feita de debate público, argumentos e persuasão. A democracia contemporânea, portanto, exige votos, direitos e razões. Esse é o tema do presente ensaio.

Capítulo 1: A evolução da teoria constitucional no Brasil e a ascensão do Poder Judiciário

I. O direito constitucional na ditadura: entre a teoria crítica e o constitucionalismo chapa branca[2]

O regime militar se estendeu de 1º de abril de 1964, com o início do golpe que destituiria o presidente João Goulart do poder, até 15 de março de 1985, quando o general João Baptista Figueiredo saiu pela porta dos fundos do Palácio do Planalto, recusando-se a passar a faixa presidencial a seu sucessor. Foram pouco mais de 20 anos de regime de exceção, com fases de maior ou menor repressão política, que incluíram censura, prisões ilegais, tortura e mortes. Vigoraram no período as constituições de 1946 e de 1967, assim como a Emenda Constitucional nº 1, de 1969, considerada uma nova Constituição do ponto de vista material. Simultaneamente à ordem constitucional, já por si autoritária, foram editados diversos atos institucionais, que criavam a legalidade paralela dos governos militares, cujo símbolo maior foi o Ato Institucional nº 5, de 13 de dezembro de 1968. Com base nele, era facultado ao presidente, ao lado de outras arbitrariedades, decretar o recesso do Congresso Nacional, cassar mandatos parlamentares, suspender direitos políticos e aposentar compulsoriamente servidores públicos.[3]

---

[2] A expressão "constitucionalismo chapa-branca" foi utilizada por Carlos Ari Sundfeld em outro contexto e com outro sentido, referindo-se ao excesso de proteção dado pela Constituição de 1988 "às posições de poder de corporações e organismos estatais ou paraestatais". Ver SUNDFELD, Carlos Ari. O fenômeno constitucional e suas três forças. In: SOUZA NETO, Cláudio Pereira de; SARMENTO, Daniel; BINENBOJM, Gustavo (Coord.). *Vinte anos da Constituição Federal de 1988*. Rio de Janeiro: Lumen Juris, 2008. p. 14-15.

[3] Para um rico e documentado relato do período militar, indo da deposição de João Goulart ao final do governo de Ernesto Geisel, ver os quatro volumes escritos por GASPARI, Elio. *A dita-*

Ao longo desse período, a teoria e o direito constitucional oscilaram entre dois extremos, ambos destituídos de normatividade. De um lado, o pensamento constitucional tradicional, capturado pela ditadura, acomodava-se a uma perspectiva historicista, puramente descritiva das instituições vigentes, incapaz de reagir ao poder autoritário e ao silêncio forçado das ruas.[4] De outro lado, parte da academia e da juventude haviam migrado para a teoria crítica do direito, um misto de ciência política e sociologismo jurídico, de forte influência marxista.[5] A teoria crítica enfatizava o caráter ideológico da ordem jurídica, vista como uma superestrutura voltada para a dominação de classe, e denunciava a natureza violenta e ilegítima do poder militar no Brasil. O discurso crítico, como intuitivo, fundava-se em um propósito de *desconstrução* do sistema vigente, e não considerava o direito um espaço capaz de promover o avanço social. Disso resultou que o mundo jurídico se tornou um feudo do pensamento conservador ou, no mínimo, tradicional. Porém, a visão crítica foi decisiva para o surgimento de uma geração menos dogmática, mais permeável a outros conhecimentos teóricos e sem os mesmos compromissos com o *status quo*. A redemocratização e a reconstitucionalização do país, no final da década de 1980, impulsionaram uma volta ao direito.

---

dura envergonhada. São Paulo: Companhia das Letras, 2002; *A ditadura escancarada*. São Paulo: Companhia das Letras, 2002; *A ditadura derrotada*. São Paulo: Companhia das Letras, 2003; e *A ditadura encurralada*. São Paulo: Companhia das Letras, 2004. Sobre o processo de redemocratização, ver a obra coletiva STEPAN, Alfred (Org.). *Democratizando o Brasil*. Rio de Janeiro: Paz e Terra, 1988, com textos de autores que viriam a ter papel relevante após a redemocratização, como Fernando Henrique Cardoso, Edmar Bacha, Pedro Malan e Francisco Weffort.

[4] Ver, *e.g.*, FRANCO, Afonso Arinos de Mello. *Curso de direito constitucional brasileiro*. Rio de Janeiro: Forense, 1968; e JACQUES, Paulino. *Curso de direito constitucional*. Rio de Janeiro: Forense, 1970.

[5] Ver, *e.g.*, WARAT, Luiz Alberto. A produção crítica do saber jurídico. In: PLASTINO, Carlos Alberto (Org.). *Crítica do direito e do Estado*. Rio de Janeiro: Graal, 1984; COELHO, Luiz Fernando. *Teoria crítica do direito*. São Paulo: Acadêmica, 1991 (1. ed. de 1986); e AZEVEDO, Plauto Faraco de. *Crítica à dogmática e hermenêutica jurídica*. Porto Alegre: Sérgio Antônio Fabris, 1989. Ver também MIAILLE, Michel. *Introdução crítica ao direito*. Lisboa: Estampa, 1989 (1. ed. de 1979).

II. A construção de um direito constitucional democrático: a busca pela efetividade da Constituição e de suas normas

Na antevéspera da convocação da constituinte de 1988, era possível identificar um dos fatores crônicos do fracasso na realização do estado de direito no país: a falta de seriedade em relação à lei fundamental, a indiferença para com a distância entre o texto e a realidade, entre o ser e o dever-ser previsto na norma. Dois exemplos emblemáticos: a Carta de 1824 estabelecia que "a lei será igual para todos", dispositivo que conviveu, sem que se assinalasse perplexidade ou constrangimento, com os privilégios da nobreza, o voto censitário e o regime escravocrata. Outro: a Carta de 1969, outorgada pelos ministros da Marinha de Guerra, do Exército e da Aeronáutica Militar, assegurava um amplo elenco de liberdades públicas inexistentes e prometia aos trabalhadores um pitoresco conjunto de direitos sociais não desfrutáveis, que incluíam "colônias de férias e clínicas de repouso".[6] Além das complexidades e sutilezas inerentes à concretização de qualquer ordem jurídica, havia no país uma patologia persistente, representada pela insinceridade constitucional. A Constituição, nesse contexto, tornava-se uma mistificação, um instrumento de dominação ideológica,[7] repleta de promessas que não seriam honradas. Nela se buscava, não o caminho, mas o desvio; não a verdade, mas o disfarce.[8]

A disfunção mais grave do constitucionalismo brasileiro, naquele final de regime militar, encontrava-se na não aquiescência ao sentido mais profundo e consequente da lei maior por parte dos estamentos perenemente dominantes, que sempre construíram uma realidade própria de poder, refratária a uma real democratização da sociedade e do Estado. Com a promulgação da Constituição de 1988, teve início a luta teórica e judicial pela conquista de

---

[6] Sobre o tema, ver o trabalho marcante de MELLO, Celso Antonio Bandeira de. Eficácia das normas constitucionais sobre justiça social. In: CONFERÊNCIA NACIONAL DA OAB, 9.,1982. Autores precursores no domínio da eficácia das normas constitucionais foram TEIXEIRA, J. H. Meirelles. *Curso de direito constitucional*. Rio de Janeiro: Forense Universitária, 1991 (o texto é o de anotações de aulas do início da década de 1960, organizado por Maria Garcia); e SILVA, José Afonso da. *Aplicabilidade das normas constitucionais*. São Paulo: Malheiros, 1998 (1. ed. de 1968).
[7] GRAU, Eros Roberto. *A constituinte e a Constituição que teremos*. São Paulo: Revista dos Tribunais, 1985. p. 44.
[8] Sobre o tema da falta de efetividade, ver BARROSO, Luís Roberto. *O direito constitucional e a efetividade de suas normas*. Rio de Janeiro: Renovar, 2009 (1. ed. de 1990).

efetividade pelas normas constitucionais.[9] Os primeiros anos de vigência da Constituição de 1988 envolveram o esforço da teoria constitucional para que o Judiciário assumisse o seu papel e desse concretização efetiva aos princípios, regras e direitos inscritos na Constituição. Pode parecer óbvio hoje, mas o Judiciário, mesmo o Supremo Tribunal Federal, relutava em aceitar esse papel.[10] No início dos anos 2000, essa disfunção foi sendo progressivamente superada e o STF foi se tornando, verdadeiramente, um intérprete da Constituição. A partir daí, houve demanda por maior sofisticação teórica na interpretação constitucional, superadora da visão tradicional de que se tratava apenas de mais um caso de interpretação jurídica, a ser feita com base nos elementos gramatical, histórico, sistemático e teleológico. Foi o início da superação do positivismo normativista e de sua crença de que a decisão judicial é um ato de escolha política.[11]

III. Neoconstitucionalismo, constitucionalização do direito e a ascensão do Judiciário

A mente que se abre a uma nova ideia
jamais voltará ao seu tamanho original.
ALBERT ENSTEIN

---

[9] Nessa linha, ver CLÈVE, Clèmerson Merlin. A teoria constitucional e o direito alternativo (para uma dogmática constitucional emancipatória). In: *Uma vida dedicada ao direito*: homenagem a Carlos Henrique de Carvalho, o editor dos juristas. São Paulo: Revista dos Tribunais, 1995.

[10] De fato, no início da vigência da Constituição de 1988, o STF — cujos integrantes deviam seu título de investidura ao regime militar — empenhou-se em uma interpretação retrospectiva da nova ordem constitucional, fazendo-a ficar tão parecida quanto possível com a anterior. Nessa linha, tornou a figura da medida provisória quase idêntica ao velho decreto-lei; frustrou as potencialidades do mandado de injunção, que só foi ressuscitado na segunda metade dos anos 2000; e criou um conjunto de restrições ao direito de propositura de ações diretas pelas entidades de classe de âmbito nacional e confederações sindicais. Sobre o tema, ver a densa tese de doutorado apresentada à Universidade de Yale por ARGUELHES, Diego Werneck. *Old courts, new beginnings*: judicial continuity and constitutional transformation in Argentina and Brazil. Tese (doutorado) — Universidade Yale, New Haven, 2014. p. 110-128.

[11] Sobre o surgimento de uma nova interpretação constitucional, ver BARROSO, Luís Roberto. *Interpretação e aplicação da Constituição*. São Paulo: Saraiva, 2014a (1. ed. de 1995).

A BASE DO DEBATE

Ao final da II Guerra Mundial, países da Europa continental passaram por um importante redesenho institucional, com repercussões de curto, médio e longo prazos sobre o mundo romano-germânico em geral. O direito constitucional saiu do conflito inteiramente reconfigurado, tanto quanto ao seu objeto (novas constituições foram promulgadas) quanto no tocante ao seu papel (centralidade da Constituição em lugar da lei), como, ainda, com relação aos meios e modos de interpretar e aplicar suas normas (surgimento da nova hermenêutica constitucional). Ao lado dessas transformações dogmáticas, ocorreu igualmente uma notável mudança institucional, representada pela criação de tribunais constitucionais e uma progressiva ascensão do Poder Judiciário. No lugar do Estado legislativo de direito, que se consolidara no século XIX, surge o Estado constitucional de direito, com todas as suas implicações.[12] Esse novo modelo tem sido identificado como constitucionalismo do pós-guerra, novo direito constitucional ou neoconstitucionalismo.[13]

O neoconstitucionalismo identifica uma série de transformações ocorridas no Estado e no direito constitucional, nas últimas décadas, que tem (i) como marco *filosófico*, o pós-positivismo, que será objeto de comentário adiante; (ii) como marco *histórico*, a formação do Estado constitucional de direito, após a II Guerra Mundial, e, no caso brasileiro, a redemocratização institucionalizada pela Constituição de 1988; e (iii) como marco *teórico*, o conjunto de novas percepções e de novas práticas, que incluem o reconhecimento de força normativa à Constituição (inclusive, e sobretudo, aos princípios constitucionais), a expansão da jurisdição constitucional e o desenvolvimento de uma nova dogmática da interpretação constitucional, envolvendo novas categorias, como os princípios, as colisões de direitos fundamentais, a ponderação e a argumentação. O termo neoconstitucionalismo, portanto,

---

[12] Sobre o tema, ver FERRAJOLI, Luigi. Pasado y futuro del Estado de derecho. In: CARBONELL, Miguel (Org.). *Neoconstitucionalismo(s)*. Madri: Frotta, 2003.

[13] Para duas coletâneas importantes sobre o tema, em língua espanhola, ver Miguel Carbonell (Org.), *Neoconstitucionalismo(s)*, op. cit.; e CARBONELL, Miguel (Ed.). *Teoría del neoconstitucionalismo:* ensayos escogidos. Madri: Trotta-Unam; Instituto de Investigaciones Jurídicas, 2007. Para uma valiosa coletânea de textos em português, ver QUARESMA, Regina; OLIVEIRA, Maria Lúcia de Paula; OLIVEIRA, Farlei Martins Riccio de (Coord.). *Neoconstitucionalismo*. Rio de Janeiro: Forense, 2009. As ideias desenvolvidas nos dois parágrafos seguintes foram sistematizadas, originariamente, em BARROSO, Luís Roberto. Neoconstitucionalismo e constitucionalização do direito. *Revista de Direito Administrativo*, Rio de Janeiro, v. 240, p. 1-42, abr./jun. 2005b.

tem um caráter *descritivo* de uma nova realidade. Mas conserva, também, uma dimensão *normativa*, isto é, há um endosso a essas transformações. Trata-se, assim, não apenas de uma forma de descrever o direito atual, mas também de desejá-lo. Um direito que deixa sua zona de conforto tradicional, que é o da conservação de conquistas políticas relevantes, e passa a ter, também, uma função promocional, constituindo-se em instrumento de avanço social. Tão intenso foi o ímpeto das transformações, que tem sido necessário reavivar as virtudes da moderação e da mediania, em busca de equilíbrio entre valores tradicionais e novas concepções.[14]

A constitucionalização do direito, por sua vez, está associada a um efeito expansivo das normas constitucionais, cujo conteúdo material e axiológico se irradia, com força normativa, por todo o sistema jurídico. Os valores, fins públicos e os comportamentos contemplados nos princípios e regras da Constituição passam a condicionar a validade e o sentido de todas as normas do direito infraconstitucional. Nesse ambiente, a Constituição passa a ser não apenas um sistema em si — com sua ordem, unidade e harmonia —, mas também um modo de olhar e interpretar todos os ramos do direito. A constitucionalização do direito infraconstitucional não tem como sua principal marca a inclusão na Lei Maior de normas próprias de outros domínios, mas, sobretudo, a reinterpretação de seus institutos sob uma ótica constitucional.[15]

---

[14] Para uma tentativa de demarcação dos espaços entre o Poder Legislativo e a deliberação democrática, de um lado, e o Poder Judiciário e a atuação criativa do juiz, de outro, ver BARROSO, Luís Roberto. *Temas de direito constitucional*. Rio de Janeiro: Renovar, 2005. t. III, p. 308-321. Sobre a contenção da "euforia dos princípios" e do voluntarismo judicial, ver BARCELLOS, Ana Paula de. *Ponderação, racionalidade e atividade jurisdicional*. Rio de Janeiro: Renovar, 2005. Para uma advertência sobre os riscos de "judiciocracia", "oba-oba constitucional" e "panconstitucionalização", ver SARMENTO, Daniel. O neoconstitucionalismo no Brasil: riscos e possibilidades. In: SARMENTO, Daniel. *Filosofia e teoria constitucional contemporânea*. Rio de Janeiro: Lumen Juris, 2009. p. 132 e segs., onde se faz o registro da existência de múltiplas vertentes neoconstitucionalistas. Para uma visão divergente em relação ao tema, ver GALVÃO, Jorge Octavio Lavocat. *O neoconstitucionalismo e o fim do estado de direito*. São Paulo: Saraiva, 2014; DIMOULIS, Dimitri. Uma visão crítica do neoconstitucionalismo. In: SALOMÃO, George Leite; SALOMÃO, Glauco Leite (Coord.). *Constituição e efetividade*. Salvador: Juspodivm, 2008; e FERREIRA FILHO, Manoel Gonçalves. Notas sobre o direito constitucional pós-moderno, em particular sobre certo neoconstitucionalismo à brasileira. *Revista de Direito Administrativo*, Rio de Janeiro, v. 250, p. 151-167, jan./abr. 2009.

[15] Sobre o tema, ver importante coletânea coligida por SOUZA NETO, Cláudio Pereira de; SARMENTO, Daniel (Coord.). *A constitucionalização do direito*: fundamentos teóricos e aplicações específicas. Rio de Janeiro: Lumen Juris, 2007.

Por fim, simultaneamente a esses novos desenvolvimentos teóricos, verificou-se, também, uma vertiginosa ascensão do Poder Judiciário. O fenômeno é universal e também está conectado ao final da II Grande Guerra. A partir daí, o mundo deu-se conta de que a existência de um Poder Judiciário independente e forte é um importante fator de preservação das instituições democráticas e dos direitos fundamentais.[16] No Brasil, sob a vigência da Constituição de 1988, o Judiciário, paulatinamente, deixou de ser um departamento técnico especializado do governo para se tornar um verdadeiro poder político. Com a redemocratização, aumentou a demanda por justiça na sociedade e, consequentemente, juízes e tribunais foram crescentemente chamados a atuar, gerando uma judicialização ampla das relações sociais no país. Esse fato é potencializado pela existência, entre nós, de uma Constituição abrangente, que cuida de uma ampla variedade de temas. No fluxo desses desenvolvimentos teóricos e alterações institucionais, e em parte como consequência deles, houve um importante incremento na subjetividade judicial. A este tema se dedica o próximo capítulo.

Capítulo II: Indeterminação do direito e discricionariedade judicial

I. As transformações do direito contemporâneo

O constitucionalismo democrático foi a ideologia vitoriosa do século XX. Nesse arranjo institucional se condensam duas ideias que percorreram trajetórias diferentes: o *constitucionalismo*, herdeiro da tradição liberal que remonta ao final do século XVII, expressa a ideia de poder limitado pelo

---

[16] Sobre o tema da ascensão do Judiciário, ver, na literatura estrangeira, em meio a muitos títulos, TATE, C. Neal; VALLINDER, Torbjörn (Ed.). *The global expansion of judicial power*. Nova York: New York University, 1995. p. 117; e SWEET, Alec Stone. *Governing with judges*: constitutional polítics in Europe. Oxford: Oxford University, 2000. p. 35-36 e 130. Na literatura nacional, ver o trabalho pioneiro de VIANNA, Luiz Werneck et al. *A judicialização da política e das relações sociais no Brasil*. Rio de Janeiro: Revan, 1999. Ver também CITTADINO, Giselle. Judicialização da política, constitucionalismo democrático e separação de poderes. In: VIANNA, Luiz Werneck (Org.). *A democracia e os três poderes no Brasil*. Belo Horizonte: Editora UFMG, 2002. E, também, BARROSO, Luís Roberto. Constituição, democracia e supremacia judicial: direito e política no Brasil contemporâneo. In: Luís Roberto Barroso, *O novo direito constitucional brasileiro*, op. cit.

direito e respeito aos direitos fundamentais. A *democracia* traduz a ideia de soberania popular, de governo da maioria, que somente se consolida, verdadeiramente, ao longo do século XX. Para arbitrar as tensões que muitas vezes existem entre ambos — entre direitos fundamentais e soberania popular —, a maior parte das democracias contemporâneas institui tribunais constitucionais ou cortes supremas.[17] Portanto, o pano de fundo no qual se desenvolve a presente narrativa inclui: (i) uma Constituição que garanta direitos fundamentais, (ii) um regime democrático e (iii) a existência de uma jurisdição constitucional.

O século XX foi cenário da superação de algumas concepções do pensamento jurídico clássico, que haviam se consolidado no final do século XIX. Ideias que eram ligadas ao formalismo, ao positivismo e ao legalismo. Essas transformações chegaram ao Brasil no quarto final do século, sobretudo após a redemocratização. Novos ventos passaram a soprar por aqui, tanto na academia quanto na jurisprudência dos tribunais, especialmente do Supremo Tribunal Federal. Identifico, a seguir, três dessas transformações, que afetaram o modo como se pensa e se pratica o direito no mundo contemporâneo, em geral, e no Brasil das últimas décadas, em particular:

1. *Superação do formalismo jurídico.* O pensamento jurídico clássico alimentava duas ficções: a) a de que o direito, a norma jurídica, era a expressão da razão, de uma justiça imanente; e b) que o direito se concretizava mediante uma operação lógica e dedutiva, em que o juiz fazia a subsunção dos fatos à norma, meramente pronunciando a consequência jurídica que nela já se continha. Tais premissas metodológicas — na verdade, ideológicas — não resistiram ao tempo. Ao longo do século XX, consolidou-se a convicção de que: a) o direito é, frequentemente, não a expressão de uma justiça imanente, mas de interesses que se tornam dominantes em um dado momento e lugar; e b) em uma grande quantidade de situações, a solução para os problemas jurídicos não se encontrará pré-pronta no ordenamento jurídico. Ela terá de ser construída argumentativamente pelo intérprete.

---

[17] Este tema da tensão entre constitucionalismo e democracia é recorrente na teoria constitucional. Para uma valiosa reflexão sobre ele, ver MICHELMAN, Frank I. *Brennan and democracy.* Princeton: Princeton University, 1999.

A BASE DO DEBATE

2. *Advento de uma cultura jurídica pós-positivista.* Nesse ambiente em que a solução dos problemas jurídicos não se encontra integralmente na norma jurídica, surge uma cultura jurídica pós-positivista. Se a solução não está toda na norma, é preciso procurá-la em outro lugar. E, assim, supera-se a separação profunda que o positivismo jurídico havia imposto entre o direito e a moral, entre o direito e outros domínios do conhecimento. Para construir a solução que não está pronta na norma, o direito precisa se aproximar da filosofia moral — em busca da justiça e de outros valores —, da filosofia política — em busca de legitimidade democrática e da realização de fins públicos que promovam o bem comum e, de certa forma, também das ciências sociais aplicadas, como a economia e a psicologia.

A doutrina pós-positivista se inspira na revalorização da razão prática,[18] na teoria da justiça[19] e na legitimação democrática. Nesse contexto, busca ir além da legalidade estrita, mas não despreza o direito posto; procura empreender uma leitura moral da Constituição e das leis, mas sem recorrer a categorias metafísicas. No conjunto de ideias ricas e heterogêneas que procuram abrigo nesse paradigma em construção, incluem-se a reentronização dos valores na interpretação jurídica, com o reconhecimento de normati-

---

[18] O termo ficou indissociavelmente ligado à obra de Kant, notadamente à *Fundamentação da metafísica dos costumes*, de 1785 e à *Crítica da razão prática*, de 1788. De forma sumária e simplificadora, a razão prática cuida da fundamentação racional — mas não matemática — de princípios de moralidade e justiça, opondo-se à razão cientificista, que enxerga nesse discurso a mera formulação de opiniões pessoais insuscetíveis de controle. De forma um pouco mais analítica: trata-se de um uso da razão voltado para o estabelecimento de padrões racionais para a ação humana. A razão prática é concebida em contraste com a razão teórica. Um uso teórico da razão se caracteriza pelo conhecimento de objetos, não pela criação de normas. O positivismo só acreditava na possibilidade da razão teórica. Por isso, as teorias positivistas do direito entendiam ser papel da ciência do direito apenas descrever o direito tal qual posto pelo Estado, não justificar normas, operação que não seria passível de racionalização metodológica. É por isso que, por exemplo, para Kelsen, não caberia à ciência do direito dizer qual a melhor interpretação entre as que são facultadas por determinado texto normativo. Tal atividade exibiria natureza eminentemente política, e sempre demandaria uma escolha não passível de justificação em termos racionais. O pós-positivismo, ao reabilitar o uso prático da razão na metodologia jurídica, propõe justamente a possibilidade de se definir racionalmente a norma do caso concreto por meio de artifícios racionais construtivos, que não se limitam à mera atividade de conhecer textos normativos.

[19] Como assinalado por Ricardo Lobo Torres na nota seguinte, o livro de John Rawls, *A theory of justice* (Cambridge: Harvard University, 1971), foi emblemático para a filosofia política e para a ética, ao tratar do tema da justiça distributiva dentro do marco teórico do contrato social.

35

vidade aos princípios e de sua diferença qualitativa em relação às regras; a reabilitação da razão prática e da argumentação jurídica; a formação de uma nova hermenêutica; e o desenvolvimento de uma teoria dos direitos fundamentais edificada sobre a dignidade da pessoa humana. Nesse ambiente, promove-se uma reaproximação entre o direito e a ética.[20]

3. *Ascensão do direito público e centralidade da Constituição*. Por fim, o século XX assiste à ascensão do direito público.[21] A teoria jurídica do século XIX havia sido construída predominantemente sobre as categorias do direito privado. O século, que começara com o Código Civil francês, o Código Napoleão, de 1804, termina com a promulgação do Código Civil alemão, de 1900. Os protagonistas do direito eram o contratante e o proprietário. Ao longo do século XX assiste-se a uma progressiva publicização do direito, com a proliferação de normas de ordem pública. Não apenas em matéria de direito família, como era tradicional, mas em áreas tipicamente privadas como o contrato — com a proteção do polo mais fraco das relações jurídicas, como o trabalhador, o locatário, o consumidor — e a propriedade, com a previsão de sua função social.[22]

Ao final do século XX, essa publicização do direito resulta na centralidade da Constituição. Toda interpretação jurídica deve ser feita à luz da Constituição, dos seus valores e dos seus princípios. Toda interpretação jurídica é, direta ou indiretamente, interpretação constitucional. Interpreta-se a Constituição *diretamente* quando uma pretensão se baseia no texto consti-

---

[20] Ver TORRES, Ricardo Lobo. *Tratado de direito constitucional, financeiro e tributário*: valores e princípios constitucionais tributários. Rio de Janeiro: Renovar, 2005. v. II, p. 41: "De uns trinta anos para cá assiste-se ao retorno aos valores como caminho para a superação dos positivismos. A partir do que se convencionou chamar de 'virada kantiana' (*kantische Wende*), isto é, a volta à influência da filosofia de Kant, deu-se a reaproximação entre ética e direito, com a fundamentação moral dos direitos humanos e com a busca da justiça fundada no imperativo categórico. O livro *A Theory of Justice* de John Rawls, publicado em 1971, constitui a certidão do renascimento dessas ideias".

[21] Sobre o tema, ver a valiosa tese de doutorado apresentada à Universidade de Harvard por RIBEIRO, Gonçalo de Almeida. *The decline of private law*: a philosofophic history of liberal legalism. 2012.

[22] Sobre a constitucionalização do direito civil, vejam-se, por todos, PERLINGIERI, Pietro. *Perfis do direito civil*. Rio de Janeiro: Renovar, 1997; MORAES, Maria Celina Bodin de. Perspectivas a partir do direito civil-constitucional. In: LEAL, Pastora do Socorro Teixeira (Coord.). *Direito civil constitucional e outros estudos em homenagem ao Prof. Zeno Veloso*: uma visão luso-brasileira. São Paulo: Método, 2014; e TEPEDINO, Gustavo. *Temas de direito civil*. Rio de Janeiro: Renovar, 2004.

A BASE DO DEBATE

tucional (uma imunidade tributária, a preservação do direito de privacidade); e interpreta-se a Constituição *indiretamente* quando se aplica o direito
ordinário, porque antes de aplicá-lo é preciso verificar sua compatibilidade
com a Constituição e, ademais, o sentido e o alcance das normas infraconstitucionais devem ser fixados à luz da Constituição.

II. Sociedades complexas, diversidade e pluralismo: os limites da lei no mundo contemporâneo

A sociedade contemporânea tem a marca da complexidade. Fenômenos positivos e negativos se entrelaçam, produzindo uma globalização a um tempo
do bem e do mal. De um lado, há a rede mundial de computadores, o aumento do comércio internacional e o maior acesso aos meios de transporte
intercontinentais, potencializando as relações entre pessoas, empresas e países. De outro, mazelas como o tráfico de drogas e de armas, o terrorismo e
a multiplicação de conflitos internos e regionais, consumindo vidas, sonhos
e projetos de um mundo melhor. Uma era desencantada, em que a civiliza-
ção do desperdício, do imediatismo e da superficialidade convive com outra, feita de bolsões de pobreza, fome e violência. Paradoxalmente, houve
avanço da democracia e dos direitos humanos em muitas partes do globo,
com redução da mortalidade infantil e aumento significativo da expectativa de vida. Um mundo fragmentado e heterogêneo, com dificuldade de
compartilhar valores unificadores. Os próprios organismos internacionais
multilaterais, surgidos após a II Guerra Mundial, já não conseguem produzir
consensos relevantes e impedir conflitos que proliferam pelas causas mais
diversas, do expansionismo ao sectarismo religioso.

No plano doméstico, os países procuram administrar, da forma possível, a diversidade que caracteriza a sociedade contemporânea, marcada pela
multiplicidade cultural, étnica e religiosa. O respeito e a valorização das diferenças encontram-se no topo da agenda dos Estados democráticos e pluralistas. Buscam-se arranjos institucionais e regimes jurídicos que permitam
a convivência harmoniosa entre diferentes, fomentando a tolerância e regras
que permitam que cada um viva, de maneira não excludente, as suas próprias convicções. Ainda assim, não são poucas as questões suscetíveis de

gerar conflitos entre visões de mundo antagônicas. No plano internacional, elas vão de mutilações sexuais à imposição de religiões oficiais e conversões forçadas. No plano doméstico, em numerosos países, as controvérsias incluem o casamento de pessoas do mesmo sexo, a interrupção da gestação e o ensino religioso em escolas públicas. Quase tudo transmitido ao vivo, em tempo real. A vida transformada em *reality show*.

Sem surpresa, as relações institucionais, sociais e interpessoais enredam-se nos desvãos dessa sociedade complexa e plural, sem certezas plenas, verdades seguras ou consensos apaziguadores. E, num mundo em que tudo se judicializa mais cedo ou mais tarde, tribunais e cortes constitucionais defrontam-se com situações para as quais não há respostas fáceis ou eticamente simples. Alguns exemplos:

a) pode um casal surdo-mudo utilizar a engenharia genética para gerar um filho surdo-mudo e, assim, habitar o mesmo universo existencial que os pais?

b) uma pessoa que se encontrava no primeiro lugar da fila submeteu-se a um transplante de fígado. Quando surgiu um novo fígado, destinado ao paciente seguinte, o paciente que se submetera ao transplante anterior sofreu uma rejeição e reivindicava o novo fígado. Quem deveria recebê-lo?

c) pode um adepto da religião Testemunha de Jeová recusar terminantemente uma transfusão de sangue, mesmo que indispensável para salvar-lhe a vida, por ser tal procedimento contrário à sua convicção religiosa?

d) pode uma mulher pretender engravidar do marido que já morreu, mas deixou o seu sêmen em um banco de esperma?

e) pode uma pessoa, nascida fisiologicamente homem, mas considerando-se uma transsexual feminina, celebrar um casamento entre pessoas do mesmo sexo com outra mulher?

Nenhuma dessas questões é teórica. Todas elas correspondem a casos concretos ocorridos no Brasil e no exterior, e levados aos tribunais. Nenhuma delas tinha uma resposta pré-pronta e segura que pudesse ser colhida na legislação. A razão é simples: nem o constituinte nem o legislador são capazes

A BASE DO DEBATE

de prever todas as situações da vida, formulando respostas claras e objetivas. Além do que, na moderna interpretação jurídica, a norma já não corresponde apenas ao enunciado abstrato do texto, mas é produto da interação entre texto e realidade. Daí a crescente promulgação de constituições compromissórias, com princípios que tutelam interesses contrapostos, bem como o recurso a normas de textura aberta, cujo sentido concreto somente poderá ser estabelecido em interação com os fatos subjacentes. Vale dizer: por decisão do constituinte ou do legislador, muitas questões têm sua decisão final transferida ao juízo valorativo do julgador. Como consequência inevitável, tornou-se menos definida a fronteira entre legislação e jurisdição, entre política e direito.[23]

As hipóteses referidas anteriormente constituem *casos difíceis*,[24] isto é, casos para os quais não existem respostas pré-prontas à disposição do intérprete. A solução, portanto, terá de ser construída logica e argumentativamente pelo juiz, à luz dos elementos do caso concreto, dos parâmetros fixados na norma, dos precedentes e de aspectos externos ao ordenamento jurídico. Daí se fazer referência a essa atuação, por vezes, como sendo criação judicial do direito. Em rigor, porém, o que o juiz faz, de verdade, é colher no sistema jurídico o fundamento normativo que servirá de fio condutor do seu argumento. Toda decisão judicial precisa ser reconduzida a uma norma jurídica. Trata-se de um trabalho de construção de sentido, e não de invenção de um direito novo. Casos difíceis podem resultar da vagueza da linguagem (dignidade humana, moralidade administrativa), de desacordos morais razoáveis (existência ou não de um direito à morte digna, sem prolongamentos artificiais) e colisões de normas constitucionais (livre-iniciativa *versus* proteção do consumidor, liberdade de expressão *versus* direito de privacidade). Para

---

[23] Sobre o ponto, ver CAMPILONGO, Celso Fernandes. *Política, sistema jurídico e decisão judicial*. São Paulo: Max Limonad, 2002. p. 48: "Se, nos chamados 'casos difíceis', o juiz é obrigado a fazer escolhas políticas — muitas vezes por delegação do próprio legislador —, essa criatividade é exercida nos limites da legitimidade legal-racional. O legislador pode rever a delegação ou fixar a opção política. Entretanto, até que isso aconteça, a determinação de uma linha política por parte do juiz — desde que em conformidade com os valores fundamentais positivados pelo ordenamento — não significa, necessariamente, um comportamento antidemocrático, contrário à divisão de poderes ou ofensivo ao Estado de Direito".

[24] Sobre a ideia de casos difíceis, ver, entre muitos, DWORKIN, Ronald. Hard cases. *Harvard Law Review*, v. 88, n. 6, p. 1057-1109, 1975; e BARAK, Aharon. *The judge in a democracy*. Princeton: Princeton University, 2006. p. xiii e segs.

lidar com uma sociedade complexa e plural, em cujo âmbito surgem casos difíceis, é que se criaram ou se refinaram diversas categorias jurídicas novas, como a normatividade dos princípios, a colisão de normas constitucionais, o uso da técnica da ponderação e a reabilitação da argumentação jurídica.

Não é o caso de voltar a explorar o tema, já objeto de outros estudos meus.[25] Faz-se apenas breve menção às situações de colisão entre princípios constitucionais ou de direitos fundamentais. Para lidar com elas, boa parte dos tribunais constitucionais do mundo se utiliza da técnica da ponderação,[26] que envolve a valoração de elementos do caso concreto com vistas à produção da solução que melhor realiza a vontade constitucional naquela situação. As diversas soluções possíveis vão disputar a escolha pelo intérprete. Como a solução não está pré-pronta na norma, a decisão judicial não se sustentará mais na fórmula tradicional da separação de poderes, em que o juiz se limita a aplicar, ao litígio em exame, a solução que já se encontrava inscrita na norma, elaborada pelo constituinte ou pelo legislador. Como este juiz se tornou coparticipante da criação do direito, a legitimação da sua decisão passará para a argumentação jurídica, para sua capacidade de demonstrar a racionalidade, a justiça e a adequação constitucional da solução que construiu. Surge aqui o conceito interessante de *auditório*.[27] A legitimidade da decisão vai depender da capacidade de o intérprete convencer o auditório a que se dirige de que aquela é a solução correta e justa.[28] O tema apresenta grande fascínio, mas não será possível fazer o desvio aqui.

---

[25] Ver BARROSO, Luís Roberto. *Curso de direito constitucional contemporâneo*. São Paulo: Saraiva, 2013. cap. IV ("Novos paradigmas e categorias da interpretação constitucional"), p. 330.

[26] Para um estudo relativamente recente e abrangente sobre a ponderação e, particularmente sobre a ideia de proporcionalidade, ver BARAK, Aharon. *Proportionality*: constitutional rights and their limitations. Cambridge: Cambridge University, 2012. Para uma visão crítica do tema, em uma visão comparativa entre Alemanha e Brasil, ver BENVINDO, Juliano Zaiden. *On the limits of constitutional adjudication*: deconstructing balancing and judicial activism. Berlim: Springer, 2010.

[27] Ver PERELMAN, Chaim; OLBRECHTS-TYTECA, Lucie. *Tratado da argumentação*: a nova retórica. São Paulo: Martins Fontes, 1996. p. 22: "É por essa razão que, em matéria de retórica, parece preferível definir o auditório como *o conjunto daqueles que o orador quer influenciar com sua argumentação*. Cada orador pensa, de uma forma mais ou menos consciente, naqueles que procura persuadir e que constituem o auditório ao qual se dirigem seus discursos".

[28] Tribunais, em geral, e cortes constitucionais, em particular, precisam ser capazes de convencer os demais atores políticos, nos outros poderes e na sociedade, do acerto de seus pronunciamentos. Ver MILLER, Mark C. *The view of the courts from the hill*: interactions between Congress and the Federal Judiciary. Charlottesville, VA: Univeristy of Virgina, 2009. p. 7.

III. Discricionariedade judicial e resposta correta

Creia nos que procuram a verdade. Duvide dos que a encontram.
ANDRE GIDE

Em relação a inúmeras questões, como ficou assentado, a solução dos problemas não se encontra pré-pronta no sistema jurídico. Ela precisará ser construída argumentativamente pelo juiz, a quem caberá formular juízos de valor e optar por uma das soluções comportadas pelo ordenamento. Não é incomum referir-se a essa maior participação subjetiva do juiz como *discricionariedade judicial*.[29] Não haverá maior problema na utilização da expressão, desde que seu sentido seja previamente convencionado. Discricionariedade judicial é um conceito que se desenvolve em um novo ambiente de interpretação jurídica, no qual se deu a superação da crença em um juiz que realizaria apenas subsunções mecânicas dos fatos às normas, lenda cultivada pelo pensamento jurídico clássico.[30] O juiz contemporâneo, sobretudo o juiz constitucional, não se ajusta a esse papel, para desalento de muitos. Mas de nada adianta quebrar o espelho por não gostar da imagem.

O fato inafastável é que a interpretação jurídica, nos dias atuais, reserva para o juiz um papel muito mais proativo, que inclui a atribuição de sentido a princípios abstratos e conceitos jurídicos indeterminados, bem como a realização de ponderações. Para além de uma função puramente técnica de conhecimento, o intérprete judicial integra o ordenamento jurídico com

---

[29] Um dos primeiros estudos abrangentes e sistemáticos nessa matéria foi do ex-presidente da Suprema Corte de Israel BARAK, Aharon. *Judicial discretion*. New Haven: Londres: Yale University, 1989.

[30] O conjunto de ideias que ficou conhecido como Pensamento Jurídico Clássico, como descrito por Duncan Kennedy em uma obra magnífica, teve diferentes protagonistas ao longo do tempo e produziu um "método transnacional". De acordo com ele, o pensamento jurídico clássico enxergava o direito como um sistema e tinha como características principais a distinção entre direito público e privado, individualismo e um compromisso com a lógica formal, com o abuso da dedução como método jurídico. Ver KENNEDY, Duncan. Three globalizations of law and legal thought: 1850-2000. In: TRUBEK, David; SANTOS, Alvaro (Ed.). *The new law and development*: a critical appraisal. Nova York: Cambridge University, 2006. p. 23 ("O pensamento jurídico alemão foi, nesse sentido, hegemônico entre 1850 e 1900, o pensamento jurídico francês entre 1900 e meados da década de 1930, e o pensamento jurídico estadunidense após 1950").

suas próprias valorações, sempre acompanhadas do dever de justificação. Discricionariedade judicial, portanto, traduz o reconhecimento de que o juiz não é apenas a boca da lei, um mero exegeta que realiza operações formais. Existe uma dimensão subjetiva na sua atuação. Não a subjetividade da vontade política própria — que fique bem claro —, mas a que inequivocamente decorre da compreensão dos institutos jurídicos, da captação do sentimento social e do espírito de sua época.

Discricionariedade, porém, é um conceito tradicional do direito administrativo, no qual está embutido o juízo de conveniência e oportunidade a ser feito pelo agente público.[31] Nessa acepção, discricionariedade significa liberdade de escolha entre diferentes possibilidades legítimas de atuação, uma opção entre "indiferentes jurídicos".[32] Ora bem: nesse sentido, inexiste discricionariedade judicial. O juiz não faz escolhas livres nem suas decisões são estritamente políticas. Essa é uma das distinções mais cruciais entre o positivismo e o não positivismo. Para Kelsen, principal referência do positivismo normativista romano-germânico, o ordenamento jurídico forneceria, em muitos casos, apenas uma moldura, um conjunto de possibilidades decisórias legítimas. A escolha de uma dessas possibilidades, continua ele, seria um ato político, isto é, plenamente discricionário.[33] A concepção não positivista aqui sustentada afasta-se desse ponto de vista. Com efeito, o direito é informado por uma pretensão de *correção moral*,[34] pela busca de justiça,

---

[31] No conceito clássico formulado por MEIRELLES, Hely Lopes. *Direito administrativo brasileiro*. São Paulo: Malheiros, 1995. p. 143, os atos discricionários são os que "a Administração pode praticar com liberdade de escolha do seu conteúdo, de seu destinatário, de sua conveniência, de sua oportunidade e do modo de sua realização". É certo que, mesmo no âmbito do direito administrativo, essa visão vem sendo significativamente atenuada. Ver BINENBOJM, Gustavo. *Uma teoria do direito administrativo*. Rio de Janeiro: Renovar, 2008. p. 38 e segs.

[32] Ver GRAU, Eros Roberto. *Ensaio e discurso sobre a interpretação/aplicação do direito*. São Paulo: Malheiros, 2009. p. 283.

[33] KELSEN, Hans. *Teoria pura do direito*. São Paulo: Martins Fontes, 1979. p. 466-473.

[34] ALEXY, Robert. *Begriff und Geltung des Rechts*. 4. ed. Munique: Karl Alber, 2005b. p. 29 e segs. A remissão a esse texto é feita pelo próprio Alexy, em artigo publicado em português, com tradução de Fernando Leal, que apresenta um excelente resumo da concepção jurídica do grande jusfilósofo alemão: ver ALEXY, Robert. Principais elementos de uma teoria da dupla natureza do direito. *Revista de Direito Administrativo*, Rio de Janeiro, v. 253, p. 9-30, jan./abr. 2010. p. 18-19: "(...) [A] pretensão de correção envolve ambos os princípios (...). O princípio da segurança jurídica exige a vinculação às leis formalmente corretas e socialmente eficazes; o da justiça reclama a correção moral das decisões".

da solução constitucionalmente adequada. Essa ideia de justiça, em sentido amplo, é delimitada por coordenadas específicas, que incluem a justiça do caso concreto, a segurança jurídica[35] e a dignidade humana.[36] Vale dizer: juízes não fazem escolhas livres, pois são pautados por esses valores, todos eles com lastro constitucional.

Surge aqui uma questão interessante e complexa. Ronald Dworkin, no seu estilo ousado e provocativo, sustentou, em diferentes textos, a tese da existência de uma única resposta correta, mesmo nos casos difíceis, isto é, em questões complexas de direito e moralidade política.[37] Trata-se de uma construção que se situa no âmbito de sua crítica geral ao positivismo jurídico e ao uso que dois dos seus maiores expoentes — Kelsen e Hart — deram à discricionariedade judicial. A tese sempre foi extremamente controvertida, tendo produzido um rico debate pelo mundo afora, com repercussões no Brasil.[38] Não tenho a pretensão de reeditá-lo, embora creia que a minha visão do tema ofereça uma solução na qual não há vencedores nem vencidos. A discussão em torno da existência de uma única resposta correta remete à imemorial questão acerca da *verdade*, sua existência em toda e qualquer situação e os métodos para revelá-la. Se existe uma única resposta correta — e não diferentes pretensões de resposta correta —, é porque existiria, então, uma verdade ao alcance do intérprete. Mas quem tem o poder de validar a

---

[35] Para um relevante estudo sobre a segurança jurídica, ver ÁVILA, Humberto. *Segurança jurídica*: entre permanência, mudança e realização no direito tributário. São Paulo: Revista dos Tribunais, 2011.

[36] Sobre o tema da dignidade humana, ver SARLET, Ingo Wolfgang. *Dignidade da pessoa humana e direitos fundamentais*. Porto Alegre: Livraria do Advogado, 2010; e BARROSO, Luís Roberto. *A dignidade da pessoa humana no direito constitucional contemporâneo*: a construção de um conceito jurídico à luz da jurisprudência mundial. Belo Horizonte: Fórum, 2012a.

[37] Ver DWORKIN, Ronald. *Taking rights seriously*. Bridgewater, NJ: Replica Books, 1997. p. 279 e segs.; DWORKIN, Ronald. *A matter of principle*. Massachusetts: Harvard University, 2000. p. 119 e segs.; e DWORKIN, Ronald. *Justice in robes*. Cambridge: Harvard University, 2006. p. 41 e segs.

[38] Ver, *e.g.*, CRUZ, Álvaro Ricardo de Souza. *A resposta correta*: incursões jurídicas e filosóficas sobre as teorias da justiça. Belo Horizonte: Arraes, 2011; STRECK, Lenio Luiz. *Verdade e consenso*: constituição, hermenêutica e teorias discursivas. São Paulo: Saraiva, 2012. p. 327 e segs.; PEDRON, Flávio Quinaud. Esclarecimentos sobre a tese da única "resposta correta", de Ronald Dworkin. *Revista CEJ*, Brasília, ano 45, p. 102-109, abr./jun. 2009; e FREITAS, Juarez. A melhor interpretação constitucional *versus* a única resposta correta. In: SILVA, Virgílio Afonso da (Org.). *Interpretação constitucional*. São Paulo: Malheiros, 2005.

verdade proclamada pelo intérprete? Se houver uma força externa ao intérprete, com o poder de chancelar a verdade proclamada, será inevitável reconhecer que ela é filha da autoridade. Portanto, a questão deixa de ser acerca da efetiva existência de uma verdade ou de uma única resposta correta, e passa a ser a de quem tem autoridade para proclamá-la. Cuida-se de saber, em última análise, quem é o dono da verdade.[39]

Dois exemplos, um literário e outro real, exibem as dificuldades na matéria. O primeiro. Dois amigos estão sentados em um bar no Alasca, tomando uma cerveja. Começam, como previsível, conversando sobre mulheres. Depois falam de esportes diversos. E na medida em que a cerveja acumulava, passam a falar sobre religião. Um deles é ateu. O outro é um homem religioso. Passam a discutir sobre a existência de Deus. O ateu fala:

> Não é que eu nunca tenha tentado acreditar, não. Eu tentei. Ainda recentemente. Eu havia me perdido em uma tempestade de neve em um lugar ermo, comecei a congelar, percebi que ia morrer ali. Aí, me ajoelhei no chão e disse, bem alto: Deus, se você existe, me tire dessa situação, salve a minha vida.

Diante de tal depoimento, o religioso disse: "Bom, mas você foi salvo, você está aqui, deveria ter passado a acreditar". E o ateu responde: "Nada disso! Deus não deu nem sinal. A sorte que eu tive é que vinha passando um casal de esquimós. Eles me resgataram, me aqueceram e me mostraram o caminho de volta. É a eles que eu devo a minha vida".[40] Note-se que não há aqui qualquer dúvida quanto aos fatos, apenas sobre como interpretá-los.

---

[39] Merece registro, a esse propósito, o antológico poema de Carlos Drummond de Andrade intitulado "Verdade": "A porta da verdade estava aberta,/ mas só deixava passar/ meia pessoa de cada vez.// Assim não era possível atingir toda a verdade,/ porque a meia pessoa que entrava/ só trazia o perfil de meia verdade./ E sua segunda metade/ voltava igualmente com meio perfil./ E os meios perfis não coincidiam.// Arrebentaram a porta. Derrubaram a porta./ Chegaram ao lugar luminoso/ onde a verdade esplendia seus fogos./ Era dividida em metades/ diferentes uma da outra.// Chegou-se a discutir qual a metade mais bela./ Nenhuma das duas era totalmente bela./ E carecia optar. Cada um optou conforme/ seu capricho, sua ilusão, sua miopia".

[40] Exemplo inspirado por passagem do livro de WALLACE, David Foster. *This is water*: some thoughts, delivered on significant occasion, on living a compassionate life. Nova York: Little, Brown and Company, 2009. p. 17-24.

A BASE DO DEBATE

O segundo exemplo envolve uma questão de largo alcance político e moral, relacionado com a chamada justiça de transição. Há uma recorrente discussão acerca do tratamento a ser dado aos crimes que foram praticados por agentes do Estado durante o regime militar no Brasil, aí incluídos homicídios, tortura e sequestros. Como se sabe, a Lei de Anistia, de 1979, tornou impossível a responsabilização de todos quantos houvessem cometido crimes políticos ou conexos entre 2 de setembro de 1961 e 15 de agosto de 1979. A decisão do Supremo Tribunal Federal, tomada por 7 votos a 2, considerou válida essa lei, em julgamento realizado em 28 de abril de 2010.[41] Posteriormente, em dezembro de 2010, a Corte Interamericana de Direitos Humanos, ao julgar um caso envolvendo desaparecidos na guerrilha do Araguaia, considerou que a lei brasileira de anistia era incompatível com a Convenção Americana de Direitos Humanos, por impedir a apuração de graves violações de direitos humanos, a responsabilização dos culpados e a reparação às vítimas.[42] No debate público, há duas posições contrapostas em relação a essa matéria, que podem ser assim enunciadas:

A. a Lei de Anistia foi uma decisão política legítima, tomada pelos lados contrapostos para conduzirem uma transição pacífica para a democracia;[43]

B. a Lei de Anistia foi uma inaceitável imposição dos que detinham a força, para imunizarem-se dos crimes que haviam cometido.[44]

Nos dois exemplos, tanto no fictício como no real, pessoas esclarecidas e bem-intencionadas podem tomar partido por um lado ou outro.[45] Qual a resposta correta? Onde está a verdade? O fato inegável é que mesmo quem se oponha ao relativismo moral e reconheça a existência de um núcleo essen-

---

[41] ADPF 153, rel. min. Eros Grau.

[42] CIDH, Gomes Lund e outros, *vs.* Brasil, 2010. Disponível em: <www.corteidh.or.cr/docs/casos/articulos/seriec_219_por.pdf>.

[43] Esta foi, em linhas gerais, a linha do voto do relator, min. Eros Grau.

[44] Para uma defesa da revisão do julgado, ver SOUZA NETO, Claudio Pereira de. Não há obstáculo para rever o julgamento da Lei da Anistia. *Consultor Jurídico*, 2 abr. 2014.

[45] Característica das sociedades abertas contemporâneas é o "fato do pluralismo" e a inevitabilidade dos "desacordos morais razoáveis", conceitos explorados em RAWLS, John. *Political liberalism*. Nova York: Columbia University, 2005. p. 54-55 (1. ed. de 1993).

cial do bem, do correto e do justo, há de admitir que nem sempre a verdade se apresenta objetivamente clara, capaz de iluminar a todos indistintamente. Dependendo de onde se encontre o intérprete, do seu ponto de observação, será noite ou será dia, haverá sol ou haverá sombra. É preciso conjurar o risco do *stalinismo* jurídico, em que algum "farol dos povos" de ocasião venha a ser o portador da verdade revelada, com direito a promover o expurgo dos que pensam diferentemente.

Dito isso, porém, um intérprete judicial jamais poderá chegar ao final do exame de uma questão e afirmar que não há uma solução própria para ela. Vale dizer: não pode dizer que há empate, que tanto faz um resultado ou outro, ou que o caso pode ser decidido por cara e coroa. Assim, embora não se possa falar, em certos casos difíceis, em uma resposta objetivamente correta — única e universalmente aceita —, existe, por certo, uma resposta subjetivamente correta. Isso significa que, para um dado intérprete, existe uma única solução correta, justa e constitucionalmente adequada a ser perseguida. E esse intérprete tem deveres de integridade[46] — ele não pode ignorar o sistema jurídico, os conceitos aplicáveis e os precedentes na matéria — e tem deveres de coerência, no sentido de que não pode ignorar as suas próprias decisões anteriores, bem como as premissas que estabeleceu em casos precedentes. Um juiz não é livre para escolher de acordo com seu estado de espírito, suas simpatias ou suas opções estratégicas na vida. Um juiz de verdade, sobretudo um juiz constitucional, tem deveres de integridade e de coerência.

---

[46] A ideia de *direito como integridade* é um dos conceitos-chave do pensamento de Ronald Dworkin, tendo sido desenvolvido no capítulo VII de sua obra *Law's empire*, de 1986 (em português, *O império do direito*. São Paulo: Martins Fontes, 1999. p. 271 e segs.). Em outra obra, intitulada *Freedom's law: the moral reading of the American Constitution* (Cambridge: Harvard University, 1996. p. 10), Dworkin volta ao tema, ao afirmar que a *leitura moral da Constituição*, por ele preconizada, é limitada pela exigência de *integridade* constitucional, afirmando: "Os juízes não devem ler suas próprias convicções na Constituição. Não devem ler cláusulas morais abstratas como se expressassem algum juízo moral particular, não importa quão adequado esse juízo lhes pareça, a menos que o considerem consistente em princípio com o desenho estrutural da Constituição como um todo e também com as linhas dominantes da interpretação constitucional assentadas pelos juízes que os antecederam".

Capítulo III: O STF e sua função majoritária e representativa

I. A jurisdição constitucional

As múltiplas competências do Supremo Tribunal Federal, enunciadas no art. 102 da Constituição, podem ser divididas em duas grandes categorias: ordinárias e constitucionais.[47] O Tribunal presta *jurisdição ordinária* nas diferentes hipóteses em que atua como qualquer outro órgão jurisdicional, aplicando o direito infraconstitucional a situações concretas, que vão do julgamento criminal de parlamentares à solução de conflitos de competência entre tribunais. De parte disso, o Tribunal tem, como função principal, o exercício da *jurisdição constitucional*, que se traduz na interpretação e aplicação da Constituição, tanto em ações diretas quanto em processos subjetivos. Ao prestar jurisdição constitucional nos diferentes cenários pertinentes, cabe à Corte: (i) aplicar diretamente a Constituição a situações nela contempladas, como faz, por exemplo, ao assegurar ao acusado em ação penal o direito à não autoincriminação; (ii) declarar a inconstitucionalidade de leis ou atos normativos, como fez no tocante à resolução do TSE que redistribuía o número de cadeiras na Câmara do Deputados; ou (iii) sanar lacunas do sistema jurídico ou omissões inconstitucionais dos poderes, como fez ao regulamentar a greve no serviço público.

Do ponto de vista político-institucional, o desempenho da jurisdição constitucional pelo Supremo Tribunal Federal — bem como por supremas cortes ou tribunais constitucionais mundo afora — envolve dois tipos de atuação: a contramajoritária e a representativa. A atuação contramajoritária é um dos temas mais analisados na teoria constitucional, que há muitas décadas discute a legitimidade democrática da invalidação de atos do Legislativo

---

[47] Para um amplo levantamento estatístico e sistemático dos diferentes papéis do STF, ver FALCÃO, Joaquim; CERDEIRA, Pablo de Camargo; ARGUELHES, Diego Werneck. *I Relatório Supremo em números*: o múltiplo Supremo. Rio de Janeiro: Direito Rio, 2011. Para uma reflexão crítica acerca do acúmulo de competências da Corte, ver VIEIRA, Oscar Vilhena. Supremocracia. *Revista de Direito do Estado*, v. 12, p. 55-75, out./dez. 2008. Para uma proposta concreta de requacionamento da atuação do STF, ver BARROSO, Luís Roberto. Reflexões sobre as competências e o funcionamento do Supremo Tribunal Federal. *Consultor Jurídico*, 26 ago. 2014b. Disponível em: <www.conjur.com.br/2014-ago-26/roberto-barroso-propoe-limitar-repercussao-geral-supremo>.

e do Executivo por órgão jurisdicional. Já a função representativa tem sido largamente ignorada pela doutrina e pelos formadores de opinião em geral. Nada obstante isso, em algumas partes do mundo, e destacadamente no Brasil, este segundo papel se tornou não apenas mais visível como, circunstancialmente, mais importante. O presente capítulo procura lançar luz sobre esse fenômeno, que tem passado curiosamente despercebido, apesar de ser, possivelmente, a mais importante transformação institucional da última década.

II. O papel contramajoritário do Supremo Tribunal Federal

O Supremo Tribunal Federal, como as cortes constitucionais em geral, exerce o controle de constitucionalidade dos atos normativos, inclusive os emanados do Poder Legislativo e da chefia do Poder Executivo. No desempenho de tal atribuição, pode invalidar atos do Congresso Nacional — composto por representantes eleitos pelo povo brasileiro — e do presidente da República, eleito com mais de meia centena de milhões de votos. Vale dizer: 11 ministros do STF (na verdade, seis, pois basta a maioria absoluta), que jamais receberam um voto popular, podem sobrepor sua interpretação da Constituição à que foi feita por agentes políticos investidos de mandato representativo e legitimidade democrática. A essa circunstância, que gera uma aparente incongruência no âmbito de um Estado democrático, a teoria constitucional deu o apelido de "dificuldade contramajoritária".[48]

A despeito de resistências teóricas pontuais,[49] esse papel contramajoritário do controle judicial de constitucionalidade tornou-se quase universalmente aceito. A legitimidade democrática da jurisdição constitucional tem sido assentada com base em dois fundamentos principais: a) a proteção dos direitos fundamentais, que correspondem ao mínimo ético e à reserva de

---

[48] A expressão se tornou clássica a partir da obra de BICKEL, Alexander. *The least dangerous branch*: the Supreme Court at the bar of politics. 2. ed. New Haven: Yale University, 1986. p. 16 e segs. (1. ed. de 1962).

[49] *E.g.*, WALDRON, Jeremy. The core of the case against judicial review. *The Yale Law Journal*, v. 115, n. 6, p. 1346-1406, 2006; e Mark Tushnet, *Taking the Constitution away from the Courts*, op. cit.

A BASE DO DEBATE

justiça de uma comunidade política,[50] insuscetíveis de serem atropelados por deliberação política majoritária; e b) a proteção das regras do jogo democrático e dos canais de participação política de todos.[51] A maior parte dos países do mundo confere ao Judiciário, mais particularmente à sua suprema corte ou corte constitucional, o *status* de sentinela contra o risco da tirania das maiorias.[52] Evita-se, assim, que possam deturpar o processo democrático ou oprimir as minorias. Há razoável consenso, nos dias atuais, de que o conceito de democracia transcende a ideia de governo da maioria, exigindo a incorporação de outros valores fundamentais.

Um desses valores fundamentais é o direito de cada indivíduo a igual respeito e consideração,[53] isto é, a ser tratado com a mesma dignidade dos demais — o que inclui ter os seus interesses e opiniões levados em conta. A democracia, portanto, para além da dimensão procedimental de ser o governo da maioria, possui igualmente uma dimensão substantiva, que inclui igualdade, liberdade e justiça. É isso que a transforma, verdadeiramente, em um projeto coletivo de autogoverno, em que ninguém é deliberadamente deixado para trás. Mais do que o direito de participação igualitária, democracia significa que os vencidos no processo político, assim como os segmentos minoritários em geral, não estão desamparados e entregues à própria sorte. Justamente ao contrário, conservam sua condição de membros igualmente dignos da comunidade política.[54] Em quase todo o mundo, o guardião des-

---

[50] A equiparação entre direitos humanos e reserva mínima de justiça é feita por Robert Alexy em diversos de seus trabalhos. Ver, *e.g.*, ALEXY, Robert. *La institucionalización de la justicia*. Granada: Comares, 2005c. p. 76.

[51] Para esta visão processualista do papel da jurisdição constitucional, ver ELY, John Hart. *Democracy and distrust*: a theory of judicial review. Cambridge: Harvard University, 1980.

[52] A expressão foi utilizada por MILL, John Stuart. *On liberty*. Londres: Longmans, 1874. p. 13: "A tirania da maioria é agora geralmente incluída entre os males contra os quais a sociedade precisa ser protegida [...]".

[53] Ronald Dworkin, *Taking rights seriously*, op. cit., p. 181. (1. ed. de 1977).

[54] Nas palavras de MENDONÇA, Eduardo. *A democracia das massas e a democracia das pessoas*: uma reflexão sobre a dificuldade contramajoritária. Tese (doutorado) — Universidade do Estado do Rio de Janeiro, Rio de Janeiro, 2014. p. 84: "Os perdedores de cada processo decisório não se convertem em dominados, ostentando o direito fundamental de não serem desqualificados como membros igualmente dignos da comunidade política".

sas promessas[55] é a suprema corte ou o tribunal constitucional, por sua capacidade de ser um fórum de princípios[56] — isto é, de valores constitucionais, e não de política — e de razão pública — isto é, de argumentos que possam ser aceitos por todos os envolvidos no debate.[57] Seus membros não dependem do processo eleitoral e suas decisões têm de fornecer argumentos normativos e racionais que as suportem.

Cumpre registrar que esse papel contramajoritário do Supremo Tribunal Federal tem sido exercido, como é próprio, com razoável parcimônia. De fato, nas situações em que não estejam em jogo direitos fundamentais e os pressupostos da democracia, a Corte deve ser deferente para com a liberdade de conformação do legislador e a razoável discricionariedade do administrador. Por isso mesmo, é relativamente baixo o número de dispositivos de leis federais efetivamente declarados inconstitucionais, sob a vigência da Constituição de 1988.[58] É certo que, em uma singularidade brasileira, existem alguns precedentes de dispositivos de emendas constitucionais cuja invalidade foi declarada pelo STF.[59] Mas, também aqui, nada de especial significação,

---

[55] A expressão consta do título do livro de GARAPON, Antoine. *O juiz e a democracia*: o guardião das promessas. Rio de Janeiro: Revan, 1999.

[56] DWORKIN, Ronald. The forum of principle. *New York University Law Review*, v. 56, p. 469-518, 1981.

[57] John Rawls, *Political liberalism*, op. cit.

[58] Com base em levantamento elaborado pela Secretaria de Gestão Estratégica, do Supremo Tribunal Federal, foi possível identificar 93 dispositivos de lei federal declarados inconstitucionais, desde o início de vigência da Constituição de 1988 — um número pouco expressivo, ainda mais quando se considera que foram editadas, no mesmo período, nada menos que 5.379 leis ordinárias federais, somadas a outras 88 leis complementares. Na imensa maioria dos casos, teve-se o reconhecimento da invalidade de dispositivos pontuais, mantendo-se em vigor a parte mais substancial dos diplomas objeto de questionamento. Embora esse levantamento não leve em conta a abrangência e relevância dos dispositivos que tiveram sua inconstitucionalidade declarada, confirma a percepção de que, ao menos do ponto de vista quantitativo, a imensa maioria da produção legislativa não é afetada pela atuação do STF.

[59] Em ordem cronológica, é possível sistematizar da seguinte forma: (i) declaração de inconstitucionalidade da EC nº 3/1993, que havia instituído o Imposto Provisório sobre Movimentações Financeiras (IPMF), sob o fundamento de não terem sido observadas determinadas limitações constitucionais ao poder de tributar, como a anterioridade e a imunidade recíproca dos entes federativos (STF, *DJ* 9.3.1994, ADI 939, rel. min. Sydney Sanches; (ii) interpretação conforme a EC nº 20/1998, assentando que o teto instituído para o custeio estatal de benefícios do regime geral de previdência não seria aplicável à licença-gestante, de modo a evitar que o repasse de encargos

em quantidade e qualidade. Anote-se, por relevante, que em alguns casos emblemáticos de judicialização de decisões políticas — como a ADI contra o dispositivo que autorizava as pesquisas com células-tronco embrionárias, a ADPF contra a lei federal que previa ações afirmativas em favor de negros no acesso a universidades e a ação popular que questionava o decreto presidencial de demarcação contínua da Terra Indígena Raposa Serra do Sol por decreto do presidente da República —, a posição do Tribunal, em todos eles, foi de autocontenção e de preservação da decisão tomada pelo Congresso Nacional ou pelo presidente da República.

Até aqui procurou-se justificar a legitimidade democrática do papel contramajoritário exercido pela jurisdição constitucional, bem como demonstrar que não há superposição plena entre o conceito de democracia e o princípio majoritário. Antes de analisar o tema da função representativa do STF e concluir o presente ensaio, cabe enfrentar uma questão complexa e delicada em todo o mundo, materializada na seguinte indagação: até que ponto é possível afirmar, sem apegar-se a uma ficção ou a uma idealização desconectada dos fatos, que os atos legislativos correspondem, efetivamente, à vontade majoritária?

---

aos empregadores prejudicasse a inserção das mulheres no mercado de trabalho formal (STF, ADI 1.946, *DJ* 16.5.2003, rel. min. Sydney Sanches); (iii) declaração de inconstitucionalidade de dispositivos pontuais da EC nº 41/2004, apenas na parte em que se instituía variação entre União, estados e municípios no tocante ao cálculo da contribuição previdenciária devida pelos servidores inativos, sob o fundamento de ofensa ao princípio federativo (STF, *DJ* 18.2.2005, ADI 3.128, rel. p/ o acórdão min. Cezar Peluso); (iv) suspensão cautelar da parte central da EC nº 30/2000, que estabelecera um regime especial para o pagamento de precatórios vencidos, com parcelamento em 10 anos, sob os argumentos de quebra da ordem de pagamentos e da isonomia, bem como de violação à autoridade das decisões judiciais (STF, *DJe* 19.5.2011, MC na ADI 2.356, rel. p/ o acórdão min. Ayres Britto); (v) declaração de inconstitucionalidade de parte substancial da EC nº 62/2009, que pretendeu instituir um novo regime transitório para a regularização dos precatórios, novamente sob os argumentos centrais de quebra da ordem cronológica e da isonomia, bem como de violação ao princípio da moralidade administrativa (STF, *DJe* 19.12.2013, ADI 4.357 e ADI 4.425, rel. min. Luiz Fux).

III. A crise da representação política

Há muitas décadas, em todo o mundo democrático, é recorrente o discurso acerca da crise dos parlamentos e das dificuldades da representação política. Da Escandinávia à América Latina, um misto de ceticismo, indiferença e insatisfação assinala a relação da sociedade civil com a classe política. Nos países em que o voto não é obrigatório, os índices de abstenção revelam o desinteresse geral. Em países de voto obrigatório, como o Brasil, um percentual muito baixo de eleitores é capaz de se recordar em quem votou nas últimas eleições parlamentares. Disfuncionalidade, corrupção, captura por interesses privados são temas globalmente associados à atividade política. E, não obstante isso, em qualquer Estado democrático, política é um gênero de primeira necessidade. Mas as insuficiências da democracia representativa, na quadra atual, são excessivamente óbvias para serem ignoradas.

A consequência inevitável é a dificuldade de o sistema representativo expressar, efetivamente, a vontade majoritária da população. Como dito, o fenômeno é em certa medida universal. Nos Estados Unidos, cuja política interna tem visibilidade global, os desmandos do financiamento eleitoral, a indesejável infiltração da religião no espaço público e a radicalização de alguns discursos partidários deterioraram o debate público e afastaram o cidadão comum. Vicissitudes análogas acometem países da América Latina e da Europa, com populismos de esquerda, em uma, e de direita, em outra. No Brasil, por igual, vive-se uma situação delicada, em que a atividade política desprendeu-se da sociedade civil, que passou a vê-la com indiferença, desconfiança ou desprezo. Ao longo dos anos, a ampla exposição das disfunções do financiamento eleitoral, das relações oblíquas entre Executivo e parlamentares e do exercício de cargos públicos para benefício próprio revelou as mazelas de um sistema que gera muita indignação e poucos resultados.[60]

---

[60] Expressando esse desencanto, escreveu em artigo jornalístico o historiador Marco Antonio Villa (Os desiludidos da República. *O Globo*, Rio de Janeiro, 8 jul. 2014. p. 16): "O processo eleitoral reforça este quadro de hostilidade à política. A mera realização de eleições — que é importante — não desperta grande interesse. Há um notório sentimento popular de cansaço, de enfado, de identificação do voto como um ato inútil, que nada muda. De que toda eleição é sempre igual, recheada de ataques pessoais e alianças absurdas. Da ausência de discussões programáticas. De promessas que são descumpridas nos primeiros dias de governo. De políticos sabidamente cor-

A BASE DO DEBATE

Em suma: a doutrina, que antes se interessava pelo tema da dificuldade contramajoritária dos tribunais constitucionais, começa a voltar atenção para o défice democrático da representação política.[61]

Essa crise de legitimidade, representatividade e funcionalidade dos parlamentos gerou, como primeira consequência, em diferentes partes do mundo, um fortalecimento do Poder Executivo. Nos últimos anos, porém, e com especial expressão no Brasil, tem-se verificado uma expansão do Poder Judiciário e, notadamente, do Supremo Tribunal Federal. Em curioso paradoxo, o fato é que em muitas situações juízes e tribunais se tornaram mais representativos dos anseios e demandas sociais do que as instâncias políticas tradicionais. É estranho, mas vivemos uma quadra em que a sociedade se identifica mais com seus juízes do que com seus parlamentares. Um exemplo ilustra bem a afirmação: quando o Congresso Nacional aprovou as pesquisas com células-tronco embrionárias, o tema passou despercebido. Quando a lei foi questionada no STF, assistiu-se a um debate nacional. É imperativo procurar compreender melhor esse fenômeno, explorar-lhe eventuais potencialidades positivas e remediar a distorção que ele representa. A teoria constitucional ainda não elaborou analiticamente o tema, a despeito da constatação inevitável: a democracia já não flui exclusivamente pelas instâncias políticas tradicionais.

---

ruptos e que permanecem eternamente como candidatos — e muitos deles eleitos e reeleitos. Da transformação da eleição em comércio muito rendoso, onde não há política no sentido clássico. Além da insuportável propaganda televisiva, com os jingles, a falsa alegria dos eleitores e os candidatos dissertando sobre o que não sabem".

[61] Ver, *e.g.*, GRABER, Mark A. The countermajoritarian difficulty: from courts to Congress to constitutional order. *Annual Review of Law and Social Science*, v. 4, p. 361-362, 2008. Em meu texto Neoconstitucionalismo e constitucionalização do direito (op. cit., p. 41), escrevi: "Cidadão é diferente de eleitor; governo do povo não é governo do eleitorado. No geral, o processo político majoritário se move por interesses, ao passo que a lógica democrática se inspira em valores. E, muitas vezes, só restará o Judiciário para preservá-los. O *deficit* democrático do Judiciário, decorrente da dificuldade contramajoritária, não é necessariamente maior que o do Legislativo, cuja composição pode estar afetada por disfunções diversas, dentre as quais o uso da máquina administrativa, o abuso do poder econômico, a manipulação dos meios de comunicação".

IV. O papel representativo do Supremo Tribunal Federal[62]

A grande arte em política não é ouvir os que falam,
é ouvir os que se calam.
ETIENNE LAMY

Ao longo do texto procurou-se ressaltar a substantivação do conceito de democracia, que não apenas não se identifica integralmente com o princípio majoritário como, ademais, tem procurado novos mecanismos de expressão. Um deles foi a transferência de poder político — aí incluído certo grau de criação judicial do direito — para órgãos como o Supremo Tribunal Federal. O presente tópico procura explorar esse fenômeno, tanto na sua dinâmica interna quanto nas suas causas e consequências. No arranjo institucional contemporâneo, em que se dá a confluência entre a democracia representativa e a democracia deliberativa,[63] o exercício do poder e da autoridade é legitimado por votos e por argumentos. É fora de dúvida que o modelo tradicional de separação de poderes, concebido no século XIX e que sobreviveu ao século XX, já não dá conta de justificar, em toda a extensão, a estrutura e funcionamento do constitucionalismo contemporâneo. Para utilizar um lugar comum, parodiando Antonio Gramsci, vivemos um momento em que o velho já morreu e o novo ainda não nasceu.[64]

---

[62] O presente tópico beneficia-se da minha longa interlocução com Eduardo Mendonça, que se materializou em dois trabalhos que escrevemos em parceria e, sobretudo, na sua notável tese de doutorado, da qual fui orientador, intitulada *A democracia das massas e a democracia das pessoas*, op. cit. Os trabalhos conjuntos foram publicados na revista eletrônica *Consultor Jurídico*, como resenhas da atuação do STF nos anos de 2011 e 2012, intituladas, respectivamente, "Supremo foi permeável à opinião pública, sem ser subserviente" e "STF entre seus papéis contramajoritário e representativo".

[63] A ideia de democracia deliberativa tem como precursores autores como John Rawls, com sua ênfase na razão, e Jürgen Habermas, com sua ênfase na comunicação humana. Sobre democracia deliberativa, ver, entre muitos, em língua inglesa, GUTMANN, Amy; THOMPSON, Dennis. *Why deliberative democracy?* Princeton: Princeton University, 2004; em português, SOUZA NETO, Cláudio Pereira de. *Teoria constitucional e democracia deliberativa*. Renovar: Rio de Janeiro, 2006.

[64] GRAMSCI, Antonio. *Cadernos do cárcere*, 1926-1937. Disponível, na versão em espanhol, em: <http://pt.scribd.com/doc/63460598/Gramsci-Antonio-Cuadernos-de-La-Carcel-Tomo-1--OCR>: "A crise consiste precisamente no fato de que o velho está morrendo e o novo não pode

A BASE DO DEBATE

A doutrina da dificuldade contramajoritária, estudada anteriormente, assenta-se na premissa de que as decisões dos órgãos eletivos, como o Congresso Nacional, seriam sempre expressão da vontade majoritária. E que, ao revés, as decisões proferidas por uma corte suprema, cujos membros não são eleitos, jamais seriam. Qualquer estudo empírico desacreditaria as duas proposições. Por numerosas razões, o Legislativo nem sempre expressa o sentimento da maioria.[65] Além do já mencionado déficit democrático resultante das falhas do sistema eleitoral e partidário, é possível apontar algumas outras. Em primeiro lugar, minorias parlamentares podem funcionar como *veto players*,[66] obstruindo o processamento da vontade da própria maioria parlamentar. Em outros casos, o autointeresse da Casa legislativa leva-a a decisões que frustram o sentimento popular. Além disso, parlamentos em todo o mundo estão sujeitos à captura eventual por interesses especiais, eufemismo que identifica o atendimento a interesses de certos agentes influentes do ponto de vista político ou econômico, ainda quando em conflito com o interesse coletivo.[67]

Por outro lado, não é incomum nem surpreendente que o Judiciário, em certos contextos, seja melhor intérprete do sentimento majoritário. Inúmeras razões contribuem para isso.[68] Inicio por uma que é menos explorada

---

nascer. Nesse interregno, uma grande variedade de sintomas mórbidos aparece". Ver também entrevista do sociólogo BAUMAN, Zigmunt. Disponível em: <www.ihu.unisinos.br/noticias/24025-%60%60o-velho-mundo-esta-morrendo-mas-o-novo-ainda-nao-nasceu%60%60-entrevista-com-zigmunt-bauman>.

[65] Sobre o tema, ver LAIN, Corinna Barret. Upside-down judicial review. *The Georgetown Law Review*, v. 101, p. 113-183, 2012-2013. Ver também KLARMAN, Michael J. The majoritarian judicial review: the entrenchment problem. *The Georgetown Law Journal*, v. 85, p. 49, 1996-1997.

[66] *Veto players* são atores individuais ou coletivos com capacidade de parar o jogo ou impedir o avanço de uma agenda. Sobre o tema, ver ABRAMOVAY, Pedro. *Separação de poderes e medidas provisórias*. Rio de Janeiro: Elzevier, 2012. p. 44 e segs.

[67] Este tema tem sido objeto de estudo, nos Estados Unidos, por parte da chamada *public choice theory*, que procura desmistificar a associação entre lei e vontade da maioria. Para um resumo desses argumentos, ver BRANDÃO, Rodrigo. *Supremacia judicial* versus *diálogos institucionais*: a quem cabe a última palavra sobre o sentido da Constituição. Rio de Janeiro: Lumen Juris, 2012. p. 205.

[68] MELLO, Patrícia Perrone Campos. *Nos bastidores do Supremo Tribunal Federal*: Constituição, emoção, estratégia e espetáculo. Tese (doutorado) — Universidade do Estado do Rio de Janeiro, Rio de Janeiro, 2014. p. 399-411, faz uma compilação das justificativas apresentadas por diferentes autores na literatura jurídica americana para esse alinhamento das Supremas Cortes com a maioria. Os principais deles seriam: i) a indicação política dos juízes, que, por isso, seriam sensíveis

pela doutrina em geral, mas particularmente significativa no Brasil. Juízes são recrutados, na primeira instância, mediante concurso público. Isso significa que pessoas vindas de diferentes origens sociais, desde que tenham cursado uma faculdade de direito e tenham feito um estudo sistemático aplicado, podem ingressar na magistratura. Essa ordem de coisas produziu, ao longo dos anos, um drástico efeito democratizador do Judiciário. Por outro lado, o acesso a uma vaga no Congresso envolve um custo financeiro elevado, que obriga o candidato, com frequência, a buscar financiamentos e parcerias com diferentes atores econômicos e empresariais. Esse fato produz uma inevitável aliança com alguns interesses particulares. Por essa razão, em algumas circunstâncias, juízes são capazes de representar melhor — ou com mais independência — a vontade da sociedade. Poder-se-ia contrapor que esse argumento não é válido para os integrantes do Supremo Tribunal Federal. Na prática, porém, a quase integralidade dos ministros integrantes da Corte é composta por egressos de carreiras jurídicas cujo ingresso se faz por disputados concursos públicos.[69]

Diversas outras razões se acrescem a essa. Em primeiro lugar, juízes possuem a garantia da vitaliciedade. Como consequência, não estão sujeitos às circunstâncias de curto prazo da política eleitoral, nem tampouco, ao menos em princípio, a tentações populistas. Uma segunda razão é que os órgãos judiciais somente podem atuar por iniciativa das partes: ações judiciais não se instauram de ofício. Ademais, juízes e tribunais não podem julgar além do que foi pedido e têm o dever de ouvir todos os interessados. No caso

---

ao pensamento da maioria; ii) a sujeição dos juízes aos valores da comunidade e aos mesmos movimentos sociais; iii) a interação das Supremas Cortes com a opinião pública (inclusive por meio do *backlash*); iv) a preocupação com sua credibilidade e estabilidade institucional (em face das instâncias majoritárias); v) o desejo de reconhecimento ou a preocupação com a imagem de seus integrantes junto à opinião pública.

[69] Na composição de julho de 2014: Celso de Mello era integrante do Ministério Público de São Paulo. Gilmar Mendes e Joaquim Barbosa vieram do Ministério Público Federal. Cármen Lúcia e Luís Roberto Barroso eram procuradores do Estado. Luiz Fux e Teori Zavascky proveem, respectivamente, da magistratura estadual e federal. Rosa Weber, da magistratura do trabalho. Os outros três ministros, embora não concursados para ingresso nas instituições que integravam, vieram de carreiras vitoriosas: Marco Aurélio Mello (Procuradoria do Trabalho e, depois, ministro do TST), Ricardo Lewandowski (desembargador do Tribunal de Justiça de São Paulo, tendo ingressado na magistratura pelo quinto constitucional) e Dias Toffoli (advogado-geral da União).

do Supremo Tribunal Federal, além da atuação obrigatória do procurador-geral da República e do advogado-geral da União em diversas ações, existe a possibilidade de convocação de audiências públicas e da atuação de *amici curiae*. Por fim, mas não menos importante, decisões judiciais precisam ser motivadas. Isso significa que, para serem válidas, jamais poderão ser um ato de pura vontade discricionária: a ordem jurídica impõe ao juiz de qualquer grau o dever de apresentar razões, isto é, os fundamentos e argumentos do seu raciocínio e convencimento.

Convém aprofundar um pouco mais este último ponto. Em uma visão tradicional e puramente majoritária da democracia, ela se resumiria a uma *legitimação eleitoral* do poder. Por esse critério, o fascismo na Itália ou o nazismo na Alemanha poderiam ser vistos como democráticos, ao menos no momento em que se instalaram no poder e pelo período em que tiveram apoio da maioria da população. Aliás, por esse último critério, até mesmo o período Médici, no Brasil, passaria no teste. Não é uma boa tese. Além do momento da investidura, o poder se legitima, também, por suas ações e pelos fins visados.[70] Cabe aqui retomar a ideia de democracia deliberativa, que se funda, precisamente, em uma *legitimação discursiva*: as decisões políticas devem ser produzidas após debate público livre, amplo e aberto, ao fim do qual se forneçam as *razões* das opções feitas. Por isso se ter afirmado, anteriormente, que a democracia contemporânea é feita de votos e argumentos.[71] Um *insight* importante nesse domínio é fornecido pelo jusfilósofo alemão Robert Alexy, que se refere à corte constitucional como *representante argumentativo da sociedade*. Segundo ele, a única maneira de reconciliar a jurisdição constitucional com a democracia é concebê-la, também, como uma representação popular. Pessoas racionais são capazes de aceitar argumentos sólidos e corretos. O constitucionalismo democrático possui uma legitimação discursiva, que é um projeto de institucionalização da razão e da correção.[72]

---

[70] Ver MOREIRA NETO, Diogo de Figueiredo. *Teoria do poder*. Parte I. São Paulo: Revista dos Tribunais, 1992. p. 228-231, em que discorre sobre a legitimidade *originária, corrente* e *finalística* do poder político.

[71] Para o aprofundamento dessa discussão acerca de legitimação eleitoral e discursiva, ver Eduardo Mendonça, *A democracia das massas e a democracia das pessoas*, op. cit., p. 64-86.

[72] Ver ALEXY, Robert. Balancing, constitutional review, and representation. *International Journal of Constitutional Law*, v. 3, p. 578 e segs., 2005a.

Cabe fazer algumas observações adicionais. A primeira delas de caráter terminológico. Se se admite a tese de que os órgãos representativos podem não refletir a vontade majoritária, decisão judicial que infirme um ato do Congresso pode não ser contramajoritária. O que ela será, invariavelmente, é *contrarrepresentativa*,[73] entendendo-se o Parlamento como o órgão por excelência de representação popular. De parte isso, cumpre fazer um contraponto à assertiva, feita parágrafos atrás, de que juízes eram menos suscetíveis a tentações populistas. Isso não significa que estejam imunes a essa disfunção. Notadamente em uma época de julgamentos televisados, cobertura da imprensa e reflexos na opinião pública, o impulso de agradar a plateia é um risco que não pode ser descartado. Mas penso que qualquer observador isento testemunhará que essa não é a regra. É pertinente advertir, ainda, para um outro risco. Juízes são aprovados em concursos árduos e competitivos, que exigem longa preparação, constituindo quadros qualificados do serviço público. Tal fato pode trazer a pretensão de sobrepor uma certa racionalidade judicial às circunstâncias dos outros poderes, cuja lógica de atuação, muitas vezes, é mais complexa e menos cartesiana. Por evidente, a arrogância judicial é tão ruim quanto qualquer outra, e há de ser evitada.

O fato de não estarem sujeitas a certas vicissitudes que acometem os dois ramos políticos dos poderes não é, naturalmente, garantia de que as supremas cortes se inclinarão em favor das posições majoritárias da sociedade. A verdade, no entanto, é que uma observação atenta da realidade revela que é isso mesmo o que acontece. Nos Estados Unidos, décadas de estudos empíricos demonstram o ponto.[74] Também no Brasil tem sido assim. A decisão do Supremo Tribunal Federal na ADC nº 12,[75] e a posterior edição da Súmula Vinculante nº 13, que chancelaram a proibição do nepotismo nos três pode-

---

[73] Tal particularidade foi bem captada por Eduardo Mendonça, *A democracia das massas e a democracia das pessoas*, op. cit., p. 213 e segs.

[74] Corinna Barret Lain, Upside-down judicial review, op. cit., p. 158. Ver também DAHL, Robert A. Decision-making in a democracy: the Supreme Court as a national policy-maker. *Journal of Public Law*, v. 6, p. 285, 1957; e ROSEN, Jeffrey. *The most democratic branch*: how the courts serve America. Oxford University, 2006. p. xii: "Longe de proteger as minorias contra a tirania das maiorias ou contrabalançar a vontade do povo, os tribunais, ao longo da maior parte da história americana, têm se inclinado por refletir a visão constitucional das maiorias".

[75] ADC nº 13, rel. min. Carlos Ayres Britto.

A BASE DO DEBATE

res, representaram um claro alinhamento com as demandas da sociedade em matéria de moralidade administrativa. A tese vencida era a de que somente o legislador poderia impor esse tipo de restrição.[76] Também ao apreciar a legitimidade da criação do Conselho Nacional de Justiça (CNJ) como órgão de controle do Judiciário e ao afirmar a competência concorrente do Conselho para instaurar processos disciplinares contra magistrados, o STF atendeu ao anseio social pela reforma do Judiciário, apesar da resistência de setores da própria magistratura.[77] No tocante à fidelidade partidária, a posição do STF foi ainda mais arrojada, ao determinar a perda do mandato por parlamentar que trocasse de partido.[78] Embora tenha sofrido crítica por excesso de ativismo, é fora de dúvida que a decisão atendeu a um anseio social que não obteve resposta do Congresso. Outro exemplo: no julgamento, ainda não concluído, no qual se discute a legitimidade ou não da participação de empresas privadas no financiamento eleitoral, o STF, claramente espelhando um sentimento majoritário, sinaliza com a diminuição do peso do dinheiro no processo eleitoral.[79] A Corte acaba realizando, em fatias, de modo incompleto e sem possibilidade de sistematização, a reforma política que a sociedade clama.

Para além do papel puramente representativo, supremas cortes desempenham, ocasionalmente, o papel iluminista[80] de empurrar a história quan-

---

[76] Em defesa do ponto de vista de que o CNJ não teria o poder de impor tal vedação, ver STRECK, Lenio; SARLET, Ingo Wolfgang; CLÈVE, Clèmerson Merlin. *Os limites constitucionais das resoluções do Conselho Nacional de Justiça (CNJ) e do Conselho Nacional do Ministério Público (CNMP)*. Disponível em: <www.egov.ufsc.br/portal/sites/default/files/anexos/15653-15654-1-PB.pdf>.

[77] ADI nº 3367, rel. min. Cezar Peluso, e ADI nº 4.638, rel. min. Marco Aurélio. Merece registro, em relação ao segundo ponto, a atuação decisiva da então corregedora nacional de Justiça, ministra Eliana Calmon, na defesa da competência concorrente — e não meramente supletiva — do CNJ.

[78] MS nº 26.604, rel. min. Cármen Lúcia.

[79] ADI nº 4.650, rel. min. Luiz Fux. Pesquisa conduzida pelo Datafolha, divulgada em julho de 2015, apurou que 74% da população são contrários ao financiamento empresarial de partidos políticos. Apenas 16% dos entrevistados são favoráveis e 10% não opinaram. Disponível em: <http://politica.estadao.com.br/blogs/fausto-macedo/74-dos-brasileiros-sao-contra-doacoes-eleitorais--de-empresas-diz-pesquisa/>. Acesso em: 22 jul. 2015. Ver também: <http://oglobo.globo.com/brasil/datafolha-tres-em-cada-quatro-brasileiros-sao-contra-financiamento-de-campanha-por--empresas-privadas-16672767>. Acesso em: 22 jul. 2015.

[80] Em versões anteriores deste texto, utilizei a expressão "vanguarda iluminista" para descrever este papel. Mas há uma forma mais autocontida de expressar a mesma ideia, que é a de reconhecer que iluminista é a Constituição, cabendo ao intérprete potencializar essa sua faceta. Este *insight* surgiu do debate com Oscar Vilhena Vieira, a quem sou grato também por isso.

do ela emperra. Trata-se de uma competência perigosa, a ser exercida com grande parcimônia, pelo risco democrático que ela representa e para que as cortes constitucionais não se transformem em instâncias hegemônicas. Mas, vez por outra, trata-se de papel imprescindível. Nos Estados Unidos, foi por impulso da Suprema Corte que se declarou a ilegitimidade da segregação racial nas escolas públicas, no julgamento de *Brown v. Board of Education*,[81] bem como assegurou-se a validade do casamento entre pessoas do mesmo sexo.[82] Na África do Sul, coube ao Tribunal Constitucional abolir a pena de morte.[83] Na Alemanha, o Tribunal Constitucional Federal deu a última palavra sobre a validade da criminalização da negação do holocausto.[84] A Suprema Corte de Israel reafirmou a absoluta proibição da tortura, mesmo na hipótese de interrogatório de suspeitos de terrorismo, em um ambiente social conflagrado, que se tornara leniente com tal prática.[85]

No Brasil, o Supremo Tribunal Federal equiparou as uniões homoafetivas às uniões estáveis convencionais, abrindo caminho para o casamento entre pessoas do mesmo sexo.[86] Talvez essa não fosse uma posição majoritária na sociedade, mas a proteção de um direito fundamental à igualdade legitimava a atuação. Semelhantemente se passou com a permissão para a interrupção da gestação de fetos anencefálicos.[87] São exemplos emblemáticos do papel iluminista da jurisdição constitucional. Nesses dois casos específicos, um fenômeno chamou a atenção. Em razão da natureza polêmica dos dois temas, uma quantidade expressiva de juristas se posicionou contrariamente às de-

---

[81] 347 U.S. 483 (1954).

[82] (*Obergefel v. Hodges*, 576 U.S. __, julg. em 26 jun. 2015). A decisão determina que os estados admitam a celebração de casamento entre pessoas do mesmo sexo, bem como que reconheçam os casamentos de pessoas do mesmo sexo validamente celebrados em outros estados.

[83] *S v. Makwanyane and Another* (CCT3/94) [1995] ZACC 3. Disponível em: <www.constitutionalcourt.org.za/Archimages/2353.PDF>.

[84] 90 *BVerfGe* 241 (1994). Ver BRUGGER, Winfried. Ban on or protection of hate speech? Some observations based on German and American law. *Tulane European & Civil Law Forum*, n. 17, p. 1, 2002.

[85] *Public Committee Against Torture in Israel v. The State of Israel & The General Security Service*. HCJ 5100/94 (1999). Disponível em: <http://elyon1.court.gov.il/files_eng/94/000/051/a09/94051000.a09.pdf>.

[86] ADPF nº 132 e ADI nº 142, rel. min. Carlos Ayres Britto.

[87] ADPF nº 54, rel. min. Marco Aurélio.

A BASE DO DEBATE

cisões — "não por serem contrários ao mérito, absolutamente não..." —, mas por entenderem se tratar de matéria da competência do legislador, e não do STF. Como havia direitos fundamentais em jogo, essa não parece ser a melhor posição. Ela contrapõe o princípio formal da democracia — as maiorias políticas é que têm legitimidade para decidir — aos princípios materiais da igualdade e da dignidade da pessoa humana, favorecendo o primeiro em ambos os casos.[88] Coloca-se o procedimento acima do resultado, o que não parece um bom critério.[89]

Também se insere nessa linha de atuação mais iluminista e menos majoritária julgados que reconheceram direitos aos transexuais. A esse propósito, decisões judiciais têm assegurado a possibilidade de alteração do nome após cirurgia de mudança de sexo,[90] bem como a própria realização da cirurgia dessa natureza no âmbito do sistema público de saúde.[91] Na pauta do próprio Supremo Tribunal Federal encontram-se, com repercussão geral já reconhecida, a discussão sobre mudança de nome independentemente de cirurgia e a utilização, por transexuais, de banheiro público correspondente à sua autopercepção. Difícil imaginar essas questões sendo enfrentadas e superadas, no quadro atual, pelo processo legislativo ordinário. Deveria o Judiciário,

---

[88] Sobre princípios formais e materiais, e critérios para a ponderação entre ambos, ver ALEXY, Robert. Princípios formais. In: TRIVISONNO, Alexandre Travessoni Gomes; SALIBA, Aziz Tuffi; LOPES, Mônica Sette (Org.). *Princípios formais e outros aspectos da teoria discursiva*. Rio de Janeiro: Forense Universitária, 2014. Na p. 20, escreveu Alexy: "Admitir uma competência do legislador democraticamente legitimado de interferir em um direito fundamental simplesmente porque ele é democraticamente legitimado destruiria a prioridade da constituição sobre a legislação parlamentar ordinária".

[89] Inúmeros autores têm posição diversa. Ver por todos, HABERMAS, Jürgen. *Between facts and norms*: contributions to a discourse theory of law and democracy. Cambridge: MIT, 1996. p. 463 e segs.

[90] O Superior Tribunal de Justiça tem autorizado a modificação do nome que consta do registro civil, após a cirurgia de alteração do sexo. O primeiro recurso sobre o tema foi julgado pela 3ª Turma do STJ em 2007 (REsp 678.933, rel. min. Carlos Alberto Menezes Direito, j. em 22.3.2007), que concordou com a mudança desde que o registro de alteração de sexo constasse da certidão civil. Posteriormente, em 2009, o STJ voltou a analisar o assunto e garantiu ao transexual a troca do nome e do gênero em registro, sem que constasse a anotação no documento, mas apenas nos livros cartorários (REsp 1008398, rel. min. Nancy Andrighi, j. em 15.10.2009).

[91] A título exemplificativo, ver: Tribunal Regional Federal da 4ª Região. AC 2001.71.00.026279-9, j. em 14.8.2007. A matéria encontra-se regulamentada pela Portaria nº 457, de agosto de 2008, do Ministério da Saúde.

em razão disso, silenciar ou se omitir? Também integram as minorias invisíveis os presos recolhidos ao sistema penitenciário. Sem surpresa, também aqui o caminho de superação das dramáticas violações à dignidade humana tem sido o Judiciário e o Supremo Tribunal Federal.

Às vezes, ocorre na sociedade uma reação a certos avanços propostos pela Suprema Corte. Nos Estados Unidos, esse fenômeno recebe o nome de *backlash*. Um caso paradigmático de reação do Legislativo se deu contra o julgamento de *Furman v. Georgia*,[92] em 1972, no qual a Suprema Corte considerou inconstitucional a pena de morte, tal como aplicada em 39 estados da federação.[93] O fundamento principal era o descritério nas decisões dos júris e o impacto desproporcional sobre as minorias. Em 1976, no entanto, a maioria dos estados havia aprovado novas leis sobre pena de morte, contornando o julgado da Suprema Corte. Em *Gregg v. Georgia*,[94] a Suprema Corte manteve a validade da nova versão da legislação penal daquele estado. Também em *Roe v. Wade*,[95] a célebre decisão que descriminalizou o aborto, as reações foram imensas, até hoje dividindo opiniões de maneira radical.[96] No Brasil, houve alguns poucos casos de reação normativa a decisões do Supremo Tribunal Federal, como em relação ao foro por prerrogativa de função,[97]

---

[92] 408 U.S. 238 (1972).

[93] Para um estudo da questão, ver LAIN, Corinna Barret. Upside-down judicial review (January 12, 2012). p. 12 e segs. Disponível no sítio Social Science Research Network (SSRN): <http://ssrn.com/abstract=1984060> ou <http://dx.doi.org/10.2139/ssrn.1984060>.

[94] 428 U.S. 153 (1976).

[95] 410 U.S. 113 (1973).

[96] Sobre o tema, ver POST, Robert; SIEGEL, Reva. Roe Rage: democratic constitutionalism and backlash. *Harvard Civil Rights-Civil Liberties Law Review*, v. 42, p. 373-405, 2007; *Yale Law School, Public Law Working Paper No. 131*. Disponível em: <http://ssrn.com/abstract=990968>.

[97] No caso, a Lei nº 10.628/02 introduziu um §1º ao art. 84, do Código de Processo Penal, estabelecendo que o foro por prerrogativa de função seria mantido mesmo após o fim da função pública, em relação aos atos praticados no exercício da função. Essa disposição significava, na prática, o restabelecimento do entendimento constante da Súmula 394, do Supremo Tribunal Federal, que havia sido cancelada pela Corte em tempo recente (Inq 687-QO, rel. min. Sydney Sanches). No entanto, em um caso singular de reação jurisdicional à reação legislativa, o STF declarou a inconstitucionalidade da lei, afirmando que não caberia ao Congresso rever a interpretação do texto constitucional dada pela jurisdição. Ver STF, ADI 2.797, *DJ*, 19.12.2006, rel. min. Sepúlveda Pertence.

às taxas municipais de iluminação pública,[98] à progressividade das alíquotas do IPTU,[99] à cobrança de contribuição previdenciária de inativos[100] e à definição do número de vereadores.[101]

Em favor da tese que se vem sustentando ao longo deste livro, acerca do importante papel democrático da jurisdição constitucional, é possível apresentar uma coleção significativa de decisões do Supremo Tribunal Federal que contribuíram para o avanço social no Brasil. Todas elas têm natureza constitucional, mas produzem impacto em um ramo específico do direito, como enunciado a seguir:

Direito civil: proibição da prisão por dívida no caso de depositário infiel, reconhecendo a eficácia e prevalência do Pacto de San Jose da Costa Rica em relação ao direito interno.

---

[98] O julgamento do RE 233.332/RJ, sob a relatoria do ministro Ilmar Galvão, em 1999, assentou o entendimento de que "o serviço de iluminação pública não pode ser remunerado mediante taxa", dada a sua indivisibilidade. O Congresso Nacional, porém, poucos anos depois, editou a EC nº 39/2002, acrescentando a contribuição de iluminação pública ao rol das espécies tributárias previstas na Constituição e, na prática, restabelecendo a cobrança desejada pelos municípios.

[99] Em diversos precedentes, o STF declarou a natureza real do IPTU e, com base nisso, a invalidade de leis municipais que pretendiam fixar alíquotas progressivas, estabelecidas segundo dados da capacidade contributiva dos contribuintes. O entendimento da Corte foi superado pela EC nº 29/2000, que admitiu, expressamente, a progressividade.

[100] Ao julgar a ADI 2010/DF, relatada pelo ministro Celso de Mello, o STF declarou inconstitucional a incidência de contribuição previdenciária sobre os proventos dos servidores públicos inativos. Na sequência, Congresso promulgou a EC nº 41/2003, que admitiu expressamente a possibilidade de incidência, a ser imposta por lei do ente responsável por cada sistema próprio. O debate foi devolvido ao Tribunal, que resolveu manter a opção política do constituinte derivado, notadamente a partir do argumento de que inexiste direito adquirido a não ser tributado (STF, *DJ*, 18.2.2005, ADI 3.128, rel. p/ o acórdão min. Cezar Peluso).

[101] No RE 197.917/SP, julgado sob a relatoria do ministro Maurício Corrêa, o STF declarou a inconstitucionalidade de lei do município de Mira Estrela (SP), que aumentara o número de vereadores de nove para 11. Segundo o entendimento firmado, não seria suficiente que os municípios respeitassem as três amplas faixas então indicadas no art. 29, IV, da Constituição — tendo em vista tais patamares, o número de vereadores deveria ser rigorosamente proporcional à população de cada município, a ponto de o STF haver elaborado uma tabela taxativa, a partir de uma operação de regra de três. Em reação parcial à decisão do Tribunal, o Congresso promulgou a EC nº 58/2009, que introduziu 25 novas faixas populacionais, com margens limitadas de decisão autônoma. Assim, embora não se tenha restaurado a discricionariedade ampla antes existente, o constituinte derivado atenuou a proporcionalidade rigorosa que o STF pretendera impor.

Direito penal: declaração da inconstitucionalidade da proibição de progressão de regime, em caso de crimes hediondos e equiparáveis.

Direito administrativo: vedação do nepotismo nos três Poderes.

Direito à saúde: determinação de fornecimento de gratuito de medicamentos necessários ao tratamento da Aids em pacientes sem recursos financeiros.

Direito à educação: direito à educação infantil, aí incluídos o atendimento em creche e o acesso à pré-escola. Dever do Poder Público de dar efetividade a esse direito.

Direitos políticos: proibição de livre mudança de partido após a eleição para cargo proporcional, sob pena de perda do mandato, por violação ao princípio democrático.

Direitos dos trabalhadores públicos: regulamentação, por via de mandado de injunção, do direito de greve dos servidores e trabalhadores do serviço público.

Direito dos deficientes físicos: direito de passe livre no sistema de transporte coletivo interestadual a pessoas portadoras de deficiência, comprovadamente carentes.

Proteção das minorias:

(i) *Judeus*: a liberdade de expressão não inclui manifestações de racismo, aí incluído o antissemitismo.

(ii) *Negros*: validação de ações afirmativas em favor de negros, pardos e índios.

(iii) *Homossexuais*: equiparação das relações homoafetivas às uniões estáveis convencionais e direito ao casamento civil.

(iv) *Comunidades indígenas*: demarcação da reserva indígena Raposa Serra do Sol em área contínua.

Liberdade de pesquisa científica: declaração da constitucionalidade das pesquisas com células-tronco embrionárias.

Liberdade de expressão: inconstitucionalidade da exigência de autorização prévia da pessoa retratada ou de seus familiares para a divulgação de obras biográficas.

Direito das mulheres: direito à antecipação terapêutica do parto em caso de feto anencefálico; constitucionalidade da Lei Maria da Penha, que reprime a violência doméstica contra a mulher.

A BASE DO DEBATE

Três últimos comentários antes de encerrar. Primeiro: a jurisdição constitucional, como se procurou demonstrar, tem servido bem ao país. A preocupação com abusos por parte de juízes e tribunais não é infundada, e é preciso estar preparado para evitar que ocorram.[102] Porém, no mundo real, são muito limitadas as decisões do Supremo Tribunal Federal às quais se possa imputar a pecha de haverem ultrapassado a fronteira aceitável. E, nos poucos casos em que isso ocorreu, o próprio Tribunal cuidou de remediar.[103] Portanto, não se devem desprezar, por um temor imaginário, as potencialidades democráticas e civilizatórias de uma corte constitucional. A crítica à atuação do STF, desejável e legítima em uma sociedade plural e aberta, provém mais de atores insatisfeitos com alguns resultados e de um nicho acadêmico minoritário, que opera sobre premissas teóricas diversas das que vão aqui enunciadas.[104] A propósito, cabe formular uma pergunta crucial, feita por Eduardo Mendonça em sua tese de doutorado já citada:[105] o argumento de que a jurisdição constitucional tem atuado em padrões antidemocráticos

---

[102] Em estudo denso e pioneiro, tendo como marco teórico a teoria dos sistemas, de Niklas Luhmann, Celso Fernandes Campilongo, *Política, sistema jurídico e decisão judicial*, op. cit., p. 63, advertiu: "O problema central do acoplamento estrutural entre o sistema político e o sistema jurídico reside no alto risco de que cada um deles deixe de operar com base em seus próprios elementos (o Judiciário com a legalidade e a Política com a agregação de interesses e tomada de decisões coletivas) e passe a atuar com uma lógica diversa da sua e, consequentemente, incompreensível para as autorreferências do sistema. Essa corrupção de códigos resulta num Judiciário que decide com base em critérios exclusivamente políticos (politização da magistratura como a somatória dos três erros aqui referidos: parcialidade, ilegalidade e protagonismo de substituição de papéis) e de uma política judicializada ou que incorpora o ritmo, a lógica e a prática da decisão judiciária em detrimento da decisão política. A tecnocracia pode reduzir a política a um exercício de formalismo judicial".

[103] No julgamento envolvendo a demarcação da Terra Indígena Raposa Serra do Sol, em embargos de declaração, foi restringido o alcance das denominadas "condicionantes" ali estabelecidas, para explicitar que não vinculavam, prospectivamente, novas demarcações. Ver Pet. 3388 — ED, rel. min. Luís Roberto Barroso.

[104] Nos Estados Unidos, uma das críticas mais contundentes ao julgamento sobre casamento de pessoas do mesmo sexo (*Obergefel v. Hodges*, 576 U.S. __, julg. em 26 jun. 2015) veio do *justice* Antonin Scalia, liderança proeminente do pensamento jurídico conservador, que afirmou em seu voto dissidente: "Permitir que a questão política do casamento entre pessoas do mesmo sexo seja considerada e resolvida por um seleto e aristocrático painel de nove pessoas sem representatividade é violar um princípio ainda mais fundamental que o de não se admitir a tributação sem lei ['*no taxation without representation*']: o de não se admitir transformação social sem representação".

[105] Eduardo Mendonça, *A democracia das massas e a democracia das pessoas*, op. cit., p. 19-20.

não deveria vir acompanhado de uma insatisfação popular com o papel desempenhado pelo Supremo Tribunal Federal? O que dizer, então, se ocorre exatamente o contrário: no Brasil e no mundo, os índices de aprovação que ostenta a corte constitucional costumam estar bem acima dos do Legislativo.[106] Por certo não se devem extrair desse fato conclusões precipitadas nem excessivamente abrangentes. Porém, uma crítica formulada com base em uma visão formal da democracia, mas sem povo, não deve impressionar.

O segundo comentário é intuitivo. Como já se teve oportunidade de afirmar diversas vezes, decisão política, como regra geral, deve ser tomada por quem tem voto. Portanto, o Poder Legislativo e o chefe do Poder Executivo têm uma preferência geral *prima facie* para tratar de todas as matérias de interesse do Estado e da sociedade. E, quando tenham atuado, os órgãos judiciais devem ser deferentes para com as escolhas legislativas ou administrativas feitas pelos agentes públicos legitimados pelo voto popular. A jurisdição constitucional somente deve se impor, nesses casos, se a contrariedade à Constituição for evidente, se houver afronta a direito fundamental ou comprometimento dos pressupostos do Estado democrático. Porém, como o leitor terá intuído até aqui, a jurisdição constitucional desempenha um papel de maior destaque quando o Poder Legislativo não tenha atuado. É nas lacunas normativas ou nas omissões inconstitucionais que o STF assume um papel de eventual protagonismo. Como consequência, no fundo no fundo, é o próprio Congresso que detém a decisão final, inclusive sobre o nível de judicialização da vida.

Merece registro incidental, antes de encerrar este texto, um fenômeno conhecido na doutrina como *diálogo constitucional* ou *diálogo institucional*.[107]

---

[106] Segundo pesquisa do Ibope, realizada em 2012, o índice de confiança dos brasileiros no STF é de 54 pontos (em uma escala de 0 a 100). O do Congresso é 39 pontos. Disponível em: <www.conjur.com.br/2012-dez-24/populacao-confia-stf-congresso-nacional-ibope>.

[107] A expressão tem origem na doutrina canadense, ao comentar disposições da Carta Canadense de Direitos que instituem um diálogo entre a Suprema Corte e o Parlamento a propósito de eventuais restrições impostas a direitos fundamentais. Na sua expressão mais radical — e incomum —, a Carta permite até mesmo que o Parlamento, presentes determinadas circunstâncias, reveja certas decisões judiciais. Sobre o tema, ver HOGG, Peter; BUSHELL, Allison A. The charter dialogue between courts and legislatures (or perhaps the chart isn't such a bad thing after all). *Osgoode Hall Law Journal*, v. 35, n. 1, p. 75-124, Spring 1997. Na literatura americana, ver Mark Tushnet, *Weak courts, strong rights*, op. cit., p. 24-33; e Mark C. Miller, *The view of the courts from the hill*, op. cit.

A BASE DO DEBATE

Embora a corte constitucional ou corte suprema seja o intérprete final da Constituição em cada caso, três situações dignas de nota podem subverter ou atenuar esta circunstância, a saber: a) a interpretação da Corte pode ser superada por ato do Parlamento ou do Congresso, normalmente mediante emenda constitucional; b) a Corte pode devolver a matéria ao Legislativo, fixando um prazo para a deliberação; ou c) a Corte pode conclamar o Legislativo a atuar, o chamado "apelo ao legislador". Na experiência brasileira existem diversos precedentes relativos à primeira hipótese, como no caso do teto remuneratório dos servidores públicos[108] e da base de cálculo para incidência de contribuição previdenciária,[109] além dos já referidos anteriormente nesse mesmo tópico.

Em relação à segunda hipótese, referente à fixação de prazo para o Congresso legislar, há precedentes em relação à criação de municípios[110] ou à reformulação dos critérios adotados no Fundo de Participações dos Estados,[111] embora nem sempre se dê o adequado cumprimento dentro do período demarcado pela decisão. Por fim, relativamente à terceira hipótese, por muitos anos foi esse o sentido dado pela jurisprudência do STF ao mandado de injunção. Um caso muito significativo de diálogo institucional informal se deu em relação ao art. 7º, I, da Constituição, que prevê a edição de lei complementar disciplinando a indenização compensatória contra a despedida arbitrária ou sem justa causa. No julgamento de mandado de injunção, o plenário do STF deliberou que iria fixar, ele próprio, o critério indenizatório, tendo em vista a omissão de mais de duas décadas do Con-

---

Na literatura brasileira, ver BRANDÃO, Rodrigo. *Supremacia judicial* versus *diálogos constitucionais*: a quem cabe a última palavra sobre o sentido da Constituição? Rio de Janeiro: Lumen Juris, 2012. Especialmente p. 273 e segs.

[108] ADI 14, rel. min. Celio Borja, j. 13.9.89. No início da vigência da Constituição de 1988, o STF entendeu que o teto remuneratório do art. 37, XI, não se aplicava às "vantagens pessoais", frustrando, na prática, a contenção dos abusos nessa matéria. Foram necessárias duas emendas constitucionais para superar tal entendimento: a de nº 19, de 1998, e a de nº 41, de 2003.

[109] RE 166.772, rel. min. Marco Aurélio, *DJ* 16 dez. 1994.

[110] ADI 2240, rel. min. Eros Grau.

[111] ADI 3682, rel. min. Gilmar Mendes. Neste caso, o STF fixou o prazo de 18 meses para o Congresso Nacional sanar a omissão relativamente à edição da lei complementar exigida pelo art. 18, §4º da CF, tida como indispensável para a criação de municípios por lei estadual.

gresso em fazê-lo.[112] Diante de tal perspectiva, o Congresso aprovou em tempo recorde a Lei nº 12.506/2011, provendo a respeito.

Mais recentemente, dois casos de diálogo institucional tiveram lugar. Ao decidir ação penal contra um senador da República, o STF, por maioria apertada de votos, interpretou o art. 55, VI, e seu §2º no sentido de caber à Casa legislativa decretar a perda do mandato de parlamentar que sofresse condenação criminal transitada em julgado.[113] Ministros que afirmaram a posição vencedora registraram sua crítica severa à fórmula imposta pela Constituição, instando o Congresso a revisitar o tema.[114] Pouco tempo após o julgamento, o Senado Federal aprovou a Proposta de Emenda Constitucional superadora desse tratamento deficiente da matéria. Em final de 2014, a proposta ainda se encontrava em tramitação na Câmara. Em outro caso, um deputado federal foi condenado a mais de 13 anos de prisão, em regime inicial fechado.[115] Submetida a questão da perda do seu mandato à Câmara dos Deputados, a maioria deliberou não cassá-lo. Em mandado de segurança impetrado contra essa decisão, foi concedida liminar pelo relator, sob o fundamento de que em caso de prisão em regime fechado, a perda do mandato deveria se dar por declaração da Mesa e não por deliberação política do Plenário.[116] Antes do julgamento do mérito do mandado de segurança, a Câmara dos Deputados suprimiu a previsão de voto secreto na matéria e deliberou pela cassação.

O que se deduz desse registro final é que o modelo vigente não pode ser caracterizado como de supremacia judicial. O Supremo Tribunal Federal tem a prerrogativa de ser o intérprete final do direito, nos casos que são a ele

---

[112] MI 943/DF, rel. min. Gilmar Mendes.

[113] AP 565, rel. min. Cármen Lúcia (caso Ivo Cassol).

[114] Foi o meu caso. Em outra decisão, ao apreciar pedido cautelar no MS 32.326, do qual era relator, expus de forma analítica minha posição: "Este *imbroglio* relativamente à perda de mandato parlamentar, em caso de condenação criminal, deve funcionar como um chamamento ao Legislativo. O sistema constitucional na matéria é muito ruim. Aliás, o Congresso Nacional, atuando como poder constituinte reformador, já discute a aprovação de Proposta de Emenda Constitucional que torna a perda do mandato automática nas hipóteses de crimes contra a Administração e de crimes graves. Até que isso seja feito, é preciso resistir à tentação de produzir este resultado violando a Constituição. O precedente abriria a porta para um tipo de hegemonia judicial que, em breve espaço de tempo, poderia produzir um curto circuito nas instituições".

[115] AP 396, rel. min. Cármen Lúcia (caso Natan Donadon).

[116] MS 32326, rel. min. Luís Roberto Barroso.

submetidos, mas não é o dono da Constituição. Justamente ao contrário, o sentido e o alcance das normas constitucionais são fixados em interação com a sociedade, com os outros poderes e com as instituições em geral. A perda de interlocução com a sociedade, a eventual incapacidade de justificar suas decisões ou de ser compreendido retiraria o acatamento e a legitimidade do Tribunal. Por outro lado, qualquer pretensão de hegemonia sobre os outros poderes sujeitaria o Supremo a uma mudança do seu desenho institucional ou à superação de seus precedentes por alteração no direito, competências que pertencem ao Congresso Nacional. Portanto, o poder do Supremo Tribunal Federal tem limites claros. Na vida institucional, como na vida em geral, ninguém é bom demais e, sobretudo, ninguém é bom sozinho.

Conclusão

Circunstâncias diversas, como o final da guerra, a consolidação do ideal democrático e a centralidade dos direitos fundamentais, impulsionaram uma vertiginosa ascensão institucional do Poder Judiciário e da jurisdição constitucional em todo o mundo. Como consequência, juízes e tribunais passaram a integrar a paisagem política, ao lado do Legislativo e do Executivo. A teoria constitucional dominante, nas últimas décadas, tem desenvolvido um discurso de justificação e legitimação democrática desse processo histórico. Paralelamente a esse rearranjo institucional, a complexidade da vida moderna, potencializada pela diversidade e pelo pluralismo, levou a uma crise da lei e ao aumento da indeterminação do direito, com a transferência de maior competência decisória a juízes e tribunais, que passaram a fazer valorações próprias diante de situações concretas da vida.

Nesse novo universo, cortes como o Supremo Tribunal Federal passaram a desempenhar, simultaneamente ao papel contramajoritário tradicional, uma função representativa, pela qual atendem a demandas sociais relevantes que não foram satisfeitas pelo processo político majoritário. No desempenho de tal atribuição, o juiz constitucional não está autorizado a impor suas próprias convicções. Pautado pelo material jurídico relevante (normas, conceitos, precedentes), pelos princípios constitucionais e pelos valores civilizatórios, cabe-lhe interpretar o sentimento social, o espírito de seu tempo e o sentido da história. Com a dose certa de prudência e de ousadia. O conjunto expressivo de decisões referidas neste trabalho, proferidas sob a Constituição de 1988, exibe um Supremo Tribunal Federal comprometido com a promoção dos valores republicanos, o aprofundamento democrático e o avanço social. No desempenho de tal papel, a Corte tem percorrido o caminho do meio, sem timidez nem arrogância.

Referências

ABRAMOVAY, Pedro. *Separação de poderes e medidas provisórias*. Rio de Janeiro: Elzevier, 2012.

ALEXY, Robert. Balancing, constitutional review, and representation. *International Journal of Constitutional Law*, v. 3, 2005a.

_____. *Begriff und Geltung des Rechts*. 4. ed. Munique: Karl Alber, 2005b.

_____. *La institucionalización de la justicia*. Granada: Comares, 2005c.

_____. Principais elementos de uma teoria da dupla natureza do direito. *Revista de Direito Administrativo*, Rio de Janeiro, v. 253, p. 9-30, jan./abr. 2010.

_____. Princípios formais. In: TRIVISONNO, Alexandre Travessoni Gomes; SALIBA, Aziz Tuffi; LOPES, Mônica Sette (Org.). *Princípios formais e outros aspectos da teoria discursiva*. Rio de Janeiro: Forense Universitária, 2014.

ARGUELHES, Diego Werneck. *Old courts, new beginnings*: judicial continuity and constitutional transformation in Argentina and Brazil. Tese (doutorado) — Universidade Yale, New Haven, 2014.

ÁVILA, Humberto. *Segurança jurídica*: entre permanência, mudança e realização no direito tributário. São Paulo: Revista dos Tribunais, 2011.

AZEVEDO, Plauto Faraco de. *Crítica à dogmática e hermenêutica jurídica*. Porto Alegre: Sérgio Antônio Fabris, 1989.

BARAK, Aharon. *Judicial discretion*. New Haven; Londres: Yale University, 1989.

_____. *The judge in a democracy*. Princeton: Princeton University, 2006.

_____. *Proportionality*: constitutional rights and their limitations. Cambridge: Cambridge University, 2012.

BARCELLOS, Ana Paula de. *Ponderação, racionalidade e atividade jurisdicional*. Rio de Janeiro: Renovar, 2005.

BARROSO, Luís Roberto. *Temas de direito constitucional*. Rio de Janeiro: Renovar, 2005a. t. III.

_____. Neoconstitucionalismo e constitucionalização do direito. *Revista de Direito Administrativo*, Rio de Janeiro, v. 240, p. 1-42, abr./jun. 2005b.

_____. *O direito constitucional e a efetividade de suas normas*. Rio de Janeiro: Renovar, 2009 (1. ed. de 1990).

_____. *A dignidade da pessoa humana no direito constitucional contemporâneo*: a construção de um conceito jurídico à luz da jurisprudência mundial. Belo Horizonte: Fórum, 2012a.

_____. Constituição, democracia e supremacia judicial: direito e política no Brasil contemporâneo. In: _____. *O novo direito constitucional brasileiro*: contribuições para a construção teórica e prática da jurisdição constitucional no Brasil. Belo Horizonte: Fórum, 2012b.

_____. Constituição, democracia e supremacia judicial: direito e política no Brasil contemporâneo. In: _____. *O novo direito constitucional brasileiro*: contribuições para a construção teórica e prática da jurisdição constitucional no Brasil. Belo Horizonte: Fórum, 2012c.

_____. *Curso de direito constitucional contemporâneo*. São Paulo: Saraiva, 2013.

_____. *Interpretação e aplicação da Constituição*. São Paulo: Saraiva, 2014a (1. ed. de 1995).

_____. Reflexões sobre as competências e o funcionamento do Supremo Tribunal Federal. *Consultor Jurídico*, 26 ago. 2014b. Disponível em: <www.conjur.com.br/2014-ago-26/roberto-barroso-propoe-limitar-repercussao-geral-supremo>.

_____; MENDONÇA, Eduardo. STF entre seus papéis contramajoritário e representativo. *Consultor Jurídico*, 3 jan. 2012a. Disponível em: <www.conjur.com.br/2013-jan-03/retrospectiva-2012-stf-entre-papeis-contramajoritario-representativo>.

_____; _____. Supremo foi permeável à opinião pública, sem ser subserviente. *Consultor Jurídico*, 3 jan. 2012b. Disponível em: <www.conjur.com.br/2012-jan-03/retrospectiva-2011-stf-foi-permeavel-opiniao-publica-subserviente>.

BAUMAN, Zigmunt. *Entrevista*. Disponível em: <www.ihu.unisinos.br/noticias/24025-%60%60o-velho-mundo-esta-morrendo-mas-o-novo-ainda-nao-nasceu%60%60-entrevista-com-zigmunt-bauman>.

BENVINDO, Juliano Zaiden. *On the limits of constitutional adjudication*: deconstructing balancing and judicial activism. Berlim: Springer, 2010.

BICKEL, Alexander. *The least dangerous branch*: the Supreme Court at the bar of politics. 2. ed. New Haven: Yale University, 1986. (1. ed. de 1962).

BINENBOJM, Gustavo. *Uma teoria do direito administrativo*. Rio de Janeiro: Renovar, 2008.

BRANDÃO, Rodrigo. *Supremacia judicial* versus *diálogos constitucionais*: a quem cabe a última palavra sobre o sentido da Constituição? Rio de Janeiro: Lumen Juris, 2012.

BRUGGER, Winfried. Ban on or protection of hate speech? Some observations based on German and American law. *Tulane European & Civil Law Forum*, n. 17, 2002.

CAMPILONGO, Celso Fernandes. *Política, sistema jurídico e decisão judicial*. São Paulo: Max Limonad, 2002.

CARBONELL, Miguel (Org.). *Neoconstitucionalismo(s)*. Madri: Frotta, 2003.

_____. (Ed.). *Teoría del neoconstitucionalismo*: ensayos escogidos. Madri: Trotta-Unam; Instituto de Investigaciones Jurídicas, 2007.

CITTADINO, Giselle. Judicialização da política, constitucionalismo democrático e separação de poderes. In: VIANNA, Luiz Werneck (Org.). *A democracia e os três poderes no Brasil*. Belo Horizonte: Editora UFMG, 2002.

CLÈVE, Clèmerson Merlin. A teoria constitucional e o direito alternativo (para uma dogmática constitucional emancipatória). In: *Uma vida dedicada ao direito*: homenagem a Carlos Henrique de Carvalho, o editor dos juristas. São Paulo: Revista dos Tribunais, 1995.

COELHO, Luiz Fernando. *Teoria crítica do direito*. São Paulo: Acadêmica, 1991. (1. ed. de 1986).

CRUZ, Álvaro Ricardo de Souza. *A resposta correta*: incursões jurídicas e filosóficas sobre as teorias da justiça. Belo Horizonte: Arraes, 2011.

DAHL, Robert A. Decision-making in a democracy: the Supreme Court as a national policy-maker. *Journal of Public Law*, v. 6, 1957.

DIMOULIS, Dimitri. Uma visão crítica do neoconstitucionalismo. In: SALOMÃO, George Leite; SALOMÃO, Glauco Leite (Coord.). *Constituição e efetividade*. Salvador: Juspodivm, 2008.

DWORKIN, Ronald. Hard cases. *Harvard Law Review*, v. 88, n. 6, p. 1057-1109, 1975.

_____. The forum of principle. *New York University Law Review*, v. 56, p. 469-518, 1981.

_____. *Freedom's law*: the moral reading of the American Constitution. Cambridge: Harvard University, 1996.

_____. *Taking rights seriously*. Bridgewater, NJ: Replica Books, 1997.

_____. *O império do direito*. São Paulo: Martins Fontes, 1999.

_____. *A matter of principle*. Massachusetts: Harvard University, 2000.

_____. *Justice in robes*. Cambridge: Harvard University, 2006.

ELY, John Hart. *Democracy and distrust*: a theory of judicial review. Cambridge: Harvard University, 1980.

FALCÃO, Joaquim; CERDEIRA, Pablo de Camargo; ARGUELHES, Diego Werneck. *I Relatório Supremo em números*: o múltiplo Supremo. Rio de Janeiro: Direito Rio, 2011.

FERRAJOLI, Luigi. Pasado y futuro del Estado de derecho. In: CARBONELL, Miguel (Org.). *Neoconstitucionalismo(s)*. Madri: Frotta, 2003.

FERREIRA FILHO, Manoel Gonçalves. Notas sobre o direito constitucional pós-moderno, em particular sobre certo neoconstitucionalismo à brasileira. *Revista de Direito Administrativo*, Rio de Janeiro, v. 250, p. 151-167, jan./abr. 2009.

FRANCO, Afonso Arinos de Mello. *Curso de direito constitucional brasileiro*, Rio de Janeiro: Forense, 1968.

FREITAS, Juarez. A melhor interpretação constitucional *versus* a única resposta correta. In: SILVA, Virgílio Afonso da (Org.). *Interpretação constitucional*. São Paulo: Malheiros, 2005.

GALVÃO, Jorge Octavio Lavocat. *O neoconstitucionalismo e o fim do Estado de direito*. São Paulo: Saraiva, 2014.

GARAPON, Antoine. *O juiz e a democracia*: o guardião das promessas. Rio de Janeiro: Revan, 1999.

GASPARI, Elio. *A ditadura envergonhada*. São Paulo: Companhia das Letras, 2002a.

_____. *A ditadura escancarada*. São Paulo: Companhia das Letras, 2002b.

_____. *A ditadura derrotada*. São Paulo: Companhia das Letras, 2003.

_____. *A ditadura encurralada*. São Paulo: Companhia das Letras, 2004.

GRABER, Mark A. The countermajoritarian difficulty: from courts to Congress to constitutional order. *Annual Review of Law and Social Science*, v. 4, p. 361-362, 2008.

GRAMSCI, Antonio. *Cadernos do cárcere*, 1926-1937. Disponível, na versão em espanhol, em: <http://pt.scribd.com/doc/63460598/Gramsci-Antonio-Cuadernos-de-La-Carcel-Tomo-1-OCR>.

GRAU, Eros Roberto. *A constituinte e a Constituição que teremos*. São Paulo: Revista dos Tribunais, 1985.

_____. *Ensaio e discurso sobre a interpretação/aplicação do direito*. São Paulo: Malheiros, 2009.

GUTMANN, Amy; THOMPSON, Dennis. *Why deliberative democracy?* Princeton: Princeton University, 2004.

HABERMAS, Jürgen. *Between facts and norms*: contributions to a discourse theory of law and democracy. Cambridge: MIT, 1996.

HOGG, Peter; BUSHELL, Allison A. The charter dialogue between courts and legislatures (or perhaps the chart isn't such a bad thing after all). *Osgoode Hall Law Journal*, v. 35, n. 1, p. 75-124, Spring 1997.

JACQUES, Paulino. *Curso de direito constitucional*. Rio de Janeiro: Forense, 1970.

KELSEN, Hans. *Teoria pura do direito*. São Paulo: Martins Fontes, 1979.

KENNEDY, Duncan. Three globalizations of law and legal thought: 1850-2000. In: TRUBEK, David; SANTOS, Alvaro (Ed.). *The new law and development*: a critical appraisal. Nova York: Cambridge University, 2006.

KLARMAN, Michael J. The majoritarian judicial review: the entrenchment problem. *The Georgetown Law Journal*, v. 85, 1996-1997.

LAIN, Corinna Barret. Upside-down judicial review (January 12, 2012). p. 12 e segs. Disponível no sítio Social Science Research Network (SSRN): <http://ssrn.com/abstract=1984060> ou <http://dx.doi.org/10.2139/ssrn.1984060>.

_____. Upside-down judicial review. *The Georgetown Law Review*, v. 101, p. 113-183, 2012-2103.

MEIRELLES, Hely Lopes. *Direito administrativo brasileiro*. São Paulo: Malheiros, 1995.

MELLO, Celso Antonio Bandeira de. Eficácia das normas constitucionais sobre justiça social. In: CONFERÊNCIA NACIONAL DA OAB, 9., 1982.

MELLO, Patrícia Perrone Campos. *Nos bastidores do Supremo Tribunal Federal*: Constituição, emoção, estratégia e espetáculo. Tese (doutorado) — Universidade do Estado do Rio de Janeiro, Rio de Janeiro, 2014.

MENDONÇA, Eduardo. *A democracia das massas e a democracia das pessoas*: uma reflexão sobre a dificuldade contramajoritária. Tese (doutorado) — Universidade do Estado do Rio de Janeiro, Rio de Janeiro, 2014.

MIAILLE, Michel. *Introdução crítica ao direito*. Lisboa: Estampa, 1989. (1. ed. de 1979).

MICHELMAN, Frank I. *Brennan and democracy*. Princeton: Princeton University, 1999.

MILL, John Stuart. *On liberty*. Londres: Longmans, 1874.

MILLER, Mark C. *The view of the courts from the hill*: interactions between Congress and the Federal Judiciary. Charlottesville, VA: University of Virginia, 2009.

MOREIRA NETO, Diogo de Figueiredo. *Teoria do poder*. Parte I. São Paulo: Revista dos Tribunais, 1992.

PEDRON, Flávio Quinaud. Esclarecimentos sobre a tese da única "resposta correta", de Ronald Dworkin. *Revista CEJ*, Brasília, ano 45, p. 102-109, abr./jun. 2009.

PERELMAN, Chaim; OLBRECHTS-TYTECA, Lucie. *Tratado da argumentação*: a nova retórica. São Paulo: Martins Fontes, 1996.

PERLINGIERI, Pietro. *Perfis do direito civil*. Rio de Janeiro: Renovar, 1997; MORAES, Maria Celina Bodin de. Perspectivas a partir do direito civil-constitucional. In: LEAL, Pastora do Socorro Teixeira (Coord.). *Direito civil constitucional e outros etudos em homenagem ao prof. Zeno Veloso*: uma visão luso-brasileira. São Paulo: Método, 2014.

POST, Robert; SIEGEL, Reva. Roe Rage: democratic constitutionalism and backlash. *Harvard Civil Rights-Civil Liberties Law Review*, v. 42, p. 373-405, 2007; *Yale Law School, Public Law Working Paper No. 131*. Disponível em: <http://ssrn.com/abstract=990968>.

QUARESMA, Regina; OLIVEIRA, Maria Lúcia de Paula; OLIVEIRA, Farlei Martins Riccio de (Coord.). *Neoconstitucionalismo*. Rio de Janeiro: Forense, 2009.

RAWLS, John. *A theory of justice*. Cambridge: Harvard University, 1971.

_____. *Political liberalism*. Nova York: Columbia University, 2005. (1. ed. de 1993).

RIBEIRO, Gonçalo de Almeida. *The decline of private law*: a philosofophic history of liberal legalism. Tese (doutorado) — Harvard University, Cambridge, 2012.

ROSEN, Jeffrey. *The most democratic branch*: how the courts serve America. Oxford University, 2006.

SARLET, Ingo Wolfgang. *Dignidade da pessoa humana e direitos fundamentais*. Porto Alegre: Livraria do Advogado, 2010.

SARMENTO, Daniel. O neoconstitucionalismo no Brasil: riscos e possibilidades. In: ____. *Filosofia e teoria constitucional contemporânea*. Rio de Janeiro: Lumen Juris, 2009.

SILVA, José Afonso da. *Aplicabilidade das normas constitucionais*. São Paulo: Malheiros, 1998. (1. ed. de 1968).

SOUZA NETO, Claudio Pereira de. *Teoria constitucional e democracia deliberativa*. Renovar: Rio de Janeiro, 2006.

_____; SARMENTO, Daniel (Coord.). *A constitucionalização do direito*: fundamentos teóricos e aplicações específicas. Rio de Janeiro: Lumen Juris, 2007.

_____. *Não há obstáculo para rever o julgamento da Lei de Anistia. Consultor Jurídico*, 2 abr. 2014.

STEPAN, Alfred (Org.). *Democratizando o Brasil*. Rio de Janeiro: Paz e Terra, 1988.

STRECK, Lenio Luiz. *Verdade e consenso*: constituição, hermenêutica e teorias discursivas. São Paulo: Saraiva, 2012.

_____; SARLET, Ingo Wolfgang; CLÈVE, Clèmerson Merlin. *Os limites constitucionais das resoluções do Conselho Nacional de Justiça (CNJ) e do Conselho Nacional do Ministério Público (CNMP)*. Disponível em: <www.egov.ufsc.br/portal/sites/default/files/anexos/15653-15654-1-PB.pdf>.

SUNDFELD, Carlos Ari. O fenômeno constitucional e suas três forças. In: SOUZA NETO, Cláudio Pereira de; SARMENTO, Daniel; BINENBOJM,

Gustavo (Coord.). *Vinte anos da Constituição Federal de 1988*. Rio de Janeiro: Lumen Juris, 2008.

SWEET, Alec Stone. *Governing with judges*: constitutional polítics in Europe. Oxford: Oxford University, 2000.

TATE, C. Neal; VALLINDER, Torbjörn (Ed.). *The global expansion of judicial power*. Nova York: New York University, 1995.

TEIXEIRA, J. H. Meirelles. *Curso de direito constitucional*. Rio de Janeiro: Forense Universitária, 1991.

TEPEDINO, Gustavo. *Temas de direito civil*. Rio de Janeiro: Renovar, 2004.

TORRES, Ricardo Lobo. *Tratado de direito constitucional, financeiro e tributário*: valores e princípios constitucionais tributários. Rio de Janeiro: Renovar, 2005. v. II.

TUSHNET, Mark. *Taking the constitution away from the courts*. Princeton: Princeton University Press, 1999.

_____. *Weak courts, strong rights*: judicial review and social welfare rights in comparative constitutional law. Princeton: Princeton University, 2008.

VIANNA, Luiz Werneck et al. *A judicialização da política e das relações sociais no Brasil*. Rio de Janeiro: Revan, 1999.

VIEIRA, Oscar Vilhena. Supremocracia. *Revista de Direito do Estado*, v. 12, p. 55-75, out./dez. 2008.

VILLA, Marco Antonio. Os desiludidos da República. *O Globo*, Rio de Janeiro, 8 jul. 2014. p. 16.

WALDRON, Jeremy. The core of the case against judicial review. *The Yale Law Journal*, v. 115, n. 6, p. 1346-1406, 2006.

WALLACE, David Foster. *This is water*: some thoughts, delivered on significant occasion, on living a compassionate life. Nova York: Little, Brown and Company, 2009.

WARAT, Luiz Alberto. A produção crítica do saber jurídico. In: PLASTINO, Carlos Alberto (Org.). *Crítica do direito e do Estado*. Rio de Janeiro: Graal, 1984.

PARTE 2 — BLOCO 1

Legitimidade do STF e razão jurídica

O Supremo que não erra

*Diego Werneck Arguelhes**

I

Em seu provocativo texto "A razão sem voto", Luís Roberto Barroso retoma o problema da "dificuldade contramajoritária": a tensão entre a ideia de democracia, como forma de tomada majoritária de decisões políticas, e o poder judicial sem voto de invalidar essas mesmas decisões. Mas Barroso procura convencer o leitor de que, na verdade, esse dilema já teria chegado a um final feliz no mundo e, em particular, no caso brasileiro. Segundo Barroso, nosso Supremo Tribunal Federal tem ido *legitimamente* muito além de bloquear abusos de maiorias legislativas, tradicional zona de conforto para constitucionalistas, exercendo dois papéis novos. Em alguns casos, funciona como instituição representativa dos interesses da maioria da população. Em outros, atua como o que chama de "vanguarda iluminista", promovendo transformações sociais e políticas moralmente valiosas mesmo quando essas não contam com o apoio da maioria.

Na narrativa de Barroso, os ministros teriam sido inclusive mais representativos do que o Congresso em vários aspectos. Mais do que compatível com a democracia, a independência sem voto do STF seria, na verdade, a solução para alguns dos piores efeitos dos nossos alegados problemas de representatividade no sistema político. Sem pretender apontar para uma solu-

---

* Professor da FGV Direito Rio. Gostaria de agradecer a Alexandre de Luca, André Bogossian, Fernando Leal, Joaquim Falcão, Juliana Alvim, Leandro Molhano Ribeiro, Mariana Vianna, Mario Brockmann Machado e Thomaz Pereira pela leitura e comentários a uma versão anterior deste texto.

ção não democrática para os problemas da democracia, porém, Barroso recorre à ideia de "representação argumentativa", formulada por Robert Alexy. Mesmo em sua função contracongressual — isto é, mesmo quando assume papel ativo e não meramente de bloqueio —, essa vanguarda judicial sem voto não deixa de ser representativa. Em lugar do voto dos eleitores, os argumentos que os juízes constitucionais dão em suas decisões funcionam como um mecanismo alternativo de representação. Encerra-se, assim, a alegada "dificuldade contramajoritária". Em seu lugar, surge a "vantagem contrarrepresentativa". Em vez de limitação ou problema, no argumento de Barroso a ausência de voto muitas vezes aparece como solução.

Essa foi a minha tentativa de reconstruir, de forma mais fiel possível, o que me parece ser o argumento mais importante do texto de Barroso. Ao escrever a última frase do parágrafo, porém, fiquei na dúvida: seria "muitas vezes" um condicionante apropriado? Ou a independência judicial seria "sempre" uma solução para a democracia brasileira? Sem dúvida, Barroso afirma acreditar no "muitas vezes", e reconhece a existência de questões políticas que não devem ser resolvidas por discussão racional. Entretanto, se tomamos a sério os argumentos que desenvolve ao longo de "A razão sem voto", essa profissão de fé na democracia e nos limites da independência judicial não se sustenta. Esta é a crítica que pretendo desenvolver nas seções seguintes: independentemente do que Barroso diz sobre a importância da política democrática, o que surge como implicação de seu argumento em "A razão sem voto" é que, na prática, a independência sem voto *sempre pode ser vista como solução*, nunca como um limite relevante para a atuação judicial.

No arranjo teórico criado por Barroso, a legitimação do STF — qualquer que seja a sua forma de atuação — é sobredeterminada, gerando dois tipos de problema. O primeiro é que as justificativas usadas por Barroso para diferentes formas de atuação do STF são, com frequência, incompatíveis entre si. Segundo, algumas dessas justificativas (a atuação "majoritária" e a atuação como "vanguarda") estão em tensão com as expectativas normativas geradas pelo desenho institucional do Supremo, qual seja, um tribunal cujas decisões são tomadas de forma independente da política. Como é possível que uma instituição desenhada para decidir sem pressão política de maiorias eventuais possa se legitimar por ter aderido à opinião pública — isto é, por fazer o contrário do comportamento que se espera promover com a criação de instituições independentes em uma democracia? As garantias de independência judicial permitem que os juízes do STF decidam como queiram, sem medo de retaliação. São livres inclusive para seguir a opinião pública, se assim o desejarem. Mas é para isso que suas garantias institucionais foram desenhadas? Quando e como saber, afinal, se os ministros corretamente ignoraram o clamor popular e atuaram contramajoritariamente — e quando devem ser celebrados por atender aos anseios da população?

Uma instituição não pode ser, ao mesmo tempo, desenhada de modo a se legitimar por ignorar o clamor popular *e* por atender a esse mesmo clamor. O desenho de uma instituição é um indicador das expectativas que temos com relação ao papel que ela deve cumprir; esse papel pode ser múltiplo, mas não tão ampliado a ponto de englobar qualquer tarefa possível. Por trás da ideia de separação de poderes, há o reconhecimento de que não existe algo como um único desenho ideal, que nos permitiria confiar em um único tipo de instituição para realizar todas as tarefas estatais em uma democracia.[1] O desenho de uma instituição nos fornece critérios para avaliar e criticar suas ações, indicando quais variáveis são relevantes, positiva ou negativamente, nessa avaliação. No caso, a independência política — caracterizada não apenas pela forma de ingresso no STF, mas também pelas regras de permanência e remoção do cargo — precisa significar que, ao realizar certos tipos de ações, o Supremo estaria errando.

Na teoria de "A razão sem voto", porém, só há critérios de acerto. Não há espaço conceitual significativo para incorporar os *erros* que uma instituição politicamente independente pode cometer em uma democracia. Em tese, Barroso reconhece que o STF pode errar. Mas sua teoria não explicita exatamente quando, afinal, estaríamos diante de excesso de áreas nas quais instituições independentes não deveriam atuar. De um lado, temos um Congresso que pode errar ou acertar. De outro, porém, temos o STF, como instituição independente, com vantagens comparativas sobre o Congresso em tudo que importa: protege direitos por não precisar atender à maioria, representa a vontade da maioria sem risco de captura por interesses minoritários e, como "vanguarda iluminista", sabe quais as reformas morais e sociais precisam ser promovidas —

---

[1] Para uma discussão geral sobre separação de poderes a partir dessa premissa, ver ACKERMAN, Bruce. The new separation of powers. *Harvard Law Review*, v. 113, n. 3, 2000.

inclusive quando a própria população ainda não formou opinião a seu respeito. No limite, mesmo que este não tenha sido o objetivo de Barroso, "A razão sem voto" funciona como um completo manual de instruções das muitas narrativas nas quais um observador sempre pode considerar que o STF tem razão (ainda que sem voto) para ter feito o que fez. O destino do STF é ser legítimo.

Se a crítica soa radical, é preciso levar em conta que "A razão sem voto" lança teses bastante arrojadas e provocativas — conceitualmente, empiricamente, normativamente. O retrato da prática do STF que Barroso reconstrói é bastante complexo, com um grande número de exemplos e nuances distintos. Por trás das nuances, porém, há um argumento central que é, de fato, radical, e que cumpre um papel exclusivamente legitimador da atuação do tribunal. Essas implicações da teoria estão em tensão direta com as sinceras crenças que Barroso constantemente expressa — não apenas neste texto, mas ao longo de sua carreira como advogado, acadêmico e ministro — na democracia e na falibilidade humana e judicial. São crenças que admiro e das quais também partilho, e que constituem o denominador comum das críticas que procuro desenvolver neste artigo.

II

Para desenvolver seu argumento, Barroso parte de uma visão a princípio convencional da independência judicial e de suas implicações. O "voto" dos congressistas os legitima para certas tarefas (representar, no agregado, a vontade majoritária da população), mas os deslegitima para outras (por exemplo, impor limites à vontade majoritária). O terreno legítimo da atuação judicial seria o exato oposto. A ausência de "voto" torna os juízes mais adequados para a segunda tarefa, e menos adequados para a primeira. A decisão "contramajoritária" é virtude no Judiciário, e pecado no Legislativo. Justamente porque aqueles são independentes, e estes são eleitos. É por isso que, segundo Barroso, um Legislativo "minoritário" — capturado por interesses corporativos, incapaz de atender aos anseios majoritários da população — seria um Legislativo que falha no seu papel.

Há aqui uma assimetria: Barroso não vê a mesma falha em um Judiciário que atue "majoritariamente". Aqui, ele se distancia da teoria constitucional convencional. Em sua narrativa, o Congresso só cumpre bem seu papel quando é majoritário, *e apenas* quando é majoritário. Já o STF pode acertar tanto quando é contramajoritário como quando é majoritário. Quando o STF é contramajoritário e contrarrepresentativo, estaria na verdade protegendo direitos fundamentais; quando é majoritário, mas contrarrepresentativo, das duas, uma: ou está fazendo prevalecer a "verdadeira" vontade da população, ou está atuando como "vanguarda iluminista".[2]

Há uma série de problemas difíceis com essa assimetria e com a aparente sensação de conforto que Barroso transmite ao descrevê-la. Primeiro, há várias justificativas possíveis para as atuações não majoritárias do Congresso — por exemplo, grupos da sociedade civil podem utilizar as regras de procedimento interno para impedir a passagem de projetos de lei que seriam violadores de direitos fundamentais. Na verdade, o órgão legislativo pode estar sujeito a procedimentos deliberativos de tipo mais "consensual", desenhados pelo próprio texto constitucional, e que impediriam que uma maioria de parlamentares consiga simplesmente implementar reformas que contem com apoio da maioria da população.[3]

Essas possibilidades podem ser exemplificadas no caso da Proposta de Emenda à Constituição nº 171/1993, que diminui a maioridade penal de 18 para 16 anos. A alteração na maioridade exige emenda, para o que a Constituição exige uma supermaioria, e contra a qual uma minoria parlamentar

---

[2] Embora o papel "contramajoritário" seja central para a teoria constitucional, há importantes debates sobre as múltiplas funções de tribunais constitucionais em uma democracia. Para uma revisão e discussão dos principais papéis dessas instituições no debate contemporâneo, ver PEREIRA, Thomaz. Quais funções um Tribunal Constitucional deve desempenhar? *Consultor Jurídico*, 22 nov. 2014. Disponível em: <www.conjur.com.br/2014-nov-22/observatorio-constitucional-quais--funcoes-tribunal-constitucional-desempenhar>. Acesso em: 1 fev. 2015; MENDES, Conrado Hubner. O projeto de uma corte deliberativa. In: VOJVODIC, Adriana; PINTO, Henrique Motta; PAGANI, Rodrigo (Org.). *Jurisdição constitucional no Brasil*. São Paulo: Malheiros, 2012; FERRERES COMELA, Victor. *Constitutional Courts and democratic values*: an European perspective. New Haven: Yale University, 2009.

[3] Esses mecanismos legislativos não majoritários são antigos conhecidos do constitucionalismo ocidental. A exigência de uma super maioria ou de múltiplos turnos de votação para se aprovar emendas constitucionais são os exemplos mais típicos. Mesmo que as razões pelas quais esses mecanismos tenham sido originalmente estabelecidos possam variar de sistema político para sistema político, eles têm o *efeito* de proteger minorias. Ver ELSTER, John. *Ulysses unbound*. Cambridge: Cambridge University, 2000. II.6.

oposta à mudança certamente utilizaria todas as estratégias disponíveis no processo legislativo. Mesmo supondo que a PEC conte com o apoio de uma maioria da população, seria difícil para Barroso sustentar que, nesse caso, o Congresso estaria falhando em sua missão (ou "se omitindo") se a vitória dessa posição majoritária fosse atrasada por vários anos, ou até completamente neutralizada, graças à mobilização da oposição em torno de mecanismos de veto embutidos no processo legislativo. Por que não podemos dizer que, nesse caso, o Congresso cumpriu (corretamente) um papel contramajoritário, protegendo direitos de minorias de decisões tomadas no calor do momento? Por que a frustração da vontade da maioria *agora* é necessariamente uma falha do Congresso? Qualquer que seja a valência normativa desse fenômeno, porém, a existência, no processo político democrático, de atores minoritários com poder de veto não é necessariamente uma anomalia.[4] No mínimo, seria uma anomalia que o Brasil compartilha com muitas outras democracias contemporâneas.

Segundo, se, de um lado, Barroso é bastante realista ao reconhecer os mecanismos pelos quais mesmo um congresso dependente do voto popular pode ser capturado por interesses minoritários, seu tratamento das potenciais vicissitudes do processo decisório judicial é bastante idealizado. Reconhece a possibilidade de desvios do que seria o comportamento esperado de um tribunal constitucional. Mas esses riscos, pontualmente reconhecidos em tese, são logo descartados, sem que integrem de forma sistemática os argumentos que se seguem. Voltamos aqui à assimetria. Na análise do Congresso, empiria e ciência política positiva; na análise do comportamento dos juízes, por outro lado, ficamos limitados a um conjunto de exemplos que mostram o tribunal agindo na sua melhor luz possível.

Na literatura empírica sobre o comportamento da Suprema Corte dos EUA, por exemplo, há hoje relativo consenso de que as preferências políticas dos *justices* são decisivas para explicar seu comportamento e as transformações de sua jurisprudência ao longo do tempo.[5] Isso não se deve a uma

---

[4] Ver TSEBELIS, Georg. *Veto players*: how political institutions work. Princeton: Princeton University, 2002.

[5] EPSTEIN, Lee; LANDES, William; POSNER, Richard. *The behavior of federal judges*. Cambridge: Harvard University, 2013. É claro que isso não quer dizer que essas conclusões sejam diretamente transferíveis para o caso brasileiro. Sobre o tema, ver RIBEIRO, Leandro Molhano;

especificidade intrínseca do comportamento dos juízes em relação a outros agentes públicos. Ao contrário, esses estudos tratam juízes exatamente da mesma forma com que tratam congressistas, burocratas ou presidentes: como seres humanos que possuem determinadas crenças sobre seus poderes e sobre o mundo, e que reagem ao que percebem ser o conjunto de regras que estruturam suas ações.[6] Pessoas com objetivos e crenças (que podem incluir cumprir *standards* de atuação profissional adequada) e que respondem a incentivos na tentativa de agir de modo a promover esses objetivos. Os objetivos, crenças e incentivos variam, mas não se assume, entre os dois grupos de agentes políticos, uma distribuição assimétrica de virtude.

Barroso observa que o Legislativo pode ser capturado por uma minoria. Mas o STF não está imune a esse risco. Afinal, como descrever os episódios em que, no STF, um ministro mantém um processo em vista pelo tempo que desejar, muito além dos prazos regimentais, inclusive contra uma maioria de votos já formada?[7] Barroso também observa que o Congresso pode ser capturado por "interesses especiais" — nas palavras do autor, um "eufemismo que identifica o atendimento a interesses de certos agentes influentes do ponto de vista político ou econômico, ainda quando em conflito com o interesse coletivo". Contudo, o risco de captura por "interesses especiais" também existe no caso de instituições independentes e politicamente insuladas, tais como agências reguladoras ou tribunais. Por que não considerar, ao menos em princípio, que a captura por "interesses especiais" pode ocorrer também no caso do STF?[8]

ARGUELHES, Diego Werneck. Preferências, estratégias e motivações: pressupostos institucionais de teorias sobre comportamento judicial e sua transposição para o caso brasileiro. *Direito & Práxis*, v. 4, n. 7, 2013.

[6] Ver, no geral, ELSTER, Jon. *Explaining social behavior*: more nuts and bolts for the social sciences. Nova York: Cambridge University, 2007.

[7] Para uma análise empírica do pedido de vista como um poder de veto individual sobre as decisões do tribunal, ver ARGUELHES, Diego Werneck; HARTMANN, Ivar A. Timing control without docket control: how individual justices shape the Brazilian Supreme Court's agenda. *Journal of Law and Courts*, v. 5, n. 1, p. 105-140, 2017. Para uma discussão mais geral do fenômeno de atuações "minoritárias"/individuais no âmbito do STF, ver ARGUELHES, Diego Werneck; RIBEIRO, Leandro Molhano. O Supremo individual: mecanismos de atuação direta dos ministros sobre o processo político. *Direito, Estado e Sociedade*, n. 46, 2015.

[8] ELHAGUE, Einar. Does interest group theory justify more intrusive judicial review? *Yale Law Journal*, v. 101, 1992, observando que "*the litigation process cannot be treated as exogenous to interest group theory because that process is also subject to forms of interest group influence [...]*".

Minha principal discordância, porém, não é empírica.[9] Quero apontar para um problema conceitual no argumento assimétrico de Barroso: seu texto não nos dá parâmetros claros, nem sequer em tese, com base nos quais podemos avaliar quaisquer dados sobre o mundo — como exemplos de atuação legítima ou ilegítima dos ministros do STF —, mesmo quando os fatos estão claros. Isto é, mesmo se conseguíssemos chegar a um acordo empírico sobre como funcionam, na prática, certas propriedades da atuação do STF — por exemplo, se o tribunal é ou não majoritário em seu processo decisório interno, se está ou não decidindo de maneira convergente com a opinião majoritária na população —, "A razão sem voto" nos deixa sem parâmetros para saber se isso é algo bom ou ruim *no caso do Supremo Tribunal Federal*. No texto de Barroso, essa clareza só existe no caso do Congresso, como observado anteriormente.

III

Para enxergamos de maneira mais concreta como as três formas de atuação descritas por Barroso estão em permanente tensão (e como, se a tensão não for enfrentada, podem justificar qualquer coisa), voltemos à PEC nº 171/1993. Já começa a aparecer, na comunidade jurídica, o argumento de que a PEC violaria as cláusulas pétreas do art. 60, pois restringe de forma excessiva algo que pode ser interpretado como um direito fundamental — a maioridade penal aos 18, prevista no art. 228 da Constituição. A questão tem gerado bastante debate dentro e fora do Congresso, e há partidos políticos que já sinalizaram sua clara oposição à medida. Basta um desses partidos para que a jurisdição do STF em controle abstrato seja acionada. Todos esses elementos tornam praticamente certo que, se a PEC for aprovada, a questão terminará no STF.

Nesse caso, por se tratar de uma mudança legislativa deliberada, seria difícil ver aqui a possibilidade de atuação como "vanguarda iluminista", nos

---

[9] Ver, entretanto, o artigo de Ivar Hartmann para este livro, mapeando quantitativamente vários padrões de comportamento decisório do tribunal que frustram expectativas típicas com relação à instituição.

termos de Barroso. Sobram duas possibilidades: atuação contramajoritária, protetora de direitos de minorias, e atuação vindicadora da vontade de população. Entretanto, há aqui um complicador potencial, que não é visível nos outros exemplos discutidos por Barroso: o Congresso estaria adotando uma medida que pode ser interpretada como restrição a um direito fundamental, mas o faz *com substancial apoio da opinião pública*.[10] A partir desse elemento, imagine dois cenários possíveis para o desfecho do caso: (1) uma maioria de ministros do STF declara a PEC inconstitucional, entendendo que ela viola cláusulas pétreas que consagram direitos de minorias vulneráveis no cenário político nacional (uma atuação contramajoritária, nos termos de Barroso); (2) uma maioria de ministros do STF declara a PEC constitucional, considerando que não há cláusulas pétreas em jogo e que ela atende aos anseios da opinião pública (uma atuação vindicadora da vontade da população). Em qual dos dois casos o tribunal estaria equivocado? Em qual estaria correto?

Uma discussão material dos argumentos empregados por cada um dos lados poderia quem sabe revelar qual deles tem interpretações melhores ou piores do direito constitucional vigente com relação às cláusulas pétreas. As lentes tripartidas de Barroso, porém, orientam-se para a *função* última que a decisão cumpre na sociedade brasileira. Quando as colocamos, o Supremo se torna um alvo móvel: estou contra o Congresso, mas a favor da opinião pública, então não há problema. Ou estou contra a opinião pública, mas a favor de direitos fundamentais — então, novamente, não há problema. Ou ainda: estou contra a opinião pública, e contra o Congresso, mas estou atuando como "vanguarda iluminista". Onde haveria espaço para qualquer problema democrático na atuação do STF? Onde teria havido uma violação de um de-

---

[10] Essa suposição empírica — amplo apoio popular à redução da maioridade penal — é bastante plausível. Em pesquisa nacional realizada em 2013 pela Confederação Nacional dos Transportes, 92,7% dos brasileiros se posicionaram a favor da redução da maioridade penal (ver reportagem: Mais de 90% dos brasileiros querem redução da maioridade penal, diz pesquisa CNT/MDA. *UOL Notícias*, 11 jun. 2013. Disponível em: <http://noticias.uol.com.br/cotidiano/ultimas--noticias/2013/06/11/mais-de-90-dos-brasileiros-querem-reducao-da-maioridade-penal-diz--pesquisa-cntmda.htm>). No mesmo ano, pesquisa do Datafolha restrita ao estado de São Paulo obteve resultados parecidos, com 93% dos entrevistados apoiando a medida (ver reportagem: 93% dos paulistanos querem redução da maioridade penal. *Folha de S.Paulo*, 17 abr. 2013. Disponível em: <www1.folha.uol.com.br/cotidiano/2013/04/1263937-93-dos-paulistanos-querem--reducao-da-maioridade-penal.shtml>).

ver de deferência aos poderes políticos eleitos? Os três tipos de atuação formam uma rede de segurança teórica incontornável. Evidentemente, *existem* problemas democráticos potenciais na atuação dos ministros em vários dos exemplos de Barroso. Ele mesmo os reconhece, quando registra casos em que o tribunal *poderia* ter ido longe demais.[11] Mas, por si só, nem defender minorias, nem vindicar a vontade da maioria estão necessariamente equivocadas. Como poderíamos nos apropriar da teoria de Barroso e aplicá-la no debate público nacional para *criticar* o tribunal?

A ideia de "representação por argumentação" parece só agravar os problemas apontados anteriormente. Junto de critérios de legitimação voltados para o *resultado* da decisão, ou para a *função* que o Supremo cumpre (proteger direitos, vindicar a opinião pública, implementar reformas como "vanguarda"), essa ideia estará sempre fora de lugar — ou enfraquecerá o uso daqueles critérios.[12] Voltemos ao caso da maioridade penal, considerando agora a relação da "representação por argumentação" com as duas formas de legitimação por resultado discutidas— vindicação majoritária e proteção contramajoritária. Será que o ministro deve dar os melhores argumentos constitucionais que conseguir, na esperança de que a população os aceite mesmo sem concordar com eles (ou seja, assume o risco de cumprir uma função contramajoritária)? Ou o seu parâmetro de sucesso na "representação" é obter concordância da

---

[11] Vale notar que Barroso não discute em detalhes a correção ou erro do voto individual, de cada ministro, nos casos em que o tribunal como um todo acertou. Seria importante discutir até que ponto, nos casos, de acerto do STF, não houve alguns votos que *erraram* nos termos do próprio Barroso — e que só não se tornaram majoritários por uma contingência da composição no momento da decisão. Um exemplo pode ser encontrado na decisão do STF sobre a constitucionalidade da Lei de Biossegurança (ADI nº 3.510). É verdade que o resultado *final* do agregado de votos foi deferente ao trabalho do Legislativo. Mas, por trás da unanimidade no resultado, alguns ministros claramente atuaram como legisladores ao fazer a "interpretação conforme a constituição" da lei — por exemplo, impondo a criação de um comitê nacional de acompanhamento da ética nas pesquisas como condição de constitucionalidade. Barroso possivelmente consideraria votos assim excessivamente intrusivos nas escolhas políticas e morais majoritárias, ainda que cite com aprovação o resultado final da decisão nesse caso. Mas, com frequência, a diferença entre um erro individual e o acerto coletivo está apenas na contingência do número de votos. O foco exclusivo na decisão final nubla esse problema.

[12] Ver o artigo de Fernando Leal para este livro. O autor reconstrói diversos critérios de racionalidade implícitos em cada das diferentes formas de atuação/legitimação discutidas por Barroso, discutindo os desafios da aplicação da ideia de representação por argumentação para legitimar a atuação do STF.

population — e, nesse caso, ele está fadado a fazer concessões até chegar a argumentos com os quais a população concorde no mérito?

Ao considerar que a convergência entre o conteúdo das decisões e a vontade da população é um critério relevante de análise, Barroso cria um problema: quando representar "por argumentos" é, no fundo, chegar ao resultado que a população quer, fica difícil dizer que estamos diante de "representação argumentativa" de verdade. Por outro lado, se não se trata de utilizar argumentos com os quais as pessoas concordem, mas sim "argumentos corretos" de acordo com algum parâmetro outro de interpretação constitucional, não fica claro qual o papel da opinião pública no modelo. No fim das contas, continuamos sem saber como identificar os erros e excessos do juiz.

IV

Para enfrentar esses problemas, Barroso poderia ter analisado o Supremo da mesma forma que aborda o Congresso: existe um desenho institucional que, ao exigir dos parlamentares aprovação popular cíclica, incentiva-os a levar em conta os interesses de parcelas representativas da população. Esse raciocínio, por mais que não leve em conta as nuances já apontadas, de fato fornece critérios para saber quando o Congresso cumpre e quando não cumpre legitimamente sua tarefa. Em contraste, Barroso não se ocupa em delinear os critérios gerados pelo próprio desenho do STF, como instituição *independente* da política majoritária, que poderiam ajudar a identificar quando os ministros atendem ou não às nossas expectativas. Combinar todos os três critérios de uma só vez, como vimos, não é solução, mas problema. Na teoria constitucional, há abordagens relativamente convencionais que poderiam contribuir para responder a essa pergunta. Para nos aproveitarmos desses debates, porém, precisamos enfocar o dado básico do desenho institucional do STF — o seu alto grau de insulamento político, sobretudo nas regras para permanência no cargo de ministro — e daí reconstruir as expectativas que nutrimos quanto à sua atuação.

A Constituição dos EUA de 1787 foi o primeiro experimento de desenho institucional em que juízes foram deliberadamente insulados de qualquer retaliação política possível às suas decisões, tendo o cargo e o salário garantidos enquanto mantivessem comportamento minimamente adequado dentro e fora dos autos.[13] Junto com a novidade, porém, nasce a consciência de seus riscos. Antes mesmo de a Constituição ser aprovada, já se discutia o problema da tensão entre *accountability* democrática (o "consentimento dos governados", no vocabulário da época) e independência judicial. O problema não era tanto a forma de entrada desses juízes no cargo, mas sim as (impossíveis) condições nas quais poderiam ser removidos de lá.

Foi o que apontou "Brutus", pseudônimo de um dos autores dos chamados artigos "antifederalistas" — oponentes de Hamilton, Madison e Jay no debate público sobre a ratificação da Constituição.[14] Para Brutus, o mundo não teria jamais visto, em toda sua história, um tribunal "*invested with such immense powers, and yet placed in a situation so little responsible*", que pode moldar o conteúdo das leis livremente, enquanto seus "*errors and usurpations of the Supreme Court of the United States will be uncontrollable and remediless*".[15] Não se trata, como se vê, de uma tese sobre a supostamente maior legitimidade do Congresso com relação à Corte, nem de uma automática associação do Congresso com a vontade da maioria. O que preocupa Brutus é a ausência de limites — que existem no caso do Congresso — pelos quais os cidadãos possam se defender de excessos e usurpação de poder por parte do Judiciário federal e da Suprema Corte, cujos membros não são responsabilizáveis politicamente.

A resposta de Hamilton a essas preocupações (sobretudo no *Federalista*, n. LXXVIII, escrevendo como "Publius") é bem conhecida, e se divide em duas partes. Primeiro, o argumento de desenho institucional de que a Corte é o "*least dangerous branch*".[16] Como tribunal, é inerte, não tem exércitos, não pode arrecadar nem distribuir recursos. Segundo, o argumento — ou

---

[13] A Constituição dos EUA garante aos juízes estabilidade "*during good behavior*". Como observam Lee Epstein e Jeffrey Segal, porém, "*[t]his benchmark of 'good behavior' [...] was sufficiently rigorous to prevent removals for partisan or ideological concerns*" (EPSTEIN, Lee; SEGAL, Jeffrey. *Advice and dissent*: the politics of judicial appointments. Nova York: Oxford University, 2005. p. 87).

[14] Para os fins deste trabalho, utilizei a compilação e edição de STORING, Herbert; DRY, Murray (Org.). *The anti-federalists*: writings by the opponents of the Constitution. Chicago: Chicago University, 1985. Agradeço a Mario Brockmann Machado pelas muitas conversas sobre os artigos antifederalistas.

[15] Ver panfleto n. XV dos antifederalistas.

[16] Este argumento é desenvolvido no nº 78 dos Artigos Federalistas. Ver p. 521-525 da edição de COOKE, Jacob (Org.). *The Federalist*. Hanover: Wesleyan University, 1961, utilizada para fins deste trabalho.

melhor, a *aposta* — de performance judicial, isto é, de como esses poderes seriam de fato utilizados pelos juízes. Ao declarar leis inconstitucionais, a Corte estaria na verdade fazendo valer a vontade do povo, que, como constituinte originário, é superior à vontade do Congresso e das legislaturas estaduais. Isso porque, em aposta que rapidamente se mostrou equivocada na história constitucional dos EUA, Hamilton afirma que a Corte só poderia declarar inconstitucionais leis que *manifestamente* contrariassem o texto constitucional, sem jamais basear suas decisões em um vago "espírito" subjacente ao documento.[17]

O embate entre Brutus e Publius mostra com clareza a tensão que Barroso não enfrenta diretamente: quanto mais independência, maior o risco de seus membros ampliarem seus poderes e/ou utilizá-los para finalidades alheias aos propósitos para os quais receberam garantias de independência. Um ministro da Suprema Corte dos EUA (ou do Supremo Tribunal Federal) possui essas garantias porque precisamos que ela ou ele aplique a Constituição, sem precisar se preocupar com pressões das partes, do governo ou da própria opinião pública. Contudo, os mesmos mecanismos que o protegem dessas pressões permitem que o ministro declare sua independência inclusive da própria Constituição, se assim o desejar.[18] Ou seja, na dose errada, o remédio de desenho institucional para garantir o cumprimento da Constituição se torna uma ameaça ao próprio cumprimento da Constituição.

Esse *trade-off* expressa tanto o perigo quanto a necessidade de independência judicial. Não existe solução perfeita ou definitiva; o risco sempre estará presente enquanto recorrermos a instituições insuladas da política. Aqui, é importante não confundir a experiência constitucional americana específica, em particular o desenho institucional que aquela comunidade adotou, com a colocação do *trade-off* em si. O que importa nestes debates dos Fede-

---

[17] Artigos Federalistas, n. 81.

[18] KAHN, Paul. Independence and responsibility in the judicial role. In: STOTZKY, Irwin P. (Org.). *Transition to democracy in Latin America*: the role of the judiciary. Boulder: Westview, 1993. O autor oobserva que uma das dimensões do conceito de "independência judicial" é a expectativa de que os juízes consigam ser também *independentes de suas próprias crenças* na hora de aplicar o direito vigente. Contudo, quanto mais independência com relação às partes e ao Estado esses juízes possuírem, mais condições terão para decidir de acordo com o que acham correto *independentemente do direito vigente*.

ralistas não é a solução de desenho institucional que acabaram adotando na Constituição dos EUA, mas sim o fato de que explicitam e enfrentam um desafio permanente para qualquer comunidade preocupada com soberania popular. Nessa perspectiva, ao contrário do que argumenta Barroso, não podemos dizer que a questão da "dificuldade contramajoritária" foi superada. Considere, por exemplo, este recente "guia", feito por juristas, com recomendações para países árabes que passaram por transições para a democracia:

> *In order to maintain its authority and public legitimacy, the constitutional court must be perceived as independent. Judicial independence, however, is a highly contested concept. In essence, an independent court is one that is sufficiently insulated from political interference and control for its decisions to demonstrate the court's mandate to uphold the rule of Law, rather than suggest its allegiance to a particular official or party [...]. However, a constitutional court operating in a democracy is also expected to be accountable to the public, as are the other branches of government, all of which operate with the consent of the governed. [...] Constitutional drafters must therefore strive for relative judicial independence: a court that operates independently of the influence of political concerns, while remaining responsive to a democratic society. This is a difficult balance to strike.*[19]

O *trade-off* é descrito sem qualquer referência ao debate acadêmico dos EUA sobre "dificuldade contramajoritária", ou à constituição daquele país, ou às suas instituições judiciais e legislativas específicas. Tampouco se considera que, se for empiricamente verdade que tribunais muitas vezes seguem a opinião pública, o perigo deixa de existir, e poderíamos ficar tranquilos ao conceder grande poder *e* grande independência política à mesma instituição em um regime democrático. Os autores dessas recomendações estão tratando de um dilema permanente. Não apenas não foi superado, como, colocado nesses termos, o dilema na verdade *não é superável* — nem com teoria, nem com empiria. Pode, porém, ser enfrentado e respondido de variadas formas. É nesse sen-

---

[19] CHOUDRY, Sujit; BASS, Katherine et al. Constitutional Courts after the Arab Spring: appointment mechanisms and relative judicial independence. Center for Constitutional Transitions at NYU Law; International Institute for Democracy and Electoral Assistance (Idea). 2012. p. 27-28. Disponível em: <http://constitutionaltransitions.org/wp-content/uploads/2014/04/Constitutional-Courts-after-the-Arab-Spring.pdf>.

tido, na minha leitura, que o debate sobre "dificuldade contramajoritária" deve ser interpretado de maneira mais produtiva: um desafio prático permanente.

Nesse sentido, aliás, vale refletir sobre a escolha de palavras de Bickel: *dificuldade* contramajoritária. Em uma interpretação possível, "dificuldade" não é um problema a ser resolvido, mas sim uma propriedade inconveniente da atuação judicial que apresenta desafios permanentes — uma sombra potencial que paira sobre a instituição sempre que seu poder é exercido. Há certos problemas em uma democracia que não são solúveis, e este é um deles. Em seu texto, em contraste, Barroso enfrenta esses debates da teoria constitucional, sobretudo dos EUA, como se eles descrevessem um problema intelectual cuja solução não apenas pode ser de fato descoberta ou demonstrada (conceitual ou empiricamente), mas que, uma vez descoberta ou demonstrada, elimina completamente o problema.[20]

Há algumas evidências dessa interpretação ao longo do texto. Primeiro, quando Barroso afirma que a "dificuldade contramajoritária" se funda na premissa empírica de que juízes nunca podem agir de acordo com a vontade da população, enquanto o Congresso sempre representa a vontade majoritária da população. Segundo, quando sugere que a crescente aceitação, ao redor do mundo, da ideia de que democracia implica proteção a direitos fundamentais e preservação de regras mínimas do jogo político seria um indicador da superação da "dificuldade contramajoritária". Nos dois casos, porém, a refutação ou superação é ilusória. No primeiro caso, Barroso está correto ao dizer que, empiricamente, ambas as proposições são falsas.[21] Mas

---

[20] Nesse sentido, por trás da "dificuldade contramajoritária", é possível ver (i) um problema-dilema, um desafio permanente, um *trade-off* insolúvel; ou (ii) um problema do tipo "eureka", que possui uma solução demonstrável ou empiricamente verificável, que dissipa completamente o problema de maneira incontroversa uma vez encontrada. Para uma discussão sobre o conceito de "problemas eureka", ver SUNSTEIN, Cass. *Infotopia*: how many minds produce knowledge. Nova York: Oxford University, 2006. Para uma crítica e análise mais sistemática dessa categoria, ESTLUND, David. On Sunstein's infotopia. *Theoria*, v. 56, n. 116, 2009.

[21] No texto, Barroso faz a ousada afirmação empírica de que, "em algumas circunstâncias, juízes são capazes de representar melhor — ou com mais independência — a vontade da sociedade", e essa vantagem comparativa poderia ser encontrada no modo de seleção de juízes por meio de concurso público. Isso me parece falso como descrição do tipo de mecanismo que concursos públicos são no Brasil, além de ser muito difícil separar aqui a influência de vieses de seleção (isto é, do tipo de pessoa que procura prestar concurso público no Brasil, em termos de classe

isso não resolve o dilema que descrevi nas seções anteriores. A eventual falsidade dessas proposições empíricas não nos diz nada sobre nossas expectativas *normativas* quanto a como essas instituições deveriam se comportar. Afinal, dependendo de minhas expectativas e das teorias normativas que eu adote para avaliar a atuação do tribunal, decisões judiciais convergentes com a opinião pública podem ser motivo de alarme, e não fator de legitimidade. Propor um conjunto de critérios desse tipo é justamente uma das formas de equacionar a tensão entre independência e democracia, ainda que provisoriamente. Nesse caso, o jurista/teórico *aceita* a tensão como desafio insolúvel, mas acredita que essa atuação se justifica em certas condições — e, consequentemente, não se justifica em outras.

No segundo caso, mesmo se tomarmos como um fato que cada vez mais comunidades políticas adotam algum tipo de controle de constitucionalidade por acreditarem em limites ao governo da maioria, isso não é evidência da superação da tensão entre atuação de instituições independentes e as exigências da democracia. Ao contrário, analisando as diferenças entre o desenho institucional dos EUA e dos tribunais constitucionais europeus típicos do pós-guerra, veremos que, longe de considerar a tensão resolvida no

---

social, educação etc.) e a influência do mecanismo de concurso público em si. Em estudo empírico sobre os determinantes da aprovação de candidatos em concursos públicos de nível médio, por exemplo, Castelar e colaboradores concluíram que "possuir uma renda familiar alta redunda num efeito marginal positivo sobre a chance de aprovação" (CASTELAR, Ivan et al. Uma análise dos determinantes de desempenho em concurso público. *Economia Aplicada*, v. 14, n. 1, p. 81-98, 2010); além disso, vale notar que, segundo dados do último Censo do Poder Judiciário, realizado pelo Conselho Nacional de Justiça, apenas 14,2% dos magistrados no Brasil são "pardos", só 1,4% são "negros", e mais de 82% são "brancos". Nesse cenário, o ônus de sustentar uma maior "representatividade" da magistratura, em termos sociológicos, é elevado. Além disso, essa tese parece entrar em contradição com outras expectativas que o próprio Barroso tem com relação ao concurso público. Ele observa que "juízes são aprovados em concursos árduos e competitivos, que exigem longa preparação, constituindo quadros qualificados do serviço público. Tal fato pode trazer a pretensão de sobrepor uma certa racionalidade judicial às circunstâncias dos outros Poderes, cuja lógica de atuação, muitas vezes, é mais complexa e menos cartesiana". A combinação dessas duas afirmações sobre o concurso público é problemática. Como é possível que um mesmo mecanismo simultaneamente selecione pessoas *mais* afeitas à racionalidade e *mais* sintonizadas com a opinião pública e, portanto, com o que seria o senso comum? Essa é outra manifestação da assimetria geral que atravessa o olhar institucional de Barroso: a narrativa de "A razão sem voto" nos sugere uma superioridade, sob todas as dimensões relevantes, de instituições não eleitas sobre instituições eleitas.

campo conceitual (por exemplo, por aceitarem que "democracia exige proteção a direitos"), os constituintes nesses países a reconheceram e procuraram mitigá-la na formatação do órgão diretamente responsável pela jurisdição constitucional. Levaram tão a sério os riscos de empoderar um Judiciário independente da política — riscos que já haviam observado no confronto entre governos reformadores e juízes conservadores em alguns momentos da história constitucional dos EUA, como no período do New Deal —, que fizeram algo deliberada e completamente distinto, em termos de desenho institucional, do que os EUA haviam feito.[22]

Nesses tribunais constitucionais, os processos de indicação e renovação da composição da Corte são desenhados de forma a se relacionar mais claramente com a política e os seus ciclos, distanciando-os do tipo de independência e das tarefas típicas atribuídas aos juízes ordinários.[23] Primeiro, quanto às regras de competência, permanência e indicação para o cargo, não há qualquer continuidade com o resto do Poder Judiciário; em sua versão mais "pura", um tribunal constitucional possui semelhança e vínculos mínimos, em termos de sua estrutura e processo decisório, com o resto do Judiciário nacional.[24] Segundo, nos processos de indicação para o tribunal, tende-se a acentuar uma diversidade de experiências profissionais para além da expe-

---

[22] SWEET, Alec Stone. Why Europe rejected American judicial review — and why it may not matter. *Michigan Law Review*, v. 101, 2003.

[23] Segundo Alec Stone Sweet (Constitutional Courts. In: SAJÓ, Andras; ROSENFELD, Michel (Org.). *Oxford handbook of comparative constitutional law*. Oxford: Oxford University, 2012. p. 819), "*the Kelsenian Court offered a means of prioritizing rights protection*, while maintaining the prohibition on judicial review" (grifo meu). No mesmo trecho, o autor discute ainda como, no modelo original de Kelsen, havia uma rejeição implícita a conferir a esses tribunais constitucionais o poder de controlar atos do Parlamento com base em cláusulas gerais e moralmente carregadas como "liberdade", "igualdade" e "justiça". Segundo Kelsen, se o tribunal utilizasse esse tipo de norma como parâmetro para controle de constitucionalidade, tornar-se-ia um verdadeiro "legislador positivo" (i.e., uma autoridade que insere normas gerais novas no ordenamento jurídico), com poder comparável ao do Parlamento em todos os aspectos relevantes, e sem limites claros no direito constitucional vigente. Por isso mesmo, Kelsen não concebeu um tribunal constitucional que exercesse controle a partir de uma "carta de direitos". Na onda de criação de tribunais constitucionais na Europa do pós-guerra, porém, observa Stone Sweet que essa parte das ideias de Kelsen foi "educadamente ignorada" (p. 819): não apenas foram criados tribunais constitucionais, mas todas essas constituições encarregavam esses tribunais de aplicar uma carta de direitos.

[24] FERRERES COMELA, Victor. *Constitutional Courts and democratic values*: an European perspective. New Haven: Yale University, 2009.

riência jurídica em sentido estrito, incluindo a participação de acadêmicos e políticos.[25] Terceiro, considerando que a atividade que exercem inclui juízos políticos, estabelecem-se mandatos fixos para a permanência na Corte, de modo a traduzir as mudanças na opinião pública, expressas nas eleições, em transformações na visão que o tribunal possui da Constituição.[26]

Em vez de aceitar que juízes praticamente irresponsáveis politicamente levassem a cabo uma tarefa política, criou-se uma instituição nova desenhada especificamente para essa função. De fato, em todas as variações de desenho de tribunais constitucionais encontráveis na Europa do pós-guerra, observamos um esforço comum de acentuar, de variadas formas, o caráter político dessa nova instituição em seu próprio desenho, separando-a do Judiciário e seu caráter mais técnico, ao mesmo tempo que a protege de interferências de curto prazo por parte dos poderes políticos. Não foi um novo conceito de "democracia constitucional" que resolveu os perigos, claramente exemplificados pelos EUA, de se conferir poder político a instituições judiciais sujeitas a pouco ou nenhum controle democrático. A tensão foi reconhecida e mitigada por meio de inovações no desenho institucional, não de (re)formulações conceituais sobre legitimidade, ou mesmo de descobertas empíricas sobre como tribunais funcionam e qual a sua relação com a opinião pública.

V

A partir da reconstrução realizada na seção anterior, vemos que Barroso parte de uma concepção muito restritiva, e afinal pouco produtiva, do que está por trás do rótulo da "dificuldade contramajóritária". É bastante significativo que, logo no início do seu texto, Barroso narre seu debate com Mark Tushnet. Tushnet tem (ou ao menos já teve) uma posição peculiar no debate:

---

[25] Alec Stone Sweet, Constitutional Courts, op. cit., p. 824.

[26] Como observa Arantes, a fixação de mandatos "baseia-se na ideia de que o exercício da função deve ser submetido à avaliação periódica do corpo político, além de indicar que a interpretação da Constituição pode mudar com o tempo". ARANTES, Rogério Bastos. Judiciário: entre a justiça e a política. In: AVELAR, Lucia; CINTRA, Antônio Octávio (Org.). Sistema político brasileiro: uma introdução. 3. ed. São Paulo: Unesp, 2015. p. 37

a de que a tensão entre independência e democracia deveria ser resolvida com a completa eliminação do poder dos juízes de fazer controle de constitucionalidade.[27] Mas essa posição é radical demais. A pergunta de Tushnet é: como eliminar *completamente* o risco de tensão entre controle democrático e independência judicial? Simplificar o problema, porém, é simplificar as suas soluções, e o que Tushnet propõe é tão radical quanto sua pergunta: elimine-se o poder dos juízes. Mas essa não é uma posição representativa do debate como um todo e, na minha leitura, não captura o que ele tem de efetivamente importante. No quadro seguinte estão sistematizadas as diferentes possibilidades de enfrentamento da tensão subjacente ao rótulo da "dificuldade contramajoritária".

Cada uma das duas colunas representa duas maneiras válidas de enfrentar essa tensão. Nenhum quadrante, com exceção do (2), onde se encontra Tushnet, expressa uma tentativa de realmente *resolver*, de uma vez por todas, a "dificuldade contramajoritária". Nesse sentido, vários autores da teoria constitucional dos EUA, representados nos quadrantes (3) e (4) enfrentaram o problema não para eliminá-lo, mas para saber *em que condições a atuação judicial contra decisões políticas majoritárias se justifica*. Por definição, isso implica reconhecer também que há casos nos quais a atuação judicial, por ser contramajoritária, não é justificável.[28] É nessa tensão que a teoria constitucional dos EUA vem se desenvolvendo — ou se estagnando, segundo críticos — nas últimas décadas.[29]

---

[27] TUSHNET, Mark. *Taking the Constitution away from the Courts*. Cambridge: Harvard University, 1999. Vale notar, porém, que Tushnet parece ter moderado um pouco sua posição em trabalhos posteriores, demonstrando simpatia por controles "fracos" de constitucionalidade. Nesse tipo de arranjo, o Judiciário não pode impedir os poderes eleitos de se pronunciarem novamente sobre o tema – e inclusive discordar da interpretação feita pelos juízes. Ver TUSHNET, Mark. *Weak Courts, strong rights*: judicial review and social welfare rights in comparative constitutional law. Nova York: Cambridge University, 2006.

[28] No caso dos EUA, há pontos fixos bem conhecidos nesse cenário: todos querem dizer que *Brown* foi uma decisão correta, um uso justificado de poder judicial para intervir na política, ao mesmo tempo que precisam dizer que decisões como *Dred Scott* ou *Lochner* foram equívocos. Ver KALLMAN, Laura. *The strange career of legal liberalism*. New Haven: Yale University, 1996.

[29] FRIEDMAN, Barry. The birth of an academic obsession: the history of the countermajoritarian difficulty, part five. *Yale Law Journal*, v. 112, 2002.

Dificuldade contramajoritária: abordagens normativas

Intensidade da solução/proposta:	Tipo de solução/proposta:	
	Desenho Institucional	Performance judicial
Soluções "fracas"	(1) Redesenhar instituição de modo a aproximar, dos ciclos da política, a substância das decisões do tribunal (por exemplo, mandatos fixos, mecanismos de superação legislativa)	(3) Critérios/condições de exercício legítimo do controle de constitucionalidade contra decisões legislativas[30]
Soluções "fortes"	(2) Eliminar *judicial review*[31]	(4) Deferência plena;[32] "Constitucionalismo Popular",[33] "Virtudes Passivas"[34]

Nesse sentido, por exemplo, Ackerman indica que a resistência judicial a mudanças políticas radicais expressa o compromisso da comunidade com decisões políticas anteriores e mais importantes, tomadas em "momentos constitucionais".[35] Ely argumenta que a Corte não eleita tem a missão de

---

[30] Como exemplo de teorias normativas que se encaixam neste quadrante, poderíamos citar os trabalhos de Ackerman, Bruce. *We the people*: foundations. Cambridge (MA): Harvard University, 1993, ELY, John Hart. *Democracy and distrust*. Cambridge: Harvard University, 1980; e ALEXY, Robert. *Teoria dos direitos fundamentais*. Tradução de Virgílio Afonso da Silva. 2. ed., 4. tir. São Paulo: Malheiros, 2015.

[31] Como defendia Mark Tushnet, *Taking the Constitution away from the Courts*, op. cit.

[32] A referência clássica é THAYER, James Bradley. The origin and scope of the American doctrine of constitutional law. *Harvard Law Review*, n. 7, 1896. Richard Posner argumenta que a concepção de Thayer — que recomenda simplesmente que os juízes só intervenham em casos extremos, de clara e absurda violação da Constituição — foi perdendo espaço conforme se desenvolveram, na teoria constitucional, debates metodológicos sobre quando e como juízes devem declarar leis inconstitucionais (discussões que se encaixariam no quadrante 3 do quadro). Isto é, teorias de deferência plena e autocontenção judicial só poderiam realmente prosperar enquanto o debate acadêmico não for ocupado por discussões metodológicas mais detalhadas sobre interpretação constitucional. Isto é, nos termos deste trabalho, Posner sugere que os esforços intelectuais do quadrante 3 tende a excluir o espaço para concepções típicas do quadrante 4. POSNER, Richard. The rise and fall of judicial self-restraint. *California Law Review*, v. 100, 2012.

[33] Ver, por exemplo, o livro de Kramer sobre constitucionalismo popular: KRAMER, Larry. *The people themselves*: popular constitutionalism and judicial review. Nova York: Oxford University, 2004.

[34] A ideia de que a Suprema Corte deve praticar "virtudes passivas" e escolher com cautela o momento adequado para exercer o poder de controle de constitucionalidade foi desenvolvida por BICKEL, Alexander. *The least dangerous branch*: the Supreme Court at the bar of politics. 2. ed. New Haven: Yale University, 1986.

[35] Ackerman, *We the people*, op. cit.

garantir que a competição política pelo exercício do poder respeite regras do jogo mínimas.[36] Esses dois autores integram o quadrante (3), pois, dentro de suas teorias, a atuação judicial *justificada* nos termos que propõem não representa nenhum problema democrático — ao contrário, reforçam a natureza democrática do sistema político. Bickel, em contraste, no quadrante (4), embora não defenda a eliminação do *judicial review*, vê esse poder como necessariamente suspeito, em todo e qualquer caso.[37] Recomenda que a Corte reconheça sua difícil posição de "corpo estranho" no sistema político e use seu poder, sempre suspeito, apenas nas condições mais favoráveis e nas situações mais necessárias. Propõe então uma série de "virtudes passivas" para a atuação da Corte, pelas quais os juízes aguardarão o momento político adequado para exercer seu tão delicado poder com o mínimo de interferência na democracia.

Essa superficial referência a três diferentes teóricos constitucionais dos EUA serve apenas para ilustrar que, por trás do rótulo da "dificuldade contramajoritária", é possível encontrar diferentes teorias e formulações sobre qual o problema em jogo e como enfrentá-lo. Em várias dessas formulações, o problema não se funda em afirmações empíricas sobre quem representa a vontade da população, nem se dissolve quando aceitamos que democracia exige respeito a direitos fundamentais e regras da competição política. Por trás da "dificuldade contramajoritária", encontramos uma tensão insolúvel: sempre haverá questões que, em uma democracia, não deveriam ser resolvidas em última instância por um grupo de sábios não eleitos e que permanecem no cargo por décadas, sem qualquer tipo de *accountability* política.[38] Mas reconhecer o dilema como insolúvel não é necessariamente defender o fim do controle de constitucionalidade, como procurei explicar anteriormente. É, ao contrário, para a maior parte dos teóricos dos EUA, comprometer-se em pensar as condições nas quais o uso desse poder é justificado. Não se resolve a dificuldade;

---

[36] John Hart Ely, *Democracy and distrust*, op. cit.

[37] Alexander Bickel, The least dangerous branch, op. cit.

[38] Simplesmente assumir que esse grupo de sábios só "aplicará a Constituição", como fez Hamilton em sua defesa da Suprema Corte politicamente insulada, não ajuda. Ao contrário, pode criar novos problemas, contribuindo para uma progressiva identificação entre a interpretação dos ministros do STF e a própria Constituição. Para uma discussão do neoconstitucionalismo a partir desse problema, ver o artigo de Joaquim Falcão para este livro.

convive-se com ela. Nesse sentido, ao escolher Tushnet como seu porta-voz da posição que deseja superar, Barroso pode ter investido contra um espantalho.

Tampouco a positivação de tribunais constitucionais na Europa do pós--guerra representa a "superação" da tensão entre independência judicial e democracia. A resposta ao problema do exercício de poder político por instituições independentes não foi um resultado de achados empíricos ou viradas teóricas. A resposta foi prática e política, no nível do desenho das instituições. O desenho dos tribunais europeus é, na verdade, uma rejeição do modelo institucional dos EUA como forma de institucionalizar o equilíbrio entre independência e *accountability* da Corte Constitucional. Os tribunais constitucionais europeus do pós-guerra são uma resposta à tensão entre poder independente e poder democrático, não uma negação do problema. Se esses constituintes realmente achassem que o problema da tensão entre independência e democracia não se coloca em uma "democracia constitucional", poderiam ter simplesmente adotado o modelo dos EUA, mas jogando fora as discussões teóricas sobre "dificuldade contramajoritária". Não foi, porém, o que ocorreu. Na Europa, entre os diversos motivos para não conferir o poder de controle de constitucionalidade ao Judiciário preexistente, estava a tentativa de desenhar um novo tribunal constitucional de modo a mitigar os dilemas apontados anteriormente.

Por fim, vale notar que o próprio Alexy, referência importante para Barroso e formulador da ideia de "representação por argumentação", trabalha em um cenário de um tribunal constitucional especializado, cujos membros são indicados em um processo claramente político para cumprir um mandato fixo e mais vinculado às mudanças políticas no país. Defender a ideia de representação por argumentação nesse cenário é bastante diferente de fazê-lo no caso brasileiro. Infelizmente, temos no Brasil um grau excessivamente elevado de separação entre a renovação do Supremo e os ciclos da política ao longo do tempo, com diversos ministros permanecendo mais que duas décadas no tribunal. Trata-se de um problema que foi infelizmente agravado com a promulgação da chamada "PEC da Bengala", que aumentou para 75 anos a idade da aposentadoria compulsória para os ministros de tribunais superiores.[39]

---

[39] Para uma opinião sobre a questão na conjuntura da aprovação da PEC da Bengala, ver ARGUELHES, Diego Werneck. A PEC do desrespeito ao Supremo. *Jota*, 6 maio 2015. Disponível em: <http://jota.info/a-pec-do-desrespeito-ao-supremo>. Acesso em: 30 out. 2015.

VI

Passando ao largo dessas leituras possíveis sobre a "dificuldade contramajoritária", e não enfocando a independência judicial como expressão de um *trade-off* inevitável, Barroso desenvolve uma teoria na qual a legitimidade das decisões do STF é sobredeterminada. Sua teoria justifica coisas demais, porque incorpora riscos de menos. Mas a própria teoria é, em si, um importante fator de risco para a atuação concreta do tribunal em casos futuros. A concepção de Barroso coloca os ministros do STF em uma concepção teórica confortável demais, garantindo vários caminhos possíveis, ainda que potencialmente contraditórios, para legitimar suas decisões. Mas esses são atores que já possuem um grande poder, e há poucos recursos na democracia brasileira para corrigir os seus eventuais erros. Além disso, dificilmente poderíamos dizer que o STF de hoje é um tribunal tímido, com ideias ultrapassadas sobre o papel da Constituição, por exemplo. Nesse cenário, não seria desnecessário e até arriscado adotar uma teoria que tende a produzir uma legitimação quase automática das decisões do STF?

Barroso observa que, no geral, o STF tem usado seu poder com parcimônia, sem excessos visíveis. Mesmo assumindo que esse diagnóstico está correto, porém, seria importante investigar quais os mecanismos pelos quais se produziu essa parcimônia. Em outros trabalhos, procurei documentar como o comportamento dos ministros no controle de constitucionalidade também é uma função de suas ideias, concepções e crenças profissionais sinceras sobre os limites de sua função e o seu papel adequado do STF na democracia brasileira.[40] Se é assim, o fato de o STF ter *exercido* com parcimônia sua função pode se explicar, ao menos em parte, pelo fato de seus ministros terem *descrito* e *pensado* sua função com parcimônia até aqui. Ideias geraram ações, que geraram padrões institucionais. Temo que o cenário de parcimônia que Barroso descreve não será mantido por muito mais tempo se os ministros adotarem ideias tão pouco parcimoniosas quanto aos seus

---

[40] ARGUELHES, Diego Werneck. *Old Courts, new beginnings*: constitutional transformation and judicial continuity in Argentina and Brazil. Tese (doutorado) — Faculdade de Direito, Universidade Yale, New Haven, 2014; id. Poder não é querer: preferências restritivas e redesenho institucional no Supremo Tribunal Federal pós-democratização. *Universitas Jus (Uniceub Law Journal)*, v. 25, n. 1, 2014.

próprios limites institucionais. E é aqui, enfim, que manter vivos os debates sobre os *trade-offs* entre poder independente e democracia pode ser decisivo. O rótulo da "dificuldade contramajoritária" pode ter ficado associado a obsessões específicas norte-americanas, mas ajuda a prevenir a arrogância judicial. De forma mais ampla, esse debate funciona como um indutor intelectual de parcimônia — um lembrete constante de que os erros judiciais não podem ser facilmente corrigidos. O desconforto gerado por essas teorias pode funcionar como uma profecia-autorrealizável positiva para o nosso país.

Ainda temos hoje, no Tribunal, ministros que articulam publicamente concepções que traçam linhas claras e restritivas — e, portanto, desconfortáveis — para sua própria atuação. Em uma das sessões da AP nº 470, o caso do "Mensalão", dois ministros se envolveram em uma discussão sobre qual deveria ser o papel do Tribunal perante a opinião pública: supondo ser possível identificar a vontade da população, ela deveria ou não ser levada em conta pelos ministros no momento de decidir? Um dos ministros respondeu na negativa: "Não sou um juiz que me considero pautado pela opinião pública, e muito menos pelo que vai dizer o jornal no dia seguinte [...]. Se o que eu considerar certo, justo e a interpretação adequada da constituição não coincidir com a opinião pública, eu cumpro meu dever contra a opinião pública porque este é o papel de uma corte constitucional".

Essas são palavras do ministro Barroso, com as quais estou de acordo. Ao defender publicamente seu compromisso com a Constituição, em detrimento do que considerava o simples clamor popular, Barroso articulou para si e para o Tribunal uma concepção de atuação institucional que não deixa de produzir desconforto. O ministro nos deu critérios claros, ainda que controversos, com base nos quais podemos julgar sua atuação. Se, naquele julgamento, dali em diante, o ministro Barroso procurasse aproximar suas decisões da opinião pública, teria publicamente traído as ideias de independência que assumiu perante a nação. Não o fez. Conviveu com o desconforto da posição clara e de limites claros, decidindo de forma altiva perante a opinião pública. Tanto naquela sessão quanto em "A razão sem voto", Barroso expressou e defendeu corajosa e publicamente seus compromissos e ideias. No que o ministro e o jurista divergem quanto aos pontos discutidos neste texto, porém, prefiro a clareza consistente e desconfortável do ministro Barroso, que me ajuda a avaliar sua própria atuação, às múltiplas e conflitantes nuances do jurista Barroso, que colocam os ministros em uma zona de conforto na qual sempre serão alvos móveis e, com isso, praticamente incriticáveis. Em vez de tentar superar o desconforto, deveríamos aceitá-lo como um companheiro permanente de viagem.

Referências

ACKERMAN, Bruce. The new separation of powers. *Harvard Law Review*, v. 113, n. 3, 2000.

_____. *We the people*: foundations. Cambridge (MA): Harvard University, 1993.

ALEXY, Robert. *Teoria dos direitos fundamentais*. Tradução de Virgílio Afonso da Silva. 2. ed., 4. tir. São Paulo: Malheiros, 2015.

ARANTES, Rogério Bastos. Judiciário: entre a justiça e a política. In: AVELAR, Lucia; CINTRA, Antônio Octávio (Org.). Sistema político brasileiro: uma introdução. 3. ed. São Paulo: Unesp, 2015.

ARGUELHES, Diego Werneck. A PEC do desrespeito ao Supremo. *Jota*, 6 maio 2015. Disponível em: <http://jota.info/a-pec-do-desrespeito-ao--supremo>. Acesso em: 30 out. 2015.

_____. *Old Courts, new beginnings*: constitutional transformation and judicial continuity in Argentina and Brazil. Tese (doutorado) — Faculdade de Direito, Universidade Yale, New Haven, 2014a.

_____. Poder não é querer: preferências restritivas e redesenho institucional no Supremo Tribunal Federal pós-democratização. *Universitas Jus (Uniceub Law Journal)*, v. 25, n. 1, 2014.

_____; HARTMANN, Ivar A. Timing control without docket control: how individual justices shape the Brazilian Supreme Court's agenda. *Journal of Law and Courts*, v. 5, n. 1, p. 105-140, 2017.

_____; RIBEIRO, Leandro Molhano. O Supremo individual: mecanismos de atuação direta dos ministros sobre o processo político. *Direito, Estado e Sociedade*, n. 46, 2015.

BICKEL, Alexander. *The least dangerous branch*: the Supreme Court at the bar of politics. 2. ed. New Haven: Yale University, 1986.

CASTELAR, Ivan et al. Uma análise dos determinantes de desempenho em concurso público. *Economia Aplicada*, v. 14, n. 1, p. 81-98, 2010.

CHOUDRY, Sujit; BASS, Katherine et al. Constitutional Courts after the Arab Spring: appointment mechanisms and relative judicial independence Center for Constitutional Transitions at NYU Law; International Institute for Democracy and Electoral Assistance (Idea). 2012. Disponível em: <http://constitutionaltransitions.org/wp-content/uploads/2014/04/Constitutional-Courts-after-the-Arab-Spring.pdf>.

CONSELHO NACIONAL DE JUSTIÇA. Censo do Poder Judiciário. Vide: Vetores Iniciais e Dados Estatísticos. 2014. Brasília: CNJ. Disponível em: <www.cnj.jus.br/images/dpj/CensoJudiciario.final.pdf>.

COOKE, Jacob (Org.). *The Federalist*. Hanover: Wesleyan University, 1961.

ELHAGUE, Einar. Does interest group theory justify more intrusive judicial review? *Yale Law Journal*, v. 101, 1992.

ELSTER, Jon. *Explaining social behavior*: more nuts and bolts for the social sciences. Nova York: Cambridge University, 2007.

_____. *Ulysses unbound*. Cambridge: Cambridge University, 2000.

ELY, John Hart. *Democracy and distrust*: a theory of judicial review. Cambridge: Harvard University, 1980.

EPSTEIN, Lee; LANDES, William; POSNER, Richard. *The behavior of federal judges*. Cambridge: Harvard University, 2013.

_____; SEGAL, Jeffrey. *Advice and dissent*: the politics of judicial appointments. Nova York: Oxford University, 2005.

ESTLUND, David. On Sunstein's infotopia. *Theoria*, v. 56, n. 116, 2009.

FERRERES COMELA, Victor. *Constitutional Courts and democratic values*: an European perspective. New Haven: Yale University, 2009.

FRIEDMAN, Barry. The birth of an academic obsession: the history of the countermajoritarian difficulty, part five. *Yale Law Journal*, v. 112, 2002.

KAHN, Paul. Independence and responsibility in the judicial role. In: STOTZKY, Irwin P. (Org.). *Transition to democracy in Latin America*: the role of the judiciary. Boulder: Westview, 1993.

KALLMAN, Laura. *The strange career of legal liberalism*. New Haven: Yale University, 1996.

KRAMER, Larry. *The people themselves*: popular constitutionalism and judicial review. Nova York: Oxford University, 2004.

MENDES, Conrado Hubner. O projeto de uma corte deliberativa. In: VOJVODIC, Adriana; PINTO, Henrique Motta; PAGANI, Rodrigo (Org.). *Jurisdição constitucional no Brasil*. São Paulo: Malheiros, 2012.

PEREIRA, Thomaz. Quais funções um Tribunal Constitucional deve desempenhar? *Consultor Jurídico*, 22 nov. 2014. Disponível em: <www.conjur.com.br/2014-nov-22/observatorio-constitucional-quais-funcoes-tribunal-constitucional-desempenhar>. Acesso em: 1º fev. 2015.

POSNER, Richard. The rise and fall of judicial self-restraint. *California Law Review*, v. 100, 2012.

RIBEIRO, Leandro Molhano; ARGUELHES, Diego Werneck. Preferências, estratégias e motivações: pressupostos institucionais de teorias sobre comportamento judicial e sua transposição para o caso brasileiro. *Direito & Práxis*, v. 4, n. 7, 2013.

STORING, Herbert; DRY, Murray (Org.). *The anti-federalists*: writings by the opponents of the Constitution. Chicago: Chicago University, 1985.

STONE SWEET, Alec. Constitutional Courts. In: SAJÓ, Andras; ROSENFELD, Michel (Org.) *Oxford handbook of comparative constitutional law*. Oxford: Oxford University, 2012.

SUNSTEIN, Cass. *Infotopia*: how many minds produce knowledge. Nova York: Oxford University, 2006.

SWEET, Alec Stone. Why Europe reject American judicial review — and why it may not matter. *Michigan Law Review*, v. 101, 2003.

THAYER, James Bradley. The origin and scope of the American doctrine of constitutional law. *Harvard Law Review*, n. 7, 1896.

TSEBELIS, Georg. *Veto players*: how political institutions work. Princeton: Princeton University, 2002.

TUSHNET, Mark. *Taking the Constitution away from the Courts*. Cambridge: Harvard University, 1999.

_____. *Weak Courts, strong rights*: judicial review and social welfare rights in comparative constitutional law. Nova York: Cambridge University, 2006.

Até que ponto é possível legitimar a jurisdição constitucional pela racionalidade? Uma reconstrução crítica de "A razão sem voto"

*Fernando Leal**

1. Introdução

No instigante e ambicioso trabalho do professor Barroso, as relações entre jurisdição constitucional, democracia e racionalidade estão no centro. Mais especificamente, Barroso pretende oferecer um modelo de justificação da jurisdição constitucional em regimes democráticos que se sustenta sobre a necessidade de satisfação de algumas exigências de racionalidade nos processos de tomada de decisão do Supremo Tribunal Federal.

Neste breve comentário, pretendo problematizar as chances de êxito dessa empreitada, que (i) reconhece que processos de tomada de decisão jurídica são afetados por altos níveis de incerteza, (ii) precisa confiar nos potenciais de métodos e na operacionalização adequada de teorias complexas para garantir níveis aceitáveis de previsibilidade e de controle da discricionariedade judicial, (iii) pressupõe que as mensagens enviadas pelo Supremo a outras instituições são propostas de diálogo e que as reações dessas instituições, sobretudo do Congresso, podem ser compreendidas como efeitos da capacidade de convencimento vinculada à qualidade das decisões do Tribunal e (iv) tende a superestimar as capacidades dos juízes para obter e processar informações para a solução de problemas que poderiam ser enfrentados por

---

* Professor da FGV Direito Rio. Pelos comentários e sugestões feitas a versões anteriores deste trabalho agradeço a Thomaz Pereira, Leandro Molhano Ribeiro e Diego Werneck Arguelhes.

outros poderes. Para tanto, argumentarei que um modelo de legitimação como o proposto por Barroso pode estimular o aumento da complexidade dos processos decisórios, dificultar a compreensão das interações entre poderes como efetivos diálogos, ser excessivamente exigente do ponto de vista epistêmico e, ainda que indiretamente, conceitual e normativamente incompatível com uma concepção de democracia deliberativa.

2. Jurisdição constitucional, democracia e racionalidade: duas abordagens

O tipo de articulação proposto por Barroso entre jurisdição constitucional, democracia e racionalidade, ao menos do ponto de vista teórico, não é completamente novo. É possível pensar em tentativas de legitimar a jurisdição constitucional na democracia com base em pressupostos de racionalidade em pelo menos dois sentidos.

O primeiro deles parte da compreensão da Constituição como um pré--compromisso racionalmente fundado sobre questões que devem ser colocadas fora da deliberação política de curto prazo. A criação de um documento que retira certos arranjos e direitos do espaço de deliberação da política ordinária é, no fundo, uma decisão de segunda-ordem[1] necessária para evitar que a influência de paixões momentâneas ou miopias decorrentes de vieses cognitivos imperceptíveis estaticamente possam levar a decisões pontuais irracionais.[2] Um ato de vinculação prévia como o de criação de uma Constituição é, nesse sentido, o produto de uma estratégia de autoproteção cuja racionalidade se extrai exatamente da consciência de que certos objetivos podem ser mais adequadamente realizados por meio da adoção de mecanismos de busca *indireta* de resultados.[3] Nessa linha, a imagem de Ulisses sendo

---

[1] ELSTER, J. *Ulysses and the sirens*: studies in rationality and irrationality. Cambridge: Cambridge University, 1986. p. 92. Ver também SUNSTEIN, C. R.; ULLMANN-MARGALIT, E. Second--order decisions. In: SUNSTEIN, Cass (Ed.). *Behavioral law & economics*. Nova York: Cambridge University, 2000.

[2] ELSTER, J. *Ulysses unbound*: studies in rationality, precommitment, and constraints. Nova York: Cambridge University, 2000. p. 271 e segs.

[3] J. Elster, *Ulysses and the sirens*, op. cit., p. 37; SUNSTEIN, C. R. *Designing democracy*: what constitutions do. Nova York: Oxford University, 2001. p. 97.

amarrado ao mastro do seu navio para não sucumbir ao canto das sereias é explorada por Elster como o parâmetro de comparação por excelência para que se possa compreender que tipo de problema de decisão enfrenta uma comunidade política quando precisa estabelecer as bases para o desenvolvimento das suas práticas democráticas.[4] Nesse quadro, a Constituição é concebida como um *limite* racionalmente justificável, enquanto o potencial exercício da jurisdição constitucional é visto como crucial em um sistema constitucional saudável, na medida em que pode assegurar que os representantes da sociedade não seguirão as suas paixões momentâneas.[5] Neste primeiro sentido, portanto, a jurisdição constitucional se justificaria pelas limitações de racionalidade dos próprios cidadãos e dos seus representantes para adotar sempre os comportamentos ótimos para manter a possibilidade de autogoverno.

Em uma segunda possibilidade, a legitimidade da jurisdição constitucional em uma democracia está intimamente conectada com a *qualidade* das decisões dos órgãos jurisdicionais competentes para aplicar a Constituição e invalidar decisões majoritárias. A legitimidade, neste caso, depende da possibilidade de aferição da *racionalidade* dos julgados. Como se nota, ao contrário do que ocorre na primeira relação, a tentativa de legitimar racionalmente a jurisdição constitucional exercida por tribunais não parte de limitações cognitivas ou irracionalidades dos seres humanos e não tem como foco a tomada de decisão por agentes políticos no funcionamento ordinário da democracia. Ao contrário, a legitimidade da jurisdição constitucional nesse modelo pressupõe a realização efetiva de exigências de racionalidade durante o processo de fundamentação de decisões e se preocupa priorita-

---

[4] J. Elster, *Ulysses and the sirens*, op. cit., p. 94: "*The Ulysses strategy is to precommit later generations by laying down a constitution including clauses that prevent its being easily changed*". Elster posteriormente revê e expande o argumento de autovinculação desenvolvido em *Ulysses and the sirens*. De acordo com o próprio autor, a mudança se deu especialmente a partir de uma crítica recebida de Jens Arup Seip, de acordo com a qual "*in politics, people never try to bind themselves, only to bind others*". A ideia de que constituições pretendem vincular terceiros passa a ser mais próxima da correta do que a visão de autovinculação. Ver J. Elster, *Ulysses unbound*, op. cit., p. ix e 277-278. Apesar da mudança de posição, creio que isso não afeta o argumento desenvolvido, que se sustenta sobre limitações da racionalidade humana para justificar barreiras para a tomada de decisões de primeira ordem.

[5] C. R. Sunstein, *Designing democracy*, op. cit., p. 100.

riamente com a atividade jurisdicional. O problema a ser enfrentado deixa de ser, portanto, como lidar com limitações de racionalidade e passa a ser como buscar a maior realização possível da racionalidade em processos de tomada de decisão judicial, enquanto, ao mesmo tempo, a base de referência de justificação do argumento passa do povo para o Judiciário.

Em seu texto, Barroso explora fundamentalmente o segundo sentido das relações entre racionalidade, democracia e jurisdição constitucional. Não é, por isso, surpreendente que a imagem do Tribunal constitucional como representante argumentativo da sociedade, tal qual concebida por Robert Alexy, apareça como um dos referenciais tanto descritivos como normativos do argumento central do texto. Os movimentos teóricos básicos são apresentados com a clareza e a objetividade típicas do estilo do autor: a indeterminação estrutural do direito, potencializada pela complexidade das relações sociais, pela afirmada conexão conceitual entre direito e moral e pela impossibilidade de o direito, por meio de suas regras, estabilizar soluções predeterminadas a ponto de reduzir ou manter sob controle o número de casos difíceis, torna a atividade de interpretação das disposições constitucionais e de concretização dos seus compromissos fundamentais não apenas mais comum como mais incerta. Nesse cenário, o juiz se torna "coparticipante do processo de criação do direito" e assume o ônus de fornecer fundamentos para as suas visões sobre a resposta constitucional mais adequada para questões específicas.[6] Para lidar com as dificuldades metodológicas e o déficit democrático vinculados a esse novo papel do Judiciário, sobretudo quando é chamado a resolver questões constitucionais, a interpretação constitucional incorpora teorias e métodos sofisticados capazes de orientar racionalmente o processo de construção de soluções jurídicas para problemas que envolvem a aplicação da Constituição. A ponderação de princípios e os ditames de uma teoria da argumentação jurídica apresentam-se, neste ponto, como os principais candidatos a realizar essa tarefa. O quadro se fecha, finalmente, pela crença de que o manejo adequado desses métodos e teorias é capaz de garantir um grau de aceitabilidade das decisões do Supremo suficiente para superar os déficits de legitimidade iniciais da atuação do tribunal nos casos em que a resposta constitucional para uma determinada questão não é clara.

---

[6] L. R. Barroso, "A razão sem voto", neste livro, p. 37.

Como se nota, a racionalidade das decisões do Supremo, sejam elas contra-majoritárias ou representativas, é considerada condição necessária para a legitimação da atuação do Tribunal.[7] Por trás dessa construção, está, como referencial normativo permanente, uma concepção de democracia delibera-tiva, no âmbito da qual "o exercício do poder e da autoridade é legitimado por votos e por argumentos".[8]

3. Três estratégias de justificação

O modelo de justificação proposto por Barroso, a meu ver, não se limita a insistir na possibilidade de a qualidade das decisões do Tribunal constitu-cional ser uma resposta consistente para enfrentar a tensa relação conceitual entre jurisdição constitucional e democracia. Para mim, a proposta original do argumento oferecido por Barroso está no recurso a *três* estratégias de justificação diferentes e pretensamente complementares para construir seu argumento de legitimação da jurisdição constitucional na democracia, sinte-tizado na fórmula "a razão sem voto": pela qualidade do processo de funda-mentação, pela satisfação das condições para a implementação de um diálo-go institucional e pelos resultados alcançados por meio das decisões. Todas elas se voltam a lidar com os pontos mais sensíveis contra a legitimidade da jurisdição constitucional na democracia: a indeterminação da Constituição, a tese da supremacia judicial na determinação das respostas constitucionais mais adequadas em uma ordem jurídica e a afirmada dificuldade contrama-joritária da atuação dos tribunais.[9]

Indo mais a fundo, a originalidade do argumento decorre também da possibilidade de se relacionar, a cada uma dessas estratégias, uma concepção *diferente* de racionalidade. No primeiro caso, a referência é uma concepção *substantiva* de racionalidade; no segundo, uma racionalidade *discursiva*; no terceiro caso, finalmente, uma concepção *instrumental* de racionalidade.

---

[7] L. R. Barroso, "A razão sem voto", op. cit., p. 39.

[8] Ibid., p. 54.

[9] Em sentido próximo, TREMBLAY, L. B. The legitimacy of judicial review: the limits of dialogue between courts and legislatures, *Icon*, Nova York, v. 3, n. 4, p. 617-648, 2005.

Cada uma das estratégias de justificação do argumento parece-me, porém, problemática para levar a uma aceitação tão imediata das teses de que a legitimidade das decisões do Supremo *pode* ser extraída e, pelo menos em alguma medida, *já se extrai* da qualidade do processo de fundamentação dos julgados da Corte ou dos resultados sociais positivos alcançados pela atuação do STF nos últimos anos. Ao longo das próximas páginas, tentarei apresentar questões que deveriam ser enfrentadas para que cada estratégia de justificação oferecida por Barroso pudesse fornecer uma resposta convincente para o problema da legitimidade democrática da jurisdição constitucional. O objetivo deste comentário, no fundo, não é negar completamente a importância que o investimento em estratégias de racionalização das decisões do Supremo pode ter para lidar com as tensões conceituais e reais existentes entre jurisdição constitucional e democracia. Ao contrário, o que se pretende prioritariamente é apontar alguns limites para que a proposta de Barroso possa ser considerada suficiente para garantir a legitimidade da atuação do Supremo na democracia brasileira.

3.1 A legitimidade pela qualidade da fundamentação

Um dos desafios permanentes para o reconhecimento da legitimidade da jurisdição constitucional em arranjos institucionais democráticos está relacionado com a própria estrutura normativa das constituições. Não é raro encontrar expressões vagas e compromissos não necessariamente harmônicos nos textos constitucionais que possam ser usados para sustentar visões diferentes — às vezes contraditórias — para a solução de um mesmo problema. Ao mesmo tempo, não parece incomum — ao menos se tomarmos como referência a realidade brasileira — que tribunais constitucionais refutem estratégias formalistas de aplicação da Constituição[10] e que processos de tomada de decisão orientados na Constituição apelem para sentidos ou aspirações que não encontram respaldo imediato no texto constitucional, o que pode tornar no mínimo questionável o seu *pedigree* democrático.[11]

---

[10] No caso brasileiro, ver L. R. Barroso, "A razão sem voto", op. cit., p. 34.

[11] L. B. Tremblay, The legitimacy of judicial review, op. cit., p. 622.

Conjugados com o fato de a Constituição ser o fundamento positivo último de validade de uma ordem jurídica, o que impede o recurso a "normas superiores" para orientar o processo de superação das indeterminações das provisões constitucionais, esses fatores já seriam suficientes para justificar a visão de que "a dificuldade do direito constitucional é que [nele] ninguém sabe o que conta como argumento".[12] Nesse cenário de incerteza, torna-se, portanto, facilmente questionável por que um órgão não eleito deveria ser o responsável por dar a última palavra sobre o sentido da Constituição em uma democracia.

Apostar na racionalidade das decisões do tribunal é uma maneira de lidar com o problema da indeterminação do direito e com as consequentes margens amplas de discricionariedade presentes nos processos de interpretação e aplicação da Constituição. Na vinculação mais forte entre legitimidade e racionalidade, a segunda se torna uma condição necessária para a primeira. Este é, por exemplo, exatamente o tipo de relação que Alexy tem em mente quando precisa enfrentar o problema da legitimidade da *ponderação* — para Barroso, uma das protagonistas da "nova hermenêutica constitucional" — na tomada de decisão jurídica. Para Alexy, "a legitimidade da ponderação no direito depende da sua racionalidade. Quanto mais racional é a ponderação, mais legítimo, portanto, é ponderar. Para a racionalidade da ponderação, porém, decisiva é a sua estrutura".[13] E o conhecimento da estrutura é, por sua vez, crucial para o desenvolvimento de *métodos* ou *estruturas de argumentação* capazes de orientar o processo de justificação de decisões. A legitimidade de julgados de um tribunal que apela para a metáfora de ponderação de razões torna-se, assim, dependente do manejo adequado de métodos, os quais são os principais responsáveis pela racionalidade das decisões. Em um sentido mais geral, qualquer arbitrariedade metodológica, seja em relação à inobservância generalizada de algum método, seja em relação à variação

---

[12] GERHARDT, M. J.; ROWE, T. D. *Constitutional theory*: arguments and perspectives. Charlottesville: Michie Company, 1993. p. 1.

[13] ALEXY, R. Die Gewichtsformel. In: JICKELI, J.; KREUTZ, P.; REUTER, D. (Org.). *Gedächtnisschrift für Jürgen Sonnenschein*. Berlim: De Gruyter Recht, 2003. p. 771-779. p. 771, tradução livre.

da aplicação de diferentes métodos pelo Tribunal, é um problema porque tenderia a erodir a autoridade do Tribunal constitucional.[14]

A meu ver, a relação *legitimidade-racionalidade-método* não só pretende se apresentar como a tentativa mais sofisticada para manter sob controle os níveis de incerteza vinculados a processos de decisão de casos difíceis, como me parece ser a principal base de sustentação do argumento de Barroso. Mais do que isso, parece-me que o tipo de legitimação pela racionalidade defendido por Barroso precisa, do ponto de vista normativo, pressupor uma conformação específica entre os elementos dessa relação. E é exatamente neste ponto que se localiza uma potencial fraqueza: para que o argumento de legitimidade possa efetivamente funcionar, é preciso *confiar fortemente* na aptidão de métodos decisórios para produzir resultados que satisfaçam demandas de racionalidade não só de um diálogo orientado pelo alcance de resultados intersubjetivamente aceitáveis,[15] como também de condições de racionalidade próprias do direito. O meu argumento para a defesa dessa posição pressupõe, já que Barroso não apresenta uma definição de racionalidade, uma premissa endossada explicitamente pelo autor: decisões judiciais precisam ser reconduzidas a algum elemento do sistema jurídico para que possam ser produtos de empreendimentos de construção, e não de invenção de respostas constitucionalmente adequadas para problemas específicos.[16] Assim, para que o magistrado demonstre que uma determinada solução é um resultado constitucionalmente possível — ainda que não o único — para um problema jurídico-constitucional, não seria necessário apenas que qualquer razão fosse fornecida como suporte da decisão. Tampouco seria suficiente satisfazer as condições de algum tipo de procedimento moral para a tomada de decisões práticas para que os resultados fossem imediatamente aceitáveis. Uma legitimação *democrática* das decisões judiciais estaria vinculada, em um sentido não trivial (como o de simples referência a passagens vagas da Constituição), à possibilidade de justificação de que as respostas

---

[14] Assim, em referência específica ao poder do Tribunal constitucional alemão, LERCHE, P. Stil und Methode der verfassungsrechtlichen Entscheidungspraxis. In: PETER, B.; DREIER, H. (Org.). *Festschrift 50 Jahre Bundesverfassungsgericht.* Tübingen: Mohr Siebeck, 2001. p. 333-361. p. 335.

[15] Sobre o tema v. 3.2, infra.

[16] L. R. Barroso, "A razão sem voto", op. cit., p. 39.

dadas por um tribunal como o Supremo têm suporte no próprio *texto* constitucional.[17]

Um arsenal de métodos e técnicas de decisão disponibilizado por uma "nova hermenêutica constitucional" precisaria, nesse quadro, garantir a racionalidade das decisões de tribunais constitucionais em pelo menos dois sentidos. De um lado, ainda que esses métodos não levem a níveis absolutos de objetividade, seu manejo adequado deveria ser capaz de conduzir a níveis satisfatórios de *previsibilidade* das respostas para questões constitucionais controvertidas; por outro, esses métodos, ainda que não levem a níveis plenos de certeza, deveriam *reduzir a subjetividade* de tomadores de decisão, na medida em que deveriam submeter sua atuação à satisfação de deveres de argumentação previamente determinados que (i) filtrassem os fatores relevantes para a justificação de decisões, (ii) tentassem definir o peso de cada um deles na argumentação, (iii) fossem minimamente aderentes à prática decisória consolidada do Tribunal e, por fim, (iv) incluíssem a observância de roteiros argumentativos institucionalizados e (v) o respeito a precedentes. Como se nota, os níveis de determinação das respostas vislumbrados pela aplicação de métodos decisórios estão longe de serem ideais. Mas disso não se extrai necessariamente a sua irracionalidade.[18]

O fato de a aplicação adequada de métodos decisórios não permitir que se possa chamar qualquer resultado a eles vinculado de irracional não significa, contudo, que os níveis efetivamente *realizáveis* de racionalidade sejam suficientes para legitimar democraticamente a jurisdição constitucional no sentido pressuposto por Barroso. O que se pretende denunciar, com outras palavras, é algum tipo de assimetria entre aquilo que o modelo de legitimação oferecido por Barroso pressupõe como realizável e aquilo que o manejo adequado de métodos de decisão pode efetivamente fornecer em termos de racionalidade. Eu tentarei apontar dois aspectos capazes de sustentar a plausibilidade dessa afirmação.[19] Eles estão, respectivamente, relacionados com

---

[17] Ver a respeito a contribuição de Joaquim Falcão para este livro.

[18] No mesmo sentido sobre as disputas sobre a racionalidade da ponderação, ver LEAL, Fernando. Irracional ou hiper-racional? A ponderação de princípios entre o ceticismo e o otimismo ingênuo. *Revista de Direito Administrativo & Constitucional*, v. 58, p. 177-209, 2014.

[19] É certamente possível incluir nessa lista problemas reais relacionados com os processos de justificação de decisões no Supremo Tribunal Federal. O recurso constante a princípios vagos

os efeitos negativos de uma *confiança excessiva* nos métodos e com o possível reconhecimento do caráter *excessivamente exigente* dos mesmos.

No primeiro caso, o principal risco de uma confiança excessiva no potencial de instrumentos metodológicos como a proporcionalidade ou nas regras materiais e procedimentais oferecidas por uma teoria da argumentação jurídica é o de produção do efeito *oposto* ao visado pelo desenvolvimento e pela aplicação consistente de métodos que pretendem conduzir processos decisórios reais: em vez de reduzir os níveis de indeterminação do direito, a superestima dos potenciais de métodos e técnicas de decisão cria incentivos para o seu uso frequente, o que conduz, por sua vez, a uma *indeterminação radical* do direito. Isso porque, por um lado, não se deve olvidar que o manejo adequado de métodos como a proporcionalidade ou de teorias complexas sobre a interpretação constitucional envolve a superação de custos de decisão comumente elevados. Se se parte da compressão de que métodos decisórios não funcionam como algoritmos que levam diretamente a um único resultado, mas que eles funcionam como esquemas gerais de argumentação, operacionalizá-los envolverá, pelo menos, algum esforço de concretização ou harmonização de normas, seleção e justificação de teses sobre fatos, aplicação de conceitos ou construções dogmáticas ou o manejo adequado de precedentes. No caso do recurso a teorias abrangentes, como uma teoria da justiça ou uma teoria sobre a natureza do direito que ofereça uma teoria da decisão jurídica, deveres de coerência entre decisão e pressupostos teóri-

---

para fundamentar decisões sem a superação de quaisquer ônus de concretização, a banalização da dignidade humana, a referência comum à regra da proporcionalidade sem a aplicação das sub-regras da adequação, da necessidade e da proporcionalidade em sentido estrito e a existência de uma cultura ainda incipiente de precedentes no país são evidências de que a prática decisória do Tribunal ainda está distante da realização mesmo de níveis modestos de racionalidade. Ver a respeito desses problemas, respectivamente, SUNDFELD, C. A. Princípio é preguiça? In: SUNDFELD, C. A. *Direito administrativo para céticos*. São Paulo: Malheiros, 2012. p. 60-84; LEAL, Fernando. Argumentando com o sobreprincípio da dignidade da pessoa humana. *Arquivos de Direitos Humanos*, Rio de Janeiro, v. 7, p. 41-67, 2007; SILVA, Virgílio Afonso da. O proporcional e o razoável. *Revista dos Tribunais*, São Paulo, n. 798, p. 23-50, abr. 2002; e VOJVODIC, A. M.; MACHADO, A. M. F.; CARDOSO, E. L. C. Escrevendo um romance, primeiro capítulo: precedentes e processo decisório no STF. *Revista Direito GV*, São Paulo, v. 5, n. 1, p. 21-44, 2009. Sobre a necessidade de instituição de uma prática saudável de precedentes no país ver também os votos dos ministros Luís Roberto Barroso e Teori Zavascki na ADI 4.335/AC.

cos poderiam ainda ser agregados. Por outro lado, é preciso também levar a sério o fato de que, ainda que os custos decisórios possam ser satisfeitos, a aplicação desses métodos e teorias não é capaz de eliminar completamente a subjetividade do tomador de decisão, especialmente quando a formulação do que se possa chamar de uma "teoria da tomada de decisão jurídica constitucionalmente adequada" inclui diversas variáveis em si complexas e entre si muito diferentes, como a consideração de "aspectos externos ao ordenamento jurídico"[20] e, como "coordenadas específicas", "a justiça do caso concreto", a "segurança jurídica e a dignidade humana".[21] Mesmo controlável, haverá incerteza sobrepairando processos decisórios reais.

No argumento apresentado por Barroso, a confiança excessiva em métodos e teorias decisórias é inevitável. E aí está o seu problema central. Se a legitimidade das decisões de tribunais constitucionais em um modelo de democracia deliberativa depende da qualidade da fundamentação das construções das cortes, acreditar na utilidade de métodos e teorias para orientar a tomada de decisão constitucional torna-se uma necessidade em um ambiente jurídico e social marcado por elevados níveis de indeterminação e complexidade, tal qual é, para Barroso, o "mundo contemporâneo" no qual se pratica o direito.[22] Isso porque, se processos de tomada de decisão constitucional são caracterizados pela presença de elementos morais e de "outros domínios do conhecimento" e se orientam em princípios e comandos de sentido vago como "dignidade humana",[23] elementos textuais deixam de ser parâmetros definitivos para a tomada de decisão, e se tornam simples referências derrotáveis pela possibilidade de realização de outros compromissos constitucionais, estejam eles explícitos ou implícitos, sejam eles ou não fruto daquilo que o próprio tribunal entende ser o propósito da Constituição e seu papel na ordem constitucional vigente.[24] Parece-me ser isso que Barroso tem

---

[20] L. R. Barroso, "A razão sem voto", op. cit., p. 39.

[21] Ibid., p. 43 e segs.

[22] Ibid., p. 34 e segs.

[23] Ibid., p. 35.

[24] Sobre a importância desses aspectos, que estão para além do manejo adequado de métodos de decisão, nos processos de interpretação constitucional, ver P. Lerche, *Stil und Methode der verfassungsrechtlichen Entscheidungspraxis*, op. cit., p. 333-361.

em mente quando afirma que "[a] doutrina pós-positivista [...] busca ir além da legalidade estrita, mas não despreza o direito posto".[25]

Os principais riscos dessa visão são o da diluição do principal limite jurídico para a tomada de decisões — o *texto* das disposições jurídicas, algo já bastante difícil para a decisão constitucional em razão das indeterminações típicas da linguagem do constituinte — e o da consequente redução dos processos de tomada de decisão constitucional à aplicação de referências vagas (como ponderação, razoabilidade e dignidade humana) ou teorias de complexa operacionalização (como uma teoria da justiça ou a que sugere uma *leitura moral* da Constituição)[26] que não garantem os graus desejáveis de controle da discricionariedade e de previsibilidade exigidos pela manipulação de tanta complexidade e indeterminação.[27] Nesse cenário de incerteza a respeito das respostas que um tribunal pode dar para problemas constitucionais, a confiança em métodos decisórios se torna indispensável para que algum nível de racionalidade para as decisões, ao menos nos sentidos de organização do processo decisório e garantia mínima de previsibilidade e administração da subjetividade judicial, possa ser obtido. Métodos de decisão não deveriam ser apenas um caminho possível para lidar com as incertezas da decisão constitucional; eles precisam ser, ao lado de mecanismos próprios do desenho institucional, *a* aposta de um projeto normativo preocupado com a racionalidade dos julgados.[28]

Ademais, as crenças (i) de que a legitimidade de decisões constitucionais depende prioritariamente da aplicação adequada desses métodos e (ii) de que essa aplicação adequada é possível podem gerar incentivos para um

---

[25] L. R. Barroso, "A razão sem voto", op. cit., p. 35.

[26] A referência mais clara para o tema é DWORKIN, R. *Freedom's law*: the moral reading of the American Constitution. Cambridge: Harvard University, 1996. Especialmente p. 1-38.

[27] Ver SCHAUER, F. Balancing, subsumption and the constraining role of legal text. In: KLATT, Matthias (Org.). *Institutionalized reason*. The jurisprudence of Robert Alexy. Nova York: Oxford University, 2012. p. 307-318; e Fernando Leal, Irracional ou hiper-racional?, op. cit., p. 189-197. Sobre os riscos do uso recorrente da ponderação para um modelo consistente de regras, ver também ÁVILA, Humberto. Neoconstitucionalismo: entre a ciência do direito e o direito da ciência. *Revista Eletrônica de Direito do Estado*, Salvador, n. 17, 2009. Disponível em: <www.direitodoestado.com/revista/rede-17-janeiro-2009-humberto%20avila.pdf>. Acesso em: 6 abr. 2015.

[28] Sobre o papel do desenho institucional para lidar com essas dificuldades, ver o comentário de Diego Werneck nesta obra.

apelo recorrente à Constituição na solução de todos os problemas jurídicos (afinal, para o autor, "[t]oda interpretação jurídica é, direta ou indiretamente, interpretação constitucional"[29]).[30] No entanto, dado que, como se aprofundará, os níveis de racionalidade pressupostos pelo modelo não são plenamente realizáveis, a transformação efetiva de todos os casos jurídicos em problemas constitucionais inunda ainda mais os processos jurídicos de incertezas. Este ponto nos leva ao segundo problema relacionado com a confiança excessiva nos potenciais de métodos de decisão.

A dificuldade de garantir níveis satisfatórios de racionalidade por meio do desenvolvimento de metodologias pretensamente seguras de decisão como a proporcionalidade decorre não só dos custos de decisão envolvidos — que se elevam radicalmente quando (i) a Constituição é compreendida a partir de um amálgama complexo de compromissos vagos e funções indeterminadas que podem entrar em conflito concretamente e (ii) o uso da Constituição se torna frequente —, mas das limitações de qualquer tomador de decisão para obter e processar as informações requeridas para o funcionamento ideal desses modelos. Métodos de decisão capazes de produzir os níveis desejáveis de racionalidade para que fosse possível legitimar o exercício da jurisdição constitucional apenas pelo processo de fundamentação provavelmente exigiriam pressupostos epistêmicos faticamente não realizáveis.

A crítica a pressupostos hiper-racionalistas de métodos decisórios não é nova. Os esforços de Alexy, por exemplo, para conduzir a ponderação por meio de uma "fórmula do peso" são alvos típicos desse tipo de objeção.[31] Por um lado, reconhece-se que palavras mágicas como "ponderação" ou expressões muito amplas e moralmente carregadas como "igualdade", "liberdade" ou "dignidade" não são suficientes para conferir, por si sós, acordos intersubjetivos a respeito da adequação de respostas constitucionais. É preciso definir os caminhos argumentativos capazes de orientar ponderações ou os parâmetros de aplicação adequada de termos muito abrangentes ou teorias complexas. Neste momento, duas questões diferentes precisam ser enfren-

---

[29] L. R. Barroso, "A razão sem voto", op. cit., p. 36.

[30] Ver LEAL, Fernando. Todos os casos jurídicos são difíceis? Sobre as relações entre efetividade, estabilidade e teorias da decisão constitucional. *Revista de Direito do Estado*, v. 16, p. 87-116, 2010.

[31] Fernando Leal, Irracional ou hiper-racional?, op. cit., p. 197-203.

tadas. A primeira diz respeito à possibilidade de desenvolvimento desses métodos e parâmetros para a satisfação dos níveis de racionalidade exigidos por um modelo de justificação como o de Barroso. O segundo, relevante neste ponto, diz respeito à possibilidade de tomadores reais de decisão, com as suas habilidades e limitações específicas, *operacionalizarem* bem esses elementos, às vezes construídos para funcionarem em "condições ideais", as quais, por sua vez, são usadas como referenciais normativos que exigem não mais do que a *aproximação* de processos decisórios reais dos processos decisórios que seriam desenvolvidos em condições perfeitas.[32] Como se intui, o risco de uma confiança excessiva em métodos e teorias de decisão pode estar na pressuposição de que certas aproximações não realizáveis faticamente *são* possíveis. Existe, nessa linha, a possibilidade de idealização das capacidades epistêmicas de juízes para, por meio da aplicação de métodos, chegar-se a respostas constitucionais com um nível tal de racionalidade capaz de neutralizar os déficits democráticos relacionados com sua atuação e os outros aspectos que atuam sobre processos de interpretação do direito que não se limitam à manipulação de normas jurídicas.[33] E, se há idealização, retornando ao ponto inicial, em vez de métodos e teorias decisórias cumprirem seus propósitos de racionalização de julgados, eles trazem apenas mais incerteza.

Se, portanto, é correto afirmar que um modelo de legitimação racional da jurisdição constitucional precisa confiar em métodos e teorias de decisão, é preciso não desconsiderar as limitações epistêmicas dos responsáveis pela sua aplicação efetiva e a tentação de tornar todo e qualquer problema jurídico uma questão constitucional ou, ainda, a de compreender todo problema constitucional como um tipo de problema que exige a manipulação de muitas variáveis, como elementos morais, aspectos econômicos, o "sentimento

---

[32] Ver, por exemplo, os pressupostos da teoria do discurso e um modelo ideal de julgador, como o Hércules de Dworkin.

[33] Sobre idealizações sobre as capacidades epistêmicas de membros do Poder Judiciário, ver VERMEULE, A. *Judging under uncertainty*: an institutional theory of legal interpretation. Massachusetts: Harvard University, 2006. p. 40. Para o autor, "*[a] familiar shorthand for asymmetrical institutionalism is the nirvana fallacy, in which an excessively optimistic account of one institution is compared with an excessively pessimistic account of another*". Parece-me possível defender que Barroso cai em um nirvana institucional ao comparar virtudes e problemas do Legislativo e do Judiciário brasileiros. Para Vermeule é preciso não negligenciar o fato de que "*judges, like other decisionmakers, are never fully rational*". Ibid., p. 155.

social, o espírito do [...] tempo e o sentido da história", a ponderação de princípios, a concretização de compromissos constitucionais vagos e mesmo a consideração de regras incidentes.[34] Sem métodos confiáveis de decisão capazes de garantir algum tipo de racionalidade — em termos de previsibilidade e controle da discricionariedade — para decisões baseadas na consideração de tantos aspectos, provavelmente a legitimidade da jurisdição constitucional tornar-se-ia uma função exclusiva da virtude dos tomadores de decisão. Superar essa possibilidade me parece ser o primeiro limite para o êxito de uma tentativa de legitimar, pela racionalidade acoplada à fundamentação das decisões, a jurisdição constitucional em uma democracia.

3.2 O argumento do diálogo institucional

A segunda possibilidade de legitimação democrática da jurisdição constitucional a partir de traços do processo de fundamentação das decisões localiza-se na compreensão dos processos de interpretação e aplicação da Constituição como expressões de um *diálogo* entre o Tribunal constitucional e as instituições majoritárias, notadamente o Parlamento. Em um modelo de democracia deliberativa, em que voto e razão andam lado a lado, a importância de motivar ou "apresentar razões" decorre da visão de que a decisão do Tribunal constitucional corresponde à emissão de uma mensagem sobre como compatibilizar opções majoritárias com os compromissos da Constituição. A jurisdição constitucional poderia ser entendida, assim, como "a parte de um diálogo entre juízes e legisladores".[35] A metáfora do *diálogo institucional*, porém, se sustentaria não só sobre a ideia de que as decisões do Tribunal constitucional são mensagens, diretas ou indiretas, transmitidas ao Parlamento, mas, sobretudo, sobre a possibilidade real de legisladores *reagirem* a essa mensagem, acatando as sugestões da corte (*v.g.*, promulgando novas leis que atendam aos parâmetros fixados pela Corte em um processo de declara-

---

[34] L. R. Barroso, "A razão sem voto", op. cit., p. 69.
[35] HOGG, P. W.; BUSHELL, A. A. The charter dialogue between courts and legislatures (or perhaps the charter of rights isn't such a bad thing after all). *Osgoode Hall Law Journal*, v. 35, n. 1, p. 75-124, 1997. p. 79.

ção de inconstitucionalidade ou atendendo aos "apelos ao legislador" feitos pelo tribunal) ou superando as suas decisões, primordialmente por emendas constitucionais. Na primeira hipótese, poder-se-ia dizer, a adesão do Parlamento às manifestações do Tribunal expressaria a visão de que os legisladores foram *persuadidos* pelos argumentos trazidos pela Corte a respeito da maneira apropriada de equilibrar as opções do constituinte com decisões majoritárias. Na segunda, a reversão de entendimentos de um tribunal como o Supremo contribuiria para desfazer a tese da *supremacia judicial*, uma das dificuldades para a compatibilização da jurisdição constitucional com a democracia. Nas palavras do próprio Barroso: "[o] que se deduz desse registro final [o fenômeno dos diálogos institucionais] é que o modelo vigente não pode ser caracterizado como de supremacia judicial. O Supremo Tribunal Federal tem a prerrogativa de ser o intérprete final do direito [...], mas não é o dono da Constituição".[36]

O argumento dos diálogos institucionais é certamente uma estratégia poderosa de legitimação da jurisdição constitucional na democracia. Sua força principal decorre do fato de que a metáfora do diálogo não só se apresenta como a síntese de um argumento *normativo* capaz de enfrentar as objeções comuns feitas à compatibilização entre jurisdição constitucional e democracia, mas, sobretudo, como uma maneira de explicar um tipo especial de interação entre Judiciário e Legislativo com grande apelo *empírico*.[37] Diálogos entre o Tribunal constitucional e o Parlamento seriam, assim, não apenas desejáveis, mas se dariam efetivamente.

Barroso indica ao longo do texto exemplos de possíveis diálogos entre o Supremo e o Congresso,[38] embora não apesente dados suficientes para que se possa afirmar se essas interações são frequentes ou excepcionais. Ademais, ainda que o processo de seleção das decisões a serem analisadas reproduzisse os critérios fixados por Hogg e Bushell, as principais referências

---

[36] L. R. Barroso, "A razão sem voto", op. cit., p. 68.

[37] No importante estudo de Hogg e Bushell, 65 casos foram analisados. Segundo os autores, "*[t]hese include all of the decisions of the Supreme Court of Canada in which a law was struck down, as well as several important decisions of trial courts and courts of appeal which were never appealed to the Supreme Court of Canada*". Ver P. W. Hogg e A. A. Bushell, The charter dialogue between courts and legislatures, op. cit., p. 81 e segs.

[38] L. R. Barroso, "A razão sem voto", op. cit., p. 67 e segs.

da teoria dos diálogos no Canadá, para sustentar a conclusão de que existe efetivamente um diálogo entre a Suprema Corte canadense e o Legislativo, algumas críticas poderiam ser feitas.[39] Finalmente, como a teoria normativa que está por trás das análises é que funciona como uma *lente* para a leitura proposta para os dados, sejam eles obtidos com base nos mesmos critérios de Hogg e Bushell ou de qualquer outra maneira, me limitarei a desenvolver algumas questões que possam afetar a força do argumento do diálogo institucional para lidar com as premissas *normativas* subjacentes à crítica democrática à jurisdição constitucional.[40]

O primeiro problema para o reconhecimento de um efetivo diálogo entre o Supremo e o Congresso, no entanto, é, em larga medida, de natureza empírica. Se o argumento do diálogo institucional, ao menos no sentido apresentado por Barroso, pressupõe uma interação substantiva baseada na qualidade da mensagem do Tribunal constitucional, uma questão prévia à determinação do que conta como uma mensagem racional — e até mesmo se uma mensagem racional o suficiente para legitimar democraticamente as decisões da Corte é possível — diz respeito à *clareza* da própria mensagem. Quando um tribunal como o Supremo decide uma determinada questão constitucional, qual é, afinal, a mensagem transmitida ao Congresso? Essa não é uma questão irrelevante se se parte da estrutura do processo decisório do STF, em que as manifestações da Corte são o resultado da soma das manifestações individuais dos seus membros, há baixo grau de colegialidade, poucos incentivos para deliberação e as ementas nem sempre expressam exatamente os votos dos ministros.[41] Como, portanto, nem sempre é claro precisar *o que*, *por que* e *como* o Tribunal chegou a determinado resultado, não parece ser tão simples inferir da prática do Supremo a tentativa constan-

---

[39] Ver, por exemplo, MANFREDI, C. P.; KELLY, J. B. Six degrees of dialogue: a response to Hogg and Bushell. *Osgoode Hall Law Journal*, v. 37, n. 3, p. 513-527, 1999. Especialmente p. 515-522. O trabalho de Hogg e Bushel é explicitamente citado por Barroso na p. 66, nota 107, de "A razão sem voto", op. cit.

[40] Para outras críticas a esse argumento ver a contribuição de Joaquim Falcão nesta obra.

[41] Ver a respeito SILVA, Virgílio Afonso da. Deciding without deliberating, *Icon*, v. 11, n. 3, p. 557-584, 2013; e A. M. Vojvodic, A. M. F. Machado e E. L. C. Cardoso, Escrevendo um romance, op. cit., p. 21-44.

te de estabelecer um diálogo com o Congresso que parte da *instituição*, e não de esforços isolados — ainda que louváveis — de alguns dos seus ministros.

O segundo problema é de ordem conceitual. Assim como Barroso não deixa claro ao longo do texto o que entende por *racionalidade* ou *decisão racional*, não há uma definição precisa do que se deve entender por *diálogo*. Tal qual ocorre naqueles casos, há, aqui, não mais do que algumas pistas para a construção de um sentido. Tendo em vista essa obscuridade, tentarei propor um conceito amplo, a partir do qual algumas questões para a consistência do argumento do diálogo institucional possam ser levantadas. É neste momento que acredito que uma concepção diferente de racionalidade entra em cena.

Em um sentido geral, pode-se estipular que um diálogo se caracteriza como uma espécie de interação que se dá em um espaço de sentidos intersubjetivamente compartilhados e é condicionada por algumas regras e pressupostos.[42] Para o direito, porém, é fundamental entender que o desenvolvimento de diálogos, sobretudo aqueles que envolvem a atuação do Judiciário, diz respeito à solução de problemas *práticos*, isto é, problemas sobre questões relacionadas com a determinação do que pode ou não ser feito ou o que deve ou não ser feito.[43] Com base nesse aspecto, é possível dizer que uma noção de diálogo relevante para o direito deve incluir também uma referência aos seus *propósitos*. Nesse sentido, no caso de um diálogo que se inicia a partir de uma decisão judicial, pode-se estabelecer, ainda em um sentido geral, que seu objetivo é convencer o destinatário da mensagem a respeito da aceitabilidade da justificação oferecida, já que o ponto de partida para essa espécie de interação é um desacordo, linguístico e/ou substantivo, a respeito de uma determinada interpretação.[44] No caso do diálogo institucional, um desacordo sobre a resposta constitucional apropriada para um determinado problema.

É certo que essa não é uma definição única e tampouco não problematizável de diálogo. Hogg e Bushell, por exemplo, oferecem uma alternativa bem mais modesta e instrumental à definição proposta, a qual, pode-se

---

[42] L. B. Tremblay, The legitimacy of judicial review, op. cit., p. 630.

[43] ALEXY, R. *Theorie der juristischen Argumentation*. Frankfurt am Main: Suhrkamp, 1991. p. 263.

[44] Nesse sentido, AARNIO, A. *Reason and authority*: a treatise on the dynamic paradigm of legal dogmatics. Aldershot: Ashgate, 1997. p. 201.

dizer, pressupõe algum tipo de *racionalidade discursiva*.[45] Para os autores canadenses, se uma decisão judicial estiver "aberta a reversão, modificação ou anulação legislativa, então faz sentido encarar a relação entre a Corte e o órgão legislativo competente como um diálogo".[46] Como se nota, a definição é tão pouco exigente que a simples *possibilidade de reação* do destinatário da mensagem é considerada condição suficiente para a existência de um diálogo institucional. Apesar dessa possibilidade de caracterização, porém, as referências feitas por Barroso a teorias da argumentação jurídica, à reabilitação da racionalidade prática,[47] a noções como a de auditório,[48] à concepção de Alexy sobre o papel do Tribunal constitucional em uma democracia[49] e o endosso de uma concepção de democracia deliberativa na qual a legitimação das decisões do Tribunal constitucional depende da "capacidade de demonstrar a racionalidade, a justiça e a adequação constitucional da solução que construiu"[50] levam-me a crer que o sentido de diálogo pressuposto em seu texto é bem mais robusto do que aquele oferecido por Hogg e Bushell.[51]

Pois bem. Se é possível afirmar que existe algum tipo de convergência entre a estipulação de diálogo apresentada e o que Barroso tem em mente quando recorre à metáfora do diálogo institucional, então alguns pressupostos para a operacionalização das interações sugeridas pelo modelo de justificação desenvolvido em "A razão sem voto" deveriam ser satisfeitos para que se pudesse tanto *descrever* as relações entre Supremo e Congresso como um efetivo diálogo como *orientá-las normativamente* para que elas possam se aproximar de verdadeiros diálogos institucionais. É exatamente nesse ponto que é possível levantar uma terceira objeção ao argumento.

---

[45] Para Peczenik, "a racionalidade discursiva de uma conclusão significa que ela não poderia ser refutada em um discurso perfeito [ou ideal]". Ver PECZENIK, A. *On law and reason*. Dordrecht: Reidel, 1989. p. 57.

[46] P. W. Hogg e A. A. Bushell, The charter dialogue between courts and legislatures, op. cit., p. 79.

[47] L. R. Barroso, "A razão sem voto", op. cit., p. 35.

[48] Ibid., p. 39.

[49] Ibid., p. 57.

[50] Ibid., p. 39.

[51] Para Tremblay, um tipo de *diálogo deliberativo*, como parece ser o proposto por Barroso, é o único que tem o potencial para legitimar a jurisdição constitucional na democracia. Ver L. B. Tremblay, *The legitimacy of judicial review*, op. cit., p. 633.

Duas condições que me parecem cruciais para o desenvolvimento de diálogos nos termos propostos por Barroso são o reconhecimento recíproco dos participantes da interação como *iguais* e a *predisposição* das partes envolvidas para serem persuadidas pelo melhor argumento. A primeira condição está explicitamente presente mesmo em um modelo pouco exigente como o de Hogg e Bushell;[52] a segunda parece-me claramente endossada por Barroso quando, ao se referir à visão do Tribunal constitucional como representante argumentativo da sociedade, afirma que "[p]essoas racionais são capazes de aceitar argumentos sólidos e corretos".[53] Fixados esses pressupostos, a grande questão é saber se eles são implementados ou implementáveis.

Um primeiro óbice à satisfação dessas condições diz respeito à posição do Tribunal constitucional como o detentor do monopólio da última palavra sobre o sentido da Constituição.[54] Mesmo sendo "relativamente baixo o número de dispositivos de leis federais efetivamente declarados inconstitucionais sob a vigência da Constituição de 1988",[55] a mera possibilidade de declaração de inconstitucionalidades de manifestações majoritárias, incluindo emendas constitucionais — uma possibilidade, ressalte-se, construída a partir de uma interpretação da Constituição, e não uma prerrogativa conferida textualmente ao Tribunal[56] —, já tende a colocar o Supremo em uma posição de superioridade relativamente ao Congresso. O fato de ser possível contra-argumentar que o Supremo *usa* esse poder excepcionalmente ou com parcimônia ou que o recurso a essa prerrogativa depende de fatores políticos conjunturais não afeta o ponto, que não é de natureza pragmática, mas conceitual. Igualdade na participação pressupõe a inexistência de hie-

---

[52] P. W. Hogg e A. A. Bushell, The charter dialogue between courts and legislatures, op. cit., p. 79. No âmbito da teoria do discurso, ver ALEXY, Robert. Hauptelemente einer Theorie der Doppelnatur des Rechts. *ARSP — Archiv für Recht- und Sozialphilosophie*, v. 95, n. 2, p. 151-166, abr. 2009.

[53] L. R. Barroso, "A razão sem voto", op. cit., p. 57.

[54] Este não é um argumento original. Sobre este problema no Canadá, ver C. P. Manfredi e J. B. Kelly, *Six degrees of dialogue*, op. cit., p. 523.

[55] L. R. Barroso, "A razão sem voto", op. cit., p. 50.

[56] Ver ARGUELHES, D. W. Poder não é querer: preferências restritivas e redesenho institucional no Supremo Tribunal Federal pós-democratização. *Universitas Jus*, v. 25, n. 1, p. 25-45, 2014.

rarquias, sejam elas definidas explicitamente pelo desenho constitucional,[57] sejam elas *construídas* a partir do modo como uma instituição entende seu papel em uma democracia constitucional.[58] No caso das relações entre o Tribunal Constitucional e o Legislativo, um "genuíno diálogo existe apenas se as legislaturas são reconhecidas como intérpretes legítimos da Constituição e possuem meios *efetivos* de afirmar essa interpretação".[59]

Do ponto de vista teórico, a dificuldade está em compatibilizar a visão de que o Tribunal constitucional está em uma posição privilegiada para tomar decisões práticas constitucionalmente adequadas — tanto é que ele é o *representante argumentativo* da sociedade —, a *pretensão de correção* erigida por suas manifestações e a *autoridade* das suas decisões com algum tipo de predisposição da Corte para rever suas posições em um diálogo com o Legislativo. Essa possibilidade é conceitualmente problemática porque tende a diminuir a importância dos elementos responsáveis, no próprio quadro teórico desenhado por Barroso, pela legitimidade *moral* da atuação dos órgãos do Poder Judiciário.[60] Por esse motivo, seria inconsistente pressupor que as decisões de um tribunal são mensagens encaminhadas para o Legislativo que esperam reações e novos argumentos até a fixação da melhor resposta constitucional, por qualquer uma das instituições, para um determinado problema. Na verdade, à luz daqueles elementos, uma decisão direcionada ao Legislativo é um comando que espera a adesão, voluntária ou não, exatamente porque ergue a pretensão de ser a melhor leitura constitucional para a questão levada à Corte. Na mesma linha, as interações entre um tribunal constitucional e o Parlamento poderiam ser mais adequadamente compreendidas como ações *unilaterais* — e não dialógicas — de uma instituição que quer fazer sua visão prevalecer em razão da pretensão de autoridade

---

[57] Apenas para fins de argumentação, este *poderia* ser o caso da ordem institucional brasileira quando o constituinte declarou que compete ao Supremo, "precipuamente, a guarda da Constituição" (art. 102, CF).

[58] Para uma leitura de como a interpretação constitucional pode afetar o desenho institucional, sobretudo o modo como o Supremo Tribunal Federal serviu-se da interpretação constitucional para ampliar e consolidar posições ante outros poderes, ver D. W. Arguelhes, Poder não é querer, op. cit.

[59] C. P. Manfredi e J. B. Kelly, *Six degrees of dialogue*, op. cit., p. 524.

[60] No mesmo sentido, L. B. Tremblay, The legitimacy of judicial review, op. cit., p. 638 e segs.

legítima erguida por suas decisões. Torna-se, assim, muito difícil pressupor uma relação de igualdade entre o Tribunal constitucional e o Legislativo.[61]

No caso brasileiro, especificamente falando, a efetividade de uma interpretação da Constituição pelo Congresso está condicionada, ao menos potencialmente, a algum tipo de *anuência* do Supremo. Isso porque, no limite, *qualquer* decisão do Congresso dentro da ordem constitucional vigente pode ser anulada pelo Tribunal com base nas suas leituras sobre o sentido mais apropriado da Constituição. Adicionando a esse fato o monopólio da última palavra, tem-se que a abertura do diálogo depende em larga medida da predisposição da Corte em dialogar e de efetivamente propor um diálogo com o Legislativo. Por esses motivos, nada necessariamente leva a crer que a melhor *leitura* para o que acontece quando o Congresso reage a uma manifestação do Supremo é a de um diálogo entre as instituições, e não (i) de uma *concessão* excepcional feita pelo Tribunal ou, no caso do Congresso, (ii) a de *aquiescência* decorrente de relações de *subordinação* ou mesmo de acatamento *estratégico* do resultado, seja por receio de posterior anulação de escolhas majoritárias (quando, por exemplo, o Legislativo opta por adotar, em lei nova, exatamente a medida usada pelo Tribunal para sustentar o caráter não necessário do meio escolhido na lei declarada inconstitucional após a realização de um exame de proporcionalidade), seja por receio das consequências que podem ser produzidas caso determinado assunto seja decidido definitivamente pelo Tribunal constitucional (situação em que o Legislativo, por exemplo, atua quando a Corte comunica uma omissão e opta por ainda não criar a regra constitucional aplicável ao problema levado a seu conhecimento antes de determinado prazo). Todas essas hipóteses alternativas de explicação do que acontece quando o Supremo provoca uma interação com o Congresso e este reage a manifestações da Corte, como se vê, não dependem necessariamente da qualidade dos argumentos apresentados na decisão tomada, o que enfraquece substancialmente a possibilidade de legitimação da jurisdição constitucional na democracia pela racionalidade. Na mesma linha, ainda que se insista em chamar todas essas interações de "diálogos", não parece claro se todas elas são compatíveis com o marco teórico proposto por Barroso.

---

[61] E nada leva a crer que seria diferente nas relações entre o STF e o Executivo, pouco citado por Barroso.

O caso que Barroso cita como exemplo "muito significativo" de diálogo institucional — o MI 943/DF, que tratava da regulamentação do art. 7º, XXI, CF — parece ser, na linha exposta, muito mais um exemplo de ação estratégica do Congresso do que o produto de um convencimento racional, por parte dos legisladores, da tese sustentada pelo Supremo. Em primeiro lugar, porque não é claro que o Supremo pretendia efetivamente *dialogar* com o Legislativo. É verdade que o ministro Gilmar Mendes sugere uma reflexão sobre "um novo modelo de diálogo institucional mais efetivo, que estimule o Congresso Nacional a adotar solução adequada para os impasses que frustram a plena eficácia da norma constitucional".[62] No entanto, ao mesmo tempo, o voto do ministro traça uma evolução da compreensão da Corte sobre o Mandado de Injunção e sobre o papel do Supremo para efetivar comandos constitucionais ainda carentes de atuação positiva do legislador que atinge o ápice na defesa da possibilidade de tomada de decisões *aditivas*, aceitas "quando a solução adotada pelo Tribunal incorpora [na linguagem de Rui Medeiros] 'solução constitucionalmente obrigatória'".[63] Para Mendes, no caso sob discussão "revelou-se inócua a simples declaração de omissão inconstitucional, cabendo a esta Corte concretizar o direito constitucional assegurado desde 5.10.1988 e reconhecido há quase 20 anos por esta Corte".[64] Como se nota, não havia "diálogo" possível: ou o Congresso editava a lei exigida pelo art. 7º, XXI, CF, ou o Supremo o faria no caso concreto.

Problema, porém, surgiu ao se iniciarem os debates no plenário sobre a maneira mais apropriada de regulamentar o direito não concretizado pelo legislador. Com efeito, "tendo em vista a quantidade e a diversidade de sugestões oferecidas" pelos ministros, indicou o ministro Gilmar Mendes, com o consentimento do plenário, "o adiamento do julgamento, para consolidar as propostas apresentadas e formular solução conciliatória quanto à forma de concretização do aviso prévio proporcional".[65] Foi exatamente nesse meio-tempo que se publicou a Lei nº 12.506/2011, que regulamentou o tema. Assim, em segundo lugar, parece ser difícil conceber o caso como o

---

[62] Voto do min. Gilmar Mendes no MI 943/DF, p. 11 do acórdão.

[63] Ibid., p. 9 do acórdão.

[64] Ibid., p. 10.

[65] Ibid., p. 43 do acórdão.

de um efetivo diálogo entre as instituições porque a reação do Congresso se deu não só após o Supremo mostrar-se claramente disposto a, ele mesmo, criar a regra aplicável ao caso, como já ter iniciado as discussões sobre os parâmetros que deveriam ser aplicados para a concretização do aviso prévio proporcional. Teria, portanto, o Congresso atuado com mais de 20 anos de atraso por se sentir efetivamente persuadido pela fundamentação do Tribunal? Ou teria o Congresso legislado por não saber que parâmetros o Tribunal adotaria e ter eventualmente que se ver obrigado a reverter uma decisão do STF ou mesmo a ter que conviver com uma regulamentação diferente da que julga mais apropriada para o caso? E o Supremo, que tendo em vista a edição da referida lei optou por acatar exatamente os parâmetros fixados pelo legislador? Teria o Tribunal integrado a manifestação do Congresso em sua decisão em respeito às margens de conformação legislativas, por entender constitucionalmente adequada a escolha do legislador ou simplesmente para evitar lidar com os custos decisórios vinculados a uma apreciação mais cuidadosa dos critérios fixados pela lei?

Como se percebe, não há resposta clara que permita inferir o empreendimento de um efetivo diálogo institucional no sentido anteriormente apresentado. O início de interações entre instituições pode ser fruto de meras concessões ou escolhas deliberadas motivadas por fatores exógenos à busca pela melhor resposta constitucional para determinado problema. Da mesma forma, as reações a mensagens enviadas por uma instituição não são necessariamente adesões sustentadas pela racionalidade da argumentação apresentada em favor de certo ponto de vista. Se esses argumentos são plausíveis, então a segunda condição apontada para a efetivação de um diálogo institucional — a predisposição das partes para serem persuadidas pelo melhor argumento — também não é facilmente realizável. De fato, ainda que fosse possível neutralizar completamente o processo decisório de um tribunal como o Supremo de influências e motivações políticas, certamente seria difícil crer que deputados e senadores, quando tomam decisões que podem tocar em aspectos constitucionais, estão motivados apenas pela realização mais adequada dos compromissos fundamentais da Constituição. Esse é um segundo óbice para a sustentação do argumento do diálogo institucional como capaz de legitimar, pelo tipo de racionalidade discursiva que precisa pressupor, a jurisdição constitucional na democracia: para funcionar, o argumento precisa retirar da noção de diálogo os interesses e as relações de poder inerentes às interações entre Judiciário e Legislativo. Tribunais e legislaturas divergem sobre a maneira mais apropriada de conceber e implementar decisões majoritárias sem colocar em risco direitos fundamentais ou a própria democracia. Isso é corriqueiro. O problema do argumento do diálogo institucional, porém, está na pressuposição de que, nesses casos, a política ordinária e o tribunal constitucional estão juntos em uma mesma empreitada e dispostos a acatar opiniões ou mudar suas visões apenas em função da racionalidade das manifestações de cada um. Barroso mesmo reconhece que a lógica de atuação do Legislativo e do Executivo é, muitas vezes, "mais complexa e menos cartesiana" do que a que nortearia uma "racionalidade judicial".[66] Isso já seria suficiente para afirmar o caráter contraintuitivo da teoria por trás da metáfora do diálogo institucional para explicar como se dão e orientar como deveriam se dar as interações entre um tribunal como o Supremo e o Congresso. Esse é mais um ingrediente que contribui para afirmar que, dos pontos de vista descritivo, normativo e conceitual, o argumento do diálogo institucional, apesar do apelo, parece não ser de defesa tão simples para legitimar a jurisdição constitucional em uma ordem democrática.[67]

3.3 A legitimação pelos fins

Na terceira e última estratégia de justificação, Barroso parece abandonar tanto a concepção de racionalidade substantiva por trás do argumento da qualidade da fundamentação das decisões do Tribunal constitucional como a concepção de racionalidade discursiva subjacente ao argumento do diálogo institucional, passando a recorrer a uma concepção *instrumental* de ra-

---

[66] L. R. Barroso, "A razão sem voto", op. cit., p. 57.

[67] Com argumentos semelhantes aos apresentados neste tópico, Tremblay defende que, ainda que seja possível uma forma de diálogo entre tribunais e legisladores, as limitações para o estabelecimento de um diálogo em que as partes estão em condição de igualdade, a dificuldade de reconhecer a predisposição das duas instituições para a persuasão pelo melhor argumento e os traços da atividade jurisdicional que lhe conferem méritos morais impedem que o tipo de diálogo necessário para conferir força legitimadora para a prática da jurisdição constitucional exista e possa existir. Ver L. B. Tremblay, *The legitimacy of judicial review*, op. cit., p. 619.

cionalidade. Neste ponto, a decisão constitucional é considerada um meio para o alcance de fins. E é exatamente da realização de determinados objetivos considerados socialmente relevantes — entendidos nos processos de interpretação da Constituição como *constitucionalmente* relevantes — que se extrairia a legitimidade das decisões de um tribunal constitucional na democracia. Esse parece ser o caso quando Barroso afirma que "a jurisdição constitucional [...] tem *servido bem ao país*"[68] ou, em relação à fidelidade partidária, que a decisão da Corte que determinou a perda de mandato do parlamentar que mudasse de partido "[e]mbora tenha sofrido crítica por excesso de ativismo, [...] fora de dúvida [...] *atendeu a um anseio social* que não obteve resposta no Congresso".[69]

A racionalidade instrumental parece ser o tipo de racionalidade evocado para legitimar o papel *representativo* do Supremo, certamente o mais controvertido. Um objetivo possível relacionado com o uso desse tipo de racionalidade está no seu potencial para neutralizar os problemas criados pela pergunta "*quem* deve ser o responsável por implementar medidas destinadas a realizar finalidades sociais relevantes?", precisamente o tema que tende a tornar um órgão não eleito como o Tribunal constitucional um corpo estranho dentro da democracia. Essa dificuldade, contudo, é minimizada quando se reduz o fator de legitimidade vinculado à existência e à atuação desse tribunal à realização efetiva de estados de coisas. Assim, desde que finalidades consideradas importantes sejam atingidas, a pergunta sobre quem as realizou adquire um papel secundário. Da mesma forma, torna-se menos importante problematizar que tipo de postura judicial inspira a busca por resultados socialmente desejáveis. Em um modelo instrumental de legitimação das decisões, posturas ativistas ou de autocontenção são igualmente defensáveis, já que, quando elas são postas sobre a mesa, o apelo pragmático da realização de fins valiosos atua como uma espécie de trunfo capaz de obstruir o avanço da discussão de fundo.

Barroso certamente não simplifica o problema da legitimidade da jurisdição constitucional na democracia a ponto de limitá-lo a um cálculo pragmático. Os resultados importam, mas a atuação do Supremo deve se dar

---

[68] L. R. Barroso, "A razão sem voto", op. cit., p. 65. Grifo acrescido.
[69] Ibid., p. 59. Grifo acrescido.

para proteger direitos fundamentais, a própria democracia e uma postura de protagonismo pode ser bem-vinda nos casos de omissão legislativa.[70] O esforço, porém, não me parece suficiente para tornar o argumento da racionalidade instrumental secundário, uma vez que os três parâmetros fornecidos, por não necessariamente convergirem para pontos comuns, são capazes de legitimar tanto atuações contramajoritárias quanto representativas do Tribunal.[71] E, se o Supremo, ao menos teoricamente, pode tudo, saber se o uso desse poder tem gerado benefícios líquidos para a sociedade brasileira superiores aos custos atrelados ao reconhecimento do protagonismo judicial como motor para o desenvolvimento social torna-se um tema irresistível.

O fato, porém, de diversas conquistas terem sido possíveis graças à atuação do Supremo não impede que seja também possível levantar objeções ao emprego de uma racionalidade instrumental para sustentar a legitimidade da jurisdição constitucional em uma democracia. Eu gostaria de brevemente apontar três problemas nesse sentido.

O primeiro aspecto controvertido diz respeito à própria consistência interna do argumento geral oferecido pelo texto. Isso porque o recurso a uma legitimidade orientada para a realização de fins tende a diminuir a importância da fundamentação das decisões. Não é o caso de se afirmar uma tensão entre a primeira e a terceira estratégias de justificação de Barroso, mas simplesmente de reconhecer que esta pode levar aquela a um papel meramente subsidiário para a defesa da legitimidade da atuação de um tribunal constitucional em um ambiente democrático. Afinal, para uma concepção de racionalidade instrumental, a legitimidade se extrai dos *resultados* efetivamente atingidos por meio das decisões da Corte, o que independe da existência ou da qualidade da sua fundamentação, e não da *aptidão* dos julgados para atingir fins socialmente relevantes, mesmo que essa aptidão seja adequadamente justificada.

---

[70] L. R. Barroso, "A razão sem voto", op. cit., p. 66.

[71] Para uma crítica semelhante, mas amparada no argumento do diálogo institucional e baseada no processo decisório da Suprema Corte canadense, ver CAMERON, J. Dialogue and hierarchy in charter interpretation: a comment on R. v. Mills. *Alberta Law Review*, v. 38, n. 4, p. 1051-1068, 2001. p. 1067. Para o autor, o argumento do diálogo institucional pode sustentar tanto posturas ativistas como de autocontenção da Corte.

Os demais aspectos estão todos relacionados com as dificuldades relacionadas com a tomada de decisões prospectivas, que partem precisamente da compreensão da decisão judicial que se toma *agora* como um meio para a realização de fins que só serão perceptíveis em algum lugar do *futuro*.[72] Esse processo de antecipação de relações causais é envolto por incertezas necessárias, já que o futuro presente não necessariamente corresponde ao presente futuro.[73] Porque essa assimetria é insuperável, argumentos como o de que a jurisdição constitucional tem promovido valores importantes para a sociedade brasileira são, mesmo mantidos constantes todos os demais fatores que possam explicar o sucesso da atuação da Corte, ainda marcados por níveis não desprezíveis de *contingência*. Por esse motivo, o recurso a resultados positivos não é capaz de impedir que se levem a sério alguns problemas estruturais que afetam a aplicação de raciocínios orientados para a realização de finalidades em processos decisórios reais.

Nesse quadro, o segundo problema que se poderia levantar contra o argumento da legitimidade pelos fins é o da determinação das finalidades dignas de serem perseguidas. Barroso sustenta que "a jurisdição constitucional [...] tem servido bem ao país". Mas o que define o que serve bem ao país? A Constituição por meio de seus compromissos genéricos e princípios vagos, que permitem não mais do que acordos gerais, mas são incapazes de servir como referência para a superação de desacordos particulares?[74] Mas como lidar com a possibilidade real de um único meio realizar e restringir, ao mesmo tempo, estados de coisas almejados pela Constituição? O Supremo seria o responsável por aferir a proporcionalidade das suas próprias escolhas?

Finalmente, o terceiro problema do argumento da racionalidade instrumental consiste no pressuposto que aparece acompanhá-lo de que o tribunal constitucional possui vantagens epistêmicas ou, no mínimo, as mesmas condições dos poderes Executivo e Legislativo para lidar com as incertezas

---

[72] Para um inventário desses problemas, ver LEAL, Fernando. *Ziele und Autorität*: Zu den Grenzen teleologischen Rechtsdenkens. Baden-Baden: Nomos, 2014. B.IV.

[73] LUHMANN, N. Selbstreferenz und Teleologie in gesellschaftstheoretischer Perspektive. *Neue Hefte für Philosophie*, Göttingen, v. 20, p. 1-30, 1981. p. 6-7.

[74] Sobre esse problema ver ALEXANDER, Larry. "Comigo é tudo ou nada": formalismo no direito e na moralidade. In: RODRIGUEZ, José Rodrigo (Org.). *A justificação do formalismo jurídico*. Tradução de Thalia Simões Cerqueira. São Paulo: Saraiva, 2011. p. 165-200. p. 167.

vinculadas às prognoses que sustentam a escolha dos meios que levarão à realização de fins.[75] É esse tipo de pressuposto que poderia justificar por que o povo deveria deixar as decisões sobre como lidar com os *riscos e as responsabilidades* das escolhas sobre a realização de estados de coisas futuros a um poder não eleito, em vez de compartilhá-los nos órgãos majoritários. Mas o que levaria a crer que órgãos do Poder Judiciário possuem essas vantagens? E, se o tivessem, qual seria o papel da democracia em um modelo de legitimação pelo resultado? Como o voto se relacionaria com a razão? Se essas e as demais questões levantadas fazem sentido, então, mais uma vez, não parece tão simples legitimar pela racionalidade — desta vez por uma racionalidade instrumental — a jurisdição constitucional na democracia.

4. Conclusão

A proposta de Barroso é cercada de méritos. Nesta conclusão eu gostaria de destacar dois deles. O primeiro é de natureza acadêmica. Nesta obra, Barroso, professor antes de ministro da mais alta corte do país, submete à discussão pública as suas ideias e sabe, desde o início, que não receberá só elogios. A crítica, ao contrário do que parece ser a impressão amplamente compartilhada no debate acadêmico nacional, quando se preocupa com os argumentos apresentados, levando-os a sério — idealmente em sua melhor leitura possível —, e tem por objetivo o avanço do debate em torno de um tema problemático, não é um ataque pessoal. Divergir e levantar questões não respondidas tampouco significa formular um juízo implícito de demérito do trabalho. O julgamento sobre a qualidade de um texto acadêmico e a possibilidade de criticá-lo são coisas diferentes. No caso de "A Razão sem voto", a qualidade é inegável. Nesse aspecto, o segundo mérito da proposta de Barroso está exatamente em sua utilidade para, por meio de uma proposta pretensamente original e voltada à compreensão da realidade nacional, contribuir positivamente para o debate sobre a legitimidade da jurisdição constitucional na democracia brasileira.

---

[75] Especificamente sobre esse problema em processos de interpretação da Constituição, ver P. Lerche, Stil und Methode der verfassungsrechtlichen Entscheidungspraxis, op. cit., p. 360.

Neste comentário, tentei apresentar os problemas mais graves que consegui localizar para a sustentação consistente de uma tese sobre a possível legitimidade da jurisdição constitucional em um ambiente democrático com base em três concepções distintas de racionalidade. Mas todos os limites apontados não devem ser vistos como uma obstrução ao caminho trilhado por Barroso. O investimento em transparência e deveres de fundamentação, a busca por interações cada vez mais frequentes entre o Supremo e outros poderes e a possibilidade de as decisões do Tribunal contribuírem para a satisfação de anseios sociais deveriam seguir na pauta de um debate preocupado com o exercício saudável da jurisdição constitucional, mesmo que, no fundo, essas não sejam condições suficientes para sua legitimação democrática. Ainda assim, se as questões levantadas fazem sentido, talvez elas possam contribuir para que a proposta de Barroso supere problemas permanentes relacionados com o exercício da jurisdição constitucional e, ao mesmo tempo, não sirva para legitimar a visão de que as decisões do Supremo seguem uma espécie de "barômetro político",[76] que, dependendo do momento institucional e dos interesses da Corte, pode justificar tanto posturas ativistas quanto de autocontenção; atuações representativas e contramajoritárias. Enfim, justificar, por meio de decisões com racionalidade meramente aparente, que o Supremo pode tudo na nossa recente democracia.

Referências

AARNIO, A. *Reason and authority*: a treatise on the dynamic paradigm of legal dogmatics. Aldershot: Ashgate, 1997.

ALEXANDER, Larry. "Comigo é tudo ou nada": formalismo no direito e na moralidade. In: RODRIGUEZ, José Rodrigo (Org.). *A justificação do formalismo jurídico*. Tradução de Thalia Simões Cerqueira. São Paulo: Saraiva, 2011. p. 165-200.

ALEXY, R. *Theorie der juristischen Argumentation*. Frankfurt am Main: Suhrkamp, 1991.

---

[76] A expressão é de J. Cameron, Dialogue and hierarchy in charter interpretation, op. cit., p. 1063.

A RAZÃO E O VOTO: DIÁLOGOS CONSTITUCIONAIS COM LUÍS ROBERTO BARROSO

_____. Die Gewichtsformel. In: JICKELI, J.; KREUTZ, P.; REUTER, D. (Org.). *Gedächtnisschrift für Jürgen Sonnenschein*. Berlim: De Gruyter Recht, 2003. p. 771-779.

_____. Hauptelemente einer Theorie der Doppelnatur des Rechts, *ARSP — Archiv für Recht- und Sozialphilosophie*, v. 95, n. 2, p. 151-166, abr. 2009.

ARGUELHES, D. W. Poder não é querer: preferências restritivas e rede-senho institucional no Supremo Tribunal Federal pós-democratização. *Universitas Jus*, v. 25, n. 1, p. 25-45, 2014.

ÁVILA, Humberto. Neoconstitucionalismo: entre a ciência do direito e o direito da ciência. *Revista Eletrônica de Direito do Estado*, Salvador, n. 17, 2009. Disponível em: <www.direitodoestado.com/revista/rede-17-janeiro-2009-humberto%20avila.pdf>. Acesso em: 6 abr. 2015.

BARROSO, L. R. A razão sem voto. Neste volume.

CAMERON, J. Dialogue and hierarchy in charter interpretation: a comment on R. v. Mills. *Alberta Law Review*, v. 38, n. 4, p. 1051-1068, 2001.

DWORKIN, R. *Freedom's law*: the moral reading of the American Constitution. Cambridge: Harvard University, 1996.

ELSTER, J. *Ulysses and the sirens*: studies in rationality and irrationality. Cambridge: Cambridge University, 1986.

_____. *Ulysses unbound*: studies in rationality, precommitment, and cons-traints. Nova York: Cambridge University, 2000.

GERHARDT, M. J.; ROWE, T. D. *Constitutional theory*: arguments and pers-pectives. Charlottesville: Michie Company, 1993.

HOGG, P. W.; BUSHELL, A. A. The charter dialogue between courts and legislatures (or perhaps the charter of rights isn't such a bad thing after all). *Osgoode Hall Law Journal*, v. 35, n. 1, p. 75-124, 1997.

LEAL, Fernando. Argumentando com o sobreprincípio da dignidade da pessoa humana. *Arquivos de Direitos Humanos*, Rio de Janeiro, v. 7, p. 41-67, 2007.

_____. Todos os casos jurídicos são difíceis? Sobre as relações entre efeti-vidade, estabilidade e teorias da decisão constitucional. *Revista de Direito do Estado*, v. 16, p. 87-116, 2010.

_____. Irracional ou hiper-racional? A ponderação de princípios entre o ce-ticismo e o otimismo ingênuo. *Revista de Direito Administrativo & Cons-titucional*, v. 58, p. 177-209, 2014a.

_____. *Ziele und Autorität*: Zu den Grenzen teleologischen Rechtsdenkens. Baden-Baden: Nomos, 2014b. B.IV.

LERCHE, P. Stil und Methode der verfassungsrechtlichen Entscheidungs-praxis. In: PETER, B.; DREIER, H. (Org.). *Festschrift 50 Jahre Bundesver-fassungsgericht*. Tübingen: Mohr Siebeck, 2001. p. 333-361.

LUHMANN, N. Selbstreferenz und Teleologie in gesellschaftstheoretischer Perspektive. *Neue Hefte für Philosophie*, Göttingen, v. 20, p. 1-30, 1981.

MANFREDI, C. P.; KELLY, J. B. Six degrees of dialogue: a response to Hogg and Bushell. *Osgoode Hall Law Journal*, v. 37, n. 3, p. 513-527, 1999.

PECZENIK, A. *On law and reason*. Dordrecht: Reidel, 1989.

SCHAUER, F. Balancing, subsumption and the constraining role of legal text. In: KLATT, Matthias (Org.). *Institutionalized reason*. The jurispru-dence of Robert Alexy. Nova York: Oxford University, 2012. p. 307-318.

SILVA, Virgílio Afonso da. O proporcional e o razoável. *Revista dos Tribu-nais*, São Paulo, n. 798, p. 23-50, abr. 2002.

_____. Deciding without deliberating, *Icon*, v. 11, n. 3, p. 557-584, 2013.

SUNDFELD, C. A. Princípio é preguiça? In: _____. *Direito administrativo para céticos*. São Paulo: Malheiros, 2012. p. 60-84.

SUNSTEIN, C. R. *Designing democracy*: what constitutions do. Nova York: Oxford University, 2001.

_____; ULLMANN-MARGALIT, E. Second-order decisions. In: SUNS-TEIN, Cass (Ed.). *Behavioral law & economics*. Nova York: Cambridge University, 2000.

TREMBLAY, L. B. The legitimacy of judicial review: the limits of dialogue between courts and legislatures, *Icon*, Nova York, v. 3, n. 4, p. 617-648, 2005.

VERMEULE, A. *Judging under uncertainty*: an institutional theory of legal interpretation. Massachusetts: Harvard University, 2006.

VOJVODIC, A. M.; MACHADO, A. M. F.; CARDOSO, E. L. C. Escrevendo um romance, primeiro capítulo: precedentes e processo decisório no STF. *Revista Direito GV*, São Paulo, v. 5, n. 1, p. 21-44, 2009.

O voto sem razão (jurídica): o positivismo jurídico inconsciente de Barroso

*Rubens Glezer**

O real argumento de Barroso

O pensamento constitucional brasileiro pós-1988 foi marcado por diversos movimentos intelectuais, sendo um deles o de esforço para garantir e ampliar a efetividade da então nova Constituição Federal. Passados quase 30 anos da promulgação do novo texto constitucional, esse movimento se sobressaiu vitorioso e um de seus principais expoentes foi e continua sendo o professor Luís Roberto Barroso.[1] Meu argumento neste texto é o de que essa vitória foi conquistada a um certo custo: a persuasão foi obtida com o sacrifício da consistência teórica. Além disso, indico que por essa inconsistência teórica a concepção resultante talvez fragilize a cultura de direitos pela qual Barroso tanto batalhou. Assim, me proponho a identificar e resolver certas tensões teóricas presentes em "A razão sem voto: o Supremo Tribunal Federal e o governo da maioria", bem como desenvolver

---

* Professor da FGV Direito SP e coordenador do centro Supremo em Pauta. Doutor em teoria e filosofia do direito pela USP, mestre em direito e desenvolvimento pela FGV Direito SP, bacharel pela PUC-SP.

[1] Esse ponto é salientado pelo texto de Ingo Wolfgang Sarlet, neste volume: "a doutrina constitucional brasileira investiu pesadamente nessa perspectiva, seguindo a trilha já antes inaugurada por autores como Meirelles Teixeira, José Afonso da Silva e Celso Antonio Bandeira de Mello, tendo no Pós-1988 o próprio Barroso como principal protagonista e autor de proposta original e inovadora nessa seara".

LEGITIMIDADE DO STF E RAZÃO JURÍDICA

algumas implicações que essa resolução traz para o argumento concreto de Barroso.[2]

Mais especificamente, sustento que o argumento de Luís Roberto Barroso pode se desenvolver na sua versão mais forte, e mais clara, se for reconhecido que as premissas e os argumentos do autor são, na verdade, positivistas. Dada a confusão e ambiguidade em torno do termo "positivismo jurídico", opto por apresentar sumariamente desde já o que quero dizer com isso. Barroso é positivista porque adota uma teoria de casos fáceis e difíceis segundo a qual certos casos podem ser resolvidos pela simples subsunção entre regra (ou princípio) e caso concreto. A própria ideia de que em alguns casos o direito tem respostas pré-prontas (e em outros não) foi justamente a contribuição de autores positivistas tradicionais como Hans Kelsen e Herbert Hart para o debate do século XX.[3] Isso implica aceitar, necessariamente, que nos casos em que não há resposta jurídica pré-pronta o juiz deve decidir discricionariamente, ou seja, decidir de um modo que não seja arbitrário apesar de ter de se pautar por critérios necessariamente extrajurídicos.[4]

Levando em conta que, segundo o próprio Barroso, a maior parte dos casos judiciais devem ser decididos com discricionariedade — já que pouquíssimos possuem soluções pré-prontas —, passa a ser crucial para o argumento de "A razão sem voto" determinar quais critérios devem balizar o intérprete nessas ocasiões. E é precisamente sobre esse ponto que o diagnóstico teórico se torna relevante: *o fato de Luís Roberto Barroso ser positivista não determina a sua proposta decisória, mas elimina algumas opções, em especial a interpretativa*. Assim, o positivismo de Barroso *não* implica a proposição de que ele

---

[2] Uma empreitada como essa pressupõe — assim como efetivamente pressuponho — que as concepções que um jurista possui a respeito do direito influenciam diretamente como ele compreende a legitimidade e função das instituições judiciais, bem como a formulação de juízos jurídicos. Esse, a meu ver, é justamente o mote de Ronald Dworkin em "O império do direito". DWORKIN, Ronald. *Law's empire*. Cambridge: Harvard University, 1986.

[3] A alternativa seria supor que todas as decisões judiciais são construídas argumentativamente, mas em que em alguns casos esse esforço é simplesmente muito baixo, por envolver nenhum conflito moral relevante. Esse é o argumento desenvolvido por Ronald Dworkin na parte final de "O império do direito", em especial no capítulo 9.

[4] Por definição, o espaço de discricionariedade judicial é aquele no qual o direito não tem mais "voz" para guiar o juiz ou intérprete. Em tais casos, novamente por definição, caberá ao juiz "construir" o direito onde não existia nada.

teria que decidir sem apelo à moral, adstrito à vontade expressa pelo legislador, pela literalidade das leis ou sempre de acordo com a "Jurisprudência pacífica". Na verdade, seu positivismo o deixa livre para optar por qualquer modelo que melhor lhe agrade nos casos de discricionariedade judicial. Essa liberdade, porém, é incompatível com o dever de continuar buscando uma resposta *jurídica* para o caso; ou seja, o direito deixa de ser um limite para o processo decisório nessas ocasiões. Assim, o que Barroso propõe ser a tarefa dos ministros do Supremo Tribunal Federal em casos difíceis? Ele sustenta três teses inconsistentes entre si. Se for respeitado o valor de face das ideias expostas no texto, a sua tese de "A razão sem voto" é a de que a qualidade das decisões do STF o muniu de uma legitimidade argumentativa, que permite ao Tribunal exercer uma função majoritária-representativa quando houver omissão de outros órgãos representativos. Além disso, defende que o STF pode agir em favor das pretensões populares, mas sempre restrito de alguma forma ao direito. Por último, sustenta que haverá legitimidade no exercício dessa função representativa se os ministros se pautarem pela interpretação do direito e não apenas por sua própria convicção política.

Proponho, porém, que se os pressupostos teóricos do autor forem levados a sério e testados, Barroso não tem como defender o argumento dessa forma. *Sua noção de discricionariedade judicial não é compatível com limites impostos pela interpretação do direito.* A meu ver o texto "A razão sem voto: o Supremo Tribunal Federal e o governo da maioria" é a expressão da seguinte proposta: em causas em que há anseios populares represados, os ministros do STF possuem discricionariedade e, no caso, devem decidir de acordo com um raciocínio político (extrajurídico). Assim, em tais hipóteses os ministros devem agir como agentes políticos e, portanto, de acordo com o que consideram ser o mais justo e de efeitos mais benéficos à população, em um quadro bastante maleável de autocontenção.

As duas leituras são distintas, a ponto de serem opostas, e recai sobre mim o ônus de sustentar por que o autor realiza um argumento diverso daquele que aparentemente defende. Como adiantei anteriormente, essa disjuntiva entre as duas leituras decorre dos problemas teóricos que Barroso enfrenta ao tratar da noção de discricionariedade judicial e da atividade interpretativa como um todo e que pedem uma requalificação de seus pressupostos e, com isso, dos limites de seus argumentos.

Na primeira parte do texto, identifico como Barroso tenta aliar autores e ideias de posições filosóficas contrapostas, flertando igualmente com o positivismo jurídico contemporâneo e o antipositivismo,[5] para afirmar que não é possível identificar sua escola de filiação e reais pressupostos apenas com base naquilo que o autor diz encampar e, como isso, afeta seu argumento. Na segunda seção do texto, avanço o argumento de que as reais premissas de Barroso podem ser identificadas nos seus argumentos mais concretos e detalhados sobre discricionariedade judicial.[6] Nessa seção, forneço as razões pelas quais a sua tese da discricionariedade judicial é claramente compatível com uma forma específica de positivismo jurídico contemporâneo, o positivismo jurídico exclusivo de Joseph Raz. Para esse positivismo, na discricionariedade judicial, o juiz não é limitado por qualquer consideração jurídica e, nesse caso, deve ser guiado pelo seu raciocínio político (que não é necessariamente voluntarista). Esse diagnóstico sobre o positivismo de Barroso precisa ultrapassar uma grande objeção: o autor afirma que o juiz está preso a deveres de integridade e coerência; um argumento eminentemente antipositivista. Esse dever de integridade deveria ser capaz de impor ao juiz limites jurídicos ao raciocínio em todas as ocasiões. Contudo, na terceira seção do artigo eu indico por que essa filiação a noções de integridade e coerência deve ser ignorada no texto, por não ser compatível com outra assertiva muito forte para Barroso, a saber, aquela pela qual não é possível falar em "resposta correta" na atividade interpretativa. Na medida em que Barroso rejeita a tese da resposta correta, não tem como sustentar que juízes possuem um dever de integridade judicial na atividade discricionária. Em face desses argumentos, desenvolvo na seção final do artigo por que esses pressupostos positivistas pervertem o argumento substantivo de "A razão sem voto".

Identificar a filiação de Luís Roberto Barroso a uma forma de positivismo jurídico é mais do que um apego excessivo a rótulos e terminologias, mas consiste em um esforço de identificação dos reais pressupostos de seu argumento. A meu ver, Barroso não tem, com seus pressupostos, como sus-

---

[5] Eu prefiro o termo "antipositivismo" ao invés de "pós-positivismo" uma vez que esse debate permanece em viva disputa. O termo "pós-positivismo" pode dar a falsa impressão de que uma escola superou a outra de forma inequívoca.

[6] Os argumentos sobre discricionariedade são desenvolvidos principalmente, mas não exclusivamente, no capítulo II de "A razão sem voto".

tentar que juízes — e ministros do STF — têm como se guiar pelo raciocínio jurídico na discricionariedade judicial. Se tudo o que resta em tais ocasiões é o raciocínio e a prudência política do juiz, o argumento sobre a função majoritária do Supremo Tribunal Federal se torna bastante distinto daquele apresentado pelo autor: *os limites e constrangimentos para a atuação do Tribunal são exclusivamente políticos*. Se esse é o real argumento, ele precisa ser analisado e enfrentado sob essa forma. Porém, isso não é possível sem que se realize o diagnóstico que tem início a seguir.

1. Ideias em tensão: quais são os pressupostos de Barroso?

É certo que o artigo "A razão sem voto" não é e nem se propõe a ser um texto estritamente filosófico, mas maneja debates e realiza assertivas dessa natureza com implicações para suas conclusões sobre o papel do Supremo. Mais especificamente, Barroso tenta aliar uma versão do argumento de que o processo interpretativo comporta discricionariedade judicial — pelo qual há uma esfera em que os casos não podem ser resolvidos com base no raciocínio jurídico — com aquele pelo qual o juiz possui deveres interpretativos dworkinianos de integridade e coerência, segundo o qual casos difíceis devem ser resolvidos a partir do que "o direito" exige, e não apenas do que o intérprete deseja. Porém, não parece ser possível dissociar o argumento de que juízes devem decidir sendo fiéis a um dever de integridade da tese de que não há, geralmente, discricionariedade na interpretação judicial. O argumento de que juízes possuem deveres de integridade na interpretação judicial anda de mãos dadas com uma versão da ideia de que existe uma resposta correta no processo interpretativo; que, por sua vez, é contrária à noção de discricionariedade judicial. Assim, as noções de discricionariedade e deveres de integridade possuem uma relação de tensão, e Barroso não a dissolve ao longo do texto, mas, ao contrário, a acentua. Nesta seção, contudo, me restrinjo a argumentar que não é possível identificar a escola de filiação do autor apenas com base nas ideias que Barroso afirma encampar.

Diversas características que Barroso considera distintivas de seu antipositivismo são plenamente compatíveis com as principais teorias positivistas contemporâneas na vertente anglo-saxã. Reconhecer a normatividade dos princípios jurídicos e que a tarefa interpretativa exige ir além da "letra fria da lei", que demanda uma certa interdisciplinaridade, ou, ainda, que é preciso compreender o direito como uma prática, são elementos presentes em discursos de autores de diversas escolas de pensamento, de tal modo que não são próprias apenas do antipositivismo. Especialmente, a depender dos pressupostos adotados pelo leitor, essas ideias podem significar coisas completamente distintas. O problema com o texto de Barroso é que ele não permite identificar justamente quais são os seus efetivos pressupostos e, portanto, compreender adequadamente a natureza e extensão de seu argumento sobre o papel do STF no Brasil.

Isso ocorre claramente ao se analisarem as colocações de Barroso sobre a tarefa hermenêutica. Em termos gerais, dificilmente se encontraria hoje algum autor que negue que o direito "precisa se aproximar da filosofia moral [...] bem como da economia e a psicologia [...] em busca de legitimidade democrática".[7] Nesse grau de abstração, a ideia poderia ser partilhada por teóricos de tradições opostas, como positivistas inclusivos,[8] positivistas exclusivos[9] e até mesmo em textos do realismo jurídico norte-americano[10]

---

[7] L. R. Barroso, "A razão sem voto", neste livro, p. 35.

[8] Positivistas inclusivos defendem que "padrões de moralidade política [...] podem ser e efetivamente são utilizados de diversas formas nas tentativas de determinar a existência, conteúdo e significados de leis válidas". Ver WALUCHOW, W. J. *Inclusive legal positivism*. Oxford: Clarendon, 1999. p. 2. Ver, também, WALUCHOW, W. J. The many faces of legal positivism. *The University of Toronto Law Journal*, v. 48, n. 3, p. 387-449, Summer 1998; HIMMA, Kenneth E. Final authority to bind with moral mistakes: on the explanatory potential of inclusive legal positivism *Law and Philosophy*, v. 24, n. 1, p. 1-45, jan. 2005; COLEMAN, Jules. Authority and reason. In: GEORGE, R. (Ed.). *The autonomy of law*. Oxford: Clarendon, 1996.

[9] Positivistas exclusivos acreditam que os fatos sociais são necessariamente os *únicos* critérios possíveis para a identificação da existência e conteúdo do direito, de modo que, para esses filósofos, a moralidade nunca pode figurar entre tais critérios. Porém, como a discricionariedade é o campo de decisão com elementos extrajurídicos, não há problema algum em usar a moral para decidir casos jurídicos. Ver RAZ, Joseph. *Ethics in the public domain*: essays in the morality of law and politics. Nova York: Oxford University, 1999. cap. 10. Ver também MARMOR, Andrei. *Social conventions*: from language to law. Princeton: Princeton University, 2009; e SHAPIRO, Scott. *Legality*. Cambridge, Mass: Harvard University, 2011.

[10] O realismo jurídico norte-americano tem como pressuposto básico a ideia de que as regras positivas nunca oferecem constrangimento ou limites para a interpretação judicial. Para uma apresentação sofisticada sobre o movimento, ver DUXBURY, Neil. *Patterns of American jurisprudence*. Oxford: Clarendon, 1995.

ou seus herdeiros do *critical legal studies*.[11] Os problemas da relação entre direito e moral aparecem nos detalhes: "Qual a razão dessa aproximação?", "O quanto de aproximação é necessária?", "A que tipo de legitimidade democrática estamos nos referindo?" etc. A utilização imprecisa e ambígua de termos complexos aprofunda o problema, tal como ocorre com a referência a uma "nova hermenêutica"[12] e com a necessidade de "uma teoria dos direitos fundamentais edificada sobre a dignidade da pessoa humana".[13] Com isso, as características de seu suposto antipositivismo são anunciadas de maneira excessivamente abstrata, a ponto de tornar impossível verificar quais são seus compromissos mais específicos.

Esse mesmo problema atinge características mais concretas do discurso de Barroso. Ao contrário do que o autor dá a entender, a ideia de que a interpretação judicial exige "ir além da legalidade" e do "direito posto"[14] é corrente e pacífica para quase todos os pensadores contemporâneos do direito. O caráter valorativo e o papel da moralidade na aplicação judicial de regras a casos tampouco são prerrogativa de qualquer forma de antipositivismo; ao contrário, são a base de todo o argumento do realismo jurídico norte-americano e estão presente também nas formulações dos teóricos positivistas que defendem a separação necessária entre direito e moral. Keslen já afirmava na *Teoria pura do direito* que

> [...] a aplicação da lei [...] não se tratará de um conhecimento do Direito positivo, mas de outras normas que, aqui, no processo da criação jurídica, podem ter sua incidência: normas de Moral, normas de Justiça, juízos de valor social [...] como bem comum, interesse do Estado, progresso, etc.[15]

---

[11] O movimento do Critical Legal Studies recupera o ceticismo do realismo jurídico, mas coloca uma agenda normativa marxista para os operadores do direito. De acordo com essa concepção, o direito é um instrumento de dominação, mas que precisa ser dominado e subvertido para a emancipação da população oprimida. Ver KENNEDY, Duncan. *The critique of rights in critical legal studies*. Disponível em: <http://duncankennedy.net/documents/The%20Critique%20of%20 Rights%20in%20cls.pdf>. Acesso em: 2 fev. 2015. Ver também UNGER, Roberto Mangabeira. A constituição do experimentalismo democrático. *Revista de Direito Administrativo*, Rio de Janeiro, v. 257, p. 57-72, maio/ago. 2011.

[12] L. R. Barroso, "A razão sem voto", op. cit., p. 34.

[13] Ibid., p. 35.

[14] Ibid., p. 35.

[15] KELSEN, Hans. *Teoria pura do direito*. 8. ed. São Paulo: Martins Fontes, 2009. p. 393.

É pacífica a noção pela qual juízes decidem com base na moralidade, mas há uma enorme disputa em relação a qual é o significado desse diagnóstico: "o raciocínio moral deve ser utilizado sempre ou em apenas em alguns casos?", "em quais casos?" e, especialmente, "o raciocínio moral pode ser considerado jurídico sob certas condições?". O mesmo vale para se reconhecer a normatividade dos princípios,[16] algo que em níveis abstratos pode ser compatibilizado com o positivismo, tal como consta no posfácio de *O conceito de direito* de Hart; porém o significado, extensão e papel dessa normatividade é que opõe os filósofos. O que quero indicar com isso é que são as respostas aos detalhes que indicam os compromissos das diferentes correntes filosóficas e suas implicações para dizer os direitos que as pessoas efetivamente possuem e os deveres das instituições. Com isso, o grau de abstração no posicionamento de Barroso dificulta — a ponto de impossibilitar — perceber a quais premissas ele se filia.

Em termos mais teóricos, algo muito semelhante pode ser dito sobre a doutrina pós-positivista "se inspira[r] na revalorização da razão prática":[17] isso não a distingue em nada do positivismo jurídico atual. A redescoberta da razão prática no campo da teoria do direito é devida em grande parte aos esforços do positivista Herbert Hart em *O conceito de direito*[18] e plenamente levada adiante por eminentes representantes do positivismo jurídico na atualidade, como Neil MacCormick, Jules Coleman e, especialmente, Joseph Raz, cujas obras de destaque possuem, respectivamente, os seguintes títulos: *Razão prática no direito e na moralidade,*[19] *A prática do princípio*[20] e *Razão*

---

[16] L. R. Barroso, "A razão sem voto", op. cit., p. 35.

[17] Ibid., p. 35.

[18] "Hart foi uma espécie de Moisés da filosofia jurídica contemporânea: trouxe-nos até a fronteira da terra prometida da razão prática, sem entrar nela, avistando-a de longe. [...] A prática social, como o jogo de xadrez ou qualquer outro jogo, consiste em formas regradas de ação, embora não formas regradas à maneira do comando ou da ordem." Ver LOPES, José Reinaldo de Lima. Entre a teoria da norma e a teoria da ação. In: STORCK, Alfredo C.; LISBOA, Wladimir B. (Org.). *Norma, moralidade e interpretação*: temas de filosofia política e do direito. Porto Alegre: Linus, 2009. p. 62.

[19] MACCORMICK, Neil. *Practical reason in law and morality.* Oxford: Oxford University, 2008.

[20] COLEMAN, Jules L. *The practice of principle*: in defence of a pragmatist approach to legal theory. Oxford: Oxford University, 2003.

prática e normas.[21] A centralidade do raciocínio prático é parte fundamental da agenda contemporânea da filosofia do direito e da teorização sobre a hermenêutica jurídica como um todo, de modo que não serve para identificar uma única corrente de pensamento.[22]

Mas por que, então, simplesmente não presumir que o autor se filia às posições do antipositivismo dworkiniano ao qual ele declara adesão? Porque quando Barroso adota posições mais concretas, elas se contradizem. Algumas proposições são perfeitamente compatíveis e adequadas, por exemplo, com o pensamento positivista contemporâneo. Ao tratar de alguns casos que comportam diversas respostas jurídicas razoáveis, Barroso identifica o que elas possuem em comum, da seguinte maneira:

> Nenhuma delas tinha uma resposta pré-pronta e segura que pudesse ser colhida na legislação. A razão é simples: nem o constituinte nem o legislador são capazes de prever todas as situações da vida, formulando respostas claras e objetivas. Além do que, na moderna interpretação jurídica, a norma já não corresponde apenas ao enunciado abstrato do texto, mas é produto da interação entre texto e realidade. Daí a crescente promulgação de constituições compromissórias, com princípios que tutelam interesses contrapostos, bem como o recurso a normas de textura aberta, cujo sentido concreto somente poderá ser estabelecido em interação com os fatos subjacentes. Vale dizer: por decisão do constituinte ou do legislador, muitas questões têm a sua decisão final transferida ao juízo valorativo do julgador.[23]

Essa colocação de Barroso possui uma *abordagem muito semelhante ao que um positivista exclusivo como Joseph Raz* diz sobre casos em que não é possível definir "como uma pessoa razoável o resolveria":[24]

> Uma vez que o direito — em seu núcleo — é o produto da atividade de instituições humanas voltadas a desenvolvê-lo, é natural que ele reflita a multiplicidade de obje-

---

[21] RAZ, Joseph. *Razão prática e normas.* Elsevier: Rio de Janeiro, 2010. (Coleção teoria e filosofia do direito).

[22] Para um panorama da questão, ver MACCORMICK, Neil. Contemporary legal philosophy: the rediscovery of practical reason. *Journal of Law and Society*, v. 10, n. 1, 1983.

[23] L. R. Barroso, "A razão sem voto", op. cit., p. 38.

[24] Joseph Raz, *Ethics in the public domain*, op. cit., p. 246-227.

tivos e crenças detidas pelas diversas pessoas que atuam nessas instituições [...]. [...] Regras [de interpretação] não conseguem fornecer respostas para todos os conflitos [...]. Isso decorre dos argumentos sobre textura aberta e vagueza da linguagem e intenção legislativa. Além disso, nenhum sistema jurídico real possui regras abrangentes e completas para a resolução lógica de todos os conflitos normativos. Isso não tem nada a ver com o fato de que legisladores não tenham domínio da lógica. Isso ocorre porque a completa determinação na aplicação [de normas] não é sua única, nem uma de suas principais, preocupações. Cientes do possível impacto do direito na vida dos sujeitos, ele são cautelosos ao aprovar regras cujo impacto na vida das pessoas é incerto. [...] Com frequência as normas dirigem os tribunais a utilizarem considerações extrajurídicas [na aplicação da lei].[25]

Mas por que então não simplesmente enquadrá-lo como um positivista de matriz semelhante à de Joseph Raz? Porque em certos pontos do texto Barroso invoca noções de interpretação que são próprias do antipositivismo dworkiniano e completamente incompatíveis com suas assertivas de cunho positivista.

Ao afirmar que "toda interpretação jurídica é, direta ou indiretamente, interpretação constitucional" e que essa interpretação é sempre "um trabalho de construção de sentido, e não de invenção de um direito novo",[26] Barroso parece aderir a uma concepção teórica na qual a interpretação precisa sempre partir e estar ancorada na norma jurídica. Essa leitura é muito semelhante ao que Ronald Dworkin propõe como uma concepção adequada de direito: assumir uma postura interpretativa que é restringida por sua integridade com o restante das normas jurídicas (em sentido amplo), mas que é construtiva na medida em que essa atenção ao valor permite inclusive a possibilidade de interpretações inovadoras. Em termos metafóricos, o intérprete se comporta como se estivesse dando sequência a um romance em cadeia.[27] Em termos mais técnicos, a interpretação jurídica que respeita a

---

[25] Joseph Raz, *Ethics in the public domain*, op. cit., p. 330-333.

[26] L. R. Barroso, "A razão sem voto", op. cit., p. 39.

[27] O argumento do romance em cadeia serve para ilustrar a situação de quem precisa dar seguimento a uma história que já está parcialmente escrita, na qual o autor tem poder de inovação, mas que deve de alguma forma se articular com o que já existia. Da mesma forma, o juiz decide o caso concreto, mas tem o dever de não realizar uma ruptura que se torne inteligível perante o

integridade é criativa em relação ao valor e à finalidade das normas (na sua dimensão de "*point*") mas é constrangida por sua harmonia com os paradigmas vigentes daquela prática social (na sua dimensão de "*fit*").[28]

Essa dificuldade de avançar um argumento que conjuga elementos da teoria positivista (possivelmente raziana) e elementos antipositivistas dworkinianos fica ainda mais complexa se levarmos em conta que Barroso parece incluir em seu discurso elementos sofísticos ao afirmar que "a legitimidade da decisão vai depender da capacidade de o intérprete convencer o auditório a que se dirige de que aquela é a solução correta e justa".[29]

Com isso, ele irá defender algo muito semelhante a alguém como Stanley Fish,[30] cujas ideias foram muito bem sumarizadas por Judith M. Schelly:

> Enquanto membro de uma comunidade intelectual — seja da carreira jurídica ou literária — ele [o intérprete] apenas "enxerga" a conclusão que ele considera como "a melhor". A correção de sua resposta será verificada da única forma possível: pelo grau de persuasão que vier a exercer em sua comunidade intelectual.[31]

Com isso, foge-se completamente do paradigma dwokiniano em que o critério para a resposta jurídica é argumentativo e adentra-se em uma seara em que o critério de correção é o da persuasão e do convencimento.[32] Se não fica claro como Barroso compatibiliza essas três vertentes (positivismo,

---

restante das demais norma jurídicas e decisões. A ideia é exposta originalmente por Dworkin em DWORKIN, Ronald. Law as interpretation. *Texas Law Review*, v. 60, p. 527-550, 1982.

[28] O intérprete faz uma reivindicação argumentativa sobre o real significado da regra, a partir de uma interpretação sobre o significado mais adequado (*fits better*) ao sentido daquela prática (*point*). Ver Ronald Dworkin, *Law's empire*, op. cit., em especial, caps. 1 a 3.

[29] L. R. Barroso, "A razão sem voto", op. cit., p. 40.

[30] Minha caracterização de Stanley Fish como um sofista — como alguém que irá identificar a verdade com o que é convencionalmente aceito/aparente — é derivada do texto de Wladimir Barreto Lisboa. LISBOA, Wladimir B. As novas sofísticas jurídicas: Chaim Perelman e Stanley Fish. In: Alfredo C. Storck e Wladimir B. Lisboa (Org.), *Norma, moralidade e interpretação*, op. cit., p. 167-192.

[31] SCHELLY, Judith M. Interpretation in law: the Dworkin-Fish debate (or, Soccer amongst the Gahuku-Gama). *California Law Review*, v. 158, 1985.

[32] Nesse caso, a pretensão do juiz é persuadir, ao invés de alcançar uma correção moral (ao contrário do que diz explicitamente Barroso). Sobre o sofismo de Stanley Fish, Wladimir B. Lisboa, As novas sofísticas jurídicas, op. cit., p. 181-183.

antipositivismo e nova sofística), fica ainda mais difícil articular uma narrativa coerente que dê conta dessa concepção de "legitimidade como convencimento" com a noção de Robert Alexy, por ele também defendida, de que "o direito é informado por uma pretensão de correção moral, pela busca da justiça, da solução constitucionalmente adequada [...]. Juízes não fazem escolhas livres, pois são pautados por esses valores, todos eles com lastro constitucional".[33] Não parece haver aí qualquer sincretismo possível.

Por se tratar de um leitor muito arguto e perspicaz do debate contemporâneo, Barroso parece estar ciente de que muitas dessas ideias estão em tensão, mas ao reconhecer um pouco de verdade em cada uma dessas posições, tenta firmar compromissos com fragmentos dessas teorias. *Se isso é possível no campo do discurso, esse sincretismo é impossível no campo prático, especialmente na interpretação e resolução de casos concretos: quando os pressupostos entram em tensão, apenas um deles irá sobreviver para responder à demanda judicial.* Saber a concepção "vencedora" para Barroso é que dará os contornos concretos para seu argumento. Como encontrá-la em meio a esse discurso sincrético? Creio que a resposta repousa no modo como Barroso elabora a questão da discricionariedade judicial. Ao rejeitar a tese dworkiniana da "resposta correta", deixa transparecer com mais clareza a predominância de convicções e raciocínios positivistas em seu pensamento. Para fundamentar essa alegação, passo por uma pequena reconstrução sobre esse debate e seus principais autores na vertente anglo-saxã.

2. A discricionariedade judicial positivista de Barroso

A dificuldade de extrair orientações precisas consensuais a partir de diretrizes legislativas tem um longo histórico na filosofia. Platão já discutia em *Político* que a criação de leis era um empreendimento fadado ao fracasso, na medida em que seria impossível criar diretrizes gerais e permanentes para a comunidade política, ou seja, declarava a incapacidade das leis em orientar condutas e em se aplicar a todas as pessoas e condições.[34] É claro que em

---

[33] L. R. Barroso, "A razão sem voto", op. cit., p. 43.
[34] PLATÃO. *Diálogos*: O banquete, Fédon, Sofista, Político. 3. ed. São Paulo: Abril Cultural, 1983.

Platão o problema das limitações das leis é parte de um debate mais amplo a respeito de qual a melhor forma de governo: o governo dos homens ou o governo das leis. Ainda assim, esse era um ponto relevante do debate, abordado também por Aristóteles (para chegar à conclusão diversa da sustentada por Platão):

> *And even now there are magistrates, for example judges, who have authority to decide some matters which the law is unable to determine, since no one doubts that the law would command and decide in the best manner whatever it could. But some things can, and other things cannot, be comprehended under the law, and this is the origin of the vexed question whether the best law or the best man should rule. For matters of detail about which men deliberate cannot be included in legislation. Nor does any one deny that the decision of such matters must be left to man, but it is argued that there should be many judges, and not one only.*[35]

Entretanto, é apenas na produção dos séculos XIX e XX que a questão toma os contornos que interessam para o debate contemporâneo. A ideia de que as normas jurídicas fornecem todos os elementos necessários para resolver conflitos jurídicos — a "tese da resposta correta" — se desenvolve e ganha força em movimentos como a Escola da Exegese e certas formulações ultrapassadas do positivismo jurídico pré-virada-linguística.[36] Sob essa concepção, a ausência de diretrizes para resolver casos concretos será sempre aparente porque o juiz será sempre capaz, por meio da interpretação e do raciocínio jurídico, de indicar qual é o direito que rege o fato concreto. Entretanto, o que torna essa doutrina particularmente positivista é o fato de que a correção da decisão judicial é fornecida pela autoridade do juiz (e não pela sua proposta interpretativa), bem como pelo fato de essa completude do ordenamento jurídico excluir completamente a moralidade política da interpretação judicial. Ao excluir a moralidade do processo de interpretação jurídica, os teóricos da tese da completude do ordenamento jurídico e de uma reposta (positiva) correta foram acusados de sustentar uma noção

---

[35] ARISTOTELES. *The politics*. Middlesex: Penguin, 1992. Book II, chapter 16.
[36] DIMOULIS, Dimitri. *Positivismo jurídico*: introdução a uma teoria do direito e defesa do pragmatismo jurídico-político. São Paulo: Método, 2006. p. 54.

completamente artificial de direito: a noção de que a interpretação jurídica pode ser exercida sempre por meio de silogismos e operações lógicas.[37]

A tese da resposta correta fundada na completude do sistema jurídico enfrentou duros adversários ao longo do século XX. Foi a escola do realismo jurídico, tanto o norte-americano quanto o escandinavo, que tomou a frente dessa crítica, sustentando a radical indeterminação do significado das diretrizes jurídicas. Ao chamar a atenção para a dificuldade de se encontrarem significados determinados para orientar a aplicação de termos com alta carga de moralidade (por exemplo, obrigação, dever ou justiça), o realismo passa a sustentar que a atividade interpretativa é livre para compreender e aplicar as diretrizes positivas como quiser. Em última instância, a indeterminação das regras é tamanha, que o significado das diretrizes poderia ser interpretado por juízes como se fosse qualquer outra coisa.[38] Em termos mais práticos, decisões judiciais não seriam construídas a partir de regras ou mesmo fundamentadas nelas, mas seriam o fruto de processos e raciocínios extrajurídicos (morais, políticos, ideológicos etc.) sem restrições impostas pela lógica jurídica.[39]

No Brasil, porém, a crítica mais popular à tese da completude do ordenamento jurídico partiu do próprio positivismo jurídico. A ideia de que a tese da completude do ordenamento jurídico seria "o coração do coração [...] do positivismo jurídico"[40] já era rejeitada nas influentes obras de Hans Kelsen[41] e de Norberto Bobbio.[42] Entre a completude autossuficiente das normas positivas do sistema jurídico e a ameaça da total indeterminação do significado das regras, o positivismo do século XX desenvolve uma tese que se propõe a reconhecer os méritos de cada lado, mas evitar os seus extremos: a tese da discricionariedade judicial. É por meio dos influxos da virada linguística que Hans Kelsen e Herbert Hart — apropriada por cada um a seu modo — desenvolvem o positivismo jurídico para, entre diversas inovações, distinguir

---

[37] BOBBIO, Norberto. *O positivismo jurídico*. São Paulo: Ícone, 1995. p. 207-210.

[38] ROSS, Alf. *Tû-Tû*. São Paulo: Quartier Latin, 2004.

[39] De certo não há uma unanimidade ou um padrão claro entre realistas, mas dado que se trata de um ponto lateral do argumento desta pesquisa, é possível adotar uma narrativa simplificadora.

[40] Norberto Bobbio, *O positivismo jurídico*, op. cit., p. 207.

[41] Hans Kelsen, *Teoria pura do direito*, op. cit.

[42] Norberto Bobbio, *O positivismo jurídico*, op. cit., p. 237.

situações excepcionais em que o significado das diretrizes positivas será indeterminado. Para ambos os autores a condição de normalidade do direito é a de determinação dos significados, mas que em condições excepcionais pode ser aberta a possibilidade para a discricionariedade judicial.

Na teoria kelseniana, a discricionariedade surge pelo potencial de indeterminação semântica que cada norma jurídica carrega consigo. A plurivocidade das palavras contidas nas normas abre a possibilidade de a autoridade judicial escolher entre diversas possibilidades, formando uma moldura, dentro da qual qualquer opção é válida. Em tais casos, o juiz deixa de ter elementos jurídicos para decidir, tendo que se valer apenas de elementos extrajurídicos. Porém, na medida em que Kelsen é adepto de um total ceticismo moral, isso implica que a utilização de elementos extrajurídicos não pode ser avaliada por critérios racionais. Nesses termos, a opção discricionária decorre integralmente do voluntarismo político do agente público.[43] A despeito dos problemas e complexidades da tese da discricionariedade em Kelsen, Barroso a rejeita por completo em "A razão sem voto". Para Barroso, a interpretação inclui "a atribuição de sentido a princípios abstratos e conceitos jurídicos indeterminados", mas não o faz por meio da "subjetividade da vontade política própria".[44]

Porém, a discricionariedade de Barroso possui certa compatibilidade com a tese da discricionariedade desenvolvida por Hart, para quem a indeterminação ocorre quando não há convenção linguística forte o suficiente que permita avaliar se o juiz fez uso correto ou não da atividade interpretativa. Enquanto em Kelsen o limite do poder discricionário é dado pelo poder da autoridade final em decidir o caso concreto, em Hart os limites da discricionariedade são estabelecidos pela convenção linguística. Por esse motivo, enquanto em Kelsen o juiz pode em última instância decidir até mesmo "fora da moldura" fixada pela norma,[45] em Hart é sempre possível aferir quando o juiz tenta subverter os significados convencionalmente estabelecidos: qualquer um que domina a prática social do direito é capaz de identificar quando um juiz ou tribunal tenta se valer da discricionariedade mesmo quando não

---

[43] Hans Kelsen, *Teoria pura do direito*, op. cit., último capítulo.
[44] L. R. Barroso, "A razão sem voto", op. cit., p. 42.
[45] Hans Kelsen, *Teoria pura do direito*, op. cit., último capítulo.

se está no campo da "textura aberta" das palavras contidas na diretriz jurídica.[46] Assim, Hart desenvolve uma noção de discricionariedade que não se atrela mas que é compatível com o argumento sustentado por Barroso, para quem a decisão discricionária do intérprete deve ser guiada pela "compreensão dos institutos jurídicos, da captação do sentimento social e do espírito de sua época".[47]

Hart não faz nenhuma reivindicação desse tipo sobre a discricionariedade, mas Joseph Raz faz, e o faz em termos muito semelhantes aos de Barroso. Para Raz, que é o principal expositor contemporâneo do positivismo exclusivo, quando o direito deixa de dar respostas e orientações claras para os casos concretos, o papel do juiz é o de justamente procurar uma boa solução, que pode ser direcionada por um esforço interpretativo ou não. O uso da discricionariedade é autorizado pelo que Raz chama de "poderes dirigidos", ou seja, orientações das diretrizes jurídicas para que o juiz raciocine de determinada forma extrajurídica ao decidir casos concretos:

> A questão a respeito do porquê e como os órgãos judiciais devem utilizar a interpretação como o modo correto de decidir casos ainda fica em aberto. Quando as decisões dos tribunais são inovadoras (i.e. não baseadas no respeito pela autoridade), por que elas deveriam ser interpretativas?[48]

Essa saída permite que o juiz tente decidir os casos concretos da forma que lhe pareça a melhor possível, sem estar preso a uma estratégia qualquer. *Isso parece ser exatamente o que Luís Roberto Barroso tem em mente.* Porém é preciso verificar como essa ideia se coaduna com o discurso de que juízes devem decidir atendendo a "deveres de integridade e de coerência", ou seja, de forma necessariamente interpretativa.[49]

A busca por integridade da interpretação diante do restante do sistema jurídico é uma ferramenta própria do antipositivismo dworkiniano, mas que faz sentido somente se também for aceita a tese da resposta correta (rejeitada

---

[46] HART, H. L. A. *The concept of law*. 2. ed. Oxford: Oxford University, 1997. Chapter VII.

[47] L. R. Barroso, "A razão sem voto", op. cit., p. 42.

[48] RAZ, Joseph. *Between authority and interpretation*: on the theory of law and practical reason. Oxford: Oxford University, 2009. p. 298.

[49] L. R. Barroso, "A razão sem voto", op. cit., p. 46.

por Barroso). Para que essa crítica faça sentido, me proponho a reconstruir a tese da resposta correta e apresentar algumas críticas que ela sofre no debate contemporâneo, para indicar, ao final, que Barroso não tem como defender a tese dos deveres de integridade, de acordo com os seus reais pressupostos (positivistas).

3. O entrelaçamento da "resposta correta" e os "deveres de integridade"

Nesta seção pretendo esclarecer como compreendo o que é a tese da resposta correta na teoria de Ronald Dworkin, para então apresentar diversas críticas contemporâneas a essa noção, para ao final indicar que o argumento de Luís Roberto Barroso não parece se filiar a nenhuma dessas correntes de maneira coerente, agravando o problema indicado na seção anterior. Essa conclusão me permitirá aprofundar as consequências dessa imprecisão teórica para o argumento de Barroso sobre a função do STF.

O antipositivismo é um rótulo para englobar teorias que visam refutar os principais postulados do positivismo jurídico, mas que não se identificam com nenhuma formulação rigorosa de jusnaturalismo clássico ou moderno; mas que, ao mesmo tempo, de algum modo reconhecem que a natureza do direito é imbricada com a moral.[50] Ronald Dworkin é o defensor de uma das principais teorias antipositivistas, identificada como "interpretismo" ou "direito como integridade". Sua teoria sustenta que o direito é um ramo da moralidade política, cuja natureza é a de uma prática social interpretativa. Isso significa que a identificação do conteúdo das normas jurídicas é sempre um exercício de intepretação em cima de casos concretos. Esse processo interpretativo, porém, deve ser sempre realizado com a boa-fé de quem pretende descobrir o que "o direito" exige naquele caso, e não apenas o que o intérprete deseja que seja o caso. Esse processo de interpretação depende de uma compreensão (também interpretativa) de qual é a finalidade do direito

---

[50] Para um mapeamento sofisticado, mas também eivado dos vícios próprios dessa tarefa panorâmica, ver: FINNIS, John. Natural law: the classical tradition. In: COLEMAN, Jules; SHAPIRO, Scott (Ed.). *The Oxford handbook of jurisprudence & philosophy of law.* Oxford: Oxford University, 2002. p. 1-60.

(seu *"point"*), para então buscar a resposta interpretativa que satisfaça essa finalidade, mas que seja de um modo geral harmônica com o restante de normas jurídicas existentes naquele sistema ("dever de integridade"). Nesse modelo, o intérprete deve raciocinar em busca da interpretação que harmoniza da melhor forma os deveres de integridade com o *"point"* do direito (a "nova tese da resposta correta").[51] Com isso quero apontar apenas que o dever de integridade é necessário para a identificação da resposta correta pensada nesses novos termos, e que não cumpre função nenhuma por si só.

A nova tese da resposta correta consiste em afirmar, antes de tudo, que a dúvida ou a incerteza sobre como interpretar uma norma jurídica não significa que ela seja *indeterminada.*[52] A indeterminação judicial ocorre apenas quando o intérprete *não dispõe de qualquer critério jurídico* para eleger certa interpretação como melhor do que outra. Porém, como os sistemas jurídicos contemporâneos possuem uma multiplicidade de princípios jurídicos aplicáveis a quase todos os casos concretos, será quase sempre possível raciocinar juridicamente para eleger uma entre duas ou mais interpretações, *a partir* de tais princípios.[53] Sob essa concepção, ainda que juízes precisem decidir casos controversos, o dever do interprete é identificar qual das partes possui direitos e qual possui obrigações, procurando a resposta *jurídica* (correta) que o sistema oferece.[54] Para Dworkin, se qualquer caso controverso gerasse indeterminação, então não haveria resposta jurídica para a grande maioria dos casos; porém, essa indeterminação endêmica parece não se encaixar com a nossa realidade, na qual os juízes tentam na maior parte dos casos dizer o que *o direito* determina, e não apenas o que eles gostariam que fosse o direito.[55]

---

[51] Essa brevíssima síntese não tem a pretensão de oferecer os detalhes da teoria dworkiniana. Leituras qualificadas e didáticas da teoria de Ronald Dworkin são oferecidas por Stephen Guest e Ronaldo Porto Macedo Júnior. GUEST, Stephen. *Ronald Dworkin*. 3. ed. Stanford: Stanford Law, 2013; MACEDO JÚNIOR, Ronaldo Porto. *Do xadrez à cortesia*: Dworkin e a teoria do direito contemporâneo. São Paulo: Saraiva, 2013.

[52] DWORKIN, Ronald. *Taking rights seriously*. Cambridge, Mass.: Harvard University, 1977. p. 70-73.

[53] Ibid., p. 46-67 e 68-69.

[54] Ibid., 1977, p. 63.

[55] Id., *Law's empire*, op. cit., p. 124-126.

É claro que essa resposta eleita como correta pelo intérprete não põe fim à controvérsia, mas Dworkin pergunta se seria possível esperar algo diferente de uma prática social interpretativa. Para o filósofo, é um equívoco supor que uma resposta jurídica correta deveria se tornar óbvia e convencer os demais participantes daquela comunidade; um equívoco que consiste em deslocar a concepção de objetividade própria das ciências exatas para pensar um objeto social.[56] Não é possível afirmar que um país é democrático do mesmo modo como que se afirma o resultado de uma equação matemática. A própria noção de democracia depende de uma série de juízos de valores que, apesar de controversos, permite ao intérprete defender que sua conclusão é melhor do que aquelas que plausivelmente sustentam que aquele mesmo país não é democrático. Uma vez munido dessa resposta, o interprete somente deve abandoná-la se verificar que há melhores razões na posição contrária, independentemente de quantas pessoas se convençam do mesmo. Na teoria de Dworkin, a objetividade da resposta correta é dada pela qualidade da interpretação e nunca pelo consenso.[57]

Obviamente essa nova tese da resposta correta sofreu uma série de críticas no debate contemporâneo e minha intenção não é exauri-las, mas apenas indicar algumas posições centrais ao debate, mas oriundas de matrizes teóricas bastante distintas. Autores como Herbert Hart[58] afirmam que princípios são normas com espaço de indeterminação ainda maior do que o de regras e que, portanto, o raciocínio com base em princípios leva à ampliação da discricionariedade e não à sua mitigação.[59] Já alguém como Joseph Raz defenderá uma tese de incomparabilidade de valores e que, portanto, não faz sentido buscar integridade no sistema jurídico. Com isso, seria inviável encontrar qualquer resposta jurídica correta para os casos de discriciona-

---

[56] Id. Objectivity and truth: you'd better believe it. *Philosophy and Public Affairs*, v. 25, n. 2, p. 112-116, 1996.

[57] Id. *A matter of principle*. Cambridge, Mass.: Harvard University, 1985. p. 174-177.

[58] H. L. A. Hart, *The concept of law*, op. cit., Postcript. Uma formulação mais contemporânea do argumento pode ser encontrada em O'BRINK, David. Legal interpretation and morality". In: LEITER, Brian (Ed.). *Objectivity in law and morals*. Cambridge, Mass.: Cambridge University, 2001. p. 12-65.

[59] Aparentemente esse parece ser um argumento retomado recentemente no Brasil por Marcelo Neves. Ver NEVES, Marcelo. *Entre Hidrae e Hércules*: princípios e regras constitucionais. São Paulo: WMF Martins Fontes, 2013.

riedade.[60] Outro positivista de destaque como Andrei Marmor objetará que há diferentes "esquemas" a partir dos quais se pode interpretar um objeto, como uma obra e que, assim, é até possível reivindicar uma resposta melhor que as demais dentro de um determinado esquema, como a melhor leitura psicológica de Hamlet, mas não uma melhor resposta entre esquemas diferentes; não sendo possível dizer, por exemplo, se a interpretação psicológica de Hamlet é melhor do que a interpretação marxista de Hamlet.[61] Já Brian Leiter, também positivista, adotará um argumento radicalmente distinto, defendendo que a única concepção viável de objetividade é aquela própria das ciências naturais e exatas, de modo que não faz sentido tentar aplicar a noção de objetividade — e portanto de resposta correta — a um processo interpretativo com alta carga moral.[62]

Ao lado dessas objeções, um argumento bem peculiar é desenvolvido por Stanley Fish, para quem os deveres de integridade não são capazes de restringir a interpretação dos juízes, na medida em que toda interpretação é criativa e livre do passado. Fish argumenta que a resposta correta, na atividade interpretativa, é aquela que alça o maior grau de convencimento.[63] Por último, destaco que Jeremy Waldron afirma que a questão da objetividade da moral não é relevante para o ponto da resposta certa. Ao seu ver, o problema central da hermenêutica jurídica é que, a despeito de eventual objetividade, o ativismo judicial continua sendo um problema grave para a democracia e que precisa ser pensado sob esses aspectos.[64]

Meu objetivo com essa breve exposição é indicar que não é possível identificar como Barroso se posiciona nesse debate pelo simples fato de rejeitar a nova tese da resposta correta. Por exemplo, na medida em que afirma ter um respeito profundo à normatividade dos princípios, não parece partilhar da posição de Hart. No mesmo sentido, na medida em que sua teoria se filia

---

[60] Ver RAZ, Joseph. *From normativity to responsibility*. Nova York: Oxford University Press, 2011. p. 212.

[61] MARMOR, Andrei. Três conceitos de objetividade. In: MARMOR, Andrei (Ed.). *Direito e interpretação*. São Paulo: Martins Fontes, 2004. p. 267-302.

[62] LEITER, Brian. Objectivity, morality and adjudication. In: Brian Leiter (Ed.), *Objectivity in law and morals*, op. cit., p. 66-98.

[63] FISH, Stanley. *Doing what comes naturally*. Londres: Duke University, 1989. p. 92-97.

[64] WALDRON, Jeremy. *Law and disagreement*. Oxford: Oxford University, 1999. p. 186-187.

a uma prevalência da noção de razão prática, sua posição não parece ser compatível com a objeção formulada por Brian Leiter. Além disso, tendo em vista que "A razão sem voto" é um texto dedicado à defesa do que poderia ser considerado um ativismo judicial, sua posição é oposta à de Jeremy Waldron. Adicionalmente, na medida em que Barroso nega com veemência a plausibilidade da tese da resposta correta, sua posição não perece ser compatível com a de Andrei Marmor. Isso deixa em aberto sua compatibilidade com a teoria de Stanley Fish e a de Joseph Raz.

É verdade que se for levado a sério o compromisso de Barroso com os deveres judiciais de integridade, seu argumento seria incompatível com os pressupostos de Fish e Raz. Porém, se fui bem-sucedido ao indicar que a noção de deveres de integridade só faz sentido se for defendida conjuntamente com a nova formulação da tese da resposta correta, então somos levados a concluir que Barroso não tem como defender coerentemente que juízes possuem deveres de integridade na interpretação judicial. Assim, se Barroso defende uma tese de discricionariedade para apenas algumas hipóteses de interpretação (e não sempre), sua teoria parece ser mais compatível com o positivismo jurídico exclusivo de Joseph Raz ao invés da sofística de Stanley Fish.

Se esse é o caso, é possível extrair do filósofo os pressupostos que pareçam dar mais clareza ao argumento de Luís Roberto Barroso. O primeiro pressuposto seria o de que a discricionariedade judicial ocorre pela ambiguidade dos termos jurídicos conjugada com o fato de que certos casos concretos não permitem que certos valores (morais) sejam aplicados de forma harmônica. O segundo pressuposto desse autor é que sociedades contemporâneas, por serem plurais e complexas, possuem valores incompatíveis e incomensuráveis entre si. Em vista desses dois pressupostos, nos casos de discricionariedade judicial, *o interprete deve visar alcançar o melhor resultado prático moral, ainda que isso signifique ir contra o que estabelece o direito.*[65] No limite, se Barroso adota esses pressupostos, o que ele sustenta é uma

---

[65] Estou extraindo esses pressupostos de uma leitura geral das obras *Between authority and interpretation*, op. cit., *Engaging reason*, e *The practice of value*. RAZ, Joseph. *Engaging reason*. Oxford: Oxford University, 2000; WALLACE, R. Jay (Ed.). *The practice of value*: Joseph Raz. Oxford: Oxford University, 2003.

forma de ativismo judicial que não é centrado na interpretação, mas pelo *raciocínio político*. Se for esse o caso, isso dá mais clareza para o argumento desenvolvido em "A razão sem voto", uma clareza que atinge tanto suas qualidades quanto seus vícios.

4. Por que isso importa? Reflexos práticos da imprecisão teórica

Ao longo deste artigo argumentei que a despeito da tentativa de Luís Roberto Barroso em compatibilizar ideias de diferentes escolas de pensamento, é possível verificar que seus pressupostos são plenamente compatíveis (senão idênticos) a uma das formas mais populares do positivismo jurídico contemporâneo, o positivismo exclusivo de Joseph Raz. Ser positivista não é um problema em si e, especialmente, não tem nenhuma relação com o fato de juízes decidirem com mais ou menos apelo a considerações de ordem moral. Trata-se de um diagnóstico para reformular a tese de Barroso de forma mais clara e coesa.

Caso eu esteja correto em meu diagnóstico, a tese de "A razão sem voto" parece ter duas etapas. Em um primeiro momento defende que em casos de discricionariedade judicial — ou seja, na maior parte dos casos — os ministros do STF estão autorizados (são legitimados) a decidir se valendo da prudência política. Em um segundo momento, defende que *a* prudência política permite (legitima) que o STF defenda certos direitos e interesses a despeito da ausência ou manifestações expressas em sentido contrário do Poder Legislativo, em função de "vanguarda iluminista".

Será que Luís Roberto Barroso diverge da minha conclusão? Acredito que ele aceitaria a tese desde que fossem realizados alguns esclarecimentos. Em primeiro lugar, que raciocinar politicamente não significa um simples voluntarismo ou um abandono completo das regras jurídicas. Barroso não advoga um processo decisório irracional, mas um que parece ancorar sua legitimidade na qualidade das consequências obtidas.[66] Em segundo lugar, sua filiação ao positivismo não significa um compromisso com um processo

---

[66] Essa é a conclusão que obtenho da leitura conjunta das críticas formuladas por Diego Werneck Arguelhes e por Fernando Leal, ambas publicadas neste livro.

decisório formalista ou puramente mecânico; algo que nenhum positivista defenderia atualmente.

Obviamente seria um grande avanço caso Barroso se reconhecesse como positivista para fins de clareza. Porém, essa admissão também é importante para o desenvolvimento de seu argumento central. Defender um modelo em que os ministros do STF têm que decidir a maior parte do tempo com base apenas em sua prudência política implica defender que raramente os casos devem ser resolvidos com a gramática e a lógica dos direitos. Será que isso é saudável e, especialmente, compatível com a agenda de constitucionalização defendida pelo próprio Barroso? Creio que a tese apenas fragiliza a cultura de direitos no país.

Suponha que o STF tenha que julgar em algum momento do futuro a inconstitucionalidade de três leis que criminalizam a liberdade de expressão. Uma das leis criminaliza o discurso ofensivo contra a classe política, outra contra crenças religiosas e outra contra a comunidade LGBTT. Segundo a proposta de Barroso, esses casos sem solução pré-pronta deveriam ser pensados um a um casuisticamente. À população caberia apenas esperar que esses casos sejam julgados por uma maioria de ministros mais politicamente favorável a seus interesses ou, possivelmente, tentar convencer os ministros a seu favor por todos os meios licitamente possíveis.

Esse cenário é completamente distinto de outro em que os ministros têm o dever de decidir procurando sempre construir uma regra jurídica para ser aplicada a casos análogos, apesar das dificuldades e controvérsias que existem nesse processo. Sob essa outra ótica, os ministros do STF tentariam julgar os três casos sob uma regra comum, tentando traçar as semelhanças e diferenças relevantes entre os casos. Isso não quer dizer que todos serão decididos da mesma maneira, mas que, ao final do seu julgamento, a comunidade política teria mais clareza sobre a concepção de isonomia e de liberdade de expressão adotada pelo Supremo, inclusive os juristas e parlamentares.

No segundo modelo, os debates se centram sobre as regras do jogo e não sobre quem está jogando o jogo naquele momento. Acredito que no projeto interpretativo (dworkiniano) a noção de *ter direitos* realmente é levada a sério, assim como creio que seria a mais adequada para alguém com a biografia e o perfil de Luís Roberto Barroso. Daí a real relevância de sua adesão ao positivismo. Ao final, o positivismo de Barroso defende uma forma de atuação que inibe os controles argumentativos sobre a atuação e enfraquece a cultura de direitos.

Com isso, me propus a argumentar que o debate sobre o papel do STF na democracia brasileira precisa ser informado de maneira qualificada pela teoria do direito, tanto para fins de clareza quanto para explorar a qualidade de certos argumentos. Essa é uma chave importante de análise, mas não é a única relevante para explorar o problema. É preciso abordar a questão por diferentes frentes e é uma honra poder ter a oportunidade de participar de um projeto que faça justamente isso em torno dos argumentos desenvolvidos em "A razão sem voto". Trata-se de um diálogo necessário e qualificado, que dificilmente se realizaria se não fosse a relevância do texto e do autor.

Referências

ARISTOTELES. *The politics*. Middlesex: Penguin, 1992.

BOBBIO, Norberto. *O positivismo jurídico*. São Paulo: Ícone, 1995.

COLEMAN, Jules L. Authority and reason. In: GEORGE, R. (Ed.). *The autonomy of law*. Oxford: Clarendon, 1996.

_____. *The practice of principle*: in defence of a pragmatist approach to legal theory. Oxford: Oxford University, 2003.

DIMOULIS, Dimitri. *Positivismo jurídico*: introdução a uma teoria do direito e defesa do pragmatismo jurídico-político. São Paulo: Método, 2006.

DUXBURY, Neil. *Patterns of American jurisprudence*. Oxford: Clarendon, 1995.

DWORKIN, Ronald. *Taking rights seriously*. Cambridge, Mass.: Harvard University, 1977.

_____. Law as interpretation. *Texas Law Review*, v. 60, p. 527-550, 1982.

_____. *A matter of principle*. Cambridge, Mass.: Harvard University, 1985.

_____. *Law's empire*. Cambridge: Harvard University, 1986.

_____. Objectivity and truth: you'd better believe it. *Philosophy and Public Affairs*, v. 25, n. 2, p. 112-116, 1996.

FINNIS, John. Natural law: the classical tradition. In: COLEMAN, Jules; SHAPIRO, Scott (Ed.). *The Oxford handbook of jurisprudence & philosophy of law*. Oxford: Oxford University, 2002. p. 1-60.

FISH, Stanley. *Doing what comes naturally*. Londres: Duke University, 1989.

GUEST, Stephen. *Ronald Dworkin*. 3. ed. Stanford: Stanford Law, 2013.

HART, H. L. A. *The concept of law*. 2. ed. Oxford: Oxford University, 1997.

HIMMA, Kenneth E. Final authority to bind with moral mistakes: on the explanatory potential of inclusive legal positivism *Law and Philosophy*, v. 24, n. 1, p. 1-45, jan. 2005.

KELSEN, Hans. *Teoria pura do direito*. 8. ed. São Paulo: Martins Fontes, 2009.

KENNEDY, Duncan. *The critique of rights in critical legal studies*. Disponível em: <http://duncankennedy.net/documents/The%20Critique%20of%20Rights%20in%20cls.pdf>. Acesso em: 2 fev. 2015.

LEITER, Brian. Objectivity, morality and adjudication. In: _____ (Ed.). *Objectivity in law and morals*. Cambridge, Mass.: Cambridge University, 2001. p. 66-98.

LISBOA, Wladimir B. As novas sofísticas jurídicas: Chaim Perelman e Stanley Fish. In: STORCK, Alfredo C.; LISBOA, Wladimir B. (Org.). *Norma, moralidade e interpretação*: temas de filosofia política e do direito. Porto Alegre: Linus, 2009. p. 167-192.

LOPES, José Reinaldo de Lima. Entre a teoria da norma e a teoria da ação. In: STORCK, Alfredo C.; LISBOA, Wladimir B. (Org.). *Norma, moralidade e interpretação*: temas de filosofia política e do direito. Porto Alegre: Linus, 2009.

MACCORMICK, Neil. Contemporary legal philosophy: the rediscovery of practical reason. *Journal of Law and Society*, v. 10, n. 1, 1983.

_____. *Practical reason in law and morality*. Oxford: Oxford University, 2008.

MACEDO JÚNIOR, Ronaldo Porto. *Do xadrez à cortesia*: Dworkin e a teoria do direito contemporâneo. São Paulo: Saraiva, 2013.

MARMOR, Andrei. *Social conventions*: from language to law. Princeton: Princeton University, 2009.

_____. Três conceitos de objetividade. In: MARMOR, Andrei (Ed.). *Direito e interpretação*. São Paulo: Martins Fontes, 2004. p. 267-302.

NEVES, Marcelo. *Entre Hidrae e Hércules*: princípios e regras constitucionais. São Paulo: WMF Martins Fontes, 2013.

O'BRINK, David. Legal interpretation and morality". In: LEITER, Brian (Ed.). *Objectivity in law and morals*. Cambridge, Mass.: Cambridge University, 2001. p. 12-65.

PLATÃO. *Diálogos*: O banquete, Fédon, Sofista, Político. 3. ed. São Paulo: Abril Cultural, 1983.

RAZ, Joseph. *Ethics in the public domain*: essays in the morality of law and politics. Nova York: Oxford University, 1999.

_____. *Engaging reason*. Oxford: Oxford University, 2000.

_____. *Between authority and interpretation*: on the theory of law and practical reason. Oxford: Oxford University, 2009.

_____. *Razão prática e normas*. Elsevier: Rio de Janeiro, 2010. (Coleção teoria e filosofia do direito).

_____. *From normativity to responsibility*. Nova York: Oxford University Press, 2011.

ROSS, Alf. *Tû-Tû*. São Paulo: Quartier Latin, 2004.

SCHELLY, Judith M. Interpretation in law: the Dworkin-Fish debate (or, Soccer amongst the Gahuku-Gama). *California Law Review*, v. 158, 1985.

SHAPIRO, Scott. *Legality*. Cambridge, Mass.: Harvard University, 2011.

UNGER, Roberto Mangabeira. A constituição do experimentalismo democrático. *Revista de Direito Administrativo*, Rio de Janeiro, v. 257, p. 57-72, maio/ago. 2011.

WALDRON, Jeremy. *Law and disagreement*. Oxford: Oxford University, 1999.

WALLACE, R. Jay (Ed.). *The practice of value*: Joseph Raz. Oxford: Oxford University, 2003.

WALUCHOW, W. J. The many faces of legal positivism. *The University of Toronto Law Journal*, v. 48, n. 3, p. 387-449, Summer 1998.

_____. *Inclusive legal positivism*. Oxford: Clarendon, 1999.

PARTE 2 — BLOCO 2

Legitimidade do STF e performance do Tribunal

A razão sem condições de qualidade

Ivar A. Hartmann*
Daniel Chada**

I. Introdução

A oportunidade de reagir ao artigo do professor Luís Roberto Barroso como parte de um grupo de acadêmicos que constituem referências consolidadas no direito constitucional pátrio ou jovens professores que muito rapidamente chegarão a esse *status* é, para nós, motivo de grande honra. Adicionamos a isso o orgulho de termos moderado o debate no qual ocorreu a interação entre dois professores de direito constitucional que abre o artigo do professor Barroso, ilustrando muito bem o dilema que é pano de fundo para suas preocupações e sua ousada proposta. A ideia de que além de uma função contramajoritária, o Supremo Tribunal Federal está legitimado a exercer — e de fato tem exercido — uma função representativa no esteio da Constituição de 1988.

Instados a comentar essa intrigante ideia juntamente com tantos outros autores tão qualificados, não ignoramos nossas limitações. Deixamos a tarefa mais complexa de avaliação teórica da proposta de Barroso para aqueles mais capacitados e ousamos apenas contribuir com um punhado de dados empíricos na tentativa de responder a um singelo problema de pesquisa.

---

* Professor da FGV Direito Rio. Coordenador do projeto Supremo em Números, do Centro de Justiça e Sociedade. Mestre em direito público (PUC-RS), LL.M. (Harvard Law School), doutorando em direito público (Uerj).

** Engenheiro-líder do projeto Supremo em Números. Mestre e doutorando na Escola Brasileira de Administração Pública e de Empresas (Ebape/FGV).

Para tanto, partimos de pressupostos muito similares aos de Barroso. Vivemos novos tempos, com um tipo de sociedade em profunda alteração pelo viver conectado. Se há algo que 2 milhões de brasileiros nas ruas em um único dia, protestando contra o sistema político, comprova é que a relação do cidadão com o Estado está passando por uma mudança radical. E isso significa a necessidade de reavaliar a relação também do Legislativo, Executivo e Judiciário entre si. Ou seja, somos inteiramente simpáticos à ideia de que a noção tradicional de exercício da função contramajoritária totalmente alheia à opinião pública não explica mais tudo que uma corte constitucional faz e deve fazer atualmente. Ao menos não explica com a mesma precisão de outrora. Existem arestas a aparar. Em suma, concordamos com Barroso quanto ao problema e recebemos sua versão da solução de "coração aberto" e boa-fé. Para cientistas, o lógico próximo passo é testar empiricamente a viabilidade de tal versão da solução. Vale reiterar que vemos tais condições fáticas como uma precondição não suficiente. É dizer: não estamos sequer analisando o mérito da função representativa caso ela fosse possível e por essa razão não pretendemos com nossa contribuição discordar, mas obviamente tampouco concordar, com a proposição de Barroso em seus termos.

Nosso objetivo neste texto, portanto, não é questionar ou mesmo testar o mérito das premissas teóricas da proposta de Barroso, mas sim questionar (testando) a viabilidade fática da proposta. Naturalmente há vários elementos dela que dependem de determinadas condições serem existentes na realidade prática da conjuntura institucional, processual e política do Supremo. Fizemos uma escolha pelas condições de qualidade das decisões. A qualidade do voto na proposta de Barroso tem duas facetas, como bem repara Joaquim Falcão em seu artigo neste livro:

> [...] a mensagem que o Supremo envia, embora uma só, pode ser captada em dois canais diferentes do receptor: o conteúdo da decisão, da justiça proposta, e ao mesmo tempo a qualidade do desempenho do Supremo ao emitir a mensagem, praticar a jurisdição. Legitimidade é reação favorável concreta da cidadania ao conjunto interligado destas duas mensagens [...].[1]

---

[1] Joaquim Falcão, "A razão sem voto e um constitucionalismo de realidade".

Existe a qualidade do conteúdo e a qualidade da performance. Para que se possa pretender legitimado a exercer a função representativa o Supremo precisa antes de mais nada produzir decisões de qualidade mediante uma performance de qualidade. Mas se pretendêssemos nesse breve estudo empírico responder à pergunta "as decisões do Supremo têm qualidade?", então nossa empreitada seria natimorta. Dificilmente encontraríamos critérios minimamente aceitáveis para medir a qualidade das decisões.[2] A qualidade do conteúdo e da performance judicial é um resultado possível — e não automático — de um julgador ou grupo de julgadores exercendo sua tarefa constitucionalmente atribuída com um mínimo de condições fáticas para tanto. Referimo-nos a elas como condições de qualidade. São *conditio sine qua non* para decisões de qualidade[3] que possam viabilizar que o Tribunal pretenda exercer a função representativa descrita por Barroso.

Partimos do pressuposto de que as condições de trabalho dos ministros influenciam diretamente o mérito e o conteúdo das decisões. Essa é uma das premissas de uma já tradicional escola de estudos sobre comportamento de juízes, inaugurada no final da década de 1950 por Herman Pritchett com seu livro *The Roosevelt Court*.[4] A linha de pesquisa acabou por comprovar uma série de motivações ou fatores determinantes para o mérito das decisões judiciais, fazendo com que os membros do realismo jurídico pudessem atacar a noção de jurisprudência mecânica[5] — não é apenas o direito ou as normas

---

[2] O critério da mensurabilidade das variáveis — nesse caso, a qualidade das decisões seria a variável dependente — é crucial para o próprio design de estudos empíricos como aquele que se empreende aqui. Isso é, "*a major research challenge is to tighten the fit between the question asked and the question actually answered. If it is too loose the researcher cannot, at the end of the day, claim to have answered the question she initially posed*". EPSTEIN, Lee; MARTIN, Andrew D. Quantitative approaches to empirical legal research. In: THE OXFORD handbook of empirical legal research. Nova York: Oxford University, 2010. p. 906.

[3] Esse é também um dos pilares identificados por Fernando Leal em sua contribuição para essa coletânea, intitulada "Até que ponto é possível legitimar a jurisdição constitucional pela racionalidade?", item 2. Como bem descreve Leal, a proposta de Barroso parece ser construída de tal forma que "a legitimidade da jurisdição constitucional neste modelo pressupõe a realização efetiva de exigências de racionalidade durante o processo de fundamentação de decisões e se preocupa prioritariamente com a atividade jurisdicional".

[4] EDITORIAL. Judicial behavior and legal responsiveness. *Law & Society Review*, v. 3, 1967.

[5] GOLDMAN, Sheldon. Behavioral approaches to judicial decision-making: toward a theory of judicial voting behavior. *Jurimetrics Journal*, v. 11, p. 142, 1971.

jurídicas que guiam as decisões judiciais.[6] Um número incontável de estudos em várias décadas jogou luz sobre diversos desses fatores que influenciam o comportamento judicial: a ideologia (orientação política),[7] a atitude em relação a determinados objetos ou relações,[8] a pertença a determinados grupos sociais,[9] a experiência do julgador inserido em um grupo de colegas,[10]

---

[6] No Brasil, a doutrina tampouco parece influenciar os ministros do STF. Mesmo quando se trata de tema altamente polêmico como o direito fundamental à saúde e o reconhecimento de prestações concretas do Estado diretamente da norma constitucional, os ministros não citam quase nenhuma produção acadêmica e não decidem de acordo com os critérios defendidos pela pouca doutrina que de fato mencionam. Esses são os resultados de ARGUELHES, Diego Werneck; HARTMANN, Ivar A. M. Law in the books and books in the Court. Are social rights literature and judicial practice on the same page in Brazil? *Annuaire Internationl des Droits de L'Homme*, v. VII, 2014.

[7] Um dos melhores estudos sobre a influência da orientação política de magistrados analisou um número significativo de decisões de cortes de apelação na justiça federal norte-americana. Como outros fatores, a ideologia mostra-se mais decisiva em alguns assuntos que outros, mas certamente tem efeito nas decisões tomadas: "*We have found striking evidence of a relationship between the political party of the apointing presidente and judicial voting patterns*". SUNSTEIN, Cass; SCHKADE, David; ELLMAN, Lise Michelle. Ideological voting on Federal Courts of Appeals: a preliminary investigation. *Virginia Law Review*, v. 90, n. 1, p. 352, 2014.

[8] Já na década de 1970, por exemplo, um estudo mostrou que as decisões de *justices* da Suprema Corte dos Estados Unidos em casos criminais não eram explicadas apenas pelo presidente que os indicou, mas principalmente por sua atitude em relação ao clássico conflito entre "*institutionalized governmental authority and the individual citizen*". ULMER, S. Sidney; STOOKEY, John A. Nixon's legacy to the Supreme Court: a statistical analysis of judicial behavior. *Florida State University Law Review*, n. 3, p. 346, 1975.

[9] Em decisões da Suprema Corte sobre liberdade de expressão, por exemplo, foi identificada a influência da posição do julgador ante o tipo de discurso que estava em jogo. *Justices* conservadores protegem discurso conservador contra restrição estatal com mais facilidade, ao passo que seus colegas democratas fazem o mesmo pelo discurso liberal. EPSTEIN, Lee; PARKER, Christopher M.; SEGAL, Jeffrey A. Do justices defend the speech they hate? In-group bias, opportunism, and the first amendment. In: AMERICAN POLITICAL SCIENCE ASSOCIATION 2013 ANNUAL MEETING. Disponível em: <http://papers.ssrn.com/sol3/papers.cfm?abstract_id=2300572>. Acesso em: 5 maio 2015. No campo da liberdade de expressão, a despeito de cada vez mais estudos sobre o comportamento de juízes, ainda permanece verdadeira a afirmação de SCHWARTZ, Thomas. Judicial behavior and the first amendment. *Communications and the Law*, v. 8, p. 87, 1986: "*what we know about judicial attitudes toward the first amendment is very little*".

[10] O que foi chamado como "*group interaction*" por Sheldon Goldman, Behavioral approaches to judicial decision-making, op. cit., p. 159. Atualmente esse tipo de perspectiva parece ser estudado de maneira mais promissora por aqueles que a analisam sob o prisma da *rational choice*. O exemplo mais representativo (até em razão de seu fôlego e qualidade) é EPSTEIN, Lee; LANDES,

a opinião pública[11] e, claro, as características pessoais do juiz,[12] incluindo aí interesses pessoais[13] — entre outros fatores.

Optamos então por buscar responder à pergunta: o Supremo atua com condições de qualidade que o permitam obter qualidade sob o ponto de vista da performance e do conteúdo das decisões? Nosso problema de pesquisa é subdividido em quatro: i) as decisões respeitam exigências mínimas de *timing*?; ii) as decisões são tomadas em situações que permitam a análise atenta e completa dos fatos e questões jurídicas do caso?; iii) as decisões são tomadas pelo Supremo como órgão colegiado pleno ou fracionário, conforme a previsão constitucional?; iv) as decisões tomadas enfrentam questões novas ou repetitivas?

Produzimos dados quantitativos que respondem essas quatro subperguntas e, assim, contribuem para uma resposta ao problema de pesquisa que seja fundamentada em evidências e não em mera retórica ou escolhas arbitrárias. Concordamos, portanto, com o apelo de Barroso e o levamos a sério. Queremos contribuir para evitar críticas a sua proposta que sejam baseadas apenas

---

William M.; POSNER, Richard A. *The behavior of federal judges*. A theoretical & empirical study of rational choice. Cambridge: Harvard University, 2013.

[11] Estudos mais recentes mostram a necessidade de se evoluir o conceito de uma opinião pública monolítica e homogênea. Uma descrição mais precisa do fenômeno e como ele influencia julgadores é que existem micropúblicos, pessoais e localizados. Nesse sentido, parecem promissores os resultados de YATES, Jeff; MOELLER, Justin; LEVEY, Brian. "For the times they are a-changing": explaining voting patterns of U.S. Supreme Court Justices through identification of micro-publics. *BYU Journal of Public Law*, v. 28, 2013.

[12] Por exemplo: um estudo com juízes de direito privado na Holanda mostrou que as características pessoais, isoladamente, impactaram apenas moderadamente as decisões. Os autores concluíram que a interação entre características pessoais e do caso julgado explicam melhor as decisões produzidas pelos magistrados. KOPPEN, Peter J. Van; KATE, Jan Ten. Individual differences in judicial behavior: personal characteristics and private law decision-making. *Law & Society Review*, v. 18, n. 2, 1984.

[13] Esse é um importante motivador que, não obstante, mostra-se difícil de medir. Ainda assim, não devemos descartar o efeito do interesse próprio na reputação, por exemplo, em detrimento da popularidade de estudos sobre ideologia. "*The ideological or attitudinal approach to decision-making has helped us to see that the law is not all that the traditional doctrine-caused model of judicial decision-making claims that it is. Perhaps it is now time to investigate whether ideologies and attitudes are not all that the ideologists and attitudinalists claim they are.*" SCHAUER, Frederick. Incentives, reputation, and the inglorious determinants of judicial behavior. *University of Cincinnati Law Review*, v. 68, p. 636, 2000.

em um "temor imaginário" ou em "premissas teóricas".[14] Por meio do uso de evidências empíricas sobre a prática do Supremo, de modo a submeter ideias e teorias relacionadas com o direito constitucional brasileiro ao implacável teste da realidade fática, esperamos contribuir não para um neoconstitucionalismo, mas para um *constitucionalismo de realidade*.

Centramos nossa contribuição em estudos empíricos também como forma de prestigiar a saudável e infelizmente incomum iniciativa de Barroso em seu artigo. Ele busca fundamentar suas descrições em dados empíricos como a porcentagem de ADIs que efetivamente alterou dispositivos de legislação federal. Isso é algo absolutamente excepcional na produção acadêmica brasileira de direito constitucional atualmente. Desejamos colaborar, assim como Barroso, para que essa lamentável situação se modifique.

II. Metodologia

Para levantar dados sobre as condições de qualidade das decisões do Supremo Tribunal Federal, e, mais especificamente, sobre o *timing*, situação de tomada das decisões, órgão responsável por decidir e repetitividade das decisões, adotamos metodologia de pesquisa empírica, com técnica quantitativa. Os dados foram levantados usando a base de dados do projeto Supremo em Números. Trata-se de projeto de pesquisa do Centro de Justiça e Sociedade (CJUS) da Escola de Direito da Fundação Getulio Vargas (FGV), no Rio de Janeiro. O projeto realiza macroanálises de todos os processos do Supremo desde 1988.

Pesquisas como essa, envolvendo grandes *data sets*, têm permitido aos juristas analisar de maneira muito mais minuciosa decisões judiciais.[15] Nesse contexto, a disponibilidade de equipamento computacional, software e

---

[14] Nisso estamos alinhados com a preocupação de Barroso: "Portanto, não se devem desprezar, por um temor imaginário, as potencialidades democráticas e civilizatórias de uma corte constitucional. A crítica à atuação do STF, desejável e legítima em uma sociedade plural e aberta, provém mais de atores insatisfeitos com alguns resultados e de um nicho acadêmico minoritário, que opera sobre premissas teóricas diversas das que vão aqui enunciadas".

[15] DIAMOND, Shari Seidman; MUELLER, Pam. Empirical legal scholarship in law reviews. *Annual Review of Law and Social Science*, v. 6, p. 581-599, 2010.

suporte técnico desempenha um papel-chave na viabilização de estudos empíricos pelos pesquisadores do direito nos Estados Unidos.[16] A mesma situação prevalece no Brasil, onde faculdades de direito recentemente começam a adaptar-se a essa realidade, tornando o acesso a tal instrumental um elemento ainda mais importante de propostas de pesquisa.[17] Os dados que subsidiam esse artigo, bem como a diversificada produção do projeto Supremo em Números,[18] são possíveis somente em razão do uso de ferramental tecnológico potente.[19]

Ademais, a técnica de pesquisa escolhida pretende responder às perguntas de pesquisa mediante um olhar do todo — não de processos ou decisões isoladas do Supremo. O novo movimento de estudos empíricos[20] no direito, no qual o presente texto se insere, sempre se distinguiu do realismo jurídico e da sociologia jurídica em que as pesquisas são preponderantemente quantitativas, e não qualitativas.[21]

---

[16] EPSTEIN, Lee; KING, Gary. Building an infrastructure for empirical research in the law. *Journal of Legal Education*, v. 53, n. 3, 2003.

[17] VERONESE, Alexandre. O problema da pesquisa empírica e sua baixa integração na área de direito: uma perspectiva brasileira da avaliação dos cursos de pós-graduação do Rio de Janeiro. In: CONGRESSO NACIONAL DO CONPEDI, 16., 2007, Belo Horizonte. *Anais...* Disponível em: <www.conpedi.org.br/manaus/arquivos/anais/bh/alexandre_veronese2.pdf>. Acesso em: nov. 2012.

[18] Ver, por exemplo, FALCÃO, Joaquim et al. *II Relatório Supremo em números*: o Supremo e a Federação. Rio de Janeiro: Escola de Direito da Fundação Getulio Vargas, 2013; FALCÃO, Joaquim; HARTMANN, Ivar A.; CHAVES, Vitor P. *III Relatório Supremo em Números*: o Supremo e o tempo. Rio de Janeiro: Escola de Direito da Fundação Getulio Vargas, 2014.

[19] Há várias décadas os pesquisadores já haviam identificado os ganhos do uso da informática na pesquisa sobre comportamento judicial. Ver, por exemplo, SCHUBERT, Glendon. The importance of computer technology to political science research in judicial behavior. *Jurimetrics Journal*, v. 8, p. 60, 1968. "*The computer is a useful instrument in research in behavioral jurisprudence because (1) it facilitates inquiry by reducing time costs, thus freeing the investigator for routine operations [...] (2) it makes feasible many types of inquiry that could not have been undertaken heretofore [...] and (3) it provides, increasingly, better data (in the sense of empirical observations that have been transformed by the researcher into quantified units suitable for measurement manipulations) by making feasible a greatly expanded repertoire of alternative modes of analysis.*"

[20] YANOW, Dvora; SCHWARTZ-SHEA, Peregrine (Ed.). *Interpretation and method*: empirical research. Methods and the interpretive turn. Armonk: M. E. Sharpe, 2006.

[21] SUCHMAN, Mark C.; MERTZ, Elizabeth. Toward a new legal empiricism: empirical legal studies and new legal realism. *Annual Review of Law and Social Science*, v. 6, p. 555-579, 2010.

A versão da base de dados utilizada nesta pesquisa está em formato Oracle SQL e contém informações até 31 de dezembro de 2013, incluindo dados sobre 1.488.201 processos autuados, 2.692.587 partes e 14.047.609 registros de andamentos. Também fazem parte da base metadados sobre os processos como o assunto jurídico, o órgão judicial de origem e o estado de procedência, entre outros. Os andamentos abrangem informações sobre datas e resultados de decisões tomadas durante os processos, datas de distribuição dos processos, datas de conclusão ao relator do processo, trânsito em julgado e similares. Os principais dados ou variáveis sobre os quais se ancoram os levantamentos desse estudo encontram-se associados aos andamentos processuais e são a origem da decisão — qual ministro responsável, se monocrática, ou qual órgão colegiado; tipo da decisão — liminar, de mérito ou interlocutória; e resultado — concessão, não concessão, não admissão etc.

Para testar a repetitividade das decisões tomadas, nosso método consiste em buscar trechos de decisões de mérito que apresentam identidade com trechos de outras decisões. Apresentamos, portanto, informações mais detalhadas sobre a metodologia para esse teste.

Para realizar as análises dos textos de decisão, retiramos uma amostra aleatória, uniformemente distribuída, de um corpo de decisões monocráticas. Esse corpo foi adquirido cruzando a base de dados oficial do STF com o conjunto de 1.419.167 arquivos de texto que incluem decisões monocráticas entre os anos de 2000 e 2013. Ambos foram cedidos pelo próprio Supremo Tribunal Federal ao projeto Supremo em Números. Entre eles, 122.811 foram identificados como decisões (não simplesmente ementas). Identificamos que esses documentos eram, em sua esmagadora maioria, dos anos de 2011, 2012 e 2013. Ainda assim há documentos de antes de 2011 que foram utilizados, muito embora sua presença não tenha tido qualquer influência mensurável nas médias calculadas.

Os totais analisados absolutos descritos a seguir são menores que o valor original de decisões pois, por escolha metodológica, ignoramos quaisquer textos contendo menos que mil caracteres, incluindo espaços e quebras de linha.

A identificação dos relatores se deu via a leitura das últimas linhas de cada texto, onde é de praxe os relatores assinarem. Essa forma de extração permitiu identificar corretamente os relatores na esmagadora maioria dos textos analisados. Em raríssimos casos (aproximadamente 4,57%) obtivemos erro na identificação do relator ou leitura do arquivo. Nesses casos, ignoramos o arquivo para fins de análise. Os 95.632 restantes compõem o *corpus* de análise para os relatores.

Quanto à análise cortando por classe processual, o *corpus* teve 95.807 decisões, para as quais identificamos suas classes via a base oficial do STF, já mencionada. Neste caso, simplesmente conectamos o nome do arquivo ao processo no banco.

Novamente por escolha metodológica (a fim de não inflar artificialmente a quantidade de textos com repetição), optamos por ignorar quaisquer repetições de menos de 130 caracteres. Esse número foi escolhido por permitir que o trecho seguinte (125 caracteres), incluindo quebras de linha e espaços, seja desconsiderado como repetição. Esta foi a mais longa assinatura de ministro encontrada em breve amostragem:

Publique-se.
Brasília, 13 de Fevereiro de 2012.

Ministro Carlos Ayres de Freitas Britto
Relator
Documento assinado digitalmente.

Esperamos que a natureza da escolha seja clara, uma vez que o objetivo do trabalho não é apenas encontrar repetições sem sentido em documentos, mas testar a existência de repetições significativas de conteúdo em diferentes decisões.

As quantidades de documentos de cada subclasse estão discriminadas nas tabelas seguintes.

Tabela 1

Classe processual	Documentos	Classe	Documentos	Classe	Documentos
AC	584	ARE	43.407	PPE	12
ACO	420	AS	4	PSV	5
ADC	2	CC	86	Pet	160
ADI	310	Cm	5	RE	14.753
ADO	10	EI	7	RHC	507
ADPF	50	EP	12	RMS	380

Classe processual	Documentos	Classe	Documentos	Classe	Documentos
AI	15.816	Ext	73	Rcl	5.551
Aimp	3	HC	7371	RvC	3
AO	163	HD	2	SL	169
AOE	4	Inq	383	SS	349
AP	163	MI	2.910	STA	127
AR	161	MS	1.845		

Tabela 2

Ministro	Documentos	Ministro	Documentos
Cezar Peluso	825	Joaquim Barbosa	11.120
Menezes Direito	1	Dias Toffoli	9.443
Ayres Britto	3.323	Celso de Mello	8.648
Cármen Lúcia	11.522	Sepúlveda Pertence	1
Ellen Gracie	140	Luiz Fux	10.999
Ricardo Lewandowski	9.901	Marco Aurélio	8.216
Gilmar Mendes	6.747	Roberto Barroso	2.002
Ilmar Galvão	1	Rosa Weber	8.527
		Teori Zavascki	4.216

Uma vez tendo a massa passível de análise, escolhemos aleatoriamente uma amostra-base de 100 documentos em cada subclasse de análise. Para relator, por exemplo, escolhemos 100 documentos para cada ministro. As subclasses com menos de 100 documentos não foram analisadas — como ADPF, por exemplo, que só teve 50 documentos. Estes 100 compõem a base de comparação.

Para cada documento-base, escolhemos outros 200 documentos da mesma subclasse aleatoriamente, garantindo a exclusão do documento-base (para garantir que não houvesse algum 100% de repetição por acidente). Assim, cada documento-base ARE foi comparado com 200 outros AREs, dois-a-dois. Quando para uma determinada subclasse não foram encontrados ao menos 200 documentos, usamos todos os documentos da subclasse.

Cada resultado final foi obtido através de [até] $100*200 = 20.000$ comparações aleatórias de textos, via média ponderada sobre as comparações efetuadas em cada texto-base. O mínimo de comparações para análise foi $100*99 = 9.900$ comparações, uma vez que todo subgrupo com menos de 100 documentos-base foi ignorado. Com 100 documentos o subgrupo seria completamente analisado (todas as possíveis comparações 2-a-2 sendo feitas). Dado que quaisquer comparações pertinentes seriam *entre* grupos, isto é, HCs *versus* ADIs, consideramos mais relevante tentar manter o número de comparações estável (entre 9.900 e 20.000) ao invés de uma porcentagem intragrupo constante — analisar 5% de cada grupo, por exemplo —, uma vez que a variação na população total para cada grupo é extrema.

Para quantificar a repetição em textos, buscamos conduzir a investigação com duas abordagens: i) quantidade de repetição entre dois textos — porcentagem de um texto que se repete em outro texto, visto que foi identificada repetição de mais que o mínimo de 130 caracteres; e ii) quantas vezes há repetição — em quantos outros textos um trecho ou totalidade do documento-base aparece novamente. Estes eixos nos fornecem duas medidas, que aqui chamaremos de intradocumento e interdocumento, respectivamente.

Para ilustrar melhor: um texto-base pode conter apenas pequenas frações que de fato se repetem em outros textos. Essa fração pode, todavia, se repetir em todos os 200 outros textos com os quais o documento-base foi comparado. Isso nos dá um texto-base com baixa fração intradocumento (pouco do seu todo se repete), mas 100% de porcentagem interdocumento (todo outro documento continha o suficiente em comum para ser considerado repetido). Por outro lado, um texto-base pode se repetir quase inteiramente, mas em apenas um ou dois outros textos com os quais o comparamos. Isso resulta em alta taxa intradocumento, mas baixa taxa interdocumento.

Assim, cada comparação dois-a-dois nos resultou em um ponto da comparação interdocumento, testando se é um "*sim, há repetição entre estes dois*" ou um "*não podemos considerar que há repetição entre estes dois documentos*" e, para os resultados positivos, uma taxa de repetição intradocumento.

Consideramos esta metodologia a mais desejável e informativa visto a natureza exploratória e embrionária desta forma de análise de texto jurídico. Adicionalmente, estes resultados se aproximam de medidas de forte referência na literatura de processamento de linguagem natural e de mineração de texto, chamadas de "precisão e abrangência", definidas e discutidas em detalhe por Manning e Shütze.[22]

Evidentemente, existem outros caminhos para testar essa hipótese, tanto estatísticos quanto de enriquecimento e contabilização por meio da mi-

---

[22] MANNING, Christopher D.; SCHÜTZE, Hinrich. *Foundations of statistical natural language processing*. Cambridge: MIT, 1999.

neração textual. Limitamos o escopo a esses resultados por considerá-los de devido impacto e necessitando divulgação própria. Temos interesse em explorar análises mais sofisticadas e resultados mais granulares em estudos posteriores.

Vale notar, finalmente, que todos os textos analisados se encontram em formato *Rich Text Format* (RTF), permitindo a utilização de biblioteca *pyth* da linguagem Python para sua extração e análise.

III. O *timing* das decisões

O primeiro aspecto das decisões do Supremo que iremos descrever é o seu *timing*. Para que aspirem a preencher uma função representativa da vontade dos brasileiros, as decisões do Tribunal necessitam ao menos ocorrer em um tempo razoável. Assim como o Legislativo precisa estar atento às necessidades do povo em seu tempo, também o STF precisaria estar ao menos minimamente afinado com tais necessidades. Para ficar com o exemplo de decisão da Suprema Corte Norte-Americana mencionado pelo professor Barroso, os *justices* teriam falhado completamente em sua missão se houvessem produzido o precedente de Brown v. Board of Education apenas em 1974. Ou em 1934.

Infelizmente, como demonstram dados do III Relatório do projeto Supremo em Números, o lapso temporal médio de decisões fundamentais do Tribunal é elevadíssimo. Naquele que seria o campo primordial da atuação representativa, a Ação Direta de Inconstitucionalidade, o descompasso entre o momento no qual os ministros são acionados pela população (via representantes arrolados pela Constituição) e a resposta é de 5,32 anos.[23] Trata-se aqui de uma média aritmética do tempo de trânsito em julgado de *todas* as ADIs, não a escolha arbitrária de algumas delas com duração mais alongada. De qualquer forma, essa média obviamente esconde diversas ações que chegaram a durar mais de 20 anos.[24] Não há um prazo legal ou constitucional que permita

---

[23] Joaquim Falcão, Ivar A. Hartmann e Vitor P. Chaves, *III Relatório Supremo em Números*, op. cit., p. 81.
[24] Ibid., p. 88.

averiguar, nesse caso, se o Supremo frustrou sua função representativa em razão do decurso exagerado de tempo.[25] Mas parece justo comparar esse tempo médio — 5,32 anos — com o tempo de mandato de outros representantes dos brasileiros: o presidente, os deputados federais e estaduais, os governadores, os prefeitos e os vereadores. Com exceção dos senadores, a todos os principais representantes do Legislativo e Executivo a Constituição oferece quatro anos para agir. Ou seja, entre a manifestação direta da vontade popular e a última oportunidade de exercício representativo há muito menos de cinco anos. O tempo que os ministros levam para decidir as ADIs não parece ser compatível com a noção de *timing* de representação estipulado pela Constituição.

Há também situações especiais nas quais o povo supostamente representado pede ao Supremo uma ação particularmente mais rápida, em razão de circunstâncias delicadas ou urgentes. Nesses casos os ministros decidem liminarmente, pois a urgência não permite que se aguarde o total desenrolar do processo até a decisão de mérito. Nesses casos a decisão do Supremo em ADIs ocorre em média 158 dias após o início do processo.[26] Novamente estamos falando de uma média aritmética que reflete o conjunto de liminares em ADIs, não apenas algumas decisões selecionadas individualmente segundo critérios subjetivos.

Assim como no caso do tempo para trânsito em julgado, não há previsão constitucional de prazo para decisões liminares em ADI pelos ministros do STF. Mais uma vez é possível recorrer a uma comparação com uma medida de urgência de outro dos órgãos representativos. A medida provisória é mecanismo similar às liminares em ADI em que constitui ferramenta para produzir alterações na legislação infraconstitucional em situações de urgência. O art. 62, §3º, da Constituição dá prazo de 60 dias à medida provisória. O prazo pode ser prorrogado por mais 60 dias. Isso significa que a medida de urgência não deve produzir efeitos sozinha, sem posterior confirmação pelo Legislativo, por mais de 120 dias. Compare-se, então, o tempo médio que produzem efeitos as liminares concedidas ou parcialmente concedidas

---

[25] A falta de critério para avaliar a performance da função representativa do Supremo é justamente um dos principais problemas da proposta de Barroso, conforme apontado por Diego Werneck em sua contribuição para este livro, "O Supremo que não erra", em seu item II.

[26] Joaquim Falcão, Ivar A. Hartmann e Vitor P. Chaves, *III Relatório Supremo em Números*, op. cit., p. 33.

em ADI: 6,1 anos.[27] Sob esse aspecto também a atuação do Supremo em sua suposta capacidade representativa parece escapar dos limites estabelecidos pela Constituição para ação de urgência.

A reação a essa realidade já é bem conhecida. A explicação mais comumente oposta aos dados que revelam a normalidade de tomar decisões após seu tempo político-representativo diz com a complexidade e carga de trabalho do STF. Trata-se de resolver processos no controle concentrado de constitucionalidade, quando está envolvida tarefa de invalidar decisões do legislador — tomadas, no mais das vezes, após deliberação de meses ou anos. São questões espinhosas ou nebulosas, tanto sob o ponto de vista jurídico quanto político. Nada mais natural que os ministros peçam tempo para entendê-las e enfrentá-las. Adicione-se a isso a altíssima carga de trabalho do Tribunal, que atualmente recebe cerca de 70 mil processos por ano e chegou a receber 130 mil. Mesmo nos seus melhores e mais folgados dias o Supremo recebia dezenas de milhares de novas causas a cada 12 meses.

O grande problema de aceitar essa explicação é que ela não é compatível com a outra ponta. Na média e no limite máximo o STF demora muito mais que o razoável para tomar decisões representativas. Mas no extremo oposto estão também decisões que parecem ignorar toda a necessidade de contemplação cuidadosa que se descreveu anteriormente.

Tomem-se, por exemplo, as liminares. Buscamos as liminares com decisão mais rápida, contado o tempo entre a autuação do processo e a decisão. Negar um pedido liminar no controle concentrado significa manter a decisão do legislador, que por óbvio tem presunção de constitucionalidade. Para isso pode-se argumentar que a avaliação não carece de tanto cuidado quanto para conceder ou conceder parcialmente um pedido liminar no mesmo contexto. Por isso buscamos apenas as liminares concessivas ou parcialmente concessivas. Mais: muitas liminares, mesmo no controle concentrado, são concedidas de forma monocrática. Nesses casos também se poderia dizer que a expectativa de demora é pequena, em função tanto da ausência de deliberação entre ministros quando da necessidade de que vários ministros avaliem os argumentos da inicial e pesem as questões jurídicas envolvidas. Portanto excluímos da contagem também as decisões monocráticas.

---

[27] Joaquim Falcão, Ivar A. Martman e Vitor P. Chaves, *III Relatório Supremo em Números*, op. cit., p. 40.

O que sobram, portanto, são decisões no controle concentrado, que implicam, de regra, a tarefa complexa de controle de constitucionalidade e que resultaram na via mais delicada de suspensão de decisões do legislador. E isso sempre em sede de decisões colegiadas, pressupondo-se que os ministros debatem a questão e conhecem, cada um, o que está em jogo.

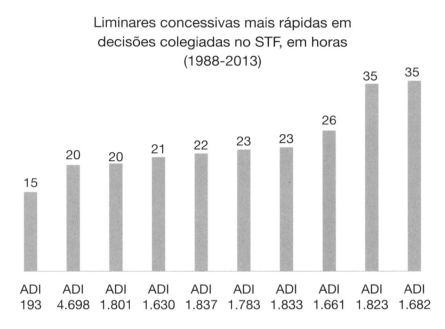

O gráfico mostra que, por algum motivo, os ministros optaram por tomar decisões nesse contexto em poucas horas. Em 1990, na ADI nº 193, bastaram 15 horas após a ação ser protocolada para que o Supremo exercesse sua função representativa e suspendesse trechos da Constituição do Espírito Santo relativos a remuneração de militares. Já em 2011, na ADI nº 4.698, foram 20 horas. Menos de um dia para que os ministros suspendessem incisos da Constituição do Maranhão. Não foram apenas decisões do legislador ou constituinte estadual vitimadas em tempo recorde. Na liminar da ADI nº 1.823, decidida em 1998, o STF suspendeu após 35 horas diversos artigos de portarias do Instituto Brasileiro do Meio Ambiente e dos Recursos Naturais Renováveis (Ibama). Mesmo decisões do Congresso Nacional figuram nesse grupo. A 14ª liminar mais rápida da lista ocorreu em 39 horas. Em 1994 o Supremo suspendeu um inciso da Lei nº 8.906/1994, o Estatuto da OAB, na ADI nº 1.105.

IV. Condições da decisão

O segundo aspecto da qualidade das decisões do Supremo que importa ao argumento da função representativa diz com as condições dessas decisões. Mais especificamente, a atuação descrita pelo professor Barroso se ancora em exercício cuidadoso, focado e atento a detalhes jurídicos, políticos e sociais. Mas embora os exemplos meticulosamente selecionados em seu artigo pareçam refletir tal tipo de prestação judicial, eles parecem representar a exceção e não a regra da prática do Tribunal.

A regra, na verdade, aparenta ser a de um número colossal de decisões (finais de mérito ou liminares) tomadas em um mesmo dia. Isso acaba afetando a maneira como os ministros decidem no mérito. Estudos associam a carga de trabalho dos julgadores ao seu comportamento ao escolher produzir mais ou menos votos vencidos, por exemplo. Posner e Landes compararam a atuação dos *justices* da Suprema Corte com aquela de juízes nas cortes de apelação e verificaram que esses últimos são mais inclinados a conformar-se com a maioria em razão do sistema de *stare decisis* cumulado com a grande carga de trabalho.[28] Há menor valor potencial em um voto vencido quando o julgador precisa lidar com muitos processos. É bem possível que a descomunal quantidade de processos no STF estimule os ministros a agir de maneira mais conformista.[29] Um primeiro exemplo do impacto da carga de trabalho dos ministros nas suas condições de decidir é o *ranking* com as datas, classe processual e número de decisões dos dias nos quais o Supremo decidiu o maior número de processos.

---

[28] LANDES, William M.; POSNER, Richard A. Rational judicial behavior: a statistical study. *Journal of Legal Analysis*, v. 1, n. 2, p. 824, 2009.

[29] Os dados sobre decisões unânimes e por maioria, especialmente nas Turmas do STF, mostram isso. Pesquisa do projeto Supremo em Números feita com exclusividade para o jornal *Valor Econômico* mostra que a taxa de decisões unânimes fica sempre próxima de 100%. Já no plenário a situação parece ser diferente — e a taxa de dissenso aumentou na última década. MAGRO, Maíra. Decisões por consenso são cada vez mais difíceis no STF. *Valor Econômico*, 27 ago. 2014. Disponível em: <www.valor.com.br/brasil/3669180/decisoes-por-consenso-sao-cada-vez-mais-dificeis-no-stf>. Acesso em: 5 maio 2015.

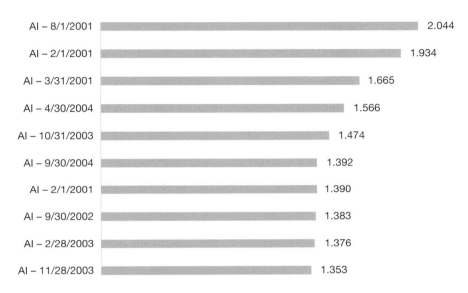

Em 1º de agosto de 2001 o Tribunal decidiu 2.044 Agravos de Instrumento. No início do ano, em 1º de fevereiro, havia decidido 1.934 AIs. Na mesma data foram decididos também 1.390 Recursos Extraordinários. Tais processos se enquadram na categoria de atuação em jurisdição constitucional e não ordinária do Supremo. São processos nos quais os ministros geram precedentes importantes válidos para todo o Judiciário nacional, a despeito de não terem de imediato a eficácia *erga omnes* do controle concentrado. É muito difícil argumentar pela qualidade de uma decisão tomada por um ou 11 ministros no mesmo dia que outras mil — sejam elas similares ou não. Justamente por se tratar do controle difuso, nesses processos o Supremo exerce (supostamente) análise do caso concreto e não apenas de argumentos jurídicos em abstrato. Por trás de cada caso há ao menos uma parte — pessoa ou empresa — para a qual aquele AI ou RE pode trazer importantes repercussões.

É sabido que os ministros utilizam o julgamento em lotes como um mecanismo para lidar com a volumosa carga processual já descrita anteriormente. O fato é que a grande maioria desses recursos são repetitivos, trazem uma ou algumas poucas questões jurídicas que grandes litigantes como o governo, bancos ou empresas de telefonia levam incessantemente ao Supremo. Em nosso sentir, o caminho legítimo para enfrentar esse abuso da prestação judicial constitucional seria negar o rejulgamento e determinar o cumprimento imediato da decisão anterior recorrida. Mas o fato é que o Supremo opta, no mais das vezes, por decisões fictas, nas quais se pretende analisar o processo sem verdadeiramente sequer conhecer o nome das partes ou a descrição dos fatos específicos a elas. Em razão disso poderia se dizer que milhares de decisões em um mesmo dia não chegam a espantar, ainda que isso não seja minimamente compatível com a qualidade necessária para legitimar a pretensa atuação representativa do STF.

Mas deixemos de lado então os recursos repetitivos. O segundo *ranking* não exclui os AIs, REs, Agravos em Recurso Extraordinário (ARE) e ainda as Arguições de Relevância (ARv) d'antanho.

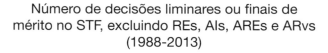

Número de decisões liminares ou finais de mérito no STF, excluindo REs, AIs, AREs e ARvs (1988-2013)

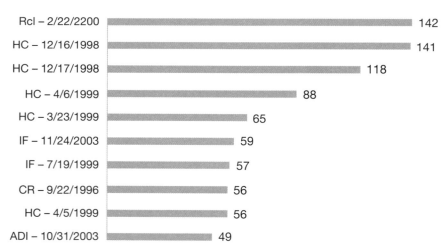

No dia 22 de fevereiro de 2000 foram decididas 142 reclamações, sendo elas em sua maioria do Instituto Nacional do Seguro Social e resolvidas monocraticamente pelo ministro Maurício Corrêa. Já em 16 de dezembro de

1998 foram 141 *habeas corpus*. Trata-se de processos nos quais as questões de fato têm importância central e precisam ser compreendidas de maneira minimante satisfatória. Nesse dia os ministros teriam decidido em torno de 15 *habeas* cada, sem contar sua atuação em todos os outros processos repetitivos e do controle concentrado. Já no dia 31 de outubro de 2003 o ministro Gilmar Mendes decidiu sobre o ingresso, na condição de *amicus curiae*, na ADI nº 2.999 de quase 50 instituições diferentes.

Talvez mesmo em se tratando de processos supostamente não repetitivos, quando as decisões são monocráticas os ministros conseguiriam ainda exercer sua função representativa isoladamente — ainda que em dezenas de processos ao mesmo tempo. Por isso a etapa seguinte foi limitar o *ranking* a decisões colegiadas nos processos não repetitivos. Surge então uma profusão de *habeas corpus* decididos às dezenas em um único dia. Excluídos esses, temos o mesmo fenômeno, mas com intervenções federais. Processos complicadíssimos, nos quais o impacto direto na vida de milhões de pessoas de um determinado estado está em jogo. Novamente há várias ocasiões nas quais as turmas ou o plenário decidiram em um dia mais de uma dezena de IFs. Excluídos, por fim, os processos de IF, o que resulta em um *ranking* com classes processuais variadas.

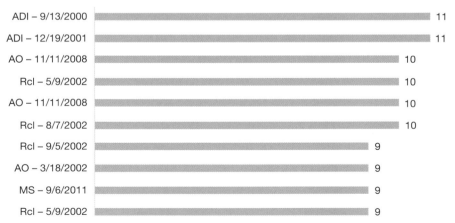

No dia 13 de setembro de 2000 ocorreram 11 decisões colegiadas em ADI. No ano seguinte, em 19 de dezembro, foram também 11. O fenômeno continua em tempos recentes: em 6 de setembro de 2011 foram nove decisões colegiadas em mandados de segurança. Vale lembrar que isso não exclui outras possíveis decisões colegiadas em outros tipos de processos no mesmo dia.

Em classes processuais diversas, agindo individualmente ou por via de decisões colegiadas, os ministros do Supremo decidem um número de processos muito maior do que uma atuação representativa de qualidade permitiria. Há vários motivos pelos quais essa carga de trabalho, refletida de maneira inclemente na atuação diária dos ministros, afeta de forma decisiva o conteúdo das próprias decisões. A carga de trabalho foi identificada, em estudo amplo com juízes federais nos Estados Unidos, como um fator inclusive na taxa de dissenso entre os julgadores.[30]

V. Origem das decisões

O terceiro aspecto relativo à qualidade das decisões do STF é a origem ou ente responsável. Como já ficou claro a partir das análises até aqui, há uma dinâmica de decisões colegiadas e monocráticas que permeia a atuação dos ministros tanto na jurisdição ordinária quanto na constitucional. Nessa segunda, seria de se esperar que os ministros evitassem apelar para as decisões individuais, pois atuam de maneira a produzir impacto nas escolhas do Legislativo e Executivo em um estado ou no país inteiro, seja pela via da eficácia *erga omnes* do controle concentrado, seja pela via do estabelecimento de jurisprudência para todo o Judiciário nacional no controle difuso.

O professor Barroso parece sugerir uma função representativa do Supremo, mas não de seus ministros isoladamente. Para isso lista uma série de decisões importantes que o Tribunal tomou por meio do plenário ou de suas turmas. Mas novamente aqui a descrição feita no texto parece estar em descompasso com a realidade do STF.

---

[30] Os autores notaram que "*[c]aseload affects the benefits of dissenting as well as the costs*". Lee Epstein, William M. Landes e Richard A. Posner, *The behavior of federal judges*, op. cit., p. 263.

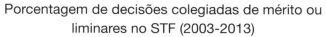

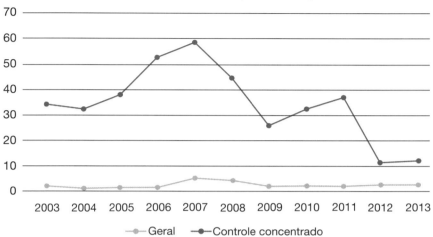

Na última década a prestação judicial do Supremo tem sido sempre, e em sua quase totalidade, monocrática. No geral, em nenhum ano houve mais de 5% de decisões colegiadas em sede de liminar ou decisão final de mérito. Isso é altamente preocupante ainda quando não se postula o argumento da função representativa do Tribunal.

A situação é ainda mais delicada quando se isolam os processos do controle concentrado.[31] Salvo em 2006 e 2007, as decisões colegiadas sempre constituíram minoria. O que é efetivamente alarmante é que em 2012 e 2013 elas representaram apenas uma em cada 10 decisões.

Na prática, se reconhecida uma função representativa ao Supremo, ela significaria um conjunto de ditaduras individuais e isoladas, com poder de, cada uma a seu tempo e em meio a dezenas ou milhares de decisões no mesmo dia, reverter escolhas dos poderes tradicionalmente representativos. Em se tratando de um tribunal, a realização de decisões por meio de órgãos colegiados fracionários ou um plenário é na verdade uma condição mínima de qualidade por diversas razões, independentemente da discussão de legi-

---

[31] ADI, ADPF, ADO, ADC.

timidade. A diversidade dos julgadores do colegiado,[32] por exemplo, é identificada como um fator necessário — que fica completamente inviabilizado quando as decisões são tomadas monocraticamente. Além disso, é provável que a "colegialidade" ajude a diminuir o peso de motivações isoladas do comportamento judicial.[33]

VI. Repetitividade das decisões

Os dados sobre a quantidade de decisões tomadas no mesmo dia sugerem que os ministros do Supremo não estão julgando questões diferentes ou novas, mas sim sempre mais do mesmo. Testar a repetitividade no conteúdo das decisões permite avaliar, entre outras coisas, se isso se confirma. Ou seja, nossa hipótese aqui é que os ministros são obrigados a decidir um enorme número de vezes sobre exatamente a mesma questão jurídica. Se isso for verdade, então esperamos encontrar alguma repetitividade no texto das decisões.

Por outro lado, se não há conteúdo repetido nas decisões, isso não significa que as questões jurídicas enfrentadas são inovadoras. É possível que sejam repetidas e ainda assim os ministros produzam decisões inteiramente novas — sob o ponto de vista das expressões e frases usadas.

Acima de tudo, é importante deixar claro que não estamos verificando a existência de plágio. A identidade de porções de texto entre diferentes decisões pode ser o resultado de diversas coisas. Uma citação direta de algumas frases de um livro pode ser usada por duas decisões diferentes, com a devida referência à fonte. Uma decisão A pode citar um trecho de uma decisão B,

---

[32] Como exemplo, a conclusão do estudo de Cass Sunstein, David Schkade e Lise Michelle Ellman, Ideological voting on Federal Courts of Appeals, op. cit., p. 352: "*Our only suggestions are that a high degree of diversity on the federal judiciary is desirable, that the Senate is entitled to pursue diversity, and that without such diversity, judicial panels will inevitably go in unjustified directions*".

[33] "*[T]he requirements of positive law, precedent, how a case is argued by the litigants, the effects of the confirmation process, the ideological views of the judges, leadership, diversity on the bench, whether a court has a core group of smart, well-seasoned judges, whether the judges have worked together for a good period of time, and internal court rules. My contention is that decision making is substantially enhanced if these factors are 'filtered' by collegiality*". EDWARDS, Harry T. The effects of collegiality on judicial decision making. *University of Pennsylvania Law Review*, v. 151, n. 5, p. 1689, 2003.

entre aspas, mencionando a fonte. Nesse caso, ainda assim nossa metodologia apontaria identidade de porções de texto entre a decisão A e a decisão B. Ainda outra possibilidade é que um ministro utilize porções idênticas de texto sobre determinada questão jurídica em diferentes decisões de sua autoria, sem aspas e sem citação de uma fonte em comum. Em nenhum desses casos há incidência de plágio.

O primeiro gráfico mostra as taxas de identidade de texto inter e intradocumentos de cada ministro do Supremo entre 2011 e 2013.

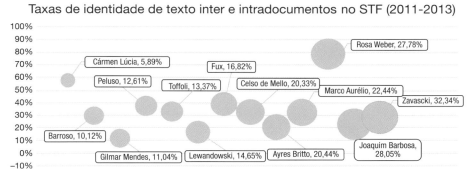

O círculo de cada ministro está posicionado ao longo do eixo vertical conforme a taxa de identidade interdocumentos. Para a ministra Cármen Lúcia, por exemplo, encontramos trechos idênticos em 57,5% dos documentos analisados. O tamanho da circunferência de cada círculo reflete a taxa de identidade intradocumentos. No caso da ministra Cármen Lúcia, os documentos com trechos de texto idênticos representam apenas 5,9% do total do documento. Essa taxa encontra-se também discriminada ao lado do nome de cada ministro. Os círculos estão alocados no eixo horizontal por ordem crescente da taxa de identidade intradocumentos.

A média de identidade interdocumentos dos ministros é 33,6%. A média de identidade intradocumentos é de 18,2%. Ou seja: entre 2011 e 2013, os ministros usaram trechos de alguma outra decisão em uma a cada três de suas decisões monocráticas. Quando usaram os trechos da decisão anterior, estes representaram cerca de 1/5 da nova decisão.

O segundo gráfico mostra os mesmos dados, porém no recorte por classe processual.

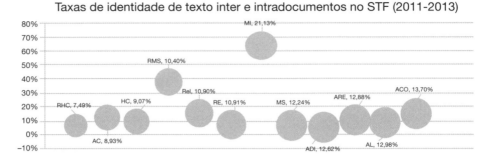

Taxas de identidade de texto inter e intradocumentos no STF (2011-2013)

Assim como no gráfico dos ministros, cada círculo é uma classe processual. A posição no eixo vertical indica a taxa de identidade interdocumentos e a circunferência do círculo (bem como a porcentagem ao lado do nome da classe processual) representa a taxa de identidade intradocumentos. A posição dos círculos segue a ordem crescente de taxa de identidade intradocumentos.

Como era de se esperar, as taxas são muito menores que quando o recorte é por ministro. Se há repetitividade, ela decorre geralmente de um mesmo gabinete utilizando o mesmo trecho em diversas decisões que produz. Por isso há chances maiores de encontrar esses documentos com trechos similares quando se olha para o conjunto de decisões de um mesmo ministro. Já quando se olha para o conjunto de decisões de uma mesma classe, porém de qualquer ministro, as chances são menores de se encontrar trechos idênticos.

Ainda assim, no caso dos mandados de injunção há 63,7% de documentos com trecho significativo idêntico ao documento-base. Mas o trecho idêntico representa apenas 12,1% dos documentos. A segunda maior taxa de identidade interdocumentos é o Recurso em Mandado de Segurança, com 37,4%. É surpreendente que mesmo nas decisões em ADIs — que, como visto anteriormente, são cada vez mais monocráticas — exista uma taxa de identidade intradocumento de 12,6%.

VII. Conclusão

Diante da realidade mostrada pelas evidências empíricas, podemos concluir que o Supremo não atua hoje em condições que pudessem vir a viabilizar o

LEGITIMIDADE DO STF E PERFORMANCE DO TRIBUNAL

exercício de uma função representativa. Além de outras condições de qualidade que também seriam necessárias, mas sequer chegamos a testar, o Tribunal não tem como produzir decisões com a qualidade necessária descrita por Barroso em seu artigo. Concordamos com o mérito, impacto e relevância das decisões citadas pelo professor, mas as evidências nos levam a crer que tais decisões não são representativas do todo.

É preciso deixar claro: não estamos defendendo uma análise sob a perspectiva de *rational choice*[34] e *law & economics* que viesse a ignorar o próprio conteúdo e discurso das decisões. A análise do conteúdo das decisões relevantes do Supremo feita por Barroso é parte necessária nessa discussão. Ou seja, não queremos advogar por um método de análises estatísticas que não levam minimamente em consideração o que os ministros estão de fato a dizer em seus votos.[35] Muito pelo contrário, inclusive já realizamos estudos sobre o discurso dos ministros em seus votos.[36] Exatamente por isso testamos a hipótese de que as decisões são repetitivas a partir da análise quantitativa de seu conteúdo. Não é possível considerar uma função representativa para uma Corte cujos membros são obrigados a repetir trechos extensos de decisões anteriores em uma a cada três de suas decisões. É importante deixar claro que esse dado não permite uma crítica à atuação dos ministros. Muito pelo contrário. Quando cada ministro é obrigado a enfrentar cerca de 7 mil processos por ano, é evidente que se trata de questões jurídicas repetitivas.

---

[34] Os pilares da própria noção de *rational choice* não são assim tão sólidos. A escolha racional dos julgadores é influenciada, por exemplo, por falhas cognitivas: "*Our study demonstrates that judges rely on the same cognitive decision-making process as laypersons and other experts, which leaves them vulnerable to cognitive illusions that can produce poor judgements*". GUTHRIE, Chris; RACHLINSKI, Jeffrey J.; WISTRICH, Andrew. Inside the judicial mind. *Cornell Law Review*, v. 86, p. 829, 2001.

[35] David Landau mostra que esse é de fato um dos problemas do favoritismo da *rational choice* no campo dos estudos sobre comportamento judicial. Acima de tudo, concordamos com o autor que "*[l]aw and economics, rational choice, and related theories of economic rationality are problematic partly because they miss this point: They posit universal accounts of motives and values that simply do not exist, and they tend to ignore the things that people (judges, for example) actually say*". LANDAU, David. The two discourses in Colombian constitutional jurisprudence: a new approach to modeling judicial behavior in Latin America. *George Washington International Law Review*, v. 37, p. 740, 2005.

[36] HARTMANN, Ivar A. M.; SOUZA, Renato Rocha. O discurso do Supremo no Mensalão — análise quantitativa dos votos orais no julgamento da AP 470. *Revista de Estudos Criminais*, v. 55, 2014.

E questões jurídicas repetitivas pedem respostas repetitivas. O problema obviamente não está no tanto de "copia-e-cola" com o qual os ministros são obrigados a se resignar, mas sim na quantidade monumental de recursos que são despejados sobre os gabinetes. Até que esse número seja reduzido drasticamente, não se pode exigir conduta diversa dos ministros do Supremo.

Os problemas confirmados pelos resultados de nosso estudo não constituem nenhuma surpresa. Longe disso. São conhecidos da comunidade jurídica — e hoje até de parte da população em geral. O próprio Barroso já expôs algumas dessas características nefastas, bem como valiosas propostas de solução para elas.[37] São ideias brilhantes, com as quais concordamos na sua quase totalidade. É preciso mudar, pois as atuais condições de atuação da mais alta Corte do país criam toda a espécie de incentivos para que mesmo os mais bem-intencionados e competentes ministros prestem um desserviço ao sistema jurídico e político da nação.

Temos confiança de que o dia virá no qual essas condições serão diferentes de hoje. Nesse dia, a necessidade e pertinência de se rever a teoria sobre as funções exercidas pelo Supremo na democracia brasileira tornar-se-ão ainda maiores.

Referências

ARGUELHES, Diego Werneck; HARTMANN, Ivar A. M. Law in the books and books in the Court. Are social rights literature and judicial practice on the same page in Brazil? *Annuaire Internationl des Droits de L'Homme*, v. VII, 2014.

BARROSO, Luís Roberto. *Reflexões sobre as competências e o funcionamento do Supremo Tribunal Federal*. Disponível em: <http://s.conjur.com.br/dl/palestra-ivnl-reflexoes-stf-25ago2014.pdf>. Acesso em: 9 abr. 2015.

DIAMOND, Shari Seidman; MUELLER, Pam. Empirical legal scholarship in law reviews. *Annual Review of Law and Social Science*, v. 6, p. 581-599, 2010.

---

[37] BARROSO, Luís Roberto. *Reflexões sobre as competências e o funcionamento do Supremo Tribunal Federal*. Disponível em: <http://s.conjur.com.br/dl/palestra-ivnl-reflexoes-stf-25ago2014.pdf>. Acesso em: 9 abr. 2015.

EDITORIAL. Judicial behavior and legal responsiveness. *Law & Society Review*, v. 3, 1967.

EDWARDS, Harry T. The effects of collegiality on judicial decision making. *University of Pennsylvania Law Review*, v. 151, n. 5, 2003.

EPSTEIN, Lee; KING, Gary. Building an infrastructure for empirical research in the law. *Journal of Legal Education*, v. 53, n. 3, 2003.

_____; LANDES, William M.; POSNER, Richard A. *The behavior of federal judges*. A theoretical & empirical study of rational choice. Cambridge: Harvard University, 2013.

_____; MARTIN, Andrew D. Quantitative approaches to empirical legal research. In: THE OXFORD handbook of empirical legal research. Nova York: Oxford University, 2010.

_____; PARKER, Christopher M.; SEGAL, Jeffrey A. Do justices defend the speech they hate? In-group bias, opportunism, and the first amendment. In: AMERICAN POLITICAL SCIENCE ASSOCIATION 2013 ANNUAL MEETING. Disponível em: <http://papers.ssrn.com/sol3/papers.cfm?abstract_id=2300572>. Acesso em: 5 maio 2015.

FALCÃO, Joaquim et al. *II Relatório Supremo em Números*: o Supremo e a Federação. Rio de Janeiro: Escola de Direito da Fundação Getulio Vargas, 2013.

_____; HARTMANN, Ivar A.; CHAVES, Vitor P. *III Relatório Supremo em Números*: o Supremo e o tempo. Rio de Janeiro: Escola de Direito da Fundação Getulio Vargas, 2014.

GOLDMAN, Sheldon. Behavioral approaches to judicial decision-making: toward a theory of judicial voting behavior. *Jurimetrics Journal*, v. 11, 1971.

GUTHRIE, Chris; RACHLINSKI, Jeffrey J.; WISTRICH, Andrew. Inside the judicial mind. *Cornell Law Review*, v. 86, 2001.

HARTMANN, Ivar A. M.; SOUZA, Renato Rocha. O discurso do Supremo no Mensalão — análise quantitativa dos votos orais no julgamento da AP 470. *Revista de Estudos Criminais*, v. 55, 2014.

KOPPEN, Peter J. Van; KATE, Jan Ten. Individual differences in judicial behavior: personal characteristics and private law decision-making. *Law & Society Review*, v. 18, n. 2, 1984.

LANDAU, David. The two discourses in Colombian constitutional jurisprudence: a new approach to modeling judicial behavior in Latin America. *George Washington International Law Review*, v. 37, 2005.

LANDES, William M.; POSNER, Richard A. Rational judicial behavior: a statistical study. *Journal of Legal Analysis*, v. 1, n. 2, 2009.

MAGRO, Maíra. Decisões por consenso são cada vez mais difíceis no STF. *Valor Econômico*, 27 ago. 2014. Disponível em: <www.valor.com.br/brasil/3669180/decisoes-por-consenso-sao-cada-vez-mais-dificeis-no-stf>. Acesso em: 5 maio 2015.

MANNING, Christopher D.; SCHÜTZE, Hinrich. *Foundations of statistical natural language processing*. Cambridge: MIT, 1999.

SCHAUER, Frederick. Incentives, reputation, and the inglorious determinants of judicial behavior. *University of Cincinnati Law Review*, v. 68, 2000.

SCHUBERT, Glendon. The importance of computer technology to political science research in judicial behavior. *Jurimetrics Journal*, v. 8, 1968.

SCHWARTZ, Thomas. Judicial behavior and the first amendment. *Communications and the Law*, v. 8, 1986.

SUCHMAN, Mark C.; MERTZ, Elizabeth. Toward a new legal empiricism: empirical legal studies and new legal realism. *Annual Review of Law and Social Science*, v. 6, p. 555-579, 2010.

SUNSTEIN, Cass; SCHKADE, David; ELLMAN, Lise Michelle. Ideological voting on Federal Courts of Appeals: a preliminary investigation. *Virginia Law Review*, v. 90, n. 1, 2014.

ULMER, S. Sidney; STOOKEY, John A. Nixon's legacy to the Supreme Court: a statistical analysis of judicial behavior. *Florida State University Law Review*, n. 3, 1975.

VERONESE, Alexandre. O problema da pesquisa empírica e sua baixa integração na área de direito: uma perspectiva brasileira da avaliação dos cursos de pós-graduação do Rio De Janeiro. In: CONGRESSO NACIONAL DO CONPEDI, 16., 2007, Belo Horizonte. *Anais...* Disponível em: <www.conpedi.org.br/manaus/arquivos/anais/bh/alexandre_veronese2.pdf>. Acesso em: nov. 2012.

YANOW, Dvora; SCHWARTZ-SHEA, Peregrine (Ed.). *Interpretation and method*: empirical research. Methods and the interpretive turn. Armonk: M. E. Sharpe, 2006.

YATES, Jeff; MOELLER, Justin; LEVEY, Brian. "For the times they are a-changing": explaining voting patterns of U.S. Supreme Court Justices through identification of micro-publics. *BYU Journal of Public Law*, v. 28, 2013.

Democraticidade ou juridicidade? Reflexões sobre o passivismo do STF e o futuro do controle judicial de constitucionalidade*

*Dimitri Dimoulis***
*Soraya Lunardi****

E tui e zoi
Diu strae makrée ce iun diverse
Mian orria ce tartea, ce mia mu llakku
Mia nkatramai, ce mian gomai llisàrria
Franco Corlianò, Pedimmu

1. O Tribunal constitucional não se legitima pela democraticidade, mas pela juridicidade

Após leitura e reflexão sobre as teses e análises do ministro Luís Roberto Barroso em relação ao papel do Supremo Tribunal Federal, pretendemos

---

* A base de nossa crítica são argumentos e dados dos nossos estudos previamente publicados: LUNARDI, Soraya. *Teoria do processo constitucional*. São Paulo: Atlas, 2013; DIMOULIS, Dimitri; LUNARDI, Soraya. *Curso de processo constitucional*. São Paulo: Atlas, 2014. Agradecemos os comentários dos professores Oscar Vieira, Adriana Ancona, Roberto Dias, Rubens Glezer e Eloisa Almeida.
** Doutor e pós-doutor em direito pela Universidade do Sarre (Alemanha). Professor de graduação e mestrado da Escola de Direito de São Paulo da Fundação Getulio Vargas (Direito GV). Diretor do Instituto Brasileiro de Estudos Constitucionais.
*** Doutora em direito pela Pontifícia Universidade Católica de São Paulo. Pós-doutorado pela Universidade Politécnica de Atenas. Professora de graduação e mestrado da Universidade Estadual Paulista (Unesp).

propor um diagnóstico diferente e fazer propostas de reformas processuais concretas. Constatamos a crise de identidade que enfrenta o STF ao buscar fundamentos políticos e democráticos para embasar suas decisões, se distanciando, muitas vezes, de sua função jurisdicional ou deixando de exercer sua função de corte constitucional.

Discordamos da visão político-democrática como base de legitimação do STF[1] assim como da avaliação positiva da atuação do Tribunal em razão de seu "ativismo"[2] e do otimismo em relação ao seu futuro[3] pelas razões que indicamos a seguir.

Nossa tese é que a compreensão do processo objetivo no controle de constitucionalidade como atividade com características marcadamente políticas e mesmo democráticas nega a aplicação de regras e limitações típicas do processo judicial. Essa é uma característica que entendemos problemática na jurisdição constitucional.

Partimos da premissa de que o ato classificado como jurisdicional deve ter as características próprias dessa função (função no sentido material). Se adquirir características das demais funções estatais, por exemplo, se for caracterizado pela democraticidade e politicidade que preponderam nos atos legislativos, ocorre violação do imperativo da separação de poderes, na medida em que essa "mutação" não é permitida pela Constituição.[4]

Há boas razões doutrinárias para afirmar que o controle judicial e abstrato de constitucionalidade não apresenta natureza legislativa.[5] Na ótica da separação de poderes, só pode ser ato de natureza jurisdicional. Isso significa que

---

[1] "Um olhar reconstrutivo sobre a jurisprudência e a própria postura da Corte permite concluir que ela tem desenvolvido, de forma crescente, uma nítida percepção de si mesma como representante da soberania popular." Luís Roberto Barroso, *Jurisdição constitucional*, op. cit., p. 46.

[2] "Em princípio, o ativismo judicial legitimamente exercido procura extrair o máximo das potencialidades do texto constitucional, inclusive e especialmente construindo regras específicas de conduta a partir de enunciados vagos (princípios, conceitos jurídicos indeterminados)." Ibid., p. 10.

[3] "A centralidade da Corte — e, de certa forma, do Judiciário como um todo — na tomada de decisões sobre algumas das grandes questões nacionais tem gerado aplauso e crítica e exige uma reflexão cuidadosa." Id., *Judicialização, ativismo judicial e legitimidade democrática*, op. cit., p. 2.

[4] DIMOULIS, Dimitri. Separação dos poderes. In: AGRA, Walber de Moura et al. (Org.). *Constitucionalismo*. Belo Horizonte: Fórum, 2008. p. 146.

[5] DIMOULIS, Dimitri; LUNARDI, Soraya. O "legislador negativo" no controle judicial de constitucionalidade. *Revista Brasileira de Estudos Constitucionais*, n. 15, p. 161-181, 2010.

não pode ser denominado "democrático" no sentido de participação direta do povo ou de sua representação por pessoas eleitas para tanto. Tampouco pode ser tido como político, criando-se uma nova categoria de atos estatais.

Isso fica mais claro fazendo algumas observações sobre o significado do atributo "politicidade" no direito. Por mais que tenha origem e finalidade política, a Constituição é um texto de validade e de efeitos jurídicos. Na concepção da separação de poderes, a atividade do Supremo Tribunal Federal é a de aplicar mandamentos constitucionais, atuando como guardião da supremacia constitucional na ordem do sistema jurídico. Isso impõe que a tomada de qualquer decisão pelo Tribunal no âmbito de suas competências judiciais respeite as características do processo judicial.

Ao julgar ações de inconstitucionalidade, o STF deve seguir os ritos processuais prescritos em normas vigentes e a fundamentação decorrer de argumentos jurídicos. Por fim, os efeitos da decisão no controle abstrato são jurídicos, vinculando a atividade de outras autoridades públicas, isto é, tendo o caráter definitivo e vinculante. Isso é típico da função jurisdicional,[6] não se confundindo com suas eventuais consequências políticas.[7]

Devemos rejeitar o argumento político ou democrático, sem ceder à tentação de acreditar que o controle de constitucionalidade seja uma forma de processo legislativo "disfarçado", dependente de considerações de oportunidade e até do arbítrio político, ou que a manifestação popular seja suficiente para que o Tribunal se abstenha de sua obrigação de cumprir os desígnios constitucionais.

Analisando o poder discricionário dos juízes, H. L. A. Hart observou:

> É importante que os poderes de criação que eu atribuo aos juízes, para resolverem os casos parcialmente deixados de regular pelo direito, sejam diferentes dos de um órgão legislativo: não só os poderes do juiz são objetos de muitos constrangimentos que estreitam a sua escolha, de que um órgão legislativo pode estar consideravelmente liberto, mas, uma vez que os poderes do juiz são exercidos apenas para ele se libertar de casos concretos que urge resolver, ele não pode usá-los para introduzir

---

[6] Dimitri Dimoulis, Separação dos poderes, op. cit., p. 149.

[7] Ver TAVARES, André Ramos. *Fronteiras da hermenêutica constitucional.* São Paulo: Método, 2006.

reformas de larga escala ou novos códigos. Por isso os seus poderes são *intersticiais* e sujeitos a muitos constrangimentos substantivos.[8]

A criação judicial do direito não deve se dar de forma discricionária, devendo o juiz indicar as razões internas ao sistema jurídico que justificam sua decisão para comprovar que respeitou a limitação do caráter "intersticial" de seus poderes criativos, na terminologia hartiana.

O mecanismo da separação de poderes que permite fiscalizar uma agência de poder mediante a atuação de outras instâncias estatais dotadas de competências de controle, incluindo a modificação ou anulação de decisões do outro poder, tem como *ponto de convergência* a atuação do STF. Cabe a esse Tribunal controlar decisões de todos os poderes quando há dúvidas e conflitos que, na maioria das vezes, envolvem a tutela de direitos fundamentais. Justamente por isso é concedido aos juízes constitucionais um considerável poder de decisão. Eles podem modificar ou afastar decisões dos demais poderes, decidindo de maneira que tem grande impacto social.

Quando o controle de constitucionalidade não deriva da própria Constituição, mas se situa além ou acima dela, utilizando como parâmetros teorias jusnaturalistas, moralistas ou sociológicas, submete outras instâncias políticas à Constituição, mas ele mesmo não a segue. Isso compromete a legitimidade de suas decisões, pois a feição política gera não só protestos de quem se sente prejudicado, mas também questionamentos sobre a conveniência de existir uma justiça constitucional.

O argumento básico para legitimar a justiça constitucional é justamente a democracia representativa. Por mais que possam ser feitos questionamentos sobre a qualidade da democracia[9] e a qualidade da legislação[10] na atualidade, há consenso social de que as leis são (e devem ser) elaboradas pelo Legislativo como legítimo representante popular, conforme a Constituição. A Constituição brasileira deixa clara essa ideia em seu preâmbulo: "Nós, repre-

---

[8] HART, Herbert. *O conceito de direito.* Lisboa: Fundação Calouste Gulbenkian, 2001. p. 336.

[9] DIMOULIS, Dimitri. Direitos fundamentais e democracia. Da tese da complementaridade à tese do conflito. *Revista Brasileira de Estudos Constitucionais*, p. 200-214, 2007.

[10] WALDRON, Jeremy. "Despotism in some form": Marbury vs. Madison. In: GEORGE, Robert (Org.). *Great cases in constitutional law.* Princeton: Princeton University, 2000. p. 534.

sentantes do povo brasileiro, reunidos em Assembleia Nacional Constituinte para instituir um Estado Democrático [...]". É o direito posto.

O papel do Judiciário só pode consistir na aplicação desse direito. Justamente isso legitima sua atuação. Apesar de não ser democraticamente eleito, o Judiciário possui autoridade e poder decisório porque preserva a vontade estampada nas decisões dos representantes populares, mantendo-se fiel aos mandamentos da Constituição.

Em contraposição à proposta de legitimação do Judiciário pela fidelidade na aplicação do direito (o juiz como "boca da lei" ou "guardião da Constituição"), no campo da justiça constitucional são bastante difundidas as abordagens procedimentalistas, exemplarmente formuladas por Häberle e Ely.

Häberle propõe a abertura hermenêutica que possibilite às minorias sociais e políticas sugerir "alternativas" para a interpretação constitucional. Em sua visão, tanto o cidadão que interpõe uma ação constitucional quanto o partido político que impugna uma decisão legislativa são intérpretes da Constituição. A justiça constitucional deve ter compromisso com o modelo do pluralismo e construir regras processuais que ofereçam instrumentos pluralistas de informação e participação.[11]

Por outro lado, a inserção da Corte Constitucional no espaço pluralista evita distorções que poderiam advir da independência do juiz no sentido da possibilidade de decidir independentemente de opiniões presentes na sociedade.

> Uma Constituição que estrutura não apenas o Estado em sentido estrito, mas também a própria esfera pública, dispondo sobre a organização da própria sociedade e, diretamente, sobre setores da vida privada, não pode tratar as forças sociais e privadas como meros objetos. Ela deve integrá-las ativamente enquanto sujeitos [...]. Limitar a hermenêutica constitucional aos intérpretes "corporativos" ou autorizados jurídica ou funcionalmente pelo Estado significaria um empobrecimento ou um autoengodo.[12]

---

[11] Sobre as teorias processuais da Constituição, com destaque para Ely e Häberle, ver BERCOVICI, Gilberto. A Constituição de 1988 e a teoria da Constituição. In: TAVARES, André Ramos et al. (Org.). *Constituição Federal 15 anos*. Mutação e evolução. São Paulo: Método, 2003.

[12] HÄBERLE, Peter. *Hermenêutica constitucional*. A sociedade aberta dos intérpretes da Constituição. Porto Alegre: Sérgio Antônio Fabris, 1997. p. 34.

John Hart Ely também defende tese procedimentalista de legitimação constitucional e procura justificar suas ideias com base no argumento da igualdade de participação dos cidadãos nas decisões políticas.[13] A Constituição aparece como texto preponderantemente procedimental, utilizado para fortalecer a democracia e melhorar a governabilidade graças à legitimação mais efetiva e forte do poder político. Isso impõe a inclusão da população não só pelo sistema de representação política convencional, mas também pela atuação de grupos minoritários junto ao Judiciário. Formas de participação como os debates públicos e o *amicus curiae* garantem que o jogo político seja mais autêntico e inclusivo, evitando o forte predomínio das maiorias.[14]

Essas teorias acrescentam um elemento à tradicional ideia do juiz como guardião da normatividade, isto é, como instrumento a serviço da democracia representativa. Elas destacam o papel genuinamente democrático da justiça constitucional que possibilita um debate livre e pluralista em paralelo ao debate político parlamentar, realizado com participação da sociedade civil sem as barreiras do sistema eleitoral e garantindo uma democracia de melhor qualidade.

Como afirmou o ministro Gilmar Mendes:

> O Supremo Tribunal Federal demonstra, com este julgamento, que pode, sim, ser uma Casa do povo, tal qual o parlamento. Um lugar onde os diversos anseios sociais e o pluralismo político, ético e religioso encontram guarida nos debates procedimental e argumentativamente organizados em normas previamente estabelecidas. As audiências públicas, nas quais são ouvidos os experts sobre a matéria em debate, a intervenção dos *amici curiae*, com suas contribuições jurídica e socialmente relevantes, assim como a intervenção do Ministério Público, como representante de toda a sociedade perante o Tribunal, e das advocacias pública e privada, na defesa de seus interesses, fazem desta Corte também um *espaço democrático*. Um espaço aberto à reflexão e à argumentação jurídica e moral, com ampla repercussão na coletividade e nas instituições democráticas.

---

[13] ELY, John Hart. *Democracy and distrust*: a theory of judicial review. Cambridge: Harvard University, 1980. p. VII.

[14] Detalhadamente, AGRA, Walber de Moura. *A reconstrução da legitimidade do Supremo Tribunal Federal*: densificação da jurisdição constitucional brasileira. Rio de Janeiro: Forense, 2005.

O debate democrático produzido no Congresso Nacional por ocasião da votação e aprovação da Lei n. 11.105/2005, especificamente de seu art. 5º, não se encerrou naquela casa parlamentar. Renovado por provocação do Ministério Público, o debate sobre a utilização de células-tronco para fins de pesquisa científica reproduziu-se nesta Corte com intensidade ainda maior, com a nota distintiva da racionalidade argumentativa e procedimental própria de uma Jurisdição Constitucional. Não há como negar, portanto, a legitimidade democrática da decisão que aqui tomamos hoje.[15]

Dentro dessa análise do papel democrático a ser desempenhado pelo Supremo Tribunal Federal, a questão que chama a atenção é a forte presença do *amici curiae* nos últimos anos nos processos de controle concentrado de constitucionalidade. Pesquisa específica mostrou que houve 1.440 pedidos de ingresso nessa condição até 2008, tendo sido quase todos autorizados a atuar no processo. Até esse ano as ações de controle abstrato com a atuação de *amicus curiae* foram julgadas no mérito em 57,4% dos casos, enquanto a porcentagem de decisão de mérito em processos sem a participação de *amicus curiae* foi de 34,8%. Isso pode significar que o STF analisa com maior cuidado ações que recebem interesse e apoio jurídico de *amici*.[16]

A ampliação da participação de *amici* no STF é um elemento importante da configuração atual do processo objetivo, não sendo raras ADIns com dezenas de pedidos de atuação. É um canal que faz ouvir a voz de grupos sociais no sentido apresentado por Ely e Häberle.

Devemos, contudo, fazer um esclarecimento sobre o conteúdo e significado da intervenção dos *amici*. Suas petições e sustentações orais apresentam argumentos jurídicos e, em alguns casos, dados fáticos e prognósticos sobre o impacto de certa decisão. Mas é difícil imaginar que algum desses dados e argumentos não seja de conhecimento prévio dos ministros. No momento de elaboração de seu voto o ministro já tomou conhecimento da petição inicial, da resposta do órgão legislativo que defende sua decisão. Recebeu também circunstanciados pareceres da Advocacia-Geral da União e do Ministério Público Federal e, por fim, realizou a própria pesquisa de doutrina e

---

[15] Voto do ministro Gilmar Mendes na ADIn nº 3.510, rel. min. Carlos Britto, julg. 29-5-2008.

[16] Dados conforme MEDINA, Damaris. *Amicus curiae*: amigo da Corte ou amigo da parte? São Paulo: Saraiva, 2010. p. 113-135.

jurisprudência, devidamente assessorado. Isso diminui muito a probabilidade de as petições dos *amici* aportarem elemento jurídico que possa efetivamente influenciar a decisão.

Assim, a função processual dos *amici curiae* diferencia-se daquela do conselheiro jurídico que emite parecer com o intuito de enriquecer o debate. Assemelha-se muito mais à de um representante de interesses e ideologias sociais que utiliza sua autoridade, acadêmica ou política, para influenciar o Tribunal. Dito de outra maneira, o *amicus curiae* defende interesses institucionais, relacionados com a legitimidade da justiça constitucional.[17]

Ao oferecer a interessados a possibilidade de expor suas razões, o instituto contribui para a pluralização dos conflitos constitucionais. A pergunta crucial é: com base em quais critérios decidirão os julgadores. Não seria concebível (nem se tem notícia) de votos que seguem a opção majoritária entre as manifestações dos *amici* ou a opinião que for considerada socialmente mais oportuna ou progressista. Quando, porém, o julgador, procura a fundamentação jurídica adequada independentemente de argumentos de autoridade e de número de adeptos, não se verifica politicidade ou democratização, mas tão somente uma abertura que condiz com a configuração tradicional do devido processo legal: *audiatur omnis pars!*

Nessa perspectiva, as intervenções dos grupos sociais interessados não são apenas sinalizações da visão constitucional dos grupos. Ao apresentar certos argumentos jurídicos, o *amicus curiae* obriga, indiretamente, o Tribunal a se posicionar. Por mais que fossem conhecidos do Tribunal, tais argumentos poderiam não ser enfrentados, se o *amicus curiae* não insistisse neles. Essa é a razão das arguições orais dos *amici,* que oferecem visibilidade pública a certos argumentos que o Tribunal não deve ignorar em sua fundamentação.

De igual ou maior relevância do que a atuação dos *amici curiae* é, no caso do STF, o fortíssimo interesse da opinião pública por suas decisões e os amplos debates nos meios de comunicação sobre as fundamentações e o acerto de cada decisão.[18] Alguns anos atrás seria inconcebível a transmissão

---

[17] Ver a discussão em Soraya Lunardi, *Teoria do processo constitucional*, op. cit., p. 140-147.

[18] A TV Justiça, criada em 2002, é um exemplo de como a publicidade das decisões ganhou importância (comentários em Dimitri Dimoulis e Soraya Lunardi, *Curso de processo constitucional*, op. cit., p. 165).

ao vivo de julgamentos com imediata repercussão nos meios de comunicação e nas redes sociais. Igualmente nova é a realização de debates na imprensa não especializada sobre institutos processuais e argumentações jurídicas, tornando-se o direito constitucional tema do cotidiano e os integrantes da Corte *personae* do debate público.[19]

Essa visibilidade exerce inegável influência psicológica aos julgadores. Houve inclusive debates entre integrantes do Tribunal sobre a influência que deve ter a opinião pública.[20]

Aqui devemos repetir a observação anterior. Não conhecemos nem nos pareceriam possíveis decisões judiciais fundamentadas em opiniões ou até pressões da opinião pública e da mídia. Se tais fatores extrajurídicos influenciam o comportamento judicial de certo magistrado, a influência é indevida e passível de crítica.[21] Do ponto de vista hermenêutico, os elementos externos relevantes necessitam de filtragem jurídica, por exemplo, alegando mutação constitucional ou outro argumento nesse sentido. Aqueles que aceitam esses argumentos justificam sua opção com base em analogias como a Constituição "viva"[22] ou "invisível".[23] Essas formas de interpretação permitem o contato entre a Constituição e realidades ou anseios de grupos sociais. Mas de maneira alguma se pode aceitar decisão judicial decorrente de considerações de representatividade política.

As teorias procedimentalistas do controle de constitucionalidade apresentam problemas de confirmação empírica, que verificamos com base nos seguintes fatos:

— A justiça constitucional é instituição elitista em termos de recrutamento e função social, sendo pouco provável que levará em consi-

---

[19] No dia 5 de abril de 2015, o tema central escolhido pelo jornal *O Globo* e ocupando metade da primeira página eram os pedidos de vista nos julgamentos do STF.

[20] Ver as reportagens em: <www1.folha.uol.com.br/poder/1103550-opiniao-publica-nao-influencia-resultado-do-mensalao-diz-fux.shtml>; <http://politica.estadao.com.br/noticias/geral, ministros-do-stf-no-mensalao-entre-o-palanque-e-a-prestacao-de-contas,1074745>.

[21] Sobre a presença de fatores extrajurídicos no processo interpretativo, ver DIMOULIS, Dimitri. *O positivismo jurídico*. Introdução a uma teoria do direito e defesa do pragmatismo jurídico-político. São Paulo: Método, 2006. p. 224-231.

[22] STRAUSS, David. *The living Constitution*. Oxford: Oxford University, 2010.

[23] TRIBE, Laurence. *The invisible Constitution*. Oxford: Oxford University, 2008.

deração interesses de classes populares de maneira mais intensa e eficiente do que os poderes periodicamente eleitos e submetidos a controle popular.

— O acesso popular é praticamente impedido nas ações diretas e o *iter* que permite que o STF se pronuncie em sede de controle incidental é custoso e demorado.

— A justiça constitucional (e internacional) tutela, de maneira prioritária, os direitos de liberdade em detrimento da igualdade substancial-real e da solidariedade. Isso faz com que seja basicamente um instrumento de tutela dos interesses dos grupos dominantes e não dos excluídos.

Alguns autores que formulam tais críticas chegam à proposta de limitação extrema da justiça constitucional, cedendo seu espaço ao constitucionalismo popular que deve ter os próprios cidadãos como protagonistas.[24] Esse raciocínio mostra justamente a falta de representatividade da justiça constitucional e a fraqueza do argumento da representatividade.

Diante disso, a maneira correta de determinar a identidade da justiça constitucional e de encontrar a base de sua legitimidade é o retorno à teoria clássica de seu papel como guardião da Constituição em uma democracia, graças à sua função de intérprete fiel e objetivo da Constituição, com atuação transparente e oferecendo a devida fundamentação jurídica.

2. Sobre a tendência passivista do STF

A literatura de direito e ciências sociais no Brasil converge a partir dos anos 2000 no diagnóstico de que há *ativismo judicial*. Esse ativismo caracterizaria o Judiciário em geral, com ênfase no STF.[25] Os posicionamentos pessoais dos

---

[24] TUSHNET, Mark. *Taking the Constitution away from the Courts*. Princeton: Princeton University, 1999; KRAMER, Larry. *The people themselves*: popular constitutionalism and judicial review. Oxford: Oxford University, 2004.

[25] Há menções ao ativismo desde 1985 (ROCHA, Lincoln Magalhães da. Federalismo e ativismo judicial nos Estados Unidos. *Revista do Curso de Direito da Universidade Federal de Uberlândia*, v. 14, p. 265-284, 1985), encontrando-se referências às virtudes do ativismo no Brasil em LEITE, Evandro Gueiros. Ativismo judicial. In: TEIXEIRA, Sálvio de Figueiredo (Org.). *O Judiciário e*

autores perante o ativismo são extremamente variados, desde o entusiasmo[26] até a rejeição,[27] passando por posicionamentos intermediários que insistem na *racionalidade do processo decisório*.[28]

Mas todos consideram que há efetivamente ativismo judicial no Brasil no duplo sentido do termo.

a. Ativismo no sentido da intensa atividade do Judiciário para fiscalizar e modificar decisões do Legislativo. Trata-se de um *ativismo quantitativo*.

b. Ativismo no sentido da utilização de formas de interpretação e de ação processual que aumentam os poderes dos magistrados. Esse seria um *ativismo qualitativo*, atuando o Tribunal como legislador, muitas vezes sob o pretexto da interpretação ou da colmatação de lacunas.

Divergimos desse diagnóstico. Consideramos que o STF é passivista no sentido quantitativo e que os casos nos quais se mostra ativista no sentido qualitativo, ao expandir seus poderes decisórios, atua de maneira pouco coerente, gerando a impressão de um ativismo arbitrário.

---

a Constituição. São Paulo: Saraiva, 1994; e DOBROWOLSKI, Silvio. A necessidade de ativismo judicial no Estado contemporâneo. *Revista da Esmesc*, v. 2, n. 2, p. 159-170, 1996. Indicação da produção bibliográfica e observações críticas sobre o conceito de "ativismo" em DIMOULIS, Dimitri; LUNARDI, Soraya. Ativismo e autocontenção judicial no controle de constitucionalidade. In: FELLET, André; PAULA, Daniel; NOVELINO, Marcelo (Org.). *As novas faces do ativismo judicial*. Salvador: Juspodivm, 2011; STRAPAZZON, Carlos Luiz; GOLDSCHMIDT, Rodrigo. Teoria constitucional e ativismo político: problemas de teoria e de prática com direitos fundamentais sociais. *Revista Facultad de Derecho y Ciencias Políticas*, n. 119, p. 567-624, 2013.

[26] TAVARES, André Ramos. Justiça constitucional e direitos sociais no Brasil. In: FRANCISCO, José Carlos (Org.). *Neoconstitucionalismo e atividade jurisdicional*. Belo Horizonte: Del Rey, 2012; FRANCISCO, José Carlos. (Neo)Constitucionalismo na pós-modernidade: princípios fundamentais e justiça pluralista. In: FRANCISCO, José Carlos (Org.). *Neoconstitucionalismo e atividade jurisdicional*. Belo Horizonte: Del Rey, 2012.

[27] RAMOS, Elival da Silva. Eficácia de normas constitucionais, implementação de direitos fundamentais e ativismo judiciário. In: José Carlos Francisco (Org.), *Neoconstitucionalismo e atividade jurisdicional*, op. cit., p. 256-260; ver o artigo de Adriana Ancona e Roberto Dias nesse volume.

[28] BARROSO, Luís Roberto. Da falta de efetividade à judicialização excessiva. Direito à saúde, fornecimento gratuito de remédios e parâmetros para a atuação judicial. In: LEITE, George Salomão; LEITE, Glauco Salomão (Org.). *Constituição e efetividade constitucional*. Salvador: Juspodivm, 2008; DIMOULIS, Dimitri. Além do ativismo e do minimalismo judicial no campo dos direitos fundamentais. Justificação jurídica de decisões e competências. In: José Carlos Francisco (Org.), *Neoconstitucionalismo e atividade jurisdicional*, op. cit., p. 265-273.

Sob a égide da Constituição de 1988 houve numerosas decisões ativistas em todas as instâncias, notadamente no campo das omissões legislativas e da efetivação de *alguns* direitos sociais. Nos anos 2000, o STF tornou-se protagonista na configuração do sistema de direitos fundamentais com decisões que despertaram o interesse da opinião pública e foram objeto de muitos estudos doutrinários. Em ordem cronológica, podemos mencionar as decisões sobre: racismo;[29] execução de pena dos condenados por crimes hediondos;[30] reforma tributária;[31] biotecnologia;[32] infidelidade partidária;[33] tutela dos direitos dos índios;[34] Configuração da comunicação social;[35] união estável de pessoas do mesmo sexo;[36] aborto;[37] Ações afirmativas a favor de grupos fragilizados.[38] Um estudo mais profundo permitiria dizer se em algumas áreas o STF foi mais ativo.[39] Mas o fato de existirem decisões relevantes que declaram inconstitucionalidades e tentam colmatar lacunas normativas não significa que se pode automaticamente afirmar a existência de ativismo.

Com efeito, a discussão em torno do ativismo judicial não pode ter rigor metodológico e potencial probatório se não forem desenvolvidos *critérios* claros que permitam *medir* o ativismo como tendência concreta e não tratá-lo como ideia vaga. Esses critérios permitiriam analisar a prática de

---

[29] HC nº 82.424, rel. min. Moreira Alves, julg. 17-9-2003.

[30] HC nº 82.959, rel. min. Marco Aurélio, julg. 23-2-2006.

[31] ADIn nº 3.105, rel. min. Ellen Gracie, julg. 2-2-2007.

[32] ADIn nº 3.510, rel. min. Ayres Britto, julg. 29-5-2008.

[33] ADIn nº 3.999 e 4.086, rel. min. Joaquim Barbosa, julg. 12-11-2008.

[34] Petição nº 3.388, rel. min. Carlos Britto, julg. 19-3-2009.

[35] ADPF nº 130, rel. min. Carlos Britto, julg. 30-4-2009.

[36] ADIn nº 4.277, rel. min. Carlos Britto, julg. 5-5-2011.

[37] ADPF nº 54, rel. min. Marco Aurélio, julg. 12-4-2012.

[38] ADPF nº 186, rel. min. Ricardo Lewandowski, julg. 26-4-2012.

[39] Faria considera que o STF foi ativista no campo do direito eleitoral e dos partidos políticos, notadamente ao convalidar decisões do TSE. FARIA, Adriana Ancona de. *O ativismo judicial do STF no campo político-eleitoral*: riscos antidemocráticos. Tese (doutorado) — Faculdade de Direito, Pontifícia Universidade Católica de São Paulo, São Paulo, 2013. Ver também o artigo de Adriana Ancona de Faria e Roberto Dias neste volume. Essa tese pode ser discutida, pensando que o STF pouco alterou o funcionamento do sistema partidário. Ao invalidar a cláusula de barreira, manteve a fragmentação partidária que, sabidamente, oferece as condições objetivas para práticas de negociação de recursos e cargos dentro e fora dos limites da legalidade. Além disso, a constatação de ativismo em certa área do direito pode indicar, *a contrario*, que nas demais a postura do Tribunal foi passivista.

determinado tribunal, chegando a conclusões metodologicamente controláveis em relação ao ativismo tanto no sentido quantitativo quanto no sentido qualitativo-"legislativo".

Não nos parece arriscado sustentar que o STF não foi ativista desde 1988. Utilizamos como base a nossa observação da jurisprudência do Tribunal, assim como avaliação quantitativa de sua atividade decisória nos anos de governo do PT (mandatos Lula da Silva e primeiro mandato de Dilma Rousseff, 2003-14).[40]

Pesquisa relativamente recente mostrou que o STF adota em sede de controle abstrato de constitucionalidade, quantitativamente, postura de aceitação das opções da maioria política que forma a coalizão do Executivo com o Legislativo. Entre 1988 e 2009 somente 0,98% das leis federais promulgadas foram declaradas total ou parcialmente inconstitucionais mediante ADIn.[41] A nossa pesquisa, ainda em andamento, confirma esse passivismo, indicando que são muito poucos os casos em que o STF questionou decisões e opções políticas da coalizão majoritária.

O manuseio desses dados deve ser feito com cautela metodológica, pois a pecha de inconstitucionalidade não acompanha a maioria das normas legais. Em particular, a legislação federal costuma ser aprovada após longa tramitação e múltiplos controles técnicos e negociações políticas, sendo de esperar que a taxa de declaração de inconstitucionalidade seja baixa. Além disso, a baixíssima taxa de declarações de inconstitucionalidade de leis caracteriza a atuação das Cortes constitucionais. Basta indicar que o Tribunal constitucional federal alemão, tido como exemplo de rigor argumentativo, em mais de 60 anos de atividade decisória (de 1951 a 2013) declarou a inconstitucionalidade de apenas 428 dispositivos de leis ou decretos federais,[42] e nos últimos anos a taxa de êxito de reclamações individuais sobre inconstitucionalidade se situa entre 1,5% e 2,5%.[43]

O nosso conceito de passivismo diz respeito aos *resultados* da atuação do Tribunal. Ainda que se considerasse que a baixíssima taxa de declaração

---

[40] Pesquisa em andamento feita pelos autores em colaboração com o doutor Gabriel Calil.

[41] POGREBINSCHI, Thamy. *Judicialização ou representação?* Rio de Janeiro: Elsevier, 2011. p. 110.

[42] Disponível em: <www.bundesverfassungsgericht.de/DE/Verfahren/Jahresstatistiken/2013/gb2013/A-VI.html>.

[43] Disponível em: <www.bundesverfassungsgericht.de/DE/Verfahren/Jahresstatistiken/2013/gb2013/A-IV-2.html>.

de inconstitucionalidade de normas federais fosse juridicamente justificada, permaneceria o fato que o STF não atua como força contramajoritária ou "freio e contrapeso". Em um sistema político no qual o Executivo e o Legislativo funcionam de maneira unificada, "absorvendo" críticas e dissidências conforme o mecanismo da resiliência constitucional,[44] um Tribunal que não questiona decisões de política econômica e social dos demais poderes, permanece um poder *politicamente passivo*.

Os críticos do ativismo judicial podem considerar que essa postura do STF é oportuna. A nossa abordagem que considera crucial a correção processual e a fundamentação jurídica exaustiva das decisões converge em grande parte com essa posição, pois não se deveria decidir em nome do justo, do progressista, do exemplar ou de qualquer outro ideal "iluminista".

Mas antes de avaliar a contribuição do STF no funcionamento do Estado constitucional devemos elaborar um diagnóstico preciso. Os dados disponíveis mostram que o Tribunal é passivista e que, adotando uma postura criticável, posterga por anos ou até décadas as decisões de mérito sobre leis federais, convalidando as opções do Legislativo/Executivo mediante sua inércia, mais precisamente, mediante uso estratégico da "arma" processual de construção discricionária da pauta.[45]

A tendência passivista acentuou-se nos últimos anos, notadamente após o início do julgamento do "Mensalão" em 2012. O Tribunal praticamente deixou de cumprir seu papel de juiz constitucional que realiza controle abstrato. Centrou-se em suas competências penais originárias e no julgamento de recursos extraordinários e *habeas corpus*. Julgamentos importantes são postergados, retirados da pauta ou suspensos em razão de pedidos de vista.

Em uma lista certamente não exaustiva podem indicar os seguintes:

— A Lei de Anistia política de 1979, cuja invalidade já foi declarada pela Corte Interamericana de Direitos Humanos contrariando decisão do Supremo. O julgamento sobre esse conflito está pendente desde 2011.[46]

---

[44] VIEIRA, Oscar Vilhena et al. *Resiliência constitucional*. São Paulo: Direito-GV, 2013.

[45] Dimitri Dimoulis e Soraya Lunardi, *Curso de processo constitucional*, op. cit., p. 112-114.

[46] Embargos declaratórios na ADPF nº 153, rel. min. Luiz Fux, embargos interpostos em 16-3-2011. A essa ação foi apensada a ADPF nº 320.

— Os planos econômicos que importaram em confiscos, com centenas de milhares de processos suspensos há anos e elevadíssimos valores em discussão, sendo o primeiro recurso perante o STF protocolado em 2008.[47]
— O financiamento de campanhas eleitorais por pessoas jurídicas. A questão encontra-se no centro do debate político dos últimos anos, sendo apontada como principal forma de criar redes de corrupção. A ADIn foi protocolada em 2011, e pedido de vista do ministro Gilmar Mendes, feito em 2014, impede a conclusão do julgamento.[48]
— O questionamento da Lei nº 12.374 de 2013 que modificou a regra para distribuição dos *royalties* do petróleo entre estados e municípios.[49]
— O questionamento do Código Florestal de 2013 em seus dispositivos considerados lesivos ao meio ambiente em nome da tutela de interesses financeiros de empresas.[50]

Uma lista completa das "decisões de não decidir" deveria integrar muitas leis relevantes que aguardam resposta ao questionamento de sua constitucionalidade há mais de uma década, entre as quais a lei de responsabilidade fiscal (ADIn de 2000), a lei que regulamentou a ADPF (ADIn de 2000) e a emenda constitucional que federaliza os crimes contra direitos humanos (ADIn de 2005).

A tendência passivista mostra-se também na interação do legislador com o STF. No Brasil pós-1988, o legislador constituinte e ordinário outorgou ao Tribunal poderes sempre maiores, mas ele hesita em exercê-los. Um exemplo oferece a ADPF que mesmo após a sua regulamentação infraconstitucional em 1999 permaneceu sem resultados práticos relevantes, tendo havido até março de 2015 deferimento de apenas cinco ADPF.[51]

---

[47] ADPF 165, rel. min. Ricardo Lewandowski, protocolada em 5-3-2009; Recurso Extraordinário nº 591.797, rel. min. Dias Toffoli, protocolado em 13-8-2008; Recurso Extraordinário nº 626.307, rel. min. Dias Toffoli, protocolado em 15-6-2010; Recurso Extraordinário nº 632.212, rel. min. Gilmar Mendes, protocolado em 3-11-2010; Recurso Extraordinário nº 631.363, rel. min. Gilmar Mendes, protocolado em 13-10-2010.

[48] ADIn nº 4.650, rel. min. Luiz Fux, protocolada em 5-9-2011.

[49] ADIn nº 4.917, rel. min Cármen Lúcia, protocolada em 15-3-2013.

[50] ADIn nºs 4.901, 4.902, 4.903, rel. min. Luiz Fux, protocoladas em 21-1-2013.

[51] Disponível em: <www.stf.jus.br/portal/cms/verTexto.asp?servico=estatistica&pagina=adpf>.

De maneira semelhante, a Emenda Constitucional nº 45 de 2004 previu a possibilidade de edição de súmulas vinculantes com força de lei, mas o STF evitou por anos exercer essa competência, sendo a edição de súmulas muito parcimoniosa e, geralmente, regulamentando questões pontuais.

Parecida é a atuação em sede de mandado de injunção, outra criação original da constituinte de 1988. Por duas décadas o STF negou-se a dar efetividade ao remédio e mesmo após a mudança de orientação supriu omissões com extrema parcimônia.[52]

Em todos esses casos, o STF adota postura passivista e se nega a exercer poderes que na dicção de Oscar Vilhena seriam "supremocráticos"[53] e que o legislador lhe concedeu.

Em aparente contradição encontram-se decisões, esporádicas, que acusam uma tendência que podemos denominar *ativismo arbitrário*. Decisões jurídica e politicamente importantes são tomadas às pressas e individualmente e o Tribunal não mostra a capacidade ou a vontade de reexaminá-las pelo seu plenário, muitas vezes também por isso não decidindo com a devida fundamentação.

O caso mais expressivo é a decisão sobre a Emenda Constitucional nº 73 que criou quatro tribunais regionais federais. A emenda foi suspensa por decisão liminar monocrática do ministro Joaquim Barbosa que já tinha manifestado publicamente seu inconformismo com a decisão do Congresso Nacional, utilizando inclusive termos depreciativos.[54] A liminar foi concedida em 18 de julho de 2013,[55] um dia após o protocolo da ação. Desde então não houve manifestação do plenário, ocorrendo contínua suspensão de decisão do poder constituinte em virtude da decisão de um único ministro.[56] Considerando que o STF é praticamente o único tribunal no mundo que declara a

---

[52] RAMOS, Luciana de Oliveira. Controle de constitucionalidade por omissão no Supremo Tribunal Federal. *Revista Brasileira de Estudos Constitucionais*, n. 20, p. 263-287, 2011; Dimitri Dimoulis e Soraya Lunardi, *Curso de processo constitucional*, op. cit., p. 121-137, 405-411.

[53] VIEIRA, Oscar Vilhena. Supremocracia. *Revista Direito GV*, n. 8, p. 441-463, 2008.

[54] Ver as reportagens: <http://opiniao.estadao.com.br/noticias/geral,a-polemica-dos-novos-trfs--imp-,1022462>; <http://politica.estadao.com.br/noticias/geral,juizes-federais-dizem-que-barbosa-nao-tem-isencao-para-suspender-novos-trfs,1054884>.

[55] Medida Liminar, ADIn nº 5.017, decisão do presidente min. Joaquim Barbosa, julg. 18-7-2013.

[56] ADIn nº 5.017, rel. min. Luiz Fux, protocolada em 17-7-2013.

inconstitucionalidade de emendas constitucionais,[57] a possibilidade de fazê-lo com decisão monocrática que se perpetua é indício de séria disfunção. A discussão pelo órgão colegiado permitiria lapidar a decisão com substancial reflexão.

Semelhante no mecanismo e mais relevante em termos de repercussão social foi a decisão sobre a Lei nº 12.374 que modificou a regra para distribuição dos *royalties* do petróleo entre estados e municípios. A ministra Cármen Lúcia concedeu liminar monocrática que suspendeu a eficácia dos artigos questionados em 18 de março de 2013, isto é, três dias após o protocolo. Desde então não houve decisão do plenário sobre a liminar ou o mérito.[58]

Há autores que questionam a constitucionalidade da apreciação monocrática de liminares no processo objetivo.[59] A argumentação não nos parece convincente, mas o questionamento é mais uma razão para considerar despida de racionalidade processual a demora do Tribunal em apreciar coletiva e adequadamente o mérito.

Observemos também que as tão discutidas decisões sobre o STF para distribuição gratuita de remédios não autorizados pelos demais poderes, na verdade, corroboram a tese do passivismo. O Tribunal não aplicou o mesmo raciocínio jurisprudencial nos demais direitos sociais, sendo o ativismo dos remédios em processos individuais uma exceção que talvez se explique pelo comparativamente baixo impacto orçamentário em contraposição ao elevadíssimo custo que teriam decisões ativistas na educação, na previdência social, na moradia ou nos direitos dos trabalhadores, ou mesmo decisões de cunho coletivo para fornecimento de remédios.

O ativismo arbitrário do STF se manifesta, por fim, de maneira mais perene na ampliação ou modificação de regras processuais que delimitam suas competências. Temos como exemplo a fiscalização da constitucionalidade de Emendas constitucionais, a utilização do método da interpretação conforme para realizar declarações de inconstitucionalidade encobertas e a

---

[57] Dimitri Dimoulis e Soraya Lunardi, *Curso de processo constitucional*, op. cit., p. 105-108.

[58] Liminar em ADIn nº 4.917, rel. min Cármen Lúcia, julg. 18-3-2013.

[59] Ver, com indicação de bibliografia, VALE, André Rufino do. *Cautelares em ADI, decididas monocraticamente, violam Constituição*. 2015. Disponível em: <www.conjur.com.br/2015-jan-31/observatorio-constitucional-cautelares-adi-decididas-monocraticamente-violam-constituicao>.

(ainda não adotada pela maioria) tese da mutação do art. 52, X.[60] Essas teses decorrem da atuação normogenética-autocriativa do STF[61] que se relaciona não somente com o ativismo do Tribunal em temas processuais como também com a falta de regulamentação legal do processo constitucional, conforme analisaremos no próximo item.

O passivismo sistemático do STF, o declínio das decisões de mérito em ações diretas nos últimos e o ativismo arbitrário não são levados em consideração pelo debate sobre o ativismo. Parecem-nos cruciais porque mostram que não há razões para uma avaliação otimista da performance decisória e que seria necessária uma profunda reforma constitucional e legislativa para que o Tribunal exerça adequadamente o papel de Corte constitucional.

3. O futuro do controle judicial e as reformas do STF

Muitos juristas afirmam que o modelo de controle difuso-concreto está em decadência, havendo tendência de concentração do controle de constitucionalidade nas mãos da Corte constitucional.[62] No Brasil das duas últimas décadas ocorre nítida centralização das competências decisórias no STF.[63] Isso deve-se a mudanças constitucionais, legais e jurisprudenciais. Mecanismos como a ADIn, a ADC, a ADPF, a súmula vinculante, o efeito vinculante e transcendental das decisões do Supremo fazem com que as questões constitucionais sejam julgadas com maior frequência por ele e que sua opinião seja imposta com relativa facilidade aos demais integrantes do Judiciário.

---

[60] Análise crítica dessas orientações em Dimitri Dimoulis e Soraya Lunardi, *Curso de processo constitucional*, op. cit., p. 356-362.

[61] Sobre o conceito de autocriação, ver ibid., p. 242-252.

[62] PERTENCE, José Paulo Sepúlveda. Jurisdição constitucional, decisões judiciais vinculantes e direitos fundamentais. In: SAMPAIO, José Adércio Leite (Org.). *Jurisdição constitucional e direitos fundamentais*. Belo Horizonte: Del Rey, 2003. p. 404; ALCALÁ, Humberto Nogueira. *La justicia y los tribunales constitucionales de Indoiberoamerica del Sur*. Santiago: LexisNexis, 2005. p. 166-167; TAVARES, André Ramos. *Paradigmas do judicialismo constitucional*. São Paulo: Saraiva, 2012. p. 87-107; ROTHENBURG, Walter. *Direito constitucional*. São Paulo: Verbatim, 2010. p. 106-107.

[63] TAVARES, André Ramos. *Curso de direito constitucional*. São Paulo: Saraiva, 2009, p. 282-285; Walter Rothenburg, *Direito constitucional*, op. cit., p. 140-141; DIDIER JR., Fredie. O recurso extraordinário e a transformação do controle difuso de constitucionalidade no direito brasileiro. In: NOVELINO, Marcelo. *Leituras complementares de direito constitucional*. Salvador: Juspodivm, 2010.

Constatamos, porém, que o Tribunal não exerce adequadamente o papel de juiz constitucional, sendo necessário identificar e afastar os obstáculos institucionais que geram essa situação. O mais evidente problema do sistema brasileiro é a falta de filtros eficazes que impõe ao STF tratar de grande número de ações e recursos. É sabido que foi protocolado mais de 1 milhão de processos nos anos 2000.

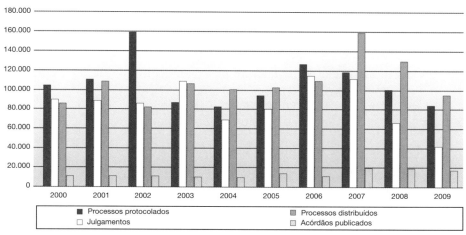

Fonte: <www.stf.jus.br/portal/cms/verTexto.asp?servico=estatistica&pagina=movimentoProcessual>.

Desde 2010, o número de processos diminuiu em razão de filtros como a súmula vinculante e a repercussão geral, mas não deixa de ser altíssimo e com tendência de aumento.

Ano	Processos		Julgamentos		Acórdãos
	Protocolados	Distribuídos	Monocráticos	Colegiados	Publicados
2014	79.943	57.799	92.722	15.242	15.649
2013	72.072	44.170	72.167	12.833	13.156
2012	72.148	46.392	72.995	11.044	11.794
2011	64.018	38.019	81.687	12.025	14.105
2010	71.670	41.014	87.815	10.714	10.814

Fonte: <www.stf.jus.br/portal/cms/verTexto.asp?servico=estatistica&pagina=movimentoProcessual>.

A efetiva *filtragem* permitiria que o STF concentrasse seus esforços no controle abstrato, priorizando a função de guardião da Constituição e melhorando a qualidade argumentativa.[64]

Além da filtragem, é necessária a diminuição das atuais competências hipertróficas que obrigam o Tribunal a decidir sobre múltiplos assuntos e ações, algo sem equivalente internacional e claramente "supremocrático".[65] Na atualidade, o STF é, ao mesmo tempo:

— Juízo de primeira instância para conflitos administrativos e penais que envolvem representantes políticos.
— Quarta instância de revisão de processos comuns (basicamente por meio do recurso extraordinário e o *habeas corpus*);
— Tribunal com competências heterogêneas como a extradição, a revisão criminal ou os conflitos de competência entre tribunais, incluindo a atuação de seus integrantes no CNJ e no STE.
— Corte constitucional que exerce controle abstrato com peculiares exigências de fundamentação.

Uma reforma processual para melhorar o desempenho do STF no controle de constitucionalidade deve cuidar dos aspectos a seguir.[66]

Primeiro, diminuir drasticamente as competências de revisão em quarta instância, *eliminando* o Recurso Extraordinário e as demais formas de questionamento de decisões judiciais e permanecendo os tribunais superiores como órgãos de decisão em última instância, salvo raríssimas exceções.

Segundo, eliminar o controle difuso de constitucionalidade ou, pelo menos, criar um sistema eficaz de filtros judiciais antes que a questão de constitucionalidade seja decidida pelo STF. Deve servir como fonte de inspiração o

---

[64] Ver TAVARES, André Ramos. *Teoria da justiça constitucional*. São Paulo: Saraiva, 2005. p. 206-215; FALCONE, Marconi. *Justiça constitucional*: o caráter jurídico-político das decisões do STF. São Paulo: Método, 2009. p. 151-153.

[65] Oscar Vilhena Vieira, *Supremocracia,* op. cit.

[66] As seguintes propostas devem muito a discussões com o professor Oscar Vilhena Vieira. Ver as sugestões de reformas da justiça constitucional em SUNDFELD, Carlos Ari; PINTO, Henrique Motta. Três desafios para melhorar a jurisdição constitucional brasileira. In: VOJVODIC, Adriana et al. (Org.). *Jurisdição constitucional no Brasil*. São Paulo: Malheiros, 2012.

sistema austríaco. Os tribunais inferiores terão papel decisivo no sistema de controle de constitucionalidade, realizando controle prévio para selecionar as impugnações relevantes, atuando como "porteiros".

A atual sobreposição de recursos e ações não gera somente atrasos e multiplicação de providências judiciais. Como todos os órgãos judicantes examinam de maneira autônoma alegações de inconstitucionalidade e como não há mecanismo efetivo de vinculação pelos precedentes, o argumento da inconstitucionalidade pode ser reiteradamente apresentado pelas partes como estratégia de postergação da decisão final. Isso não ocorreria se o julgamento fosse concentrado na competência do STF e fosse feito de maneira definitiva.

A centralização permitiria eliminar as discrepâncias e atrasos, e o STF teria maior tranquilidade para decidir, sabendo que, nos últimos anos, os processos de controle difuso (recursos extraordinários e agravos) perfazem aproximadamente 90% dos processos recebidos pelo STF.[67]

Terceiro, reformar os fundamentos do atual sistema de controle abstrato, *unificando* as ações diretas (ADin, ADO, ADC, ADPF) em uma única *ação constitucional* que terá objeto amplo e legitimidade universal para a sua propositura. Essa reforma facilitaria o acesso ao STF graças à simplificação do controle abstrato, tornando o processo mais simples e a decisão mais rápida. Trata-se de evolução prefigurada pela tendência do STF de reconhecer a *fungibilidade* das atuais ações como algo "natural".[68]

Quarto, *modificar* a atuação do STF em conflitos federativos. O atual desuso da ação interventiva deve motivar um amplo debate político, para decidir se esses conflitos devem receber enérgicas respostas judiciais ou se, ao contrário, devem ser resolvidos mediante negociação política.

Quinto, tornar *transparente* e *substancial* a processo de escolha dos ministros. Mesmo mantendo a atual competência privativa da Presidência da República, uma sabatina realizada de forma planejada, minuciosa e substancial teria grandes benefícios institucionais. Ao invés de responder a perguntas genéricas e motivadas pela pertença partidária de cada senador, a sabatina deveria ser

---

[67] Disponível em: <www.stf.jus.br/portal/cms/verTexto.asp?servico=estatistica&pagina=pesquisaClasse>.

[68] Exemplo: a ADPF nº 132 foi recebida como ADin (rel. min. Ayres Britto, julg. 5-5-2011). Defesa processual da "natural fungibilidade" entre as ações de controle abstrato no voto do min. Gilmar Mendes, ADIn nº 875, rel. min. Gilmar Mendes, julg. 24-2-2010.

a oportunidade para o indicado se posicionar detalhadamente sobre os métodos de interpretação que pretende seguir, suas concepções sobre o processo objetivo e suas posições sobre relevantes institutos de direito constitucional.

Para evitar a corriqueira justificativa dos indicados que não oferecem respostas substanciais às perguntas dos senadores, alegando que não podem se posicionar em casos *sub judice*, os senadores, assessorados por conhecedores do direito constitucional, devem indagar o candidato concretamente sobre como decidiria em processos já julgados, sendo convocado a emitir e justificar exaustivamente um voto.[69]

Sexto, modernizar o processo de controle abstrato. A complexidade dos atuais regulamentos compromete a efetividade das decisões e isso pode ser observado no número de processos extintos sem julgamento de mérito. Não deve ser finalidade do processo objetivo dificultar o acesso em razão de inúmeras regras processuais, aumentando o volume de decisões de não conhecimento. Urge o afastamento de institutos que perderam sua justificativa, assim como das indevidas influências do processo civil.[70] Podemos sugerir as seguintes reformas:

— Abolir as cautelares, para agilizar o julgamento definitivo e evitar discrepâncias entre liminar e decisão definitiva.
— Racionalizar e tornar transparente a fixação da pauta de julgamento, devendo haver regras previamente estabelecidas sobre a pauta.
— Estabelecer prazos para a atuação processual do relator e do presidente.
— Abolir a possibilidade de pedido de vista ou, pelo menos, fixar prazos curtos e vinculantes.
— Abolir o voto individual que costuma ser prolixo e retórico.[71] A inserção de debates paralelos e as demonstrações de erudição prejudicam o entendimento da decisão. Isso é ainda mais importante se pensarmos nos efeitos *erga omnes* das decisões em sede de controle abstrato. Uma decisão clara e objetiva indicando o posicionamento da maioria com

---

[69] Essa proposta de sabatina é mencionada, entre outras interessantes, por CHEMERINSKY, Erwin. *The case against the Supreme Court*. Nova York: Viking, 2014. p. 298-305.

[70] Soraya Lunardi, *Teoria do processo constitucional*, op. cit.

[71] Sundfeld e Pinto criticam a "fundamentação personalista". Carlos Ari Sundfeld e Henrique Motta Pinto, Três desafios para melhorar a jurisdição constitucional brasileira, op. cit., p. 24-29.

eventuais votos discordantes facilitaria o entendimento da fundamentação e a aplicação do *decisum*. A ideia de uma decisão da Corte e não de cada um dos ministros é essencial para um sistema eficiente de controle de constitucionalidade e isso se verifica em vários países.[72]

— Regulamentar melhor a extensão objetiva do efeito vinculante, suas consequências jurídicas e as sanções em caso de descumprimento.

— Fixar padrões de fundamentação adequados à jurisdição constitucional.

Essa nova concepção do processo objetivo deve ser cristalizada em um *código de processo constitucional*, permitindo harmonizar e sistematizar os processos de guarda da Constituição, fixar os padrões do processo objetivo, reunir a legislação esparsa e, por fim, proporcionar maior segurança jurídica.[73]

A análise crítica das atividades do Supremo Tribunal Federal é importante para sanar graves problemas que enfrenta a Corte constitucional. Entender por quais razões o Tribunal adota uma posição passivista ou mesmo política ao invés de jurídica, não assumindo seu papel no sistema de freios e contrapesos na estrutura da separação de poderes, pode ser um passo importante para repensar a função da Corte constitucional no estado de direito. Além disso, é indispensável uma reforma no processo de controle de constitucionalidade com a finalidade de incrementar sua efetividade e coerência.

Essa homenagem ao ministro Barroso é uma oportunidade para iniciar um debate sobre como a doutrina pode contribuir para a importante tarefa de reestruturar o processo constitucional no Brasil.

---

[72] Um modelo é dado pelo Conselho Constitucional francês que redige suas decisões de maneira sucinta apresentando, sucessivamente, as queixas, os fundamentos constitucionais e a decisão final, sem indicar as opiniões discordantes no intuito de fortalecer a autoridade de decisão. Já as Cortes constitucionais na África do Sul, na Alemanha, na Colômbia, nos EUA ou na Itália apresentam argumentação jurídica pormenorizada e incluem votos em separado da minoria. Isso elimina o subjetivismo no estilo e na fundamentação e promove o consenso.

[73] LUNARDI, Soraya. *Direito processual constitucional*: problematização de sua autonomia, sua natureza e suas consequências. Tese (doutorado) — Pontifícia Universidade Católica de São Paulo, São Paulo, 2006; id. Aspectos práticos do controle constitucional. *Carta Forense*, 4 jul. 2011; BELAUNDE, Domingo García; TAVARES, André Ramos. Por que um código processual constitucional? *Revista Brasileira de Estudos Constitucionais*, n. 16, p. 17-33, 2010; CIANCI, Mirna; ALMEIDA, Gregório Assagra de. *Direito processual do controle de constitucionalidade*. São Paulo: Saraiva, 2011. p. 261-266.

Referências

AGRA, Walber de Moura. *A reconstrução da legitimidade do Supremo Tribunal Federal*: densificação da jurisdição constitucional brasileira. Rio de Janeiro: Forense, 2005.

ALCALÁ, Humberto Nogueira. *La justicia y los tribunales constitucionales de Indoiberoamerica del Sur*. Santiago: LexisNexis, 2005.

BARROSO, Luís Roberto. A razão sem voto: o Supremo Tribunal Federal e o governo da maioria. Neste volume.

_____. Da falta de efetividade à judicialização excessiva. Direito à saúde, fornecimento gratuito de remédios e parâmetros para a atuação judicial. In: LEITE, George Salomão; LEITE, Glauco Salomão (Org.). *Constituição e efetividade constitucional*. Salvador: Juspodivm, 2008. p. 221-249.

_____. *Judicialização, ativismo judicial e legitimidade democrática*. 2009. Disponível em: <www.oab.org.br/editora/revista/users/revista/1235066670174218181901.pdf>.

_____. *Jurisdição constitucional*: a tênue fronteira entre o direito e a política. 2014. Disponível em: <www.migalhas.com.br/arquivos/2014/2/art20140204-06.pdf>.

BELAUNDE, Domingo García; TAVARES, André Ramos. Por que um código processual constitucional? *Revista Brasileira de Estudos Constitucionais*, n. 16, p. 17-33, 2010.

BERCOVICI, Gilberto. A Constituição de 1988 e a teoria da Constituição. In: TAVARES, André Ramos et al. (Org.). *Constituição Federal 15 anos*. Mutação e evolução. São Paulo: Método, 2003. p. 9-31.

CHEMERINSKY, Erwin. *The case against the Supreme Court*. Nova York: Viking, 2014.

CIANCI, Mirna; ALMEIDA, Gregório Assagra de. *Direito processual do controle de constitucionalidade*. São Paulo: Saraiva, 2011.

DIDIER JR., Fredie. O recurso extraordinário e a transformação do controle difuso de constitucionalidade no direito brasileiro. In: NOVELINO, Marcelo. *Leituras complementares de direito constitucional*. Salvador: Juspodivm, 2010.

DIMOULIS, Dimitri. *O positivismo jurídico*. Introdução a uma teoria do direito e defesa do pragmatismo jurídico-político. São Paulo: Método, 2006.

_____. Direitos fundamentais e democracia. Da tese da complementaridade à tese do conflito. *Revista Brasileira de Estudos Constitucionais*, p. 200-214, 2007.

_____. Separação dos poderes. In: AGRA, Walber de Moura et al. (Org.). *Constitucionalismo*. Belo Horizonte: Fórum, 2008.

_____. Além do ativismo e do minimalismo judicial no campo dos direitos fundamentais. Justificação jurídica de decisões e competências. In: FRANCISCO, José Carlos (Org.). *Neoconstitucionalismo e atividade jurisdicional*. Belo Horizonte: Del Rey, 2012. p. 261-277.

_____; LUNARDI, Soraya. O "legislador negativo" no controle judicial de constitucionalidade. *Revista Brasileira de Estudos Constitucionais*, n. 15, p. 161-181, 2010.

_____; _____. Ativismo e autocontenção judicial no controle de constitucionalidade. In: FELLET, André; PAULA, Daniel; NOVELINO, Marcelo (Org.). *As novas faces do ativismo judicial*. Salvador: Juspodivm, 2011. p. 459-473.

_____; _____. *Curso de processo constitucional*. São Paulo: Atlas, 2014a.

_____; _____. Sacralità del testo costituzionale ed eresia interpretativa. La sentenza della Corte suprema brasiliana sulle unioni civili omosessuali. *GenIUS*, n. 2, p. 164-174, 2014b.

DOBROWOLSKI, Silvio. A necessidade de ativismo judicial no Estado contemporâneo. *Revista da Esmesc*, v. 2, n. 2, p. 159-170, 1996.

ELY, John Hart. *Democracy and distrust*: a theory of judicial review. Cambridge: Harvard University, 1980.

FALCONE, Marconi. *Justiça constitucional*: o caráter jurídico-político das decisões do STF. São Paulo: Método, 2009.

FARIA, Adriana Ancona de. *O ativismo judicial do STF no campo político-eleitoral*: riscos antidemocráticos. Tese (doutorado) — Faculdade de Direito, Pontifícia Universidade Católica de São Paulo, São Paulo, 2013.

FRANCISCO, José Carlos. (Neo)Constitucionalismo na pós-modernidade: princípios fundamentais e justiça pluralista. In: FRANCISCO, José Carlos (Org.). *Neoconstitucionalismo e atividade jurisdicional*. Belo Horizonte: Del Rey, 2012. p. 47-88.

HÄBERLE, Peter. *Hermenêutica constitucional*. A sociedade aberta dos intérpretes da Constituição. Porto Alegre: Sérgio Antônio Fabris, 1997.

HART, Herbert. *O conceito de direito*. Lisboa: Fundação Calouste Gulbenkian, 2001.

KRAMER, Larry. *The people themselves*: popular constitutionalism and judicial review. Oxford: Oxford University, 2004.

LEITE, Evandro Gueiros. Ativismo judicial. In: TEIXEIRA, Sálvio de Figueiredo (Org.). *O Judiciário e a Constituição*. São Paulo: Saraiva, 1994. p. 145-167.

_____. *Direito processual constitucional*: problematização de sua autonomia, sua natureza e suas consequências. Tese (doutorado) — Pontifícia Universidade Católica de São Paulo, São Paulo, 2006.

_____. Aspectos práticos do controle constitucional. *Carta Forense*, 4 jul. 2011.

_____. *Teoria do processo constitucional*. São Paulo: Atlas, 2013.

PERTENCE, José Paulo Sepúlveda. Jurisdição constitucional, decisões judiciais vinculantes e direitos fundamentais. In: SAMPAIO, José Adércio Leite (Org.). *Jurisdição constitucional e direitos fundamentais*. Belo Horizonte: Del Rey, 2003.

POGREBINSCHI, Thamy. *Judicialização ou representação?* Rio de Janeiro: Elsevier, 2011.

RAMOS, Elival da Silva. Eficácia de normas constitucionais, implementação de direitos fundamentais e ativismo judiciário. In: FRANCISCO, José Carlos (Org.). *Neoconstitucionalismo e atividade jurisdicional*. Belo Horizonte: Del Rey, 2012. p. 243-260.

RAMOS, Luciana de Oliveira. Controle de constitucionalidade por omissão no Supremo Tribunal Federal. *Revista Brasileira de Estudos Constitucionais*, n. 20, p. 263-287, 2011.

ROCHA, Lincoln Magalhães da. Federalismo e ativismo judicial nos Estados Unidos. *Revista do Curso de Direito da Universidade Federal de Uberlândia*, v. 14, p. 265-284, 1985.

ROTHENBURG, Walter. *Direito constitucional*. São Paulo: Verbatim, 2010.

STRAPAZZON, Carlos Luiz; GOLDSCHMIDT, Rodrigo. Teoria constitucional e ativismo político: problemas de teoria e de prática com direitos fundamentais sociais. *Revista Facultad de Derecho y Ciencias Políticas*, n. 119, p. 567-624, 2013.

STRAUSS, David. *The living Constitution*. Oxford: Oxford University, 2010.

SUNDFELD, Carlos Ari; PINTO, Henrique Motta. Três desafios para melhorar a jurisdição constitucional brasileira. In: VOJVODIC, Adriana et al. (Org.). *Jurisdição constitucional no Brasil*. São Paulo: Malheiros, 2012. p. 19-52.

TAVARES, André Ramos. *Teoria da justiça constitucional*. São Paulo: Saraiva, 2005.

_____. *Fronteiras da hermenêutica constitucional*. São Paulo: Método, 2006.

_____. *Curso de direito constitucional*. São Paulo: Saraiva, 2009.

_____. Justiça constitucional e direitos sociais no Brasil. In: FRANCISCO, José Carlos (Org.). *Neoconstitucionalismo e atividade jurisdicional*. Belo Horizonte: Del Rey, 2012a. p. 137-153.

_____. *Paradigmas do judicialismo constitucional*. São Paulo: Saraiva, 2012b.

TRIBE, Laurence. *The invisible Constitution*. Oxford: Oxford University, 2008.

TUSHNET, Mark. *Taking the Constitution away from the Courts*. Princeton: Princeton University, 1999.

VALE, André Rufino do. *Cautelares em ADI, decididas monocraticamente, violam Constituição*. 2015. Disponível em: <www.conjur.com.br/2015--jan-31/observatorio-constitucional-cautelares-adi-decididas-monocraticamente-violam-constituicao>.

VIEIRA, Oscar Vilhena. Supremocracia. *Revista Direito GV*, n. 8, p. 441-463, 2008.

_____ et al. *Resiliência constitucional*. São Paulo: Direito-GV, 2013.

WALDRON, Jeremy. "Despotism in some form": Marbury vs. Madison. In: GEORGE, Robert (Org.). *Great cases in constitutional law*. Princeton: Princeton University, 2000.

A razão sem voto e um constitucionalismo de realidade*

*Joaquim Falcão***

A pergunta

A nova geração de advogados, magistrados e juristas deve a Luís Roberto Barroso a constante ousadia de trazer sempre novas respostas aos permanentes problemas do direito. Na teoria e na prática. Como professor e advogado. Agora, ministro do Supremo.

Contribuições decisivas para que a teoria constitucional possa ser debatida e praticada. Avaliada em erros e acertos. Aferida sua qualidade explicativa.

"A razão sem voto: o Supremo Tribunal Federal e o governo da maioria" coloca um destes problemas permanentes. Logo na página 43, comentando as ideias de Ronald Dworkin, pergunta:

> Mas quem tem o poder de validar a verdade proclamada pelo intérprete [do direito]? Se houver uma força externa ao intérprete, com o poder de chancelar a verdade proclamada, será inevitável reconhecer que ela é filha da autoridade. Portanto, a questão deixa de ser acerca da efetiva existência de uma verdade ou de uma única resposta

---

* Agradeço a Adriana Lacombe e Laura Osório pela pesquisa e colaboração, e a Diego Werneck, Fernando Fontainha, Fernando Leal, Guilherme Leite pela leitura e sugestões sobre o artigo "A razão sem voto: o Supremo Tribunal Federal e o governo da maioria", do ministro Luís Roberto Barroso.

** Mestre em direito por Harvard. Mestre em planejamento e doutor em educação pela Universidade de Genebra. Professor titular de direito constitucional e diretor da Escola de Direito da Fundação Getulio Vargas do Rio de Janeiro.

correta, e passa a ser a de quem tem autoridade para proclamá-la. Cuida-se de saber, em última análise, quem é o dono da verdade.

Quem é o legítimo dono da verdade e, acrescento eu, da razão e da justiça? Quem é o dono da razão jurídica, pois é desta que falamos? O legislador constituinte? O intérprete responsável pela jurisdição constitucional? Barroso acredita que o Supremo, em certo grau, é também um criador judicial do direito, devido à transferência do poder político que hoje ocorre diante da confluência entre a democracia representativa e a democracia deliberativa?[1] Ou será que a razão sem voto não tem dono? De onde vem?

Esta pergunta — quem é o dono, proprietário da razão jurídica sem voto, e qual sua representatividade na democracia — é clássica, transcultural e transgeracional. Tem múltiplas respostas na história. O desafio é respondê-la de modo a nos fazer melhor compreender a realidade jurídica atual. Depois de diagnosticá-la com rigor possível, é claro. A resposta tem de estar fundamentada na autoridade da realidade.

Barroso, em bom tempo, estimula que cheguemos finalmente à encruzilhada decisiva da teoria constitucional brasileira. Que encruzilhada é essa?

Trata-se de escolher o caminho que melhor explica a natureza e o funcionamento de nossas instituições e de nossos profissionais judiciais e jurídicos. Qual? Adotamos um constitucionalismo modelado por idealizações, ou um constitucionalismo fundamentado de realidade?

A pergunta na história recente

O autoritarismo de 1964, por exemplo, deu sua resposta, no início do Ato Institucional nº 1, à pergunta "quem é o dono da razão jurídica?". A razão jurídica tinha uma autoridade externa a lhe sustentar e legitimar:[2]

---

[1] L. R. Barroso, "A razão sem voto", neste livro, p. 54.

[2] Logo de início, como Montaigne, acredito que cada texto pertence metade a quem o escreve e metade a quem o lê. Assim, responsabilizo-me desde já por qualquer provável "desinterpretação" sobre o que Luís Roberto escreveu.

A revolução se distingue de outros movimentos armados pelo fato de que nela se traduz, não o interesse e a vontade de um grupo, mas o interesse e a vontade da Nação. A revolução vitoriosa se investe no exercício do Poder Constituinte. Este se manifesta pela eleição popular ou pela revolução. Esta é a forma mais expressiva e mais radical do Poder Constituinte. A revolução vitoriosa, como Poder Constituinte, se legitima por si mesma. Ela destitui o governo anterior e tem a capacidade de constituir o novo governo. Nela se contém a força normativa, inerente ao Poder Constituinte. Ela edita normas jurídicas sem que nisto seja limitada pela normatividade anterior à sua vitória. Os Chefes da revolução vitoriosa, graças à ação das Forças Armadas e ao apoio inequívoco da Nação, representam o Povo e em seu nome exercem o Poder Constituinte, de que o Povo é o único titular.[3]

A resposta foi, então, óbvia. A razão constituinte dependia da autoridade externa. Dono facilmente identificável. A "autoridade externa" que a proclamou foi a aliança entre as forças militares e econômicas e segmentos católicos da classe média de então que romperam com a Constituição de 1946.

Vivemos a razão da força, em vez da força da razão.

Mesmo no autoritarismo, inexistiu uma racionalidade jurídica unívoca, resposta total e absoluta, imposta a todos e a todo tempo.

Há sempre disputa, ainda que desigual, entre diversas teorias jurídicas pretendentes a donas da razão jurídica. Pretensões que concorrem entre si. A disputa pelo poder não ocorre somente nas ruas, nos quartéis e no mercado financeiro. Também dentro da própria razão jurídica. Ela própria transformada em arena de si mesma.

O próprio Barroso, ao descrever o período, confirma esta tese. Havia disputa pelo menos entre o "constitucionalismo chapa branca e a teoria crítica do direito".[4] Ou seja, dois donos potenciais. Aqui, primeira observação, ainda que lateral, ao excelente texto de Barroso. *Data venia*, estes não eram os únicos contendores.

Além do constitucionalismo de chapa branca, de fundo dogmático e de grande influência kelseniana, e "da teoria crítica do direito, um misto de

---

[3] AI-1. Disponível em: <www.planalto.gov.br/ccivil_03/AIT/ait-01-64.htm>. Acesso em: 10 maio 2016.

[4] L. R. Barroso, "A razão sem voto", op. cit., p. 27.

ciência política e sociologismo jurídico de forte influência marxista",[5] existiram, no regime autoritário, outras importantes doutrinas jurídicas que disputavam a propriedade da razão jurídica.

Pelo menos três outras importantes, atuantes e influentes doutrinas jurídicas concorriam com o constitucionalismo "chapa branca" e a teoria "crítica" do direito. Disputavam a razão jurídica. Tanto nas decisões dos tribunais quanto também nas leis, contratos, academias, faculdades e ruas. Na produção legislativa, interpretação judicial e jurisdição constitucional.

Havia, por exemplo, um conjunto de doutrinas com base nos direitos humanos, segundo as quais a autoridade da razão jurídica como direito à liberdade, por exemplo, estaria fora da razão jurídica do direito positivo estatal. Razão que independeria da autoridade da força militar ou econômica, qualquer que fosse ela.

Exemplo? A católica e latino-brasileira teoria da libertação, com seus valores, princípios e normas não concretizadas no direito positivo autoritário. Ao contrário, normas, valores e princípios muitas vezes em oposição ao que Mangabeira Unger chama de estadismo judicial.[6]

Múltiplos ativismos jurídicos não necessariamente marxistas, mas de fundo jusnaturalista. O dono da razão estaria, por exemplo, na Declaração Universal dos Direitos Humanos. Fora da Constituição e dos atos institucionais.

Praticada por atuantes advogados dos presos políticos como Técio Lins e Silva, Nilo Batista, Marcelo Cerqueira, Fernando Fragoso, Pedro Eurico de Barros, Flora Strozenberg, entre outros,[7] na interpretação dos tribunais, nas faculdades, nas Comissões de Direitos Humanos da OAB, nas Comissões de Justiça e Paz da Igreja Católica, nas ruas, no Congresso.

Havia também a teoria jurídica que evidenciava e comprovava empiricamente a existência de um pluralismo jusnormativo na sociedade.[8] Múltiplas

---

[5] L. R. Barroso, "A razão sem voto", op. cit., p. 28.

[6] UNGER, Roberto Mangabeira. A tarefa do direito brasileiro. Aula Magna proferida em 18.2.2008, no Instituto Brasiliense de Direito Público. Texto não revisado pelo autor.

[7] Ver, sobre o tema, SPIELER, Paula; QUEIROZ, Rafael (Coord.). *Advocacia em tempos difíceis*: ditadura militar 1964-1985. Curitiba: Ministério da Justiça; Fundação Getulio Vargas, 2013.

[8] Sobre o tema, ver FALCÃO, Joaquim (Org.). *Invasões urbanas*: conflito de direito de propriedade. 2. ed. Rio de Janeiro: FGV, 2008; SOUZA JÚNIOR, José Geraldo de. *Direito como liberdade*: o direito achado na rua. Porto Alegre: Sérgio Antônio Fabris, 2011.

e concorrentes razões jurídicas decorrentes de múltiplas autoridades sociais, por assim dizer.

Criticava-se o constitucionalismo de chapa branca e o estadismo judicial, que constitucionalizava determinados interesses e segmentos sociais, ao mesmo tempo que ilegalizava, *avant la lettre*, a maior parte dos direitos da sociedade. Cidadãos inconstitucionais por sua própria natureza social, como ocorria com os que moravam nas favelas. Não existiam para o mercado capitalista. Realçava-se a disputa e o conflito entre o direito oficial, legitimado pela força, e o direito não oficial ou extraoficial,[9] legitimado por práticas comunitárias.

Por fim, havia ainda a corrente de "direito e desenvolvimento", de origem weberiana, de influência fundamentalmente norte-americana, defendendo um liberalismo de mercado.[10] Ainda hoje presente na institucionalização jurídica da modernização econômica e financeira do país.

Essa corrente moldou as principais instituições financeiras do Brasil, tais como Banco Central, Banco Nacional de Habitação, Comissão de Valores Mobiliários, as sociedades anônimas e outras. Não foi pouco.

Eis aí, além do constitucionalismo de chapa branca e da teoria crítica do direito, outros três candidatos a produtores da razão jurídica no regime autoritário: um combativo jusnaturalismo na defesa dos direitos humanos, as múltiplas ordens jurídicas comunitárias que regulavam a vida dos excluídos da constituição, e o seleto positivismo liberal a forjar nossas instituições econômicas.

Mas não é o passado histórico que interessa à teoria constitucional de Barroso. É o presente. Trata-se, de identificar e explicar as bases da legitimidade, da representatividade democrática e da razão jurídica criadas pelo Supremo.

A resposta idealizada e seus pressupostos

A resposta de Barroso sabemos todos. A autoridade da razão jurídica não depende do voto. É uma razão sem voto. Mas passível de ser produzida e disseminada pela jurisdição constitucional.

---

[9] Ver FERRAZ JR., Tércio Sampaio. O oficial e o inoficial. In: Joaquim Falcão (Org.), *Invasões urbanas*, op. cit.

[10] Sobre o tema, ver TRUBEK, David; VIEIRA, José Hilário Gouvêa. *Direito, planejamento e desenvolvimento do mercado de capitais brasileiro*:1965-1970. São Paulo: Saraiva, 2011.

Seu ciclo produtivo seria o seguinte: o produtor é o Supremo. A matéria-prima é a Constituição. O processo de produção é a jurisdição constitucional. O produto é a razão sem voto.

Aceitemos assim. Esse processo teria pelo menos dois pressupostos operacionais indispensáveis. Quando adotados, tornam esse ciclo produtivo insuficiente para lidar com toda a complexa realidade constitucional de nossa democracia. Explicamos.

O primeiro pressuposto — a centralidade/exclusividade no direito positivo estatal, seja em sua vertente constituinte, seja em sua vertente interpretativa — vai limitar a potencial abrangência da proposta de Barroso.

O segundo — a leitura idealizada da prática institucional do Supremo — vai impedir que sua tese explique não somente a saúde, mas a doença, e se é doença, do Supremo.

O primeiro, Barroso pressupõe que o gerador imediato da razão sem voto seriam unicamente as normas incluídas ou deduzíveis do direito positivo estatal. O objeto gerador da razão sem voto seria a Constituição, a norma maior de um direito positivo estatal. Nesse momento, aproxima-se perigosamente do kelsenianismo excludente, na medida em que desconhece outras normas na sociedade. Limita-se ao estadismo judicial. Pressupõe o monopólio estatal da produção e aplicação das normas com poder de coerção.[11]

Essa redução, no Brasil, do direito a apenas o direito estatal, não seria fruto da concepção histórica de que aqui o Estado se fez antes do que a nação? De que o interesse público se sobrepõe e guarda certa autonomia diante dos interesses privados? Da Colônia, Império e República terem sido sempre maiores de que a nossa sociedade? Ou como se diz na crise de hoje, da República ter ficado maior do que a democracia?

Não estariam embutidos nessa redução do limite da razão jurídica os surtos autoritários de inspiração do formalismo kelseniano? Afinal, Kelsen afirmava que a teoria do Estado é parte essencial da teoria pura do direito.[12]

---

[11] FALCÃO NETO, Joaquim de Arruda. A transformação dos partidos e da lei. In: OLIVEIRA, Rosiska Darcy de; LENT, Carmen (Org.). *Transformação*. Rio de Janeiro: Diferença, 1993. p. 65-79.

[12] Apesar de endogenamente austríaca, é verdade, Kelsen tinha chegado a essa visão porque o "Estado que me era mais próximo e que eu conhecia melhor por experiência social (era) o Estado austríaco". Revelações genéticas à parte, o fato é que a simbiose Estado e direito por meio da teoria pura do direito ganhou o mundo, ou seja, foi compatível com outras experiências históricas.

É importante sublinhar o que aponta Fernando Leal, em seu oportuno texto "O formalismo expiatório: leituras impuras de Kelsen no Brasil".[13] No Brasil, teria havido uma recepção "no mínimo criticável de uma teoria desenvolvida em outro ambiente". Uma assimilação com sinal trocado. Leitura tergiversada, diz citando López Medina.[14]

Mesmo levando em consideração a pertinente observação de Leal, o fato é que a leitura tergiversada foi o fundamento teórico da razão jurídica autoritária do regime de 1964 e implica a redução da razão jurídica à razão jurídica positivada por instituições do estado. Será que permanece até hoje?

O segundo pressuposto operacional de Barroso é a existência de um sujeito, de um intérprete hierarquicamente superior, que funciona de determinada maneira. O Supremo Tribunal Federal seria assim o produtor final e dono último da jurisdição constitucional, da razão jurídica.

Barroso coloca todas as suas fichas, ou pelo menos quase todas, na representatividade democrática do intérprete. Não são poucas as passagens de seu texto em que defende esse virtuosismo natural do Supremo, que o legitima como intérprete e produtor da razão sem voto.

Mas será que esse intérprete, esse sujeito produtor da razão sem voto, existe como Barroso imagina que existe? Acredito que não. Há uma idealização do produtor da razão sem voto. Há crença latente de que ele se comporta de determinada maneira, embora se comporte de outra.

O Supremo é uma instituição de dupla, convenientes e complementares personalidades contraditórias. Entre o que ele é e o que deveria ser. A crítica a Barroso então está clara. A, digamos, complexidade do sujeito precisaria ser captada antes. Ela influi na produção da razão sem voto. Explicar essa tipicidade de comportamento é indispensável para entender a natureza mesma do Supremo. Não são desvios de comportamento, não. São condições de sua importação tergiversada. Sem o que, de tão sólida a importação, se desmancha no ar.

Inclusive e intensamente com a nossa pós-1964. Confira-se, KELSEN, Hans. *Autobiografia de Hans Kelsen*. Tradução de Gabriel Nogueira Dias e José Ignácio Coelho Mendes Neto. 4. ed. Rio de Janeiro: Forense Universitária, 2012. p. 72 e 73.

[13] LEAL, Fernando. O formalismo expiatório: leituras impuras de Kelsen no Brasil. *Revista de Direito GV*, São Paulo, v. 10, n. 1, p. 245-268, jan./jun. 2014. Disponível também em: <http://direitosp.fgv.br/sites/direitosp.fgv.br/files/artigo-Edicao-revista/10-rev19_245-268_-_fernando_leal.pdf>. Acesso em: 10 jun. 2016.

[14] Ibid., p. 246.

A idealização do Supremo

O Supremo sugerido por Barroso é, em múltiplos aspectos, mera idealização. Dificilmente passa na prova da realidade objetiva. A razão sem voto se fundamenta em parte no Supremo imaginado.

Barroso tenta se precaver de críticas afirmando, na página 35, que "A crítica à atuação do STF, desejável e legítima em uma sociedade plural e aberta, provém mais de atores insatisfeitos com alguns resultados e de um nicho acadêmico minoritário, que opera sobre premissas teóricas diversas das que vão aqui enunciadas".[15]

Independentemente de premissas teóricas diversas, e da crítica vir de um acadêmico, de um grupo, de um nicho ou da maioria, a crítica pode advir de constatação fática, objetiva, rigorosamente captada e não questionada pelo próprio Barroso e seu núcleo. Crítica que decorre não de premissas teóricas abstratas, mas de características constatadas do processo decisório do Supremo, específicas da realidade constitucional brasileira.

A realidade revelada pelo projeto *Supremo em Números*,[16] a qual remeto o leitor, não depende de premissas teóricas diversas para constatar que os ministros não respeitam mecanismos básicos para a produção da razão sem voto, como o prazo legal para pedidos de vista, nem para publicação de acórdãos. O pedido de vista que pelo regimento tem de ser devolvido em 30 dias, não é. A média, na prática, é de 346 dias. Quase um ano.

Mais ainda, a Constituição modelou o Supremo como um colegiado. O cidadão tem direito de ser julgado não por um Supremo de um juiz só, como se fosse primeira instância. Mas por um conjunto de juízes.

---

[15] L. R. Barroso, "A razão sem voto", op. cit., p. 65.

[16] Ver, sobre o tema, os relatórios do Supremo em Números, disponíveis em: <www.fgv.br/supremoemnumeros/publicacoes.html>. Acesso em: 10 jun. 2016. FALCÃO, Joaquim; HARTMANN, I.; CHAVES, V. P. *III Relatório do Supremo em Números*: o Supremo e o tempo. Rio de Janeiro: Escola de Direito da Fundação Getulio Vargas, 2014; FALCÃO, Joaquim et al. *II Relatório Supremo em Números*: o Supremo e a Federação entre 2010 e 2012. Rio de Janeiro: Escola de Direito da Fundação Getulio Vargas, 2014; FALCÃO, Joaquim; ARGUELHES, D. W.; CERDEIRA, Pablo de Camargo. *I Relatório do Supremo em Números*: o múltiplo Supremo. Rio de Janeiro: FGV, 2011; FALCÃO, Joaquim; HARTMANN, I. A. M.; MORAES, A. *IV Relatório Supremo em Números*: o Supremo e o Ministério Público. Rio de Janeiro: Escola de Direito da Fundação Getulio Vargas, 2015.

Esse direito está sendo violado em 84% das decisões do próprio Supremo. Ao plenário vão somente 2,4% das decisões. Todos os dados são do Projeto Supremo em Números da FGV Direito Rio.[17] Provam e comprovam que apenas em raros momentos existe Supremo colegiado. O que existe é o Supremo fragmentado, individualizado e monocrático. A razão sem voto é também monocrática? Depende de um ministro só? São múltiplas 11 razões? Onze Supremos.

E quando são 11 que disputam, debatem, revisam entre si? Incoerências em luta? A razão fica igual à própria Corte? Dilacerada também? Fica realmente difícil acreditar em premissas teóricas como as que sugere Barroso: "pessoas racionais são capazes de aceitar argumentos sólidos e corretos".[18] No mundo ideal, talvez sim. Mas no mundo real de interesses competitivos e conflitantes, *inside courts*, tenho dúvidas.

Receio que, às vezes, ministros e, por extensão, o Supremo, em vez de decisões racionais, podem apenas ter interesses próprios e ideológicos incapazes de serem controlados por instrumentos democráticos. Exemplo?

O óbvio caso do Instituto Chico Mendes, onde em 48 horas o Supremo toma duas decisões diferentes, opostas. Ou nos casos de reforma política, onde inconstitucionaliza a cláusula de barreira e, assim, ajuda a provocar a ingovernabilidade de nosso estado democrático de direito. Como saber se a razão jurídica é mesmo racional? Diego Werneck aqui ao lado cita vários outros exemplos.[19]

Outro indicador da dicotomia entre o Supremo pressuposto e o Supremo real (que, aliás, muita vez Barroso tem reconhecido e lutado contra), mas que ainda prevalece na maioria da comunidade jurídica brasileira, inclusive nas suas faculdades de direito, é o seguinte: Barroso afirma que as decisões do intérprete da razão sem voto devem ser pautadas pelo material jurídico relevante — normas, conceitos, precedentes.[20] Nada mais correto. O precedente no fundo seria um dos pilares que balizam a razão sem voto para que seja legítima.

---

[17] Sobre o tema, ver também, neste livro, Ivar Hartmann e Daniel Chada. "A razão sem condições de qualidade".

[18] L. R. Barroso, "A razão sem voto", op. cit., p. 57.

[19] Ver Diego W. Arguelhes. Da dificuldade à infalibilidade: "a razão sem voto" e "O Supremo que não erra" neste livro.

[20] L. R. Barroso, "A razão sem voto", op. cit., p. 69.

Mas será que isso é possível com o atual sistema de precedentes operacionalizado no Brasil? Ou estamos diante de outra ficção? Acredito que se trata de outra ficção. Permitam-me explicar.

O sistema de precedente, para funcionar, necessita de uma organização de ementas capaz de comparar os precedentes de acordo com tema, agente e data. De tal modo que se possa estabelecer uma hierarquia. Dessa hierarquização advém a força normativa do precedente.

Ora, qualquer magistrado, advogado ou estudante de direito sabe que inexiste um sistema uniforme de ementas capaz de fazê-las comparáveis. Nem internamente ao próprio Supremo, nem entre os tribunais entre si. Estão todas soltas no ar. Cada uma com sua modelagem. Uma contra a outra, conforme a necessidade do voto do juiz, ou da busca do estagiário para fundamentar a defesa do advogado.

Nenhum ministro do Supremo, nem mesmo o próprio Supremo, pode dizer com rigor qual o precedente em vigor. Sobretudo diante de um estoque de cerca de 60 mil processos para decidir. Não é por menos que ministros citam como sendo a posição do Supremo, como precedente, passagens de seus próprios votos numa concessão de liminar não ainda julgada em definitivo.

Inexiste um sistema operacional que produza informações necessárias. Inexistem registros, manuais ou bancos de dados tecnologizados, confiáveis e limpos. Existem incompatibilidades, incongruências que dificultam saber com rigor qual a intepretação constitucional prevalecente.

Em relação a precedentes, nossa jurisdição constitucional é feita de imprevisibilidades, de acesso obscuro, caótico, do qual não se pode tirar nenhuma força normativa. Nem qualifica, nem baliza, nem pauta, nem protege, nem legitima a razão sem voto. Entre nós a jurisprudência tem força apenas argumentativa e não vinculativa.

Seria importante que a razão sem voto pudesse se fundamentar no sistema de precedente. Talvez possa lá nos Estados Unidos. Não sei. Mas esse pressuposto de ouro da maioria de nossas doutrinas jurídicas não é operacionalizável ainda no Brasil. Ou seja, o precedente não ajuda a conceder a autoridade e legitimidade que a razão tanto busca. Às vezes é apenas citação literária. Ou autocitação doutrinária.[21]

---

[21] Não cabe aprofundar as causas das inúmeras idealizações do Supremo. Mas não custa nada levantar algumas hipóteses que poderiam ser objeto de nova pauta de pesquisas para estimular que o Supremo se encontre com o Brasil.

Essa idealização não seria reflexo da importação de um constitucionalismo liberal protodemocrático ou semidemocrático, como diz Mangabeira Unger?[22] Um constitucionalismo de estrangeirismos, desde Rui Barbosa. Ideias fora do lugar, diria Roberto Schwartz?[23]

Ou ainda, não seria resultado de um retoricismo incapaz de apreender empiricamente o real comportamento social, econômico, político e cultural do Supremo? As argumentações e doutrinas são fundamentadas a partir do Supremo que deve ser, e não do Supremo que realmente é.

E, com certeza, contribui para esta idealização a inexistência de sistemas de autocorreção de pesquisas científicas rigorosamente controladas, que pudessem automaticamente tentar detectar os eventuais "desvios" entre o dever ser e o ser, e transformá-los em criativos mecanismos adaptadores de nossas reais necessidades de razão jurídica.

Conclusão

Na verdade, existem duas maneiras de ler este instigante texto de Barroso. Primeiro, como texto prescritivo. Com franqueza explícita pouco comum, Barroso discorre sobre o devido papel do Supremo e da jurisdição constitucional. Revela compromisso democrático e abrangência conceitual decisivos. Exemplo? "No desempenho de tal atribuição o juiz constitucional não está autorizado a impor suas próprias convicções".[24]

Tendo, porém, a considerar a razão sem voto como uma declaração de intenção exemplar. Sobre o magistrado diz: "Cabe-lhe interpretar o sentimento social, o espírito de seu tempo e o sentido da história".[25] Com isso, inclusive, se aproxima da tese de Claudio Souto de que existe um sentimento social de justiça cientificamente aferível.[26]

---

[22] UNGER, Roberto Mangabeira. *A constituição do experimentalismo democrático*. Disponível em: <bibliotecadigital.fgv.br/ojs/index.php/rda/article/download/8584/7322>. Acesso em: 10 jun. 2016.

[23] SCHWARZ, Roberto. *Ao vencedor as batatas*: forma literária e processo social no início do romance brasileiro. 6. ed. São Paulo: Ed. 34, 2012.

[24] L. R. Barroso, "A razão sem voto", op. cit., p. 69.

[25] Ibid., p. 69.

[26] Ver FALCÃO, Joaquim de Arruda; SOUTO, Cláudio (Org.). *Sociologia e direito*. São Paulo: Pioneira, 1980.

Diz também: "Para além do papel puramente representativo, supremas cortes desempenham, ocasionalmente, o papel de vanguarda iluminista".[27]

Receio, no entanto, que essa afirmação reflita entusiasmo excessivo. Não sabemos qual o conteúdo do iluminismo que prega Barroso. Existem vários iluminismos. Se for como alerta Mangabeira Unger sobre um eventual "iluminismo" de nossa Constituição, é preciso ter em conta que "falta um modelo de organização econômica e social subjacente (à nossa constituição) que possa de fato assegurar a realização daqueles objetivos".[28]

A outra possibilidade é ler o texto como descritivo e explicativo da realidade atual da jurisdição constitucional e da prática do próprio Supremo. Afinal, a qualidade de toda teoria está em sua capacidade de explicar a realidade.

Quando Barroso centraliza seu texto na capacidade contributiva do Supremo em produzir razão sem voto legítima e representativa da democracia atual, ele parte de um conceito *a priori* do que seja o Supremo e de como ele exerce essa contribuição. Aqui surgem os problemas maiores.

Seu Supremo muita vez é idealização que não pode ser aferível como realidade.

Quem seria o agente da razão sem voto, em um Supremo onde a maioria das decisões são monocráticas, individualizadas, fragmentadas, conflituosas, incoerentes? Estamos diante de múltiplas e antagônicas razões sem voto?

Como seria produzida essa razão sem voto se ministros não obedecem às normas constitucionais e infraconstitucionais de se comportarem como colegiado? Ou até mesmo de respeitar os procedimentos regimentais de produção dessa razão?

Como imaginar um Supremo que não tem limites como o dos precedentes? E mais, que conta com a inação de seus próprios membros no desrespeito à Lei Orgânica da Magistratura e o Código de Ética da Magistratura?

Não tenho a menor dúvida de que a contribuição de Barroso seria muito mais abrangente se revelasse os pressupostos, as premissas fáticas a partir das quais ele constrói seu Supremo produtor de sua razão sem voto. Sua tese ganharia, e muito, em abrangência explicativa se incluísse a realidade como ela é.

---

[27] L. R. Barroso, "A razão sem voto", op. cit., p. 59.

[28] Roberto Mangabeira Unger, A constituição do experimentalismo democrático, op. cit.

Mas aí teríamos que trilhar o caminho árduo, de pés descalços, do constitucionalismo de realidade. Fazer uma autoperegrinação em volta de nós mesmos. Difícil, mas necessário.

Só esse constitucionalismo de realidade, fundamentado não em premissas teóricas divergentes, mas no consenso de um diagnóstico verificável que delineasse um Supremo de experiência feito, poderia confluir e tornar a razão sem voto tanto descritiva quanto prescritiva.

Referências

FALCÃO NETO, Joaquim de Arruda. A transformação dos partidos e da lei. In: OLIVEIRA, Rosiska Darcy de; LENT, Carmen (Org.). *Transformação*. Rio de Janeiro: Diferença, 1993. p. 65-79.

FALCÃO, Joaquim (Org.). *Invasões urbanas*: conflito de direito de propriedade. 2. ed. Rio de Janeiro: FGV, 2008. v. 1.

FALCÃO, Joaquim; ARGUELHES, D. W.; CERDEIRA, Pablo de Camargo. *I Relatório do Supremo em Números*: o múltiplo Supremo. Rio de Janeiro: FGV, 2011.

_____; HARTMANN, I. A. M.; MORAES, A. *IV Relatório Supremo em Números*: o Supremo e o Ministério Público. Rio de Janeiro: Escola de Direito da Fundação Getulio Vargas, 2015.

_____; _____; CHAVES, V. P. *III Relatório do Supremo em números*: o Supremo e o tempo. 1. ed. Rio de Janeiro: Escola de Direito da Fundação Getulio Vargas, 2014.

_____; SOUTO, Cláudio (Org.). *Sociologia e direito*. São Paulo: Pioneira, 1980.

_____et al. *II Relatório Supremo em Números*: o Supremo e a Federação entre 2010 e 2012. Rio de Janeiro: Escola de Direito da Fundação Getulio Vargas, 2014.

FERRAZ JR., Tércio Sampaio. O oficial e o inoficial. In: FALCÃO, Joaquim (Org.). *Invasões urbanas*: conflito de direito de propriedade. 2. ed. Rio de Janeiro: FGV, 2008.

KELSEN, Hans. Autobiografia de Hans Kelsen. Tradução de Gabriel Nogueira Dias e José Ignácio Coelho Mendes Neto. 4. ed. Rio de Janeiro: Forense Universitária, 2012.

LEAL, Fernando. O formalismo expiatório: leituras impuras de Kelsen no Brasil. *Revista de Direito GV*, São Paulo, v. 10, n. 1, p. 245-268, jan./jun. 2014. Disponível também em: <http://direitosp.fgv.br/sites/direitosp.fgv.br/files/artigo-Edicao-revista/10-rev19_245-268_-_fernando_leal.pdf>. Acesso em: 10 jun. 2016.

SCHWARZ, Roberto. *Ao vencedor as batatas*: forma literária e processo social no início do romance brasileiro. 6. ed. São Paulo: Ed. 34, 2012.

SOUZA JÚNIOR, José Geraldo de. *Direito como liberdade*: o direito achado na rua. Porto Alegre: Sérgio Antônio Fabris, 2011.

SPIELER, Paula; QUEIROZ, Rafael (Coord.). *Advocacia em tempos difíceis*: ditadura militar 1964-1985. Curitiba: Ministério da Justiça; Fundação Getulio Vargas, 2013.

TRUBEK, David; VIEIRA, José Hilário Gouvêa. *Direito, planejamento e desenvolvimento do mercado de capitais brasileiro*:1965-1970. São Paulo: Saraiva, 2011.

UNGER, Roberto Mangabeira. *A constituição do experimentalismo democrático*. Disponível em: <bibliotecadigital.fgv.br/ojs/index.php/rda/article/download/8584/7322>. Acesso em: 10 jun. 2016.

_____. A tarefa do direito brasileiro. Aula Magna proferida em 18.2.2008, no Instituto Brasiliense de Direito Público. Mimeografado.

Anexo[29]

Vale aqui um pequeno desvio ilustrativo. Por aqui esteve Hans Kelsen em 1949. Segundo Guilherme Leite, Kelsen teria também ido à Argentina e inclusive era amigo do argentino Carlos Cossio. Conhecia as obras de Miguel Reale. Na fotografia seguinte, Kelsen pronuncia palestra na Fundação Getulio Vargas, no Rio de Janeiro, estando na primeira fila Oswaldo Aranha, acompanhado de Afonso Arinos (aliás, citado por Barroso) e Victor Nunes Leal. Todos de uma geração pré-kelseniana.

---

[29] Palestra realizada na Fundação Getulio Vargas em 1949, com Hans Kelsen, Oswaldo Aranha, Afonso Arinos e Victor Nunes Leal.

PARTE 2 — BLOCO 3

Legitimidade do STF e sistema político

Supremo, legitimidade democrática e incentivos políticos

*Gustavo Binenbojm**

I. Apresentação

No belo e corajoso texto intitulado "A razão sem voto", Luís Roberto Barroso apresenta uma síntese de sua visão sobre os papéis institucionais exercidos pelo Supremo Tribunal Federal no arcabouço da democracia brasileira. Fruto certamente de uma combinação de suas reflexões teóricas como *scholar* e de sua experiência prática como jurista, advogado e, mais recentemente, juiz da própria Corte, o texto refaz o itinerário histórico do constitucionalismo no Brasil, descreve com precisão a emergência do Judiciário como poder político independente após a promulgação da Constituição de 1988, e culmina com a apresentação, tanto em termos descritivos quanto prescritivos, das funções que cabem à jurisdição constitucional.

De parte o seu já tradicional papel *contramajoritário*, consistente na fiscalização e anulação de atos contrários à Constituição, posto que aprovados pela vontade majoritária dos representantes eleitos pelo povo, Barroso atribui ainda ao Supremo dois outros papéis menos ortodoxos: o *papel representativo*, entendido como a função de captar o sentimento ou a vontade popular majoritária que haja sido negligenciada pelos canais de representação política, traduzindo-a de forma *argumentativa*; o *papel de vanguarda ilu-*

---

* Professor titular de direito administrativo da Faculdade de Direito da Universidade do Estado do Rio de Janeiro. Doutor e mestre em direito público pela Universidade do Estado do Rio de Janeiro. *Master of laws* pela Yale Law School (EUA).

minista, em cujo exercício a Corte assumiria a tarefa de *empurrar a história e impulsionar o progresso social*.

A razão subjacente a justificar e legitimar tais funções mais heterodoxas, ao menos à luz da doutrina tradicional, parece ser a crise da representação, a natureza falha do processo político eleitoral para expressar os anseios e preferências da maioria da população e sua maior permeabilidade à captura por interesses de facções políticas, econômicas e corporativas. Da menor suscetibilidade dos juízes às influências da política partidária e eleitoral, de sua vitaliciedade e recrutamento predominantemente por concursos públicos, do dever de fundamentação das decisões e da abertura do processo constitucional à participação da sociedade civil, Barroso extrai esse duplo encargo da justiça constitucional: vocalizar a voz das ruas, elaborada sob a forma de argumentos jurídicos, diante da indiferença das instâncias representativas (uma espécie de papel representativo subsidiário); e fazer ecoar sua própria voz, para *empurrar a história quando ela emperra* (papel de vanguarda iluminista).

Tenho por objetivo neste *paper* discorrer brevemente sobre as fontes de legitimação democrática dos tribunais constitucionais e discutir os possíveis impactos, em termos de incentivos políticos, dos papéis de *instância representativa* e de *vanguarda iluminista* inovadoramente sugeridos pelo ministro Luís Roberto Barroso.

II. Jurisdição Constitucional, democracia e o problema contramajoritário

It would be most irksome to be ruled by a bevy of Platonic Guardians, even if I knew how to choose them, which I assuredly do not. If they were in charge, I should miss the stimulus of living in a society where I have, at least theoretically, some part in the direction of public affairs.[1]

Quando, há precisamente dois séculos, John Marshall proferiu a sua célebre decisão no caso *Marbury v. Madison*, havia mais em jogo do que apenas a supremacia da Constituição escrita e a autoridade do Poder Judiciário para

---

[1] HAND, Learned. *The bill of rights*. Cambridge: Harvard University, 1958. p. 73-74.

determinar seu sentido em caráter definitivo. De fato, essa decisão histórica inaugurou uma nova era nas relações entre a política e o direito: um experimento que propôs a combinação da noção liberal de governo limitado com a ideia democrática de soberania popular.[2]

Embora esses dois ideais contenham aspirações humanas ancestrais, eles sempre conviveram em uma relação delicada e conflituosa. Assim, o controle judicial da constitucionalidade surgiu nos Estados Unidos da América como a *voz da razão* — "desprovida de força ou vontade, e dotada apenas de discernimento" (*"having neither force nor will, but merely judgment"*)[3] — e invocando sua aptidão para, de forma racional e isenta, delinear as fronteiras entre os *valores básicos da sociedade* (os limites constitucionais) e a *vontade da maioria* (as leis e programas de governo). Desde então, e por questão mais pragmáticas que teóricas, a modernidade tem tentado realizar seu projeto de racionalização da política mundo afora por meio do discurso constitucional.

Mas, afinal, qual a fonte de legitimidade desse poder de juízes não eleitos (e não submetidos a processos periódicos de aferição da legitimidade da sua atuação) de impor suas visões e interpretações sobre o significado da Constituição a agentes políticos eleitos e, derradeiramente, ao próprio entendimento da maioria dos cidadãos?

Assim, desde *Marbury* e ao longo dos últimos 200 anos, a jurisdição constitucional se converteu em um discurso sobre si mesma, em particular, sobre a legitimidade de suas decisões. Qualquer boa decisão constitucional envolve inevitavelmente uma justificativa de sua própria razão de existir. Isso porque a relação entre constitucionalismo e democracia parece ser um inconcluso debate da filosofia política e da teoria constitucional.

Como se sabe, as raízes da tradição democrática remontam às antigas cidades-estado gregas — Atenas, em particular. A despeito de sua incompletude e de suas imperfeições quando comparada a padrões modernos — mulheres e escravos não eram reconhecidos como cidadãos, por exemplo —, não é exagero afirmar-se que a principal crença dos regimes democráticos já

---

[2] De acordo com John Rawls, as modernas democracias constitucionais representam uma combinação criativa dos pensamentos políticos de Locke e Rousseau. Ver RAWLS, John. Justiça como equidade: uma concepção política, não metafísica. *Lua Nova*: Revista de Cultura e Política, São Paulo, n. 25, p. 30, 1992.

[3] HAMILTON, Alexander. *Federalist nº 78*. Editado por Jacob E. Coke. 1961. p. 523.

se fazia então presente: em questões de interesse geral, o povo deveria tomar decisões por si próprio, porque essa seria a maneira mais apropriada para chegar-se a uma deliberação acertada.[4]

Tal crença representou uma grande inovação nos processos de legitimação do poder político naquele tempo. A fonte de legitimidade não mais seria uma verdade mística, ditada por reis ao povo, mas uma discussão aberta e racional, conduzida pelo próprio povo numa praça pública. As decisões mais acertadas emergiriam naturalmente desse processo de deliberação coletiva.

Mas como se pode ter tanta certeza sobre a sabedoria da deliberação coletiva? Platão não tinha. Bem ao revés, na *República*, ele apontou todos os possíveis vícios gerados pela democracia popular. As massas seriam muito suscetíveis à superstição, ao preconceito e a visões simplistas sobre assuntos de interesse público. Ainda quando o povo estivesse sinceramente engajado na busca da verdade, não estaria ele habilitado a encontrá-la. Ou talvez em relação a determinadas questões o povo seria simplesmente hostil ao encontro da verdade. O melhor exemplo apontado por Platão foi a execução de seu amigo e professor Sócrates, graças à sua defesa apaixonada da verdade.

A luta entre democracia e verdade é desenvolvida por Platão no Livro VI da *República* e ainda remanesce no centro do debate contemporâneo sobre os processos de escolhas públicas. A alternativa de Platão à democracia era um modelo de sociedade extremamente rígido, baseado na educação e na hierarquia. Numa república ideal, dizia ele, o governo não deveria ser conduzido pelo povo, mas por aqueles cidadãos cuja capacidade e notório saber os habilitassem a governar como "reis-filósofos".[5] Para Platão, tais cidadãos teriam melhores condições de ter acesso à verdade do que o povo, genericamente considerado.[6]

A digressão não é ociosa. A referência feita pelo juiz Hand à metáfora do grupo de guardiões platônicos (*"bevy of Platonic Guardians"*), anteriormente citada, não é uma simples metáfora. De fato, Hand a utiliza não apenas para expressar sua visão sobre o papel apropriado para a jurisdição constitucional

---

[4] Ver SHAPIRO, Ian. *The moral foundations of politics*. New Have: Yale University, 2003. p. 193.

[5] Plato. *The republic*. Tradução de Desmond Lee. Nova York: Penguim, 1974. p. 347-355.

[6] Alguns autores veem a proposta de Platão como um caminho fácil para o totalitarismo. Entre eles, ver POPPER, Karl. *The open society and its enemies*. Londres: Routledge and Kegan Paul, 1966. p. 86-87.

LEGITIMIDADE DO STF E SISTEMA POLÍTICO

em uma democracia — especialmente em relação àquelas cortes habilitadas a realizar o controle de constitucionalidade das leis — mas também para chamar a atenção para os perigos políticos do ativismo judicial desenfreado da sua própria época, nomeadamente o ativismo judicial da Corte de Warren. Dada a posição da Suprema Corte como guardiã última da Constituição,[7] e o complexo e dificultoso processo previsto no art. V da Constituição norte-americana para emendar o seu texto e, por via reflexa, alterar a jurisprudência da Corte, a alusão de Hand a "reis-filósofos" não era gratuita.

Embora não tenha sido nomeado para a Suprema Corte, o juiz Learned Hand, da Corte de Apelações do Segundo Circuito, tornou-se um dos mais prestigiados e conhecidos magistrados de sua geração.[8] Como sugere o trecho transcrito, Hand era um ilustre defensor da autocontenção judicial (*judicial self-restraint*). Sua visão estava fortemente embasada numa visão filosófica cética quanto à viabilidade da descoberta de verdades morais. Ele nem chegava a negar a possibilidade da sua existência: apenas não confiava muito em qualquer um demasiadamente convicto de suas próprias verdades.[9] Essa é a chave para se entender o comentário de Hand segundo o qual "o espírito da liberdade é essencialmente o espírito que não tem muita certeza de que está certo".

A visão de Hand sobre o *judicial review* tinha a seguinte premissa: como as mais importantes cláusulas constitucionais estabelecem princípios morais extremamente abstratos, a interpretação constitucional lida, necessariamente, com questões de filosofia moral. Mas por que as convicções ou preferências morais dos juízes deveriam prevalecer sobre aquelas de legisladores ou governantes eleitos diretamente pelo povo? Como se constata singelamente, Hand antecipou a questão fundamental que Alexander Bickel anos mais tarde retomaria no celebrado livro *The least dangerous branch: the Supreme Court at the bar of politics,* e que se tornaria conhecida como a "dificuldade contramajoritária ("*countermajoritarian difficulty*").

A personalidade marcante do Juiz Hand — como descrita por seu ex-estagiário Ronald Dworkin — levou-o a criticar abertamente a decisão da

---

[7] *Marbury v. Madison* 5 U.S. (1 Cranch) 137 (1803).

[8] Gerald Gunther escreveu uma compreensiva biografia do juiz Hand intitulada *Learned Hand*. Ver DWORKIN, Ronald. *Freedom's law*: the moral reading of the American Constitution. Cambridge: Harvard University, 1996.

[9] Ver ibid., p. 341-342.

Suprema Corte proferida no caso *Brown v. Board of Education*, a despeito de toda antipatia pessoal que isso poderia provocar. Hand acreditava em um modelo de democracia pura, no qual os cidadãos são chamados a desenvolver seu próprio senso de responsabilidade moral e a participar das mais profundas e importantes decisões comunitárias sobre justiça.[10] Qualquer tentativa dos tribunais de substituir as convicções morais dos legisladores pelas suas próprias seria essencialmente uma conduta paternalista e antidemocrática.[11]

A tese do juiz Hand foi amplamente criticada. Fundamentalmente, poder-se-ia questionar: se as interpretações legislativas devem sempre prevalecer, qual o sentido e a utilidade de se ter uma Constituição escrita? Se ainda restam limites, quem deveria ser competente para estabelecê-los? Além disso, o que fazer se a maioria legislativa decide por suprimir direitos das minorias? E se a maioria não apenas falha em promover justiça, mas apoia um regime totalitário? Na linha de preocupações do ministro Luís Roberto Barroso, qual deve ser o papel do Supremo Tribunal Federal em caso de falhas no processo de representação política? Pode a Corte portar-se como *guardiã platônica* e desemperrar o processo histórico, em nome do progresso ou da justiça social?

III. A elaboração teórica da função contramajoritária dos tribunais constitucionais: entre substancialistas e procedimentalistas

O livro de Alexander Bickel *The least dangerous branch* é um bom ponto de partida para a discussão das questões anteriormente propostas. Embora o problema teórico houvesse sido versado em alguns escritos esparsos antes

---

[10] Ronald, Dworkin, *Freedom's law*, 1996, p. 342.

[11] Em sua defesa apaixonada do seu modelo de democracia pura, disse o Juiz Hand: *"Of course I know how illusory would be the belief that my vote determined anything; but nevertheless when I go to the polls I have a satisfaction in the sense that we are all engaged in a common venture. If you retort that a sheep in the flock may feel something like it; I reply, following Saint Francis, 'My brother, the Sheep.' I'm not catholic. In spite of that, I really appreciate Saint Francis's odyssey and his love for animals. Nevertheless, there must be something else in the meaning of democratic deliberation than feeling as a sheep in the flock"*.

de sua aparição, o livro tornou-se um trabalho seminal no tratamento da chamada dificuldade contramajoritária.

A estratégia de Bickel não foi negar a existência da "dificuldade", nem se engajar em qualquer uma das alternativas de evitá-la. Ao contrário, ele admite ser o *judicial review* "uma instituição anômala" no cenário político norte-americano ("*a deviant institution in the American polity*") porque representa um poder exercido " não em nome da maioria prevalente, mas contra ela".[12] Nada obstante, diferentemente do juiz Hand, Bickel tenta defender a jurisdição constitucional a partir de uma justificativa política. É dizer: ao mesmo tempo que admite as críticas contra ela, espeficamente de que representa uma força contramajoritária na democracia norte-americana, Bickel procura caracterizá-la como útil e desejável.

Mas como Bickel consegue superar as críticas lançadas por Hand? Basicamente por meio do argumento de que o Poder Judiciário é aquele que, por seu insulamento político e por suas demais características institucionais, é aquele melhor *situado* e *habilitado* para defender os valores fundamentais da sociedade. O argumento se desenvolve como a seguir expendido.

O Poder Legislativo e o presidente são *responsivos* à vontade imediata do povo expressa periodicamente nas urnas. Esta vontade se expressa por intermédio das maiorias legislativas e do chefe do Poder Executivo, que interpretam a Constituição supostamente guiados pela vontade de seus constituintes. De acordo com Bickel, a interpretação da Constituição exige mais do que os agentes políticos são capazes de realizar. Ela exige uma especial capacidade para o estabelecimento criativo e renovado de um corpo coerente de regras embasadas por princípios,[13] que expresse os valores fundamentais da sociedade. Mas por que os juízes poderiam fazê-lo melhor que legisladores e administradores públicos?

Os juízes se encontram numa posição melhor para identificar o *ethos* da comunidade por duas razões principais: primeiro, porque eles estão necessariamente fora da arena política e, portanto, podem elaborar suas decisões

---

[12] BICKEL, Alexander. *The least dangerous branch*: the Supreme Court at the bar of politics. 2. ed. New Haven: Yale University, 1986. p. 16-17.

[13] Ibid., p. 24-25.

A RAZÃO E O VOTO: DIÁLOGOS CONSTITUCIONAIS COM LUÍS ROBERTO BARROSO

a partir de princípios, a despeito das pressões políticas do momento.[14] Além disso, ao contrário dos políticos, juízes são partes desinteressadas, o que os habilita, nas palavras do juiz Stone, "a um sóbrio segundo olhar".[15] Segundo, o insulamento e o maravilhoso mistério do tempo dão às cortes a capacidade de apelar para o melhor da natureza humana, de guiar-se por suas maiores aspirações, que podem ser esquecidas nos momentos de grande comoção social.[16]

Os juízes constitucionais de Bickel, no entanto, guardam perturbadora semelhança com os reis-filósofos de Platão. A maior objeção à abordagem empreendida por Bickel é aquela já antecipada por Hand: como se pode ter certeza que os valores e aspirações acolhidos pelos magistrados coincidem verdadeiramente com os da sociedade, e não os seus próprios? Alguns autores, como John Hart Ely, iriam ainda mais longe e negariam a própria premissa de Bickel. "Não há valor impessoal algum, do lado de fora das cortes (e da cabeça dos juízes), esperando para serem captados", afirma Ely.[17]

Afinal de contas, julgamentos substantivos feitos por juízes nessa função *superlegislativa* podem colocar em risco a democracia mais do que aqueles feitos pelos legisladores, de vez que as decisões do Tribunal constitucional não podem ser reformadas pelo povo, salvo por meio de uma emenda à Constituição. Mesmo em tais casos — há que se anotar — a emenda poderá ser objeto de nova interpretação e quiçá até de invalidação pelos juízes. Mais ainda: decisões que envolvem cláusulas pétreas exibem grande tendência ao entrincheiramento de entendimentos, cuja superação pode ensejar elevados custos políticos e riscos para a própria estabilidade institucional.

Em *Democracy and distrust: a theory of judicial review*, de 1980, John Hart Ely apresenta uma reação às concepções substancialistas da jurisdição constitucional. Livro de direito mais citado de todo o século XX nos Estados Unidos,[18] a obra de Ely se tornou um marco histórico do constitucionalismo norte-americano. Mas por quê? A despeito de sua inegável qualidade intrínseca, talvez se

---

[14] Este argumento retoma a tese de Hamilton no art. nº 78 de *O Federalista*.

[15] STONE, H. F. The common law in the United States. *Harvard Law Review*, v. 50, n. 4, p. 25, 1936.

[16] Alexander Bickel, *The least dangerous branch*, op. cit., p. 25.

[17] ELY, John Hart. *Democracy and distrust*: a theory of judicial review. 2001. p. 72.

[18] Ver BALKIN, Jack (Ed.). *What Brown v. Board of Education should have said*. Nova York: New York University, 2002. p. 244.

possa especular que o livro ofereceu uma resposta plausível para uma ansiedade que dominou o debate constitucional estadunidense logo após a revolução da Warren Court. Entre liberais que louvavam as decisões da Corte, essa ansiedade poderia ser sintetizada na seguinte frase: "Eu concordo com as decisões, mas não estou certo de que elas poderiam ser juridicamente fundamentadas".

Esta a razão pela qual Ely principia o capítulo 4 do livro utilizando a Warren Court como um caso paradigmático para a demonstração de sua tese. Após rejeitar a tese de que a Corte ter-se-ia engajado em uma "imposição de valores", Ely tenta explicar as decisões mais importantes do período por meio de seu *modelo procedimental* de interpretação constitucional. Para tal fim, o autor retorna à famosa nota de rodapé número 4 do caso *United States v. Carolene Products*, decidido em 1938, no qual, segundo ele, sua visão teria sido prenunciada pela Corte.[19]

A empreitada intelectual de Ely é centrada na busca de um papel para a jurisdição constitucional que não interfira com os julgamentos substantivos (ou escolhas morais) dos legisladores. Ely então apresenta sua própria versão da nota de rodapé número 4:

> [B]oth Carolene Products themes are concerned with participation: they ask us to focus not on whether this or that substantive value is unusually important or fundamental, but rather on whether the opportunity to participate either in the political processes by which values are appropriately identified and accommodated, or in the accommodation those processes have reached, has been unduly restricted.[20]

O argumento se funda, primariamente, na premissa de que, numa democracia, as escolhas valorativas devem ser feitas por representantes eleitos, e não por juízes não eleitos. Se o povo não aprovar tais escolhas, os representantes podem ser substituídos por outros, que defendam diferentes opções axiológicas. A participação no processo político teria esse papel legitimador (ou de reprovação) das escolhas morais feitas pelos representantes eleitos.

Tal raciocínio merece apenas uma ressalva: ele é quase sempre válido, *salvo se o processo político não for digno de confiança*. Esse mau funcionamento

---

[19] John Hart Ely, *Democracy and distrust*, op. cit., p. 75.
[20] Ibid., p. 77.

ocorre quando (1) os canais da mudança política se encontram obstruídos pelos "de dentro" (a maioria do momento) para assegurar que os "de fora" (as minorias do momento) permaneçam fora do poder, ou (2) embora os direitos de voto e de livre expressão não sejam negados, "minorias discretas e insulares" são sistematicamente tratadas de forma desvantajosa em relação a outros grupos sociais mais bem representados no processo político.[21]

Em síntese, Ely propõe uma transformação do papel da Suprema Corte de um grupo de *sábios* que ditam os valores fundamentais em um conjunto de guardiães da lisura e imparcialidade dos processos democráticos de deliberação. Seguindo tal rota, a Corte constitucional jamais controlaria os *resultados* do processo de deliberação democrática, mas apenas *policiaria* a sua forma e suas precondições. Em outras palavras, o papel da justiça constitucional seria o de garantir a abertura do processo democrático a mudanças, sobretudo pela proteção dos direitos das minorias. A intenção de Ely é a de reconciliar o *judicial review* com a democracia, afirmando que esta é não só compatível com aquele, mas tem nele uma sua precondição.

Doze anos mais tarde (1992), Jürgen Habermas acolheria a maior parte das ideias de Ely no seu celebrado livro *Between facts and norms*. É possível dizer-se que a tese de Habermas é mais ampla que a de Ely, por abarcar não apenas uma teoria sobre o *judicial review*, mas também uma teoria sobre a democracia e os direitos fundamentais. Habermas deriva todo o seu sistema de direitos fundamentais (civis, políticos e mesmo alguns direitos sociais e econômicos) da sua noção de democracia deliberativa. Por isso Habermas deseja erigir um modelo discursivo de democracia no qual os cidadãos são capazes para se tornarem autores de suas próprias leis. Assegurar os direitos fundamentais é a missão básica de uma corte constitucional, mas não um fim em si mesmo. De modo similar à proposta de Ely, Habermas relaciona o papel do tribunal constitucional à defesa da democracia em um sentido mais amplo.

Habermas é mais preciso que Ely quando reconhece que sua teoria sobre o *judicial review* pressupõe uma teoria procedimentalista da própria Constituição. Diferentemente de Ely, que tenta amoldar a Constituição norte-americana ao seu projeto teórico, Habermas apresenta sua visão sobre o que uma Constituição democrática deveria se tornar — basicamente, um instrumento

---

[21] John Hart Ely, *Democracy and distrust*, op. cit., p. 103.

LEGITIMIDADE DO STF E SISTEMA POLÍTICO

de governo capaz de erigir um regime democrático fundado num sistema de direitos fundamentais (sobretudo na autonomia moral dos cidadãos). Para ele, qualquer outra visão da Constituição — por exemplo, um sistema de valores fundamentais ou de compromissos básicos — seria antidemocrático porque comprometeria as manifestações de vontade das futuras gerações.

A crítica formulada por Ronald Dworkin à tese de Ely complementa o quadro expositivo até aqui traçado. Em seu aclamado livro *Freedom's law: the moral reading of the American Constitution*, Dworkin redefine a noção de *moralidade comunitária*, ao afirmar que as pessoas, em comunidade, endossam certos princípios básicos de moralidade política, apesar de suas diferentes visões de mundo. Esse é um conceito muito próximo ao que Rawls chama de "razão pública", apresentado no livro *Political liberalism* e redefinido no *The law of peoples*.[22] A ideia aqui é a de que, a despeito de todas as diferenças, uma comunidade de pessoas razoáveis ainda é capaz de alcançar um certo nível de consenso — que Rawls chama de "consenso sobreposto" (*"overlapping consensus"*), que daria lastro de legitimidade ao funcionamento das instituições políticas.

De acordo com Dworkin, no centro de tal moral comunitária estaria o entendimento de que todos os cidadãos devem ser tratados com igual respeito e consideração. Esse seria o princípio moral mais elementar embebido na Constituição, e que torna a democracia possível.[23] De fato, se por democracia se entende o "governo pelo povo", somente quando as pessoas são tratadas como cidadãos — o que implica o reconhecimento de um conjunto básico de direitos fundamentais — é que elas se tornam capazes de tomar decisões por si próprias. Dworkin chama esses princípios morais básicos, derivados da noção de igual respeito e consideração, de "condições democráticas".[24]

A regra da maioria é a regra de ouro para deliberações coletivas em uma democracia. Porém, as "condições democráticas" não estão sujeitas à deliberação. Ao contrário, elas são precondições da lisura e da imparcialidade dos processos de deliberação coletiva. A jurisdição constitucional é uma força

---

[22] RAWLS, John. *The law of peoples*: the idea of public reason revisited. Cambridge: Harvard University, 2001. p. 131.

[23] Ver DWORKIN, Ronald. *Sovereign virtue*: the theory and practice of equality. Harvard University, 2002.

[24] Ver id., *Freedom's law*, op. cit., p. 17.

contramajoritária que fortalece a democracia, na medida em que a proteção dos direitos fundamentais previne ou corrige defeitos no processo de deliberação democrática.

Não seria essa visão muito próxima da abordagem procedimentalista? Seria Dworkin um procedimentalista? No seu livro *A matter of principle*, Dworkin oferece uma resposta a tal questionamento. No ensaio intitulado *The forum of principle*, Dworkin desconstrói o modelo procedimental de interpretação constitucional desenvolvido por Ely demonstrando que a interpretação constitucional sempre envolve questões de filosofia moral. Não se trata de uma acusação de que os juízes sempre buscam impor suas visões e valores à sociedade, mas um reconhecimento de que essa é a única forma pela qual a jurisdição constitucional pode ser exercida. Para Dworkin, interpretar envolve sempre alguma opção valorativa.

Dworkin ataca a viabilidade do modelo de interpretação constitucional "não substantiva" apontando que sempre existirão questões de moralidade a serem decididas por juízes ainda que no contexto de uma idealizada Constituição meramente procedimental. Diante da textura aberta de diversas normas constitucionais, os juízes sempre serão chamados a decidir sobre questões que envolvam alguma compreensão de moralidade política.

A pertinência da objeção de Dworkin, todavia, não infirma propriamente a abordagem procedimentalista, mas impõe ônus e limites adicionais ao desempenho legítimo da jurisdição constitucional. Com efeito, se alguma margem de subjetividade valorativa é inevitável, isso não pode justificar uma espécie de *cheque em branco* aos juízes constitucionais. Antes, deve servir de alerta para que os julgamentos do Tribunal Constitucional não sejam capturados pelos valores particulares dos juízes ou por suas meras preferências pessoais.

A interpretação constitucional lida necessariamente com conceitos abertos e indeterminados, cuja densificação se sujeita à pré-compreensão dos juízes encarregados do exercício da jurisdição constitucional. É crescente, assim, o reconhecimento de que a discussão sobre a legitimidade da justiça constitucional gravita em torno de métodos de interpretação e decisão aptos a conter, em limites racionais, o âmbito da discricionariedade judicial.[25]

---

[25] GARCÍA, Enrique Alonso. La interpretación de la Constitución. Madri: Centro de Estudios Constitucionales, 1984. p. 9. No mesmo sentido, MENDES, Gilmar Ferreira. Controle de constitucionalidade: hermenêutica constitucional e revisão de fatos e prognoses legislativos pelo órgão

IV. A funcionalidade democrática do Tribunal Constitucional

Modern democracy invites us to replace the notion of a regime founded upon laws, of a legitimate power, by the notion of a regime founded upon the legitimacy of a debate as to what is legitimate and what is illegitimate — a debate which is necessarily without any guarantor and without any end.[26]

Já não se admite hodiernamente a visão da Constituição como uma *ordem concreta de valores*, da qual o Tribunal Constitucional seria um intérprete qualificado, que se sobressai por suas virtudes intelectuais e acesso privilegiado à verdade. O pluralismo é um fato social que não permite ao Judiciário a referência automática a valores éticos fundadores de determinada comunidade. Dada a impossibilidade da revelação de valores éticos *a priori*, resta buscar a construção de procedimentos éticos de deliberação.[27] Em uma palavra: é preciso democratizar o acesso e a participação dos diferentes setores da sociedade no processo de construção das decisões constitucionais.

Assim, para que o Tribunal Constitucional não se converta em uma instância hegemônica de poder, há que se fomentar a ideia da *sociedade aberta de intérpretes da Constituição*,[28] formulada por Peter Häberle, segundo a qual o círculo de intérpretes da Lei Fundamental deve ser elastecido para abarcar não apenas as autoridades públicas e as partes formais nos processos de controle de constitucionalidade, mas todos os cidadãos e grupos sociais que, de uma forma ou de outra, vivenciam a realidade constitucional. Em palavras do próprio Häberle:

---

judicial. In: MENDES, Gilmar Ferreira. *Direitos fundamentais e controle de constitucionalidade*: estudos de direito constitucional. p. 454: "A questão metodológica coloca-se no centro da reflexão sobre o papel que deve desempenhar a corte constitucional ou o órgão dotado de competência para aferir a legitimidade das leis e demais atos normativos, como é o caso do Supremo Tribunal Federal, entre nós".

[26] LEFORT, Claude. *Democracy and political theory*. Tradução de David Macey. Cambrige: Polity, 1988. p. 39.

[27] VIEIRA, Oscar Vilhena. *A Constituição e sua reserva de justiça* (um ensaio sobre os limites materiais ao poder de reforma). São Paulo: Malheiros, 1999. p. 216-217.

[28] HÄBERLE, Peter. *Hermenêutica constitucional*. A sociedade aberta dos intérpretes da Constituição: contribuição para a interpretação pluralista e "procedimental" da Constituição. Porto Alegre: Sérgio Antônio Fabris, 1997.

> Todo aquele que vive no contexto regulado por uma norma e que vive com este contexto é, indireta, ou até mesmo diretamente, um intérprete dessa norma. O destinatário da norma é participante ativo, muito mais ativo do que se pode supor tradicionalmente, do processo hermenêutico. Como não são apenas os intérpretes jurídicos da Constituição que vivem a norma, não detêm eles o monopólio da interpretação da Constituição. [...] Subsiste sempre a responsabilidade da jurisdição constitucional, que fornece, em geral, a última palavra sobre a interpretação (com a ressalva da força normatizadora do voto minoritário). Se se quiser, tem-se aqui uma democratização da interpretação constitucional. Isso significa que a teoria da interpretação deve ser garantida sob a influência da teoria democrática.[29]

Como destinatários e autores do seu próprio direito, os cidadãos devem poder participar e ter *voz ativa* nos processos de interpretação constitucional (a *cidadania procedimentalmente ativa*, como pretende Häberle), não podendo ser ignorados pelos *operadores oficiais*. Assim, embora à Corte Constitucional se cometa a *palavra final* sobre a interpretação da Constituição, suas decisões devem ser amplamente fundamentadas e expostas ao debate público, pois a crítica advinda da esfera pública (juristas, operadores do direito, políticos, jornalistas, profissionais liberais em geral) possui um potencial racionalizador e legitimador.[30] Aliás, essa mesma ideia já era defendida, ainda em 1959, por Otto Bachof, para quem a legitimação da jurisdição constitucional seria obtida por meio de um permanente diálogo com a opinião pública e, sobretudo, com a comunidade jurídica.[31]

Nessa mesma linha de pensamento, Robert Alexy sustenta que o Tribunal Constitucional se legitima quando a coletividade o aceita como instância de reflexão racional do processo político. Se um processo de reflexão entre coletividade, legislador e Tribunal Constitucional se estabiliza duradouramente — isto é, quando a Corte Constitucional adquire credibilidade política e social —, pode-se afirmar que a institucionalização dos direitos do homem

---

[29] Peter Häberle, *Hermenêutica constitucional*, 1997, p. 14-15.
[30] HABERMAS, Jürgen. Soberania popular como procedimento. *Novos Estudos Cebrap*, n. 26, p. 111, 1990.
[31] BACHOF, Otto. *Jueces y Constitución*. Madri: Civitas, 1987. p. 60.

deu certo, no âmbito do estado democrático de direito.[32] Nesse sentido é que Alexy faz alusão à função de *representação argumentativa* do Tribunal Constitucional, segundo a qual a sua legitimidade depende da sua capacidade de produzir argumentos válidos e corretos, que obtenham a aceitação e adesão da sociedade.[33]

A atribuição de uma função de representação ao Tribunal Constitucional, como propõem Alexy e Barroso, desperta algumas perplexidades. O caráter democrátco de uma instituição não decorre apenas da investidura popular. A legitimidade pode decorrer de sua *funcionalidade* para o regime democrático, isto é, da capacidade que tenha de contribuir para a continuidade e o aprimoramento da democracia. Assim, ao preservar direitos fundamentais e as regras do jogo democrático, anulando leis aprovadas pela maioria parlamentar, a atuação da jurisdição constitucional se dá a favor, e não contra a democracia. De igual modo, quando a Corte adota procedimentos decisórios abertos, transparentes e racionais, de forma permitir uma participação ativa dos cidadãos na construção de suas deliberações.

Isto, no entanto, não me parece autorizar que o Tribunal Constitucional se arrogue um papel *propriamente* representativo.

V. Objeções e possíveis disfunções decorrentes da atribuição de um papel representativo e de vanguarda iluminista ao Supremo Tribunal Federal

Em primeiro lugar, entendo que a ideia de representação política é modernamente associada ao exercício de mandatos livres, sem deferência formal à vontade dos representados. Tal liberdade é relativizada pela temporariedade do mandato e pelo seu caráter eletivo, o que assegura algum nível de *accountability* democrática. Tal regime cria, assim, uma estrutura de incentivos políticos que direcionam os representantes, mediatamente, à busca

---

[32] ALEXY, Robert. Direitos fundamentais no estado constitucional democrático. Para a relação entre direitos do homem, direitos fundamentais, democracia e jurisdição constitucional. *Revista de Direito Administrativo*, Rio de Janeiro, v. 217, p. 66, jul./set. 1999.

[33] Ver ALEXY, Robert. Ponderação, jurisdição constitucional e representação. In: ALEXY, Robert. *Constitucionalismo discursivo*. Tradução de Luís Afonso Heck. Porto Alegre: Livraria do Advogado, 2007. p. 155-166.

da satisfação das aspirações dos representados, dentro da lógica da política eleitoral. Nesse contexto, a possibilidade de responsabilização política dos agentes políticos pelo povo é a *mola-mestra* da democracia representativa.

Ora, a ideia de representação não parece refletir a relação entre o povo e o Poder Judiciário — ou entre aquele e o Supremo Tribunal Federal. Vivemos sob um regime em que os juízes não devem sua investidura à escolha popular e são vitalícios, não estando, portanto, sujeitos aos mecanismos temporários de responsabilização política. Ademais, não existe entre nós a figura do *recall*, nem tampouco temos tradição de *impeachment* de ministros da Suprema Corte. Por fim, não custa lembrar que os juízes constitucionais não são politicamente livres, mas encontram-se jungidos a procedimentos e deveres de fundamentação técnica de suas decisões.

Qual o sentido, então, de atribuir-se ao Tribunal Constitucional um papel de representação política? Sua invocação, ademais, oferece o risco de alguma legitimação *a priori*, com a liberação dos ônus de fundamentação, transparência e permeabilidade à participação dos cidadãos. Embora não seja evidentemente esse o caso de Barroso e Alexy, a ideia da função representativa pode se prestar, em contextos de embate institucional, como argumento retórico para a usurpação de poderes conferidos pelo povo a seus representantes políticos.

Veja-se ainda que a atribuição de função representativa às cortes constitucionais cria, potencialmente, uma alteração da estrutura de incentivos políticos no regime democrático. Preocupados em buscar apoio popular, juízes constitucionais sentir-se-iam intimidados pelo risco de reprovação de sua atuação em pesquisas de opinião ou em críticas jornalísticas, o que poderia inibir a prolação de decisões impopulares. Surgiria, assim, um fator dificultador ao cumprimento do papel contramajoritário do Tribunal, o qual invariavelmente exige posturas impopulares. Pessoas respondem a incentivos. Agentes públicos são pessoas e tendem a mover-se consoante o sinal dos incentivos produzidos por determinada estrutura institucional.

Por outro prisma, o argumento da representação política oferece o risco de uma artificial imputação do fundamento de algumas decisões do Tribunal à vontade popular. Nesses casos, a ausência de mandatos e de eleições periódicas para os cargos de juízes constitucionais impede qualquer tipo de responsabilização política na hipótese de insatisfação popular. Ao contrário do que ocorre nos postos eletivos, juízes não são removíveis de seus cargos pela vontade popular. Ao contrário do que ocorre com uma decisão legislativa equivocada, algumas decisões do Tribunal Constitucional — sobretudo aquelas que envolvem a aplicação de cláusulas pétreas — exibem o risco de se cristalizarem no tempo, tendo em vista a impossibilidade (ou a imensa dificuldade) de aprovação de providência legislativa superadora.

Por fim, no que se refere à função de *vanguarda iluminista* da Corte, vislumbro o risco de que tal argumento possa legitimar posturas solipsistas, elitistas ou paternalistas por parte de alguns juízes constitucionais. Ainda quando movido pelas melhores intenções, o Tribunal corre o risco de tornar-se uma instância de poder aristocrática e desvinculada dos fundamentos jurídicos que conferem legitimidade técnica a suas decisões. Ainda, arrogar-se a condição de agente propulsor do processo histórico é tarefa que pressupõe um sentido de progresso social historicista, potencialmente incompatível com a ideia de autogoverno democrático.

Referências

ALEXY, Robert. Direitos fundamentais no estado constitucional democrático. Para a relação entre direitos do homem, direitos fundamentais, democracia e jurisdição constitucional. *Revista de Direito Administrativo*, Rio de Janeiro, v. 217, jul./set. 1999.

_____. Ponderação, jurisdição constitucional e representação. In: _____. *Constitucionalismo discursivo*. Tradução de Luís Afonso Heck. Porto Alegre: Livraria do Advogado, 2007. p. 155-166.

BACHOF, Otto. *Jueces y Constitución*. Madri: Civitas, 1987.

BALKIN, Jack (Ed.). *What Brown v. Board of Education should have said*. Nova York: New York University, 2002.

BICKEL, Alexander. *The least dangerous branch*: the Supreme Court at the bar of politics. 2. ed. New Haven: Yale University, 1986.

DWORKIN, Ronald. *Freedom's law*: the moral reading of the American Constitution. Cambridge: Harvard University, 1996.

_____. *Sovereign virtue*: the theory and practice of equality. Harvard University, 2002.

ELY, John Hart. *Democracy and distrust*: a theory of judicial review. 2001.

GARCÍA, Enrique Alonso. La interpretación de la Constitución. Madri: Centro de Estudios Constitucionales, 1984.

HÄBERLE, Peter. *Hermenêutica constitucional*. A sociedade aberta dos intérpretes da Constituição: contribuição para a interpretação pluralista e "procedimental" da Constituição. Porto Alegre: Sérgio Antônio Fabris, 1997.

HABERMAS, Jürgen. Soberania popular como procedimento. *Novos Estudos Cebrap*, n. 26, 1990.

HAMILTON, Alexander. *Federalist nº 78*. Editado por Jacob E. Coke. 1961.

HAND, Learned. *The bill of rights*. Cambridge: Harvard University, 1958.

LEFORT, Claude. *Democracy and political theory*. Tradução de David Macey. Cambrige: Polity, 1988.

MENDES, Gilmar Ferreira. *Direitos fundamentais e controle de constitucionalidade*: estudos de direito constitucional.

PLATO. *The republic*. Tradução de Desmond Lee. Nova York: Penguim, 1974.

POPPER, Karl. *The open society and its enemies*. Londres: Routledge and Kegan Paul, 1966.

RAWLS, John. Justiça como equidade: uma concepção política, não metafísica. *Lua Nova*: Revista de Cultura e Política, São Paulo, n. 25, 1992.

_____. *The law of peoples*: the idea of public reason revisited. Cambridge: Harvard University, 2001.

SHAPIRO, Ian. *The moral foundations of politics*. New Have: Yale University, 2003.

STONE, H. F. The common law in the United States. *Harvard Law Review*, v. 50, n. 4, 1936.

VIEIRA, Oscar Vilhena. *A Constituição e sua reserva de justiça* (um ensaio sobre os limites materiais ao poder de reforma). São Paulo: Malheiros, 1999.

STF como fomentador, no ambiente majoritário, do voto com razões

Ana Paula de Barcellos[*]

I. Judiciário e a democracia deliberativa

A expansão da jurisdição constitucional e do Judiciário no exercício do poder político estatal não é um fenômeno brasileiro ou mesmo latino-americano, sendo observado também na Europa, África, em vários países da Ásia, Canadá e até mesmo nos Estados Unidos. A percepção de que as estruturas majoritárias ordinárias — Legislativo e Executivo — passam por uma crise, frequentemente identificada como "crise da democracia", é igualmente um tema transnacional, e não apenas brasileiro, além de não ser recente. Nesse contexto, também os debates em torno da tensão entre jurisdição constitucional e democracia majoritária recebem contribuições de autores de toda parte do mundo.[1]

Como já se tornou corrente, em boa parte dos países a tensão entre jurisdição constitucional e democracia majoritária tem sido mediada justamente

---

[*] Professora de direito constitucional da Faculdade de Direito da Uerj. Mestre e doutora em direito público pela Uerj. Pós-doutorado pela Universidade de Harvard.

[1] Ver, por muitos outros, JACOB, Herbert. Courts. In: BLANKENBURG, Erhard et al. *Law and politics in comparative perspective*. New Haven: Yale University, 1996; TATE, C.; VALLINDER, Torbjörn. The global expansion of judicial power. Nova York: New York University, 1997; HIRSCHL, Ran. *Towards juristocracy*. The origins and consequences of the new constitutionalism. Cambridge: Harvard University, 2007; GINSBURG, Tom. *Judicial review in new democracies*. Constitutional Courts in Asia cases. Cambridge: Cambridge University, 2003; e SIEDER, Rachel; SCHJOLDEN, Line; ANGELL, Alan (Org.). *The judicialization of politics in Latin America*. Londres: Palgrave Macmillan, 2009.

pela ideia de que as cortes constitucionais (ou o Judiciário como um todo, no caso de um sistema de controle de constitucionalidade difuso) atuam em favor da democracia, e não contra ela. Daí atribuir-se à jurisdição constitucional dois papéis centrais, ambos relacionados com a promoção da democracia: a garantia das regras que asseguram a participação política e o funcionamento do próprio sistema democrático e a proteção dos direitos fundamentais. Ou seja: garantir o respeito, a proteção e a promoção desses conteúdos alinha a jurisdição constitucional com a democracia, e não contra ela.[2]

É certo que a questão não é tão singela assim. A definição do que esses conteúdos significam em cada caso, sobretudo quando o debate envolve a validade do ato de outro poder, pode envolver muitas complexidades. A Corte Constitucional estará protegendo o funcionamento do sistema democrático ao invalidar, por exemplo, normas que pretendam impedir eleições, candidaturas ou a manifestação crítica de candidatos, ou ainda que criem óbices relevantes à existência da oposição política. Longe dessas hipóteses extremas, porém, a aplicação da tese pode ser bem mais difícil. Como devem ser interpretadas as inelegibilidades e as condições de elegibilidade? Restritivamente, como sugeriria a garantia de abertura do processo democrático, de modo a permitir a participação mais ampla possível, ou não (tendo em conta a realização de outros fins constitucionais, como a moralidade)? As cláusulas de barreira seriam incompatíveis com a democracia e o pluralismo político? Ou, ao contrário, seriam importantes para fomentar o debate em torno de ideias?

A questão não fica mais fácil no plano do respeito, proteção e promoção dos direitos fundamentais. Frequentemente posições opostas acerca de determinado tema no âmbito da sociedade invocam em suporte de suas teses a defesa de direitos. E qualificar a própria posição como razoável dificilmente convence quem pensa diferente. O exemplo do debate constitucional em torno do aborto ilustra o ponto. Na realidade, o sentido e alcance do que são direitos fundamentais é em parte construído retoricamente e pode ser conduzido por quem o enuncia nas direções mais diversas. Outros exemplos talvez menos polarizados (ou não) sugerem tensão semelhante: o aumento de

---

[2] BARROSO, Luís Roberto. Judicialização, ativismo judicial e legitimidade democrática. *(Syn) thesis*, v. 5/1, 2012.

tributos interfere com o direito de propriedade; por outro lado, a redução da carga tributária tem impacto sobre o custeio de políticas destinadas a fomentar outros direitos. A alocação orçamentária feita pelo Executivo e Legislativo prioriza determinados direitos em detrimento de outros. Cabe ao Judiciário rever tais temas? Certamente há posições sustentáveis em muitos sentidos.

Diante dessas dificuldades, a jurisdição constitucional vem invocando em reforço de sua legitimidade argumentos oriundos da teoria política em torno da democracia participativa e deliberativa (a segunda expressão por vezes englobando a primeira).[3] Destacam-se desse debate, para os fins desta reflexão, duas questões apenas, interligadas: *quem* toma ou deve tomar as decisões que afetam a sociedade política e, sobretudo, *como* se deve tomar decisões em uma democracia. Vale observar que esses debates não tinham como foco específico o Poder Judiciário, seu funcionamento ou a forma como os magistrados decidem, mas sim as instâncias políticas ordinárias.

De forma muito simplificada, a pergunta *quem?* é respondida de forma singela por alguns: os representantes eleitos pelo povo estão encarregados de tomar as decisões que afetam a sociedade política e isso seria não só o suficiente para um regime democrático, como também aquilo que mais interessaria às pessoas, que desejam predominantemente se ocupar de suas vidas e não das questões públicas. Outros entendem que, para além do sistema representativo tradicional, é importante ampliar o máximo possível os participantes tanto nos processos decisórios — por meio de corpos consultivos — quanto na tomada de decisão propriamente dita. Em uma democracia, a rigor, todos deveriam participar das decisões públicas em igualdade de condições.

Tais autores, identificados com a proposta geral de uma democracia participativa, sugerem que as pessoas estariam sim interessadas em participar, até porque elas serão afetadas por tais decisões e, conscientemente ou não e direta ou indiretamente, são por elas responsáveis. Além disso, mais par-

---

[3] Vale conferir sobre o tema, de forma exemplificativa e reunindo defensores e posições críticas, os seguintes trabalhos: BOHMAN, James; REHG, William (Org.). *Essays on reason and politics*. Deliberative democracy. Cambridge: MIT, 1997; ELSTER, John (Org.). *Deliberative democracy*. Nova York: Cambridge University, 1999; GUTMANN, Amy; THOMPSON, Dennis. *Why deliberative democracy?* New Jersey: Princeton University, 2004; e SOUZA NETO, Cláudio Pereira de. *Teoria constitucional e democracia deliberativa*. Renovar: Rio de Janeiro, 2006.

ticipação incrementaria a legitimidade da decisão e contribuiria para uma maior adesão a ela pela própria sociedade. Nesse sentido, portanto, sustenta-se a utilização de mecanismos vários de participação, que envolvem desde os instrumentos já clássicos de democracia semidireta até outras formas de participação da população ou de segmentos específicos da sociedade nos espaços de decisão. Paralelamente, há um argumento mais amplo — que já se conecta claramente com a questão do *como* as decisões devem ser tomadas — no sentido da participação de todos no debate público sobre as questões que serão decididas em uma sociedade democrática.

Pois bem: mas em que esse debate sobre maior participação se relaciona com o Poder Judiciário? Na maior parte dos países os magistrados não são eleitos, extraindo sua legitimidade de outras fontes. Quanto à origem, a legitimidade democrática do Judiciário decorre como regra das previsões constitucionais e legais acerca de sua existência, forma de investidura e competências. Ainda assim, a função jurisdicional continua a ser uma das manifestações do poder político estatal e o tema da legitimidade de exercício se coloca também aqui. É relevante não perder de vista que as decisões judiciais, como outras decisões políticas, geram ganhadores e perdedores, e desencadeiam os mecanismos de violência estatais, em geral contra a vontade de quem perdeu. Ou seja: a jurisdição não é uma atividade puramente teórica ou abstrata, assepticamente preservada da realidade. Ao contrário, trata-se de uma ação profundamente embrenhada na realidade humana que impõe sobre o cotidiano das pessoas o império próprio do poder político estatal.

Por isso mesmo as ideias de maior participação no processo de tomada de decisões políticas tiveram reflexo também no âmbito do Poder Judiciário. Tradicionalmente, a participação das partes no processo, valendo-se dos meios e recursos próprios ao devido processo legal, era e continua a ser um importante fundamento legitimador da função jurisdicional nas democracias. Nada obstante, diversas decisões judiciais — e não apenas do Supremo Tribunal Federal, no caso brasileiro — já não afetam apenas as partes. Afora as várias possibilidades de efeitos vinculantes associadas a decisões do STF, isso é o que se passa também com decisões do Superior Tribunal de Justiça, seja por meio de súmulas ou de decisões em sede de recursos repetitivos, e nesse sentido é a tendência de uniformização de jurisprudência consagrada pelo Novo Código de Processo Civil. Nesse contexto, o legislador passou a introduzir disposições autorizando de forma expressa a intervenção de *amicus curiae* em vários tipos de processos judiciais, além de prever a figura das audiências públicas.[4] Tais comandos são interpretados de forma exemplificativa, admitindo-se a participação de pessoas ou entidades representativas em feitos que tenham especial relevância por conta de sua repercussão sobre os grupos sociais.

As oportunidades de participação nos processos judiciais não envolvem propriamente uma ampliação do *quem*, no que diz respeito à tomada de decisão em si, que continua a cargo dos magistrados. A hipótese é similar àquelas de conselhos com prerrogativas apenas consultivas no âmbito de outros órgãos do poder público. Seja como for, a ideia é a de que os diferentes interesses e grupos possam apresentar suas razões, de modo a influenciar a formação do convencimento e a decisão a ser tomada pelos Tribunais, decisão essa que, muitas vezes, como referido, terá o efeito equivalente ao de uma norma editada em caráter geral pelo Legislativo ou pelo Executivo.

É interessante observar as diferentes dinâmicas retóricas neste ponto. De uma determinada perspectiva, a maior participação no âmbito dos processos judiciais é necessária a fim de assegurar legitimidade para que um órgão não eleito profira decisões com efeitos *quasi*-normativos, que afetam a todos (e não apenas às partes formais do processo). Ou seja: a legitimidade aqui está associada à ampliação dos efeitos subjetivos da decisão. De outra perspectiva, porém, e independentemente da ampliação dos efeitos subjetivos de suas decisões, a maior participação da sociedade nos processos judiciais conferiria aos tribunais maior legitimidade no que diz respeito ao conteúdo das decisões que estariam autorizados a tomar.

A pergunta *como* as decisões políticas devem ser tomadas em uma democracia tem ocupado parte importante do debate recente da teoria política. Para alguns autores, a discussão seria irrelevante: as pessoas decidem

---

[4] Há previsões expressas sobre a figura do *amicus curiae*, como é corrente, em relação à ADI e à ADC (Lei nº 9.868/1999), à ADPF (Lei nº 9.882/1999), ao incidente de inconstitucionalidade no âmbito dos tribunais (art. 482, §3º do CPC), ao recurso extraordinário submetido ao exame da repercussão geral (art. 543-A, §6º do CPC), ao recurso especial submetido ao procedimento dos recursos repetitivos (art. 543-C, §4º do CPC), na discussão das súmulas vinculantes (Lei nº 11.417/2006).

— representantes eleitos e cidadãos em geral — por interesses próprios, que podem ser louváveis ou não, e com muita facilidade mentem sobre as reais razões que as levaram a tal decisão. Ou seja: seria inútil tentar estabelecer parâmetros na matéria e a pergunta *como* seria respondida, então, nos seguintes termos: por meio do voto.

Em sentido diverso, muitos autores sustentam a concepção de uma democracia deliberativa. Embora haja considerável variedade entre eles, a ideia geral que os une é a tese de que as decisões em uma democracia demandam a apresentação de razões pelos participantes — isto é: a justificação de suas posições —, debate e deliberação. Seria indispensável a explicitação das razões pelos diferentes grupos, a tentativa de convencimento recíproco e o debate tão franco quanto possível em torno delas. Outras questões da maior relevância, mas que não serão examinadas aqui, dizem respeito, por exemplo, à igualdade dos participantes nesse debate, em suas várias dimensões, e à existência ou não de filtros destinados a selecionar que razões poderiam ou não ser circular validamente no debate público.[5]

Conectando o *como* com o *quem*, a lógica da democracia deliberativa pode aplicar-se tanto no âmbito da representação tradicional quanto em outros espaços de participação e decisão. Isto é: tanto os parlamentares e demais agentes públicos teriam um dever de deliberar, por meio da apresentação de razões e da discussão, antes do momento da tomada de decisão, como também os cidadãos em geral nos espaços de participação existentes. Nada obstante, parece haver uma natural aproximação entre as ideias de maior deliberação e de maior participação, de modo que não é incomum que os autores sustentem ambos os pontos — como se deve decidir e quem deve decidir — em conjunto.

Da mesma forma que acontece com as novas modalidades de participação processual, a jurisdição constitucional vem invocando em reforço de sua legitimidade argumentos oriundos do debate sobre *como* se deve tomar decisões em uma democracia. Esse é o argumento central do texto do professor Luís

---

[5] Sobre esses dois temas, ver FRASER, Nancy. Rethinking the public sphere: a contribution to the critique of actually existing democracy. *Social Text*, v. 25/26, p. 56-80, 1992; e HABERMAS, Jürgen. Religião na esfera pública. Pressuposições cognitivas para o "uso público da razão" de cidadãos seculares e religiosos. In: HABERMAS, Jürgen. *Entre naturalismo e religião*. Estudos filosóficos. Rio de Janeiro: Tempo Brasileiro, 2007. p. 129-167.

Roberto Barroso discutido neste volume e também sustentado por outros autores.[6] A apresentação de razões, o debate e a deliberação acerca delas no âmbito da Corte Constitucional, antes da tomada de decisão final, atribuiriam à jurisdição uma legitimação democrática extraordinária, concorrente à tradicionalmente associada ao voto, identificada como "representação argumentativa" da própria população.[7] Dito de outro modo, o Judiciário poderia ampliar seu poder sobre os atos e sobre o espaço dos demais poderes maximizando os dois fundamentos que compatibilizam essa operação com a democracia: proteção de direitos fundamentais e do funcionamento democrático. Essa maximização se processaria e ao mesmo tempo se legitimaria por meio da ideia de que as decisões tomadas no âmbito da Corte Constitucional são feitas por meio de um procedimento de democracia deliberativa, com razões sendo apresentadas, discutidas e deliberadas pelos magistrados.

Essa tese — da representação argumentativa a cargo do Judiciário em geral e da Corte Constitucional em particular — pode ser examinada de muitas perspectivas. O objetivo deste pequeno texto é refletir sobre ela brevemente sob três enfoques. Os dois primeiros se relacionam com o funcionamento do próprio Judiciário e quão realista ou nova é essa ideia de que o Judiciário articula razões, debate e delibera. O terceiro enfoque, e mais importante, diz respeito ao propósito final de todo esse esforço da jurisdição constitucional de ampliar seu espaço e seu poder em face dos demais poderes. Se o propósito é — como se acredita — promover os direitos fundamentais, o esforço dificilmente produzirá o resultado pretendido. A promoção dos direitos fundamentais em caráter geral, e sobretudo dos mais pobres, depende inevitavelmente da atuação e da cooperação das instâncias majoritárias. Assim, se o propósito é ampliar a promoção dos direitos fundamentais, parece muito mais pertinente que o Judiciário, e o STF em particular, se ocupe de fomentar a produção de razões nos espaços majoritários, de modo a ampliar a legitimidade democrática da atuação daqueles órgãos estatais, e não a sua própria.

---

[6] Nesse sentido, por todos, ver GUTMANN, Amy; THOMPSON, Dennis. *Democracy and disagreement*. Cambridge: Harvard University, 1996.

[7] ALEXY, Robert. Balancing, constitutional review and representation. *International Journal of Constitutional Law*, Nova York, v. 3, n. 4, p. 572-581, 2005.

2. Tentando recolocar a questão em perspectiva: o dever de motivação das decisões judiciais e os limites deliberativos do Poder Judiciário

A aproximação da jurisdição constitucional, e da função jurisdicional de forma mais ampla, com a democracia deliberativa parece muitíssimo interessante. Ela pressupõe o reconhecimento, fundamental, de que os magistrados exercem uma parcela do poder político — são agentes delegados, portanto — em um estado democrático, com todos os desdobramentos dessa premissa no que diz respeito, por exemplo, a transparência, publicidade, prestação de contas etc. E a ênfase em uma maior participação dos eventuais afetados pelas decisões judiciais, tendo em vista a aproximação da atividade jurisdicional com a normativa, não poderia ser mais relevante. Entretanto, a ideia de que a apresentação de razões, debate e deliberação no âmbito dos tribunais ampliaria a legitimidade ordinária do Judiciário, conferindo-lhe uma extraordinária legitimidade democrática para a tomada de decisões, parece um pouco problemática.

Em primeiro lugar, sempre se entendeu que a motivação das decisões judiciais desempenha um papel central na legitimação democrática ordinária da função jurisdicional,[8] assim como a participação dos interessados no âmbito do devido processo legal, garantido o contraditório e a oportunidade de apresentarem também suas razões e produzirem as provas pertinentes. Não há necessidade de discorrer sobre as disposições constitucionais e legais que tratam do tema. Como já referido, a forma como a função jurisdicional será exercida, os órgãos que as exercem de forma especializada e suas competências decorrem de decisões majoritárias constitucionais e legais, conferindo legitimidade de origem ao poder que será exercido. Entretanto, o exercício da função jurisdicional tem sua legitimidade continuamente reforçada pelo respeito ao devido processo legal, e a exigência de que as decisões judiciais sejam fundamentadas é central nesse ambiente. Não há nada de novo na assertiva: os autores em geral, particularmente na perspectiva do direito constitucional processual, sempre destacaram o papel da motivação das decisões judiciais na legitimação da atividade jurisdicional.[9]

---

[8] AARNIO, Aulis. *Reason and authority*. Aldershot: Dartmouth Pub Co., 1997.

[9] BARBOSA MOREIRA, José Carlos. A motivação das decisões judiciais como garantia inerente ao estado de direito. *Revista Brasileira de Direito Processual*, v. 16, 1988; e NERY JR., Nelson. *Princípios do processo na Constituição Federal*. 10. ed. São Paulo: Revista dos Tribunais, 2010.

Ou seja: o Judiciário jamais teve legitimidade democrática para tomar decisões sem motivá-las adequadamente e sem garantir debate e participação no âmbito de um procedimento deliberativo. No âmbito de órgãos judiciais colegiados, a ideia — embora não tão discutida como nas últimas décadas, é verdade — sempre foi a de que os magistrados debateriam as razões apresentadas pelas partes e por seus pares e deliberariam sobre elas. Uma vez que as decisões judiciais hoje afetam grupos sociais inteiros, é natural que essa participação dos interessados seja ampliada e os deveres de motivação reforçados. No mesmo sentido, sempre que o Judiciário transita em áreas com menos regras e mais princípios, os deveres de motivação serão mais exigentes, de modo a que o magistrado seja capaz de demonstrar como sua conclusão se justifica racionalmente e à luz do sistema jurídico.

Talvez essa especial e recente valorização da apresentação de razões por parte do Poder Judiciário se alimente de uma concepção equivocada de que votos e razões seriam fontes independentes de legitimação e teriam um *status* mais ou menos equivalente em uma democracia, com uma ligeira preferência para as razões. Isto é: as razões não precisam de votos e o voto dispensaria as razões. Os tribunais, portanto, embora não contando com votos, poderiam ampliar seu espaço de atuação — e contrair o do Legislativo e o do Executivo —, e a eventual crítica democrática poderia ser neutralizada pelas razões apresentadas pelo julgador para fundamentar tais decisões: estaria atendida a exigência democrática por meio da ideia de "representação argumentativa".

O equívoco consiste em sustentar que o voto não precisa de razões: a esse ponto se voltará adiante. Na realidade, o esforço da jurisdição constitucional de se legitimar por meio da ideia de "representação argumentativa" traz à tona o argumento mais geral de que, em uma democracia, existe um dever geral de todo aquele que exerce poder político, categoria na qual também se incluem o Legislativo e o Executivo, de justificar suas decisões. Isso não significa que essas justificativas precisem ou devam ser sempre controláveis juridicamente: o Judiciário não é o único destinatário possível das razões apresentadas pelos órgãos estatais no espaço público. Em uma república democrática, quem exerce poder político não o faz por direito próprio, mas por delegação do povo, devendo prestar contas de suas decisões. Uma das exigências básicas dessa prestação de contas é a justificação/motivação/apresentação de razões por parte do agente público.

Em resumo, e essa é a primeira observação que se pretendia fazer à tese da "representação argumentativa" dos tribunais constitucionais: a motivação das decisões judiciais, o debate e a deliberação nos órgãos judiciais colegiados não são, a rigor, algo novo que o Judiciário oferece à sociedade, em troca da ampliação do seu poder, mas exigências seculares do devido processo legal.

Em segundo lugar, há considerável literatura discutindo as limitações da deliberação no âmbito das cortes constitucionais (e do Judiciário em geral) de múltiplas perspectivas. As dificuldades envolvem, em primeiro, quem pode suscitar questões diante das cortes e quem pode participar desses processos. A legislação define parâmetros, mas em muitos casos é o Judiciário quem define seu sentido preciso. No caso brasileiro, a interpretação do legitimado ativo de que cuida o art. 103, IX — entidades de classe de âmbito nacional —, de uma perspectiva puramente econômica é um exemplo de restrição no acesso à jurisdição da Corte levado a cabo pelo STF. Uma outra questão envolve quem é admitido a participar como *amicus curiae* e em audiências públicas, a ausência de critérios claros para essa seleção, e a real relevância que se atribui às razões apresentadas por esses participantes.[10]

Por fim, outra linha de crítica importante, entre outras, diz respeito à própria fundamentação das decisões e à dinâmica dos julgamentos no âmbito das cortes, incluindo o Supremo Tribunal Federal. Não é incomum a observação acerca do caráter estratégico da apresentação de razões, sem exame ou consideração de argumentos contrários, teses ou dados relevantes que não são sequer examinados, inclusive aqueles eventualmente suscitados em audiência pública ou pelos *amicus curiae*. Outro tema sensível é a inexistência de debate ou deliberação, de modo que frequentemente o resultado dos julgamentos é a mera agregação das posições individuais dos membros da Corte.[11]

---

[10] Ver, por todos, NETTO, Fernando Gama de Miranda; CAMARGO, Margarida Maria Lacombe. Representação argumentativa: fator retórico ou mecanismo de legitimação da atuação do Supremo Tribunal Federal? In: ENCONTRO NACIONAL DO CONPEDI, 19., 2010. *Anais...*; e VALLE, Vanice Regina Lírio do (Org.). *Audiências públicas e ativismo*: diálogo social no STF. Belo Horizonte: Fórum, 2012.

[11] Para uma visão crítica da atuação deliberativa das cortes, ver SEN, Maya. Courting deliberation: an essay on deliberative democracy in the American judicial system. *Notre Dame Journal of*

Não se quer significar com esses registros que a aproximação entre democracia deliberativa e jurisdição constitucional seja desimportante. Entretanto, é preciso não idealizar o que se passa no Poder Judiciário ou nas cortes constitucionais, em comparação com o que se observa em outros ambientes. Não parece de acordo com a realidade afirmar que os processos decisórios que se desenvolvem no âmbito dos demais órgãos estatais são sempre viciados ou nunca envolvem razões ou deliberação, e os que se verificam no Judiciário são ideais. É certo que os sistemas podem estimular ou desestimular comportamentos, mas também é certo que os vícios e virtudes humanos são razoavelmente bem distribuídos pelas pessoas.

3. Qual o propósito? Os limites do Judiciário na promoção de direitos para os pobres e a necessária cooperação com as instâncias majoritárias

A reflexão que se considera mais importante acerca do grande esforço da jurisdição constitucional de ampliar seu poder e legitimar essa ampliação do ponto de vista democrático tem a ver com seus propósitos. A grande força moral e, de certo modo, jurídica, subjacente à pretensão da jurisdição constitucional de ampliar seu espaço de atuação é a realização dos direitos fundamentais. E o argumento é realmente excelente. Uma vez que um Estado adote a centralidade do ser humano — isto é: o Estado existe para servir o homem e não o homem para servir o Estado —, a democracia deverá ter como objetivo, necessariamente, a proteção, o respeito e a promoção dos direitos fundamentais das pessoas, ainda que essa assertiva geral admita muitas variações. Boa parte das "razões" em geral associadas à "representação argumentativa" vale-se justamente da gramática dos direitos fundamentais.

Acontece, porém, que a capacidade de o Judiciário promover direitos fundamentais é muitíssimo limitada, e mais ainda quando se trata da população mais pobre. A capacidade do Legislativo e do Executivo de imple-

---

Law, Ethics and Public Policy, v. 27, p. 303-331, 2013; SILVA, Virgílio Afonso da. O STF e o controle de constitucionalidade: deliberação, diálogo e razão pública. *Revista de Direito Administrativo*, Rio de Janeiro, n. 250, p. 197-227, 2009; e MENDES, Conrado Hübner. *Constitutional courts and deliberative democracy*. Oxford: Oxford University Press, 2013.

mentar políticas públicas de respeito, proteção e promoção de direitos fundamentais, tanto em caráter geral quanto com foco nos mais necessitados, é incomparavelmente superior ao que as decisões judiciais podem fazer. E mesmo a implementação concreta das decisões judiciais em matéria de políticas públicas em geral, e de direitos fundamentais em particular, depende inevitavelmente da cooperação do Executivo e eventualmente também do Legislativo. Assim, ao menos na perspectiva do respeito, proteção e promoção dos direitos fundamentais, e sem prejuízo do importante papel desempenhado pelo Judiciário, é inútil fugir dos espaços majoritários tradicionais, imaginando que a ampliação do espaço da jurisdição produzirá melhores resultados. Aprofunde-se brevemente a questão.

Nas últimas décadas multiplicaram-se as decisões judiciais, ao redor do mundo e no Brasil, com o objetivo de promover a realização de direitos fundamentais. Os exemplos envolvendo direitos sociais são provavelmente os mais emblemáticos, mas não são únicos: demandas envolvendo direito à água, à alimentação, a prestações de saúde, à habitação, a saneamento básico etc. Mas o que aconteceu efetivamente com essas decisões? Elas foram executadas? Elas incrementaram a realização dos direitos fundamentais no mundo dos fatos? Esse é um tema que tem suscitado amplo debate entre acadêmicos e ativistas ao redor do mundo.[12]

A conclusão preliminar a que já se chegou, não apenas no Brasil, mas também em outros países, é a de que as decisões judiciais são executadas de forma razoável quando se trate de demandas individuais, como, *e.g.*, a entrega de medicamentos. Entretanto, quando se cuida de ações coletivas e/ou de demandas que envolvem a alteração, correção ou implantação de uma política pública, a execução das decisões judiciais pode demorar décadas (mais tempo do que a política pública que se postula levaria para ser executada caso fosse uma prioridade governamental) ou eventualmente nunca acontecer. E isso porque a cooperação dos demais poderes é essencial e os mecanismos de sanção de que o direito dispõe simplesmente não têm como impor essa cooperação, caso ela não se desenvolva naturalmente de acordo com a lógica

---

[12] Ver, por todos, GAURI, Varun; BRINKS, Daniel M. (Org.). *Courting social justice*: judicial enforcement of social and economic rights in the developing world. Nova York: Cambridge University, 2008.

política. O debate contemporâneo sobre o assunto tem justamente apontado a necessidade de as demandas que postulam direitos serem acompanhadas por movimentos sociais e de pressão cuja articulação no espaço público garanta que o tema objeto da decisão judicial tenha a necessária prioridade no debate político. O exemplo do saneamento no Brasil ilustra o ponto.[13]

Desde o início da década de 1990, dezenas de ações foram ajuizadas pelo Ministério Público postulando a instalação ou a ampliação de sistemas de coleta e tratamento de esgoto em cidades pelo país afora, e muitas decisões judiciais atenderam tais pedidos. Não é difícil imaginar as principais etapas necessárias à execução dessas decisões. Em primeiro lugar, será preciso fazer um plano de saneamento, que leve em conta as características da cidade, tanto em termos hídricos quanto populacionais, entre outros aspectos. Muitas vezes o município não terá pessoal técnico, de modo que precisará socorrer-se da cooperação da União ou do estado para elaborar seu plano, que, de todo modo, terá que se harmonizar com os planos dos municípios vizinhos e com o do estado.

Definido o plano de saneamento e os sistemas que deverão ser construídos será o momento de decidir quem executará essas obras e qual será o modelo adotado para a posterior prestação do serviço, já que as duas decisões podem repercutir uma sobre a outra. Haverá uma concessão do serviço e licitação das obras em conjunto? Ou apenas serão licitadas as obras e o município prestará o serviço? Se houver dispêndio do município, terá que haver previsão orçamentária, e nesse ponto o Legislativo será chamado a participar da execução da decisão judicial.

Ultrapassada essa segunda etapa, terá lugar a licitação para o que quer que tenha sido decidido pelo município. Encerrado o certame, o vencedor iniciará as obras, e provavelmente o primeiro item de sua lista será obter as licenças ambientais necessárias, além das outras licenças eventualmente pertinentes. Vencida essa fase, as estruturas começarão a ser construídas, o que poderá levar vários anos, dependendo da dimensão dos sistemas. Depois chegará a parte de testes para, enfim, a promoção do direito fundamental das pessoas efetivamente acontecer.

---

[13] As informações sobre o tema do saneamento utilizadas no texto podem ser conferidas em BARCELLOS, Ana Paula de. Sanitation rights, public law litigation, and inequality: a case study from Brazil. *Health and Human Rights*, v. 16/2, p. 35-46, 2014.

Uma narrativa similar à descrita poderia ser imaginada, por exemplo, no caso de demandas discutindo iniciativas em saúde coletiva (construção e reformas de hospitais, contratação de profissionais de saúde, rotina de prevenção etc.) ou em moradia. A execução de eventual decisão judicial que tratasse de um dos maiores desafios em matéria de direitos fundamentais no Brasil hoje — a qualidade da educação — apresentaria ainda maiores complexidades. Mas não são apenas os direitos sociais prestacionais que enfrentam essas dificuldades. A execução de uma decisão judicial que pretendesse interferir na política pública que trata, por exemplo, da erradicação do trabalho escravo exigiria igualmente a organização de estruturas de fiscalização e de monitoramento a cargo, em última análise, de órgãos de outros poderes.

Não é difícil perceber que os protagonistas de todas as etapas descritas serão agentes públicos da administração pública e do Legislativo. Isso não significa que as decisões judiciais que visam a promover direitos fundamentais em sede coletiva não sejam importantes. Muito ao contrário: frequentemente são elas que forçam a entrada de determinados temas esquecidos na pauta política e desencadeiam outros esforços no mesmo sentido. Mas não se pode ignorar que as decisões judiciais, por melhores que sejam, são um ponto de partida e não um ponto de chegada. Entre o pedaço de papel e a efetiva promoção dos direitos das pessoas no dia a dia há um caminho a ser construído e percorrido, no mais das vezes pelo Executivo e pelo Legislativo. Assim, é um equívoco ignorar as instâncias majoritárias ou imaginar que a promoção dos direitos fundamentais poderá ser produzida sem sua cooperação ou apesar dela.

Além do ponto resumido anteriormente — decisões judiciais podem restar como meras folhas de papel sem a cooperação das instâncias majoritárias —, há outra questão ainda da maior importância. Se muitas vezes a própria execução das decisões judiciais depende da cooperação dos demais poderes, no caso dos direitos dos mais pobres, a evidência disponível revela que, como regra, não haverá decisão judicial alguma que promova ou proteja esses direitos, simplesmente porque as necessidades desses grupos não chegarão ao Judiciário. Assim, ou bem haverá políticas públicas delineadas e executadas pelos poderes Executivo e Legislativo especialmente destinadas a atingir a realidade dos mais pobres, ou provavelmente não haverá qualquer iniciativa estatal nesse sentido.

O Judiciário decide as demandas que lhe são encaminhadas, de modo que há um filtro prévio que repercute sobre os temas que serão objeto de decisão judicial, relacionado com *quem* ajuíza demandas e *que* assuntos esses autores submetem ao Judiciário. Há considerável literatura destacando que, como regra, as demandas submetidas ao Judiciário não dizem respeito às necessidades dos mais pobres e excluídos da sociedade. E isso porque a decisão de ir ao Judiciário já envolve a disponibilidade de informações e recursos (não apenas financeiros) de que os pobres não dispõem, mas a que outros grupos têm acesso.[14]

O sistema constitucional brasileiro, como se sabe, procurou superar a dificuldade de acesso ao Judiciário para os mais pobres eliminando os custos, criando espaços mais céleres e menos formais de prestação jurisdicional (como os juizados especiais), organizando a instituição da Defensoria Pública e conferindo ao Ministério Público legitimação extraordinária para agir na defesa dos seus interesses. São, sem dúvida, iniciativas da maior relevância e com impacto extraordinário. Ainda assim, dificilmente elas são capazes de atingir os mais desfavorecidos. As razões são simples. É preciso, em primeiro lugar, que as pessoas saibam que a Defensoria Pública e o Ministério Público existem e para que servem. O mesmo se diga para os juizados especiais. Essa primeira exigência já exclui uma considerável parcela da população. As limitações de estrutura dessas instituições contribuem, claro, para essa dificuldade.

Em segundo lugar, é preciso que as pessoas consigam chegar — fisicamente ou por algum outro meio — aos postos de atendimento dessas instituições, para levar suas questões. Acontece que o Brasil é grande, há poucos postos e eles estão localizados nos maiores centros urbanos: horas ou dias de distância de muitas comunidades brasileiras. Na mesma linha, também essas

---

[14] BILCHITZ, D. *Poverty and fundamental rights*. Nova York: Oxford University, 2007; GARGARELLA, Roberto; DOMINGO, Pilar; ROUX, Theunis (Org.). *Courts ans social transformation in new democracies*: an institutional voice for the poor? Aldershot: Ashgate, 2006; SILVA, Virgílio Afonso da; TERRAZAS, Fernanda Vargas. Claiming the right to health in Brazilian courts: the exclusion of the already excluded? *Law & Social Inquiry*, Chicago, v. 36/4, p. 825-853, 2011; CHIEFFI, Ana Luiza; BARATA, Rita Barradas. Judicialização da política pública de assistência farmacêutica e equidade. *Cadernos de Saúde Pública*, Rio de Janeiro, v. 25/8, p. 1839-1849, 2009; FERRAZ, O. The right to health in the courts of Brazil: worsening health inequities? *Health and Human Rights*, v. 11/2, 2009.

instituições sequer chegam a ter contato ou conhecimento das necessidades dessas pessoas. A maior probabilidade é que essas comunidades sejam efetivamente esquecidas. Voltando ao exemplo do saneamento referido, de 2003 a 2013 foram ajuizadas ao menos 258 ações sobre o tema, a maioria absoluta pelo Ministério Público. Entretanto, todas elas foram propostas nas cidades com índice de desenvolvimento humano (IDH) maior ou igual à média da região em que estão localizadas.[15] Ou seja: o Judiciário sequer chegou a saber dos problemas que ocorrem nas cidades mais pobres.

A conclusão a que se chega nesse ponto é simples. Se o objetivo da jurisdição constitucional é, em última análise, ampliar e fomentar a promoção dos direitos fundamentais, e particularmente dos mais desfavorecidos, ignorar o que se passa nas instâncias majoritárias não é uma boa ideia. Executivo e Legislativo são indispensáveis para a existência e execução de políticas públicas gerais capazes de respeitar, proteger e, sobretudo, promover direitos fundamentais, particularmente em relação às camadas mais pobres da população. A eventual crise democrática que se possa identificar no funcionamento desses poderes não altera essa conclusão. Nesse contexto, o esforço de ampliar o espaço da jurisdição constitucional e justificar sua legitimação democrática parece uma escolha equivocada. Mais relevante e prioritário será repensar as possibilidades da jurisdição constitucional como instrumento de fomento da democracia no âmbito dos espaços majoritários ordinários.

4. Razões também nos espaços majoritários: um papel importante para a jurisdição constitucional

Assumindo as premissas da democracia deliberativa, e independentemente de qualquer idealização acerca do processo de deliberação, parece correto afirmar que a democracia será fomentada uma vez que as decisões públicas — quaisquer decisões — sejam precedidas da apresentação de razões, debate e deliberação. A apresentação de razões no mínimo facilita a crítica e o controle social, além de ser, a rigor, uma exigência geral das ideias de república e de democracia, como referido, na medida em que a atividade pública se

---

[15] Ana Paula de Barcellos, Sanitation rights, public law litigation, and inequality, op. cit.

exerce por delegação e demanda justificação. A circunstância de um agente público ter sido eleito não significa que ele poderia tomar decisões injustificáveis ou que ele não esteja obrigado a justificá-las. Não parece correto afirmar que a investidura pelo voto dispensaria por si só as razões.[16]

Assim, do ponto de vista teórico, parece apenas natural que os agentes públicos, como regra, devam expor as razões que os levaram a conceber determinadas propostas ou atos, e as informações que subsidiariam seu raciocínio, de modo a permitir o debate público sobre elas. Isso não significa, porém, que o destinatário dessas razões será o Poder Judiciário ou o controle judicial.[17] Em uma democracia plural, imaginar que a apresentação de razões por parte dos agentes públicos só será pertinente se for possível exercitar controle jurisdicional sobre seu conteúdo não parece fazer sentido. O raciocínio parece supor que haveria sempre razões certas e erradas, e que não há vida em uma sociedade democrática para além do Judiciário e dos controles operados pelo direito. Não é o caso. Mas esse ponto é importante e merece outras considerações.

Se é certo que o Judiciário sempre precisou apresentar razões para suas decisões, o mesmo não é verdade para os órgãos majoritários. Em geral, continua a não se considerar exigível que eles apresentem de forma especialmente explicada as razões subjacentes às suas propostas e decisões. O Poder Executivo, por exemplo, encaminha um projeto de lei ao Congresso sobre tema da maior relevância, acompanhado de apenas dois parágrafos genéricos à guisa de "Exposição de Motivos". Que informações existem sobre o problema que se quer resolver? Que razões justificam, na avaliação do Poder Executivo, o projeto apresentado? Frequentemente não se sabe. À não apresentação dessas razões — que muito provavelmente existem — não é associada qualquer consequência jurídica.

---

[16] FORST, Rainer. *The right to justification*. Nova York: Columbia University, 2007; Oliver-Lalana, Daniel. Rational lawmaking and legislative reasoning in parliamentary debates. In: WINTGENS, Luc J.; OLIVER-LALANA, Daniel (Org.). *Legisprudence library*: studies on the theory and practice of legislation, the rationality and justification of legislation. Essays in legisprudence. Switzerland: Springer, 2013. posição 3517: "*rational lawmaking is impossible without arguments —, this presupposes that lawmakers publicly state and exchange reasons for what they decide*".

[17] Ver WINTGENS, Luc J. (Org.). *Legisprudence*. Oregon: Hart Publishing, 2002.

No caso da administração pública, a doutrina administrativa foi bem-sucedida em estabelecer uma distinção para exigir que atos administrativos, vinculados ou discricionários, sejam motivados, demonstrando assim sua adequação à lei (ou à juridicidade, de forma mais geral) a que se subordinam. Ocorre que a exigência de motivação dos atos administrativos sempre esteve relacionada com a possibilidade de controle desses atos por parte do Poder Judiciário. Desenvolveu-se inclusive, como se sabe, a chamada "teoria dos motivos determinantes", por força da qual o administrador, para além dos parâmetros legais, se vincula ao motivo declarado, de modo que o ato será considerado inválido uma vez que se verifique, por exemplo, que o motivo não é verdadeiro. Ou seja: nesse contexto, as razões parecem se dirigir, sobretudo, ao Judiciário e ao controle da juridicidade dos atos administrativos por ele levada a cabo.

Talvez por conta dessa conexão entre razões apresentadas pelos outros poderes e controle judicial, o certo é que frequentemente se entende que aqueles atos "puramente" políticos (ou predominantemente políticos) dos demais poderes não precisariam ser fundamentados, já que não seriam controláveis pelo Poder Judiciário. Parece um equívoco, porém, associar a necessidade de o Executivo e o Legislativo (e do próprio Judiciário no âmbito de suas competências atípicas) apresentarem razões para suas decisões "políticas" apenas à possibilidade de controle judicial dessas decisões e dessas razões.

Em uma democracia, para além do controle jurídico dos atos dos agentes públicos, existe o controle social que se desenvolve de muitas maneiras, entre muitas pessoas e grupos, valendo-se inclusive de argumentos jurídicos no contexto de outras lógicas argumentativas. Não apenas há o controle e a pressão entre os vários poderes e seus órgãos, entre a maioria e a minoria dentro dos espaços estatais, como também entre os poderes públicos e os movimentos sociais, as ONGs, os sindicatos, o empresariado dos diferentes setores, a OAB, o CRM, as igrejas, os grupos de pressão em geral, a imprensa etc., e entre todos eles reciprocamente, dependendo dos temas em debate e dos eventuais interesses.[18] Não há nada de novo nessa descrição, por evidente. Trata-se da rotina de um sistema democrático em uma sociedade plural.

---

[18] Ver MAINWARING, Scott; WELNA, Christopher. *Democratic accountability in Latin America*. Nova York: Oxford University, 2003.

Nesse sentido, exigir a apresentação de razões para atos dos outros poderes não precisa — e em muitos casos não deve — conduzir ao controle judicial do mérito dessas razões, mas apenas ao controle de sua existência. A simples explicitação dessas razões e informações por parte dos agentes públicos já será importante para fomentar o debate público, a deliberação e, *a fortiori*, a democracia.[19] Se há controvérsia em torno do argumento de que a jurisdição constitucional veicularia uma "representação argumentativa" da população, fomentando assim a democracia, não parece controversa a assertiva de que a democracia será fomentada uma vez que os espaços majoritários, que já representam a população pela via eleitoral, apresentem ao espaço público as razões de suas propostas e decisões. Assim, se a incorporação de procedimentos da democracia deliberativa — como a apresentação de razões — teria o condão de aumentar a legitimação democrática das decisões do Judiciário não eleito, muito mais ainda poderá ganhar a democracia se as decisões dos poderes eleitos forem acompanhadas de razões.

Referências

AARNIO, Aulis. *Reason and authority*. Aldershot: Dartmouth Pub Co., 1997.

ALEXY, Robert. Balancing, constitutional review and representation. *International Journal of Constitutional Law*, Nova York, v. 3, n. 4, p. 572-581, 2005.

BARBOSA MOREIRA, José Carlos. A motivação das decisões judiciais como garantia inerente ao estado de direito. *Revista Brasileira de Direito Processual*, v. 16, 1988.

BARCELLOS, Ana Paula de. Sanitation rights, public law litigation, and inequality: a case study from Brazil. *Health and Human Rights*, v. 16/2, p. 35-46, 2014.

BARROSO, Luís Roberto. Judicialização, ativismo judicial e legitimidade democrática. *(Syn)thesis*, v. 5/1, 2012.

BILCHITZ, D. *Poverty and fundamental rights*. Nova York: Oxford University, 2007.

---

[19] Mesmo que tais razões e informações sejam estratégicas e orientadas para os objetivos políticos do seu emissor.

BOHMAN, James; REHG, William (Org.). *Essays on reason and politics*. Deliberative democracy. Cambridge: MIT, 1997.

CHIEFFI, Ana Luiza; BARATA, Rita Barradas. Judicialização da política pública de assistência farmacêutica e equidade. *Cadernos de Saúde Pública*, Rio de Janeiro, v. 25/8, p. 1839-1849, 2009.

ELSTER, John (Org.). *Deliberative democracy*. Nova Yotk: Cambridge University, 1999.

FERRAZ, O. The right to health in the courts of Brazil: worsening health inequities? *Health and Human Rights*, v. 11/2, 2009.

FORST, Rainer. *The right to justification*. Nova York: Columbia University, 2007.

FRASER, Nancy. Rethinking the public sphere: a contribution to the critique of actually existing democracy. *Social Text*, v. 25/26, p. 56-80, 1992.

GARGARELLA, Roberto; DOMINGO, Pilar; ROUX, Theunis (Org.). *Courts ans social transformation in new democracies*: an institutional voice for the poor? Aldershot: Ashgate, 2006.

GAURI, Varun; BRINKS, Daniel M. (Org.). *Courting social justice*: judicial enforcement of social and economic rights in the developing world. Nova York: Cambridge University, 2008.

GINSBURG, Tom. *Judicial review in new democracies*. Constitutional Courts in Asia cases. Cambridge: Cambridge University, 2003.

GUTMANN, Amy; THOMPSON, Dennis. *Democracy and disagreement*. Cambridge: Harvard University, 1996.

_____; _____. *Why deliberative democracy?* New Jersey: Princeton University, 2004.

HABERMAS, Jürgen. Religião na esfera pública. Pressuposições cognitivas para o "uso público da razão" de cidadãos seculares e religiosos. In: _____. *Entre naturalismo e religião*. Estudos filosóficos. Rio de Janeiro: Tempo Brasileiro, 2007. p. 129-167.

HIRSCHL, Ran. *Towards juristocracy*. The origins and consequences of the new constitutionalism. Cambridge: Harvard University, 2007.

JACOB, Herbert. Courts. In: BLANKENBURG, Erhard et al. *Law and politics in comparative perspective*. New Haven: Yale University, 1996.

MENDES, Conrado Hübner. *Constitutional courts and deliberative democracy*. Oxford: Oxford University Press, 2013.

NERY JR., Nelson. *Princípios do processo na Constituição Federal*. 10. ed. São Paulo: Revista dos Tribunais, 2010.

NETTO, Fernando Gama de Miranda; CAMARGO, Margarida Maria Lacombe. Representação argumentativa: fator retórico ou mecanismo de legitimação da atuação do Supremo Tribunal Federal? In: ENCONTRO NACIONAL DO CONPEDI, 19., 2010. *Anais...*

OLIVER-LALANA, Daniel. Rational lawmaking and legislative reasoning in parliamentary debates. In: WINTGENS, Luc J.; _____ (Org.). *Legisprudence library*: studies on the theory and practice of legislation, the rationality and justification of legislation. Essays in legisprudence. Switzerland: Springer, 2013.

SEN, Maya. Courting deliberation: an essay on deliberative democracy in the American judicial system. *Notre Dame Journal of Law, Ethics and Public Policy*, v. 27, p. 303-331, 2013.

SIEDER, Rachel; SCHJOLDEN, Line; ANGELL, Alan (Org.). *The judicialization of politics in Latin America*. Londres: Palgrave Macmillan, 2009.

SILVA, Virgílio Afonso da. O STF e o controle de constitucionalidade: deliberação, diálogo e razão pública. *Revista de Direito Administrativo*, Rio de Janeiro, n. 250, p. 197-227, 2009.

_____; TERRAZAS, Fernanda Vargas. Claiming the right to health in Brazilian courts: the exclusion of the already excluded? *Law & Social Inquiry*, Chicago, v. 36/4, p. 825-853, 2011.

SOUZA NETO, Cláudio Pereira de. *Teoria constitucional e democracia deliberativa*. Renovar: Rio de Janeiro, 2006.

TATE, C.; VALLINDER, Torbjörn. The global expansion of judicial power. Nova York: New York University, 1997.

VALLE, Vanice Regina Lírio do (Org.). *Audiências públicas e ativismo*: diálogo social no STF. Belo Horizonte: Fórum, 2012.

WINTGENS, Luc J. (Org.). *Legisprudence*. Oregon: Hart Publishing, 2002.

O direito, a política e a vanguarda do STF: riscos democráticos

Adriana Ancona de Faria*
Roberto Dias**

1. Introdução

Pretendemos, neste trabalho, discutir o papel que o Supremo Tribunal Federal (STF) assume numa ordem democrática quando atua de forma ativista ao julgar questões que envolvam direitos fundamentais, especialmente os direitos políticos.

Analisaremos a tensão entre o retrocesso democrático que resulta da judicialização da política e os ganhos oriundos da efetivação de direitos fundamentais, cujo reconhecimento, mesmo que pela via judicial, pode significar o fortalecimento da ordem constitucional brasileira inaugurada em 1988.

A pergunta central que buscaremos responder neste ensaio é a seguinte: ao se deparar com questões de direito e com questões de política, como deve atuar o STF?

Para tanto, dialogaremos com as premissas apresentadas pelo texto de Luís Roberto Barroso — que reconhece uma função majoritária e representativa do STF[1] — trazendo, ainda, o exame crítico de casos emblemáticos

---

* Doutora em direito constitucional pela PUC-SP, professora de direito constitucional da PUC-SP, coordenadora institucional da FGV Direito SP.

** Doutor em direito constitucional pela PUC-SP, professor de direito constitucional da PUC-SP, coordenador da graduação da FGV Direito SP.

[1] A razão sem voto: o Supremo Tribunal Federal e o governo da maioria. Texto referência para diálogo com este ensaio.

julgados pelo Supremo, como o da verticalização das coligações partidárias (ADIs nº 2.628-3 e nº 2.626-7), aquele que fixou o número de vereadores proporcional à população do município (RExt 197.971) e os que instituíram a fidelidade partidária (MS nº 26.602, nº 26.603 e nº 26.604).

O STF, nesses casos, tem sido capaz de enfrentar legitimamente tais problemas? A atuação do Supremo na análise de constitucionalidade em relação a esses casos busca atender a que papel? O STF tem se preocupado em garantir a proteção de direitos fundamentais, amparados constitucionalmente, a fim de preservar as regras do jogo democrático contra uma maioria ocasional que queria se perpetuar no poder, ou o Tribunal tem avançado essa fronteira, fazendo escolhas políticas, de modelos institucionais, que deveriam ser definidos pela atuação dos demais poderes da República?

Enfrentando esse debate, Luís Roberto Barroso, ao analisar a jurisdição constitucional, explicita que ela envolve dois tipos de atuação: (a) a *contramajoritária*, um valor amplamente aceito, que se fundamenta na proteção dos direitos fundamentais como valor ético de uma comunidade política, na preservação da regra do jogo democrático e na defesa dos canais de participação de todos, e (b) a *representativa,* que, conforme o autor, responde a um "papel especialmente visível e importante no Brasil, mas que prescinde de efetivo debate doutrinário". Referida atuação decorreria, especialmente, do déficit democrático da representação política, do esgotamento do modelo tradicional de separação dos Poderes em face do constitucionalismo contemporâneo e do "reconhecimento do Judiciário como melhor intérprete do sentimento majoritário para certos contextos".

Focando o debate sobre *o STF e sua função majoritária e representativa,* Barroso defende as vantagens do Judiciário ante o Legislativo como intérprete da Constituição para certas hipóteses, apresentando, em síntese, as seguintes razões: a) o efeito democratizador do Judiciário, pelo fato de os juízes serem recrutados entre pessoas de diferentes origens sociais, por meio de concurso público, em contraposição ao elevado custo das campanhas eleitorais, que articula uma inevitável aliança da representação legislativa com interesses particulares dos seus financiadores; b) as garantias de independência da magistratura e os condicionamentos próprios da atividade jurisdicional, como a vitaliciedade, a impossibilidade de iniciativa judicial para deflagrar o processo, o dever de escutar as partes envolvidas, o julgamento no limite do pedido formulado e o dever de fundamentar suas decisões; c) a superação do conceito de democracia restrito à legitimação eleitoral do poder pelo acolhimento de um conceito democrático deliberativo, articulado a uma legitimação discursiva, o que reconciliaria a jurisdição constitucional à democracia;[2] d) o reconhecimento da necessidade de cautela contra riscos antidemocráticos da atuação judicial, uma vez que esta não está imune a tentações populistas e atitudes arrogantes, mas uma avaliação da realidade confirmaria a atuação das cortes em favor de posições majoritárias da sociedade (papel de *vanguarda iluminista* das cortes que deve ser exercido com parcimônia para que não se transforme em instância hegemônica); e) por fim, a possibilidade de *diálogo institucional*[3] entre Legislativo e Judiciário e a minimização de riscos de uma atuação abusiva do Judiciário, tendo em vista que a judicialização depende da ocorrência de inércia do Legislativo, e o destaque a três situações que podem atenuar esta circunstância: "(i) a interpretação da Corte pode ser superada por ato do Parlamento ou do Congresso, normalmente mediante emenda constitucional, (ii) a Corte pode devolver a matéria ao Legislativo, fixando um prazo para a deliberação ou (iii) a Corte pode conclamar o Legislativo a atuar por meio do que se convencionou chamar de 'apelo ao legislador'".

2. O STF e as questões de direitos

Numa democracia, a regra procedimental básica é a do respeito às decisões da maioria.[4] Trata-se de uma – mas não a única – regra que pretende dar legitimidade ao regime. E exatamente por prever o consenso da maioria, há um pressuposto inafastável, que é a existência de uma minoria que se opõe ao grupo majoritário. Portanto, o dissenso é indissociável de um regime democrático. Nele devem vigorar as visões antagônicas do mundo, os interes-

---

[2] Nesse sentido, ver: ALEXY, Robert. Balancing, constitutional review, and representation. *International Journal of Constitutional Law*, v. 3, p. 578 e segs., 2005, apud L. R. Barroso, "A razão sem voto", neste livro, p. 57, nota 72.

[3] Ibid., p. 66, nota 107.

[4] BOBBIO, Norberto. *O futuro da democracia*: uma defesa das regras do jogo. Tradução de Marco Aurélio Nogueira. 4. ed. Rio de Janeiro: Paz e Terra, 1986. Especialmente p. 41 e segs.

ses políticos conflitantes, o pluralismo de ideias. E isso só pode se dar na medida em que houver respeito às minorias e a seus direitos fundamentais.

Como adverte Norberto Bobbio,[5]

> as regras formais da democracia introduziram pela primeira vez na história as técnicas de convivência, destinadas a resolver os conflitos sociais sem o recurso à violência. Apenas onde essas regras são respeitadas o adversário não é mais um inimigo (que deve ser destruído), mas um opositor que amanhã poderá ocupar o nosso lugar.

Apenas "a democracia permite a formação e a expansão das revoluções silenciosas", a "renovação gradual da sociedade através do livre debate das ideias e da mudança das mentalidades e do modo de viver".

Como se nota, sem a liberdade de crítica, de divergência, de discordância e de dissenso não serão feitas as "revoluções silenciosas", não serão atingidos novos consensos e não ocorrerá alternância pacífica do poder. Mas a liberdade não basta. É imprescindível que todos possam agir e se expressar para formar, a partir do dissenso, um consenso renovado. E aqui estamos falando da proteção da igualdade. Contudo, se a democracia é uma técnica de convivência e resolução pacífica dos conflitos, ela exige, obviamente, a proteção do direito à vida não só como um pressuposto para o exercício dos outros direitos, mas como um direito em si, que afasta a violência como meio de solução dos litígios.

Nesse sentido, os direitos fundamentais compõem a essência da democracia e funcionam — nas palavras de Jorge Reis Novaes — como trunfos contra a maioria, na medida em que se mostram como uma trincheira "contra as decisões da maioria política", auxiliando

> a posição mais débil, mais impopular ou mais ameaçada, não para fazer prevalecer ou impor à maioria, mas para garantir ao indivíduo ou à minoria isolada o mesmo direito que têm todos a escolher livre e autonomamente os seus planos de vida, a expor e divulgar as suas posições junto dos concidadãos, a ter as mesmas possibilidades e oportunidades que quaisquer outros para apresentar e defender as suas con-

---

[5] Norberto Bobbio, *O futuro da democracia*, 1986, p. 39.

cepções, opiniões ou projetos, isto é, a competir com armas iguais no livre mercado das ideias.[6]

Tais direitos, protegidos no Brasil pela cláusula pétrea prevista no art. 60, §4º, inciso IV, da Constituição, não estão à disposição da maioria. Aliás, não estão à disposição sequer da unanimidade dos que compõem a sociedade brasileira, levando-nos ao famoso problema: as cláusulas pétreas não seriam antidemocráticas, ao impedir deliberações da maioria e, até mesmo, aquela decorrente da vontade de todos?[7] No caso da cláusula de proteção dos direitos fundamentais, seria um equívoco entendê-la como antidemocrática na medida em que ela busca proteger alguns dos mais importantes pressupostos do próprio regime democrático. Claro que a expansão desse núcleo intangível nos levará a outro paradoxo: quanto mais Constituição, menos Constituição.[8] Se a pretensão é proteger de forma muito ampla a Constituição, isso poderá causar um "défice de normatividade" na medida em que seus intérpretes e aplicadores, com leituras complacentes, buscarão salvá-la para a realidade constitucional.[9] Ademais, o excesso de Constituição com uma ampla gama de dispositivos petrificados poderá acarretar a privação de uma das principais funções do poder constituinte reformador, que é a de

---

[6] NOVAES, Jorge Reis. *Direitos fundamentais*: trunfos contra a maioria. Coimbra: Coimbra, 2006. p. 33-35.

[7] Entre nós, ver VIEIRA, Oscar Vilhena. *A Constituição e sua reserva de justiça* (um ensaio sobre os limites materiais ao poder de reforma). São Paulo: Malheiros, 1999. O autor lembra a passagem da *Odisseia* de Homero em que Ulisses é amarrado, por vontade própria, ao mastro da embarcação para não sucumbir aos cantos das sereias, trecho esse explorado por Jon Elster para tratar dos mecanismos constitucionais de pré-comprometimento. Depois de tratar, com base na obra de Stephen Holmes, do bloqueio do corpo político com o objetivo de autopreservação, o autor menciona que a "possibilidade de autovinculação e de restrição da vontade majoritária das gerações futuras é, no entanto, muito problemática se vista da perspectiva da teoria democrática, mais especificamente das teorias democráticas procedimentais ou majoritárias. Para essas correntes a democracia 'é um sistema de governo da maioria que não impõe restrições à substância dos resultados sancionados pelo eleitorado, com exceção daquelas que são exigidas pelo próprio procedimento democrático de governo popular'. Assim, toda pretensão de se controlar os resultados produzidos pelo procedimento democrático que extrapole a defesa dos requisitos mínimos para o funcionamento da democracia será espúria e injustificável" (p. 22).

[8] MOREIRA, Vital. Constituição e democracia na experiência portuguesa. In: MAUÉS, Antonio G. Moreira (Org.). *Constituição e democracia*. São Paulo: Max Limonad, 2001. p. 272.

[9] Ibid.

evitar o surgimento do poder constituinte originário. A proteção constitucional maximizada favorecerá, em última análise, a ruptura constitucional. A intenção de proteger amplamente a Constituição poderá gerar o fim dela própria, impondo a todos o ônus político e as incertezas decorrentes da manifestação do poder constituinte originário.

Enfim, parece-nos legítima a atuação contramajoritária da Suprema Corte ao defender os direitos fundamentais que se revelam como verdadeiros pressupostos para o exercício democrático e estão imunes a decisões da maioria e até mesmo da unanimidade dos que compõem a sociedade brasileira. Mas expandir essa atuação do STF para outras hipóteses poderá gerar graves problemas. Um tribunal que, em certos temas, pode ser reconhecido como de vanguarda, em outros poderá materializar o próprio retrocesso democrático, com o esvaziamento da vontade popular e do Parlamento.

Assim é que, se a atuação contramajoritária do STF, na defesa dos direitos fundamentais que formam a base do regime democrático, pode ser vista como algo louvável, a mesma conclusão não poderá ser atingida quando a Corte se deparar com questões de política, como veremos a seguir.

3. O STF e as questões de política

O paternalismo, como bem demonstrado por Isaiah Berlin — baseado nos pensamentos de Kant —, é despótico, "não porque seja mais opressivo do que a tirania manifesta, brutal", mas por ser um "insulto a minha concepção de mim mesmo como ser humano".[10] O STF, ao se pretender onipresente no processo de efetivação de direitos e se reconhecer como porta-voz da representação majoritária, com legitimidade para fazer escolhas político-institucionais, atua de forma abusiva. Em face das dificuldades de desenvolvimento do processo democrático que resiste à correção de situações indesejáveis, o Supremo, ao atuar de forma protetiva, acomoda a participação e a responsabilidade do povo e de seus representantes, deslocando da política para o

---

[10] BERLIN, Isaiah. Dois conceitos de liberdade. In: BERLIN, Isaiah. *Estudos sobre a humanidade*: uma antologia de ensaios. Tradução de Rosaura Eichenberg. São Paulo: Companhia das Letras, 2002. p. 259.

direito o protagonismo do espaço decisório, fragilizando a democracia em nome de seu aprimoramento.

Não nos interessa retomar aqui um debate entre positivistas e pós-positivistas, nem mesmo questionar a validade do processo de democratização da hermenêutica constitucional, ou do alargamento interpretativo assumido doutrinariamente com o objetivo de garantir a concretização material e não somente formal do princípio da igualdade, como condição de fortalecimento democrático de determinada ordem constitucional.[11] O que realmente queremos enfrentar são os pressupostos democráticos no reconhecimento do exercício de uma "função majoritária e representativa do STF", como exposto por Barroso.

É razoável reconhecer um papel representativo ao Judiciário? Representativo do quê? De quem? Representativo de uma vanguarda iluminista, dos anseios da maioria ou de ambos? Representativo porque fundamentado? Representativo porque amparado por uma legitimação discursiva? Qual a racionalidade legitimadora dessa fundamentação? É uma racionalidade do direito ou da política? É razoável admitir que o STF assuma um papel representativo porque alheio a interesses articulados ao financiamento de campanhas eleitorais e porque seus membros são resguardados pela vitaliciedade e o ingresso dos magistrados se dá via concurso público? É democrático admitir condição de representatividade ao Supremo como reação legítima à inaceitável inércia do Legislativo, um poder em crise de representatividade?

Podemos admitir que a ordem constitucional brasileira autoriza o Judiciário a preencher as lacunas legislativas, definindo e criando direitos em decorrência da inércia do Legislativo, afinal criou institutos para controlar a inconstitucionalidade, inclusive ante omissões dos poderes públicos.[12] Podemos inclusive admitir que garantir efetividade e aplicabilidade aos princípios constitucionais, proibindo retrocessos, em favor de um constitucionalismo dirigente, seja entendido como um mecanismo democrático, amparado pela ordem constitucional brasileira, apesar de todos os debates

---

[11] Nesse sentido, Barroso traz boas referências ao tema, tanto na doutrina nacional quanto internacional, apresentando a produção bibliográfica de Peter Häberle, Gisele Cittadino e David Diniz Dantas, entre outros.

[12] Ver, por exemplo, os arts. 5º, LXXI, e 103, §2º, que criaram, respectivamente, o mandado de injunção e a ação direta de inconstitucionalidade por omissão.

que giram ao redor desse tema. Mas a aceitação dessas possibilidades, como eventuais vantagens democráticas, permite o reconhecimento de uma legítima posição política representativa do STF?

O empoderamento do direito na esfera da política ou o reconhecimento de legitimidade política à atuação judicial, no exercício de competências próprias dos poderes Legislativo e Executivo, que explicitam um *rearranjo institucional, a complexidade da vida moderna, potencializada pela diversidade e pelo pluralismo,* traduzem efetivamente a "promoção de valores republicanos, o aprofundamento democrático e o avanço social", como defende Barroso, ou enfraquecem o processo democrático do país?

Ao reconhecermos o exercício da atuação contramajoritária do STF, como expressão de valores democráticos, estamos acolhendo a ideia de que uma soberania popular limitada é condição necessária à proteção das liberdades, em favor da possibilidade de contenção de uma tirania da maioria. Independentemente dos debates existentes entre substancialistas e procedimentalistas[13] sobre o tema, é possível afirmar que, do ponto de vista constitucional, a ordem jurídica brasileira não teve dúvidas em legitimar essa atuação, seja ao estabelecer cláusulas pétreas a um grupo temático de questões que superam a proteção de liberdades e direitos fundamentais, seja ao prever a possibilidade de controle de constitucionalidade das leis infraconstitucionais.[14]

Entretanto, entendemos que o acolhimento de um conceito democrático deliberativo, articulado a uma legitimação discursiva, "reconciliando a jurisdição constitucional à democracia", como defende Barroso, não é suficiente para autorizar a possibilidade de decisão pelo Judiciário em questões reservadas a uma escolha política, ainda que bem fundamentada, além de não autorizar o reconhecimento de caráter representativo e majoritário na atuação do STF.

---

[13] Nesse sentido, são paradigmáticas as posições de Ronald Dworkin, especialmente em: *O direito da liberdade*: a leitura moral da Constituição norte-americana. São Paulo: Martins Fontes, 2006; id. *O império do direito*. São Paulo: Martins Fontes, 2007; id. *Levando os direitos a sério*. 2. ed. São Paulo: Martins Fontes, 2007, e as posições de John Hart Ely, especialmente em *Democracia y desconfianza, una teoria del control constitucional*. Tradução de Magdalena Holguín. Santafé de Bogotá: Siglo del Hombre Editores; Universidad de los Andes, 1997.

[14] Ver, por exemplo, os arts. 96, 102, I, "a", III, e parágrafos, da Constituição Federal.

Ainda que uma democracia não possa ser medida exclusivamente pelo respeito às decisões majoritárias e deva considerar a capacidade de tomada de decisões significativas na concretização de direitos que qualificam a realidade político-social objetivada pela ordem constitucional, ela não pode prescindir da ideia de que as escolhas políticas devem ser tomadas pelo povo, diretamente ou por meio de seus representantes eleitos.[15]

Assim como a representatividade eleitoral não garante por si só a autoridade ética das decisões parlamentares, o respeito aos anseios populares e a preservação das regras do jogo democrático — sofrendo, por isso, restrições impostas pela própria Constituição —, a *legitimação discursiva* da decisão judicial não se torna expressão democrática nem representativa da sociedade quando incide sobre a esfera decisória dos demais poderes da República. A atuação do Supremo na esfera de competência da atividade política representativa permite a concentração do poder nas mãos do Judiciário, que, além de julgar, passa a administrar e a criar o direito. Um Judiciário com esse perfil enfraquece uma cidadania ativa garantida pelo controle popular decorrente do poder de escolha de seus mandatários. Aceitar que a Suprema Corte tenha tais atribuições retira o poder do povo na construção coletiva de consensos, cria obstáculos a decisões majoritárias, próprias dos processos decisórios da prática política, delegando o debate ideológico ao sistema jurisdicional.[16]

O reconhecimento de uma hermenêutica aberta a conteúdos normativos, extranormativos e metanormativos, como desenvolvido por parte da doutrina,[17] ampliando o espaço de determinação do direito, e assumindo um referencial ético aos fundamentos do ordenamento constitucional, não autoriza, para o bem da democracia, o esvaziamento do espaço político, nem mesmo a apropriação das decisões desse espaço por poderes que não possuam representação para a escolha a ser assumida.

---

[15] FARIA, Adriana Ancona de. *O ativismo judicial do STF no campo político-eleitoral*: riscos antidemocráticos. Tese (doutorado) — Faculdade de Direito, Pontifícia Universidade Católica de São Paulo, São Paulo, 2013. p. 164.

[16] Dialogo importante sobre essa situação na obra de GARAPON, Antonie. *O juiz e a democracia*: o guardião de promessas. Rio de Janeiro: Revan, 2001.

[17] Nesse sentido, ler CITTADINO, Gisele. Judicialização da política, constitucionalismo democrático e separação de poderes. In: VIANNA, Luiz Werneck (Org.) *A democracia e os três poderes no Brasil*. Belo Horizonte: Editora UFMG, 2002.

Em verdade, esse reconhecimento ético do direito fundamenta a atuação contramajoritária da jurisdição constitucional e, no caso brasileiro, autoriza a atuação supletiva do STF, diante de omissões inconstitucionais que limitem o reconhecimento do direito de cada indivíduo a igual respeito e consideração.[18] É na necessidade de equiparar a dignidade de todos, enquanto razão pública de uma ordem democrática, que se pode reconhecer o Supremo como foro adequado para dar a última palavra sobre questões de direitos. A racionalidade que articula o processo decisório da atividade jurisdicional deve ser a racionalidade jurídica, ou seja, uma racionalidade que discuta direitos e deveres, e não a racionalidade de vontades e escolhas que é própria da política.[19] Por esse motivo é que se deve ter claro que a atuação do Judiciário, mesmo quando cria direitos, porque reparadora de uma omissão legislativa inconstitucional, não se traduz numa atuação *contrarrepresentativa* nem como uma atuação majoritária, mas como um contracontrole normativo, em que o Judiciário, no exercício de uma função supletiva, que só poderá ser sua se adstrita ao uso de uma racionalidade jurídica, decidirá sobre questões de direito e não deverá fazê-lo sobre questões da política.

---

[18] Ronald Dworkin, *Levando os direitos a sério*, op. cit.

[19] Nesse sentido, Adriana Ancona de Faria, *O ativismo judicial do STF no campo político-eleitoral*, op. cit., p. 160-161: "O reconhecimento de que a última palavra é do STF, no que concerne ao exercício de controle de constitucionalidade, não representa, a nosso ver, a aceitação de que cabe ao órgão máximo do Judiciário brasileiro definir o sentido da Constituição de maneira exclusiva e absoluta. Se todo processo de concretização constitucional estivesse sob a competência do Judiciário, pouco sentido haveria na existência dos demais Poderes e muito menos no reconhecimento da autoridade que lhes cabe no exercício de suas funções. [...] É possível admitir que a ordem constitucional brasileira aceita o Judiciário como o Poder competente para dar unidade de sentido àqueles princípios que se traduzem em concepções morais fundamentais e funcionam como unificadores da interpretação (apesar da grande controvérsia que há nesse sentido). Isso, porém, não abarca a conceituação de outros dispositivos constitucionais que possuam alto grau de generalidade — e, nesse sentido, recebam o nome de 'princípios' na tradição brasileira — nem daquilo que, na esfera de um princípio fundamental, não diga respeito à concepção moral que merece ser identificada como valor unificador da ordem constitucional. Os outros Poderes podem e devem participar da delimitação desses conceitos, concretizando a ordem constitucional por meio de leis e demais atos jurídicos. Dessa maneira, não é correto entender que o Judiciário possa constranger escolhas majoritárias sobre percursos, metas, projetos e desenhos institucionais, ou mesmo preencher omissões sobre esses valores, desconsiderando os institutos jurídicos, a separação dos Poderes ou o sistema de controle de constitucionalidade instituído no País".

4. A judicialização da política e o papel representativo e majoritário do STF: riscos democráticos

Ao reivindicar um papel representativo e majoritário na atuação do STF, Barroso argumenta, como apontado, que referida atuação decorreria, especialmente, do déficit democrático da representação política, do esgotamento do modelo tradicional de separação dos poderes em face do constitucionalismo contemporâneo e do "reconhecimento do Judiciário como melhor intérprete do sentimento majoritário para certos contextos". Enfrentemos tais questões.

Inúmeras reflexões contemporâneas têm apontado o déficit democrático da representação política, não só por seu compromisso de resposta a coligações e acordos de interesses, mas também pela incapacidade de o Legislativo atender à complexidade do mundo atual e à pluralidade das demandas.[20] No mesmo sentido, também se reconhece o esgotamento do modelo tradicional de separação dos poderes, seja em função dos desafios de uma sociedade de massas, seja em face do constitucionalismo contemporâneo. A pergunta que, todavia, importa — no diálogo com os pressupostos apontados em relação à conclusão defendida por Barroso — é em que medida essa hipótese favorece ou prejudica a democracia.

Barroso questiona o atendimento dos anseios majoritários pelo Legislativo, seja em decorrência da inércia desse poder em favor dos anseios populares, seja no mérito de decisões assumidas. Nesse sentido, afirma que "a democracia já não flui exclusivamente pelas instâncias políticas tradicionais". Ao desenvolver seu posicionamento, busca demonstrar o fortalecimento democrático na aceitação de uma atuação representativa e majoritária do STF sustentada teoricamente nas garantias de independência da magistratura e nos condicionamentos próprios da atividade jurisdicional, no dever de correção da atuação jurisdicional,[21] no dever de uma atuação jurisdicional cautelosa e deferente ao Legislativo e na possibilidade de diálogo interinstitucional entre os poderes, que garante ao Congresso a decisão final sobre o

---

[20] Nesse sentido, Antoine Garapon, *O juiz e a democracia*, op. cit.

[21] Nesse sentido recorre-se à ideia do direito como integridade, desenvolvida por Ronald Dworkin, *O império do direito*, op. cit., p. 271 e segs.

nível de judicialização da vida. Argumenta que a legitimidade dessa atuação judicial se dá pela falta de atuação abusiva por parte do STF, inexistência de insatisfação popular com o papel desempenhado pelo Supremo e índices de aprovação da atuação da Corte Constitucional maiores do que os do Legislativo, no Brasil e no mundo.

Do nosso ponto de vista, as garantias de independência da magistratura e os condicionamentos da atividade jurisdicional, em razão da delimitação dessa atuação à provocação das partes e a uma decisão condicionada aos limites do pedido,[22] não passam de proteções necessárias a uma atuação não abusiva do Judiciário no exercício de sua atividade própria, ou seja, no poder de declarar o direito, tendo em vista a ordem constitucional. Aliás, essas previsões em nada agregam à defesa da expansão da atividade jurisdicional em decisões de natureza política. Ademais, o argumento do ingresso na magistratura por concurso público, como fator democratizador da atividade jurisdicional, dada a pluralidade de origem social, econômica e cultural dos juízes, ainda que possa representar um elemento de análise, desconsidera a identidade estamental adquirida no exercício do cargo e os interesses corporativos presentes no espaço da administração da justiça, o que enfraquece o raciocínio utilizado.[23]

Os pressupostos do dever de correção na atuação jurisdicional e do dever de uma atuação jurisdicional cautelosa e deferente ao Legislativo — com os quais concordamos —, quando aferidos em relação às decisões sobre questões político-eleitorais proferidas pelo Supremo Tribunal Federal e pelo Tribunal Superior Eleitoral (TSE), não se verificam na prática. Constata-se, na realidade, que

> a falta de consistência decisória do STF no controle de constitucionalidade é uma situação de risco democrático, pois permite uma atuação abusiva do Judiciário, ao decidir sem a fundamentação exigida pela racionalidade jurídica, ou por se impor

---

[22] Se é verdade que, nas ações diretas, o Supremo está adstrito ao pedido, o fato é que ele pode declarar a inconstitucionalidade por fundamentos diversos dos deduzidos na inicial, ou seja, a causa de pedir nas ações diretas é aberta. Nesse sentido, ver, entre outras, a ADI 2745-2/BA.

[23] Nesse sentido, ver o estudo desenvolvido por ALMEIDA, Frederico Normanha Ribeiro de. *A nobreza togada*: as elites jurídicas e a política da justiça no Brasil. Tese (doutorado) — Faculdade de Filosofia, Letras e Ciências Humanas, Universidade de São Paulo, São Paulo, 2010.

como presença absoluta, em desrespeito aos espaços representativos exigidos por uma sociedade democrática.[24]

Em face dos riscos decorrentes da falta de consistência das decisões judiciais, acrescida da incursão nas funções dos outros Poderes, gostaríamos de destacar que, especificamente no caso do exercício de controle de constitucionalidade na seara político-eleitoral, essa situação reveste-se de riscos ainda maiores, se considerarmos que esse campo regula exatamente as regras procedimentais da democracia e que uma atuação casuística e inconsistente pode interferir diretamente no jogo de forças políticas da sociedade, permitindo que a "elite judicial" desequilibre o processo político-eleitoral.[25]

É possível aceitar que a possibilidade de diálogo interinstitucional entre Judiciário e Legislativo possa devolver ao Parlamento o poder decisório sobre questões analisadas pelo Judiciário, e que parte do "nível de judicialização da vida" seja uma decisão do próprio Congresso, como defende Barroso. Todavia, dada a previsão constitucional de cláusulas pétreas, que define sem possibilidade de revisão legislativa a última palavra ao STF sobre determinados conteúdos jurídicos — e a depender da abrangência definida pelo Supremo ao se comprometer com uma "racionalidade constitucional", para a qual tem o poder da última palavra —, a possibilidade desse diálogo pode ser reduzida de forma surpreendente e muito prejudicial à democracia. O reconhecimento de autoridade representativa e majoritária no exercício da jurisdição constitucional do STF, de modo amplo, representa, do nosso ponto de vista, uma dessas possibilidades de fragilização democrática, que escapa da decisão de judicialização da vida, imputada ao Congresso.

Se, nas questões de direito, a última palavra deve ser do Judiciário, ao debater questões de política, a última palavra deve ser do Legislativo. Mas esse equilíbrio poderá ser fortemente afetado se o próprio Judiciário passar a entender que questões políticas, na verdade, são questões de direito. E isso não é difícil de ocorrer, principalmente em razão da amplitude e da generosidade da Constituição brasileira de 1988 ao prever direitos. Uma ampliação desmedida dos poderes que forem concedidos a si mesmo pelo Supremo Tribunal Federal esvaziará por completo a esfera da política, com evidentes prejuízos para o fortalecimento da democracia.

---

[24] Adriana Ancona de Faria, *O ativismo judicial do STF no campo político-eleitoral*, op. cit., p. 156.
[25] Ibid., p. 155 e 156.

Como um dos defensores da ordem democrática, o Judiciário não pode acolher acomodações do Legislativo, que se recusa a protagonizar debates políticos necessários ao aperfeiçoamento da ordem democrática, a fim de não responder pelo custo político do processo. O Judiciário não deve assumir decisões que não são de sua competência, sob o argumento do atendimento de demandas populares majoritárias, desconsideradas pelos representantes legitimamente eleitos, cabendo-lhe atuar nos limites supletivos da ordem constitucional. Como bem explicita Daniel Sarmento:

[a] excessiva atuação do Judiciário, apoiada em uma análise dos limites e dos vícios da representação legislativa, além de desconsiderar as deficiências do Judiciário brasileiro, fragiliza o desenvolvimento democrático, na medida em que desarticula os avanços ou os retrocessos alcançados como consequência das decisões tomadas pelos representantes populares, enfraquecendo cada vez mais a importância da representação como possibilidade de o povo se autogovernar.[26]

Finalmente, duas observações sobre os argumentos relativos ao mundo do ser. O pressuposto de uma atuação não abusiva do STF, como já apontado por nós, pode ter ressonância na verificação de uma atuação contida da função contramajoritária exercida pelo Supremo naquilo que de fato lhe compete decidir nos termos da ordem constitucional e nos limites dos institutos jurídicos existentes.[27] Todavia, como já antecipamos, na seara político-eleitoral, entendemos que isso não se confirma. De outro lado, os argumentos de satisfação majoritária na atuação da jurisdição constitucional do STF, além de frágeis diante da natureza de proteção de direito a que essa atuação deve responder (muitas vezes de caráter contramajoritário), desconsideram os riscos democráticos ao desempoderarem a política como espaço de solução de conflitos e de construção social de consensos.

---

[26] SARMENTO, Daniel. O neoconstitucionalismo no Brasil: riscos e possibilidade. In: SARMENTO, Daniel (Coord.). *Filosofia e teoria constitucional contemporânea*. Rio de Janeiro: Lumen Juris, 2009. p. 113-146.

[27] Nesse sentido, DIMOULIS, Dimitri et al. *Resiliência constitucional*: compromisso maximizador, consensualismo político e desenvolvimento gradual. São Paulo: Direito GV, 2013. (Série pesquisa direito GV).

5. Análise de casos

Levando em consideração os argumentos desenvolvidos, buscaremos, agora, confirmá-los analisando três casos apreciados pelo STF. Nesta análise iremos nos valer, em grande parte, dos estudos desenvolvidos em tese de doutoramento, apresentando algumas das análises e conclusões realizadas, ainda que de maneira mais sintética.[28]

Parte da argumentação apresentada na análise dos casos trazidos no presente estudo, evidentemente, contam com argumentos que rechaçam a possibilidade de o Supremo decidir com base em uma racionalidade política, conforme nosso entendimento, o que não é compartilhado por Barroso, que destaca a importância de uma atuação *contrarrepresentativa* do STF ante o Legislativo. Porém, para além desse debate, cujo posicionamento já desenvolvemos nos itens anteriores, nos importa mostrar a fragilidade argumentativa e a falta de consistência das decisões tomadas. Com isso, pretendemos explicitar nossa contraposição à participação do Supremo como expressão de uma democracia deliberativa, e os riscos democráticos decorrentes da atuação pontual da Corte, ao desequilibrar as regras do jogo político, em desrespeito aos valores prestigiados por uma democracia representativa.

Independentemente da nossa concordância substancial, ou não, com o mérito de algumas decisões tomadas pelo STF nos casos apresentados, é importante ressaltar que, do ponto de vista democrático, a falta de consistência decisória ou a apropriação de competência representativa — como quer Barroso — própria do Legislativo (como defendemos) enfraquecem a institucionalidade democrática. Os casos apontados confirmam uma atuação maximizadora do Supremo, em espaços que exigem a participação social.

a. O caso da verticalização das coligações partidárias (ADI nº 2.628-3 e nº 2.626-7)[29]

Em 26 de fevereiro de 2002, o TSE publicou a Resolução nº 21.002, que se origina de Consulta TSE nº 715/2001, formulada pelo Partido Democrático

---

[28] Adriana Ancona de Faria, *O ativismo judicial do STF no campo político-eleitoral*, op. cit.

[29] Para uma análise mais detalhada, ver ibid., cap. 3, item 3.1.

Trabalhista (PDT). Tal Resolução dispunha que os partidos políticos que ajustassem coligação para eleição de presidente da República não poderiam formar coligações para eleição de governador de estado ou do Distrito Federal, senador, deputado federal e deputado estadual ou distrital com outros partidos políticos que tivessem, isoladamente ou em aliança diversa, lançado candidato à eleição presidencial.

Em março de 2002, vários partidos políticos propuseram ação direta de inconstitucionalidade contra a resolução do TSE alegando ofensa: a) ao princípio da anualidade (art. 16 da CF/1988); b) ao princípio da autonomia partidária, para definir suas coligações (art. 17 da CF/1988); c) à competência legislativa disposta na Constituição (arts. 22, I, e 48, *caput*, da CF/1988); d) ao princípio da proporcionalidade (art. 5º, LIV, da CF/1988). Além disso, alegavam que haveria clara inovação legislativa, em desacordo com o princípio da legalidade (art. 5º, II, da CF/1988).

Em abril de 2002, o STF não conheceu das ADIs, defendendo que inexistiria violação direta a artigos constitucionais, pois não se estaria diante de um ato normativo, mas de mera interpretação do art. 6º da Lei nº 9.504/1997. A interpretação do TSE fundamentava-se no conceito de coligação partidária e no âmbito da circunscrição eleitoral, assuntos que não são tratados diretamente por nenhum dispositivo constitucional. Assim, seria impossível o controle de constitucionalidade de ato normativo secundário, conforme jurisprudência do STF.

Em 2006, em face da decisão tomada, o Congresso Nacional promulgou a EC nº 52/2006,[30] que alterou o art. 17 da CF/1988, definindo que os partidos políticos são autônomos para adotar os critérios de escolha e definir o regime de suas coligações eleitorais, sem obrigatoriedade de vinculação entre as candidaturas em âmbito nacional, estadual, distrital e municipal.

---

[30] A Emenda Constitucional nº 52, de 8 de março de 2006, dá nova redação ao §1º do art. 17 da Constituição Federal para disciplinar as coligações eleitorais: "Art. 1º: O §1º do art. 17 da Constituição Federal passa a vigorar com a seguinte redação: Art. 17. §1º É assegurada aos partidos políticos autonomia para definir sua estrutura interna, organização e funcionamento e para adotar os critérios de escolha e o regime de suas coligações eleitorais, sem obrigatoriedade de vinculação entre as candidaturas em âmbito nacional, estadual, distrital ou municipal, devendo seus estatutos estabelecer normas de disciplina e fidelidade partidária. Art. 2º Esta Emenda Constitucional entra em vigor na data de sua publicação, *aplicando-seàs eleições* que ocorrerão no ano *de 2002*".

Referida emenda foi objeto de outra ação direta de inconstitucionalidade, a ADI nº 3.685-8-DF. Por maioria de votos, assumindo interpretação conforme a Constituição, o STF decidiu que as previsões contidas na EC nº 52/2006 não alcançariam o pleito de 2006, por ofensa ao devido processo legal, que estaria protegido por cláusula pétrea, resultante da exegese das previsões extraídas dos arts. 5º, 16 e 60 da Carta Maior.

É fácil perceber que a alteração interpretativa, que redefine o direito de coligação partidária, em rejeição à possibilidade de assimetria entre coligações nacionais, federais, estaduais e municipais, pela exigência de caráter nacional dos partidos políticos, não responde a argumento de "razão pública",[31] mas de uma leitura política do STF — por meio de uma atuação do TSE — sobre os benefícios democráticos da exigência de verticalização das coligações eleitorais, o que, como já defendemos, não pertenceria à esfera de escolha do Judiciário.

O caso em questão representa a alteração de uma realidade jurídica eleitoral em virtude de uma inovação interpretativa formalizada em uma resolução do TSE. A nova interpretação, que alterou um conjunto de normas que vinha regulando os processos eleitorais anteriores, foi confirmada em decisão do STF. O conceito de caráter nacional dos partidos políticos nunca alcançou esse sentido na história política eleitoral do país até essa normatização realizada pelo TSE e aceita pelo STF.

Se o STF pretendia redefinir, por meio de uma atuação consistente, a normatização acerca das coligações eleitorais no país, teria de assumir o debate constitucional da questão, e não se furtar a enfrentar as ações diretas de inconstitucionalidade apresentadas contra a resolução do TSE, usando um argumento formal pouco consistente para a hipótese.

Quando do não acolhimento das ADIs contra a resolução do TSE, o STF, apesar da efetiva modificação das regras sobre coligações eleitorais decorrente do entendimento estampado na resolução, entendeu que não havia violação direta a artigos constitucionais, pois não se estaria diante de um

---

[31] Nos termos de John Rawls, como conceito de justiça que assume o ideal de reciprocidade entre cada indivíduo, apesar da diversidade de concepções de uma sociedade plural (RAWLS, John. *Uma teoria da justiça*. Tradução de Almiro Pizetta e Lenita M. R. Esteves. São Paulo: Martins Fontes, 1997).

ato normativo, mas de mera interpretação do art. 6º da Lei nº 9.504/1997. Dessa maneira, regras do processo eleitoral foram modificadas e aplicadas no mesmo ano em que lhes foi dada vigência, não em virtude da publicação de novo texto normativo, mas em decorrência de processo interpretativo inaugural. Entretanto, a utilização de uma compreensão formalista de que essa modificação não decorria de inovação normativa, mas de processo interpretativo de norma secundária, deu legitimidade a uma realidade que se contrapunha ao bem protegido pelo art. 16 da CF/1988. Vale ressaltar, todavia, que o Congresso Nacional, descontente com o entendimento da exigência de verticalização, editou a Emenda Constitucional nº 52, de 8 de março de 2006, alterando o §1º do art. 17 da CF/1988 e retirando a necessidade de simetria das coligações eleitorais, ao definir literalmente que a decisão sobre coligação eleitoral decorria do exercício da autonomia partidária.

A EC nº 52/2006 previu também sua vigência e sua aplicação nas eleições que ocorreriam em 2002. Com base nesse dispositivo, que evidentemente estava superado para as eleições de 2002, em virtude da data da promulgação da EC, mas que permitia a aplicação imediata do dispositivo para a eleição de 2006, houve a propositura da ADI nº 3.685-8-DF, questionando a constitucionalidade dessa aplicação por força do art. 16 da CF/1988. Nesse julgamento, entendeu o STF pela procedência do pedido para decidir por uma interpretação conforme, a fim de que a previsão disposta no art. 17, §1º, da CF/1988, nos termos disposto pela EC nº 52, só fosse aplicada após um ano de sua vigência. Por maioria de votos, entendeu o STF que a alteração em tempo inferior, mesmo que por meio de atividade do constituinte reformador, está adstrita ao controle de constitucionalidade e que o descumprimento do art. 16 ofenderia cláusula pétrea (art. 60, §4º, IV), em afronta ao disposto no art. 5º, *caput* (segurança jurídica), e art. 5º, LIV (devido processo legal).

Merece destaque o modo como o STF condicionou a possibilidade de alteração de um mesmo direito, em sentidos contrários, de maneira absolutamente distinta. Essa situação é ainda mais grave em se considerando que o voto do ministro Nelson Jobim, no TSE, destaca que inexistiria prejuízo aos partidos em decorrência da mudança de interpretação do art. 6º da Lei nº 9.504/1997, pois o período de realização de convenções partidárias só ocorre no mês de junho, mês igualmente posterior ao da expedição da EC nº 52.

A análise da atuação judicial no presente caso aponta um ativismo judicial preocupante porque: a) autorizativo de uma atuação normativa de caráter inaugural para o TSE; b) frágil diante dos argumentos jurídicos que sustentaram a modificação do direito e as bases teóricas norteadoras dessa prática; c) inconsistente em relação à proteção de direitos e garantias individuais, o que foi demonstrado na diferença de tratamento assumida em relação ao acolhimento do art. 16 da CF/1988; c) pouco deferente aos valores constitucionais de liberdade e autonomia partidária e invasivo no espaço da escolha representativa do Legislativo, próprio da lei.

b. Número de vereadores proporcional à população (Recurso Extraordinário nº 197.971/2002)[32]

O Ministério Público de São Paulo moveu ação civil pública com o objetivo de reduzir de 11 para nove o número de vereadores da Câmara Municipal de Mira Estrela, alegando que a previsão da Lei Orgânica do Município violaria o art. 29, IV, alínea "a", da Constituição Federal, acarretando prejuízo ao erário local. Ademais, haveria desrespeito à proporcionalidade, visto que o município tinha menos de 3 mil habitantes. Na ocasião, por exemplo, Sumaré tinha 168 mil habitantes e 13 vereadores e São Manoel tinha pouco mais de 38 mil habitantes e 21 vereadores, revelando que, na prática, municípios menos populosos tinham mais vereadores do que outros com muito mais habitantes.

O contra-argumento centrava-se na autonomia municipal e na consequente possibilidade de a Câmara Municipal fixar o número de vereadores, observados os parâmetros mínimo e máximo fixados pela Constituição.

O Supremo Tribunal Federal, em março de 2004, entendeu que "a falta de um parâmetro matemático rígido" que delimitasse a ação dos legislativos municipais implicava afronta à isonomia, à proporcionalidade, à impessoalidade, à moralidade e à economicidade. Com isso, criou um parâmetro aritmético por faixa de habitantes e número de vereadores, adotado, pouco

---

[32] Para um estudo mais minucioso do caso, conferir Adriana Ancona de Faria, *O ativismo judicial do STF no campo político-eleitoral*, op. cit., cap. 3, item 3.2.

depois, pelas Resoluções do TSE nº 21.702 e nº 21.803 para as eleições municipais daquele ano de 2004.

Anos depois, foi promulgada a Emenda Constitucional nº 58/2009 alterando o art. 29 da Constituição e fixando novos parâmetros para a composição das Câmaras de Vereadores com base em faixas de habitantes dos municípios.

O caso em questão define alterações de direitos de maneiras diferentes. Em um primeiro momento, como se trata de Recurso Extraordinário em sede de Ação Civil Pública ajuizada pelo Ministério Público do Estado de São Paulo, para reduzir de 11 para nove o número de vereadores da Câmara Municipal de Mira Estrela, a decisão alcança explicitamente esse município. Em verdade, esse é o direito alterado, mas os fundamentos da decisão constroem um critério aritmético que define quantas cadeiras qualquer município brasileiro poderá ter, para que se garanta a proporcionalidade da relação população/representação legislativa entre os municípios brasileiros, considerados os parâmetros estabelecidos pelas faixas definidas constitucionalmente.

O que se verifica, por meio de uma provocação *in concreto*, é a definição, pelo STF, de um critério geral de distribuição de cadeiras para o Legislativo dos diversos municípios do país. Essa posição, que no primeiro processo atinge especificamente o município de Mira Estrela, vai determinar, em um segundo momento, a expedição da Resolução TSE nº 21.702/2004, que estenderá o critério norteador da decisão em sede de Recurso Extraordinário como referência obrigatória a ser seguida por todos os municípios do país.

Há alteração do direito no sentido da imposição de um critério aritmético da distribuição de cadeiras nos legislativos municipais com base em uma nova interpretação do texto constitucional, independentemente de qualquer inovação legislativa.

Ressalte-se, ainda, que a decisão tomada no Recurso Extraordinário modulou os efeitos da inconstitucionalidade em sede de controle difuso, estabelecendo efeitos para o futuro e avançando sobre dispositivo legal, que apenas prevê esse tipo de modulação em sede de controle concentrado.

A inovação, nesse caso, não se resumiu ao entendimento que condicionou o exercício da autonomia municipal a um critério aritmético estabelecido pelo STF e reproduzido pelo TSE, ou à modulação temporal de seus efeitos.

Inovou também ao estender os efeitos de uma decisão em sede de controle difuso de constitucionalidade a todo o ordenamento jurídico brasileiro, originando e legitimando a expedição da Resolução TSE nº 21.702/2004.

Mais uma vez, nesse caso também, foi alegada a inconstitucionalidade por ofensa ao art. 16 da CF/1988. Mas o STF entendeu que não haveria ofensa ao princípio da anterioridade eleitoral, visto que a decisão não possuiria qualquer sentido discriminatório, visando o tratamento equânime e regular no processo; o objeto tratado pela resolução estaria distante do gênero processo eleitoral (TSE MS nº 2.103/RS), além de essa decisão só ter explicitado entendimento dado pelo STF em data anterior à das convenções partidárias (Resolução nº 21.702, de 2 de abril de 2004).

É razoável o entendimento de que o art. 29, IV, da CF/1988, ao definir faixas de vereadores em relação à população do município, pode não ter imposto o respeito a uma proporcionalidade aritmética entre municípios. Tanto que não previu a necessidade de regulação do dispositivo pelo Congresso Nacional. Sem a exigência de uma regulação nacional definindo estritamente o número de cadeiras na relação vereadores-população só é possível que se entenda que essa escolha decorre do exercício da autonomia municipal, respeitadas as faixas estabelecidas. Uma leitura contrária, como fez o STF, pressuporia a falta de necessidade de regulação, em razão de só ser possível uma específica distribuição numérica em atendimento ao valor da proporcionalidade aritmética. Essa hipótese não se comprovou, como se vê pela distinção entre as faixas de distribuição de cadeiras apresentadas pela Resolução TSE nº 21.702/2004 e pela EC nº 58/2009. As duas regulações respeitam o critério de proporcionalidade aritmética exigido pelo STF, mas as faixas não coincidem.

As decisões do STF no presente caso apresentaram um ativismo judicial preocupante porque: a) desnaturaram institutos jurídicos em desarmonia com o princípio da separação dos poderes; b) autorizaram que o Judiciário atuasse como legislador positivo em uma parceria STF/TSE; c) ignoraram qualquer deferência ao Legislativo na construção de uma solução geral com base no novo paradigma defendido pelo STF; d) ampliaram a concentração de poder do Judiciário no processo de autocriação de efeito transcendente de decisão em controle concreto-incidental; e) apresentaram baixa consistência decisória, dado o impacto da atuação.

LEGITIMIDADE DO STF E SISTEMA POLÍTICO

c. A fidelidade partidária (MS nº 26.602, nº 26.603 e nº 26.604, todos de 2007)[33]

Em 27 de março de 2007, o Partido da Frente Liberal (PFL) formulou a Consulta nº 1.398 ao Tribunal Superior Eleitoral (TSE), cujo teor era o seguinte: os partidos políticos e as coligações têm o direito de preservar a vaga obtida pelo sistema eleitoral proporcional, quando houver pedido de cancelamento de filiação ou de transferência do candidato eleito por um partido para outra legenda? Em outras palavras, perguntava-se ao TSE se o mandato parlamentar pertenceria ao eleito ou ao partido.

A favor da tese do pertencimento do mandato ao partido, militavam os argumentos de que a candidatura depende de filiação partidária (art. 14, §3º, V, CF) e que o princípio da moralidade administrativa (art. 37, *caput*, CF) repudia o uso de qualquer prerrogativa pública no interesse particular ou privado. Por outro lado, no art. 55, da CF, não consta a mudança de partido como causa de perda do mandato.

Mudando seu entendimento, o TSE respondeu que o mandato pertenceria ao partido. A questão chegou ao STF, que manteve a decisão do TSE, mas consignou que a declaração de vacância dependeria de se garantir, ao parlamentar, o direito à ampla defesa (art. 5º, LIV, CF).

Em outubro de 2007, o TSE ampliou o entendimento sobre a fidelidade partidária aos eleitos pelo sistema majoritário e, por meio da Resolução nº 22.610/2007, disciplinou o processo de perda do cargo eletivo em razão da desfiliação partidária.

Por 19 anos, o STF entendeu que a perda de mandato parlamentar estava condicionada às hipóteses expressamente enumeradas pela CF/1988. Nesse sentido, a perda de mandato por infidelidade partidária, por não ser hipótese enumerada, só poderia determinar a expulsão do mandatário do seu quadro partidário se assim previssem os estatutos (art. 17, §1º, da CF/1988).

Em 2007, a partir do julgamento dos Mandados de Segurança nº 26.602, nº 26.603 e nº 26.604, o STF mudou de orientação em relação à fidelidade partidária, desconstituindo a posição até então firmada e posicionando-se

---

[33] Ver Adriana Ancona de Faria, *O ativismo judicial do STF no campo político-eleitoral*, op. cit., cap. 3, item 3.3.

no sentido de que a mudança de partido, sem justa causa, caracterizava hipótese de perda de mandato.

É preciso que se reconheça que a experiência pluripartidária do Brasil demonstrou vícios e fragilidades democráticas entre as quais se destacam a existência dos denominados "partidos de aluguéis" e uma prática de "troca-troca" de partidos.[34] Essa realidade, inclusive, alcançava a pauta do Congresso Nacional, que já havia elaborado aproximadamente uma dezena de projetos de lei sobre o tema, mas ainda em tramitação, dada a falta de consenso entre os legisladores, quando da expedição da Resolução TSE nº 22.610/2007.

Nota-se, com isso, que o Judiciário se antecipou ao Congresso Nacional e, por meio de uma decisão em sede de controle difuso da constitucionalidade, alterou de maneira substantiva a interpretação constitucional, definindo a perda de mandato eletivo alcançado por sufrágio eleitoral.

Agregue-se que, no mesmo sentido das decisões que exigiram a proporcionalidade aritmética na definição de cadeiras para os legislativos municipais, o STF, com base na decisão dos mandados de segurança anteriormente indicados, incitou e validou a elaboração de norma pelo TSE, agora com o argumento de "atender ao preceito constitucional de garantia da eficácia de coisa julgada material, de um Acórdão do STF" (ministro Cezar Peluso).

É fácil demonstrar que a excessiva mudança de legenda partidária pelos parlamentares deforma a representação popular, especialmente considerando a força dos votos dos partidos e das coligações na distribuição das cadeiras do Legislativo. É presumível, especialmente nas eleições proporcionais, que a escolha eleitoral carregue consigo uma escolha político-partidária e, com isso, a mudança de legenda ofenda a soberania popular. O que não é linear nessa análise é que, em virtude disso, o entendimento pela perda de cargo eletivo, por desfiliação partidária sem justa causa definida em processo judicial — que inclusive pode prescindir da reivindicação do mandato

---

[34] Ver LIMA, Sídia Maria Porto. *O ativismo judicial e o Judiciário Eleitoral*: um estudo da atividade legislativa do Tribunal Superior Eleitoral. 2011. Tese (doutorado em ciência política) — Universidade Federal de Pernambuco, Recife, 2011. p. 142: "Nas legislaturas de 1987-1991, 1991-1995 e 1995-1998, que totalizaram 1503 Deputados Federais, 467 parlamentares mudaram de partido durante o mandato, o que representa 31% do total. No período de 1999 a 2003, foram 290 mudanças dentro da Câmara dos Deputados".

LEGITIMIDADE DO STF E SISTEMA POLÍTICO

pelo partido —[35] seja a solução dada pela CF/1988, tendo em consideração o fortalecimento dos valores da democracia e da soberania popular.

O que queremos demonstrar é que, na medida em que a CF/1988 não previu expressamente a perda de mandato por infidelidade partidária, como já fez no passado, e apenas permitiu que os estatutos dos partidos políticos estabelecessem normas de disciplina e fidelidade partidária (art. 17, §1º, da CF/1988), é possível que a visão de fortalecimento democrático, no que concerne à perda de mandato, sob o aspecto da desfiliação partidária ou da troca de legenda, derive do entendimento de que essa análise de inexistência de justa causa só pode decorrer de direta expressão de soberania popular, ou seja, da rejeição, pelo eleitor, do parlamentar infiel quando de novo processo de escolha.

Esse argumento, diriam alguns, desconsidera o desvirtuamento da representação proporcional, que é definida pelo quociente eleitoral partidário, e não pelo candidato, além de permitir que parlamentares eleitos sob a legenda de um partido representante de uma ideologia minoritária perdessem o direito a sua representação ideológica, como bem observou o STF.

Diante dessa observação, talvez o melhor entendimento fosse que a desfiliação partidária de parlamentares infiéis, seja por incorrerem em falta grave justificadora de seu desligamento (art. 17, §1º, da CF/1988), seja por simples desligamento voluntário, determinaria a perda do mandato do parlamentar. Afinal, o desenho institucional brasileiro demonstra que a vaga no Parlamento, em razão da exigência de filiação partidária como condição de elegibilidade (art. 14, 3º, V, da CF/1988) e do sistema proporcional (art. 45 da CF/1988), pertence ao partido e deve ser garantida a proporcionalidade da representação partidária resultante do processo eleitoral, em respeito à soberania popular.

O que nos parece frágil é admitir que o STF diga que uma leitura principiológica e sistêmica da CF/1988 permitiria concluir que, mesmo não havendo hipótese expressa na Constituição, caberia a decretação da perda de cargo eletivo em decorrência de desfiliação partidária *sem justa causa*.[36]

---

[35] Lembramos que, conforme o §2º da Resolução TSE nº 22.610/2007, "Quando o partido político não formular o pedido dentro de 30 (trinta) dias da desfiliação, pode fazê-lo, em nome próprio, nos 30 (trinta) subsequentes, quem tenha interesse jurídico ou o Ministério Público eleitoral".

[36] Art. 1º da Resolução TSE nº 22.610/2007.

Ora, quando a Constituição excepciona hipóteses ou direitos, ou a exceção está expressa no texto constitucional, o que permite a concretização do dispositivo imediatamente, ou determina que lei a preveja, e assim impõe a atuação do Legislativo, normatizando o preceito a fim de lhe dar efetividade. Se o Legislativo ficar inerte, como já vimos, a ordem jurídica prevê mecanismos impulsionadores de sua ação no quadro de controle de constitucionalidade, ou abre espaço para concretização judicial em face de institutos específicos. Essas etapas e o respeito aos institutos e mecanismos próprios para a ação de cada poder garantem o equilíbrio e a harmonia entre os poderes.

Apesar dos argumentos de princípios apontados pelo STF, a decisão assumida, em especial na mobilização, nos contornos e na validação da resolução expedida pelo TSE, não encontra respaldo efetivo na ordem constitucional brasileira, ainda que sob a importação de teorias e métodos da "moderna interpretação constitucional".

Destaca-se, finalmente, que, além da baixa consistência decisória, no que tange à perda de mandato da representação proporcional, diante da específica atuação do STF e do TSE, essa falta de congruência aumenta em muito ao analisarmos o alcance da resolução. Quando nos remetemos ao texto da resolução, verificamos que ela avança na possibilidade de perda de mandato, para representantes eleitos pelo sistema majoritário, independentemente do poder a que esteja vinculado. Essa previsão, além de não se articular com a fundamentação apresentada pelo STF, pode instabilizar a regra do jogo democrático, por destituir representante eleito majoritariamente por voto popular, sem respeito aos procedimentos previstos na CF/1988.[37]

O STF, na hipótese, atuou com um ativismo preocupante para a ordem democrática porque: a) inovou a interpretação constitucional, passando a destituir mandatário de cargo eletivo majoritário sem apresentar fundamentação consistente para a hipótese; b) articulou uma interpretação principiológica pelo entendimento favorável à perda de mandato em razão do desvirtuamento do sistema representativo, mas condicionado a hipóteses que

---

[37] Nesse sentido, ver a análise feita sobre o caso da perda de mandato do governador José Roberto Arruda em FARIA, Adriana Ancona de. A perda do mandato do governador José Roberto Arruda e o ativismo judicial: um avanço democrático? In: FIGUEIREDO, Marcelo (Coord.). *Novos rumos para o direito público*: reflexões em homenagem à professora Lúcia Valle Figueiredo. Belo Horizonte: Fórum, 2012. p. 26-28.

necessitam de normatização para sua configuração; c) autorizou e validou exercício legislativo por parte do TSE, em franco desrespeito ao princípio da separação dos poderes; d) sustentou uma normatização judicial que, além de fragilizar a democracia, por avançar na esfera de competência do Legislativo, se mostrou questionável na consecução dos fins prestigiados, ou seja, da proteção dos valores democráticos e da soberania popular.[38]

Ressalte-se, também, que apesar das considerações apresentadas por Barroso, de que a decisão do STF de repressão à infidelidade partidária veio atender aos anseios da maioria da população desatendidos pelo Poder Legislativo, o que se verifica, além dos riscos democráticos inerentes ao avanço do Judiciário em questões de ordem representativa, é a falta de consistência decisória da Corte, em relação aos fundamentos que justificariam sua atuação e uma baixa capacidade institucional sobre aquilo que se propõe a regular. Se efetuarmos, ainda, uma análise de compatibilidade entre casos político-eleitorais que dialogam entre si, o que veremos é uma atuação desordenada e em parcelas, que desconstrói casuisticamente as proteções democráticas do sistema político brasileiro.[39]

6. Conclusão

Se as premissas teóricas apresentadas neste texto já apontam para os riscos democráticos do entendimento proposto por Barroso, ao assumir o reconhecimento de uma função representativa e majoritária pelo STF no exercício da jurisdição constitucional, a análise concreta dos julgamentos realizados não melhora a situação.

Efetivamente, o que se verifica é que os argumentos apontados por Barroso em favor do fortalecimento de uma democracia de caráter deliberativo, que pressupõem uma atuação consistente e contida de nossa Corte Cons-

---

[38] Além dos problemas apontados na extensão da regulação para os cargos majoritários, conforme o site *Congresso em Foco*, praticamente 1/3 das ações de perda de mandato por infidelidade partidária não são julgados por perda de objeto, pois o mandato em debate se encerra antes do julgamento da ação. Disponível em: <www.congressoemfoco.com.br>.

[39] Nesse sentido, vale considerar a liminar concedida pelo ministro Gilmar Mendes no MS nº 32.033 MC/DF e a decisão tomada na ADI nº 4430/2012.

titucional, além de minimizarem os riscos democráticos do desempoderamento da política, não se confirmam diante do julgamento de casos político-eleitoral pelo STF.

A justificativa de uma atuação do STF que assumiria um caráter contrarrepresentativo e de viabilização de anseios majoritários obstados por uma atitude inerte do Legislativo também não se apresenta em boa parte das atuações realizadas pelo Supremo diante de situações de casos político-eleitorais. De forma exemplificativa, os casos da verticalização, como o do número de vereadores, aqui apresentados, não respondem a essas hipóteses, mas a uma atuação de espectro normativo provocado pelo próprio Judiciário no intuito de impor um desenho institucional que entendia devido.

Finalmente, há que se considerar, também, a baixa capacidade de análise das consequências institucionais por parte do STF, ao adotar uma função majoritária e representativa, o que se constata ao verificar que o encaminhamento adotado não alcança os objetivos que fundamentam a decisão proferida, como se vê no caso da infidelidade partidária. Além disso, a atuação desse tipo pelo STF — que assume o papel de protagonista das escolhas do país — desarticula o exercício de uma cidadania ativa na realização do aperfeiçoamento de nossas instituições democráticas, pois desarranja o processo de organização político-social na composição da solução dos problemas a serem enfrentados.

A possibilidade de redesenhar o princípio da separação dos poderes não deve passar pelo reconhecimento de uma atuação *representativa* e *majoritária* do STF, como propõe Barroso. Ainda que uma análise conjuntural e superficial dessa atuação possa entendê-la como um mecanismo de mobilização social contra os entraves de uma ordem democrática que resiste a seu aperfeiçoamento, a possibilidade de concentração de poder no Judiciário e o fortalecimento de um sistema incapaz de discernir entre o jurídico e o político — e que faz do Judiciário a última instância moral da sociedade — enfraquecem a democracia, não a fortalecem.

Referências

ALMEIDA, Frederico Normanha Ribeiro de. *A nobreza togada*: as elites jurídicas e a política da justiça no Brasil. Tese (doutorado) — Faculdade de Filosofia, Letras e Ciências Humanas, Universidade de São Paulo, São Paulo, 2010.

BARROSO, Luís Roberto. *Judicialização, ativismo judicial e legitimidade democrática*. Disponível em: <www.oab.org.br/editora/revista/users/revista/1235066670174218181901.pdf>. Acesso em: 14 abr. 2014.

_____. Neoconstitucionalismo e constitucionalização do direito (o triunfo tardio do direito constitucional no Brasil). In: SOUZA Neto, Cláudio Pereira; SARMENTO, Daniel (Org.). *A constitucionalização do direito*. Rio de Janeiro: Lumen Juris, 2007. p. 203-249.

BERLIN, Isaiah. Dois conceitos de liberdade. In: _____. *Estudos sobre a humanidade*: uma antologia de ensaios. Tradução de Rosaura Eichenberg. São Paulo: Companhia das Letras, 2002.

BOBBIO, Norberto. *O futuro da democracia*: uma defesa das regras do jogo. Tradução de Marco Aurélio Nogueira. 4. ed. Rio de Janeiro: Paz e Terra, 1986.

CITTADINO, Gisele. Judicialização da política, constitucionalismo democrático e separação de poderes. In: VIANNA, Luiz Werneck (Org.). *A democracia e os três poderes no Brasil*. Belo Horizonte: Editora UFMG, 2002.

_____. Poder Judiciário, ativismo judiciário e democracia. *Revista da Faculdade de Direito de Campos*, Campos dos Goytacazes, v. 2/3, n. 2/3, p. 135-144, 2001-2002.

DIMOULIS, Dimitri et al. *Resiliência constitucional*: compromisso maximizador, consensualismo político e desenvolvimento gradual. São Paulo: Direito GV, 2013. (Série pesquisa direito GV).

DWORKIN, Ronald. *O direito da liberdade*: a leitura moral da Constituição norte-americana. São Paulo: Martins Fontes, 2006.

_____. *O império do direito*. São Paulo: Martins Fontes, 2007.

_____. *Levando os direitos a sério*. 2. ed. São Paulo: Martins Fontes, 2007.

ELY, John Hart. *Democracia y desconfianza, una teoria del control constitucional*. Tradução de Magdalena Holguín. Santafé de Bogotá: Siglo del Hombre Editores; Universidad de los Andes, 1997.

FARIA, Adriana Ancona de. A perda do mandato do governador José Roberto Arruda e o ativismo judicial: um avanço democrático? In: FIGUEIREDO, Marcelo (Coord.). *Novos rumos para o direito público*: reflexões em homenagem à professora Lúcia Valle Figueiredo. Belo Horizonte: Fórum, 2012. p. 19-30.

_____. *O ativismo judicial do STF no campo político-eleitoral*: riscos antidemocráticos. Tese (doutorado) — Faculdade de Direito, Pontifícia Universidade Católica de São Paulo, São Paulo, 2013.

GARAPON, Antonie. *O juiz e a democracia*: o guardião de promessas. Rio de Janeiro: Revan, 2001.

LIMA, Sídia Maria Porto. *O ativismo judicial e o Judiciário Eleitoral*: um estudo da atividade legislativa do Tribunal Superior Eleitoral. 2011. Tese (doutorado em ciência política) — Universidade Federal de Pernambuco, Recife, 2011.

MOREIRA, Vital. Constituição e democracia na experiência portuguesa. In: MAUÉS, Antonio G. Moreira (Org.). *Constituição e democracia*. São Paulo: Max Limonad, 2001.

NOVAES, Jorge Reis. *Direitos fundamentais*: trunfos contra a maioria. Coimbra: Coimbra, 2006.

RAWLS, John. *Uma teoria da justiça*. Tradução de Almiro Pizetta e Lenita M. R. Esteves. São Paulo: Martins Fontes, 1997.

SARMENTO, Daniel. O neoconstitucionalismo no Brasil: riscos e possibilidade. In: _____ (Coord.). *Filosofia e teoria constitucional contemporânea*. Rio de Janeiro: Lumen Juris, 2009. p. 113-146.

VIEIRA, Oscar Vilhena. *A Constituição e sua reserva de justiça* (um ensaio sobre os limites materiais ao poder de reforma). São Paulo: Malheiros, 1999.

Usos e abusos em matéria de direitos sociais ou a jurisdição constitucional na esfera do controle de políticas públicas e na (des?) construção do estado democrático de direito*

Ingo Wolfgang Sarlet**

1. Dos direitos sociais e sua positivação no contexto do estado social e democrático de direito aos desafios postos pela sua efetivação

Os assim chamados direitos sociais, econômicos e culturais (doravante referidos apenas como direitos sociais), pelo menos em se considerando o direito internacional dos direitos humanos e o número de Estados que ratificaram o correspondente Pacto Internacional da ONU (1966) na matéria, pertencem — de acordo com esse critério — ao que se poderia designar de um patrimônio jurídico comum da humanidade, pois mesmo no plano internacional o arcabouço de textos jurídicos, no sentido de um direito internacional positivo, que reconhece e protege direitos sociais, foi objeto de significativa ampliação, especialmente se formos agregar as convenções da Organização Internacional do Trabalho (OIT) e os diversos tratados em nível regional, como é o caso, em caráter ilustrativo, do Protocolo de São Sal-

---

* O presente texto consiste na versão revista e ajustada do texto apresentado por ocasião de seminário realizado na Escola de Direito da FGV em São Paulo, coordenado por Oscar Vilhena Vieira, para discussão de texto produzido pelo professor e ministro do STF Luís Roberto Barroso, com a participação de diversos ilustres juristas e docentes convidados para a ocasião.

** Doutor e pós-doutorado em direito pela Universidade de Munique, Alemanha. Professor titular da Faculdade de Direito da PUC-RS. Juiz de direito em Porto Alegre (RS).

vador, que acrescentou os direitos sociais ao Sistema Interamericano, bem como, no plano europeu, a Carta Social Europeia, e, mais recentemente, a previsão de alguns direitos sociais na Carta dos Direitos Fundamentais da União Europeia (2000), dotada de caráter vinculante desde a entrada em vigor do Tratado de Lisboa (2009).

Porém, por mais importante que seja a perspectiva supranacional, é na esfera do direito interno, com destaque para o direito constitucional, que melhor se pode aferir o quanto e em que medida os direitos sociais — ainda mais quando em causa a sua condição de direitos fundamentais — correspondem a uma gramática universal e comum à maioria dos países. O que se percebe, nesse contexto, é que seguem existindo diversos modelos, que vão da total ausência de direitos sociais a modelos que poderiam ser chamados de fortes — pelo menos de acordo com certo ponto de vista — em matéria do reconhecimento e proteção jurídico-constitucional de tais direitos.

Com efeito, nos Estados Unidos da América, por exemplo, a constitucionalização de normas de justiça social (mesmo na condição de normas definidoras de fins estatais) e de direitos sociais não logrou sucesso nem na esfera político-legislativa, nem por meio da jurisprudência da Suprema Corte, apesar de algumas importantes vozes e tentativas nesse sentido — recorde-se aqui a tentativa de Franklin D. Roosevelt (1944) de fazer aprovar uma segunda declaração de direitos, no caso, dedicada aos direitos sociais.[1] Assim, nesses países, eventual proteção social (saúde, direitos do trabalhador, educação etc.) segue ocorrendo por meio da legislação ordinária e políticas públicas. Situação similar ocorre no caso da Inglaterra (Reino Unido), mas aqui é de se ressalvar que se trata de um caso peculiar, pois a Constituição inglesa, como se sabe, é integrada de um conjunto de documentos de natureza constitucional (embora não elaborados por uma assembleia constituinte) e por um conjunto de costumes e precedentes judiciais, de tal sorte que não deixa de ser possível reconhecer, no que diz com os elementos nucleares do estado de bem-estar britânico, uma dimensão constitucional em sentido material.

---

[1] Sobre o tópico, ver, por todos, SUNSTEIN, Cass R. *The second Bill of Rights*. Nova York: Basic Books, 2004. Embora o autor reconheça que os elementos sociais essenciais que integram a tradição legislativa norte-americana na área da segurança social podem ser considerados uma espécie de "*constitutional commitments*".

LEGITIMIDADE DO STF E SISTEMA POLÍTICO

De todo modo, a inserção de normas nas constituições que disponham sobre tarefas a serem cumpridas pelo Estado em matéria de justiça social ou mesmo consagrando direitos sociais (na condição, ou não, de direitos fundamentais) parece constituir a regra geral, mas ainda assim são significativas as diferenças registradas. Um modelo importante é o consagrado pela Lei Fundamental da Alemanha (1949), onde, além de alguns direitos econômicos (liberdade de profissão, greve e sindicalização) e da proteção da maternidade e da família (assim como o dever de assegurar uma igualdade material entre homens e mulheres e a integração das pessoas com deficiência), não foram contemplados direitos sociais, mas apenas houve previsão de uma cláusula geral de justiça social, de acordo com a qual a Alemanha é um estado social e democrático de direito, que novamente reclama concretização legislativa. Mas é preciso considerar que — na Alemanha — o princípio estruturante do estado social, além de estar incluído no elenco dos limites materiais ao poder de reforma constitucional (juntamente com a dignidade humana, o estado de direito, o princípio democrático e a federação), vincula os poderes públicos na condição de norma definidora de fins e tarefas do Estado, direcionando a atuação legislativa e administrativa (ainda que com ampla margem de conformação e discrição), mas exigindo a satisfação pelo menos de um mínimo existencial para uma vida digna, ademais de operar como fundamento da restrição de direitos fundamentais e ensejar, embora de modo subsidiário e limitado, uma correção pela via jurisdicional.[2]

Já em outros casos, como dá conta o exemplo da Espanha, se pode falar de um modelo híbrido, visto que alguns direitos sociais foram consagrados como direitos fundamentais (*v.g.*, a liberdade sindical e o direito à educação), e o constituinte igualmente previu uma cláusula geral enunciando o estado social na condição de princípio estruturante da ordem constitucional, além de contemplar, no título dos princípios da ordem social, uma série de normas definidoras de fins e tarefas estatais, que, todavia, não ostentam a

---

[2] Sobre o estado social na Alemanha e os principais aspectos de sua dimensão jurídico-normativa, ver, por todos, ZACHER, Hans-Friedrich. Das soziale Staatsziel. In: ISENSEE, Josef; KIRCHHOF, Paul (Coord.). *Handbuch des Staatsrechts der Bundesrepublik Deutschland*. Heidelberg: CF Müller, 1987. v. I (existe edição mais recente, mas sem alteração substancial quanto ao conceito de estado social). Para um olhar comparativo, ver RITTER, Gerhard A. *Der Sozialstaat. Entstehung und Entwicklung im Internationalen Vergleich*. 3. ed. Munique: Oldenburg, 2010.

condição de autênticos direitos fundamentais, sequer podendo ser exigidas como direitos subjetivos por meio do assim chamado recurso de amparo, que dá acesso ao Tribunal constitucional, o que não significa que tais normas sejam completamente destituídas de normatividade, já que seguem sendo parâmetro do controle de constitucionalidade.[3]

Por sua vez, mesmo no caso de países como a África do Sul, o Brasil, a Colômbia e Portugal, aqui citados considerando-se a sua relevância no atual cenário da discussão sobre o tema em nível internacional e (é o caso de Portugal) pela influência exercida no âmbito do próprio processo constituinte brasileiro, os direitos sociais foram positivados como direitos fundamentais, mas ainda assim existem diferenças consideráveis a serem levadas em conta, especialmente quando se trata do regime-jurídico constitucional atribuído a tais direitos. Assim, se no caso de Portugal os direitos sociais, econômicos e culturais e os direitos, liberdades e garantias (que correspondem, *grosso modo*, aos direitos civis e políticos e os direitos e liberdades dos trabalhadores) a Constituição da República Portuguesa (1976) limitou a aplicabilidade imediata das normas de direitos fundamentais aos direitos, liberdades e garantias e direitos análogos, além de não incluir (ao menos não expressamente!) os direitos sociais no elenco dos limites materiais à revisão constitucional,[4] no Brasil, a Constituição Federal de 1988 (doravante apenas CF) incluiu um elenco generoso de direitos sociais e direitos dos trabalhadores no Título dos Direitos e Garantias Fundamentais, além de um

---

[3] Na Espanha, dos poucos direitos sociais que se enquadram na concepção de direitos fundamentais, por serem objeto de proteção mediante recurso de amparo, menciona-se o direito à educação, o direito de greve e a liberdade sindical (respectivamente, arts. 27 e 28). Na literatura, ver, por todos, CALLEJÓN, Francisco Balaguer (Coord.). *Manual de derecho constitucional*. v. II, p. 54 e segs. e 280 e segs. Para uma visão mais focada nos direitos sociais, mas explorando o tema na perspectiva de um regime jurídico-constitucional, ver BASTIDA, Francisco J. Son los derechos sociales derechos fundamentales? In: ALEXY, Robert et al. *Derechos sociales y ponderación*. 2. ed. Madri: Fundación Coloquio Juridico Europeo, 2009. p. 103 e segs.

[4] Ver, por todos, MIRANDA, Jorge. *Manual de direito constitucional*. 2. ed. Coimbra: Coimbra, 1993. v. II, p. 275 e segs. e p. 339, muito embora admitindo que os direitos sociais possam ser considerados limites materiais implícitos à revisão constitucional (p. 340-341). Em sentido diverso, contudo, ver Jorge Reis Novais, que sustenta a existência de um regime jurídico-constitucional substancialmente unificado dos direitos fundamentais. NOVAIS, Jorge Reis. *Direitos sociais*: teoria jurídica dos direitos sociais enquanto direitos fundamentais. Coimbra: Coimbra, 2010.

conjunto de princípios e regras versando sobre matéria econômica, social, ambiental e cultural nos títulos da ordem constitucional econômica e social, o que também ocorreu — em linhas gerais — no caso das Constituições da Colômbia (1991) e da África do Sul (1994), muito embora na última se tenha trilhado um caminho distinto do brasileiro e do colombiano no que diz especialmente com o papel do Poder Judiciário na efetivação dos direitos sociais e na definição de seu respectivo regime jurídico na condição de direitos fundamentais.

Destaque-se, ainda nesse contexto introdutório, que tanto no Brasil quanto na Colômbia, doutrina e jurisprudência constitucional, ainda que não de modo uníssono e respeitadas uma série de peculiaridades, os direitos sociais a prestações são considerados direitos exigíveis (na condição de direitos subjetivos e mesmo na esfera individual), o que, por sua vez, não corresponde exatamente ao modelo sul-africano, onde, a despeito de uma série de direitos sociais na Constituição e da criação de uma Corte constitucional, a normatividade dos direitos sociais a prestações (embora reconhecida) é manejada em geral de modo distinto em relação aos direitos civis e políticos,[5] aspectos que serão objeto de maior desenvolvimento mais adiante, pois também dizem respeito às diferentes estratégias de litigância judicial em matéria de direitos sociais.

Que a maior eficácia jurídica e efetividade das normas de justiça social e/ou dos direitos fundamentais sociais (a depender do modelo adotado em cada ordem constitucional) encontra-se atrelada — além do forte influxo do contexto social, econômico e político — aos mecanismos institucionais e procedimentais criados e desenvolvidos para a sua proteção e promoção, incluindo (com maior ou menor destaque) o Poder Judiciário, resulta quase que evidente, de modo que, na esteira da proposta de Mark Tushnet, é possível se falar em direitos fortes e cortes fracas ou mesmo variações sobre o tema,[6] o que também voltará a ser objeto de atenção, embora com foco no caso brasileiro, pois cuida-se de dimensão que guarda conexão com a posi-

---

[5] Sobre os direitos sociais na África do Sul, ver especialmente LIEBENBERG, Sandra. *Socio-economic rights*. Adjudication under a transformative constitution. Cape Town: Juta & Co Ltd., 2010.
[6] Ver TUSHNET, Mark. *Weak Courts, strong rights*: judicial review and social welfare rights in comparative constitutional law. Princeton; Oxford: Princeton University, 2008.

ção do Poder Judiciário no esquema funcional-organizatório e seu impacto sobre a própria democracia.

O que se percebe, nessa toada, é que tanto o conceito quanto o conteúdo e o regime jurídico dos direitos sociais, embora a amplitude de seu reconhecimento no plano internacional (tomando-se em conta o número de países signatários do Pacto Internacional de Direitos Sociais, Econômicos e Culturais), não obedece a um padrão uniforme. Não apenas existem diferenças institucionais, organizatórias e procedimentais significativas, quanto se deve ter sempre presente o fato de que os direitos sociais, notadamente na sua dimensão de direitos a prestações, são fortemente impactados pelo grau de desenvolvimento e prosperidade econômica dos Estados individualmente considerados, mas também e cada vez mais na perspectiva transnacional, o que remete, entre outros aspectos, para o fenômeno da globalização e das crises econômicas que impactam os ambientes nacionais, o que também se verifica no caso brasileiro.

É precisamente nesse contexto que se pode fazer coro com Luís Roberto Barroso, quando afirma que em alguns cenários e em face de determinadas circunstâncias o Poder Judiciário, com destaque para a atuação do Supremo Tribunal Federal no Brasil (STF), deve atuar mesmo à revelia dos demais órgãos estatais (e ocasionalmente mesmo contra a atuação de tais órgãos) para assegurar maior igualdade e dignidade, fazendo cumprir os princípios e regras, notadamente naquilo que veiculam direitos fundamentais.[7]

Além disso, se também é possível concordar com a tese de Barroso quanto ao fato de que uma democracia exige, além de votos, a garantia e promoção de direitos e valores fundamentais, bem como uma deliberação racional, fundada em razões, assumindo uma feição, ademais de procedimental, substantiva,[8] também é certo que se cuida de tema delicado e complexo, especialmente quando se trata da atuação do Poder Judiciário e que tem na sua cúpula um tribunal com competências para interpretar e aplicar de modo vinculativo a Constituição. Quando o Poder Judiciário decide em matéria de direitos sociais, de modo a impor ao poder público o atendimento de prestações materiais com impacto nas deliberações orçamentárias e implicações

---

[7] L. R. Barroso, "A razão sem voto", neste livro, p. 25.

[8] Ibid., p. 26.

na própria alocação e gestão dos recursos públicos, tal atuação, mediante uma postura designada de proativa ou mesmo ativista, dificilmente poderia não esbarrar em resistências e críticas de diversa natureza, inclusive gerando o questionamento acerca da prática de abusos nessa seara, precisamente o tema que nos foi atribuído e que serve de mote ao presente texto.

Todavia, discorrer sobre "usos e abusos em matéria de direitos sociais", ainda que com o olhar focado no diálogo com o instigante texto de Luís Roberto Barroso, demanda uma seleção de tópicos a serem aqui enfrentados, pena de dispersão e mesmo inevitável superficialidade. Assim, num primeiro momento (2), o nosso intuito é o de revisitar o conceito jurídico-constitucional dos direitos sociais na condição de direitos fundamentais na CF, buscando demonstrar o quanto tanto tal conceito como o próprio regime jurídico dos direitos fundamentais sociais foram objeto de construção jurisprudencial, especialmente pelo (STF), o que, por sua vez, já diz respeito ao problema dos usos e abusos em matéria de direitos sociais e mesmo guarda relação com a noção de estado democrático (e social) de direito que lhe é correspondente. Na sequência (3) buscaremos identificar alguns dos abusos (ou melhor, usos abusivos) habitualmente apontados em matéria de direitos sociais, em especial quando em causa sua efetivação pela via judiciária.

2. Um primeiro abuso? A construção do conceito e do regime jurídico dos direitos fundamentais sociais na ordem jurídica brasileira pós-1988

Uma das indagações recorrentes e que não perdeu em relevância e atualidade segue sendo a de como é possível atribuir aos direitos sociais a condição de "autênticos" direitos fundamentais, especialmente na condição de direitos subjetivos a prestações fáticas estatais, visto terem sua efetividade diretamente impactada pela escassez de recursos e afrontarem a separação funcional entre os órgãos estatais, ademais de impactarem princípios e regras orçamentários, assim como outros direitos (inclusive a realização de outros direitos sociais) e interesses de matriz constitucional etc. Em outras palavras, cuida-se de saber o quanto os direitos a prestações podem ser considerados direitos exigíveis. Tal questão se articula — também! — com o problema do regime jurídico dos direitos sociais e da possibilidade de, mediante um determinado regime jurídico (internacional, constitucional, legal), se assegurar tanto a eficácia e efetividade das normas definidoras de direitos sociais em termos de direitos positivos, portanto, direitos a prestações estatais, quanto assegurar que os níveis vigentes de proteção jurídica dos direitos sociais não sejam esvaziados, mas também — e como decorrência disso — possam contribuir pelo menos para a manutenção de níveis de proteção social compatíveis com a dignidade humana, ao menos tal qual exige um estado social e democrático de direito que mereça ostentar tal título.

Importa (re)sublinhar, ainda, que o desafio da efetividade dos direitos sociais, inclusive para o efeito de se traduzirem em posições jurídicas oponíveis aos respectivos destinatários mediante a intervenção do Poder Judiciário, não constitui um privilégio dos direitos sociais na condição de direitos fundamentais, pois ainda que se cuide de ordens jurídico-constitucionais que tenham renunciado à constitucionalização de tais direitos, optando por um sistema de proteção social de matriz no todo ou em grande parte infraconstitucional, a crise econômica e a escassez de recursos se revela igualmente — pelo menos quanto a determinados aspectos — relevante para os níveis concretos de proteção social. Para tanto, basta apontar para os recentes desenvolvimentos na União Europeia, onde — com ou sem direitos fundamentais sociais nas constituições — a crise econômica tem afetado significativamente as prestações sociais disponibilizadas aos cidadãos, inclusive com reflexos no que diz com tratamentos diferenciados reservados para os estrangeiros, notadamente os considerados em situação irregular.[9]

Por outro lado, também é correto afirmar que a constitucionalização dos direitos sociais na condição de direitos sociais ou, pelo menos, a previsão de determinados critérios de matriz constitucional que sirvam de parâmetro para assegurar um controle da legitimidade constitucional das medidas que afetam (para menos) os níveis de proteção social poderá assumir um papel mais ou menos relevante, sem prejuízo da discussão na esfera da política e

---

[9] É o caso, *v.g.*, da Espanha, onde além dos altíssimos índices de desemprego, redução dos proventos dos servidores públicos, entre outros (assim como ocorreu na Grécia e em Portugal), chegou a ser proposta a exclusão dos estrangeiros em situação irregular do sistema público de saúde (IMIGRANTES protestam contra exclusão de ilegais da saúde na Espanha, *Folha de S.Paulo*, 1 set. 2012. Disponível em: <http://folha.com/no1146983>. Acesso em: 14 set. 2012).

das políticas, que nem sempre é sensível aos parâmetros constitucionais ou, pelo contrário, acaba por levar a reformas constitucionais e/ou legislativas.

Já à vista do exposto é perceptível, portanto, que ao se falar em "usos" e "abusos" em matéria de direitos sociais seria possível esgotar tonéis de tinta sem mesmo enfrentar a questão de sua exigibilidade pela via judiciária, pois apenas no que toca ao procedimento administrativo, às boas e más práticas de gestão (governança), às omissões e mesmo excessos ou perversões legislativas, ao problema do custeio, entre outros tantos, já se teria um elenco quase inesgotável e atual de questões a abordar. Mas também resulta evidente que em todos os aspectos referidos (em caráter meramente ilustrativo) a problemática costuma — em maior ou menor medida — ser levada aos tribunais, o que, no caso brasileiro, já se tornou rotina, tudo de modo a somar outros "usos" e mesmo eventuais "abusos".

Por isso a insistência com este primeiro ponto: a definição do regime jurídico dos direitos sociais na condição de direitos fundamentais e o correspondente papel do Poder Judiciário, são, ao mesmo tempo, causa e consequência, mas também pressuposto, da forma de atuação de juízes e tribunais, mas também das demais funções essenciais à justiça e mesmo da cidadania nessa seara. Dito de outro modo, o conceito e o significado dos direitos sociais como direitos fundamentais são em grande parte resultado de um processo dialético e dinâmico, mas nem sempre saudavelmente dialógico-democrático-deliberativo.

Assim, já na definição do conteúdo dos direitos sociais e do seu respectivo regime jurídico, que, ademais, é (em parte) determinante da própria fundamentalidade dos direitos, se poderá testar se os órgãos do Judiciário tendem a adotar uma postura mais deferente (ou mais fraca, se preferirmos) ou mais invasiva (mais forte) em relação aos demais órgãos estatais, designadamente o Poder Legislativo e o Poder Executivo. Além disso, no âmbito da construção (e mesmo reconstrução) do regime jurídico dos direitos sociais na condição de direitos fundamentais, assume um papel relevante o caráter mais ou menos vinculante do próprio texto constitucional a limitar em maior ou menor medida os órgãos jurisdicionais nessa seara.

No caso da CF as diretrizes expressamente enunciadas pelo constituinte sobre tal ponto não são muitas e não primam, em boa parte, por maior clareza, o que em parte explica o porquê de tanta presença judicial, embora não necessariamente justifique — em toda sua extensão — o resultado de tal participação no detalhamento do regime jurídico dos direitos fundamentais sociais.

Como tal regime jurídico é complexo e abarca tanto o problema da eficácia e aplicabilidade das normas de direitos sociais (com reflexos diretos na sua eficácia social ou efetividade), incluindo os desafios postos na esfera da definição do âmbito de proteção de tais direitos, assim como dos seus limites (e restrições) e do respectivo controle de sua legitimidade constitucional, alcançando a discussão (correlata) em torno de ser tais direitos inseridos no rol das "cláusulas pétreas" da CF, sem prejuízo da discussão sobre o reconhecimento de direitos sociais não tipificados no Título II da CF e mesmo do impacto dos tratados de direitos humanos e dos órgãos internacionais competentes para o seu monitoramento sobre o sistema constitucional interno.

Considerando que o problema dos direitos sociais em face do poder de reforma constitucional não tem, por ora, gerado maior controvérsia no plano jurisdicional (já que na doutrina tem sido agitado com alguma frequência e intensidade) e que estamos centrados, desde o início, na perspectiva constitucional interna (sem desconsiderar a relevância dos tratados para tal efeito), a querela em torno dos "usos" e "abusos" em matéria de direitos sociais será discutida em torno do eixo de seu reconhecimento (no contexto de sua eficácia, aplicabilidade e efetividade) como direitos exigíveis pela via jurisdicional.

Aliás, precisamente quanto ao desafio da efetividade da CF, compreendida como constituição normativa, o texto de Luís Roberto Barroso bem lembra que a doutrina constitucional brasileira investiu pesadamente nessa perspectiva, seguindo a trilha já antes inaugurada por autores como Meirelles Teixeira, José Afonso da Silva e Celso Antonio Bandeira de Mello, tendo no pós-1988 o próprio Barroso como principal protagonista e autor de proposta original e inovadora nessa seara,[10] fazendo da dogmática constitucional dedicada ao tema da eficácia e efetividade das normas constitucionais o principal ferramental acessado pela jurisprudência das instâncias ordinárias

---

[10] Ver BARROSO, Luís Roberto. *O direito constitucional e a efetividade de suas normas*. Rio de Janeiro: Renovar, 1990 (com várias edições subsequentes), antecedido de texto produzido pelo autor sobre o mesmo tema já em meados da década de 1980.

e logo na sequencia pelo próprio STF, o que, por sua vez, guarda forte relação com o regime jurídico dos direitos sociais na condição de direitos fundamentais.[11]

Além disso, muito embora o direito ao trabalho seja um direito social típico, a exemplo dos demais direitos consagrados no art. 6º, da CF, e mesmo tendo o constituinte inserido os direitos dos trabalhadores no catálogo dos direitos sociais, o foco de nossa análise serão os assim chamados direitos sociais básicos (art. 6º) e o assim chamado "mínimo existencial", que tem atraído a maior parcela da jurisprudência, inclusive no Supremo Tribunal Federal (STF), sabendo-se que a expressiva massa das decisões tem por objeto o direito à saúde. Aliás, a própria ênfase no direito à saúde e mesmo algumas inconsistências comparativas quando em causa outros direitos sociais — especialmente no caso da moradia — já exigiriam uma análise em apartado e que poderia contribuir sobremaneira para o debate, o que, contudo, aqui não será possível. De qualquer sorte, se de fato (ou não) a construção do regime jurídico dos direitos sociais como direitos fundamentais já é por si só abusiva e acabou ensejando outros tipos de usos abusivos poderá ser visualizado e discutido mediante o exame da aplicabilidade, eficácia e efetividade das normas de direitos sociais na condição de direitos subjetivos (exigíveis), o que constitui o mote do próximo item.

3. São os direitos sociais direitos exigíveis?[12]

Mesmo considerando as relevantes diferenças não apenas entre os níveis de positivação dos direitos sociais (na lei e/ou nas constituições ou por força da ratificação de tratados internacionais) entre os Estados que integram a comunidade internacional, mas também atentando para as diferenças existentes em termos de regime jurídico de reconhecimento, proteção e promoção (inclusive quanto ao papel dos atores estatais e privados nessa seara), o conjunto das objeções que costumam ser referidas quando se trata de defi-

---

[11] L. R. Barroso, "A razão sem voto", op. cit., p. 30.

[12] O título do presente item foi inspirado na relevante obra de ABRAMOVICH, Victor; COURTIS, Christian. *Los derechos sociales como derechos exigibles*. 2. ed. Madri: Trotta, 2004.

nir se e em que medida os direitos sociais podem ser considerados direitos exigíveis — portanto, direitos que geram pretensão de efetividade pela via judiciária — pode, em maior ou menor medida, ser considerado comum, o que assume particular relevância quando se cuida do problema do custo dos direitos e da escassez de recursos (aqui tomada sem sentido amplo), mas também dos problemas ligados ao poder de disposição dos recursos, ainda que existentes.

Justamente pelo fato de os direitos sociais na sua condição (não exclusiva, dada a existência de uma dimensão negativa!) de direitos a prestações terem por objeto prestações estatais vinculadas diretamente à destinação, distribuição (e redistribuição), bem como à criação de bens materiais, aponta--se, com propriedade, para sua dimensão economicamente relevante. Com isso não se está a afirmar a "irrelevância econômica" dos direitos de defesa (negativos), pois não se desconhece (nem se desconsidera) a noção, largamente difundida, de que todos os direitos fundamentais (inclusive os assim chamados direitos de defesa), tal como já afirmava Peter Häberle,[13] e, no ambiente norte-americano, sustentaram Holmes e Sunstein,[14] são, de certo modo, sempre direitos positivos, no sentido de que também os direitos de liberdade e os direitos de defesa em geral exigem, para sua tutela e promoção, um conjunto de medidas positivas por parte do poder público e que sempre abrangem a alocação significativa de recursos materiais e humanos para sua proteção e efetivação de uma maneira geral. Assim, não há como negar que todos os direitos fundamentais podem implicar "um custo", de tal sorte que essa circunstância não se limita nem aos direitos sociais e nem mesmo à sua função como direitos a prestações.

Em que pese tal constatação (e sua substancial correção), é forçoso reconhecer que no caso dos direitos sociais a prestações, seu "custo" assume especial relevância no âmbito de sua eficácia e efetivação,[15] significando, pelo menos para grande parte da doutrina, que a efetiva realização das prestações

---

[13] Ver HÄBERLE, Peter. Grundrechte im Leistungsstaat. *Veröffentlichungen der Vereinigung der deutschen Staatsrechtslehrer*, n. 30, p. 76, 1972.

[14] Ver HOLMES, Stephen; SUNSTEIN, Cass. *The cost of rights*. Why liberty depends on taxes. Nova York; Londres: W. W. Norton & Company, 1999.

[15] Neste sentido também, entre outros, SILVA, Virgílio Afonso da. O Judiciário e as políticas públicas: entre transformação social e obstáculo à realização dos direitos sociais. In: SOUZA NETO,

LEGITIMIDADE DO STF E SISTEMA POLÍTICO

reclamadas não é possível sem que se aloque algum recurso, dependendo, em última análise, da conjuntura econômica, já que aqui está em causa a possibilidade de os órgãos jurisdicionais imporem ao Estado a satisfação das prestações reclamadas e deduzidas das normas de direitos sociais. Aliás, não foi outro o entendimento (ainda que mitigado e reinterpretado parcialmente desde então) que foi veiculado no Pacto Internacional de Direitos Econômicos, Sociais e Culturais (1966) — o qual conta atualmente com 160 signatários[16] — ao estabelecer, diferentemente do Pacto dos Direitos Civis e Políticos, que os direitos sociais geram para os Estados pactuantes um dever de progressiva realização dos direitos assegurados pelo pacto, na medida das capacidades econômicas de cada Estado (art. 2, item 1).

Muito embora a regra da relevância econômica dos direitos sociais na condição de direitos a prestações possa ser aceita sem maiores reservas, há que questionar, todavia, se efetivamente todos os direitos dessa natureza apresentam dimensão econômica relevante, havendo, nesse contexto, quem sustente a existência de exceções, apontado para direitos sociais a prestações economicamente neutros (por não implicarem a alocação de recursos para sua efetivação), no sentido de que há prestações materiais condicionadas ao pagamento de taxas e tarifas públicas,[17] além de outras que se restringem ao acesso aos recursos já disponíveis. É preciso observar, contudo, que, mesmo nas situações apontadas, ressalta uma repercussão econômica ao menos indireta, uma vez que até o já disponível resultou da alocação e aplicação de recursos, sejam materiais, humanos ou financeiros em geral, oriundos, em regra, da receita tributária e outras formas de arrecadação do Estado ou dependentes, quando se trata do repasse dos encargos aos atores sociais, dos níveis de emprego e remuneração.

Cláudio P.; SARMENTO, Daniel (Coord). *Direitos sociais*. Rio de Janeiro: Lumen Juris, 2008. p. 591 e ss.

[16] Ver tabela referida por POSNER, Eric. *The twilight of human rights law*. Nova York: Oxford University, 2014. p. 29, posição de janeiro de 2013.

[17] Ver MURSWIEK, Dietrich. Grundrechte als Teilhaberechte, soziale Grundrechte. In: ISEN-SEE, Josef; KIRCHHOF, Paul (Org.). *Handbuch des Staatsrechts der Bundesrepublik Deutschland*. Munique: C.F. Müller, 2000. v. V, p. 254.

A RAZÃO E O VOTO: DIÁLOGOS CONSTITUCIONAIS COM LUÍS ROBERTO BARROSO

Diretamente vinculada a essa característica dos direitos fundamentais sociais a prestações está, como já referido, a problemática da efetiva disponibilidade do seu objeto, isto é, se o destinatário da norma se encontra em condições de dispor da prestação reclamada (isto é, de prestar o que a norma lhe impõe seja prestado), encontrando-se, portanto, na dependência da real existência dos meios para cumprir com sua obrigação. Já há tempo se averbou que o Estado possui apenas uma mais ou menos limitada capacidade de dispor sobre o objeto das prestações reconhecidas pelas normas definidoras de direitos fundamentais sociais,[18] de tal sorte que a limitação dos recursos, segundo alguns, opera como autêntico limite fático à efetivação desses direitos,[19] o que segue atual e dispensa aqui maior digressão e amparo em bibliografia mais recente.

Distinta (embora conexa) da disponibilidade efetiva dos recursos, ou seja, da possibilidade material de disposição, situa-se a problemática ligada à possibilidade jurídica de disposição, já que o Estado (assim como o destinatário em geral) também deve ter a capacidade jurídica, em outras palavras, o poder de dispor, sem o qual de nada lhe adiantam os recursos existentes. Encontramo-nos, portanto, diante de duas facetas diversas, porém intimamente entrelaçadas, que caracterizam os direitos fundamentais sociais a prestações. É justamente em virtude desses aspectos que se passou a sustentar a colocação dos direitos sociais a prestações sob o que se convencionou designar de uma "reserva do possível", que, compreendida em sentido amplo, abrange mais do que a ausência de recursos materiais propriamente ditos indispensáveis à realização dos direitos na sua dimensão positiva.

A utilização da expressão "reserva do possível" (associada à noção de escassez e da disponibilidade de recursos) ao que se sabe tem origem na Alemanha, especialmente a partir do início dos anos de 1970.[20] De acordo com

---

[18] Ver BRUNNER, Georg. Die Problematik der sozialen Grundrechte. *Recht und Staat*, Tübingen, n. 404-405, p. 14 e segs., 1971.

[19] Esta, entre outros, a lição de STARCK, Christian. Staatliche Organisation und Staatliche Finanzierung als Hilfen zu Grundrechtsverwirklichungen? In: BUNDESVERFASSUNGSGERICHT und Grundgesetz aus AnlaB des 25 jährigen Bestehens des Bundesverfassungsgerichts. Tübingen: J. C. B. Mohr (Paul Siebeck), 1976. v. II, p. 518.

[20] CANOTILHO, José Joaquim Gomes. *Direito constitucional e teoria da Constituição*. 3. ed. Coimbra: Almedina, 1999. p. 108.

a noção de reserva do possível, a efetividade dos direitos sociais a prestações materiais estaria sob a reserva das capacidades financeiras do Estado, uma vez que seriam direitos fundamentais dependentes de prestações financiadas pelos cofres públicos. A partir disso, a "reserva do possível" (*Der Vorbehalt des Möglichen*) passou a traduzir (tanto para a doutrina majoritária quanto para a jurisprudência constitucional na Alemanha) a ideia de que os direitos sociais a prestações materiais dependem da real disponibilidade de recursos financeiros por parte do Estado, disponibilidade esta que estaria localizada no campo discricionário das decisões governamentais e parlamentares, sintetizadas no orçamento público. Tais noções foram acolhidas e desenvolvidas na jurisprudência do Tribunal Constitucional Federal da Alemanha, que, desde o paradigmático caso *numerus clausus*, versando sobre o direito de acesso ao ensino superior, firmou entendimento no sentido de que a prestação reclamada deve corresponder àquilo que o indivíduo pode razoavelmente exigir da sociedade, pois mesmo em dispondo o Estado dos recursos e tendo o poder de disposição, não se pode falar em uma obrigação de prestar algo que não se mantenha nos limites do razoável.[21]

A partir do exposto, há como sustentar que a assim designada reserva do possível, especialmente se compreendida em sentido mais amplo, apresenta uma dimensão tríplice, que abrange: a) a efetiva disponibilidade fática dos recursos para a efetivação dos direitos fundamentais, representada pelo fenômeno da escassez; b) a disponibilidade jurídica dos recursos materiais e humanos, que guarda íntima conexão com a distribuição das receitas e competências tributárias, orçamentárias, legislativas e administrativas, entre outras, e que, além disso, reclama especial equacionamento — como ocorre no caso do Brasil — no contexto do sistema constitucional federativo, mas também assume relevância em modelos de Estado como o da Espanha, que assegura ampla autonomia para as comunidades autônomas, que chegam a contemplar direitos sociais não previstos na Constituição espanhola; c) já na perspectiva (também) do eventual titular de um direito a prestações sociais, a reserva do possível envolve o problema da razoabilidade da prestação reclamada do cidadão em face do Estado, mas também da proporcionalidade

---

[21] Ver *Entscheidungen des Bundesverfassungsgericht*, v. 33, p. 303 e segs., especialmente p. 333 e ss.

do fornecimento de tal prestação quando em causa de eventuais restrições a outros direitos fundamentais.[22]

Importa frisar que todos os aspectos referidos guardam vínculo estreito entre si e com outros princípios constitucionais (por exemplo, os da igualdade, subsidiariedade, solidariedade e mesmo, e cada vez mais, o da sustentabilidade), exigindo, além disso, um equacionamento sistemático e constitucionalmente adequado, para que, na perspectiva de um dever de assegurar a máxima eficácia e efetividade dos direitos fundamentais sociais (ainda que não consagrados propriamente como tais, pois em geral aos Estados incumbe, já por força dos tratados internacionais, dever de progressiva realização dos direitos sociais), possam servir não como barreira intransponível, mas inclusive como ferramental para a garantia também dos direitos sociais de cunho prestacional.

O que se pode afirmar, em apertada síntese, é que a objeção (ou noção) da reserva do possível constitui, em verdade (considerada toda a sua complexidade), espécie de limite jurídico e fático dos direitos fundamentais, mas também poderá atuar, em determinadas circunstâncias, como garantia dos direitos fundamentais, por exemplo, na hipótese de conflito de direitos, quando se cuidar da invocação — desde que observados os critérios da proporcionalidade e da garantia do mínimo existencial em relação a todos os direitos fundamentais — da indisponibilidade de recursos com o intuito de salvaguardar o núcleo essencial de outro direito fundamental.[23]

Nesse contexto, há quem sustente que, por estar em causa uma verdadeira opção quanto à afetação material dos recursos, também há de ser tomada uma decisão sobre a sua respectiva aplicação, que, por sua vez, depende da conjuntura socioeconômica global, partindo-se, neste sentido, da premissa de que a Constituição não oferece, ela mesma, os critérios para essa decisão, deixando-a a cargo dos órgãos políticos (de modo especial ao legislador) competentes para a definição das linhas gerais das políticas na esfera so-

---

[22] Sobre tais dimensões da reserva do possível, ver para maior desenvolvimento o nosso SARLET, Ingo Wolfgang. *A eficácia dos direitos fundamentais*. Uma teoria dos direitos fundamentais na perspectiva constitucional. 10. ed. ver., atual. e ampl. Porto Alegre: Livraria do Advogado, 2009.
[23] Ver, por todos, novamente ibid., especialmente p. 354 e segs.

cioeconômica.[24] É justamente por essa razão que a realização dos direitos sociais na sua condição de direitos subjetivos a prestações — de acordo com oportuna lição de Gomes Canotilho — costuma ser encarada como sendo sempre também um autêntico problema em termos de competências constitucionais, pois, segundo averba o autor referido, "ao legislador compete, dentro das reservas orçamentais, dos planos econômicos e financeiros, das condições sociais e econômicas do país, garantir as prestações integradoras dos direitos sociais, econômicos e culturais".[25]

A despeito do quadro traçado, que, no âmbito do direito comparado, acabou desembocando numa postura em geral muito tímida por parte do Poder Judiciário no que diz com a efetivação dos direitos sociais, de modo a limitar, de regra, a exigibilidade pela via judicial ao controle de atos administrativos desviantes de deveres prestacionais estabelecidos pelo legislador infraconstitucional, no Brasil o caminho trilhado foi outro, o que, em boa parte, resultou — consoante já anunciado — da definição, pelo próprio Poder Judiciário, do regime jurídico dos direitos sociais como direitos fundamentais.

Nesse contexto, o enunciado do art. 5º, §1º, da CF, no sentido da aplicabilidade imediata das normas definidoras de direitos e garantias fundamentais, evidentemente dirigido, em primeira linha, aos órgãos judiciais, teve uma significativa repercussão e serve mesmo de critério para uma compreensão constitucionalmente adequada da matéria. Se é verdade, por um lado, que os juízes e tribunais brasileiros — com destaque para o STJ e STF — poderiam ter sido mais contidos nessa seara, também é certo que ao levarem a sério o citado preceito não poderiam mais seguir tratando os direitos sociais como meras normas programáticas.

Em que pese à circunstância de que a situação topográfica do dispositivo poderia sugerir uma aplicação da norma contida no art. 5º, §1º, da CF apenas aos direitos individuais e coletivos, o fato é que esse argumento não corresponde à expressão literal do dispositivo, que, consoante frisado, utiliza a formulação genérica "direitos e garantias fundamentais", revelando

---

[24] Nesse sentido, posiciona-se ANDRADE, José Carlos Vieira de. *Os direitos fundamentais na Constituição portuguesa de 1976*. Coimbra: Almedina, 1987. p. 200 e segs.

[25] Ver CANOTILHO, José Joaquim Gomes. *Constituição dirigente e vinculação do legislador*. Coimbra: Coimbra, 1982. p. 369.

que, mesmo em se procedendo a uma interpretação meramente literal, não há como sustentar uma redução do âmbito de aplicação da norma a qualquer das categorias específicas de direitos, nem mesmo aos — como já visto, equivocadamente designados — direitos individuais e coletivos do art. 5º. Em sentido contrário, todavia, houve inclusive quem propusesse, na ocasião, uma "nova exegese" da norma contida no art. 5º, §1º, CF, sustentando a sua necessária interpretação restritiva quanto ao alcance (embora extensiva quanto à eficácia) já que, segundo tal orientação, o constituinte "disse mais do que o pretendido",[26] o que, contudo, sugere a adoção de uma interpretação baseada não apenas na questionada e questionável "vontade do Constituinte", mas num "originalismo" ancorado numa vontade presumidamente contrária ao próprio teor literal do dispositivo, o que, à evidência, não nos parece seja sustentável.

Ademais, a ausência de vedação expressa no que diz com a aplicação, a todos os direitos fundamentais, do regime da aplicabilidade imediata, somada ao sentido e alcance atribuídos ao disposto no art. 5º, §2º, da CF ("os direitos e garantias expressos nesta Constituição não excluem outros decorrentes do regime e dos princípios por ela adotados ou dos tratados internacionais em que a República Federativa do Brasil seja parte"), norma que dá amparo ao reconhecimento de direitos fora do catálogo, autoriza o ponto de vista de que todos os direitos fundamentais, ainda que localizados fora do texto da Constituição, estão assegurados por normas diretamente aplicáveis, de tal sorte que, ainda que se queira excluir alguns direitos fundamentais, pelo menos direitos como o direito (liberdade) de greve, a liberdade sindical, a liberdade de ensino e pesquisa, entre outros (que, em Portugal, como se sabe, são considerados integrantes do grupo dos direitos análogos aos direitos, liberdades e garantias),[27] deveriam ser dotados de aplicabilidade direta.[28]

---

[26] Ver a posição (e crítica) de GEBRAN NETO, João Pedro. *A aplicação imediata dos direitos e garantias individuais*. São Paulo: Revista dos Tribunais, 2002. p. 153 e segs.

[27] De acordo com o art. 17 da Constituição da República portuguesa, "o regime dos direitos, liberdades e garantias aplica-se aos enunciados no Título II e aos direitos fundamentais de natureza análoga".

[28] Sobre o tópico, ver, por todos, CANOTILHO, José Joaquim Gomes; MOREIRA, Vital. *Constituição da República portuguesa anotada*, op. cit., p. 370 e segs.

De qualquer sorte, o problema maior, ainda mais para os efeitos limitados da presente contribuição ao debate, não é o de justificar a aplicação, aos direitos fundamentais em geral, do disposto no art. 5º, §1º, da CF,[29] o que, de resto, corresponde à interpretação hegemônica no Brasil, seja na esfera doutrinária, seja em nível jurisprudencial, com destaque aqui para a jurisprudência do STF,[30] mas sim o de verificar como tal comando normativo deve ser manejado, especialmente na esfera de sua aplicação pelos órgãos jurisdicionais, dada a diversidade e complexidade do subsistema constitucional dos direitos e garantias fundamentais, inclusive para evitar alguns flagrantes abusos. Nessa perspectiva, segue controverso até que ponto a afirmação textual da aplicabilidade imediata realmente torna diretamente aplicáveis todas as normas de direitos fundamentais, em especial, até que ponto é possível, a partir tão somente de tal dicção constitucional, extrair posições subjetivas, ainda mais quando se trata de impor ao poder público, notadamente ao legislador e administrador, obrigações positivas, de natureza jurídica ou fática. Isso, por sua vez, guarda conexão com a noção de democracia substancial e o papel do Poder Judiciário nessa seara, e também com o problema das razões invocadas para justificar e legitimar tal atuação. No caso da definição do regime jurídico e da interpretação por ora dominante de que a aplicabilidade imediata das normas de direitos fundamentais implica, também no domínio dos direitos sociais, que se cuida de "trunfos contra a maioria" (Jorge Novais) e que mesmo uma exegese cautelosa.

Quanto a tal problema, a controvérsia que se trava no seio da literatura jurídico-constitucional brasileira revela que, apesar da existência de uma posição prevalente, especialmente na atual quadra da evolução, as diferentes

---

[29] Para maior desenvolvimento, inclusive para uma apresentação e discussão das principais posições, em especial das razões em prol de uma interpretação extensiva do âmbito de aplicação do art. 5º, §1º, CF, tomamos a liberdade de remeter ao nosso *A eficácia dos direitos fundamentais*, op. cit., p. 261 e segs., de onde, aliás, extraímos algumas das ideias e passagens aqui colacionadas.

[30] Nesse sentido, ver, por último, STEINMETZ, Wilson. O dever de aplicação imediata de direitos e garantias fundamentais na jurisprudência do STF e nas interpretações da literatura especializada. In: SARMENTO, Daniel; SARLET, Ingo Wolfgang (Coord.). *Direitos fundamentais no Supremo Tribunal Federal*: balanço e crítica. Rio de Janeiro: Lumen Juris, 2011. p. 124, o que evidentemente não significa a inexistência de posições divergentes, inclusive de julgados onde, em casos isolados, foi negada a autoaplicabilidade (aqui no sentido de uma imediata aplicabilidade) de normas de direitos sociais.

concepções oscilam entre os que, adotando posição extremamente tímida, sustentam, por exemplo, que a norma em exame não pode atentar contra a natureza das coisas, de tal sorte que boa parte dos direitos fundamentais alcança sua eficácia apenas nos termos e na medida da lei,[31] e os que, situados em outro extremo, advogam o ponto de vista segundo o qual até mesmo normas de cunho nitidamente programático (melhor formulado, normas impositivas de programas, tarefas e fins estatais)[32] podem ensejar, em virtude de sua imediata aplicabilidade, o gozo de direito subjetivo individual, independentemente de concretização legislativa.[33] A posição (também) aqui adotada, e que, salvo melhor juízo e com alguma variação pontual, corresponde, é possível afirmar, ao ponto de vista atualmente predominante na doutrina brasileira, já foi, neste contexto, batizada como sendo uma espécie de via intermediária.[34]

Sem que aqui se possa aprofundar o tema, apresentando e avaliando as diversas posições esgrimidas na literatura e jurisprudência, o que se busca é apresentar, ainda que de modo sumário, os principais argumentos e diretrizes a informar a exegese do disposto no art. 5º, §1º, da CF, especialmente para o efeito de demonstrar que a aplicabilidade imediata de todas as normas de direitos fundamentais não se faz necessariamente em detrimento da coerência jurídico-constitucional, além de guardar sintonia com a heterogeneidade do catálogo de direitos fundamentais e — convém acrescer — de não comprometer a força normativa possível de tais normas, inclusive em matéria de direitos sociais.

Nesse contexto, verificar-se-á que até mesmo os defensores mais ardorosos de uma interpretação restritiva do sentido e alcance da norma contida no art. 5º, §1º, da CF, reconhecem que o constituinte pretendeu, com sua expressa previsão no texto, evitar um esvaziamento dos direitos fundamen-

---

[31] Esta a posição de FERREIRA FILHO, Manoel Gonçalves. A aplicação imediata das normas definidoras de direitos e garantias fundamentais. *Revista da Procuradoria-Geral do Estado*, São Paulo, n. 29, p. 35 e segs., jun. 1988, um dos mais conhecidos representantes desta corrente.

[32] Ver a conhecida tipologia encontrada em J. J. Gomes Canotilho, *Direito constitucional e teoria da Constituição*, op. cit., p. 1176 e segs., que, no âmbito das normas programáticas, distingue entre "normas-fim e normas-tarefa".

[33] Neste sentido, ver, por todos, GRAU, Eros Roberto. *A ordem econômica na Constituição de 1988*. 3. ed. São Paulo: Malheiros, 1997. p. 322 e segs.

[34] Ver Wilson Steinmetz, O dever de aplicação imediata..., op. cit., p. 121 e segs., identificando, ao todo, quatro orientações bem destacadas na literatura brasileira.

tais, impedindo que "permaneçam letra morta no texto da Constituição",[35] de tal sorte que podemos considerar tal constatação como um dos esteios de nossa construção, tomando-a como ponto de partida para as considerações subsequentes. Ainda nessa perspectiva, resulta evidente que, numa primeira aproximação, a afirmação da aplicabilidade imediata das normas de direitos fundamentais se revela incompatível com a ideia de que direitos fundamentais possam ter sido consagrados em normas de cunho eminentemente (meramente) programático. Com isso, todavia, ainda não se logra responder de forma satisfatória o que significa, afinal, reconhecer às normas de direitos fundamentais a qualidade de serem diretamente aplicáveis.

Por outro lado, não se deve desconsiderar a existência, no próprio catálogo dos direitos fundamentais, de preceitos que assumem a feição de normas que estabelecem fins e tarefas para os órgãos estatais, bem como ordens dirigidas ao legislador, do que dão conta, entre outros, o exemplo da proteção do consumidor, apenas para mencionar um dos casos mais evidentes.[36]

Se para as normas-fim e as normas-tarefa é possível reconhecer, em certa medida, uma aplicabilidade direta, no sentido de que são passíveis de aplicação aos casos concretos pelos órgãos judiciais, no mínimo para o efeito de uma interpretação conforme a Constituição, ou mesmo de uma declaração de inconstitucionalidade de ato normativo ou do reconhecimento de um efeito "derrogatório" ou "invalidante",[37] com ainda maior razão há de se reconhecer a eficácia direta das normas definidoras de direitos fundamentais, ainda que se cuide de direitos sociais e de normas que, portanto, em certa medida são similares, naquilo em que impõem deveres de cunho positivo ao poder público, às normas impositivas de fins e tarefas. O problema, mais uma vez se percebe, não é propriamente o de reconhecer uma aplicabilidade imediata das normas de direitos sociais, mas sim o de verificar qual o sentido e alcance de tal enunciado.

---

[35] Assim, por exemplo, leciona Manoel Gonçalves Ferreira Filho, A aplicação imediata das normas definidoras de direitos e garantias fundamentais, op. cit., p. 38.

[36] Com efeito, de acordo com o art. 5º, XXXII, "o Estado promoverá, na forma da lei, a defesa do consumidor". A este respeito, ver também a posição e os exemplos de BARROSO, Luís Roberto. *O direito constitucional e a efetividade de suas normas*. 3. ed. Rio de Janeiro: Renovar, 1996. p. 113 e segs.

[37] Ver J. J. Gomes Canotilho, *Direito constitucional e teoria da Constituição*, op. cit., p. 1180.

Ainda nessa quadra, sustentou-se — acertadamente — que a norma contida no art. 5º, §1º, da CF impõe aos órgãos estatais a tarefa de maximizar a eficácia dos direitos fundamentais.[38] Parte da doutrina ainda foi bem além, sustentando o ponto de vista segundo o qual a norma contida no art. 5º, §1º, da CF, estabelece a vinculação de todos os órgãos públicos e particulares aos direitos fundamentais, no sentido de que os primeiros estão obrigados a aplicá-los, e os particulares a cumpri-los, independentemente de qualquer ato legislativo ou administrativo. Da mesma forma, em face do dever de respeito e aplicação imediata dos direitos fundamentais em cada caso concreto, o Poder Judiciário encontra-se investido do poder-dever de aplicar imediatamente as normas definidoras de direitos e garantias fundamentais, assegurando-lhes sua plena eficácia.[39] A falta de uma interposição legislativa não poderá, de tal sorte, constituir obstáculo incontornável à aplicação imediata pelos juízes e tribunais, na medida em que o Judiciário — por força do disposto no art. 5º, §1º, da CF —, não apenas se encontra na obrigação de assegurar a plena eficácia dos direitos fundamentais, mas também autorizado a remover eventual lacuna oriunda da falta de concretização.[40]

Assim, embora seja correta a afirmação de que o dever de atribuir máxima eficácia e efetividade às normas constitucionais não constitui "privilégio" das normas de direitos fundamentais, sendo, de resto, condição própria de todas as normas-princípio, de tal sorte que tal dever não se revestiria de significado autônomo,[41] também é certo que nada impede, pelo contrário,

---

[38] Ver, por todos, PIOVESAN, Flávia. Concretização e transformação social: a eficácia das normas constitucionais programáticas e a concretização dos direitos e garantias fundamentais. *Revista da Procuradoria-Geral do Estado*, São Paulo, n. 37, p. 73, 1992, aderindo à posição de J. J. Gomes Canotilho.

[39] Neste sentido, ver, por todos, Eros Roberto Grau, *A ordem econômica na Constituição de 1988*, op. cit., p. 312 e segs.

[40] Assim, por exemplo, leciona RUSCHEL, Ruy Ruben. A eficácia dos direitos sociais. *Revista da Ajuris*, n. 58, p. 294 e segs., 1993. No mesmo sentido, ver GRAU, Eros Roberto. *Direito, conceitos e normas jurídicas*. São Paulo: Revista dos Tribunais, 1988. p. 128-129; e Luís Roberto Barroso, *O direito constitucional*, op. cit., p. 145-147.

[41] De acordo com Sergio Moro, este *plus* que se busca conferir aos direitos fundamentais, na prática, significa nada ou muito pouco, já que "a propalada maior aplicabilidade imediata é, salvo melhor juízo, e na medida das possibilidades que o próprio texto oferece, atributo de todas as normas constitucionais, como resultado do princípio da máxima efetividade e da força normativa da Constituição". MORO, Sergio. *Desenvolvimento e efetivação judicial das normas constitucio-*

o art. 5º, §1º, da CF e a especial dignidade (fundamentalidade) das normas de direitos fundamentais que (também) dele decorre, assim o indica, que no âmbito das normas de direitos fundamentais tal dever assume feições mais robustas. Por outro lado, a diversidade entre as normas de direitos fundamentais por si só já recomenda que também em matéria de eficácia e aplicabilidade de tais normas não se privilegie uma lógica do tipo "tudo ou nada", razão pela qual o seu alcance (isto é, o *quantum* em aplicabilidade e eficácia) dependerá do exame da hipótese em concreto, isto é, da norma de direito fundamental em pauta.[42]

Por tais razões e precisamente pelo fato de que o disposto no art. 5º, §1º, da CF, não dispensa um "sentido próprio, que não pode ser esvaziado de seu conteúdo e muito menos ser identificado com os princípios constitucionais antes referidos",[43] no caso, os princípios da máxima eficácia e efetividade e da força normativa da Constituição e o princípio da constitucionalidade, é que seguimos convictos de que uma das consequências — se não a principal — do citado preceito é o de gerar em favor das normas de direitos fundamentais uma presunção de que a ausência de interposição legislativa não impede sua aplicação imediata pelos órgãos judiciais, bem como não constitui obstáculo a que sejam, desde logo, extraídos efeitos da norma de direito fundamental.[44] Com isso, todavia, não se está a afirmar que a norma

---

nais. São Paulo: Max Limonad, 2001. p. 69 e segs. A posição que se sustenta, é bom frisar, não busca afastar (ou minimizar) a aplicabilidade imediata das normas constitucionais em geral, mas apontar para o sentido especial da afirmação da aplicabilidade imediata na seara das normas de direitos fundamentais, especialmente para o efeito de autorizar o Poder Judiciário, ainda que na falta de previsão legal e regulamentação da norma constitucional, o reconhecimento do direito fundamental como direito subjetivo.

[42] Já em virtude de tal linha de entendimento, que corresponde — ainda que tenham ocorridos ajustes ao longo do tempo e das diversas reedições — ao nosso ponto de vista desde a primeira manifestação sobre o tema (em língua portuguesa, ver a primeira edição, de 1998, da obra *A eficácia dos direitos fundamentais*, aqui citada na sua décima edição, de 2009), estranhamos — pelo menos quanto a esse ponto — a crítica formulada por Wilson Steinmetz, O dever de aplicação imediata..., op. cit., p. 121 e segs., quando sugere que não estabelecemos distinção entre as normas e direitos fundamentais quanto à sua eficácia e aplicabilidade.

[43] Ver João Pedro Gebran Neto, *A aplicação imediata dos direitos e garantias individuais*, op. cit., p. 155-156.

[44] Neste sentido, ver também, na literatura brasileira, o enfático posicionamento de COMPARATO, Fábio Konder. O Ministério Público na defesa dos direitos econômicos, sociais e culturais.

consagrada pelo art. 5º, §1º, da CF tenha por consequência uma absoluta uniformidade no que diz com a natureza e o alcance dos efeitos jurídicos extraídos das normas de direitos fundamentais, pois, embora se possa falar, em certo sentido (de acordo com terminologia amplamente difundida no meio jurídico brasileiro), de uma eficácia plena das normas de direitos fundamentais sociais, também é preciso lembrar que a noção de normas de eficácia plena, caso utilizada, não deve ensejar o equívoco considerar afasta a possibilidade de limitação e restrição dos direitos fundamentais.[45] Nessa perspectiva, no quadro de uma posição pelo menos tendencialmente privilegiada das normas de direitos fundamentais, assume-se como correta a premissa de que a aplicabilidade imediata referida no art. 5º, §1º, da CF, implica a impossibilidade de reduzir a eficácia e a aplicabilidade das normas de direitos fundamentais às consequências que já poderiam, sem recurso adicional, ser extraídas do princípio da constitucionalidade,[46] comum a todas as normas constitucionais.

Levando em conta, por outro lado, a dupla dimensão subjetiva e objetiva das normas de direitos fundamentais e considerando a posição preferencial (ainda que diferenciada, a depender dos direitos fundamentais em causa) da dimensão subjetiva, ou seja, de que em primeira linha os direitos fundamentais são direitos individuais e dotados de exigibilidade, o que se afirma é que,

---

In: GRAU, Eros Roberto; CUNHA, Sérgio Sérvulo da (Org.). *Estudos de direito constitucional em homenagem a José Afonso da Silva*. São Paulo: Malheiros, 2003. p. 252.

[45] Embora a noção de normas constitucionais de eficácia plena, no sentido de normas imediatamente aplicáveis e aptas a, desde logo, gerar seus principais efeitos, tal como recolhida e difundida no Brasil por José Afonso da Silva (*Aplicabilidade das normas constitucionais*. São Paulo: Malheiros, 2007), possa ser utilizada, desde que adequadamente compreendida (como não excluindo a existência de limites e restrições), é preciso levar em conta as importantes críticas formuladas na literatura brasileira à classificação das normas constitucionais sustentada por José Afonso da Silva, em especial quando apresenta a distinção entre normas de eficácia plena, normas de eficácia contida e normas de eficácia limitada, crítica essa que já tivemos a oportunidade de formular, na primeira edição do nosso *A eficácia dos direitos fundamentais*, op. cit., p. 224 e segs., mais recentemente retomada e desenvolvida, mediante recurso a argumentos adicionais, notadamente a partir de uma perspectiva pautada pela distinção entre princípios e regras, por SILVA, Virgílio Afonso da. *Direitos fundamentais*: conteúdo essencial, restrições e eficácia. São Paulo: Malheiros, 2009. Especialmente p. 218 e segs.

[46] Ver, entre outros, PATTO, Pedro M. G. V. A vinculação das entidades públicas pelos direitos, liberdades e garantias. *Documentação e Direito Comparado*, n. 33-34, p. 480, 1988.

por força do art. 5º, §1º, da CF, no contexto de um regime jurídico reforçado unificado, também as normas de direitos sociais deverão ser imediatamente aplicadas e assegurar ao seu titular posições subjetivas, cuja natureza e alcance — convém frisar — não podem ser antecipadamente estabelecidos.

À vista do exposto, resulta evidente que as objeções a tal exegese do mandamento da aplicabilidade imediata, que, consoante já indiciado, assume a condição de um dever (que, por sua vez — pelo menos esta segue sendo a nossa impressão —, não se revela incompatível com a noção da máxima eficácia e efetividade das normas de direitos fundamentais), que tem por destinatário precípuo os órgãos judiciais, não desaparecem, especialmente quando se trata de aplicar tal argumentação aos direitos sociais na sua condição de direitos subjetivos a prestações, num ambiente de escassez de recursos e onde o problema mais agudo é o da gestão dos recursos de acordo com os parâmetros do estado democrático de direito. Em outras palavras, é possível, a partir (também!) da afirmação da aplicabilidade imediata das normas de direitos fundamentais, justificar, no plano jurídico-constitucional, a possibilidade de órgãos judiciais, mesmo na falta de fundamento legal específico, impor ao Estado (e à sociedade) obrigações sociais de caráter prestacional, na condição de um direito subjetivo a prestações materiais?

Nossa resposta, como os desenvolvimentos precedentes já sugerem, e, de resto, corresponde, pelo menos em termos gerais, ao entendimento dominante na doutrina e jurisprudência brasileiras, segue afirmativa, mas necessita ser revisitada e carece de uma justificação adicional e, quem sabe, reclama mesmo uma parcial reformulação.

Em primeiro lugar, como já sinalado, a aplicabilidade imediata das normas de direitos sociais não implica (aliás, tal nunca foi sugerido, pelo menos, não de nossa parte) o reconhecimento de um direito subjetivo a qualquer tipo de prestação estatal, apenas e tão somente por tal prestação integrar, em tese, o âmbito de proteção possível de um direito fundamental. Aliás, é precisamente a desconsideração de tal aspecto, que, aliás, soa elementar, que tem levado, entre outros fatores, a excessos (portanto, abusos) quando da aplicação das normas de direitos fundamentais sociais por parte dos órgãos jurisdicionais, o que voltará a ser tematizado.

Em segundo lugar, a aplicabilidade direta, se, por um lado, gera uma presunção de que também no caso das normas definidoras de direitos sociais é preciso reconhecer, pelo menos em princípio, um mínimo em posições subjetivas, inclusive de cunho originário, isso não significa, necessariamente e de antemão, que não existam distinções entre a dimensão negativa (defensiva) e positiva (prestacional)[47] e que tais distinções não impliquem alguma diferença de tratamento, a depender do caso, de tal sorte que o reconhecimento de posições subjetivas negativas já poderá, de acordo com as circunstâncias, constituir uma consequência direta e constitucionalmente adequada da condição de direito fundamental e da aplicabilidade imediata prevista no art. 5º, §1º, da CF, outro ponto seguidamente não observado pelos órgãos do Poder Judiciário.

Em terceiro lugar, no caso especialmente da dimensão positiva, ou seja, dos direitos sociais na condição de direitos a prestações materiais (fáticas), a aplicabilidade imediata significa, em regra, que por mais que se há de deferir (e não se questiona a correção de tal premissa) ao legislador a tarefa de, em primeira linha, concretizar o projeto constitucional e definir o quanto em prestações sociais, distribuídas entre os diversos direitos sociais, cada indivíduo poderá receber do Estado, que, na condição de direito subjetivo, um direito social será sempre (também) um direito originário a prestações, portanto, não poderá ser — exclusivamente!!! — um "direito fundamental na medida da lei". Posto de outra forma, a consagração constitucional de um direito social como direito fundamental e o dever de aplicação imediata, conjugado com o dever de máxima eficácia e efetividade, se revelam incompatíveis, pelo menos em regra, com uma absoluta redução do objeto (âmbito de proteção) dos direitos sociais, inclusive na condição de direitos subjetivos, àquilo que o legislador infraconstitucional decidir que deva ser o conteúdo do direito.

Assim, um direito fundamental social será, pelo menos em princípio e em alguma medida, um direito originário a prestações, apto a ser deduzido diretamente da Constituição, orientação que, em termos gerais e ressalvadas as peculiariades de determinados direitos fundamentais, especialmente quando se tratar de direitos a prestações normativas, encontra guarida tam-

---

[47] A convivência das duas dimensões (no sentido de que todos os direitos fundamentais apresentam uma dupla face negativa e positiva) não impede, apenas para destacar, que existem diferenças quando, no caso concreto, está em causa uma ou outra dimensão.

bém na esfera da jurisprudência do Supremo Tribunal Federal Brasileiro, com destaque para o caso do direito à saúde e do direito à educação,[48] muito embora a existência de considerável controvérsia, no âmbito da literatura brasileira, em torno dos limites da intervenção jurisdicional, especialmente na perspectiva de uma assim chamada "judicialização da política" e do controle judicial das políticas públicas.[49]

Por derradeiro, mas sem a mínima pretensão de esgotar o tópico e de sair vencedor do debate que segue agitando a literatura constitucional, ainda mais que o intuito foi o de revisitar o ponto e retomar a discussão, não se deverá confundir a aplicabilidade imediata e o reconhecimento, em princípio, de um direito subjetivo (inclusive originário) a prestações sociais como uma de suas consequências, com a inexistência de um sistema de limites e restrições aos direitos sociais, de tal sorte que atribuir também aos direitos sociais a condição de direitos subjetivos a prestações, não implica — muito antes pelo contrário! — reconhecer um direito a qualquer coisa. Não é à toa que se fala, por exemplo — e sem que aqui se firme posição conclusiva a respeito —, que também no caso dos direitos sociais não se poderá abrir mão de uma "reserva geral de ponderação" (que remete, por seu turno, aos problemas — abusos — no manejo da proporcionalidade), que incluiria até mesmo a assim chamada "reserva do possível",[50] e nem afasta, a depender das circunstâncias, uma "superação" da eficácia jurídica pela realidade, visto que em situações devidamente justificadas e justificáveis (como é o caso, por exemplo, de um estado de calamidade pública, onde a realocação provisória de recursos seja inevitável, ainda que com consequências gravosas sobre alguns direitos) a eficácia jurídica e a aplicabilidade, ainda que preservadas nesse plano, poderão esbarrar na ausência (maior ou menor) de exequibilidade.

---

[48] Ver, a respeito do direito à educação na jurisprudência do STF, BARCELLOS, Ana Paula de. O direito à educação e o STF. In: Daniel Sarmento e Ingo Wolfgang Sarlet (Coord.), *Direitos fundamentais no Supremo Tribunal Federal*, op. cit., p. 609-634. Sobre o direito à saúde no STF, ver, por último e entre tantos, LEIVAS, Paulo Gilberto Cogo. O direito à saúde segundo o Supremo Tribunal Federal. In: ibid., p. 635-648.

[49] Ver, por exemplo e entre tantos, na perspectiva brasileira, MENDES, Conrado Hübner. *Controle de constitucionalidade e democracia*. Rio de Janeiro: Elsevier, 2008.

[50] Ver Jorge Reis Novais, *direitos sociais*, op. cit., p. 89 e segs.

A vista das considerações precedentes, já se vislumbra que assiste razão a Gomes Canotilho quando busca problematizar o valor, por vezes, demasiadamente elevado atribuído a uma dogmática jurídico-constitucional pautada pelo discurso da imediata aplicabilidade das normas de direitos fundamentais, especialmente quando se trata de, com base na norma de direito fundamental, reconhecer ao juiz a possibilidade de impor determinadas obrigações positivas aos demais órgãos estatais, sem consideração (ou, pelo, menos, sem considerar de modo adequado) das limitações fáticas e jurídicas e sem a necessária dose de autocontenção.[51]

De outra parte, segue tendo adeptos a posição de que na esfera das prestações fáticas indispensáveis à satisfação das condições mínimas para uma existência condigna, a liberdade de conformação dos órgãos legislativos e a discricionariedade do administrador devem ceder, resultando um direito subjetivo definitivo, inclusive na condição de direito originário a prestações, tese, aliás, que, alinhando-se em boa medida à proposta de Robert Alexy.[52] Assim, o mínimo existencial, seja na perspectiva negativa (defensiva), seja na perspectiva positiva (prestacional), operaria como espécie de limites aos limites dos direitos fundamentais, constituindo critério material para o controle da legitimidade constitucional de excesso de intervenção em direito social e mesmo na dignidade da pessoa humana (em sendo este o fundamento do mínimo existencial), mas também critério material para um controle na perspectiva da eventual insuficiência de proteção.[53] Com efeito, embora não

---

[51] Ver CANOTILHO, José Joaquim Gomes. *Estudos sobre direitos fundamentais.* Coimbra: Coimbra, 2004. p. 97 e segs., onde já foram delineadas algumas das questões referidas, bem como, por último, id. O direito constitucional como ciência de direção — o núcleo essencial de prestações sociais ou a localização incerta da socialidade (contributo para a reabilitação da força normativa da "constituição social"). In: CANOTILHO, J. J. Gomes; CORREIA, Marcus Orione Gonçalves; CORREIA, Érica Paula Barcha (Coord.). *Direitos fundamentais sociais.* São Paulo: Saraiva, p. 11 e segs. (especialmente, sobre o papel do Poder Judiciário, p. 30 e segs.)

[52] Ver Robert Alexy, *Theorie der Grundrechte,* op. cit., p. 454 e segs.

[53] Sobre o mínimo existencial e a dignidade da pessoa humana como limite dos limites aos direitos fundamentais ver, além do nosso *Dignidade da pessoa humana e direitos fundamentais na Constituição Federal de 1988* (9. ed. Porto Alegre: Livraria do Advogado, 2011. p. 141 e segs.), as contribuições monográficas, no direito brasileiro, de BARCELLOS, Ana Paula de. *A eficácia jurídica dos princípios constitucionais.* O princípio da dignidade da pessoa humana. Rio de Janeiro: Renovar, 2002; TORRES, Ricardo Lobo. *O direito ao mínimo existencial.* Rio de Janeiro: Renovar, 2008; bem como, por último, BITENCOURT NETO, Eurico. *O direito ao mínimo para uma*

LEGITIMIDADE DO STF E SISTEMA POLÍTICO

se esteja aqui a discorrer sobre a proibição de retrocesso, calha lembrar que o Tribunal Constitucional de Portugal chegou a afirmar que a liberdade de conformação do legislador cessa onde começa o mínimo existencial,[54] ao passo que o Supremo Tribunal Federal do Brasil (chancelando decisões dos tribunais ordinários), em diversas ocasiões, já se pronunciou no sentido de que no campo do mínimo existencial os princípios e regras conflitantes com o reconhecimento de um direito subjetivo a prestações, devem, em regra, ceder.[55] Além disso, embora se trate mais propriamente de um *obiter dicta*, o Supremo Tribunal Federal também já reiterou que a omissão ou atuação insuficiente para assegurar o mínimo existencial implica violação dos deveres de proteção estatais e, de tal sorte, implica violação da proibição de proteção insuficiente.[56]

Apesar das inúmeras vezes que tal linha de argumentação (conciliando a aplicabilidade imediata das normas de direitos sociais e o reconhecimento, mediante articulação com a noção do mínimo existencial, de direitos subjetivos a prestações mesmo sem expressa previsão em lei da obrigação estatal de fornecimento de tal prestação) já foi invocada e mesmo em face da relativa facilidade com que se utiliza tal fundamentação, não é possível pura e simplesmente escamotear todo o complexo de dúvidas que cercam a utilização, também nesse contexto (da eficácia e aplicabilidade das normas

---

existência digna. Porto Alegre: Livraria do Advogado, 2010, embora com variações importantes quando ao significado do mínimo existencial neste contexto.

[54] Ver o conhecido — mas controverso — Acórdão nº 509/202 do Tribunal Constitucional. Sobre a decisão, aliás, remetemos, entre outros, aos comentários de ANDRADE, José Carlos Vieira de Andrade. "O direito ao mínimo de existência condigna" como direito fundamental a prestações estaduais positivas — uma decisão singular do tribunal constitucional: anotação ao acórdão do Tribunal Constitucional nº 509/02. *Jurisprudência Constitucional*, Lisboa, n. 1, p. 4-29, jan./mar. 2004; NOVAIS, Jorge Reis. *Os princípios constitucionais estruturantes da República Portuguesa*. Coimbra: Coimbra, 2004. p. 63 e segs.; e, posteriormente, do mesmo autor, *Direitos fundamentais*. Trunfos contra a maioria. Coimbra: Coimbra, 2006. p. 189 e segs.; e por último, na sua obra *Direitos sociais*, op. cit., p. 190 e segs. A respeito da garantia do mínimo existencial, ver, ainda, na literatura portuguesa, LOUREIRO, João Carlos. *Adeus ao estado social?* A segurança social entre o crocodilo da economia e a medusa da ideologia dos "direitos adquiridos". Coimbra: Coimbra, 2010. Especialmente p. 241 e segs.

[55] Ver, *v.g.*, a decisão proferida no julgamento da STA (Suspensão de Tutela Antecipada) nº 175, julgada em 17.3.2010.

[56] Ver também destacado no julgamento da STA n. 175 (v. nota n. 70, supra).

de direitos fundamentais) da noção de mínimo existencial, ainda mais no contexto da ordem constitucional brasileira.

Uma primeira objeção consiste na alegação de que o mínimo existencial, a depender de sua definição e das condições econômicas da sociedade e do Estado de onde se o aplica, nem sempre implica impacto mínimo sobre o orçamento público, podendo mesmo ser extremamente custoso.[57] Assim, a necessidade de avaliar, também na esfera de um mínimo existencial, o impacto proporcional do reconhecimento de posições subjetivas em matéria de prestações sociais em relação a outras demandas com base em direitos fundamentais não desaparece como num passe de mágica e deve, ainda assim, ser objeto de atenção quando da decisão no caso concreto, especialmente havendo dissenso sobre a própria extensão da noção de mínimo existencial e o comprometimento de outros direitos no que diz com o seu respectivo conteúdo essencial.

Por outro lado — e vinculado ao aspecto anterior —, situa-se a conhecida objeção da dificuldade de se definir o conteúdo do mínimo existencial, especialmente no que diz com a determinação de quem, em primeira linha, detém a competência constitucional para tal definição. Nesse sentido — pelo menos é o que se verifica na doutrina e jurisprudência constitucional portuguesa e alemã —, também aqui é aos órgãos legislativos, democraticamente legitimados, a quem se atribui a prerrogativa de, em primeira linha, definir as obrigações concretas do Estado para com o cidadão, assegurando-se ao legislador, mesmo no campo do mínimo existencial, uma ampla margem de liberdade de conformação.[58] Ademais, ainda que na prática tal afirmação possa soar meramente retórica (ou, pelo menos, teórica!), segue sendo sublinhada, forte na dignidade da pessoa humana, especialmente em conjugação com o direito à vida, a existência de uma dimensão indisponível do mínimo

---

[57] Ver já Robert Alexy, *Theorie der Grundrechte*, op. cit., p. 466 ("*Auch minimale soziale Grundrechte sind, gerade wenn sie von sehr vielen in Anspruch genommen werden, in erheblichen Masse finanzwirksam*").

[58] Neste sentido, colaciona-se a importante decisão do Tribunal Constitucional Federal da Alemanha sobre a reforma da legislação social promovida no âmbito (designada de Lei "Hartz IV"), reafirmando a garantia do mínimo existencial como direito indisponível, mas enfatizando a ampla prerrogativa do legislador no que diz com a sua definição e delimitação, embora passível de controle jurisdicional (ver BVerfGE 125, p. 175 e segs., decisão de 9.2.2010).

LEGITIMIDADE DO STF E SISTEMA POLÍTICO

existencial, portanto, de reconhecimento e aplicação (proteção e promoção) cogente, por parte dos órgãos estatais,[59] o mínimo existencial, como já referido, segue sendo manejado como uma espécie de "última barreira", por exemplo, no contexto da aplicação de uma proibição de retrocesso, ou como critério, ainda que excepcional, para o reconhecimento de direitos originários a prestações.[60]

Além dos aspectos ventilados, a noção de um mínimo existencial enseja outras preocupações. Uma delas diz com a articulação da noção de mínimo existencial com a garantia do núcleo essencial dos direitos fundamentais sociais. Sem prejuízo da querela sobre a correção da própria noção da garantia do núcleo essencial dos direitos fundamentais, que aqui não será abordada, o que se percebe, especialmente na seara da literatura e jurisprudência brasileiras, é uma preocupante identificação do mínimo existencial com a garantia do núcleo essencial, tributária, ao que tudo indica, da igualmente questionável identificação entre a dignidade da pessoa humana e o núcleo essencial dos direitos fundamentais no seu conjunto.[61]

Aliás, o entendimento de acordo com o qual o que há de fundamental nos direitos é o seu conteúdo em dignidade, de modo a transformar a dignidade da pessoa humana no único fundamento dos direitos, bem como em exclusivo critério de sua fundamentalidade material, além de ensejar uma perigosa fragilização dos direitos fundamentais, especialmente, mas não exclusivamente, dos direitos sociais, ensejando a refutação (pelo menos para

---

[59] Ver, novamente, a decisão do Tribunal Constitucional Federal da Alemanha, BVerfGE 175, p. 175 e ss., destacando-se, na parte dispositiva da decisão, a afirmação de que o direito ao mínimo existencial (no caso da decisão, fundado na cláusula da intangibilidade da dignidade humana e no princípio do estado social) assume uma dimensão autônoma (portanto, não integralmente fungível em relação à dignidade da pessoa humana), sendo indisponível e de realização cogente, embora careça de concretização e atualização permanente pelo legislador.

[60] Mesmo na Alemanha, embora de forma isolada e em geral alvo de críticas (salvo exceções) na literatura, já se reconheceu um direito originário a prestações em matéria de saúde, como foi o caso da decisão do Tribunal Constitucional Federal de 6 de dezembro de 2005 (BVerfG, 1 BvR 347/98), onde foi assegurado o direito a reembolso em virtude de despesas com tratamento alternativo. Sobre a discussão na esfera da literatura especializada alemã, ver, por todos, BECKER, Ulrich. Das Recht auf Gesundheitsleistungen. In: MANSSEN, G.; JACHMANN, M.; GRÖPL, Ch. (Ed.). *Nach geltendem Verfassungsrecht, Festschrift für Udo Steiner zum 70*. Geburtstag. 2009. p. 50-76.

[61] Sobre o tema, tomamos a liberdade de remeter ao nosso *Dignidade da pessoa humana e direitos fundamentais na Constituição Federal de 1988*, op. cit., p. 141 e segs.

A RAZÃO E O VOTO: DIÁLOGOS CONSTITUCIONAIS COM LUÍS ROBERTO BARROSO

aqueles direitos previstos na Constituição que não teriam fundamento ou conteúdo em dignidade) de sua proteção privilegiada contra o poder de reforma constitucional ou mesmo a negação de sua imediata aplicabilidade, também não auxilia a resolver o problema da difícil definição desse conteúdo em dignidade e do alcance do mínimo existencial.

Além disso, aponta-se para uma perda da autonomia dos direitos sociais como direitos fundamentais, tendo em conta a sua redução ao mínimo existencial.[62] Com efeito, ainda mais em ordens constitucionais, como é o caso da portuguesa e da brasileira, onde os direitos sociais foram objeto de ampla positivação, reconhecendo-se mesmo um direito à segurança social (no Brasil, decodificado nos direitos à saúde, previdência e assistência social) verifica-se a necessidade de se atentar para os problemas já colacionados, entre outros, o da corretamente questionada identificação do mínimo existencial com o conteúdo essencial dos direitos. Por outro lado, a circunstância de terem os direitos sociais sido amplamente positivados no texto constitucional brasileiro e lusitano — ao contrário do que ocorreu na Alemanha, onde a dedução de um direito (implícito) a um mínimo existencial a partir da cláusula da dignidade da pessoa humana, do direito geral de liberdade e do princípio do estado social encontrou, em geral, ampla acolhida[63] —, também dá ensejo a que se questione a própria razão de ser de um direito autônomo a um mínimo existencial, que, entre outros aspectos, estaria a comprometer a construção de uma dogmática consistente no que diz com a definição do âmbito de proteção dos direitos sociais, sem falar nos demais problemas já apontados.

Por derradeiro, não se deve olvidar a controvérsia em torno da cada vez maior tendência de se reduzir a proteção e a promoção dos direitos sociais a

---

[62] Ver J. J. Gomes Canotilho, O direito constitucional como ciência de direção..., op. cit., p. 14-15, especialmente ao consignar o risco, em virtude de uma hipertrofia da dignidade humana, de uma dessubstanciação da autonomia jurídica dos direitos sociais.

[63] Ver, para uma suficientemente abrangente e relativamente atualizada informação sobre o reconhecimento e proteção do mínimo existencial na Alemanha, por todos, ARNAULD, Andreas von. Das Existenzminimum. In: ARNAULD, Andreas von; MUSIL, Andreas (Ed.). *Strukturfragen des Sozialverfassungsrechts*. Tübingen: Mohr Siebeck, 2009. p. 252-308. Já considerando a decisão do Tribunal Constitucional Federal de 9 de fevereiro de 2009, ver, mais recentemente, SEILER, Christian. Das Grundrecht auf ein menschenwürdiges Existenzminimum. *Juristenzeitung*, p. 500-505, 2010.

LEGITIMIDADE DO STF E SISTEMA POLÍTICO

uma garantia de mínimos sociais, que, como bem aponta Gomes Canotilho, acaba por reforçar indiretamente o retrocesso social.[64] Além disso, a depender da interpretação dada à noção de mínimo existencial, facilmente se poderia migrar de uma noção alargada de mínimo existencial (abrangendo a inserção social, política e cultural) para uma garantia da sobrevivência física, em outras palavras, àquilo que se costuma chamar de mínimo vital ou de um mínimo existencial fisiológico.

Mas, se é o caso de admitir que a aplicabilidade imediata das normas que os consagram e asseguram é sim um predicado do regime jurídico-constitucional dos direitos sociais como direitos fundamentais e que tal regime exige que os direitos sociais sejam reconhecidos como direitos subjetivos, de tal sorte que exigíveis também pela via jurisdicional, pelo menos no contexto do direito constitucional positivo brasileiro vigente e à vista da exegese dominante, quais afinal os abusos — já que não é quanto ao ponto referido que se situa um abuso propriamente dito — que merecem ser apontados e discutidos? É o que, em caráter ilustrativo e sumário, faremos no próximo e último item, de modo a dialogar também aqui e em particular com o texto de Luís Roberto Barroso.

4. Alguns abusos e sua possível superação: situando o problema da exigibilidade dos direitos sociais como direitos fundamentais no contexto do esquema da distribuição funcional das competências entre os órgãos estatais e a democracia

À vista das considerações precedentes, destacando-se o problema da construção do regime jurídico dos direitos fundamentais sociais como direitos exigíveis a partir de determinada exegese do respectivo regime jurídico (aplicabilidade imediata das normas de direitos fundamentais), segue um elenco de possíveis abusos que carecem de correção, mas também de algumas notas em caráter de provocação para o debate.

O debate acadêmico e a prática jurisdicional na seara do regime jurídico dos direitos sociais como direitos fundamentais situaram-se, na sua primeira fase, mas com reflexos firmes até o presente momento, no período corre-

---

[64] Ver J. J. Gomes Canotilho, O direito constitucional como ciência de direção..., op. cit., p. 26.

A RAZÃO E O VOTO: DIÁLOGOS CONSTITUCIONAIS COM LUÍS ROBERTO BARROSO

tamente designado por Luís Roberto Barroso como o da "luta pela efetividade". Mas também foi nesse período que alguns importantes "abusos" tiveram lugar e foram, ademais, direta ou indiretamente (e mesmo não intencionalmente) gestados e gerados.

Um primeiro abuso, já anunciado, guarda relação com a baixa margem de deferência dos órgãos jurisdicionais no que diz com a liberdade de conformação do legislador e a discricionariedade administrativa no estabelecimento das políticas públicas destinadas a efetivar os direitos sociais constitucionalmente assegurados, levando, de certo modo, até mesmo a uma equivocada equiparação entre falta de eficácia e efetividade e uma dose saudável de autocontenção judicial.

Com isso não se pretende abrir mão da posição advogada, no sentido de que os direitos sociais são, para além de sua dimensão objetiva (da qual decorrem deveres vinculativos de proteção), direitos subjetivos de caráter negativo e positivo, mas sim enfatizar a existência de distorções no que diz com a compreensão muitas vezes adotada pelo Poder Judiciário nessa seara.

Uma de tais distorções reside no fato de que nem sempre se distingue os assim chamados direitos derivados a prestações, que representam posições jurídicas já definidas no plano da legislação infraconstitucional, correspondendo, portanto, a uma prévia opção dos órgãos democraticamente legitimados para decidir sobre qual o conteúdo específico dos direitos sociais, dos assim chamados direitos originários a prestações, que, em caso de ausência ou flagrante insuficiência da regulação infraconstitucional são definidos, quanto ao seu objeto, diretamente pelos órgãos jurisdicionais.[65] Que o reconhecimento de uma dimensão originária há de ser excepcionalíssimo e apenas acionado quando na hipótese de absoluta omissão ou mesmo de manifestamente insuficientes níveis de proteção, já seria o suficiente para ao menos mitigar os eventuais abusos praticados nesse domínio.

De todo modo, com isso não resta respondido se ao STF cabe aqui, como sugere Barroso em seu texto, "empurrar a história" e nem fica respondido —

---

[65] Sobre a distinção entre direitos originários a prestações (direitos subjetivos fundamentados diretamente na Constituição) e direitos derivados a prestações (direitos de igual acesso às prestações já concretizadas pelo legislador e na esfera das políticas públicas estatais), ver MARTENS, Wolfgang. Grundrechte im Leistungsstaat. *Veröffentlichungen der Vereinigung der deutschen Staatsrechtslehrer*, n. 30, p. 7 e segs., 1972.

como bem lembrou Ana Paula Barcellos, por ocasião do debate promovido na Escola da FGV, São Paulo, que mesmo a indicação de razões nos votos dos ministros do STF (embora não tenham o voto popular), além de não ser algo novo, pois o PJ de há muito está vinculado ao dever de motivação, não elimina eventual abuso de poder, crítica, aliás, que é recorrente também em matéria de direitos sociais. Por isso, o problema da justificação de direitos subjetivos originários está associado à qualidade das razões e ao problema da legitimidade de o STF superar opções legislativas e controlar a discricionariedade administrativa nessa seara.

Por outro lado, ainda nesse contexto, é preciso deixar claro que quando em causa a exigibilidade de prestações derivadas, ou seja, de posições subjetivas já previstas na legislação infraconstitucional e mesmo já densificadas na esfera infralegal, o que está em causa é apenas o controle da execução de políticas já definidas e não se revela mais adequado invocar a conhecida objeção da falta de legitimidade do Poder Judiciário ou da assim chamada "dificuldade contramajoritária", oportunamente referida por Luís Roberto Barroso no seu texto-base para a presente discussão.

Quando muito, está em causa o controle da administração pública (de sua ação ou omissão normativa e fática), inclusive no que diz com eventuais esferas de discricionariedade administrativa ou mesmo da legitimidade jurídico--constitucional de a administração pública, a despeito do comando legal (que impõe a prestação social), não cumprir, no todo ou em parte, com as obrigações concretas já definidas ou, quando for o caso, integrar por meio de ato administrativo eventuais cláusulas gerais. O quanto a invocação da objeção contramajoritária é legítima nesse domínio já merece a devida reserva, ou, pelo menos, carece de maior reflexão a existência de importantes diferenças quanto em causa a correção e mesmo superação de atos e omissões legislativas ou a atuação omissiva e comissiva do administrador. Aqui, de fato, é possível vislumbrar o exercício da "função representativa" do Poder Judiciário da qual nos fala Luís Roberto Barroso,[66] visto que ao menos na seara dos direitos derivados o que se está a fazer é zelar pelo cumprimento, em favor da sociedade, das decisões políticas já tomadas e fazer cumprir as leis e tornar efetivas as políticas públicas veiculadas por elas e pelo Poder Executivo.

---

[66] L. R. Barroso, "A razão sem voto", op. cit., p. 51 e segs.

Mas também aqui é possível objetar, como o fez Jane Reis Pereira, também por ocasião do memorável debate de 28 de agosto de 2015, que a assim chamada função representativa pode falsear a realidade, criando uma autoimagem de legítimo por parte do Poder Judiciário, ademais da existência de problemas na compatibilização de tal "representatividade" com a noção de igualdade política, mas também jurídica, como ousaríamos agregar, já que uma objeção corrente em matéria de direitos sociais é que uma atuação interventiva do Poder Judiciário pode gerar uma desestabilização das políticas públicas e mesmo gerar desigualdades, atendendo apenas quem demanda em juízo, mas gerando para os demais cidadãos um déficit em termos de acesso às prestações em tese igualmente disponibilizadas para todos. Tal crítica, de todo modo, merece ser vista com reservas pelo menos em sede de direitos derivados, pois aqui justamente se cuida de acionar o Poder Judiciário para assegurar que os não contemplados por um sistema de prestações já disponibilizado pela política sejam igualmente atendidos. De todo modo, não há aqui como aprofundar mais esse debate.

De qualquer sorte, em ambos os casos (direitos originários e direitos derivados a prestações), quando se dá o controle do legislador e do administrador, há que alertar para outro grupo de abusos frequentes. Cuida-se, no caso, do recurso a razões intrinsecamente bondosas, mas não raramente frágeis quanto à sua consistência e racionalidade, especialmente quando em causa o controle do processo decisório judicial, o que indica que um bom motivo (fundamento) não dispensa um método racional e controlável, crítica bem assacada por Fernando Leal também por ocasião do debate promovido na Escola de Direito da FGV e objeto de maior desenvolvimento no seu texto produzido para a presente obra coletiva. Para ilustrar o argumento, calha referir a invocação, por vezes abusiva, da noção de um mínimo existencial, já que aqui também se está em face de cláusula vaga e disponível tanto para uma interpretação hipertrofiada quanto para uma exegese minimalista e nem sempre correspondente às exigências da ordem constitucional, embora — como referido por Luís Roberto Barroso no seu texto — a indeterminação dos conceitos normativos não possa operar, na quadra do constitucionalismo democrático contemporâneo, por si só como um impedimento ao acesso dos juízes à CF. Se isso podemos endossar, também é verdade que tal possibilidade não dispensa boas razões e método adequado e controlável.

Por tal razão, mas também tendo em conta aspectos de legitimação, também aqui, no campo da definição do conteúdo da dignidade da pessoa humana e do mínimo existencial, a prioridade deve ser dada ao Poder Legislativo e ensejar igualmente uma posição de tendencial autocontenção por parte dos juízes e tribunais e não — aqui reside o abuso — invocar a dignidade da pessoa humana e o mínimo existencial como critérios vagos, abertos para uma direta concretização judicial.

Não se pode olvidar, nessa quadra, que também na seara de um mínimo existencial o comprometimento dos recursos estatais poderá ser alto e ensejar um conflito distributivo e de prioridades, razão pela qual também se revela abusiva a reiterada prática, detectada na jurisprudência brasileira, de afirmar que o mínimo existencial por si só afasta qualquer relevância concreta da reserva do possível ou outros limites ao reconhecimento de um direito subjetivo, seja na forma individual ou coletiva. Assim, o abuso aqui apontado diz respeito ao uso do mínimo existencial e da dignidade da pessoa humana como evidentes e esgrimidos na condição de bloqueadores de toda e qualquer objeção — por mais racional e razoável que seja — no sentido mesmo de operarem como um *"conversation stoper"*.

Com efeito, quanto mais diminuta a disponibilidade de recursos, mais se impõe uma deliberação responsável a respeito de sua destinação, o que nos remete diretamente à necessidade de buscarmos o aprimoramento dos mecanismos de gestão democrática do orçamento público, assim como do próprio processo de administração das políticas públicas em geral, seja no plano da atuação do legislador, seja na esfera administrativa,[67] seja no concernente a eventual ampliação do acesso à justiça como direito a ter direitos capazes de serem efetivados.

Além disso, tal como igualmente indicado no item anterior, um dos abusos correntes reside no fato de os direitos sociais serem muitas vezes compreendidos como direitos absolutos, insuscetíveis de limites e imunes a intervenção restritiva, sendo também tarefa prioritária do legislador e mesmo, ressalvadas as peculiaridades, da administração pública. Já por tal razão,

---

[67] Ver LEAL, Rogério Gesta. *Estado, administração pública e sociedade*: novos paradigmas. Porto Alegre: Livraria do Advogado, 2006. Especialmente p. 57 e segs., cuidando do tema à luz da teoria discursiva e da concepção de uma democracia deliberativo-procedimental de matriz habermasiana.

levar a sério o problema da escassez e da "reserva do possível" nas suas múltiplas dimensões significa também levar a sério o já referido princípio da proporcionalidade, que deverá presidir a atuação dos órgãos estatais e dos particulares, seja quando exercem função tipicamente estatal, mesmo que de forma delegada (com destaque para a prestação de serviços públicos), seja aos particulares de um modo geral.

Outrossim, nunca é demais recordar que a proporcionalidade haverá de incidir na sua dupla dimensão como proibição do excesso (de intervenção) e de insuficiência (de proteção), além de, nessa dupla acepção, atuar sempre como parâmetro necessário de controle dos atos do poder público, inclusive dos órgãos jurisdicionais, igualmente vinculados pelo dever de proteção e efetivação dos direitos fundamentais. Isso significa, em apertadíssima síntese, que os responsáveis pela efetivação de direitos fundamentais, inclusive e especialmente no caso dos direitos sociais, onde a insuficiência de sua proteção e promoção causa impacto mais direto e expressivo, deverão observar os critérios parciais da adequação (aptidão do meio no que diz com a consecução da finalidade almejada), necessidade (menor sacrifício do direito restringido) e da proporcionalidade em sentido estrito (avaliação da equação custo-benefício — para alguns, da razoabilidade no que diz com a relação entre os meios e os fins), respeitando sempre o núcleo essencial do(s) direito(s) restringido(s), mas também não poderão, a pretexto de promover algum direito, desguarnecer a proteção de outro(s) no sentido de ficar aquém de um patamar minimamente eficaz de realização e de garantia do direito.

Por tal razão volta-se aqui ao problema da necessidade de uma maior — prudente e responsável! — autolimitação funcional do Poder Judiciário. Que a atuação dos órgãos jurisdicionais — sempre provocada — não apenas não dispensa, como inclusive exige uma contribuição efetiva dos demais atores políticos e sociais, como é o caso do Ministério Público, das Agências Reguladoras, dos Tribunais de Contas, das organizações sociais de um modo geral, bem como dos cidadãos individualmente considerados, resulta evidente, mas nem sempre corresponde a uma prática institucional efetiva nessa seara. Da mesma forma, imprescindível, como bem aponta relevante doutrina, maior investimento na análise do perfil (e da capacidade) institucional do Poder Judiciário na esfera da promoção da justiça social e, portanto, a importância de se instaurar um autêntico diálogo interinstitucional,[68] que, por sua vez, passa pelo respeito ao princípio e correspondente dever de cooperação entre os órgãos estatais, seja na esfera da separação funcional (horizontal) de poderes, seja no campo da separação vertical, típica das relações entre os entes federativos.

Tal diálogo, por seu turno, a despeito de iniciativas importantes (como o recurso, pelo STF, ao modelo das audiências públicas) e mesmo efetivas (como a atuação, para ilustrar, dos comitês de gestão da saúde criados e monitorados pelo CNJ), segue, em grande medida, sendo um "diálogo entre surdos", visto que da parte do Executivo e do Legislativo também nem sempre se revela boa vontade, quando não o descaso absoluto com a decisão dos tribunais, inclusive quando remetem a solução do problema aos demais poderes, de tal sorte que os abusos aqui certamente não representam um "privilégio" dos órgãos jurisdicionais.

Precisamente nesse contexto é que assumem relevo, teórico e prático, as sugestões de estimular — também no Brasil — o recurso a decisões judiciais de caráter mais gerencial e indutor, a exemplo do que Oscar Vilhena Vieira bem detectou em seu texto sobre o "experimentalismo judicial", ao comentar decisão do TJSP, de dezembro de 2013, que determinou a criação, pela Prefeitura Municipal, de 150 mil novas vagas no sistema de creches municipal até 2016, cabendo ao próprio poder público municipal elaborar um plano adequado de ação, submetido ao monitoramento judicial.[69] Tais decisões, também chamadas de "decisões estruturantes",[70] já têm sido manejadas em outros países, como, em caráter ilustrativo, na África do Sul (especialmente a

---

[68] Neste sentido, ver, em especial, discorrendo sobre a ótica da promoção da justiça distributiva por meio da atuação do Poder Judiciário, LOPES, José Reinaldo Lima. *Direitos sociais*. Teoria e prática. São Paulo: Método, 2006. Especialmente p. 185 e segs.; bem como BINENBOJM, Gustavo; CYRINO, André Rodrigues. O direito à moradia e a penhorabilidade do bem único do fiador em contratos de locação. Limites à revisão judicial de diagnósticos e prognósticos legislativos. In: SOUZA NETTO, Cláudio Pereira; SARMENTO, Daniel (Coord.). *Direitos sociais*. Fundamentos, judicialização e direitos sociais em espécie. Rio de Janeiro: Lumen Juris, 2008. p. 997 e segs., chegando a apontar para uma "virada institucional". Na mesma linha e contidos na mesma obra coletiva, ver, ainda, os já referidos aportes de Luís Roberto Barroso, Daniel Sarmento e Cláudio Pereira Souza Neto.

[69] Ver texto submetido a debate em evento promovido pela UFRJ e síntese publicada no site "Os Constitucionalistas".

[70] Ver a terminologia proposta entre nós por Marco F. Jobim, em obra sobre o tema (Livraria do Advogado), resultante de tese de doutorado defendida na PUC-RS.

conhecida e multicitada decisão Grootboom, de 2000, envolvendo o direito à moradia), a impactante sentença do Tribunal Constitucional da Colômbia (de 2008, sobre o direito e o sistema de saúde), bem como nos EUA (ver por último a decisão da SC sobre a superlotação das prisões na Califórnia), apenas para lembrar as mais importantes.

Se tal prática decisória — que busca não substituir o Legislativo e o Executivo — se revela eficaz é algo que no Brasil ainda carece de comprovação, visto que a trajetória até o momento tem sido, em regra, de completo descaso para decisões de tal natureza, pelo menos quando se cuida de apelos dirigidos ao Poder Legislativo, bastando aqui referir o emblemático exemplo da greve dos servidores públicos, para ficarmos próximos do caso dos direitos sociais. Por outro lado, sem avançarmos com tal "experimentalismo", dificilmente teremos condições de dar um efetivo passo adiante nessa seara para efeito de implementar o já referido diálogo institucional, sabedores, ademais, das grandes limitações da litigância individualizada, ainda que essa não possa, s.m.j., ser afastada por completo.

Ao fim e ao cabo, relembrando que aqui apenas foi possível esboçar o problema e avançar quanto a alguns aspectos, a relação entre o princípio fundamental e estruturante do estado democrático de direito e os direitos fundamentais sociais nos revela, especialmente tendo em conta as peculiaridades, o quanto a doutrina (embora aqui os avanços se revelem significativos) e a prática ainda se encontram em estágio relativamente embrionário de desenvolvimento no que diz com a mitigação e melhor equacionamento das tensões existentes nessa seara, pois democracia (formal e material) não poderá ser realizada à custa dos direitos fundamentais (inclusive sociais), mas também os direitos fundamentais não poderão ser realizados sem o devido resguardo e respeito às exigências da democracia e do estado de direito. Não é à toa, portanto, que Gomes Canotilho, enfatizando o vínculo entre a dignidade (da pessoa) humana e os direitos sociais, aponta para a circunstância de que

> a democracia só é um procedimento justo de participação política se existir uma justiça distributiva no plano dos bens sociais. A juridicidade, a sociabilidade e a democracia pressupõem, assim, uma base jusfundamental incontornável que começa nos direitos fundamentais da pessoa e acaba nos direitos sociais.[71]

---

[71] Ver J. J. Gomes Canotilho, O direito constitucional como ciência de direção, op. cit., p. 19.

Isso sintoniza com a proposta de Luís Roberto Barroso, no sentido da necessária conciliação do viés procedimental e substancial da democracia, mas segue a exigir profunda atenção para o papel e os limites do Poder Judiciário na seara da efetivação dos direitos fundamentais, especialmente onde tal atuação entra em tensão com as ações e omissões dos demais poderes estatais, mesmo levando em conta uma necessária releitura e contextualização da noção de divisão de poderes, o que, aliás, já foi objeto de considerações críticas nas passagens precedentes deste texto.

Outrossim, o fato de que aqui nos limitamos a apenas alguns aspectos não deve servir de desculpa para o efeito de uma ulterior adequação e aperfeiçoamento do texto à luz do saudável debate travado a partir do alentado e instigante texto de Luís Roberto Barroso e sob a competente e generosa condução de Oscar Vilhena Vieira.

Referências

ABRAMOVICH, Victor; COURTIS, Christian. *Los derechos sociales como derechos exigibles.* 2. ed. Madri: Trotta, 2004.

ALEXY, Robert. *Theorie der Grundrechte.*

ANDRADE, José Carlos Vieira de Andrade. *Os direitos fundamentais na Constituição portuguesa de 1976.* Coimbra: Almedina, 1987.

_____. "O direito ao mínimo de existência condigna" como direito fundamental a prestações estaduais positivas — uma decisão singular do tribunal constitucional: anotação ao acórdão do Tribunal Constitucional nº 509/02. *Jurisprudência Constitucional,* Lisboa, n. 1, p. 4-29, jan./mar. 2004.

ARNAULD, Andreas von. Das Existenzminimum. In: ARNAULD, Andreas von; MUSIL, Andreas (Ed.). *Strukturfragen des Sozialverfassungsrechts.* Tübingen: Mohr Siebeck, 2009. p. 252-308.

BARCELLOS, Ana Paula de. *A eficácia jurídica dos princípios constitucionais.* O princípio da dignidade da pessoa humana. Rio de Janeiro: Renovar, 2002.

_____. O direito à educação e o STF. In: SARMENTO, Daniel; SARLET, Ingo Wolfgang (Coord.). *Direitos fundamentais no Supremo Tribunal Federal*: balanço e crítica. Rio de Janeiro: Lumen Juris, 2011. p. 609-634.

BARROSO, Luís Roberto. *O direito constitucional e a efetividade de suas normas*. Rio de Janeiro: Renovar, 1990.

_____. *O direito constitucional e a efetividade de suas normas*. 3. ed. Rio de Janeiro: Renovar, 1996.

_____. A razão sem o voto: o STF e o governo da maioria. Texto submetido ao debate por ocasião de seminário realizado na Escola de Direito da FGV, São Paulo, 28 ago. 2015.

BASTIDA, Francisco J. Son los derechos sociales derechos fundamentales? In: ALEXY, Robert et al. *Derechos sociales y ponderación*. 2. ed. Madri: Fundación Coloquio Juridico Europeo, 2009.

BECKER, Ulrich. Das Recht auf Gesundheitsleistungen. In: MANSSEN, G.; JACHMANN, M.; GRÖPL, Ch. (Ed.). *Nach geltendem Verfassungsrecht, Festschrift für Udo Steiner zum 70*. Geburtstag. 2009. p. 50-76.

BINENBOJM, Gustavo; CYRINO, André Rodrigues. O direito à moradia e a penhorabilidade do bem único do fiador em contratos de locação. Limites à revisão judicial de diagnósticos e prognósticos legislativos. In: SOUZA NETTO, Cláudio Pereira; SARMENTO, Daniel (Coord.). *Direitos sociais*. Fundamentos, judicialização e direitos sociais em espécie. Rio de Janeiro: Lumen Juris, 2008.

BRUNNER, Georg. Die Problematik der sozialen Grundrechte. *Recht und Staat*, Tübingen, n. 404-405, p. 14 e segs., 1971.

CALLEJÓN, Francisco Balaguer (Coord.). *Manual de derecho constitucional*. v. II.

CANOTILHO, José Joaquim Gomes. *Constituição dirigente e vinculação do legislador*. Coimbra: Coimbra, 1982. p. 369.

_____. *Direito constitucional e teoria da Constituição*. 3. ed. Coimbra: Almedina, 1999.

_____. *Estudos sobre direitos fundamentais*. Coimbra: Coimbra, 2004.

_____. O direito constitucional como ciência de direção — o núcleo essencial de prestações sociais ou a localização incerta da socialidade (contributo para a reabilitação da força normativa da "constituição social"). In: _____; CORREIA, Marcus Orione Gonçalves; CORREIA, Érica Paula Barcha (Coord.). *Direitos fundamentais sociais*. São Paulo: Saraiva.

_____; MOREIRA, Vital. *Constituição da República Portuguesa anotada*.

COMPARATO, Fábio Konder. O Ministério Público na defesa dos direitos econômicos, sociais e culturais. In: GRAU, Eros Roberto; CUNHA, Sérgio Sérvulo da (Org.). *Estudos de direito constitucional em homenagem a José Afonso da Silva*. São Paulo: Malheiros, 2003.

Entscheidungen des Bundesverfassungsgericht, v. 33.

FERREIRA FILHO, Manoel Gonçalves. A aplicação imediata das normas definidoras de direitos e garantias fundamentais. *Revista da Procuradoria-Geral do Estado*, São Paulo, n. 29, p. 35-43, jun. 1988.

GEBRAN NETO, João Pedro. *A aplicação imediata dos direitos e garantias individuais*. São Paulo: Revista dos Tribunais, 2002.

GRAU, Eros Roberto. *Direito, conceitos e normas jurídicas*. São Paulo: Revista dos Tribunais, 1988.

_____. *A ordem econômica na Constituição de 1988*. 3. ed. São Paulo: Malheiros, 1997.

HÄBERLE, Peter. Grundrechte im Leistungsstaat. *Veröffentlichungen der Vereinigung der deutschen Staatsrechtslehrer*, n. 30, 1972.

HOLMES, Stephen; SUNSTEIN, Cass. *The cost of rights*. Why liberty depends on taxes. Nova York; Londres: W. W. Norton & Company, 1999.

IMIGRANTES protestam contra exclusão de ilegais da saúde na Espanha. *Folha de S.Paulo*, 1 set. 2012. Disponível em: <http://folha.com/no1146983>. Acesso em: 14 set. 2012.

JOBIM, Marco F. Jobim em obra sobre o tema (Livraria do Advogado), resultante de tese de doutorado defendida na PUC-RS.

LEAL, Rogério Gesta. *Estado, administração pública e sociedade*: novos paradigmas. Porto Alegre: Livraria do Advogado, 2006.

LEIVAS, Paulo Gilberto Cogo. O direito à saúde segundo o Supremo Tribunal Federal. In: SARMENTO, Daniel; SARLET, Ingo Wolfgang (Coord.). *Direitos fundamentais no Supremo Tribunal Federal*: balanço e crítica. Rio de Janeiro: Lumen Juris, 2011. p. 635-648.

LIEBENBERG, Sandra. *Socio-economic rights*. Adjudication under a transformative constitution. Cape Town: Juta & Co Ltd., 2010.

LOPES, José Reinaldo Lima. *Direitos sociais*. Teoria e prática. São Paulo: Método, 2006.

LOUREIRO, João Carlos. *Adeus ao estado social?* A segurança social entre o crocodilo da economia e a medusa da ideologia dos "direitos adquiridos". Coimbra: Coimbra, 2010.

MARTENS, Wolfgang. Grundrechte im Leistungsstaat. *Veröffentlichungen der Vereinigung der deutschen Staatsrechtslehrer*, n. 30, 1972.

MENDES, Conrado Hübner. *Controle de constitucionalidade e democracia.* Rio de Janeiro: Elsevier, 2008.

MIRANDA, Jorge. *Manual de direito constitucional.* 2. ed. Coimbra: Coimbra, 1993. v. II.

MORO, Sergio. *Desenvolvimento e efetivação judicial das normas constitucionais.* São Paulo: Max Limonad, 2001.

MURSWIEK, Dietrich. Grundrechte als Teilhaberechte, soziale Grundrechte. In: ISENSEE, Josef; KIRCHHOF, Paul (Org.). *Handbuch des Staatsrechts der Bundesrepublik Deutschland.* Munique: C. F. Müller, 2000. v. V.

NOVAIS, Jorge Reis. *Os princípios constitucionais estruturantes da República Portuguesa.* Coimbra: Coimbra, 2004.

_____. *Direitos fundamentais.* Trunfos contra a maioria. Coimbra: Coimbra, 2006.

_____. *Direitos sociais:* teoria jurídica dos direitos sociais enquanto direitos fundamentais. Coimbra: Coimbra, 2010.

PATTO, Pedro M. G. V. A vinculação das entidades públicas pelos direitos, liberdades e garantias. *Documentação e Direito Comparado*, n. 33-34, 1988.

PIOVESAN, Flávia. Concretização e transformação social: a eficácia das normas constitucionais programáticas e a concretização dos direitos e garantias fundamentais. *Revista da Procuradoria-Geral do Estado*, São Paulo, n. 37, 1992.

POSNER, Eric. *The twilight of human rights law.* Nova York: Oxford University, 2014.

RITTER, Gerhard A. *Der Sozialstaat. Entstehung und Entwicklung im Internationalen Vergleich.* 3. ed. Munique: Oldenburg, 2010.

RUSCHEL, Ruy Ruben. A eficácia dos direitos sociais. *Revista da Ajuris*, n. 58, 1993.

SARLET, Ingo Wolfgang. *A eficácia dos direitos fundamentais.* Uma teoria dos direitos fundamentais na perspectiva constitucional. 10. ed. ver., atual. e ampl. Porto Alegre: Livraria do Advogado, 2009.

_____. *Dignidade da pessoa humana e direitos fundamentais na Constituição Federal de 1988.* 9. ed. Porto Alegre: Livraria do Advogado, 2011.

SEILER, Christian. Das Grundrecht auf ein menschenwürdiges Existenzminimum. *Juristenzeitung*, p. 500-505, 2010.

SILVA, José Afonso da. *Aplicabilidade das normas constitucionais*. São Paulo: Malheiros, 2007.

_____. O Judiciário e as políticas públicas: entre transformação social e obstáculo à realização dos direitos sociais. In: SOUZA NETO, Cláudio P.; SARMENTO, Daniel (Coord.). *Direitos sociais*. Rio de Janeiro: Lumen Juris, 2008.

_____. *Direitos fundamentais*. Conteúdo essencial, restrições e eficácia. São Paulo: Malheiros, 2009.

STARCK, Christian. Staatliche Organisation und Staatliche Finanzierung als Hilfen zu Grundrechtsverwirklichungen? In: BUNDESVERFASSUNGS-GERICHT und Grundgesetz aus AnlaB des 25 jährigen Bestehens des Bundesverfassungsgerichts. Tübingen: J. C. B. Mohr (Paul Siebeck), 1976. v. II.

STEINMETZ, Wilson. O dever de aplicação imediata de direitos e garantias fundamentais na jurisprudência do STF e nas interpretações da literatura especializada. In: SARMENTO, Daniel; SARLET, Ingo Wolfgang (Coord.). *Direitos fundamentais no Supremo Tribunal Federal*: balanço e crítica. Rio de Janeiro: Lumen Juris, 2011.

SUNSTEIN, Cass R. *The second Bill of Rights*. Nova York: Basic Books, 2004.

TORRES, Ricardo Lobo. *O direito ao mínimo existencial*. Rio de Janeiro: Renovar; BITENCOURT NETO, Eurico. *O direito ao mínimo para uma existência digna*. Porto Alegre: Livraria do Advogado, 2010.

TUSHNET, Mark. *Weak Courts, strong rights*: judicial review and social welfare rights in comparative constitutional law. Princeton; Oxford: Princeton University, 2008.

ZACHER, Hans-Friedrich. Das soziale Staatsziel. In: ISENSEE, Josef; KIRCHHOF, Paul (Coord.). *Handbuch des Staatsrechts der Bundesrepublik Deutschland*. Heidelberg: C. F. Müller, 1987. v. I.

PARTE 2 — BLOCO 4

Legitimidade do STF, acesso e as partes no processo

O Judiciário pode ser entendido como representante do povo? Um diálogo com "A razão sem voto" de Luís Roberto Barroso

Jane Reis Gonçalves Pereira*

Apresentação

A tese de que o conceito de representação democrática pode ser utilizado como referência explicativa da atuação do Judiciário vem ganhando espaço nos últimos anos. Luís Roberto Barroso, no original texto em torno do qual gravitam os trabalhos publicados neste livro — intitulado "A razão sem voto" —, sustenta que o Judiciário possui um papel representativo, podendo, em certos contextos, ser o melhor "intérprete do sentimento majoritário". O argumento por ele proposto se insere em uma conjuntura de fortalecimento institucional e simbólico do Judiciário como instância de controle e correção das decisões políticas tomadas pelos outros ramos de poder. A expansão do poder judicial, como se sabe, não é um fenômeno exclusivamente brasileiro, mas tem alcance global, encartando uma série de desafios no domínio da teoria constitucional e da ciência política. Em vista desse cenário, buscarei, neste texto, fazer um contraponto à construção teórica que atribui ao Judiciário uma faceta representativa. Meu objetivo é abordar os riscos que essa ideia encerra e explicar por que ela deve ser encarada com ceticismo. O argumento central deste ensaio é de que a noção do Judiciário como poder representativo não deve operar como um elemento que confira legitimação

---

* Professora adjunta da Universidade do Estado do Rio de Janeiro e juíza federal.

e reforço do poder dos tribunais, mas como um fator que imponha porosidade igualitária à jurisdição constitucional.[1]

Introdução

A ideia de representação política é central na teoria constitucional democrática. Os pressupostos fundamentais do constitucionalismo — igualdade entre os homens, liberdades fundamentais e o direito de participar da formação da vontade estatal — tornaram imprescindível a legitimação do poder político por meio de instituições, virtual ou autenticamente, representativas.[2]

Por outro lado, o vocabulário político contemporâneo estabelece uma forte associação simbólica entre o conceito de representação e o ideal democrático. Se determinada instituição estatal é qualificada como representativa, está subentendido que, do ponto de vista estrutural e funcional, está inserida em um modelo democrático (ainda que não fique claro, nessa correlação genérica, o conceito de democracia pressuposto). A correspondência assumida no discurso contemporâneo é clara: mais representatividade, mais democracia.

Nesse panorama, a discussão em torno do papel e da legitimação do Poder Judiciário — especialmente na solução de questões altamente controvertidas e no controle da validade das leis — esbarra corriqueiramente nas objeções relacionadas com a ausência de representatividade democrática desse ramo de poder. Os argumentos contrários e favoráveis à legitimidade dos tribunais para intervir nas decisões dos órgãos de representação tradicional

---

[1] Este ensaio corresponde a uma nova versão, incorporando o diálogo com o texto de Luís Roberto Barroso, de artigo anteriormente publicado na revista *Juris Poiesis*, em 2014, sob o título "Representação democrática do Judiciário: reflexões preliminares sobre os riscos e dilemas de uma ideia em ascensão".

[2] John Hart Ely rememora a ideia de *representação virtual* como um mecanismo capaz de relacionar, constitucionalmente, o destino dos detentores de poder eletivo àquele dos indivíduos de origem minoritária ou não contemplados, diretamente, pelo sistema representativo. Em determinadas situações, as cortes, ao exercer seu papel contramajoritário, estariam corrigindo deficiências de representação, restabelecendo, virtualmente, a igualdade entre os interesses minoritários e os anseios das maiorias politicamente representadas. ELY, John Hart. *Democracia y desconfianza*: una teoria de control constitucional. Tradução de Magdalena Holguín, Bogotá: Siglo del Hombre Editores, 2001. p. 106-114.

normalmente giram em torno de dois eixos: i) a ideia de que a atuação do Judiciário não seria legítima em vista da ausência de um *pedigree* democrático que embase sua atuação e ii) a ideia de que a atuação do Judiciário pode ser entendida como legítima, apesar de não ter origem democrática, porque sua missão se fundamenta em outras bases, procedimentais ou substantivas.[3]

Nas duas cadeias de argumentos, a ausência de um DNA representativo no Poder Judiciário é pressuposta e aceita, seja para negar sua legitimação, seja para afirmar que ela não depende desse fator.[4]

Mais recentemente, porém, passou a transitar no discurso jurídico a tese de que é possível reconhecer que o Judiciário desempenha, como os outros poderes do Estado, um papel representativo.

A noção de que o Judiciário pode ser entendido como órgão com função representativa ganhou maior destaque nos últimos anos. Ela aparece de forma mais literal em escritos de Robert Alexy, que sustenta a tese de que o Judiciário exerce uma *representação argumentativa* da sociedade, que atuaria de forma complementar e dialética à *representação volitiva parlamentar.*[5]

---

[3] Não cabe nesse trabalho inventariar esse debate. Para uma análise abrangente do tema, veja-se MENDES, Conrado Hübner. *Direitos fundamentais, separação de poderes e deliberação*. São Paulo: Saraiva, 2011.

[4] Vale a ressalva de que Ely (1980:67-69) vê as cortes como órgãos de reforço e aperfeiçoamento da representação, tese que poderia ser interpretada no sentido de afirmar que elas atuam como representantes das minorias excluídas em decorrência das deficiências da representação majoritária. No entanto, me não me parece que seja esse o sentido da tese de Ely. O entendimento defendido pelo autor é de que, se as instituições representativas são imperfeitas, a resposta apropriada é fazê-las mais democráticas, e não transformar as cortes em corpos representativos.

[5] Alexy sustenta que, paralelamente à representação volitiva e decisória dos parlamentos, um modelo de democracia discursiva deve conter elementos de representação argumentativa. Desse modo, enquanto a representação política parlamentar é pautada na intersecção desses dois aspectos representativos — instrumentalizados por meio do voto, da deliberação e da reeleição —, a representação exercida pelas cortes constitucionais é "puramente argumentativa", ou seja, pautada na persuasão e correção dos argumentos utilizados pelos magistrados, considerando que eles não são diretamente eleitos pela população. O autor pontua, todavia, que "a existência de argumentos bons e plausíveis não basta [...] para a representação. Para isso, é necessário que o tribunal não só promova a pretensão de que seus argumentos são os argumentos do povo ou do cidadão; um número suficiente de cidadãos precisa, pelo menos em perspectiva mais prolongada, aceitar esses argumentos como corretos". ALEXY, Robert. Balancing, constitutional review and representation. *International Journal of Constitutional Law*, v. 3, n. 4, 572-581, out. 2005. Esse conceito é debatido no item 2 do presente artigo.

No Brasil, onde a teoria constitucional é largamente influenciada pelo pensamento de Alexy, essa concepção logo chegou ao discurso judicial e acadêmico. O ministro Gilmar Mendes, em decisões e entrevistas no ano de 2008, referiu-se ao STF como *representante argumentativo da sociedade*, utilizando tal ideia para justificar a atuação do Tribunal em casos controvertidos como o da fidelidade partidária e das pesquisas com células-tronco.[6]

Em sentido análogo, Thamy Pogrebinschi propõe uma ressignificação da representação política, de modo a ampliar seus fundamentos e suas condições de validade e legitimidade. Relacionando a ideia de representação com os conceitos de delegação, *accountability* e legitimação pelo resultado, Pogrebinschi sustenta que o conceito de representação pode ser aplicado ao Judiciário.[7]

Luís Roberto Barroso e Eduardo Mendonça, igualmente, sustentaram que a jurisdição constitucional desempenha uma função representativa, paralelamente à contramajoritária:

> o fato é que um olhar reconstrutivo sobre a jurisprudência e a própria postura da Corte permite concluir que ela tem desenvolvido, de forma crescente, uma nítida percepção de si mesma como representante da soberania popular. Mais precisamente, como representante de decisões soberanas materializadas na Constituição Federal e difundidas por meio de um sentimento constitucional que, venturosamente, se irradiou pela sociedade como um todo.[8]

No texto "A razão sem voto", Luís Roberto Barroso retomou a ideia de que o Judiciário tem uma função representativa, pela qual "atende a demandas sociais relevantes que não foram aceitas pelo processo majoritário", bem como pontua que não é incomum nem surpreendente que o Judiciário, em

---

[6] Confira-se a entrevista publicada, em junho de 2008, no jornal *Valor Econômico*, na qual o ministro, então presidente do STF, afirma que este é "'Casa do povo' com a função de suprir as deficiências do Poder Legislativo, o Congresso Nacional". No mesmo sentido, Gilmar Mendes se referiu aos juízes como "representantes argumentativos" da sociedade em seu voto prolatado no julgamento da ADI 3510-0.

[7] POGREBINSCHI, Thamy. *Judicialização ou representação*: política, direito e democracia no Brasil. Rio de Janeiro: Elsevier, 2011. p. 165-183.

[8] BARROSO, Luís Roberto; MENDONÇA, Eduardo. *Retrospectiva 2012*: STF entre seus papéis contramajoritário e representativo. 2012. Disponível em: <www.conjur.com.br/2013-jan-03/retrospectiva-2012-stf-entre-papeis-contramajoritario-representativo>. Acesso em: 30 nov. 2014.

certos contextos, seja melhor intérprete do sentimento majoriário" (Barroso, 2015:41).

Essa tendência pode ser entendida como reflexo teórico da conjuntura mais ampla que a cerca. Ela é uma tentativa de traduzir conceitualmente uma série de processos que se iniciaram na segunda metade do século XX e estão atingindo seu ápice, fornecendo um ambiente favorável ao esfumaçamento das fronteiras que outrora separavam a noção ortodoxa de representação política dos agentes eleitos da missão judicial de aplicar decisões por eles adotadas. Cabe mencionar, de um modo geral, três aspectos que favorecem essa percepção:

a) A crescente indefinição da fronteira que separa direito e política, que deflui da progressiva força normativa dada a textos constitucionais que abrigam valores e conceitos abertos e à ascensão institucional do Judiciário.

b) A correlata generalização da ideia de que a atividade judicial tem uma dimensão criativa, de que o direito deve ser entendido como uma *empreitada coletiva*, que envolve todos os agentes políticos, o Judiciário e a sociedade. Na metáfora empregada por Peter Häberle (1996:30) em seu seminal *A sociedade aberta dos intérpretes da Constituição*, a Carta política é hoje entendida como "um vestido que muitos bordam".[9]

c) A constante busca por saídas teóricas que expliquem e justifiquem esses processos, que fundamentem o papel protagonista que as Cortes desempenham nas democracias contemporâneas ao atribuir sentido à Constituição e arbitrar conflitos políticos importantes.

A reflexão que quero apresentar no presente ensaio gira em torno das implicações positivas e negativas de assumir a tese de que o Judiciário tem uma

---

[9] Sobre o tema da abertura do sistema constitucional à sociedade e das complexas interações entre movimentos sociais e interpretação constitucional, veja-se o excelente trabalho de GOMES, Juliana Cesario Alvim. *Por um constitucionalismo difuso*: cidadãos, movimentos sociais e o significado da Constituição. Dissertação (mestrado em direito) — Universidade do Estado do Rio de Janeiro, Rio de Janeiro, 2014. A autora utiliza a feliz expressão *constitucionalismo difuso* para descrever o fenômeno.

função ou dimensão representativa. Utilizarei, aqui, a expressão *representação democrática judicial*. O termo significa, na acepção que adoto, o alargamento do conceito tradicional de *representação* popular de forma a abarcar, além do Executivo e do Legislativo, o Poder Judiciário. Em outras palavras, quero discutir, de forma preliminar, as implicações negativas e positivas do reconhecimento de uma dimensão representativa na atuação das Cortes.

As perguntas que apresento — e exploro de forma esquemática e preliminar — são as seguintes: 1) o Poder Judiciário pode ser entendido como um espaço de representação do povo? 2) quais são os riscos e implicações de reconhecer, conceitualmente, que o Judiciário tem uma face representativa? 3) quais são os ônus e limites institucionais que o reconhecimento de tal atributo deve impor aos juízes?

Minha abordagem parte de uma percepção cética em relação à ideia de que o Judiciário desempenha uma função representativa. Sustento que a emergência dessa concepção não pode pressupor o reconhecimento de *credenciais democráticas* ao Judiciário, devendo, no máximo, servir como parâmetro de controle da sua *funcionalidade democrática*,[10] com a atribuição de novos ônus e limites à atuação das cortes.

1. Em que sentido é possível pensar no Judiciário como um poder representativo? Reflexões preliminares

A ideia de representação é constitutiva do conceito de Estado. Por isso, é razoável opor uma *representação técnico-jurídica* à *representação estritamente política*. No primeiro sentido, todos os órgãos do Estado são representativos, já que encerram poderes e funções que são exercidos em nome do povo.

No segundo sentido, político, impõe-se uma relação de legitimação genética entre o corpo de cidadãos e os órgãos que os representam (por designação, por meio do voto) e, ainda, uma aferição da concordância do povo com conteúdos decisórios emanados dos órgãos eleitos.

---

[10] A expressão é de Eugenio Zaffaroni (1995:43), para quem "uma instituição não é democrática unicamente porque não provenha de eleição popular [...]. Uma instituição é democrática quando seja funcional para o sistema democrático, quer dizer, quando seja necessária para sua continuidade, como ocorre com o judiciário".

É possível, portanto, diferenciar a representação política em sentido formal e em sentido material (Bockenforde, 1993:145). No sentido formal, representação corresponde à autorização para agir que os órgãos de direção política recebem dos cidadãos. Nessa acepção, a representação é o "nexo de legitimação e de imputação que existe ou se estabelece entre a ação dos órgãos de direção e o povo". No sentido material, a representação significa que os cidadãos devem poder reconhecer-se nas ações dos órgãos de Estado, relacionando-se à "capacidade dos atos emanados do Estado de gerar aceitação e inclinação à obediência" (Id., p. 146).

Também sob um enfoque dicotômico, podemos pensar a representação, de um lado, como ficção que lastreia o exercício do poder pela elite política e, de outro, como ferramenta de controle e limitação ao poder.

O caráter figurativo e ficcional da representação política é inquestionável. Nesse sentido, Verdú (2001:220-221), ao falar da formulação moderna do conceito de representação, explica que: "no quadro do jogo político, da vida política contemplada como ações e reações a respeito do poder nos encontramos com uma multiplicidade de atores que jogam, representam e interpretam diversos papéis ou *roles* em todo o sistema político". Assim:

> uma concepção moderna, teórica e prática da representação [...] deve ter em conta o papel político dos intérpretes. Nesse sentido eles interpretam e executam, bem ou mal, medíocre ou perfeitamente seus papéis como artistas de teatro ou cinema [...]. A vida política aparece, pois, como uma representação *coram publico* de um autêntico jogo político que às vezes se torna espetáculo. Representação, em latim *representatio*, significa ação de colocar diante dos olhos.

Nesse sentido, o autor conclui, com lucidez, que o "sistema representativo parlamentar é a culminação estética, formal e material do governo da opinião pública".

A outra face dessa natureza simbólica é a permanente possibilidade de desconstituição do poder atribuído aos representantes. Assim, costuma ser relacionada com o conceito de representação política a possibilidade de controlar os representantes. Dessa forma, a representação opera como um fator simultâneo de atribuição e constrição do poder político.

Há várias formas de organizar e dividir os conceitos atrelados à ideia de representação, que tornam a abordagem da *representação democrática judicial* complexa e multifacetada.

Em vista dessas dificuldades, farei o enfrentamento da ideia de que o Judiciário tem caráter representativo usando como referencial teórico as quatro concepções de representação propostas por Hanna Pitkin em seu clássico *The concept of representation*,[11] que fornece uma análise organizada e abrangente dos variados enfoques usados na teoria política. Buscarei, na análise de cada concepção apresentada, fazer uma avaliação preliminar da possibilidade de trasladar o conceito para o Judiciário.

i. Representação formalista

O conceito de representação formalista diz respeito aos arranjos institucionais que precedem, autorizam e iniciam a relação de representação e seu controle posterior. Está em jogo a autorização, de um lado, e a responsividade, de outro. A questão aqui é determinar a posição institucional do representante, analisando a cadeia de procedimentos pela qual ele adquire poder, e de que maneira pode impor e implementar suas decisões. Sob esse ângulo, não se perquire o quão bem um representante se comporta. Pode-se, apenas, questionar se ele adquiriu sua posição por meio de um procedimento formal legítimo.[12]

Nessa vertente, assumem importância também os mecanismos de controle ulterior da atividade do representante e de sua responsividade. Levam-se em conta quais são os critérios para que o representante possa perder a posição, bem como de que maneira os que lhe atribuíram a posição podem retirá-la.

Na representação parlamentar, a questão que se põe são as regras de eleição, a duração dos mandatos e a possibilidade de sua revogação ou não renovação por eleições periódicas.

Para a legitimação do Judiciário, porém, esse conceito de representação formalista tem aplicação mais restrita, embora não seja irrelevante. De fato, existe uma cadeia de legitimação genética que reconduz, ainda que de forma remota e oblíqua, a nomeação de juízes de tribunais superiores à vontade do povo. Em nosso sistema, a indicação dos ministros do STF pelo chefe

---

[11] PITKIN, Hannah Fenichel. *The concept of representation*. Berkeley: University of California, 1967.

[12] Ibid., p. 38-59.

do Executivo e a posterior sabatina pelo Senado integram esse processo de atribuição de poder.

Um conjunto de questões importantes e difíceis emerge quando tratamos da responsividade dos tribunais como elemento de representação formalista. A eleição de juízes e sua possível recondução envolvem sério comprometimento da independência judicial, sendo uma prática hoje restrita a alguns estados norte-americanos, onde se apresentam inúmeras consequências problemáticas, tais como a interferência dos agentes privados que financiam as campanhas de juízes na formação dos entendimentos dos tribunais.[13]

Outro aspecto relacionado com o conceito de representatividade formalista em sua dimensão da responsividade é a possibilidade de fixação de mandatos — curtos ou longos — para os tribunais constitucionais, em substituição às nomeações em caráter vitalício, assim como a possibilidade de *impeachment* de juízes.

Se, de um lado, aplicar a noção de responsividade do Judiciário pressupõe a ampliação dos mecanismos de controle externo pela sociedade e pelos outros órgãos de Estado, por outro, um incremento desses mecanismos pode comprometer a independência dos juízes, que é consensualmente entendida como pressuposto do estado de direito. Esse *trade-off* que se estabelece entre independência judicial e responsividade constitui um importante desafio no campo do *design* institucional. Mecanismos que reforçam o insulamento institucional dos tribunais, como as garantias atreladas ao reforço da independência — autonomia orçamentária, irredutibilidade de vencimentos e vitaliciedade dos juízes —, ampliam as condições de imparcialidade dos julgamentos, mas, ao mesmo tempo, limitam a aplicação do conceito de representatividade formalista ao Judiciário.

ii. Representação simbólica

Outro sentido abordado por Hanna Pitkin é a representação simbólica.[14] Esse conceito tem em conta a forma pela qual o representante corresponde

---

[13] SHEPERD, Joanna. Justice at risk: an empirical analysis of campaign contributions and judicial decisions. *American Constitution Society*, 2013. Disponível em: <www.acslaw.org/ACS%20Justice%20at%20Risk%20(FINAL)%206_10_13.pdf>. Acesso em: 30 nov. 2014.

[14] Hannah Fenichel Pitkin, *The concept of representation*, op. cit., p. 92-111.

às expectativas do representado e o grau de apoio que dele obtém. A pergunta que se coloca sob esse enfoque é: que tipo de resposta ou atuação o representado espera do representante? Os representantes, nessa vertente, são avaliados pelo coeficiente de aceitação popular que conquistam.

Em que medida esse sentido de representação pode ser relacionado com a legitimação do Judiciário? Do ponto de vista normativo, entender que os juízes estão submetidos a tal tipo de escrutínio encerra riscos importantes para o ideal de independência judicial e contraria o entendimento das cortes como instâncias contramajoritárias.[15] No entanto, sob uma ótica puramente descritiva, é intuitivo que a construção de uma boa imagem na sociedade é algo muitas vezes buscado pelos juízes. A aquisição de crédito público tem por consequência um apoio que reforça o poder individual dos juízes ou o poder das cortes, bem como a percepção geral de que são permeáveis às demandas da sociedade.[16]

Para uma análise do problema da representatividade sob esse enfoque, assume relevância o exame do grau de transparência no funcionamento das cortes, que envolve a questão do televisionamento dos julgamentos e a forma de divulgação das decisões. Assumem importância, ainda, pesquisas empíricas que avaliam as intrincadas relações entre juízes e opinião pública, passando pela interação dos tribunais com a mídia.[17]

Esse enfoque envolve a contribuição dos trabalhos no campo da ciência política e da psicologia sobre o comportamento judicial e sobre as implica-

---

[15] BICKEL, Alexander M. *The least dangerous branch*: the Supreme Court at the bar of politics. 2. ed. New Haven: Yale University, 1986; FRIEDMAN, Barry. The birth of and academic obsession: the history of the countermajoritarian difficulty, part five. *Yale Law Journal*, v. 112, 2002.

[16] Explorei alguns dilemas e desafios relativos ao problema da influência da plateia nos julgamentos em um pequeno texto sobre o assunto: PEREIRA, Jane Reis Gonçalves. *O Judiciário e a opinião pública*: riscos e dificuldades de decidir sob aplausos e vaias. Disponível em: <http://estadodedireitos.com/2012/10/29/o-judiciario-e-a-opiniao-publica-riscos-e-dificuldades-de-decidir-sob-aplausos-e-vaias/>. Acesso em: 29 out. 2012.

[17] NOVELINO, Marcelo. *A influência da opinião pública no comportamento dos membros do STF.* 2013. Disponível em: <http://migre.me/ezw3N>. Acesso em: 30 nov. 2014; CAMPOS MELLO, Patrícia Perrone. *Nos bastidores do STF.* Tese (doutorado em direito) — Universidade do Estado do Rio de Janeiro, Rio de Janeiro, 2014; EPSTEIN, Lee. On the importance of public opinion. *Daedalus: Journal of the American Academy of Arts and Sciences*, v. 141, p. 5-8, 2012; MARTIN, Andrew D. Does public opinion influence the Supreme Court? Possibly yes (but we are not sure why). *University of Pennsylvania Journal of Constitutional Law*, v. 13, p. 263-281, 2010.

ções da pressão externa exercida pelo público sobre os juízes em questões polêmicas. É intuitivo que o capital político de um tribunal — e a percepção popular de que ele é "representativo" — pode aumentar ou diminuir conforme a coletividade perceba uma adesão ou descolamento das decisões às suas expectativas e percepção da realidade. As implicações dessa interação para o funcionamento do *estado de direito* — entendido como ideal regulativo de conformidade às regras e formas jurídicas — e para o *autogoverno popular* merecem ainda ser largamente exploradas. Tanto as análises que procuram traçar uma correlação positiva entre vontade do povo e ação transformadora das cortes[18] quanto as pessimistas, que desacreditam que o Judiciário possa efetivamente operar mudanças sociais,[19] contribuem para conjecturar retrospectivamente sobre o conceito de representação simbólica dos tribunais. No entanto, a resposta sobre em que medida e/ou em quais contextos é desejável que essa conexão seja estabelecida permanece em aberto. Uma tentativa interessante de conciliação é encontrada no constitucionalismo democrático proposto por Robert Post e Reva Segal. Segundo esses autores, muitas decisões dadas pelo direito constitucional constituem uma resposta à mobilização popular. Esse fenômeno não equivale a negar a distinção entre direito e política, mas reconhecer que a tensão entre *estado de direito* e *autogoverno* é negociada e desejável. Dessa forma, certo grau de conflito e discordância é uma consequência natural de reivindicar direitos pela via judicial, de modo que a interpretação constitucional pelas cortes pode funcionar como um incentivo à participação política e ao engajamento do povo.[20]

---

[18] FRIEDMAN, Barry. *The will of the people*: how public opinion has influenced the Supreme Court and shaped the meaning of the constitution. Nova York: Macmillan, 2009; LAIN, Corinna Barret. Upside-down judicial review. *The Georgetown Law Journal*, v. 101, p. 113-183, 2012; DAHL, Robert. Decision-making in a democracy: the Supreme Court as a national policy maker. *Journal of Public Law*, v. 6, 1957.

[19] ROSENBERG, Gerald N. *The hollow hope*: can courts bring about social change? Chicago: University of Chicago, 1991.

[20] POST, Robert C.; SIEGEL, Reva B. Roe rage: democratic constitucionalism and blacklash. *Harvard Civil Rights-Civil Liberties Law Review*, 2007. Disponível em: <http://ssrn.com/abstract=990968>. Acesso em: 30 nov. 2014.

iii. Representação descritiva (identitária)

A representação descritiva relaciona-se com a ideia de que as instituições estatais devem refletir a composição da sociedade. Sob esse ângulo, questiona-se: em que medida um representante se assemelha aos representados? Ele se parece com o representado, tem interesses em comum com ele, compartilha experiências com ele? Aqui a representação é avaliada pela semelhança entre o representante e o representado. Assumem relevância traços identitários, como gênero, raça, religião, nacionalidade ou origem.

Existe um liame entre esse conceito de representação e a legitimidade do Judiciário? Sim — na medida em que é desejável, nas democracias plurais, que todos os órgãos do Estado reflitam simbolicamente os variados segmentos sociais. Todavia, é problemático determinar de que forma e em que medida essa correlação se estabelece.

Um exemplo claro de que tal associação não é irrelevante é o fato de a composição das cortes supranacionais ser marcada pela preocupação com a nacionalidade dos juízes, com lastro na presunção de que podem mostrar parcialidade em relação aos seus países de origem.[21] Essa inquietação quanto à forma pela qual a nacionalidade pode comprometer o ideal de independência das cortes é ilustrativa da conexão entre identidade e interpretação jurídica.

Mecanismo semelhante é adotado para a formação da Suprema Corte canadense que, se utilizando de critérios geográficos para a seleção de seus magistrados, tenta representar sua formação continental e multiétnica.[22]

---

[21] DANNENBAUM, Tom. Nationality and the international judge: the nationalist presumption governing the international judiciary and why it must be reversed. *Cornell International Law Journal*, v. 45, p. 77-184, 2012.

[22] Songer afirma que a Suprema Corte do Canadá, ainda que não reflita fielmente a composição da sociedade canadense, é mais diversificada quanto à origem e ao gênero de seus membros do que os tribunais superiores da Inglaterra e dos Estados Unidos. SONGER, Donald R. *The transformation of the Supreme Court of Canada*: an empirical examination. Toronto: University of Toronto Press, 2008. p. 72. É interessante observar, ainda, que a demanda por cortes constitucionais pluriétnicas é um dos múltiplos desafios nos novos modelos de *constitucionalismo plurinacional*. Veja-se, sobre o tema: Tierney (2008). Um caso interessante é o da Bolívia. A atual Constituição da Bolívia (chamada de Constituição Política do Estado Plurinacional), promulgada em 2009, estabelece em seu art. 3º que "a nação boliviana é formada pela totalidade das bolivianas e bolivianos, nações e povos indígenas originários campesinos e comunidades interculturais e afrobolivianas que, em conjunto, constituem o povo boliviano". Ela determina, em seu art. 197, I e II, que o

Há também uma vasta literatura que discute a ligação entre diversidade de composição nos tribunais e a imparcialidade em questões que envolvem raça e gênero.[23] Um exemplo interessante e recente é a decisão da Suprema Corte norte-americana no caso Hobby Lobby, que envolve o direito das mulheres a terem acesso a variadas formas de contracepção nos planos de saúde oferecidos por empresas. A Corte decidiu, por cinco votos a quatro, que a liberdade de religião aplica-se às empresas de pequeno porte, e que estas não podem ser obrigadas a custear por meio de seguro saúde métodos contraceptivos que violem as crenças de seus proprietários. Dos quatro votos vencidos, três foram das juízas da Corte.[24] Ruth Ginsburg, que redigiu o voto dissidente, afirmou à imprensa que "os juízes homens não compreendem o que Hobby Lobby significou para as mulheres".[25]

Em outra decisão recente, na qual a Suprema Corte norte-americana manteve uma emenda à Constituição de Michigan que baniu ações afirmativas naquele estado, a juíza Sonia Sotomayor — que estudou em uma das Universidades da Ivy League como beneficiária de políticas de ação afirmativa — redigiu um voto apaixonado e impactante, em que faz referência à "longa e lamentável" história de discriminação racial no país.[26]

Tribunal Constitucional Plurinacional deve ser integrado por "magistrados e magistradas", eleitos segundo critérios de plurinacionalidade, com representação tanto do sistema ordinário quanto do sistema indígena originário campesino, conforme a lei.

[23] HURWITZ, Mark S.; LANIER, Drew Noble. Explaining judicial diversity: the differential ability of women and minorities to attain seats on state supreme and appellate courts. *State Politics and Policy Quarterly*, v. 3, n. 4, p. 329-352, dez. 2003.

[24] Para o inteiro teor do julgamento, com o acirrado resultado de 5 a 4, ver *Burwell v. Hobby Lobby*, 573 U.S., 2014. Disponível em: <www.supremecourt.gov/opinions/13pdf/13-354_olp1.pdf>. Acesso em: 30 nov. 2014.

[25] FLATOW, Nicole. Ruth Bader Ginsburg: male justices don't understand what Hobby Lobby meant for women. Disponível em: <thinkprogress.org/justice/2014/07/31/3466213/ruth-bader--ginsburg-male-justices-dont-understand-what-hobby-lobby-meant-for-women>. Acesso em: 30 nov. 2014.

[26] Para a íntegra do julgado, ver *Schuette vs. Coalition to Defend Affirmative Action*. Disponível em: <www.supremecourt.gov/opinions/13pdf/12-682_8759.pdf>. Ver, também, LIPTAK, Adam. Court backs Michigan on affirmative action. *The New York Times*, 22 abr. 2014. Disponível em: <www.nytimes.com/2014/04/23/us/supreme-court-michigan-affirmative-action-ban.html?_r=1>. Acesso em: 30 nov. 2014.

Uma associação entre orientações jurisprudenciais e identidade raramente poder ser estabelecida com clareza.[27] A formação de convicções jurídicas e de tomadas de posição em julgamentos é informada por uma série de fatores, conforme demonstram os inúmeros trabalhos que analisam as influências de fatores extrajurídicos no comportamento judicial.[28]

Porém, se de um lado a exigência de independência e autonomia da função de julgar dificulta assumir uma correlação estreita entre esse fator e a legitimidade do Judiciário, por outro, parece claro que, a partir do momento em que se difunde a ideia de que o Judiciário tem facetas representativas, o significado do aspecto identitário não pode ser ignorado e merece ser debatido seriamente.

iv. Representação substantiva

Por fim, tem-se a representação em sentido substantivo. Nessa acepção, cabe ter em conta a atividade que os representantes desempenham em nome do representado, ou no seu interesse, ou como substitutos do representado. A questão aqui é posta nos seguintes termos: o representante realiza as preferências do representado? Atende aos seus melhores interesses?

Esse é o ponto crucial na dificuldade do reconhecimento de uma função representativa dos tribunais. É que determinar se as cortes são substantivamente representativas pressupõe adotar uma posição sobre quem elas *podem ou devem* representar substancialmente ao decidir. O povo em sua integralidade? Ou uma parcela do povo, que nelas busca outra rodada de discussão do tema politicamente controvertido? A circunstância de as cortes

---

[27] Sobre a questão de gênero, veja-se o interessante estudo de Boyd, Epstein e Martin indicando uma relação de causalidade entre gênero dos juízes e os entendimentos sobre questões envolvendo discriminação sexual e, ainda, uma correlação entre a presença de mulheres em órgãos colegiados e os entendimentos adotados pelos juízes homens nessas matérias. BOYD, Christina L.; EPSTEIN, Lee; MARTIN, Andrew D. Untangling the causal effects of sex on judging. *American Journal of Political Science*, p. 389-411, 2010. Disponível em: <http://epstein.wustl.edu/research/genderjudging.pdf>. Acesso em: 30 nov. 2014.

[28] NOVELINO, Marcelo. *Como os juízes decidem*: a influência de fatores extrajurídicos sobre o comportamento judicial. Tese (doutorado em direito) — Universidade do Estado do Rio de Janeiro, Rio de Janeiro, 2014.

idealmente adotarem argumentos de razão pública compromete a ideia de que atuam de modo representativo?[29] Adotar o entendimento de que tribunais podem representar o povo genericamente considerado — utilizando argumentos que devam ser aceitos por consenso — entra em choque com uma das mais persuasivas teses sobre a legitimação do poder dos juízes, que os concebe como guardiões dos direitos das minorias oprimidas e sub-representadas.

Seria interessante e importante explorar as implicações e inconsistências da potencial adoção da tese de que o Judiciário exerce representação substantiva à luz das várias teorias contemporâneas sobre legitimidade da revisão judicial das decisões tomadas pelas instâncias representativas tradicionais. Porém, tal empreitada desbordaria dos limites desse ensaio.

Tratarei, neste tópico, apenas da linha de fundamentação que se relaciona de forma mais estreita com o conceito de representatividade substancial: a doutrina da *representação argumentativa* de Robert Alexy. Esse autor procura conciliar *direitos fundamentais* e *autogoverno* tendo como referencial o modelo de democracia deliberativa, em que a legitimidade das decisões se ancora na formulação de argumentos racionais e na persuasão. Alexy sustenta que a jurisdição constitucional só pode ser harmonizada com a democracia se puder ser entendida como representativa do povo.[30] A tese se apoia na distinção entre a representação política parlamentar, que seria ao mesmo tempo decisória/volitiva e argumentativa, e a representação das cortes, que seria puramente argumentativa. A representação argumentativa e discursiva dos tribunais atuaria em oposição à representação política dos cidadãos nos cenários em que o Parlamento viola direitos fundamentais. Em outro trabalho mais recente, o autor reconhece a existência de uma conexão eleitoral

---

[29] O conceito normativo de razão pública desenvolvido por Rawls (1993:261), pautado na racionalidade dos cidadãos que vivem em uma comunidade livre e plural, encerra em si a obrigação de que os membros de uma sociedade, ao deliberarem politicamente em busca de consenso público e abrangente, devem se limitar à utilização de argumentos publicamente aceitos, ou seja, alcançáveis racionalmente por qualquer indivíduo, independentemente de suas concepções subjetivas. Para Rawls, o exemplo clássico do exercício da razão pública é sua utilização pelos tribunais na argumentação de suas decisões.

[30] Robert Alexy, Balancing, constitutional review and representation, op. cit.

indireta entre as cortes e o povo, que lhes conferiria também, ainda que em menor gradação, uma representatividade decisória.[31]

No entanto, essa formulação encerra uma série de problemas. O mais notável é que a distinção em pauta mistura o fundamento formal da legitimação do representante (uma cadeia de imbricação genética entre a vontade do povo e as decisões em vista do procedimento de nomeação ou a eleição) com a natureza do poder que essa representação confere (poder de decidir com base na vontade ou na ideologia e poder decidir com base em argumentos jurídicos racionais). Ou seja, o binômio representação argumentativa *versus* argumentação volitiva não organiza as teses de legitimação segundo a *origem* da autoridade, a *função* da autoridade e a *adesão* à autoridade. Enquanto a *origem e a função* da autoridade se relacionam ao desenho institucional estabelecido nas constituições no que se refere aos sistemas eleitorais e aos critérios de nomeação de juízes, a adesão à autoridade diz respeito, do ponto de vista normativo, ao que se espera dos juízes e, do ponto de vista descritivo e empírico, à maneira pela qual se opera a relação de obediência entre o povo e os órgãos estatais (aí incluídos os tribunais).

É possível afirmar que as cortes interpretam, aplicam o direito e argumentam em nome do povo? De um ponto de vista estritamente formal — que avalie os critérios de acesso ao tribunal — a tese seria plausível. Do ponto de vista substantivo, porém, a ideia de representação das cortes deságua em uma discussão não resolvida na teoria constitucional contemporânea.[32]

---

[31] KLATT, Matthias. *Institutionalized reason*: the jurisprudence of Robert Alexy. Oxford: Oxford University Press, 2012. p. 338.

[32] Vale observar que, em certos cenários, as cortes se aproximam mais do sentimento majoritário que os órgãos de representação tradicional. Como notei em outra oportunidade, "as decisões [do STF] sobre fidelidade partidária e nepotismo, embora ativistas, estabelecem soluções que contam com a adesão moral da maioria. No primeiro caso, o julgado foi ao encontro do sentimento generalizado de que o candidato que troca de partido após a eleição trai a confiança do eleitor, praticando um ato oportunista que subverte o sistema representativo proporcional. No segundo, espelhou a conclusão intuitiva de que a ocupação de cargos públicos motivada pelo parentesco e não pelo mérito contradiz os padrões de moralidade na esfera pública. Não seria preciso, portanto, afirmar que as decisões em questão são contramajoritárias. No entanto, é certo que são 'contraparlamentares', já que ocuparam o vácuo de regulamentação existente em domínios nos quais os órgãos de representação democrática tradicionais deliberadamente se omitiram". PEREIRA, Jane Reis Gonçalves. Retrospectiva direito constitucional 2008: a expansão do Judiciário e o constitucionalismo cosmopolita. *Revista Direito do Estado*, 2008.

Afirmar que as cortes são também representantes do povo nada diz sobre os limites materiais da jurisdição constitucional, as fronteiras do ativismo e as técnicas de interpretação aceitáveis nas democracias. Ao contrário, trata-se de uma tese que encerra o risco de atuar como um avatar democrático que mascara o decisionismo nos julgamentos de casos difíceis. É o que abordo, de forma singela, no tópico a seguir.

2. Quais são os riscos de se reconhecer uma dimensão representativa na função judicial?

A noção de que os tribunais são representantes da sociedade é sedutora porque aparenta resolver, numa composição de palavras, as dificuldades inerentes à tensão entre democracia e constitucionalismo. Mas ela é duvidosa porque aproxima artificialmente duas realidades distintas. A noção moderna de representação política está estreitamente ligada ao mandato livre, no qual o representante atua com autonomia plena, sem vinculação à vontade do representado. Essa ausência de vinculação de vontades é compensada pelo seu caráter eletivo e transitório, que viabiliza, em tese, um controle institucionalmente eficaz de seu desempenho democrático. A investidura dos juízes não tem origem popular direta, e em nosso sistema não é transitória, mas vitalícia. Por outro lado, a atuação dos juízes não é politicamente livre, nem sua permanência no cargo está vinculada juridicamente à vontade majoritária do povo.

Assim, o uso do termo *representação* para referir a relação entre povo e Judiciário pode funcionar como uma estratégia puramente retórica para firmar a ideia de que a atuação do juiz é democraticamente legitimada. Todavia, cabe refletir sobre se esse artifício semântico é desejável, já que pode servir para avalizar uma expansão artificial dos poderes dos juízes. Nesse sentido, Camargo e Netto destacaram a funcionalidade retórica da expressão "representação argumentativa" em decisões importantes no STF, sem uma correspondente correlação com as práticas e estruturas da Corte.[33]

---

[33] CAMARGO, Margaria Maria Lacombe; NETTO, Fernando Gama de Miranda. *Representação argumentativa*: fator retórico ou mecanismo de legitimação da atuação do STF? 2010. Disponível em: <www.conpedi.org.br/manaus/arquivos/anais/fortaleza/3589.pdf>. Acesso em: 30 nov. 2014.

Nessa ordem de ideias, não é pequeno o risco de que esse conceito seja invocado e naturalizado com o propósito puramente persuasivo de invocar uma legitimação *a priori* da ação do Tribunal.[34]

Descritivamente, só será possível avaliar se uma corte é representativa olhando para o seu passado, a partir de análises empíricas retrospectivas sobre o seu funcionamento que avaliem os impactos substantivos das decisões e as práticas processuais por ela adotadas. *Normativamente*, o conceito de representação democrática do Judiciário deve funcionar como um fator que impõe transparência e permeabilidade. Uma corte que pretenda ser representativa tem o ônus de estar aberta de forma igualitária à sociedade civil, de ser institucionalmente porosa, de facilitar o acesso dos vulneráveis e de considerar todos os argumentos em jogo na formulação da decisão judicial. O uso da ideia de representação como um argumento de autolegitimação, que outorgue *de per si* às decisões judiciais um *pedigree* democrático, opera o efeito inverso ao aparente: ao invés de tornar a jurisdição mais democrática e plural, torna-a mais aristocrática e ensimesmada.

É incongruente que a própria Corte, para fundamentar suas decisões em casos difíceis, afirme ser representativa. O uso da ideia de representação como credencial democrática pelo próprio Judiciário pode converter-se em um sofisma que mascara interpretações maximalistas. Há o risco de que essa credencial seja empregada de forma casuística e seletiva, naturalizando um ativismo perfeccionista, com debilitação das cargas argumentativas inerentes à atividade de desconstituir decisões majoritárias e dos controles críticos (e autocríticos) do Tribunal.

A naturalização dessa ideia encerra ainda o risco de que o Tribunal desenvolva uma autoimagem idealizada, com perda da humildade institucional, alimentando uma postura altiva e não dialógica. Vale notar que a noção de representação argumentativa pressupõe o entendimento da Corte como um foro mais qualificado e mais racional do que o Parlamento, percepção

---

[34] Já externei variações dessa ideia em outras oportunidades. Ver NONATO, Israel. O Supremo não é oráculo: conversas acadêmicas com Jane Reis. *Os constitucionalistas*. 2013; Jane Reis Gonçalves Pereira, Retrospectiva direito constitucional 2008, op. cit. Um exemplo desse uso do conceito ocorreu no julgamento da constitucionalidade da Lei de Biossegurança ADI nº 3.510, em que o ministro Gilmar Mendes afirmou que o STF "pode ser uma casa do povo, tal qual o Parlamento".

essa que pode contribuir para o desenvolvimento de uma jurisprudência perfeccionista e resistente à dialética.

Um exemplo de como a noção de representação judicial democrática pode interferir de forma substancial nas engrenagens democráticas é a possibilidade de servir como anteparo teórico para embasar decisões aditivas ou manipulativas.[35] Tais decisões, tomadas em caráter definitivo pelos tribunais, interferem na dinâmica legislativa de forma muito mais intensa e sofisticada do que a mera supressão das leis, dificultando os controles posteriores. Vale lembrar que, nos julgamentos que envolvem a aplicação de cláusulas pétreas, as decisões da Corte podem cristalizar entendimentos que não poderão — sem enfretamentos institucionais acirrados — ser novamente submetidos à deliberação popular.[36] Ou seja, nessa hipótese, a ideia de representação do Judiciário pode ofuscar as implicações da substituição de uma decisão legislativa por uma decisão judicial intangível no médio prazo, sem a possibilidade imediata de passar por filtro institucional ulterior que não seja a própria revisão da Corte.

3. Quais são os ônus que defluem da compreensão do Judiciário como um poder representativo?

A ideia de que o Judiciário tem feição representativa pode aprimorar a democracia constitucional se essa compreensão não tiver por consequência a

---

[35] Decisões aditivas (ou manipulativas) são aquelas em que o Tribunal promove uma modificação substancial do sentido da lei. Tais decisões não se limitam a declarar a inconstitucionalidade integral da lei nem lhe reconhecem plena validade, mas estabelecem soluções intermediárias que promovem uma mudança significativa no programa normativo. Sobre o tema, confiram-se: Vega (2003) e Di Manno (1997).

[36] Neste ponto o tema da representação do Judiciário relaciona-se com as teorias dos diálogos constitucionais, conexão que mereceria uma reflexão mais analítica e aprofundada. Sobre o tema dos diálogos constitucionais, ver: MENDES, Conrado Hübner. *Direitos fundamentais, separação de poderes e deliberação*. São Paulo: Saraiva, 2011; PESSANHA, Rodrigo Brandão. *Supremacia judicial versus diálogos constitucionais*: a quem cabe a última palavra sobre o sentido da Constituição? Rio de Janeiro: Lumen Juris, 2011; SILVA, Alexandre Garrido da. *Hermenêutica institucional, supremacia judicial e democracia*. Tese (doutorado em direito) — Universidade do Estado do Rio de Janeiro, Rio de Janeiro, 2011.

leitura de que tal atributo opera como credencial para falar em nome da comunidade (*um fator de legitimação genética*), mas sim como predicado que evidencia um múnus democrático que tem como consectário *o ônus de abertura e porosidade em relação às variadas forças sociais.*

Nesse sentido, a representatividade do Judiciário pode ser compreendida como:

i) um ideal regulativo, de que o Judiciário deve ser aberto aos desacordos morais que emergem da sociedade, processualmente poroso e institucionalmente transparente;

ii) um fator de aferição de legitimação *ex post*, que permite qualificar a atuação da Corte como mais legítima nos cenários em que sua permeabilidade às forças sociais, especialmente as mais vulneráveis, tenha sido retrospectivamente demonstrada.

O primeiro significado pode ser traduzido tanto na exigência de práticas democráticas a serem definidas pelo próprio Tribunal quanto na necessidade de que sua arquitetura institucional seja orientada ao propósito de promover abertura e transparência. No Brasil, as audiências públicas, a possibilidade de intervenção como *amicus curiae* e o catálogo extenso de legitimados para deflagrar o processo de controle de constitucionalidade costumam ser apontados — e invocados pelos próprios juízes — como elementos que pluralizam o acesso à jurisdição constitucional. No entanto, a existência desses mecanismos processuais não é, em si mesma, uma garantia de acesso igualitário e democrático das variadas vozes e movimentos sociais à Corte.

É que a abertura democrática só se opera autenticamente se os critérios de acesso à Corte — e de utilização desses mecanismos — forem objetivos, transparentes e igualitários. No entanto, o acesso aos tribunais é muitas vezes limitado por um acervo de entendimentos restritivos — conhecidos pela alcunha de "jurisprudência defensiva"[37] — que impactam de forma des-

---

[37] Sobre o conceito em questão, veja-se: FREIRE, Alexandre Reis Siqueira; CASTRO, Marcello Soares. O juízo de admissibilidade do recurso extraordinário no projeto do novo Código de Processo Civil brasileiro. *Revista Jurídica Unigran*, v. 15, n. 29, jun. 2013. Disponível em: <www.unigran.br/revista_juridica/ed_anteriores/29/artigos/artigo01.pdf>. Acesso em: 30 nov. 2014.

LEGITIMIDADE DO STF, ACESSO E AS PARTES NO PROCESSO

proporcional grupos mais vulneráveis, os quais não têm acesso à advocacia especializada na atuação perante cortes superiores, um serviço custoso e, portanto, restrito a uma parcela diminuta dos jurisdicionados.[38]

Esse déficit de abertura no controle difuso de constitucionalidade que a dificuldade de acesso impõe poderia ser contrabalançado com uma interpretação mais elástica quanto aos legitimados para deflagrar a jurisdição abstrata. Nesse sentido, um exemplo ilustrativo dos bloqueios criados pela própria Corte é a exigência de demonstração de pertinência temática[39] para a propositura da ação de constitucionalidade por entidades de classe de âmbito nacional.[40] O Supremo Tribunal Federal, nesse aspecto, edificou uma barreira processual não contemplada na Constituição, restringindo severamente o acesso da sociedade civil organizada à fiscalização abstrata de constitucionalidade. A Corte, em relação a tais legitimados, atrelou a possibilidade de acesso à demonstração de interesses econômicos,[41] valorizando,

---

[38] A teoria do impacto desproporcional foi desenvolvida na jurisprudência norte-americana sobre discriminação no campo trabalhista e tem aplicações em vários ramos do direito. Sua aplicação no domínio processual parece-me um desdobramento lógico da ideia de igualdade. Sobre a origem da *disparate impact theory*, veja-se: FREIRE, Alexandre Reis Siqueira; CASTRO, Marcello Soares. O juízo de admissibilidade do recurso extraordinário no projeto do novo Código de Processo Civil brasileiro. *Revista Jurídica Unigran*, v. 15, n. 29, jun. 2013. Disponível em: <www.unigran.br/revista_juridica/ed_anteriores/29/artigos/artigo01.pdf>. Acesso em: 30 nov. 2014. Ainda sobre o tema: WILLBORN, Steven L. The disparate model of discrimination: theory and limits. *American University Law Review*, v. 34, 1985.

[39] Pertinência temática é um conceito puramente jurisprudencial, que nas palavras do ministro Celso de Mello "[...] se traduz na relação de congruência que necessariamente deve existir entre os objetivos estatutários ou as finalidades institucionais da entidade autora e o conteúdo material da norma questionada em sede de controle abstrato". Ver ADI 1157-MC, rel. min. Celso Mello, julgamento em 1 dez. 1994, *DJ* de 11 nov. 2006.

[40] O Supremo Tribunal Federal, por aplicação analógica da Lei nº 9.096/1995 (Lei Orgânica dos Partidos Políticos), entende que a comprovação do âmbito nacional das entidades de classe se funda na "existência de associados ou membros em pelo menos nove Estados da Federação" (ver ADI nº 108-QO, rel. min. Celso Mello, julgamento em 29 ago. 1992). Esse critério objetivo, todavia, pode causar distorções representativas relevantes, como no caso de atividades profissionais eminentemente regionalizadas (tais como seringueiros e artesãos), ou de difícil organização associativa.

[41] Vale ressaltar que, no entendimento da Corte, sequer estão legitimados à propositura de ação de controle normativo em abstrato as entidades de classe que reúnam membros de diversas categorias profissionais. Trata-se da ilegitimidade conferida à Confederação dos Servidores Públicos do Brasil, cuja "heterogeneidade da composição [...] descaracteriza a condição de representatividade de classe". Ver ADI nº 3.850-AgR, rel. min. Eros Grau, julgamento em 22 abr. 2009, *DJe* 14 ago. 2009.

assim, a participação na fiscalização constitucional para o fim de tutelar direitos patrimoniais, tornando mais difícil o acesso da sociedade civil para o fim de proteger direitos existenciais.[42]

Além disso, a realização de audiências públicas e a aceitação de *amicus curiae* não estão atualmente submetidas a qualquer critério objetivo e controlável, ficando à mercê da discricionariedade do relator. Muitos estudos realizados nos últimos anos demonstram a seletividade e a ausência de transparência e objetividade no uso desses instrumentos pelo STF, o que compromete a leitura de que possam ser entendidos como autênticas ferramentas de democratização.[43]

Quanto ao segundo aspecto, de que a verificação da representatividade das cortes deve ser empreendida *ex post* e com base no seu grau de *funcionalidade democrática*, penso que pode ser idealizado, em linhas gerais e preliminares, como a aspiração de que os tribunais operem como guardiões do pluralismo e da igualdade. Pode-se objetar que essa é noção muito genérica, e que pouco esclarece sobre o que se espera dos juízes nos casos específicos. No entanto, é possível afirmar que as cortes serão mais legítimas nos contextos em que houver a confiança de que possuem uma *porosidade igualitária*, conferindo equivalência de chances de acesso às diversas forças sociais, e especialmente àquelas que se mostrem mais vulneráveis no contexto da representação política tradicional.

---

[42] A respeito da influência dos ministros do STF na Assembleia Constituinte, descrevendo a defesa destes no sentido de que não se ultimasse a ampliação dos catálogos de legitimados para deflagrar o controle de constitucionalidade, confira-se o excelente artigo de WERNECK, Diego. *Poder não é querer*: preferências restritivas e redesenho institucional no Supremo Tribunal Federal pós-democratização. 2014. Disponível em: <www.publicacoesacademicas.uniceub.br/index.php/jus/article/view/2885/2308>. Acesso em: 30 nov. 2014.

[43] Nesse sentido, vejam-se: GUIMARÃES, Aline Lisbôa. *Participação social no controle de constitucionalidade*: o desvelamento da restrição nas decisões do Supremo Tribunal Federal. Dissertação (mestrado em direito) — Universidade de Brasília, Brasília, 2009. Disponível em: <http://repositorio.unb.br/bitstream/10482/3895/1/2009_AlineLisboaNavesGuimaraes.pdf>. Acesso em: 30 nov. 2014; MEDINA, Damares. *Amicus curiae*: amigo da Corte ou amigo da parte? São Paulo: Saraiva, 2010; CAMARGO, Margaria Maria Lacombe. *As audiências públicas no Supremo Tribunal Federal*: o exemplo da ADPF 54. 2011. Disponível em: <www.publicadireito.com.br/artigos/?cod=01d8bae291b1e472>. Acesso em: 30 nov. 2014.

Muitas ideias aqui lançadas merecem um desenvolvimento analítico que desbordaria dos estreitos limites da proposta deste artigo. Em encerramento a essas reflexões, a síntese que proponho como referencial para pensar a potencial funcionalidade democrática das cortes pode ser colocada nos seguintes termos: para que os Tribunais possam ter uma utilidade representativa — primária ou corretiva das instâncias tradicionais —, eles devem estar aparelhados para agir como guardiões do pluralismo e da igualdade. No entanto, isso não é possível sem que o acesso a eles seja efetivamente igualitário. A verificação do atendimento a esses pressupostos deve ser efetivada retrospectivamente, e a noção de representatividade judicial democrática não deve ser usada como um atributo que os credencia a falar em nome do povo.

Referências

ALEXY, Robert. Balancing, constitutional review and representation. *International Journal of Constitutional Law*, v. 3, n. 4, p. 572-581, out. 2005.

BARROSO, L. R. A razão sem voto. Neste volume.

_____; MENDONÇA, Eduardo. *Retrospectiva 2012*: STF entre seus papéis contramajoritário e representativo. 2012. Disponível em: <www.conjur.com.br/2013-jan-03/retrospectiva-2012-stf-entre-papeis-contra-majoritario-representativo>. Acesso em: 30 nov. 2014.

BASILE, Juliano. Para presidente do STF, Tribunal supre deficiências do Legislativo. *Valor Econômico*, São Paulo, 9 jun. 2008. Política. Disponível em: <www.valoronline.com.br/valoreconomico/285/primeirocaderno/politica/Para+o+presidente+do+STF+tribunal+supre+deficiencias+do+Legislativo,,,60,4973950.html?highlight=&newsid=4973950&areaid=60&editionid=2023>. Acesso em: 30 nov. 2014.

BICKEL, Alexander M. *The least dangerous branch*: the Supreme Court at the bar of politics. 2. ed. New Haven: Yale University, 1986.

BOYD, Christina L.; EPSTEIN, Lee; MARTIN, Andrew D. Untangling the causal effects of sex on judging. *American Journal of Political Science*, p. 389-411, 2010. Disponível em: <http://epstein.wustl.edu/research/genderjudging.pdf>. Acesso em: 30 nov. 2014.

CAMARGO, Margaria Maria Lacombe. *As audiências públicas no Supremo Tribunal Federal*: o exemplo da ADPF 54. 2011. Disponível em: <www.publicadireito.com.br/artigos/?cod=01d8bae291b1e472>. Acesso em: 30 nov. 2014.

_____. NETTO, Fernando Gama de Miranda. *Representação argumentativa*: fator retórico ou mecanismo de legitimação da atuação do STF? 2010. Disponível em: <www.conpedi.org.br/manaus/arquivos/anais/fortaleza/3589.pdf>. Acesso em: 30 nov. 2014.

CAMPOS MELLO, Patrícia Perrone. *Nos bastidores do STF*. Tese (doutorado em direito) — Universidade do Estado do Rio de Janeiro, Rio de Janeiro, 2014.

DANNENBAUM, Tom. Nationality and the international judge: the nationalist presumption governing the international judiciary and why it must be reversed. *Cornell International Law Journal*, v. 45, p. 77-184, 2012.

DAHL, Robert. Decision-making in a democracy: the Supreme Court as a national policy maker. *Journal of Public Law*, v. 6, 1957.

ELY, John Hart. *Democracia y desconfianza*: una teoria de control constitucional. Tradução de Magdalena Holguín, Bogotá: Siglo del Hombre Editores, 2001.

EPSTEIN, Lee. On the importance of public opinion. *Daedalus: Journal of the American Academy of Arts and Sciences*, v. 141, p. 5-8, 2012.

EPSTEIN, Lee; KNIGHT, Jack. *The choices justices make*. Washington, DC: CQ Press, 1998.

EPSTEIN, Lee; MARTIN, Andrew D. Does public opinion influence the Supreme Court? Possibly yes (but we are not sure why). *University of Pennsylvania Journal of Constitutional Law*, v. 13, p. 263-281, 2010.

FLATOW, Nicole. Ruth Bader Ginsburg: male justices don't understand what Hobby Lobby meant for women. Disponível em: <thinkprogress.org/justice/2014/07/31/3466213/ruth-bader-ginsburg-male-justices-dont-understand-what-hobby-lobby-meant-for-women>. Acesso em: 30 nov. 2014.

FREIRE, Alexandre Reis Siqueira; CASTRO, Marcello Soares. O juízo de admissibilidade do recurso extraordinário no projeto do novo Código de Processo Civil brasileiro. *Revista Jurídica Unigran*, v. 15, n. 29, jun. 2013. Disponível em: <www.unigran.br/revista_juridica/ed_anteriores/29/artigos/artigo01.pdf>. Acesso em: 30 nov. 2014.

FRIEDMAN, Barry. The birth of and academic obsession: the history of the countermajoritarian difficulty, part five. *Yale Law Journal*, v. 112, 2002.

_____. *The will of the people*: how public opinion has influenced the Supreme Court and shaped the meaning of the constitution. Nova York: Macmillan, 2009.

GARRIDO, Alexandre et. al. A função legislativa do Supremo Tribunal Federal e os partidos políticos. *Revista Jurídica da Faculdade Nacional de Direito da UFRJ*, 2008.

GOMES, Juliana Cesario Alvim. *Por um constitucionalismo difuso*: cidadãos, movimentos sociais e o significado da Constituição. Dissertação (mestrado em direito) — Universidade do Estado do Rio de Janeiro, Rio de Janeiro, 2014.

GUIMARÃES, Aline Lisbôa. *Participação social no controle de constitucionalidade*: o desvelamento da restrição nas decisões do Supremo Tribunal Federal. Dissertação (mestrado em direito) — Universidade de Brasília, Brasília, 2009. Disponível em: <http://repositorio.unb.br/bitstream/10482/3895/1/2009_AlineLisboaNavesGuimaraes.pdf>. Acesso em: 30 nov. 2014.

HUNTER, Rosemary C.; SHOBEN, Elaine W. Disparate impact discrimination: American oddity or internationally accepted concept? *Berkley Journal of Employment and Labor Law*, v. 19, n. 1, 1998.

HURWITZ, Mark S.; LANIER, Drew Noble. Explaining judicial diversity: the differential ability of women and minorities to attain seats on state supreme and appellate courts. *State Politics and Policy Quarterly*, v. 3, n. 4, p. 329-352, dez. 2003.

KLATT, Matthias. *Institutionalized reason*: the jurisprudence of Robert Alexy. Oxford: Oxford University Press, 2012.

LAIN, Corinna Barret. Upside-down judicial review. *The Georgetown Law Journal*, v. 101, p. 113-183, 2012.

LIPTAK, Adam. Court backs Michigan on affirmative action. *The New York Times*, 22 abr. 2014. Disponível em: <www.nytimes.com/2014/04/23/us/supreme-court-michigan-affirmative-action-ban.html?_r=1>. Acesso em: 30 nov. 2014.

MANIN, Bernard. *The principles of representative government*. Cambridge: Cambridge University Press, 1997.

MEDINA, Damares. *Amicus curiae*: amigo da corte ou amigo da parte? São Paulo: Saraiva, 2010.

MENDES, Conrado Hübner. *Direitos fundamentais, separação de poderes e deliberação*. São Paulo: Saraiva, 2011.

NONATO, Israel. O Supremo não é oráculo: conversas acadêmicas com Jane Reis. *Os constitucionalistas*. 2013.

NOVELINO, Marcelo. *A influência da opinião pública no comportamento dos membros do STF*. 2013. Disponível em: <http://migre.me/ezw3N>. Acesso em: 30 nov. 2014.

_____. *Como os juízes decidem*: a influência de fatores extrajurídicos sobre o comportamento judicial. Tese (doutorado em direito) — Universidade do Estado do Rio de Janeiro, Rio de Janeiro, 2014.

PEREIRA, Jane Reis Gonçalves. Retrospectiva direito constitucional 2008: a expansão do Judiciário e o constitucionalismo cosmopolita. *Revista Direito do Estado*, 2008.

_____. *O Judiciário e a opinião pública*: riscos e dificuldades de decidir sob aplausos e vaias. Disponível em: <http://estadodedireitos.com/2012/10/29/o-judiciario-e-a-opiniao-publica-riscos-e-dificuldades-de-decidir-sob-aplausos-e-vaias/>. Acesso em: 29 out. 2012.

PESSANHA, Rodrigo Brandão. *Supremacia judicial versus diálogos constitucionais*: a quem cabe a última palavra sobre o sentido da Constituição? Rio de Janeiro: Lumen Juris, 2011.

PITKIN, Hannah Fenichel. *The concept of representation*. Berkeley: University of California, 1967.

POGREBINSCHI, Thamy. *Judicialização ou representação*: política, direito e democracia no Brasil. Rio de Janeiro: Elsevier, 2011.

POST, Robert C.; SIEGEL, Reva B. Roe rage: democratic constitucionalism and blacklash. *Harvard Civil Rights-Civil Liberties Law Review*, 2007. Disponível em: <http://ssrn.com/abstract=990968>. Acesso em: 30 nov. 2014.

RAWLS, John. *O liberalismo político*. Tradução de Dinah de Abreu Azevedo. São Paulo: Ática, 2000.

ROSENBERG, Gerald N. *The hollow hope*: can courts bring about social change? Chicago: University of Chicago, 1991.

SHEPERD, Joanna. Justice at risk: an empirical analysis of campaign contributions and judicial decisions. *American Constitution Society*, 2013.

Disponível em: <www.acslaw.org/ACS%20Justice%20at%20Risk%20(FINAL)%206_10_13.pdf>. Acesso em: 30 nov. 2014.

SILVA, Alexandre Garrido da. *Hermenêutica institucional, supremacia judicial e democracia*. Tese (doutorado em direito) — Universidade do Estado do Rio de Janeiro, Rio de Janeiro, 2011.

SONGER, Donald R. *The transformation of the Supreme Court of Canada*: an empirical examination. Toronto: University of Toronto Press, 2008.

TIERNEY, Stephen. We the peoples: constituent power and constitutionalism in plurinational states. In: WALKER, Neil; LOUGHLIN, Loughlin (Org). *The paradox of constitutionalism*. Oxford: Oxford University, 2007. p. 229-246.

VERDÚ, Pablo Lucas; CUEVA, Pablo Lucas Murillo de la. *Manual de derecho politíco*. 3. ed. Madri: Tecnos, 2001.

WERNECK, Diego. *Poder não é querer*: preferências restritivas e redesenho institucional no Supremo Tribunal Federal pós-democratização. 2014. Disponível em: <www.publicacoesacademicas.uniceub.br/index.php/jus/article/view/2885/2308>. Acesso em: 30 nov. 2014.

WILLBORN, Steven L. The disparate model of discrimination: theory and limits. *American University Law Review*, v. 34, 1985.

Dar voz a quem não tem voz: por uma nova leitura do art. 103, IX, da Constituição*

*Daniel Sarmento***

1. Introdução

Em "A razão sem voto: o Supremo Tribunal Federal e o governo da maioria", Luís Roberto Barroso narra, com a clareza e o brilho de sempre, uma série de transformações que vem ocorrendo no direito contemporâneo, no Brasil e em outros países, que conduziram ao reconhecimento da força normativa da Constituição, à abertura e dinamização da metodologia jurídica e ao alargamento do papel do Judiciário — especialmente dos tribunais constitucionais — nas sociedades democráticas. Em seu texto, em que não faltam pinceladas de humor e de lirismo, Barroso discute diversos temas instigantes, como o neoconstitucionalismo, a existência ou não de discricionariedade judicial nos *hard cases*, e a legitimidade democrática da jurisdição constitucional. Em minha opinião, a contribuição mais importante do valioso artigo é o reconhecimento e defesa do exercício de *função representativa* pela jurisdição constitucional, ao lado da sua faceta *contramajoritária*,[1] que é mais

---

* Agradeço a Juliana Cesário Alvim Gomes, por discutir comigo as ideias deste texto.

** O autor é professor de direito constitucional da Uerj, mestre e doutor em direito público pela mesma universidade, com pós-doutorado na Yale Law School, além de advogado.

[1] A dimensão contramajoritária do controle de constitucionalidade vem do fato de que juízes não eleitos podem derrubar leis e atos do Executivo, com base, inclusive, em interpretações controversas sobre o sentido de cláusulas constitucionais vagas. A expressão "dificuldade contramajoritária", que busca exprimir a tensão entre a jurisdição constitucional e a democracia, foi cunhada em obra clássica de BICKEL, Alexander. *The least dangerous branch*: the Supreme Court at the Bar of Politics. 2. ed. Nova York: Yale University, 1986.

comumente explorada nos debates teóricos sobre o controle de constitucionalidade.[2]

Nesta questão, Barroso se vale de duas diferentes concepções de representação: a representação como *tradução da vontade majoritária* e a chamada *representação argumentativa*. Em relação à primeira, o argumento central do seu artigo é o de que muitas vezes a jurisdição constitucional não atua de maneira contramajoritária, mas sim em sintonia com as demandas e preferências das maiorias.[3] Os tribunais por vezes captam melhor os anseios e valores da população do que os próprios poderes representativos, o que ocorre por várias razões. Por um lado, há uma crise de representatividade dos poderes eleitos, que, com frequência, se distanciam da vontade popular, para agir de acordo com os seus próprios interesses particulares, ou em favor de poderosos grupos, que conseguem capturá-los.[4] Por outro, os juízes constitucionais, como "seres enraizados", tendem a compartilhar os valores das sociedades em que estão inseridos e a projetá-los em suas decisões.[5] Ade-

---

[2] Há, na literatura jurídica brasileira, farta produção sobre o tópico. Veja-se, *e.g.*, BINENBOJM, Gustavo. *A nova jurisdição constitucional brasileira*. Rio de Janeiro: Renovar, 2001; SOUZA NETO, Cláudio Pereira de. *Jurisdição constitucional, democracia e racionalidade prática*. Rio de Janeiro: Renovar, 2002; SAMPAIO, José Adércio Leite. *A Constituição reinventada pela jurisdição constitucional*. Belo Horizonte: Del Rey, 2002; CRUZ, Álvaro Ricardo de Sousa. *Jurisdição constitucional democrática*. Belo Horizonte: Del Rey, 2004; MENDES, Conrado Hübner. *Direitos fundamentais, separação de poderes e deliberação*. São Paulo: Saraiva, 2011; BRANDÃO, Rodrigo. *Supremacia judicial versus diálogos constitucionais*. Rio de Janeiro: Lumen Juris, 2012; CAMPOS, Carlos Alexandre de Azevedo. *Dimensões do ativismo judicial*. Rio de Janeiro: Forense, 2014.

[3] Na ciência política e teoria constitucional norte-americana este é um tema recorrente. Veja-se, neste sentido, o texto clássico de DAHL, Robert. Decision-making in a democracy: the Supreme Court as a policy maker. *Journal of Public Law*, v. 6, n. 2, 1957; e, mais recentemente, FRIEDMAN, Barry. *The will of the people*: how public opinion has influenced the Supreme Court and shaped the meaning of the Constitution. Nova York: Farrar, Strauss & Giroux, 2009; e BARRET-LAIN, Corinna. Upside-down judicial review. *The Georgetown Law Journal*, v. 101, 2012.

[4] Um dos fatores que levam a esta captura dos políticos por grupos poderosos de interesse, corretamente identificado por Barroso, é o sistema brasileiro de financiamento de campanha, em que predominam largamente as doações de empresas, tema que está em discussão na ADI nº 4.650 no STF. Sobre a questão, veja-se SARMENTO, Daniel; OSÓRIO, Aline. Eleições, dinheiro e democracia: a ADI 4.650 e o modelo brasileiro de financiamento das campanhas eleitorais. Disponível em: <www.oab.org.br>.

[5] Sobre os fatores que influenciam as decisões judiciais, veja-se POSNER, Richard A. *How judges think?* Cambridge: Harvard University, 2008. No Brasil, com enfoque no Supremo Tribunal Federal, veja-se duas excelentes teses de doutorado defendidas no âmbito do Programa de Pós-

mais, tais magistrados em geral se importam com as percepções da opinião pública sobre a sua atividade (embora nem sempre seja fácil distingui-las da *opinião publicada*), e são, em alguma medida, influenciados por elas.[6]

Já a representação argumentativa não se confunde com a encarnação da vontade da maioria. Subjacente à ideia da representação argumentativa está a concepção de que o poder legítimo se funda em argumentos e razões,[7] e não na coerção, na forma legal, no carisma ou na tradição. Os tribunais constitucionais — sob a ótica de Barroso — podem desempenhar o papel de representantes argumentativos da sociedade, por se abrirem para a discussão de diferentes pontos de vista sobre temas controvertidos presentes no espaço público, permitindo o seu debate racional e equacionamento imparcial. Segundo o ministro Barroso, diversas características do processo constitucional e do desenho institucional do Judiciário favorecem o exercício dessa missão: a vitaliciedade dos juízes, que cria certa blindagem diante das pressões da política eleitoral, o contraditório, a abertura da jurisdição constitucional à participação da sociedade civil e, especialmente, o dever constitucional de motivação das decisões judiciais.

Neste *paper*, discuto o desempenho dessa função de representação argumentativa pelo STF. Parto da premissa, que compartilho com Barroso, de que esse é um papel importante dos tribunais constitucionais, que devem se abrir aos influxos provenientes da sociedade civil, de modo a potencializar a participação democrática dos diferentes grupos sociais no âmbito da hermenêutica constitucional. Porém, diferentemente dele, não tenho uma visão tão positiva sobre a forma como a nossa Suprema Corte vem exercendo essa função. Um dos principais problemas nessa área tem relação com o acesso ao STF no âmbito do processo constitucional, que

---

-Graduação em Direito da Uerj, e ainda não publicadas em edições comerciais: NOVELINO, Marcelo. *Como os juízes decidem*: a influência de fatores extrajurídicos sobre o comportamento judicial. 2014; e MELLO, Patrícia Perrone Campos. *Nos bastidores do Supremo Tribunal Federal*: Constituição, emoção, estratégia e espetáculo. 2014.

[6] Veja-se, a propósito, BAUM, Laurence. *The Supreme Court and their audiences*. Washington: CQ Press, 2006; NOVELINO, Marcelo. A influência da opinião pública sobre o comportamento judicial dos membros do STF. In: FELLET, André; NOVELINO, Marcelo (Org.). *Constitucionalismo e democracia*. Salvador: Juspodivm, 2014. p. 265-328.

[7] Ver FORST, Rainer. *The right to justification*: elements of a constructivist theory of justice. Tradução de Jeffrey Flynn. Nova York: Columbia University, 2012.

continua injustificadamente seletivo.[8] Houve, é certo, significativos avanços nessa questão em relação ao cenário anterior à Constituição de 1988. Porém, tais avanços ainda são insuficientes. As portas do Supremo estão hoje escancaradas para os interesses estatais, corporativos e econômicos, mas continuam semicerradas para as demandas de grupos vulneráveis, que se aglutinam em torno de outros eixos, como identidade étnica, gênero, classe social, sexualidade etc.

Sustento que uma das formas de minimizar essa disfunção passa por uma releitura do art. 103, inciso IX, da Constituição Federal, que cuida da legitimidade ativa das entidades de classe de âmbito nacional para a provocação da jurisdição constitucional concentrada. Tal preceito é atualmente interpretado de modo a abranger tão somente as entidades que congregam categorias econômicas ou profissionais específicas, quando deveria ser lido de forma mais ampla e democrática, para abarcar também aquelas que representam grupos de outra natureza, como mulheres, grupos étnicos, minorias sexuais e religiosas, presidiários, populações sem-terra e sem-teto etc. É o que pretendo demonstrar neste breve trabalho, cujo objetivo é propor, em diálogo com o instigante texto do ministro Luís Roberto Barroso, uma interpretação mais generosa do art. 103, IX, visando a aproximar da realidade a sugestiva imagem da Corte como representante argumentativa da sociedade brasileira.

2. A representação argumentativa, entre a realidade e a mistificação

A ideia de representação argumentativa da jurisdição constitucional foi elaborada pelo jusfilósofo alemão Robert Alexy, no afã de reconciliar o controle

---

[8] Outro problema relevante, que compromete o desempenho deliberativo da Corte, diz respeito ao modo como as decisões do STF são tomadas, pela simples adição de votos elaborados isoladamente por cada ministro em seu gabinete, e sem real interação discursiva entre eles durante as sessões e no momento de redação do acórdão. Essa fragilidade institucional, cujo equacionamento está na agenda do ministro Barroso, conquanto muito importante, não será examinada neste artigo. Sobre essa questão, veja-se MENDES, Conrado Hübner. O projeto de uma corte deliberativa. In: VOJVODIC, Adriana et al. (Org.). *Jurisdição constitucional no Brasil*. São Paulo: Malheiros, 2012.

de constitucionalidade com a democracia.[9] Para Alexy, só é possível harmonizar a democracia com o exercício da jurisdição constitucional por juízes não eleitos se eles forem concebidos como representantes argumentativos do povo. Para isso, os juízes devem ser capazes de formular argumentos constitucionais corretos, que conquistem a adesão racional da sociedade.[10] Essa formulação ganhou popularidade no STF, já tendo sido citada em alguns votos.[11]

Sem embargo, o conceito, tal como delineado por Alexy, é insuficientemente democrático. A elaboração alexyana parece enxergar o cidadão como um mero *destinatário passivo* dos argumentos formulados pela Corte constitucional. Nas suas palavras, diante do Tribunal constitucional, o cidadão deve "aceitar argumentos válidos e corretos, porque eles são válidos e corretos".[12] Ele não é, assim, um verdadeiro *agente* no processo hermenêutico, mas um simples *espectador*, um *paciente*. Porém, da perspectiva normativa, deve-se preferir a concepção que vê, como pressuposto para a legitimidade democrática da jurisdição constitucional, a possibilidade real da cidadania de participar, com *voz ativa*, no processo judicial tendente à concretização da Constituição.

Essa outra concepção pode ser associada, no universo da teoria constitucional norte-americana, aos autores do chamado *constitucionalismo democrático*, como Robert Post,[13] Reva Siegel e Jack Balkin.[14] No cenário alemão,

---

[9] Ver ALEXY, Robert. Ponderação, jurisdição constitucional e representação. In: ALEXY, Robert. *Constitucionalismo discursivo*. Tradução de Luís Afonso Heck. Porto Alegre: Livraria do Advogado, 2007. p. 155-166.

[10] De acordo com Alexy, "existem duas condições fundamentais de representação argumentativa autêntica: (1) a existência de argumentos válidos e corretos e (2) a existência de pessoas racionais que são capazes e dispostas a aceitar argumentos válidos ou corretos porque eles são válidos ou corretos. [...] Jurisdição constitucional somente então pode ser exitosa, quando estes argumentos, que são alegados pelo tribunal constitucional, são válidos e quando membros, suficientemente muitos, da comunidade, são capazes e dispostos a fazer uso de suas possibilidades racionais" (Ibid., p. 165).

[11] Veja-se, *e.g.*, os votos do ministro Gilmar Mendes nas ADIs nº 3.112 e nº 3.510.

[12] Robert Alexy, Ponderação, jurisdição constitucional e representação, op. cit., p. 165.

[13] Ver, *e.g.*, POST, Robert; SIEGEL, Reva. Democratic constitutionalism and Backlash. *Harvard Civil Rights-Civil Liberties Law Review*, v. 42, 2007.

[14] Ver, *e.g.*, BALKIN, Jack. *Constitutional redemption*: political faith in an unjust world. Cambridge: Harvard University, 2011.

ela se aproxima do pensamento de Peter Häberle,[15] que exerce significativa influência no debate nacional.[16] As teorias constitucionais formuladas por esses autores não são idênticas, mas têm, como pontos em comum, (a) a ênfase dada à interpretação constitucional praticada *fora* das cortes, no espaço público, pela cidadania e pelos movimentos sociais; e (b) a defesa da *abertura* da interpretação judicial da Constituição às demandas e expectativas provenientes de atores não institucionais da sociedade civil.[17]

Nessa perspectiva, uma Corte só pode ser vista como autêntica instância de representação argumentativa da sociedade se os diferentes atores sociais tiverem como participar efetivamente dos processos constitucionais que nela se desenvolvem, como *agentes* e não como meros *espectadores*. O processo constitucional democrático é aquele em que a decisão não é vista como o resultado das reflexões ilustradas dos sábios de toga, mas como o produto de uma interação discursiva real, que deve ser a mais inclusiva possível.[18]

Esta ideia está claramente refletida na Constituição de 1988, que teve grande preocupação com a abertura do processo constitucional. Ela promoveu importantíssima mudança na jurisdição constitucional brasileira, ao

---

[15] Ver HÄBERLE, Peter. *Hermenêutica constitucional*: a sociedade aberta dos intérpretes da Constituição. Contribuição para a interpretação pluralista e "procedimental" da Constituição. Tradução de Gilmar Ferreira Mendes. Porto Alegre: Livraria do Advogado, 1997.

[16] Veja-se, a propósito, MENDES, Gilmar Ferreira; VALE, André Rufino. O pensamento de Peter Häberle na jurisprudência do Supremo Tribunal Federal. *Observatório da Jurisdição Constitucional*, Brasília, ano 2, 2008/2009.

[17] Na teoria constitucional norte-americana, o *constitucionalismo democrático* não se confunde com o *constitucionalismo popular*, de autores como Larry Kramer, Jeremy Waldron e Mark Tushnet. Enquanto o primeiro reconhece a importância da *judicial review*, preconizando a sua maior abertura para a sociedade, o segundo rejeita a instituição, ou a relega a um papel menor, por vê-la como intrinsecamente antidemocrática. Para uma detalhada análise e diferenciação entre essas correntes, veja-se GOMES, Juliana Cesário Alvim. Constitucionalismo popular, constitucionalismo popular mediado e constitucionalismo democrático: contribuições para o debate brasileiro. In: André Fellet e Marcelo Novelino (Org.), *Constitucionalismo e democracia*, op. cit., p. 587-611.

[18] É certo que algum nível de exclusão no processo constitucional é inevitável. A forma jurídica, por exemplo, já tem certo potencial excludente, pois compromete a participação daqueles que não conseguem verter suas reivindicações para a gramática própria do direito. E nem tudo que se pode bradar numa manifestação de rua — também um espaço relevante de hermenêutica constitucional — pode ser dito num debate constitucional no STF, que deve ser travado em torno de razões públicas.

alargar o leque dos legitimados ativos para a deflagração do controle abstrato de constitucionalidade. Como se sabe, a fiscalização abstrata, instituída pela Emenda nº 16/1965, antes da Carta de 1988 só podia ser provocada por um único legitimado: o procurador-geral da República, que, àquela época, era agente público livremente nomeado pelo presidente da República e a ele subordinado. A Constituinte de 1987-88 ampliou sobremodo o elenco de entidades legitimadas — apesar do *lobby* em sentido contrário feito pelos ministros do STF, que à época pugnaram pela manutenção do *status quo*.[19] Além de outorgar a legitimidade ativa a vários outros órgãos estatais e aos partidos políticos com representação congressual, o constituinte quis estendê-la também a entidades da sociedade civil: Conselho Federal da OAB (art. 103, VII, CF), e "confederação sindical e entidades de classe de âmbito nacional" (art. 103, IX, CF).

O Brasil continuou tendo, sob a égide da Constituição de 1988, um sistema misto de controle de constitucionalidade, como já ocorria pelo menos desde 1965.[20] Houve, porém, uma mudança de ênfase. Se, até 1988, havia um predomínio do controle difuso e concreto de constitucionalidade, depois da Carta passou a ocorrer o contrário, o que levou a doutrina a falar em tendência à concentração da jurisdição constitucional,[21] fenômeno lamentado por alguns, mas festejado por outros tantos.

A democratização da jurisdição constitucional, com a pluralização dos debates travados em seu âmbito, foi também um dos objetivos perseguidos pelo legislador federal, na disciplina das ações do controle concentrado

---

[19] Veja-se, a propósito, ARGUELLES, Diego Werneck. Poder não é querer: preferências restritivas e redesenho institucional no Supremo Tribunal Federal. *Universitas Jus (UniCEUB Law Journal)*, v. 25, n. 1, 2014.

[20] Antes de 1965, a representação interventiva, já prevista nas constituições de 1934 e 1946, era interpretada de forma a permitir o controle abstrato de constitucionalidade de atos normativos estaduais, que afrontassem os chamados "princípios constitucionais sensíveis". Daí por que há quem diga que o sistema misto no Brasil é ainda anterior à Emenda nº 16/1965.

[21] Nas palavras de Gilmar Ferreira Mendes e Paulo Gustavo Gonet Branco, "as mudanças ocorridas no sistema de controle de constitucionalidade brasileiro alteraram radicalmente a relação que havia entre os controles concentrado e difuso. A ampliação do direito de propositura da ação direta e a criação da ação declaratória de constitucionalidade vieram a reforçar o controle de concentrado, em detrimento do difuso". MENDES, Gilmar Ferreira; BRANCO, Paulo Gustavo Gonet. *Curso de direito constitucional*. 7. ed. São Paulo: Saraiva, 2012. p. 1159-1160.

de constitucionalidade (Leis nº 9.868/1999 e nº 9.882/1999). Neste sentido, destacam-se a previsão da atuação do *amicus curiae* nesses processos, bem como da realização de audiências públicas. Foram providências importantes, na direção da maior abertura da jurisdição constitucional à participação social.

Portanto, houve inequívocos avanços desde a promulgação da Constituição de 1988, no que concerne à democratização da justiça constitucional brasileira. Todavia, deve-se evitar nessa questão os exageros e mistificações.[22] Infelizmente, a jurisdição constitucional brasileira ainda está muito longe de ser um espaço de representação argumentativa da sociedade, no sentido sustentado neste texto. E parte dessa distância pode ser debitada à jurisprudência do STF.

Com efeito, desde 1988, o Supremo vem lançando mão de diferentes expedientes de *jurisprudência defensiva*, ora para evitar a sobrecarga de trabalho realmente avassaladora, ora para se evadir ao desempenho de competências politicamente delicadas e provavelmente indesejadas pelos ministros.[23] Um desses expedientes consistiu na adoção de uma interpretação extremamente restritiva sobre o conceito de "entidades de classe de âmbito nacional", previsto no art. 103, IX, CF, que exclui todas aquelas que não representam categorias profissionais e econômicas homogêneas.

Essa orientação bloqueia o acesso ao STF dos movimentos sociais e dos grupos vulneráveis. Uma entidade nacional de mulheres, por exemplo, não pode questionar na Corte uma norma sexista. Outra que congregue os adeptos de religiões afro-brasileiras não pode impugnar eventuais favores legais concedidos às igrejas cristãs. Além de comprometer a legitimidade democrática da jurisdição constitucional, essa limitação contribui para distorcer e

---

[22] No mesmo sentido, veja-se o artigo de Rodrigo Brandão, intitulado "Constituição e sociedade", publicado no dia 10 nov. 2014. Disponível em: <https://jota.info/artigos/constituicao-e-sociedade-13102014>.

[23] O exemplo talvez mais grave e injustificável de evasão foi a recusa da Corte em apreciar, em sede de fiscalização abstrata de constitucionalidade, as normas editadas durante o regime militar — provavelmente muito mais afrontosas à Carta do que as elaboradas pelo novo Congresso — sob o argumento de que o conflito entre a Constituição e o direito anterior envolveria revogação, e não inconstitucionalidade. Para uma crítica a essa posição, veja-se SOUZA NETO, Cláudio Pereira de; SARMENTO, Daniel. *Direito constitucional*: teoria, história e métodos de trabalho. 2. ed. Belo Horizonte: Fórum, 2014. p. 560-564.

empobrecer a sua agenda. Por sua causa, continuam tendo ampla predominância na pauta do Supremo temas atinentes às estruturas e competências estatais, ou relativos a interesses econômicos ou corporativos de certos grupos bem posicionados, como segmentos empresariais e categorias da elite do serviço público.

Ainda é rara, contudo, a atuação da Corte em matérias atinentes a direitos humanos, proteção de minorias estigmatizadas e tutela de interesses coletivos. Como assinalou Rodrigo Brandão,[24] as questões constitucionais moralmente relevantes que o STF decide — como união homoafetiva, cotas raciais, aborto de anencéfalos e revisão da Lei de Anistia —, apesar da grande visibilidade social que granjeiam, correspondem a uma fração diminuta do acervo e do trabalho cotidiano da Corte. Instaura-se, com isso, um constrangedor hiato entre o discurso de legitimação da jurisdição constitucional — proteção de direitos fundamentais, defesa das minorias, garantia dos pressupostos da democracia etc. — e a sua prática institucional efetiva.

Os professores Alexandre Araújo Costa e Juliano Zaiden Benvindo, da UnB, coordenaram ampla pesquisa empírica a propósito de todas as ADIs ajuizadas no país entre 1988 e 2012, e chegaram à mesma conclusão, que enunciaram em tom fortemente crítico:

> O perfil geral das decisões e dos atores mostra que a combinação do perfil político dos legitimados com a jurisprudência restritiva do STF em termos de legitimidade conduziu a um modelo de controle concentrado que privilegia a garantia dos interesses institucionais ou corporativos. Apesar dos discursos de legitimação do controle concentrado normalmente justificarem a necessidade de oferecer proteção adequada aos direitos dos cidadãos, o que se observa, na prática é uma garantia efetiva dos interesses corporativos e não do interesse público. [...]
>
> Essas conclusões indicam que há um severo descompasso entre a prática jurisdicional e a teoria de que a Constituição, ao ampliar os legitimados, teria "construído um sistema de defesa da Constituição tão completo e tão bem estruturado, que, no particular, nada fica a dever aos mais avançados ordenamentos da atualidade". [...]

---

[24] Rodrigo Brandão, *Constituição e sociedade*, op. cit.

A questão a ser enfrentada é a dos processos de *seletividade* a partir dos quais são definidos os interesses que serão tutelados por meio do controle concentrado. Atualmente há uma forte seletividade em termos de agentes legitimados (que fortalece o controle federativo e o corporativo).[25]

Felizmente, mudar esse quadro é possível, como se verá no próximo item.

3. Por uma nova interpretação do art. 103, IX, da Constituição

O acesso dos diferentes grupos presentes na sociedade à jurisdição constitucional — especialmente dos excluídos — é essencial para que ela possa se converter num campo de efetiva concretização dos direitos fundamentais. Na Colômbia, que tem provavelmente o Tribunal constitucional mais avançado em matéria de direitos humanos de todo o mundo, o fácil acesso à Corte[26] é apontado como uma das causas do êxito da instituição em se converter em um espaço privilegiado para lutas emancipatórias.[27] Na Índia, cuja Suprema Corte também tem atuação destacada em matéria da proteção dos direitos fundamentais, foi necessária uma construção jurisprudencial extremamente ousada para viabilizar a defesa dos direitos dos grupos mais vulneráveis. O Tribunal, sem base legal expressa, flexibilizou ao extremo as regras sobre legitimidade ativa (*locus standi*) e formalidades processuais para permitir que qualquer pessoa ou entidade lhe peticionasse na defesa de interesses de terceiros, sem sequer a necessidade de representação por advogado, sempre

---

[25] COSTA, Alexandre Araújo; BENVINDO, Juliano Zaiden. *A quem interessa o controle concentrado de constitucionalidade?* O descompasso entre teoria e prática na defesa de direitos fundamentais. Brasília: UnB, 2014. p. 77, 78 e 80. Disponível em: <http://ssrn.com/abstract=2509541>.
[26] Na Constituição da Colômbia de 1991, qualquer cidadão pode suscitar o controle abstrato de constitucionalidade de atos normativos na Corte constitucional, por meio da chamada *acción pública*, bem como buscar a proteção dos seus direitos fundamentais naquele tribunal, quando não houver outro meio eficaz para fazê-lo, por meio da *acción de tutela*.
[27] Ver CEPEDA-ESPINOSA, Manuel José. Judicial activism in a violent context: the origin, role and impact of the Colombian Constitutional Court. *Washington University of Global Studies Law Review*, v. 3, 2004; e YEPES, Rodrigo Uprimny. A judicialização da política na Colômbia: casos, potencialidades e riscos. *Sur — Revista Internacional de Direitos Humanos*, v. 6, 2007.

que estivessem em jogo os direitos fundamentais de indivíduos ou grupos miseráveis, desprovidos de acesso à justiça.[28]

No Brasil, infelizmente, o movimento jurisprudencial tem sido em sentido oposto ao indiano. O constituinte originário quis estender o acesso à jurisdição constitucional a entidades da sociedade civil, mas sua intenção vem sendo parcialmente frustrada pelo STF, que, nas palavras de Luís Roberto Barroso, adotou "posição severa e restritiva na matéria",[29] estabelecendo limitações à legitimidade ativa claramente discrepantes do espírito da Constituição.

O *leading case* na matéria foi a ADI nº 42,[30] julgada em 1992, em que a Corte assentou, por maioria, que entidade de classe é a que reúne pessoas que exerçam a mesma atividade profissional ou econômica. Na ocasião, o voto vencido do ministro Célio Borja já apontava para o equívoco dessa construção:

> a classe não é um numerus clausus de atividades ou interesses, identificados e classificados pelo Estado, como no corporativismo estadonovista; mas, para compatibilizar-se com uma Constituição que põe entre os objetivos fundamentais da República a construção de uma sociedade livre e solidária (art. 3º, I), deve a classe ou categoria ser espécie ou gênero que as pessoas elegem, a cada momento, como relevantes e para cuja defesa ou fomento se submetem à disciplina societária que melhor lhes pareça.

Com base na mesma orientação restritiva, o STF chegou a negar a legitimidade ativa até da União Nacional dos Estudantes,[31] sob o argumento de

---

[28] Esta linha jurisprudencial é identificada na Índia pelo rótulo de *public interest litigation*. Veja-se, a propósito, GURUSWAMY, Menaku; ASPATWAR, Bipin. Acess to justice in India: the jurisprudence (and self-perception) of the Supreme Court. In: MALDONADO, Daniel Bonilla (Ed.). *Constitutionalism of the global south*: the activist tribunals of India, Colombia and South Africa. Cambridge: Cambridge University, 2013; SATHE, S. P. *Judicial activism in India*. 2. ed. Nova Delhi: Oxford University, 2002. p. 201-211.

[29] BARROSO, Luís Roberto. *O controle de constitucionalidade no direito brasileiro*: exposição sistemática da doutrina e análise crítica da jurisprudência. 2. ed. São Paulo: Saraiva, 2006. p. 145.

[30] ADI nº 42, rel. min. Paulo Brossard, julg. 24/9/1992.

[31] ADI nº 894, MC, rel. min. Néri da Silveira, julg. 18/11/1993. No voto vencido que proferiu neste caso, o ministro Sepúlveda Pertence ressaltou: "considerando que a legitimação para as ações diretas de inconstitucionalidade das 'entidades de classe de âmbito nacional' é a abertura mais

que o art. 103, IX, ao aludir à "classe", não quis fazer referência a segmento social, mas sim a profissão.

Não há qualquer razão legítima que justifique essa interpretação restritiva do Supremo. Ela não é postulada pela interpretação literal, pois a palavra "classe" é altamente vaga, comportando leituras muito mais generosas. Ela não se concilia com a interpretação teleológica da Constituição, pois, como se viu anteriormente, frustra o objetivo do texto magno, que foi democratizar o acesso ao controle concentrado de constitucionalidade. Pior, ela colide frontalmente com a interpretação sistemática da Carta, afrontando o postulado de unidade da Constituição.

Com efeito, inexiste na Constituição de 1988 uma priorização dos direitos e interesses ligados às categorias econômicas e profissionais, em detrimento dos demais. Pelo contrário, a Constituição revelou preocupação no mínimo equivalente com a garantia de outros direitos fundamentais. Ela cuidou, ademais, da proteção de minorias e grupos vulneráveis, como crianças e adolescentes, pessoas com deficiência, povos indígenas, afrodescendentes, mulheres etc. — grupos que têm interesses comuns, que não se reconduzem à profissão ou à economia. A Carta de 1988 se abriu, por outro lado, para múltiplas demandas por justiça, não só no campo da distribuição como também na esfera do reconhecimento,[32] por admitir que as ofensas à dignidade humana também decorrem de práticas estigmatizadoras e opressivas, que desdenham os grupos portadores de identidades não hegemônicas. Tais questões não têm, geralmente, qualquer ligação com categorias profissionais ou econômicas específicas.

---

significativa do acesso da sociedade civil ao controle abstrato de normas — sou dos que ainda resistem à tendência de reduzir o alcance da inovação ao âmbito puramente corporativo das classes profissionais ou econômicas, a rigor, já contemplado, no mesmo inciso IX do art. 103 da Constituição, com a legitimação das entidades sindicais".

[32] Sobre o reconhecimento como dimensão da justiça, veja-se FRASER, Nancy. Redistribuição, reconhecimento e participação: por uma concepção integral de justiça. In: SARMENTO, Daniel; IKAWA, Daniela; PIOVESAN, Flávia (Coord.). *Igualdade, diferença e direitos humanos*. Rio de Janeiro: Lumen Juris, 2010; HONNETH, Axel. *Luta por reconhecimento*: a gramática moral dos conflitos sociais. Tradução de Luiz Repa. São Paulo: Ed. 34, 2003. Destaque-se que a importância do reconhecimento no campo dos direitos fundamentais vem sendo reconhecida pelo STF em várias decisões, como na ADPF nº 186, que tratou das cotas raciais em universidades, e na ADPF nº 132 e ADI nº 142, que trataram da união homoafetiva.

A RAZÃO E O VOTO: DIÁLOGOS CONSTITUCIONAIS COM LUÍS ROBERTO BARROSO

Não há, assim, por que permitir o acesso à jurisdição constitucional para atores que encarnam os interesses das profissões e categorias econômicas, mas não para os que corporificam outros direitos e interesses, que são valorados, no mínimo, com o mesmo peso pela ordem jurídica. Essa assimetria no campo das garantias jurisdicionais é absolutamente injustificada, fruto de uma jurisprudência defensiva infeliz do STF, firmada em outro momento histórico, mas que parece subsistir por inércia, sem maiores questionamentos.

Só que a persistência dessa jurisprudência restritiva cobra um preço muito caro: ela desprotege direitos básicos, ao dificultar sua garantia pela jurisdição constitucional; empobrece a agenda do STF; e mina sua legitimidade democrática, tornando ilusória a ideia anteriormente discutida da representação argumentativa.

A necessidade de alteração dessa orientação jurisprudencial foi ressaltada pelo ministro Marco Aurélio, em recente decisão monocrática proferida na ADI nº 5.291.[33] Segundo o magistrado, o constituinte originário teve como objetivo a amplitude maior do rol de legitimados. Restringir o conceito de entidade de classe significa, portanto, "amesquinhar o caráter democrático da jurisdição constitucional, em desfavor da própria Carta de 1988". Na referida decisão, o ministro afirmou estar

> convencido, a mais não poder, ser a hora de o Tribunal evoluir na interpretação do artigo 103, inciso IX, da Carta da República, vindo a concretizar o propósito nuclear do constituinte originário — a ampla participação social, no âmbito do Supremo, voltada à defesa e à realização dos direitos fundamentais.

Antes de finalizar este item, cabe refutar duas possíveis objeções que a mudança pretendida poderia sofrer: (*i*) de que a alteração é *desnecessária*, porque os grupos sociais aos quais vem sendo denegada a faculdade de provocar diretamente a jurisdição constitucional do STF podem se valer de outros legitimados para deflagração das ações em favor dos seus direitos, e ainda atuar como *amici curiae* nos processos constitucionais; e (*ii*) de que ela é *inviável*, por aumentar a sobrecarga de trabalho do Supremo.

---

[33] ADI nº 5.291, rel. min. Marco Aurélio, decisão proferida em 6/5/2015.

Quanto à desnecessidade, o argumento é insustentável. Em primeiro lugar, porque os dados empíricos comprovam que os demais legitimados raramente ajuízam ações em favor dos direitos e interesses dos grupos sociais em questão. Como comprovou a pesquisa conduzida pela equipe da UnB, anteriormente referida,[34] a absoluta maioria das ações do controle abstrato propostas desde 1988 versam sobre temas de interesse dos entes federais, ou sobre questões econômicas ou corporativas, sendo raríssimas as que cuidam de direitos fundamentais ou de proteção de segmentos sociais vulneráveis. E, ainda que assim não fosse, não seria legítimo privar de voz ativa na jurisdição constitucional algumas classes sociais, sob argumento de que podem ser protegidas por terceiros, e dar a outras o poder de deflagrarem o controle abstrato, sem necessidade de qualquer mediação institucional. Além de incompatível com a isonomia, tal postura retiraria a autonomia de entidades da sociedade civil que a Constituição quis empoderar, subordinando a proteção dos direitos e interesses que elas encarnam às vontades e escolhas de terceiros.

Do mesmo modo, não basta a possibilidade de participação da entidade de classe como *amicus curiae* para suprir o déficit gerado pela denegação da sua legitimidade ativa na jurisdição constitucional concentrada. O *amicus curiae*, afinal, não pode provocar a atuação da Corte, nem sequer formular novos pedidos nas ações de que participa.

O argumento da sobrecarga também não procede. É verdade que o STF julga, anualmente, um número desproporcional de processos, e que a competência da Corte não pode ser banalizada, sob pena de inviabilização dos seus trabalhos. Porém, a sobrecarga hoje existente se deve muito mais ao exercício da competência recursal do Supremo, ao julgamento de *habeas corpus* e de ações penais do que à prestação da jurisdição constitucional em sentido estrito.[35] Esta última é, de resto, a principal função do STF, cuja missão institucional precípua, afinal, é zelar pela "guarda da Constituição" (art. 102, *caput,* CF). Por isso, eventuais restrições à competência da Corte, erigidas em razão da necessidade de viabilizar seu adequado funcionamento, não

---

[34] Alexandre Araújo Costa e Juliano Zaiden Benvindo, *A quem interessa o controle concentrado de constitucionalidade?*, op. cit.

[35] FALCÃO, Joaquim; CERDEIRA, Pablo de Camargo; ARGUELHES, Diego Werneck. *I Relatório Supremo em Números*: o múltiplo Supremo. Rio de Janeiro: Direito Rio, 2011. Disponível em: <www.fgv.br/supremoemnumeros>.

A RAZÃO E O VOTO: DIÁLOGOS CONSTITUCIONAIS COM LUÍS ROBERTO BARROSO

devem recair sobre esse domínio, que diz com o exercício da sua principal vocação constitucional.

Por outro lado, a mudança ora sugerida não implica a supressão de outros filtros existentes no âmbito da jurisdição constitucional concentrada, como a exigência de que a entidade de classe seja "de caráter nacional", e a de que haja "pertinência temática" entre os direitos e interesses que ela corporifica e o tema discutido na ação. Tais filtros impedirão que uma avalanche de novas ações constitucionais resulte da alteração pretendida. Mas, ainda que assim não fosse, um argumento consequencialista dessa natureza não seria justificativa legítima para denegar o acesso à jurisdição constitucional a segmentos importantes da sociedade civil, privando seus direitos fundamentais de uma proteção mais efetiva, e traindo o projeto do constituinte, de abrir o processo constitucional para a ampla participação da cidadania.

Por todas essas razões, é urgente que o STF revisite o tema da interpretação do art. 103, IX, da Constituição[36] — como tem feito em tantas outras matérias — de modo a viabilizar que a jurisdição constitucional brasileira possa se converter, de fato, num instrumento de "representação argumentativa" do povo.

4. Conclusão

No final do ano de 2006, fui encarregado pelo Grupo de Trabalho de Direitos Sexuais e Reprodutivos do Ministério Público Federal, que eu então integrava, de minutar representação ao procurador-geral da República, visando a que levasse ao STF o tema do reconhecimento das uniões homoafetivas. Elaborei a representação, em diálogo com colegas do grupo de trabalho e com diversas entidades do movimento LGBT, que haviam antes procurado o MPF para atuar nessa causa tão bonita e importante. O documento foi

---

[36] Vale ressaltar que o STF já mitigou outra restrição que antes impunha para a legitimidade ativa das entidades de classe de âmbito nacional no controle abstrato de constitucionalidade. No passado, o Supremo não reconhecia a legitimidade de entidades compostas por associações de classe — as chamadas "associações de associações" (*e.g.*, ADI nº 108, rel. min. Celso de Mello, *DJ*, 5/jun./1992). Contudo, a partir do julgamento da ADI nº 3.153, a Corte passou a admitir a propositura de ADIs por tais entidades (ADI nº 3.153, AgRg, rel. min. Sepúlveda Pertence, *DJ* 9/set./2005).

protocolado no começo de 2007, no gabinete do procurador-geral da República — à época o doutor Antonio Fernando de Souza —, acompanhado de dois brilhantes pareceres, elaborados *pro bono* por Luís Roberto Barroso e por Gustavo Tepedino.

Um ano depois, o PGR ainda não havia proposto a ação, e dava sinais de que não pretendia fazê-lo. Nosso grupo de trabalho promovia reuniões frequentes com o movimento LGBT, e todos estavam chateados e impacientes com a demora, já pensando em alternativas. A Associação Brasileira de Gays, Bissexuais, Lésbicas, Travestis e Transexuais (ABGLT), entidade nacional de enorme representatividade, estava envolvida no projeto, mas a jurisprudência do STF não admitiria sua legitimidade ativa para o ajuizamento da ação.

Certo dia, durante reunião em meu gabinete, ao explicar para alguns militantes as alternativas para a provocação do Supremo, mencionei a legitimidade ativa dos governadores de estado. Para a minha surpresa, Carlos Tufvesson — um bem-sucedido profissional da moda que também é ativista do movimento LGBT — me disse que tinha ótimo contato com o então governador do Rio de Janeiro, Sérgio Cabral, cuja posição pessoal sobre a matéria seria liberal, e que achava que conseguiria convencê-lo a ajuizar a nossa ação. Confesso que não levei muita fé, especialmente por acreditar que a propositura da ação teria um custo político elevado, num estado que tinha — e ainda tem — bolsões fortemente conservadores. Dias depois, Tufvesson me telefona, com a excelente notícia de que Cabral de fato aceitara promover a ação, que viria a ser realmente ajuizada em poucas semanas.

O resto do enredo é mais conhecido: a ADPF nº 132, proposta pelo governador do estado do Rio de Janeiro, foi elaborada e conduzida com brilhantismo pelo então procurador do Estado Luís Roberto Barroso. Em 5 de maio de 2011, o STF, com o plenário lotado, proferiu um dos julgamentos mais bonitos e importantes da sua história.[37] Por unanimidade, a Corte, em

---

[37] Na ocasião, o STF julgou conjuntamente a ADI nº 142, proposta mais tarde por Deborah Duprat, na qualidade de procuradora-geral da República em exercício, baseada na representação que eu antes elaborara. A decisão pela propositura dessa outra ação, contendo o mesmo pedido principal da ADPF nº 132, deveu-se ao fato de que, à luz da jurisprudência do STF, era à época duvidosa a "pertinência temática" da ação ajuizada pelo governador do Rio, já que ela se voltava precipuamente à discussão de normas federais sobre direito de família, incidentes em todos os estados da federação.

belíssima decisão relatada pelo ministro Carlos Britto, reconheceu o direito dos casais homoafetivos de constituir união estável, em plena igualdade em relação aos casais tradicionais.

O final dessa estória foi feliz. Mas esse sucesso dependeu de um acaso incomum.[38] Quantas outras ações constitucionais importantes, versando sobre direitos fundamentais ou interesses públicos relevantes, deixaram de ser propostas, pela falta de um autor legitimado que as veiculasse? Quantas vezes os direitos de grupos vulneráveis ficaram desprotegidos, porque se negou aos mesmos qualquer voz no âmbito do processo constitucional? Para um final feliz, quantos outros melancólicos existem, do qual muitas vezes nem ficamos sabendo?

Enfim, para que o processo constitucional seja legítimo e democrático, é preciso *dar voz a quem não tem voz*. Para isso, é urgente que o STF reveja sua interpretação do art. 103, IX, da Constituição.

Referências

ALEXY, Robert. Ponderação, jurisdição constitucional e representação. In: ALEXY, Robert. *Constitucionalismo discursivo*. Tradução de Luís Afonso Heck. Porto Alegre: Livraria do Advogado, 2007. p. 155-166.

ARGUELLES, Diego Werneck. Poder não é querer: preferências restritivas e redesenho institucional no Supremo Tribunal Federal. *Universitas Jus (UniCEUB Law Journal)*, v. 25, n. 1, 2014.

BALKIN, Jack. *Constitutional redemption*: political faith in an unjust world. Cambridge: Harvard University, 2011.

BARRET-LAIN, Corinna. Upside-down judicial review. *The Georgetown Law Journal*, v. 101, 2012.

BARROSO, Luís Roberto. *O controle de constitucionalidade no direito brasileiro*: exposição sistemática da doutrina e análise crítica da jurisprudência. 2. ed. São Paulo: Saraiva, 2006.

---

[38] É claro que, se não fosse por esta via, o reconhecimento da união homoafetiva tenderia a vir por outra, no campo jurisdicional ou político. Mas aí essa importante e urgente conquista talvez demorasse um pouco mais.

BAUM, Laurence. *The Supreme Court and their audiences*. Washington: CQ Press, 2006.

BICKEL, Alexander. *The least dangerous branch*: the Supreme Court at the Bar of Politics. 2. ed. Nova York: Yale University, 1986.

BINENBOJM, Gustavo. *A nova jurisdição constitucional brasileira*. Rio de Janeiro: Renovar, 2001.

BRANDÃO, Rodrigo. *Supremacia judicial versus diálogos constitucionais*. Rio de Janeiro: Lumen Juris, 2012.

_____. *Constituição e sociedade*. 10 nov. 2014. Disponível em: <https://jota.info/artigos/constituicao-e-sociedade-13102014>.

CAMPOS, Carlos Alexandre de Azevedo. *Dimensões do ativismo judicial*. Rio de Janeiro: Forense, 2014.

CEPEDA-ESPINOSA, Manuel José. Judicial activism in a violent context: the origin, role and impact of the Colombian Constitutional Court. *Washington University of Global Studies Law Review*, v. 3, 2004.

COSTA, Alexandre Araújo; BENVINDO, Juliano Zaiden. *A quem interessa o controle concentrado de constitucionalidade?* O descompasso entre teoria e prática na defesa de direitos fundamentais. Brasília: UnB, 2014. Disponível em: <http://ssrn.com/abstract=2509541>.

CRUZ, Álvaro Ricardo de Sousa. *Jurisdição constitucional democrática*. Belo Horizonte: Del Rey, 2004.

DAHL, Robert. Decision-making in a democracy: the Supreme Court as a policy maker. *Journal of Public Law*, v. 6, n. 2, 1957.

FALCÃO, Joaquim; CERDEIRA, Pablo de Camargo; ARGUELHES, Diego Werneck. *I Relatório Supremo em Números*: o múltiplo Supremo. Rio de Janeiro: Direito Rio, 2011. Disponível em: <www.fgv,br/supremoemnumeros>.

FORST, Rainer. *The right to justification*: elements of a constructivist theory of justice. Tradução de Jeffrey Flynn. Nova York: Columbia University, 2012.

FRASER, Nancy. Redistribuição, reconhecimento e participação: por uma concepção integral de justiça. In: SARMENTO, Daniel; IKAWA, Daniela; PIOVESAN, Flávia (Coord.). *Igualdade, diferença e direitos humanos*. Rio de Janeiro: Lumen Juris, 2010.

FRIEDMAN, Barry. *The will of the people*: how public opinion has influenced the Supreme Court and shaped the meaning of the Constitution. Nova York: Farrar, Strauss & Giroux, 2009.

GOMES, Juliana Cesário Alvim. Constitucionalismo popular, constitucionalismo popular mediado e constitucionalismo democrático: contribuições para o debate brasileiro. In: FELLET, André; NOVELINO, Marcelo (Org.). *Constitucionalismo e democracia*. Salvador: Juspodivm, 2014. p. 587-611.

GURUSWAMY, Menaku; ASPATWAR, Bipin. Acess to justice in India: the jurisprudence (and self-perception) of the Supreme Court. In: MALDONADO, Daniel Bonilla (Ed.). *Constitutionalism of the global south*: the activist tribunals of India, Colombia and South Africa. Cambridge: Cambridge University, 2013.

HÄBERLE, Peter. *Hermenêutica constitucional*: a sociedade aberta dos intérpretes da Constituição. Contribuição para a interpretação pluralista e "procedimental" da Constituição. Tradução de Gilmar Ferreira Mendes. Porto Alegre: Livraria do Advogado, 1997.

HONNETH, Axel. *Luta por reconhecimento*: a gramática moral dos conflitos sociais. Tradução de Luiz Repa. São Paulo: Ed. 34, 2003.

MELLO, Patrícia Perrone Campos. *Nos bastidores do Supremo Tribunal Federal*: Constituição, emoção, estratégia e espetáculo. Tese (doutorado) — Universidade do Estado do Rio de Janeiro, Rio de Janeiro, 2014.

MENDES, Conrado Hübner. *Direitos fundamentais, separação de poderes e deliberação*. São Paulo: Saraiva, 2011.

_____. O projeto de uma corte deliberativa. In: VOJVODIC, Adriana et al. (Org.). *Jurisdição constitucional no Brasil*. São Paulo: Malheiros, 2012.

MENDES, Gilmar Ferreira; BRANCO, Paulo Gustavo Gonet. *Curso de direito constitucional*. 7. ed. São Paulo: Saraiva, 2012.

_____; VALE, André Rufino. O pensamento de Peter Häberle na jurisprudência do Supremo Tribunal Federal. *Observatório da Jurisdição Constitucional*, Brasília, ano 2, 2008/2009.

NOVELINO, Marcelo. A influência da opinião pública sobre o comportamento judicial dos membros do STF. In: FELLET, André; NOVELINO, Marcelo (Org.). *Constitucionalismo e democracia*. Salvador: Juspodivm, 2014a. p. 265-328.

_____. *Como os juízes decidem*: a influência de fatores extrajurídicos sobre o comportamento judicial. Tese (doutorado em direito) — Universidade do Estado do Rio de Janeiro, Rio de Janeiro, 2014b.

POSNER, Richard A. *How judges think?* Cambridge: Harvard University, 2008.

POST, Robert; SIEGEL, Reva. Democratic constitutionalism and Backlash. *Harvard Civil Rights-Civil Liberties Law Review*, v. 42, 2007.

SAMPAIO, José Adércio Leite. *A Constituição reinventada pela jurisdição constitucional*. Belo Horizonte: Del Rey, 2002.

SARMENTO, Daniel; OSÓRIO, Aline. Eleições, dinheiro e democracia: a ADI 4.650 e o modelo brasileiro de financiamento das campanhas eleitorais. Disponível em: <www.oab.org.br>.

SATHE, S. P. *Judicial activism in India*. 2. ed. Nova Delhi: Oxford University, 2002.

SOUZA NETO, Cláudio Pereira de. *Jurisdição constitucional, democracia e racionalidade prática*. Rio de Janeiro: Renovar, 2002.

_____; SARMENTO, Daniel. *Direito constitucional*: teoria, história e métodos de trabalho. 2. ed. Belo Horizonte: Fórum, 2014.

YEPES, Rodrigo Uprimny. A judicialização da política na Colômbia: casos, potencialidades e riscos. *Sur — Revista Internacional de Direitos Humanos*, v. 6, 2007.

Legitimidade judicial e o argumento das partes

*Eloísa Machado de Almeida**

Introdução

Em seu trabalho "A razão sem voto", Luís Roberto Barroso apresenta algumas de suas preocupações com a subjetividade judicial na decisão de casos difíceis, para os quais não haveria respostas evidentes. Para o autor, situações limite demandariam do Judiciário a construção, lógica e argumentativa, de soluções "à luz de elementos do caso concreto, dos parâmetros fixados na norma, dos precedentes e de aspectos externos ao ordenamento jurídico".

Nesses casos, afirma o autor que "as diversas soluções possíveis vão disputar a escolha pelo intérprete" e também que, ao final, o juiz "colheria" no sistema jurídico o fundamento de sua decisão, cuja legitimidade dependerá da argumentação jurídica, da "capacidade de demonstrar a racionalidade, a justiça e a adequação constitucional da solução que construiu".

No artigo de Barroso, a racionalidade e a justificação das decisões judiciais aparecem como meios para a *validação da escolha* feita pelo juiz, e quanto mais sofisticado e coerente o argumento feito pelo juiz, mais racional e correta seria a escolha da decisão pelo juiz. A partir dessa tese, o resultado da atividade interpretativa em casos difíceis seria obtido por meio de diversas opções igualmente válidas à disposição do juiz e, como consequência

---

* Professora da FGV Direito SP e coordenadora do centro Supremo em Pauta. Doutoranda em direitos humanos pela Faculdade de Direito da Universidade de São Paulo (USP) e mestre em política constitucional pela Pontifícia Universidade Católica de São Paulo (PUC-SP). Possui graduação em direito pela PUC-SP e formação em ciências sociais pela USP.

disso, poderíamos afirmar tratar-se a atividade jurisdicional de uma atividade discricionária, mas não no sentido proposto pelo autor que define como discricionária qualquer decisão judicial que extrapole o simples processo de subsunção do fato à norma.

Diferentemente, tratamos como discricionária qualquer decisão que prescinda de justificação e de pretensão de objetividade, qualquer decisão que se mostre, ao final, uma mera escolha do juiz, ainda que seja o resultado de uma atividade tipicamente interpretativa.

Este texto pretende dialogar com as ideias de Barroso e se situa no debate sobre a racionalidade das decisões judiciais em casos difíceis, mas em um aspecto muito particular, retomando o conceito de ônus argumentativo e o papel que as partes têm na interpretação constitucional.

A noção de ônus argumentativo trabalhada neste texto seria aquela capaz de impor ao juiz não uma escolha entre argumentos disponíveis, como a escolha de ovos em um cesto, mas o dever de afastar todos os demais argumentos concorrentes para a solução do caso e, com isso, promover um maior exercício de racionalização. Para tanto, faremos um breve apanhado sobre as teorias de interpretação que identificam o ônus argumentativo como um fator racionalizador das decisões.

A partir dessa ideia básica, este texto tratará do papel que as partes têm no processo judicial, levando-se em consideração as características do processo de controle concentrado de constitucionalidade.

O objetivo, bastante modesto, é trazer algumas provocações sobre como as decisões judiciais podem ser mais racionais e menos discricionárias, recuperando-se a dimensão de controle que o devido processo legal impõe aos juízes.

Escolha ou ônus argumentativo?

Saber como os tribunais constitucionais decidem continua sendo uma reflexão relevante para o direito, não só para compreender a racionalidade jurídica envolvida, mas também para identificar eventuais arbitrariedades e mau funcionamento do sistema.[1] A fundamentação das decisões judiciais é

---

[1] RODRIGUEZ, J. R. *Como decidem as cortes?*: para uma crítica do direito (brasileiro). São Paulo: FGV Editora, 2013. p. 171.

uma exigência do estado de direito, mas *qualquer fundamentação* não seria capaz de encerrar os problemas sobre a possível discricionariedade e arbitrariedade dos juízes, uma vez que haveria sempre a possibilidade de esconder interesses duvidosos e opiniões pessoais por meio de um par de razões e argumentos.[2]

São essas as preocupações que têm levado as teorias de interpretação e de racionalidade das decisões judiciais para o centro do debate da teoria do direito e do direito constitucional. Buscar elevar a racionalidade das decisões judiciais mediante procedimentos de interpretação e constrições hermenêuticas são algumas das estratégias utilizadas para diminuir a subjetividade dos juízes e controlar seu poder por meio da exigência de argumentação, já que a fundamentação e a justificação seriam as formas pelas quais seria possível controlar, debater e criticar as decisões judiciais.[3]

Para tanto, estas teorias da interpretação e de racionalidade judicial procuram justamente determinar etapas ou a forma pela qual o juiz deverá justificar sua decisão, oferecendo "[...] um conjunto de regras, cânones, conceitos ou padrões interpretativos, cujo objetivo é formar padrões para a justificação das sentenças por meio da imposição de determinados ônus argumentativos aos órgãos competentes para decidir casos judiciais".[4]

Assim, defendemos aqui que a atividade interpretativa[5] — e não subsumida — do juiz constitucional não poderia significar arbitrariedade, ao menos não em um estado de direito.[6] Tampouco a decisão judicial poderia servir-se

---

[2] RESTREPO, G. M. *Justicia constitucional y arbitrariedad de los jueces*. Buenos Aires; Madri; Barcelona: Marcial Pons, 2009. p. 38.

[3] SILVA, V. A. *Direitos fundamentais*. São Paulo: Malheiros, 2010. p. 32.

[4] J. R. Rodrigues, *Como decidem as cortes?*, op. cit., p. 160.

[5] A divergência na teoria do direito quanto à prática interpretativa não reside no debate se ela existe ou não, se o direito é ou não interpretação, mas nos métodos e nas consequências dessa afirmação. Não será objeto deste artigo fazer uma distinção entre esses métodos e as implicações de cada um para a teoria da interpretação. Nosso objetivo aqui é mais simples e parte da lógica do direito como interpretação, buscando explorar o conceito de ônus argumentativo e, neste, o papel das partes do processo de controle de constitucionalidade.

[6] Conforme já mencionado, não compartilhamos da opinião de Luís Roberto Barroso ao definir discricionariedade judicial como qualquer atividade que extrapole a simples subsunção. VIEIRA, O. V. *A Constituição e sua reserva de justiça* (um ensaio sobre os limites materiais ao poder de reforma). São Paulo: Malheiros, 1999. p. 234.

de qualquer argumentação, mas da melhor argumentação para aquele caso, naquele determinado momento.[7]

A questão que trazemos aqui não está, portanto, em ser ou não o direito uma prática interpretativa, mas como tornar esta prática melhor, mais legítima e capaz de encontrar a melhor resposta a um caso,[8] "justificada pelos melhores argumentos disponíveis".[9] A ideia de resposta correta para um caso está vinculada ao conceito interpretativo de objetividade em um determinado contexto argumentativo, já que "afirmar a objetividade de uma proposição significa reconhecer que ela está justificada pelos melhores argumentos disponíveis".[10]

A referência aos melhores argumentos está presente em diferentes momentos na obra de Dworkin e se vincula, entre outros elementos, à ideia de ônus argumentativo que apresentaremos neste trabalho, do dever do juiz em explorar e esgotar diferentes etapas de argumentação em busca do melhor argumento disponível. Partimos assim da crítica de que a decisão dos casos difíceis importa uma mera escolha do juiz, tal como apresentada no texto de Barroso, para uma posição que exige desse juiz o engajamento na busca da melhor solução ao caso.

Direitos humanos e ônus argumentativo amplo

Nos casos difíceis essa tarefa de argumentação é naturalmente mais exigente. E quando a pergunta recai sobre como os tribunais constitucionais decidem

---

[7] DWORKIN, R. *O império do direito*. São Paulo: Martins Fontes, 2007.

[8] As divergências teóricas e filosóficas sobre a possibilidade ou não de se encontrar a resposta correta ou apenas a escolha entre possíveis respostas corretas permeia grande parte do debate sobre a interpretação, especialmente contra a afirmação de que é possível encontrar a resposta certa para casos difíceis. "A tese de que existe uma resposta certa para questões jurídicas controvertidas é mesmo uma ideia extravagante?", é uma das perguntas que Ronaldo Porto Macedo Junior em *Do xadrez à cortesia*, responde a partir da obra de Dworkin e de seus críticos. Esta referência serve àqueles que queiram se aprofundar nesse debate, que não será devidamente explorado nesta tese. MACEDO JR., R. P. *Do xadrez à cortesia*: Dworkin e a teoria do direito contemporânea. São Paulo: Saraiva, 2013. p. 46.

[9] Ibid., p. 48.

[10] Ibid.

casos de direitos humanos expressos em normas de conteúdo aberto, essa questão se torna ainda mais relevante, já que estão em jogo não só a decisão sobre o alcance e conteúdo desses direitos como também o papel que as cortes constitucionais desempenham nas democracias constitucionais.

Pode-se afirmar que são nos casos de direitos humanos e fundamentais que essa prática interpretativa se torna mais intensa e, consequentemente, as exigências de racionalidade e justificação da decisão mais prementes. Nesse sentido, a decisão sobre se uma mulher tem direito a realizar um aborto, sobre o direito de se manifestar em favor da descriminalização das drogas ou ainda de ter um tratamento diferenciado pelo fato de ser negro não deveria depender da (mera) opinião do juiz.[11] Esses casos de direitos humanos, ademais, são aqueles que guardam maior indeterminação e maior desacordo na sociedade.

Os exemplos citados por Luís Roberto Barroso acompanham essa mesma lógica de casos difíceis: não deveria ser apenas uma escolha do juiz a decisão se uma pessoa pode recusar transplante de sangue, ou casar-se com pessoa do mesmo sexo ou ainda engravidar de marido morto.

Não há dúvidas de que a vagueza com que são redigidas — deliberada ou ingenuamente[12] — as normas de direitos fundamentais coloca uma série de dificuldades na tarefa de interpretação. Não se trata, aqui, apenas de discordâncias quanto ao significado semântico das palavras,[13] mas de discordâncias "entre as interpretações existentes sobre as práticas compartilhadas que concretizam este direito".[14]

---

[11] R. Dworkin, *O império do direito*, op. cit., p. 311.

[12] Restrepo aponta que a generalidade e a abstração das normas de direitos fundamentais se deve ao fato de que nós (incluídos os legisladores) "somos incapazes de antecipar todos os possíveis casos que pudessem gerar o propósito inicial de regular algo, e não saberíamos o que regular a respeito". G. M. Restrepo, *Justicia constitucional y arbitrariedad de los jueces*, op. cit., p. 100.

[13] Referimo-nos aqui às fases identificadas por Dworkin na tarefa interpretativa: etapa semântica; etapa teórico-jurídica; e etapa doutrinal. R. Dworkin, *O império do direito*, op. cit. Macedo Júnior desvenda a teoria de Dworkin e situa no plano da etapa doutrinal as discordâncias em casos como os mencionados por Barroso em seu artigo "A razão sem voto": "[...] é justamente esse conceito interpretativo que está em jogo quando formulamos questões doutrinais, como aquela acerca do direito à escolha de interromper a gravidez de feto anencéfalo". R. P. Macedo Júnior, *Do xadrez à cortesia*, op. cit., p. 266.

[14] G. M. Restrepo, *Justicia constitucional y arbitrariedad de los jueces*, op. cit., p. 104.

O regime de direitos fundamentais na Constituição Federal de 1988 é um exemplo disso: mantém a proclamação de direitos em linguagem aberta e vaga, cujo conteúdo deverá ser analisado e interpretado pelos órgãos de representação política (a atuação do Legislativo na elaboração de leis que deem concretude à Constituição) e pelas cortes constitucionais, no controle de constitucionalidade destas leis, dos atos do poder público e das omissões inconstitucionais.

Na terminologia da interpretação constitucional, os casos de direitos humanos são considerados os casos difíceis, ou seja, os casos nos quais se exige um maior esforço argumentativo e que são mais difíceis de serem resolvidos. São casos "em que nenhuma regra estabelecida dita uma decisão em qualquer direção".[15]

Aqui há espaço para uma explicação importante: há casos difíceis porque há casos considerados fáceis, que são aqueles nos quais as regras dão conta da interpretação e o juiz exerce mais uma tarefa de subsunção do que de interpretação.[16]

A distinção entre regras e princípios é fundamental para a compreensão dessa questão. Regras são aplicadas diretamente numa lógica de tudo ou nada; princípios operam de outra forma e convivem, incidem, vários sobre o mesmo caso, sem que haja uma clareza de como deve ser feita a predileção de um ou de outro.[17] Uma regra seria a idade máxima para aposentadoria; um princípio seria a livre-iniciativa ou a liberdade de expressão.[18] Os direitos fundamentais, assim, têm em geral uma estrutura de princípio e são redigidas na forma de normas de textura aberta.[19]

A teoria dos direitos fundamentais elaborada por Alexy[20] oferece uma forma de decidir casos envolvendo direitos de conteúdo aberto por meio de um modelo de regras e princípios. Na mesma hipótese onde a atividade do juiz não é uma simples aplicação de uma regra, cria-se um meticuloso procedimento de verificação de regras, princípios e, se o caso, ponderação, tudo isso na atividade de interpretação do juiz.

---

[15] DWORKIN, R. *Levando os direitos a sério*. São Paulo: Martins Fontes, 2002. p. 131.

[16] Ibid.

[17] ALEXY, R. *Teoria dos direitos fundamentais*. São Paulo: Malheiros, 2008.

[18] BARROSO, L. R. *Interpretação e aplicação da Constituição*. São Paulo: Saraiva, 2004.

[19] G. M. Restrepo, *Justicia constitucional y arbitrariedad de los jueces*, op. cit.

[20] R. Alexy, *Teoria dos direitos fundamentais*, op. cit.

Isso porque a teoria de Alexy parte do pressuposto de que os direitos fundamentais são potências, ao menos *prima facie*, que exigiriam sua plena realização. A restrição dos direitos ocorreria, assim, nas (prováveis, dado o caráter expansivo) colisões entre os direitos fundamentais. Em havendo colisões, ou seja, ao interpretar casos de direitos humanos nos quais é necessário ponderar a influência do princípio, exige-se do intérprete, do juiz, uma ampla fundamentação, na medida em que "o texto das disposições de direitos fundamentais vincula a argumentação por meio da criação de um ônus argumentativo a seu favor".[21]

Essa mesma medida que estabelece o processo de argumentação dos direitos fundamentais responderia também às exigências de "controlabilidade" racional, não obstante (e considerando) sua indeterminação.[22]

> A explicitação da restringibilidade dos direitos fundamentais é acompanhada, no modelo aqui defendido, de uma exigência de fundamentação constitucional, para qualquer caso de restrição, que não está presente em outras teorias. O que aqui se defende, portanto, é a tese de que a diminuição da proteção não está na abertura de possibilidades de restrição, já que elas impõem um ônus argumentativo ao legislador e ao juiz [...]. [...] um modelo que impõe, a todo tempo, exigências de fundamentação.[23]

É neste sentido que Alexy menciona que a argumentação utilizada pelo juiz em suas decisões serão os seus fundamentos de legitimidade. A formação dessa argumentação não é unilateral: ela é compartilhada com as partes e, ao final, com toda a sociedade,[24] incumbido ao juiz o ônus de sua apreciação.

Defendemos aqui que a noção de ônus argumentativo presente nas teorias que buscam conferir maior racionalidade à atividade interpretativa do juiz impõe um procedimento decisório distinto de uma simples escolha entre argumentos existentes, na medida em que não bastaria ao juiz justificar a decisão adotada. Neste texto sustentamos um ônus argumentativo exigente, estimulado pelas partes e desenhado pelo processo, na medida em que seria

---

[21] ALEXY, R. *Teoria dos direitos fundamentais*. São Paulo: Malheiros, 2008. p. 553.

[22] Ibid.

[23] V. A. Silva, *Direitos fundamentais*, op. cit., p. 253-254.

[24] ALEXY, R. *Constitucionalismo discursivo*. Porto Alegre: Livraria do Advogado, 2007. p. 61.

imposto ao juiz o dever de analisar os argumentos das partes para solução do caso, ainda que para refutá-los.

Ônus argumentativo no controle concentrado de constitucionalidade brasileiro: a contribuição das partes

Até o momento apresentamos o ônus argumentativo como parte de uma proposta interpretativa que procura conferir maior racionalidade e objetividade às decisões judiciais por intermédio das constrições do processo judicial e do papel das partes na interpretação das normas.

Ao transportar a ideia de ônus argumentativo para o controle de constitucionalidade feito pelo Supremo Tribunal Federal, é importante levar em consideração algumas das características do processo de controle concentrado de constitucionalidade,[25] especialmente a objetividade do processo e a *causa petendi* aberta.

No que se refere à objetividade do processo de controle concentrado de constitucionalidade, podemos afirmar que as questões de mérito estão no cerne do debate jurídico, que não estaria "contaminado" com assuntos e elementos de valoração de prova, sua admissibilidade etc., comuns aos processos de índole subjetiva. A atividade jurisdicional se debruçaria, assim, sobre uma pura interpretação.

São casos, assim, mais interessantes para análise da argumentação jurídica focada na interpretação constitucional e isso faz com que no controle concentrado de constitucionalidade a liberdade de decidir do juiz seja muito mais ampla do que no controle difuso, limitado fortemente pela construção da demanda.[26]

No controle concentrado, por sua vez, superadas questões de inconstitucionalidade formal ou de admissibilidade das ações diretas (como legitimidade das partes e possibilidade de impugnação do ato), a atividade jurisdi-

---

[25] Referimo-nos aqui ao procedimento estabelecido pela Constituição Federal de 1988 e pelas Leis nº 9.868 e nº 9.882, ambas de 1999.

[26] A demanda estabelece os limites da lide e do alcance da decisão judicial. Nas demandas subjetivas, o papel das partes é essencial na definição dos limites objetivos da lide que afetará a atividade jurisdicional.

cional se concentra sobre a questão constitucional colocada e com abertura de argumentos e informações.

A formação desse processo "objetivo" tem como justificativa o fato de que a declaração de constitucionalidade ou de inconstitucionalidade, em âmbito concentrado, terá efeitos contra todos e, portanto, as razões para sua declaração não precisam estar atreladas às partes do processo. É de interesse de todos e do próprio sistema que haja coerência entre as normas.

> A expressão processo objetivo é, em geral, associada à noção de que o Supremo Tribunal Federal, no exercício do controle concentrado de constitucionalidade — do qual a ação direta de inconstitucionalidade é o mecanismo mais empregado — não "julga" nenhum interesse ou direito subjetivado. Isto é, concretizado em uma específica relação jurídica que dá ensejo, por definição, ao nascimento de pretensões concretas.[27]

Há várias consequências[28] processuais relacionadas com o processo objetivo e uma delas se relaciona diretamente com a extensão da interpretação a ser feita pelo juiz. Nos processos objetivos, o juiz pode buscar razões diferentes para decidir do que as alegadas pelas partes e, também, usar a Constituição toda como referencial deste controle de constitucionalidade, não estando adstrito às disposições constitucionais indicadas pelas partes como ofendidas pela norma em questão.

No mesmo sentido, o juiz pode analisar outros dispositivos da legislação questionada que não os indicados pelas partes, caso a inconstitucionalidade de um artigo produza efeitos em outros, na chamada "inconstitucionalidade por arrastamento". Ambas as disposições são flexibilizações às regras de constrição do juiz que impõe limitações a partir do alegado e pedido pelas partes.[29]

---

[27] BUENO, C. S. *Amicus curiae, um terceiro enigmático*. São Paulo: Saraiva, 2008. p. 1031.

[28] Esta noção de que o objeto da ação, a norma questionada, é mais relevante do que os interesses das partes aparece também em outros momentos do processo constitucional, como na impossibilidade de desistência da ação por parte do requerente. Nesse particular, o interesse da parte em prosseguir ou não com uma ação é suplantado pelo interesse de toda a sociedade em manter um ordenamento jurídico de acordo com a Constituição Federal.

[29] Flexibilização e não exceção. A "inconstitucionalidade por arrastamento" é uma flexibilização do princípio do pedido uma vez que o tribunal poderá declarar inconstitucionais outros dispositivos da legislação que não originariamente impugnados pela parte requerente da ação. No entanto, não se trata de uma liberdade total do juiz constitucional: essa ampliação do pedido se dá apenas

Esta *causa petendi aberta*[30] poderia parecer o contra-argumento perfeito à tese apresentada neste artigo, afinal, a não vinculação de um juiz a um argumento das ações significaria que ele poderia procurá-lo (colhê-lo) em qualquer outro lugar. Porém, por outro lado, é a *causa petendi aberta* que permite que exista uma disputa no processo, com o oferecimento de argumentos e informações por diferentes partícipes que buscam influenciar as decisões judiciais. Essa é uma característica específica do processo constitucional que favorece a análise de como estes diferentes argumentos dispostos no processo são, em princípio, conformadores da atividade interpretativa do juiz.

Nesses casos, o juiz constitucional deverá considerar todo o repertório de argumentos apresentados em sua decisão — inclusive, diga-se de passagem, pelos *amici curiae* —, seja para incorporar, seja para afastar os referidos argumentos. Não há limites máximos para a interpretação e argumentos a serem escolhidos pelo juiz na decisão de casos constitucionais difíceis, mas os argumentos presentes no processo, feito pelas partes, são o mínimo com o qual os juízes têm que lidar para se levar a sério a noção de ônus argumentativo.

Dessa forma, a objetividade do processo e a abertura da *causa petendi*, características dos processos de controle concentrado de constitucionalidade, não podem significar a possibilidade de o juiz ignorar os argumentos apresentados e disponíveis no processo.

Esse ponto serve para estabelecer, enfim, a relação entre qualidade das decisões e o papel das partes de um processo: é no direito como prática interpretativa e no papel da argumentação jurídica para a resolução de casos difíceis que as partes podem ser identificadas como mecanismos de promoção de qualidade e racionalidade das decisões. E é justamente por causa do ônus argumentativo que recai sobre o juiz que as partes apresentam a possibilidade de incrementar a qualidade das decisões, na medida em que oferecem argumentos, pontos de vista e informações pertinentes ao caso.[31]

---

nas hipóteses em que a declaração de inconstitucionalidade de um dispositivo afeta outros ou mesmo a norma como um todo, ou seja, será uma consequência da declaração de inconstitucionalidade de um dispositivo originariamente impugnado.

[30] Assim é chamada, pelos próprios ministros do STF, a não vinculação do juiz constitucional às razões, a causa de pedir, alegadas pelas partes.

[31] A pesquisa sobre a capacidade de inovação de argumentos dos *amici curiae* é parte de investigação e pesquisa de doutoramento que desenvolvo na Faculdade de Direito da Universidade de São Paulo.

A RAZÃO E O VOTO: DIÁLOGOS CONSTITUCIONAIS COM LUÍS ROBERTO BARROSO

Nessa perspectiva, com o intuito de caracterizar o argumento das partes e de outros partícipes no processo de controle concentrado de constitucionalidade como elementos estimuladores (ou facilitadores) do ônus argumentativo, não importa fechar o debate sobre se a interpretação chega a uma resposta certa,[32] mas importa afirmar que a atividade decisória não é apenas uma escolha entre diferentes argumentos,[33] mas uma atividade que exige deste intérprete o exercício argumentativo (ônus) de excluir racionalmente todas as interpretações concorrentes.

Assim, ainda que sejam várias as teorias sobre a interpretação do direito e diferentes os métodos e caminhos desenhados, o ônus argumentativo do juiz ao decidir aparece como um fator comum, já que, "No direito, objetividade não pode ser sinônimo de demonstrabilidade inequívoca, ou sinônimo de única resposta correta faticamente demonstrável. Por isso, não é possível falar, na argumentação jurídica, em ônus que não seja ônus argumentativo".[34]

Apesar de parecer muito simples afirmar que a atividade interpretativa do juiz em casos difíceis deveria compreender o ônus argumentativo de enfrentar o argumento das partes, na prática jurisdicional brasileira isso não acontece, não obstante uma previsão processual que prevê a manifestação de uma série de atores.

Neste cenário onde em princípio o juiz não está obrigado[35] a dialogar e considerar todos os argumentos colocados no processo, questiona-se a razão de ser da exigência de justificação dos pedidos das petições iniciais de

---

[32] Quer em Robert Alexy ou em Neil MacCormick, que estabelecem as principais bases da teoria da argumentação jurídica, a noção de ônus argumentativo na resolução de casos difíceis é presente. ATIENZA, Manuel. *As razões do direito*: teorias da argumentação jurídica. São Paulo: Landy, 2006. p. 118.

[33] São claramente excluídas, assim, as teorias que sustentam que as decisões judiciais não precisam ser justificadas (ou porque vêm de autoridades legítimas, porque bastaria a subsunção, ou porque são meros atos de vontade). Ibid. p. 22.

[34] Complementa o autor: "Ou seja: não existe ônus da prova na argumentação (a não ser, claro, em questões fáticas), não existe um ônus de demonstração, existe um ônus argumentativo". SILVA, V. A. Ponderação e objetividade na interpretação constitucional. In: MACEDO JR., R. P.; BARBIERI, C. *Direito e interpretação*: racionalidade e instituições. São Paulo: Saraiva, 2011. p. 363-380.

[35] O juiz está obrigado a fundamentar sua decisão por disposição constitucional, prevista no inciso IX do art. 93 da Constituição Federal de 1988, mas não está limitado pela lide por ser o processo objetivo. Não há nenhuma regra que exija do juiz a refutação dos argumentos dispostos

controle de constitucionalidade,[36] as manifestações do procurador-geral da República e do advogado-geral da União,[37] e até mesmo a possibilidade da admissão dos *amici curiae*.

Essa afirmação é especialmente ilustrativa ao considerarmos a figura dos *amici curiae*, uma vez que esses são reiteradamente identificados pelo próprio tribunal constitucional como capazes de promover a pluralização do debate, a democratização da Corte e uma melhora na qualidade das decisões ao oferecer argumentos e pontos de vista diferentes das partes no processo. Seria portanto subjacente a esse papel relegado ao *amicus* que ele causasse um ônus argumentativo maior aos juízes na elaboração de suas decisões na medida em que diferentes argumentos estariam sob sua análise.

O incremento da qualidade das decisões, assim, dependeria desse ônus. Afinal, se todos se manifestam e oferecem argumentos que podem ser ignorados pelo juiz, o ônus argumentativo estimulado pelo processo perde seu sentido. No limite, poderíamos imaginar um processo constitucional no qual haveria apenas a indicação de um dispositivo e o Tribunal faria todas as ilações e interpretações necessárias acerca de sua constitucionalidade, sem qualquer necessidade de processo ou de outras manifestações. Esse exemplo, que radicaliza a ausência de constrições a atividade do juiz constitucional, afastaria duas dimensões relevantes do processo: a busca por uma melhor decisão por meio da imposição de ônus argumentativo e o controle da atividade jurisdicional, quer formal ou materialmente.

As exigências de fundamentação e justificação das decisões judiciais para dotá-las de racionalidade, além de um processo que favorece a busca pela melhor interpretação possível, são também a base do controle sobre elas. Nesse sentido, é o ônus argumentativo — pressuposto nesta atividade de justificação das decisões judicias — que permite conferir às partes e aos demais partícipes, como os *amici curiae*, não só um papel de incremento da

---

no processo o que permite, no limite, que nenhuma das manifestações processuais das partes e demais partícipes sejam ignoradas.

[36] O art. 3º, I, da Lei nº 9.868/1999 dispõe: "Art. 3º A petição indicará: I — o dispositivo da lei ou do ato normativo impugnado e os fundamentos jurídicos do pedido em relação a cada uma das impugnações".

[37] O art. 8º da Lei nº 9.868/1999 estabelece a necessidade de oitiva do procurador-geral da República e do advogado-geral da União sobre as controvérsias constitucionais.

qualidade das decisões, mas também um elemento que auxilia o controle dessa atividade.

Não se trata aqui, conforme já mencionado, de transformar o processo de interpretação constitucional em um sistema fechado no qual apenas os argumentos dispostos pelas partes podem ser considerados para a decisão judicial, tal como se organizam os processos subjetivos sob a máxima "do que não está nos autos, não está no mundo". Muito pelo contrário, este texto vê na abertura do processo constitucional benefícios para que o Tribunal possa encontrar os melhores argumentos disponíveis ao decidir, e que o faça não só a partir dos intérpretes usuais do sistema constitucional, mas de toda sociedade.[38] Mas essa atividade de interpretação que não dialogue com os argumentos das partes, ao prescindir do que já está no processo, percorre um atalho decisório, transformando o ônus de argumentação em uma simples justificação da decisão.

Por outro lado, ao encaramos o ônus argumentativo como o primeiro passo desse processo de interpretação, o ponto de partida da atividade interpretativa, a tarefa de explicitação dos fundamentos da decisão e de justificação das decisões passa a ser mais exigente, criando virtudes não só em termos de maior qualidade decisória como também nas possibilidades de controle da atividade jurisdicional.[39]

> O ponto crucial do controle dessa atividade argumentativo-decisória é a obrigação do magistrado de fundamentar e justificar as razões que o levaram a uma determinada decisão. [...] Mais do que um controle interno, onde o juiz reflete sobre as suas razões para decidir, a motivação permite a crítica pública dos fundamentos que levaram à decisão e à consequente possibilidade de reavaliação do decidido [...].[40]

---

[38] HÄRBELE, P. La sociedad abierta de los intérpretes constitucionales: una contribución para la interpretación pluralista y "procesal" de la Constitución. *Academia. Revista sobre Enseñanza del Derecho*, ano 6, n. 11, p. 29-61, 2008.

[39] O sentido do controle da atividade jurisdicional que tratamos neste texto é aquele feito no escrutínio público dos argumentos e fundamentação das decisões judiciais, e não no sentido de interferência, tal como afirma Rodriguez em seu texto. J. R. Rodriguez, *Como decidem as cortes?*, op. cit.

[40] VIEIRA, O. V. *A Constituição e sua reserva de justiça* (um ensaio sobre os limites materiais ao poder de reforma). São Paulo: Malheiros, 1999. p. 238.

Conclusões

Este trabalho dialoga com algumas ideias de Luís Roberto Barroso em seu artigo "A razão sem voto", compartilhando as preocupações com a discricionariedade dos juízes e a qualidade das decisões judiciais. Para o autor que ora comentamos, o processo de interpretação constitucional aplicado aos casos difíceis importa uma escolha de decisão, a partir da qual o juiz buscará fundamentos no ordenamento jurídico. Sem olvidar ser o texto de um juiz de Corte constitucional, a subjetividade das decisões judiciais não encontraria limites no processo, apenas na consciência do juiz.

Propusemos aqui uma abordagem diferente para a interpretação constitucional. Entendemos que a fundamentação e a argumentação não são aplicadas às escolhas dos juízes, ou seja, linhas de justificação para escolhas, mas sim o resultado de um processo interpretativo que impõe ao juiz um ônus argumentativo que exige não só a fundamentação da decisão, mas também a explicação de por que as demais interpretações concorrentes não são adequadas.

Ônus argumentativo seria, assim, o dever imposto ao juiz de, ao lidar com casos difíceis, lidar com as interpretações concorrentes apresentadas no processo, ainda que apenas como um ponto de partida de sua argumentação e não como todo o universo cognitivo da causa.

Ao trabalharmos essa noção de ônus argumentativo no controle concentrado de constitucionalidade, podemos afirmar que o processo regulado pelas Leis nº 9.868/1999 e nº 9.882/1999 organizam interpretações de distintos atores sobre a controvérsia constitucional que, por sua vez, devem significar um correspondente ônus argumentativo ao juiz.

No processo constitucional regulado por essas leis, a parte requerente deve fundamentar seu pedido inicial, a Procuradoria-Geral da República se manifestar sobre a constitucionalidade ou inconstitucionalidade da norma, a Advocacia-Geral da União também participa, assim como os *amici curiae*, estes últimos identificados como mecanismo de pluralização, democratização e incrementador da qualidade das decisões. Esta intensa e formal participação no processo só seria justificável na perspectiva que apresenta um ônus argumentativo ao juiz.

Entretanto, apesar de o processo brasileiro favorecer um ambiente de múltiplas argumentações, não há o correspondente dever de enfrentamento de todos os argumentos das partes e dos demais partícipes, empobrecendo a fundamentação da decisão e esvaziando o sentido do processo como fomentador do ônus argumentativo e também como elemento de controle.

As teorias de interpretação que se debruçam sobre os casos difíceis e que se preocupam em conferir maior racionalidade às decisões incorporam essa ideia de ônus argumentativo, mas, na prática, essa ideia potencialmente inovadora acaba sendo aplicada como uma simples *validação da decisão*. O ponto desenvolvido por este texto teve por objetivo, assim, tornar mais exigente o ônus e mais qualificada a argumentação.

Esse ponto está longe de resolver o debate em torno da discricionariedade dos juízes, tampouco tem a pretensão de inovar a teoria sobre objetividade e respostas corretas na tarefa interpretativa. Sua colaboração é simples e, justamente por ser tão simples, pode vir a ter efeitos positivos na inteligência das decisões judiciais.

A epígrafe de André Gide usada por Luís Roberto Barroso, "Creia nos que procuram a verdade. Duvide dos que a encontram", é seguida por uma complementação muito oportuna: "Duvide de tudo, mas não duvide de si mesmo".[41] Ao que tudo indica, um excelente conselho para os juízes seria exatamente o oposto: duvide de si mesmo e se imponha controles. Uma mudança incremental no processo de controle de constitucionalidade, onde o juiz tenha que, no exercício decisório, afastar em seu voto as interpretações concorrentes, teria, de imediato, o efeito de expor com maior clareza as razões do voto.

Referências

ALEXY, R. *Constitucionalismo discursivo*. Porto Alegre: Livraria do Advogado, 2007.

_____. *Teoria dos direitos fundamentais*. São Paulo: Malheiros, 2008.

ATIENZA, Manuel. *As razões do direito*: teorias da argumentação jurídica. São Paulo: Landy, 2006.

---

[41] No original: *"Croyez ceux qui cherchent la vérité, doutez de ceux qui la trouvent; doutez de tout; mais ne doutez pas de vous-mêmes"*, em *Ainsi soit-il, ou Les jeux sont faits*, publicado em 1952.

BARROSO, L. R. *Interpretação e aplicação da Constituição*. São Paulo: Saraiva, 2004.

BUENO, C. S. *Amicus curiae, um terceiro enigmático*. São Paulo: Saraiva, 2008.

DWORKIN, R. *Levando os direitos a sério*. São Paulo: Martins Fontes, 2002.

_____. *O império do direito*. São Paulo: Martins Fontes, 2007.

FISS, O. *Um novo processo civil*: estudos norte-americanos sobre jurisdição, Constituição e sociedade. São Paulo: Revista dos Tribunais, 2004.

GABBAY, D.M. *Pedido e causa de pedir*. São Paulo: Saraiva, 2010. (Coleção direito, desenvolvimento e justiça: série produção científica)

HABERLE, P. *El Estado constitucional*. Buenos Aires: Editorial Astrea de Alfredo y Ricardo Depalma, 2007.

_____. La sociedad abierta de los intérpretes constitucionales: una contribución para la interpretación pluralista y "procesal" de la Constitución. *Academia. Revista sobre Enseñanza del Derecho*, a, 6, n. 11, p. 29-61, 2008.

MACEDO JR., R. P. *Do xadrez à cortesia*: Dworkin e a teoria do direito contemporânea. São Paulo: Saraiva, 2013.

RESTREPO, G. M. *Justicia constitucional y arbitrariedad de los jueces*. Buenos Aires; Madri; Barcelona: Marcial Pons, 2009.

RODRIGUEZ, J. R. *Como decidem as cortes?*: para uma crítica do direito (brasileiro). São Paulo: FGV Editora, 2013.

SILVA, V. A. *Direitos fundamentais*. São Paulo: Malheiros, 2010.

_____. Ponderação e objetividade na interpretação constitucional. In: MACEDO JR., R. P.; BARBIERI, C. *Direito e interpretação*: racionalidade e instituições. São Paulo: Saraiva, 2011. p. 363-380.

VIEIRA, O. V. *A Constituição e sua reserva de justiça* (um ensaio sobre os limites materiais ao poder de reforma). São Paulo: Malheiros, 1999.

O limitado estoque de decisões contramajoritárias na jurisdição constitucional

*Rodrigo Brandão**

I. Introdução: "A razão sem voto" e os papéis desempenhados pela jurisdição constitucional brasileira

Este texto surgiu da feliz iniciativa do professor Oscar Vilhena Vieira de organizar um livro coletivo destinado a discutir as ideias contidas em "A razão sem voto: o Supremo Tribunal Federal e o governo da maioria". Trata-se do mais recente trabalho acadêmico do professor Luís Roberto Barroso e do seu primeiro sobre jurisdição constitucional após sua posse como ministro do Supremo Tribunal Federal. Tais circunstâncias, associadas à qualidade dos juristas reunidos em torno desse projeto, revelam a importância da iniciativa para o aprofundamento dos estudos sobre o potencial de a jurisdição constitucional brasileira contribuir para o amadurecimento da nossa jovem democracia constitucional.

Luís Roberto Barroso inicia seu texto com reveladora síntese da evolução da teoria constitucional brasileira desde a ditadura militar de 1964-88. Nesse período, constata a prevalência de uma dicotomia entre um "constitucionalismo chapa-branca", que se limitava a descrever as instituições vigentes, e a teoria crítica que, ao considerar o direito como mera "superestrutura voltada para a dominação de classe", igualmente desconsiderava seu papel emancipatório. No processo de reconstitucionalização, contudo, surge a doutrina

---

* Professor adjunto de direito constitucional da Uerj. Doutor e mestre em direito público pela Uerj. Procurador do município do Rio de Janeiro.

brasileira da efetividade,[1] que buscava enfatizar a força normativa de uma Constituição tida como mais progressiva que os poderes constituídos. Assim, por meio da vinculação obrigatória dos agentes públicos e privados aos seus comandos, buscou-se utilizar a Constituição como instrumento que auxiliasse a promoção do avanço social no Brasil. O sucesso desse movimento teórico promoveu a ascensão dos papéis desempenhados pela Constituição e pelo Judiciário no sistema político-institucional brasileiro, e foi sucedido pela importação de estudos acerca das potencialidades normativas dos princípios jurídicos, que se tornaram uma verdadeira obsessão acadêmica no Brasil na primeira década do século XXI.[2]

No segundo capítulo do artigo, Barroso aborda questões ligadas à hermenêutica constitucional contemporânea, com ênfase na indeterminação do direito e no debate sobre a existência, ou não, de uma resposta correta acerca da sua interpretação. Nele sustenta que "embora não se possa falar, em certos casos difíceis, em uma resposta objetivamente correta — única e universalmente aceita —, existe uma resposta subjetivamente correta", pois o "intérprete tem deveres de integridade — e ele não pode ignorar o sistema jurídico, os conceitos aplicáveis e os precedentes na matéria — e tem deveres de coerência, no sentido de que não pode ignorar as suas próprias decisões anteriores, bem como as premissas que estabeleceu em casos precedentes".

No último capítulo, sustenta que as cortes constitucionais atuam tanto de maneira "contramajoritária" quanto "representativa", embora a teoria constitucional tenda a supervalorizar a primeira e praticamente ignorar a segunda. A propósito, Barroso defende "a legitimidade democrática do papel contramajoritário exercido pela jurisdição constitucional", sob o fundamento de que, destinando-se à proteção de direitos fundamentais e das regras do jogo democrático, essa forma de atuação do Judiciário compatibiliza-se com uma concepção material de democracia constitucional.

---

[1] A expressão foi cunhada por Cláudio Pereira de Souza Neto no artigo *Teoria da Constituição, democracia e igualdade*. p. 11. Disponível em: <www.idp.edu.br/component/docman/doc_download/328>. Acesso em: 20 mar. 2015.

[2] SARMENTO, Daniel. O neoconstitucionalismo no Brasil: riscos e possibilidades. In: SARMENTO, Daniel (Org.). *Filosofia e teoria constitucional contemporânea*. Rio de Janeiro: Lumen Juris, 2009.

Além disso, salienta que a "doutrina da dificuldade contramajoritária" parte da premissa de que as leis são, necessariamente, majoritárias, e as decisões judiciais, contramajoritárias. Porém, em situações relevantes o Judiciário poderá melhor expressar a vontade majoritária do que o Legislativo, hipóteses nas quais a sua atuação será representativa, ou mesmo poderá promover importante aceleração de conquistas civilizatórias.

Este trabalho enfocará as questões suscitadas no último capítulo do citado artigo, com destaque aos papéis "contramajoritário" e "representativo" desempenhados pela Suprema Corte. De início, vale esclarecer que concordamos plenamente com a constatação de que o conhecimento convencional parte da equivocada premissa de que as decisões judiciais de inconstitucionalidade possuem um inescapável caráter contramajoritário, diante da circunstância de juízes não eleitos invalidarem a deliberação majoritária de representantes eleitos pelo povo.

Entretanto, há diversos fatores institucionais, ligados à dinâmica da separação dos poderes como freios e contrapesos, que tendem a aproximar tais decisões da vontade da maioria, ou, ao menos, de atores estatais e privados relevantes. Cite-se a nomeação dos ministros do STF pelo presidente da República com sua confirmação pelo Senado, a possibilidade de aprovação de emenda constitucional superadora de decisão do STF, ou mesmo dificuldades de implementação de decisões judiciais que impliquem mudanças significativas no *status quo*. Não se pode desconsiderar, igualmente, a influência da opinião pública sobre as decisões da Suprema Corte, pois hoje se reconhece que sua capacidade de efetivamente atuar de forma contramajoritária depende do nível de apoio difuso que a população nela deposita,[3] ou seja, da confiança popular no Tribunal como instituição vocacionada à aplicação imparcial do direito. Em um contexto em que as sessões do Tribunal são televisionadas ao vivo e sua agenda adquire crescente cobertura midiática, essa influência é potencializada.[4]

---

[3] O conceito de apoio popular difuso foi desenvolvido por EASTON, David. *Uma teoria de análise política*. Rio de Janeiro: Zahar, 1968. Ele será explicitado adiante. Para uma interessante aplicação do conceito à influência da opinião pública sobre as supremas cortes, ver FRIEDMAN, Barry. *The will of the people*: how public opinion has influenced the Supreme Court and shaped the meaning of the Constitution. Nova York: Farrar, Strauss and Giroux, 2009.

[4] O papel que cada um desses mecanismos desempenha para uma tendencial sincronização entre as preferências majoritárias e a Suprema Corte foi desenvolvido em BRANDÃO, Rodrigo.

Assim, o objetivo central deste texto é o de analisar de que maneira tais fatores contribuem para uma sincronização entre a Suprema Corte e a vontade da maioria em questões politicamente sensíveis. A partir dessas constatações, buscar-se-á extrair algumas conclusões sobre os limites e possibilidades de a jurisdição constitucional atuar, efetivamente, de forma contramajoritária.

II. A inevitabilidade dos diálogos institucionais na definição do sentido da Constituição

Como os mecanismos de reação a decisões judiciais afetam negativamente o Judiciário como instituição, especialmente a Suprema Corte tende a evitar seu efetivo emprego com um espírito de autopreservação. Portanto, sendo premente esse risco, a Suprema Corte tende a guiar-se por uma postura de "reação antecipada", na qual altera a sua preferência original para adequar-se à perspectiva aceitável pelos poderes políticos.[5]

Comprova o exposto a tendência contraintuitiva de as supremas cortes serem mais deferentes ao legislador logo após o advento de uma nova Constituição. Com efeito, em um cenário de recente mudança constitucional, a Suprema Corte — todo o resto sendo igual — tenderia a proferir mais decisões de invalidade constitucional do que em momento posterior, pois nesse primeiro momento persistiriam em grande número normas e práticas constituídas sob a égide do anterior regime constitucional, e, em boa medida, incompatíveis com a nova Carta.

Entretanto, após ampla análise comparativa da jurisprudência de supremas cortes em novas democracias, Tom Ginsburg percebeu que o padrão que se verifica é exatamente o oposto: na infância de uma nova ordem constitucional as cortes tendem a ser extremamente cautelosas na afirmação do

---

Supremacia judicial v. diálogos constitucionais: a quem cabe a última palavra sobre o sentido da Constituição? Rio de Janeiro: Lumen Juris, 2011. p. 225-272.

[5] WHITTINGTON, Keith. Legislative sanctions and the strategic environment of judicial review. *Oxford University Press and New York University School of Law*, v. 1, n. 3, p. 447, 2003.

seu poder, de maneira que sua jurisprudência constitucional apresenta uma curva ascendente de ativismo.[6]

Notável exceção — que, aliás, confirma a regra — ocorreu na Rússia logo após o desmantelamento da União Soviética, quando a sua jovem Corte constitucional desafiou poderosos atores políticos em embate que lhe deixou cicatrizes profundas. Logo após o início do seu funcionamento em 1991, a Corte constitucional russa decidiu complexos casos ligados à separação de poderes, adquirindo a *fama de desafiar a autoridade presidencial*, sobretudo no controle da amplitude dos seus poderes normativos.

De fato, a Corte constitucional invalidou decreto presidencial que unificara as forças de segurança em um só Ministério, por vislumbrar usurpação de poder normativo do Parlamento. Posteriormente, foi submetida à Corte a validade do decreto do presidente Boris Yeltsin que dispersara o Partido Comunista e confiscara os seus bens. O caso apresentava notável complexidade política pois, embora o decreto fosse claramente ilegal, o Partido Comunista organizara golpe de Estado. A Corte entendeu por aplicar lógica federativa para validar o decreto em face do diretório nacional do partido, e invalidá-lo em relação aos diretórios estaduais, em "decisão intermediária" que desagradou a ambas as partes.

Com o acirramento da crise política entre Parlamento e presidente da República, a Corte constitucional — em particular o seu presidente, Valery Zorkin — se envolveu intensa e publicamente nas negociações políticas que resultaram em um compromisso formal entre o Legislativo e o Executivo russos. A inserção de juízes em negociações político-partidárias afastou qualquer imagem de neutralidade política da Suprema Corte, que, a bem da verdade, nunca chegou a existir nos seus poucos anos de funcionamento. Quando Yeltsin rompeu o compromisso e anunciou decreto que lhe garantia poderes de emergência em março de 1993, antes mesmo de o ato ser publicado, Zorkin deu entrevistas a redes de televisão onde denunciou a sua ilegalidade. Em poucos meses, Yeltsin dissolveu o Parlamento e suspendeu o funcionamento da Suprema Corte. A Corte só voltou a funcionar dois anos

---

[6] GINSBURG, Tom. *Judicial review in new democracies* — constitutional courts in Asian cases. Cambridge: Cambridge University, 2003. p. 70-71.

depois, com poderes severamente reduzidos, e nunca mais foi tão ativista em matérias politicamente relevantes.[7]

Porém, a experiência russa foge ao padrão que se verifica no direito comparado. De fato, Ginsburg constatou que no início de um regime constitucional — sobretudo em novas democracias — há maior risco de ataques institucionais, de retaliações ao Judiciário ou de descumprimento de decisões judiciais, pois a Corte ainda não teve tempo para construir uma imagem de neutralidade política que a blindasse de tais ameaças. Precisamente para construir essa couraça, a Suprema Corte tende a se pautar por postura autorrestritiva nos seus primeiros anos de vida, preferindo metodologias mais formalistas. Assim, para expandir seu poder a Corte deve avançar devagar.

A evolução da jurisprudência do STF pós-1988 demonstra claramente um viés de progressivo crescimento do ativismo judicial com o "envelhecimento" do regime constitucional brasileiro. Com efeito, logo após a Constituição de 1988, o STF adotou postura de sensível autorrestrição, sobretudo em relação a questões centrais à agenda política do governo federal,[8] que pode ser ilustrada por três casos paradigmáticos. O primeiro deles se deu com o entendimento do STF acerca da incompatibilidade entre lei anterior à Constituição e seu teor encerraria hipótese de revogação, e não de inconstitucionalidade superveniente, excluindo, nesse particular, o cabimento de ação direta de inconstitucionalidade.[9]

Por outro lado, a Medida Provisória nº 173/1990 vedou ao Judiciário a possibilidade de concessão de liminares para a liberação de recursos financeiros depositados em instituições financeiras, que foram retidos pelo Plano Collor. Tendo sua constitucionalidade questionada na ADI nº 223-6/DF,[10]

---

[7] Tom Ginsburg, *Judicial review in democracies*, op. cit., p. 101-102.

[8] Sobre o compromisso do STF com a "governabilidade", ver SUNDFELD, Carlos Ari. O fenômeno constitucional e suas três forças. *Revista de Direito do Estado (RDE)*, ano 3, n. 11, p. 209-217, jul./set. 2008.

[9] STF, Pleno, ADI 438. *Revista de Direito Administrativo*, Rio de Janeiro, v. 187, p. 152, 1992. A possibilidade de controle abstrato e concentrado da compatibilidade do direito pré-constitucional com a Constituição só se implementou com a regulamentação da Arguição de Descumprimento de Preceito Fundamental pela Lei nº 9.882/1999.

[10] STF, Pleno, rel. min. Sepúlveda Pertence, *DJ*, 29/6/1990, julgamento: 5/4/1990. Posteriormente o STF reconheceu a perda do objeto da ação, tendo em vista a MP nº 173/1990 não mais se encontrar em vigor.

o STF indeferiu a liminar, com base na orientação de que o princípio da inafastabilidade da tutela jurisdicional (art. 5, XXXV, CF/88) não é incompatível com o estabelecimento, por lei, de limitações ao poder de cautela do juiz, sem prejuízo do exame judicial em cada caso concreto da sua constitucionalidade.[11]

Note-se ainda que o Programa Nacional de Desestatização promovido pelo governo Fernando Henrique Cardoso, embora tenha gerado uma avalanche de processos judiciais que causaram atrasos e embaraços pontuais aos leilões de privatização, teve no Supremo Tribunal Federal um importante aliado no sentido da sua viabilização. Com efeito, o STF não invalidou nenhum leilão de privatização de antiga empresa estatal, nem julgou procedente nenhuma das 39 ações diretas de inconstitucionalidade referentes às privatizações.[12] Conforme a correta percepção de Vanessa Elias de Oliveira, *o único resultado obtido foi o retardamento do processo, mas não seu cancelamento em função das ações impetradas.*[13]

As chamadas "teorias do equilíbrio" visam a explicar a forma pela qual os limites políticos e institucionais impostos à Suprema Corte influenciam o seu processo decisório. Ocupa posição de destaque entre tais concepções teóricas o modelo adotado pela *rational choice theory* para explicar a interação estratégica entre os "poderes" na interpretação do direito. Em importante trabalho, Willian Eskridge desenvolveu uma interpretação dinâmica do direito, segundo a qual o Judiciário não aplica meramente as suas preferências, antes as submete a um *jogo político sequencial.*[14]

Tal jogo seria um corolário da separação dos poderes, especialmente dos mecanismos de freios e contrapesos, pois tal princípio atribuiria uma dimensão dinâmica à interpretação do direito. Com efeito, a aprovação de lei exige, geralmente, a comunhão entre as preferências de uma maioria parlamentar e do presidente da República (diante do seu poder de veto). Por

---

[11] Ver VIEIRA, Oscar Vilhena. *Direitos fundamentais*: uma leitura da jurisprudência do STF. São Paulo: Malheiros, 2006. p. 492-511.

[12] OLIVEIRA, Vanessa Elias. Judiciário e privatizações no Brasil: existe uma judicialização da política? *Dados: Revista de Ciências Sociais*, Rio de Janeiro, v. 48, n. 3, p. 559-587, jul./set. 2005.

[13] Ibid., p. 580.

[14] ESKRIDGE JR., William N. Overriding Supreme Court statutory decisions. *Yale Law Journal*, v. 101, n. 2, p. 331-417, 1991.

outro lado, o controle de constitucionalidade permite ao Judiciário invalidar a lei, de maneira que sua preferência também será relevante para o deslinde da questão, embora não seja definitiva, pois os demais "poderes" poderão reagir à decisão de inconstitucionalidade pelos instrumentos anteriormente arrolados. Em suma, a solução final para a questão será fruto da interação entre as preferências dos "poderes".

Antes do início do "jogo da separação dos poderes", cada jogador tem uma preferência (dita crua) que pode ser posicionada em um determinado ponto de uma linha. A premissa fundamental é a de que os atores não aplicarão ingenuamente suas preferências cruas, mas, diante do risco de elas serem afastadas pelas preferências dos demais jogadores, cada um deles atuará estrategicamente para que o resultado da interação seja o mais próximo possível da sua preferência inicial. Assim, essa preferência será alterada no mínimo necessário para que se possa vencer a disputa.

A tendência natural do jogo é o resultado se situar em um *ponto de indiferença*, onde há um equilíbrio entre as preferências dos jogadores. Veja-se o seguinte exemplo: se a preferência da Suprema Corte se situa em um ponto intermediário entre as preferências do legislador médio e do presidente, a tendência é a Corte aplicar sua preferência crua sem medo de reação política, pois para o legislador e para o presidente da República a preferência da Corte é mais aceitável do que a preferência do outro adversário. Por outro lado, se a preferência do Judiciário estiver em uma extremidade desta linha, a do legislador médio em ponto intermediário, e a do presidente no polo oposto, a tendência é a adoção de postura de autorrestrição judicial, pois há fundado risco de uma postura ativista do Judiciário gerar comunhão de esforços dos poderes Legislativo e Executivo para superá-la.[15]

O modelo parece possuir base empírica pela circunstância de diversas crises institucionais entre o Judiciário e os poderes políticos terem ocorrido precisamente pelo primeiro não ter adotado postura de autorrestrição quando suas preferências foram radicalmente desviantes daquelas esposadas pelos poderes Executivo e Legislativo. A Lochner Era constitui exemplo clássico dessa dinâmica. Em um cenário em que o advento do *welfare state*

---

[15] HANSFORD, Thomas G.; DAMORE, David F. Congressional preferences, perceptions of threat, and Supreme Court decision making. *American Politics Quarterly*, v. 28, n. 4, p. 494-497, 2000.

representava uma nova visão constitucional apoiada pelo presidente Franklin Roosevelt, por um Congresso majoritariamente democrata e pelo povo em reiteradas eleições, é natural que a opção da Suprema Corte por uma postura ativista na preservação de um liberalismo econômico anacrônico já no início no século XX pareça suicida. Também parece confirmar o modelo o fato de as decisões mais duradouras da Suprema Corte normalmente terem sido proferidas em assuntos altamente controvertidos, pois diante da sensível diversidade entre as preferências dos atores políticos é muito difícil obter consenso em qualquer sentido, sobretudo na superação da decisão judicial pelos mecanismos que os poderes políticos têm a sua disposição, em razão do alto custo político nela embutido.[16]

Embora o modelo de interação estratégica da *rational choice theory* traga *insights* valiosos para a análise da relação entre Suprema Corte e Parlamento na interpretação da Constituição, ele superestima o conhecimento pelos jogadores das preferências dos seus adversários,[17] para além de silenciar sobre os aspectos normativos pertinentes às exigências do estado democrático de direito.[18] Com efeito, há diversos fatores além das preferências cruas dos atores políticos que influenciam esse diálogo institucional, como a atuação de grupos de interesse bem articulados e a influência da opinião pública.

III. Interpretação constitucional, grupos de interesse e opinião pública

A influência dos grupos de interesse em uma visão dinâmica da interpretação constitucional revela a importância decisiva dos movimentos sociais na definição do sentido da Constituição. Veja-se o caso *Boutlier v. INS*: diante de norma que estabelecia que imigrantes que apresentassem, entre outras moléstias, problemas psiquiátricos, deveriam ser deportados dos Estados

---

[16] William N. Eskridge Jr., Overriding Supreme Court statutory decisions, op. cit., p. 365-367.

[17] Thomas G. Hansford e David F. Damore, Congressional preferences, perceptions of threat, and Supreme Court decision making, op. cit., p. 491.

[18] Sobre as críticas formuladas ao modelo da *rational choice*, ver BAUM, Lawrence; HAUSEGGER, Lori. The Supreme Court and Congress. Reconsidering the relationship. In: MILLER, Mark C.; BARNES, Jeb (Ed.). *Making policy, making law*: an interbranch perspective. Washington, DC: Georgetown University, 2004. p. 107, 123.

Unidos, o governo norte-americano considerava que a homossexualidade enquadrar-se-ia entre os problemas psiquiátricos. Embora na medicina tal concepção já se encontrasse em franca decadência, a Suprema Corte em 1967 referendou a inserção da homossexualidade nas doenças psiquiátricas, e, via de consequência, a diretriz do governo de promover a retirada compulsória de homossexuais que tivessem ingressado em solo americano. Nenhum esforço de superação da decisão foi feito, tendo em vista que o preconceito existente à época tolhia os gays mesmo de se identificarem, que dirá de se mobilizarem no espaço público para reverter a decisão judicial.[19]

Por sua vez, Michael Klarman argumenta que o ativismo judicial a favor dos direitos civis na Corte de Warren somente foi possível pela mobilização social nesse sentido na década de 1960 nos EUA. Com efeito, se anteriormente a Suprema Corte havia validado a escravidão,[20] o aprisionamento de japoneses sem a observância do devido processo legal,[21] e notáveis restrições às liberdades de expressão, de reunião e de associação de comunistas implementadas durante o macartismo, não é de causar surpresa que a Suprema Corte tenha feito ginásticas interpretativas para reverter tais precedentes, alinhando-se ao movimento dos direitos civis precisamente no momento em que ele ganhava força nos Estados Unidos.[22]

Robert Post e Reva Siegel também destacam a relevância dos movimentos sociais na interpretação constitucional. Os autores comungam do entendimento de que, se a Suprema Corte se afastar demais da opinião pública, o povo não só achará mecanismos para comunicar sua oposição, mas também para reverter decisões judiciais dissonantes. Entre vários exemplos, citam o entendimento que perdurou na Suprema Corte até o fim da década de 1970, no sentido de que as distinções baseadas no gênero não eram constitucionalmente suspeitas à luz da cláusula da *equal protection of law*, e, portanto, não se sujeitariam a parâmetro rigoroso de controle de constitucionalidade (*strict scrutiny*). Todavia, com a organização de movimentos feministas, o senso comum mudou, e distinções baseadas no gênero passaram a parecer a

---

[19] William N. Eskridge Jr., Overriding Supreme Court statutory decisions, op. cit., p. 357.

[20] *Dred Scott v. Sandford*, 60 U.S. 393 (1857).

[21] *Korematsu v. United States*, 323 U.S. 214 (1944).

[22] KLARMAN, Michael J. Court, Congress and civil rights. In: DEVINS, Neal; WHITTINGTON, Keith E. *Congress and the Constitution*. Durham: Duke University, 2005. p. 182.

todos — inclusive aos juízes — contrárias à igualdade, gerando a reversão da jurisprudência da Suprema Corte.[23]

No Brasil a influência de grupos de interesse na interpretação constitucional não é menos evidente. Grupos a que se atribuiu a pecha de inimigos da República — como os monarquistas, os operários, os integralistas, e os comunistas — tiverem frequente insucesso na tutela judicial dos seus direitos individuais. Na República Velha, ocorreram dois casos emblemáticos relativamente a monarquistas e operários, nessa ordem. Diante do fechamento do Centro Monarquista de São Paulo após a proclamação da República por ordem da polícia local, o STF indeferiu o *habeas corpus* impetrado, valendo-se do argumento de que *os monarquistas queriam garantias do governo republicano para conspirar contra ele.* Por sua vez, em 1917 o STF indeferiu *habeas corpus* impetrado em face da proibição da realização de *meetings* operários, tendo afirmado que o anarquismo *era a mais subversiva das doutrinas sociais e impedia os trabalhadores de trabalhar.*[24]

Após a revolução constitucionalista de 1930, foi impetrado *habeas corpus* pela Associação Nacional Libertadora (ANL) contra ato de autoridade policial que determinara o cancelamento das suas atividades, pelo seu caráter subversivo (1937). O STF indeferiu o *writ*, tendo inclusive afirmado o ministro Carvalho Mourão que a limitação da liberdade de associação a "fins lícitos" não obstaria que autoridades policiais a restringissem em proteção à ordem pública. Após a chamada Intentona Comunista — suposto levante comunista realizado em quartéis de Natal, Recife e Rio de Janeiro — e o consequente recrudescimento da repressão estatal aos comunistas, o STF indeferiu *habeas corpus* impetrado por João Mangabeira, entre diversos outros.[25]

Mesmo após a Constituição de 1988, setores estigmatizados da sociedade brasileira ainda encontram enormes dificuldades para a efetiva fruição de direitos. Exemplo disso é o fato de, apesar de o art. 15, inc. III, da CF/1988, somente suspender o exercício dos direitos políticos após o trânsito em julgado da sentença criminal condenatória, os tribunais regionais eleitorais

---

[23] POST, Robert; SIEGEL, Reva. Democratic constitutionalism and backlash. *Harvard Civil Rights — Civil Liberties Law Review*, v. 42, p. 382, 2007.

[24] COSTA, Emília Viotti. *O Supremo Tribunal Federal e a construção da cidadania.* São Paulo: Unesp, 2006.

[25] Ibid.

brasileiros terem demorado bastante para disponibilizar os mecanismos necessários para que os presos provisórios exercessem o seu direito ao voto, os quais ainda estão longe de abranger todos os indivíduos nessa situação.[26]

Após analisar mais de 100 casos de superação legislativa de decisões da Suprema Corte entre 1967 e 1990, William Eskridge elaborou um rol decrescente de atores mais propensos a reverter decisões judiciais indesejadas, revelando a maior propensão dos mais poderosos o fazerem: governo federal, grupos financeiros (empresários, banqueiros etc.), cidadãos difusos, governos locais, sindicatos de trabalhadores, mulheres, portadores de necessidades especiais, acusados em processos criminais, minorias raciais, imigrantes, pobres etc.[27] Jeb Barnes, após realizar pesquisa empírica igualmente ampla, também concluiu que o governo federal é o ator mais bem-sucedido em promover a reversão de decisões judiciais, sobretudo quando elas causarem forte impacto financeiro-orçamentário.[28]

Por outro lado, a *opinião pública consiste em influência decisiva para a jurisprudência constitucional das supremas cortes*. Georg Vanberg considera que a existência de apoio popular à independência judicial fortalece o Judiciário, na medida em que eleva o custo político da não implementação de decisão judicial. De fato, caso a população puna severamente políticos que não sejam reverentes a decisões da Suprema Corte, atores políticos, mesmo que atuem de forma autointeressada com vistas à sua reeleição, irão titubear antes de negar publicamente cumprimento a decisão, de sugerir a aprovação de norma superadora e, sobretudo, de propor ataques institucionais ou retaliações à Corte.[29]

---

[26] Ver a matéria jornalística: *Direito de voto de preso provisório é ignorado na maior parte do país*. Disponível em: <http://eleicoes.uol.com.br/2008/ultnot/2008/09/12/ult6008u176.jhtm>. Acesso em: 2 fev. 2011. Na doutrina, ver SARMENTO, Daniel. Representação sobre a violação ao direito de voto do preso provisório. In: SARMENTO, Daniel. *Por um constitucionalismo inclusivo*: história constitucional brasileira, teoria da Constituição e direitos fundamentais. Rio de Janeiro: Lumen Juris, 2010. p. 311-334. Só recentemente o CNJ selou acordo de cooperação técnica com o Tribunal Superior Eleitoral (TSE), o Ministério da Justiça e outros órgãos e entidades para garantir o exercício do direito de voto para presos provisórios e adolescentes em conflito com a lei privados de liberdade. A efetiva implementação do direito, contudo, ainda sofre sérias limitações.

[27] William N. Eskridge Jr., Overriding Supreme Court statutory decisions, op. cit., p. 348.

[28] BARNES, Jeb. *Overruled?* Legislative overrides, pluralism and contemporary Court-Congress relations. Stanford: Stanford University, 2004. p. 159-185.

[29] VANBERG, Georg. *The politics of judicial review in Germany* (political economy of institutions and decisions). Cambridge: Cambridge University, 2005. p. 20-24.

Todavia, como explicar a louvável decisão proferida no caso *Brown v. Board of Education of Topeka*, na qual a Suprema Corte esteve à frente da opinião pública, ao superar a segregação racial em escolas públicas norte-americanas quando o movimento negro ainda perseguia objetivos mais básicos, como a redução da violência policial, a busca de emprego, a observância do devido processo legal em persecuções criminais nos estados do Sul etc.?[30] Naturalmente que a inserção dos juízes em um determinado contexto cultural limita seu distanciamento da opinião pública (a decisão em *Brown* seria impensável um século antes, quando a Suprema Corte decidiu *Dred Scott*);[31] todavia, há outros fatores que pautam a complexa relação entre a jurisdição constitucional e a opinião pública.

Em influente dissociação, David Easton vislumbrou duas modalidades de apoio popular à independência judicial. O apoio popular específico consiste em concordância a decisão particular, enquanto o apoio difuso revela o suporte popular a Suprema Corte como instituição, que persiste mesmo na hipótese de discordância quanto a decisões específicas.[32] Todavia, é natural que, caso a Corte decida reiteradamente de forma contramajoritária, o estoque de apoio difuso tenda a reduzir-se progressivamente, pois é evidente que a opinião do povo quanto à qualidade das decisões de um tribunal tem forte impacto sobre sua visão sobre o tribunal em si. Daí dizer-se que o apoio difuso define o quanto a Suprema Corte pode andar com as suas próprias pernas, distanciando-se da opinião pública.[33] Exemplo típico de apoio difuso à Suprema Corte dos Estados Unidos se deu após a decisão que proferiu no caso *Bush v. Gore*: apesar das severas críticas no sentido da influência da política partidária na decisão, pesquisas de opinião revelaram que os níveis de aprovação popular da Suprema Corte se mantiveram estáveis.[34]

Assim, a opinião pública influencia a tomada de decisão por cortes supremas, pois os juízes são conscientes de que a prolação reiterada de decisões inaceitáveis por maiorias políticas e pela população torna factível o uso dos referi-

---

[30] Michael J. Klarman, Court, Congress and civil rights, op. cit., p. 182-193.

[31] Ibid.

[32] David. Easton, *Uma teoria de análise política*, op. cit.

[33] Barry Friedman, *The will of the people*, op. cit.

[34] GIBSON, James L.; CALDEIRA, Gregory Caldeira; SPENCE, Lester. The Supreme Court and the US presidential election of 2000. *British Journal of Political Science*, n. 33, p. 538, 2003.

dos mecanismos de reação política, os quais a Corte tende a evitar em prol da sua integridade institucional. Todavia, a sensibilidade das decisões judiciais à opinião pública interage de forma complexa com a aparência de neutralidade política: de fato, mesmo juízes bastante ativistas na concretização de princípios constitucionais abstratos nutrem a imagem de uma "justiça cega", circunstância que revela a essencialidade da imagem de neutralidade política para a construção do apoio difuso ao Judiciário, e, consequentemente, para a expansão dos seus poderes.[35] Não é por acaso que o padrão das cortes constitucionais contemporâneas é o de uma expansão progressiva e cautelosa dos seus poderes, portando-se de forma ativista quando sua reputação de neutralidade judicial, construída após razoável período de autorrestrição, já se encontra consolidada.

Adotado em sua forma pura, o modelo de interação da *rational choice* pressupõe que os atores institucionais conheçam as decisões e as preferências do seu "adversário", para que possam a elas se antecipar. Todavia, caso haja forte assimetria de informações entre os atores, ou mesmo desconhecimento sobre a decisão do outro, as condições para sua atuação estratégica não se verificam.[36]

Com efeito, se há pouca transparência em relação ao que decide a Suprema Corte, muitas das suas decisões podem ser finais não pela aquiescência do povo e dos seus representantes ao seu teor, mas simplesmente pelo seu desconhecimento. Por outro lado, se há forte opacidade no processo legislativo, tentativas de evasão da implementação de decisões judiciais pelo Legislativo igualmente irão prevalecer por não terem se tornado públicas. Um dos fatores relevantes para que haja efetiva publicidade da decisão judicial e legislativa é seu monitoramento por grupos de interesse organizados, pois, caso eles atuem em determinada disputa, dificilmente seu resultado deixará de ser conhecido por grande parte dos interessados.[37] Dessa forma, costumam ser mais frequentes superações legislativas de decisões da Suprema Corte quando atuam como *amici curiae* entidades representativas bem organizadas.[38]

---

[35] Georg Vanberg, *The politics of judicial review in Germany*, op. cit., p. 52.

[36] Jeb Barnes, *Overruled?*, op. cit., p. 70.

[37] Sobre o tema da influência da transparência na interação entre a Suprema Corte e o Parlamento ver, por todos, Georg Vanberg, *The politics of judicial review in Germany*, op. cit., p. 95-116.

[38] William N. Eskridge Jr., Overriding Supreme Court statutory decisions, op. cit.

IV. Caminhos para investigações futuras: o estoque limitado de decisões contramajoritárias da Suprema Corte e seu adequado emprego em uma democracia constitucional

Ao longo do texto se buscou tratar do potencial de os mecanismos de reação a decisões judiciais indesejadas e a atuação de grupos de interesse promoverem uma razoável sincronização entre a jurisprudência da Suprema Corte e a opinião pública. Concluiu-se que a busca de preservação da legitimidade institucional da Corte e a consequente antecipação das reações dos demais "poderes" e da sociedade às suas decisões tendem a manter a Suprema Corte não muito distante de preferência majoritárias, ou, ao menos, de grupos políticos e sociais relevantes, sobretudo em questões politicamente salientes.[39]

Assim, *os mecanismos de reação a decisões da Suprema Corte atuam como limites institucionais à sua jurisprudência.* Ademais, tais limites conferem uma nova forma de *accountability* à atuação da Suprema Corte, pois às suas decisões se reconhece referibilidade, em boa medida, à opinião pública e a preferências majoritárias. Reduz-se, assim, a força da crítica da dificuldade contramajoritária ao controle de constitucionalidade.[40]

Note-se, contudo, que a sincronização entre vontade da maioria e jurisprudência da Suprema Corte não é igualmente eficaz em diferentes searas: em questões de alta relevância política, centrais à coalizão governamental majoritária e que atraiam o interesse de grupos bem articulados, a influência da opinião pública é mais significativa. Já em questões de menor repercussão política e que não atraia a atenção de grupos políticos e econômicos influentes, a Suprema Corte frequentemente *voa abaixo do radar.*[41]

Assim, a jurisprudência constitucional da Suprema Corte tende a ser mais sensível à opinião pública em questões fundamentais para maiorias políticas e para grupos de interesse bem organizados, havendo, portanto, menos espaço nesse âmbito para a Corte dar a última palavra sobre a respectiva controvérsia constitucional, em substituição à interpretação de agentes es-

---

[39] Keith Whittington, Legislative sanctions and the strategic environment of judicial review, op. cit., p. 330.

[40] DIXON, Rosalind. Creating dialogue about socioeconomic rights: strong-form versus weak--form judicial review revisited. *International Journal of Constitutional Law*, v. 5, n. 3, p. 407, 2009.

[41] Barry Friedman, *The will of the people*, op. cit., p. 377.

tatais e sociais poderosos. Todavia, em questões de menor saliência política, vale dizer, que não demandem a atenção de grupos políticos e sociais bem articulados, há maior chance de o Judiciário fixar a solução final.

Surge, contudo, um paradoxo: se a própria razão de ser do constitucionalismo é a proteção de direitos de minorias estigmatizadas no processo político contra a influência dos poderes político e econômico, a constatação de que o potencial do controle de constitucionalidade é mais reduzido precisamente quando há forte oposição de grupos políticos e econômicos bem estruturados representaria o reconhecimento da falência do constitucionalismo?

Não. Sem dúvida que o reconhecimento de que o Judiciário não pode desempenhar uma postura messiânica de Guardião da Constituição — acima e para além da política e da opinião pública — deve levar a uma redução de expectativas quanto ao efetivo papel desempenhado pelo controle de constitucionalidade em uma democracia constitucional.

Nada obstante, subsiste ao Judiciário uma função politicamente relevante. Já se salientou que o apoio difuso à independência judicial, que costuma existir em boa medida nas democracias constitucionais contemporâneas, garante-lhe um estoque de decisões contramajoritárias. Nessa esteira, o reconhecimento da influência da opinião pública sobre o controle de constitucionalidade não se incompatibiliza, antes estimula, a concepção de teorias prescritivas que se destinem a incitar o Judiciário a empregar sua "cota de decisões contramajoritárias" para a tutela de direitos de minorias estigmatizadas e do núcleo da ideia de democracia, colocando-se à frente da opinião pública, tal como a Suprema Corte dos Estados Unidos o fez no caso *Brown v. Board of Education*.

Dessa forma, o Judiciário não é uma instituição superpoderosa que dá a última palavra sobre os mais diversos conflitos constitucionais acima da política e da opinião pública, nem um "tigre de papel"[42] que se limita a carimbar preferências de maiorias políticas transitórias ou os resultados da última pesquisa de opinião. A partir dessa premissa pode ser construída uma teoria normativa sobre o papel do controle de constitucionalidade na democracia constitucional brasileira que tenha o mínimo de conexão com a realidade, e que, portanto, tenha aplicabilidade fora dos bancos acadêmicos.

---

[42] A expressão é de Georg Vanberg, *The politics of judicial review in Germany*, op. cit.

Referências

BARNES, Jeb. *Overruled?* Legislative overrides, pluralism and contemporary Court-Congress relations. Stanford: Stanford University, 2004.

BAUM, Lawrence; HAUSEGGER, Lori. The Supreme Court and Congress. Reconsidering the relationship. In: MILLER, Mark C.; BARNES, Jeb (Ed.). *Making policy, making law*: an interbranch perspective. Washington, DC: Georgetown University, 2004.

BRANDÃO, Rodrigo. *Supremacia judicial v. diálogos constitucionais*: a quem cabe a última palavra sobre o sentido da Constituição? Rio de Janeiro: Lumen Juris, 2011.

COSTA, Emília Viotti. *O Supremo Tribunal Federal e a construção da cidadania*. São Paulo: Unesp, 2006.

DIXON, Rosalind. Creating dialogue about socioeconomic rights: strong-form versus weak-form judicial review revisited. *International Journal of Constitutional Law*, v. 5, n. 3, 2009.

EASTON, David. *Uma teoria de análise política*. Rio de Janeiro: Zahar, 1968.

ESKRIDGE JR., William N. Overriding Supreme Court statutory decisions. *Yale Law Journal*, v. 101, n. 2, p. 331-417, 1991.

FRIEDMAN, Barry. *The will of the people*: how public opinion has influenced the Supreme Court and shaped the meaning of the Constitution. Nova York: Farrar, Strauss and Giroux, 2009.

GIBSON, James L.; CALDEIRA, Gregory Caldeira; SPENCE, Lester. The Supreme Court and the US presidential election of 2000. *British Journal of Political Science*, n. 33, 2003.

GINSBURG, Tom. *Judicial review in new democracies* — constitutional courts in Asian cases. Cambridge: Cambridge University, 2003.

HANSFORD, Thomas G.; DAMORE, David F. Congressional preferences, perceptions of threat, and Supreme Court decision making. *American Politics Quarterly*, v. 28, n. 4, 2000.

KLARMAN, Michael J. Court, Congress and civil rights. In: DEVINS, Neal; WHITTINGTON, Keith E. *Congress and the Constitution*. Durham: Duke University, 2005.

OLIVEIRA, Vanessa Elias. Judiciário e privatizações no Brasil: existe uma judicialização da política? *Dados: Revista de Ciências Sociais*, Rio de Janeiro, v. 48, n. 3, p. 559-587, jul./set. 2005.

POST, Robert; SIEGEL, Reva. Democratic constitutionalism and backlash. *Harvard Civil Rights — Civil Liberties Law Review*, v. 42, 2007.

SARMENTO, Daniel. O neoconstitucionalismo no Brasil: riscos e possibilidades. In: _____ (Org.). *Filosofia e teoria constitucional contemporânea.* Rio de Janeiro: Lumen Juris, 2009.

_____. Representação sobre a violação ao direito de voto do preso provisório. In: _____. *Por um constitucionalismo inclusivo*: história constitucional brasileira, teoria da Constituição e direitos fundamentais. Rio de Janeiro: Lumen Juris, 2010. p. 311-334.

SOUZA NETO, Cláudio Pereira. *Teoria da Constituição, democracia e igualdade.* p. 11. Disponível em: <www.idp.edu.br/component/docman/doc_download/328>. Acesso em: 20 mar. 2015.

SUNDFELD, Carlos Ari. O fenômeno constitucional e suas três forças. *Revista de Direito do Estado (RDE)* , ano 3, n. 11, p. 209-217, jul./set. 2008.

VANBERG, Georg. *The politics of judicial review in Germany* (political economy of institutions and decisions). Cambridge: Cambridge University, 2005.

VIEIRA, Oscar Vilhena. *Direitos fundamentais*: uma leitura da jurisprudência do STF. São Paulo: Malheiros, 2006.

WHITTINGTON, Keith. Legislative sanctions and the strategic environment of judicial review. *Oxford University Press and New York University School of Law*, v. 1, n. 3, 2003.

PARTE 2 — BLOCO 5

Legitimidade da jurisdição constitucional

As relações entre as cortes ou tribunais constitucionais e os demais poderes do Estado. Perspectivas brasileira e latino-americana*

*Marcelo Figueiredo***

I. Introdução

Não resta a menor dúvida que a América Latina e o Brasil são em relação ao direito constitucional e suas principais estruturas e delineamentos herdeiros das tradições continentais europeias e norte-americanas. Os ideais das revoluções norte-americana e francesa influenciaram a realidade latino-americana.

As primeiras manifestações políticas derivadas do ciclo revolucionário do século XVIII ocorreram no Brasil com a Inconfidência Mineira.[1] Esse

---

* Trata-se de artigo elaborado a propósito da palestra ministrada na Scuola Superiore di Catania, Mediterranean University Center, 9 de junho de 2014, "Seminario Internazionale L'impatto politico delle decisioni delle Corti Costituzionali", evento promovido pela Seção Italiana do Instituto Iberoamericano de Direito Constitucional. O artigo foi revisto e refundido diante do desafio de se dialogar com o último artigo do professor Luís Roberto Barroso intitulado "A razão sem voto: o Supremo Tribunal Federal e o governo da maioria", conforme nos foi proposto pelo gentil convite do professor Oscar Vilhena.

** Advogado. Consultor jurídico. Professor associado de direito constitucional da Faculdade de Direito da PUC-SP. Diretor da Faculdade de Direito da PUC-SP (gestões 2005 a 2014). Vice--presidente da Associação Internacional de Direito Constitucional (IACL-AIDC) e presidente da Associação Brasileira dos Constitucionalistas Democratas (ABCD), seção brasileira do Instituto Ibero-Americano de Direito Constitucional com sede no México. Presidente da Comissão de Estudos Constitucionais da OAB-SP e membro efetivo de idêntica Comissão no Conselho Federal da Ordem dos Advogados do Brasil. Professor visitante em diversas IES no Brasil e no exterior.

[1] A Inconfidência Mineira foi um dos mais importantes movimentos sociais da história do Brasil. Significou a luta do povo brasileiro pela liberdade, contra a opressão do governo português no

movimento ocorreu entre 1789 e 1790, posteriormente à Constituição dos Estados Unidos e anterior à primeira Constituição francesa.

As ideias liberais e os direitos francês, inglês e norte-americano influenciaram a formação do direito constitucional brasileiro, seja no período imperial brasileiro, seja na primeira República e, em larga medida, até os dias de hoje.

A Constituição imperial brasileira de 25 de março de 1824 teve forte influência francesa, por exemplo, e não obstante não ter consagrado o *habeas corpus*, que somente foi introduzido por lei ordinária em 1832, recebeu forte influência dos ideais revolucionários franceses.

Os direitos fundamentais foram introduzidos e reconhecidos neste período imperial e mesmo no período republicano posterior.[2]

---

período colonial. Ocorreu em Minas Gerais no ano de 1789, em pleno *ciclo do ouro*. No final do século XVIII, o Brasil ainda era colônia de Portugal e sofria com os abusos políticos e com a cobrança de altas taxas e *impostos*. Além disso, a metrópole havia decretado uma série de leis que prejudicavam o desenvolvimento industrial e comercial do Brasil. No ano de 1785, por exemplo, *Portugal* decretou uma lei que proibia o funcionamento de indústrias fabris em território brasileiro. Vale lembrar também que, nesse período, era grande a extração de ouro, principalmente na região de Minas Gerais. Os brasileiros que encontravam ouro deviam pagar o quinto, ou seja, 20% de todo ouro encontrado acabava nos cofres portugueses. Aqueles que eram pegos com ouro "ilegal" (sem ter pagado o imposto") sofriam duras penas, podendo até ser degredados (enviados à força para o território africano). Com a grande exploração, o ouro começou a diminuir nas minas. Mesmo assim as autoridades portuguesas não diminuíam as cobranças. Nessa época, Portugal criou a Derrama. Essa funcionava da seguinte forma: cada região de exploração de ouro deveria pagar 100 arrobas de ouro (1.500 quilos) por ano para a metrópole. Quando a região não conseguia cumprir essas exigências, soldados da Coroa entravam nas casas das famílias para retirarem os pertences até completar o valor devido. Todas essas atitudes foram provocando uma insatisfação muito grande no povo e, principalmente, nos fazendeiros rurais e donos de minas que queriam pagar menos impostos e ter mais participação na vida política do país. Alguns membros da elite brasileira (intelectuais, fazendeiros, militares e donos de minas), influenciados pelas ideias de liberdade que vinham do *iluminismo* europeu, começaram a se reunir para buscar uma solução definitiva para o problema: a conquista da *Independência do Brasil*. Embora fracassada, podemos considerar a Inconfidência Mineira um exemplo valoroso da luta dos brasileiros pela independência, pela liberdade e contra um governo que tratava sua *colônia* com violência, autoritarismo, ganância e falta de respeito.

[2] Sobre o tema, ver, entre outros, FRANCO, Afonso Arinos de Melo Franco. *Direito constitucional*. Teoria da Constituição. As constituições do Brasil. Rio de Janeiro: Forense, 1981; FERREIRA, Pinto. *Princípios gerais de direito constitucional moderno*. 3. ed. Rio de Janeiro: José Konfino, 1955. t. I.

Já a Constituição Republicana de 1889 recebeu, mais fortemente, as influências norte-americanas e liberais. A república, a federação, a tripartição de poderes,[3] o presidencialismo e o *judicial control* desde então prevalecem na realidade brasileira, com dificuldades, é verdade, mas remanescem até hoje.

É certo que os países da América Latina iniciaram seu processo constitucional há pouco tempo, se considerarmos a tradição europeia.[4]

Foi somente em 1811 antes mesmo da promulgação da primeira Constituição espanhola de Cádiz de 1812, que a Venezuela aprovou sua Constituição (*Constitución Federal para los Estados de Venezuela de 21 de diciembre de 1811*), adotada pelo Congresso venezuelano em 10 de julho de 1811.

Como bem relata Allan Brewer-Carias:

> *a partir de la Revolución Lationoamericana iniciada em 1810, por tanto, y durante los últimos 186 años, el constitucionalismo latino-americano siguió, invariablemente, los principios acuñados por las revoluciones norteamericana que dieron origen al Estado Liberal de Derecho, particularmente en cuanto a la submisión de todos los actos estatales al derecho con la Constitución en la cúspide del orden jurídico, y en cuanto a la existencia de un control judicial de la constitucionalidad y legalidad de los actos estatales.[5]*

Certo é que, hoje, na América Latina, vêm convivendo vários sistemas de controle de constitucionalidade. Em um primeiro momento prevaleceu, por influência norte-americana, esse sistema em vários países. Posteriormente, o método concentrado foi adotado em diversos países da região.

---

[3] Ver BARCELLOS, Ana Paula de. Separação de poderes, maioria democrática e legitimidade do controle de constitucionalidade. *RTDP — Revista Trimestral de Direito Público*, São Paulo, v. 32, 2000.

[4] Como se sabe, desde o século XVII, Coke e outros autores admitiam a intervenção do juiz até para realizar reformas que haviam sido recusadas pelo Parlamento. A aplicação dos princípios da Magna Carta como *"common law"*, isto é, lei comum para todos, princípios fundamentais do direito, constitui, sem dúvida, uma das bases do controle constitucional. Ver CAVALCANTI, Themistocles Brandão. *Do controle de constitucionalidade*. Rio de Janeiro: Forense, 1966.

[5] CARIAS, Allan Brewer. *Instituciones politicas y constitucionales*. Tomo VI, Justicia constitucional. Caracas: Universidad Católica del Táchira; Editorial Jurídica Venezolana, 1996.

Assim, hoje, temos diversos modelos presentes na região. Consoante lição de Humberto Nogueira Alcalá, temos os controles reparador abstrato e concreto de constitucionalidade de normas jurídicas nos diversos países da região. Afirma o professor:

> *El control represivo, reparador o correctivo de constitucionalidad sobre normas jurídicas puede tener un carácter abstracto o concreto, encontrándose ambas modalidades o solo una de ellas en los Tribunales Constitucionales de América del Sur, lo que depende del modelo de control de constitucionalidad desarrollado sobre normas legales.*
>
> *En efecto, como ya hemos analizado, en los seis casos sometidos a análisis éstos pueden tener un modelo de control de constitucionalidad mixto, estableciéndose un control judicial difuso en los tribunales ordinarios y un control concentrado en el Tribunal Constitucional como ocurre en Colombia, Ecuador y Venezuela; un modelo dual o paralelo, cuando coexisten el control difuso concreto en manos de la justicia ordinaria y el control concentrado abstracto en el Tribunal Constitucional, sin mezclarse no desnaturalizarle, actuando en forma paralela, lo que ocurre en el caso del Perú, un control concentrado únicamente en el Tribunal Constitucional (preventivo, excepcionalmente represivo en el caso de decretos con fuerza de ley o decretos reglamentarios, simples decretos supremos o reglamentos autónomos) y represivo o reparador en la Corte Suprema a través del recurso de inaplicabilidad por inconstitucionalidad, en el caso chileno hasta 2005, para pasar a un control concentrado únicamente en el Tribunal Constitucional preventivo y reparador, bajo modalidades abstractas y concretas en su caso.*[6]

No Brasil, como veremos mais adiante, embora formalmente convivam, ao menos, dois sistemas de controle de constitucionalidade, o "difuso", de matriz norte-americana, e o "concentrado", de inspiração kelseniana, é certo que hoje o Supremo Tribunal Federal goza de uma ampla e generosa competência para o controle concentrado.

Pode-se dizer que o controle do Supremo Tribunal Federal, órgão de cúpula do Poder Judiciário no Brasil, é hoje dominante.[7]

---

[6] ALCALÁ, Humberto Nogueira. *El derecho procesal constitucional*. Santiago: Cecoch; Librotecnia, 2009. p. 404 e segs.

[7] A esse respeito, entre outros, ver nosso trabalho: FIGUEIREDO, Marcelo. La evolución político-constitucional de Brasil. *Estudios Constitucionales*, ano 6, n. 2, p. 209, 2008.

II. A ascensão do Poder Judiciário no mundo

O século XX mostrou um constitucionalismo com maior apego à normatividade. Nesse contexto, parece uma decorrência lógica desse fenômeno a ampliação do controle de constitucionalidade dos atos normativos. Mesmo assim observamos uma grande produção doutrinária a respeito do papel e dos limites da jurisdição constitucional e seus diversos modelos.

E isso porque, de fato, houve como que uma transferência de poderes, formal ou informal, sociológica, ou de fato, para os tribunais, tanto domésticos como supranacionais.

Mesmo países que se consideravam mais avessos a esse tipo de controle, ou mais apegados ao princípio da soberania popular e ao parlamentarismo, passaram a adotar alguma sorte de controle mais efetivo pelo Poder Judiciário.

A União Europeia não fugiu à regra e já é comum falarmos em sua constitucionalização. Os tribunais internacionais também aos poucos vão consolidando sua presença no mundo.

Esse fenômeno tem sido chamado, muitas vezes, de judicialização da política.[8] Nele, em apertada síntese, constatamos que relevantes questões ou debates morais da sociedade, questões da política pública e controvérsias políticas são levadas aos tribunais superiores.

A crescente importância política dos tribunais tem se tornado mais abrangente, o que significa em muitos países, inclusive, a transferência ou elaboração das políticas públicas pelo próprio Poder Judiciário,[9] pelos juízes, por intermédio de decisões sobre o alcance dos direitos em disputa.[10]

Como muito bem observou Ran Hirschl:[11]

---

[8] Ver COUSO, Javier. Consolidación democrática y poder judicial. In: TRIBUNALES constitucionales y democracia. México: Suprema Corte de Justicia de la Nación, 2009.

[9] Ver o nosso: FIGUEIREDO, Marcelo. O controle das políticas públicas pelo Poder Judiciário. *Cadernos de Soluções Constitucionais*, v. 3, p. 295 e segs., 2008.

[10] Ver, entre outros, FONTE, Felipe de Melo. *Políticas públicas e direitos fundamentais*. São Paulo: Saraiva, 2013.

[11] HIRSCHL, Ran. O novo constitucionalismo e a judicialização da política pura no mundo. *Revista de Direito Administrativo*, Rio de Janeiro, v. 251, p. 139-178, maio/ago. 2009.

Lembremo-nos de episódios com o resultado das eleições presidenciais de 2000 nos Estados Unidos, a nova ordem constitucional na África do Sul, o lugar da Alemanha na União Europeia, a guerra da Chechênia, a política econômica na Argentina, o regime de bem-estar social da Hungria, o golpe de Estado militar liderado por Pervez Musharraf no Paquistão, dilemas de justiça transicional na América Latina pós-autoritária e na Europa pós-comunista, a natureza secular do sistema político turco, a definição fundamental de Israel como um "Estado judeu e democrático", ou o futuro político de Quebec e da federação canadense: todos esses e muitos outros problemas políticos altamente controversos foram articulados como problemas constitucionais. E isso tem sido acompanhado pela suposição de que os tribunais — e não os políticos, nem a própria população — seriam os fóruns apropriados para a tomada dessas cruciais decisões.

Para resumir e parafraseando a observação de Alexis de Tocqueville sobre os Estados Unidos, não há no mundo do novo constitucionalismo quase nenhum dilema de política pública ou desacordo político que não se torne, cedo ou tarde, um problema judicial.

Há, é preciso advertir, grandes diferenças de grau quando se alude, genericamente à "judicialização da política", como veremos mais adiante.

Do mesmo modo, como sabemos, há autores que se opõem radicalmente a esse fenômeno pela raiz. Pensam que não é papel do Judiciário ou do juiz, em último grau, definir qualquer política pública, embora esses mesmos autores reconheçam a importância do *judicial review* em determinados casos como medida protetora das patologias legislativas, dos abusos de poderes e, sobretudo, em disputas envolvendo a igualdade de sexo, liberdade religiosa ou racial, defesa das minorias etc.

Também devemos levar em linha de conta que o *judicial review* não é um conceito uniforme e pasteurizado que se pode aplicar em toda parte do mesmo modo. Cada país com sua história e seu passado acabou construindo uma versão de controle e revisão judicial. É dizer, que papel deve ocupar o Poder Judicial nessa ou naquela circunstância, nesse e naquele país, é algo heterogêneo.

Assim, por exemplo, o *judicial review* responde à história de cada país, à sua cultura. Quando a Grã-Bretanha discute os poderes relativamente limitados que possuem seus juízes para revisar a legislação, não está particularmente interessada no que os republicanos disseram aos federalistas em 1805 ou no legado de *Brown v. Board of Education.*

Há ademais, como se sabe, os adversários mais ferrenhos de um papel mais ativo e sobranceiro do poder judicial, traçando ou revisando políticas públicas. É o caso do clássico Jeremy Waldron,[12] entre outros.

Waldron sempre sustentou que o *judicial review* é vulnerável ao ataque em ao menos duas frentes. Ele não fornece, como frequentemente se alega, uma maneira pela qual uma sociedade possa claramente enfocar as questões reais em jogo quando cidadãos discordam sobre direitos; pelo contrário, ele os distrai com questões secundárias sobre precedentes, textos e interpretação. E ele é politicamente ilegítimo, naquilo que diz respeito aos valores democráticos: ao privilegiar a maioria dos votos entre um pequeno número de juízes não eleitos e não responsabilizáveis, ele priva os cidadãos comuns de seus direitos e rejeita estimados princípios de representação e igualdade política na resolução final de questões de direito.

Mesmo a Suprema Corte norte-americana, donde partiu o histórico precedente do controle constitucional, não apresenta, mesmo hoje, grandes ar-

---

[12] Dissertando sobre a Grã-Bretanha em um momento em que se discutia a incorporação da Carta dos Direitos na Convenção Europeia de Direitos Humanos e o poder dos tribunais britânicos para derrubar leis e atos inconstitucionais, escreveu: "Tal mudança, se ocorrer, terá consequências importantes para o parlamento britânico e seu lugar na constituição. A proposta para essa reforma específica tem amplo apoio, isso porque, em grande parte, as pessoas comuns estão preocupadas com a extensão do controle executivo sobre as questões legislativas na Grã-Bretanha. O executivo domina o parlamento, de modo que a soberania parlamentar muitas vezes parece equivaler a uma forma de ditadura executiva eletiva. Mas as pessoas também estão preocupadas com a legislação da maioria como tal — isto é, com a ideia de legislação por meio de uma assembleia popular, mesmo na sua melhor forma, mesmo que não dominada por Downing Street. Em outras palavras, tenho certeza de que a má reputação da legislação na teoria jurídica e política está intimamente relacionada ao entusiasmo (especialmente o entusiasmo da elite) por essa mudança. As pessoas convenceram-se de que há algo *indecoroso* em um sistema no qual uma legislatura eleita, dominada por partidos políticos e tomando suas decisões com base no governo da maioria, tem a palavra final em questões de direito e princípios. Parece que tal fórum é considerado indigno das questões mais graves e mais sérias dos direitos humanos que uma sociedade moderna enfrenta. O pensamento parece ser que os tribunais, com suas perucas e cerimônias, seus volumes encadernados em couro, e seu relativo isolamento ante a política partidária, sejam um local mais adequado para solucionar questões desse caráter. Não estou convencido disso; mas não é minha intenção argumentar aqui contra a revisão judicial da legislação". WALDRON, Jeremy. *A dignidade da legislação.* São Paulo: Martins Fontes, 2003. p. 4-5.

roubos do que nós latino-americanos chamamos ou vivenciamos como o ativismo judicial.

Mark Tushnet,[13] por exemplo, afirma a respeito da Suprema Corte norte-americana:

> *We can best discern where the Court is by taking on the challenge of those who assert that the Court is a revolutionary one. I begin by examining what the Court has done is three areas central do the pre-New Deal/Great Society constitutional order: federalism, economic liberty, and the delegation of authority from Congress to the executive. In each area, I show that the Court's actions are certainly susceptible to relatively narrow readings. Under those readings government must be scaled back a bit, but the government's expansion in the New Deal-Great Society constitutional order remains substantially unimpaired. [...]*
>
> *Perhaps the present Court is not revolutionary, but a single new justice committed to constitutional transformation could push the Court in a quite radical direction [...].*
>
> *Everyone knows that 'the Warren Court is dead'. That does not mean that the modern Supreme Court has undone that Court's work. It has added new shadings to earlier doctrine and, more important, has drained the most expansive decisions of any generative significance. Its doctrinal innovation in the gay rights case invalidating Amendment 2 seems quite self-consciously limited in scope. As one political scientist puts it, 'The contemporary effort may succeed where it is confined to what can now be at least argued as doctrinal excesses that were the product of time-bound ideologies'. I believe that the modern Court has suceeded in moving to a new constitutional order, but it is one that trims what the Court believes to be excesses without completely repudiating what has gone before.*

Em síntese, podemos dizer que a judicialização da política é um fenômeno multifacetado: pode envolver casos de políticas públicas ou perseguição de casos de corrupção política. Varia não só pelo contexto, mas também pelo fato de se estar uma democracia consolidada ou não. Creio que não é o caso de dissertar analiticamente sobre as causas que nos levaram à judicialização, sobretudo, na América Latina. Há várias teorias ou explicações para esse fenômeno.

---

[13] TUSHNET, Mark. *The new constitutional order*. Oxford: Princeton University, 2004. p. 34, 35 e 67.

Para muitos autores, o fortalecimento dos tribunais tem sido uma consequência imediata da expansão do sistema de mercado, em plano global. Aos olhos do mercado financeiro e dos investidores internacionais, os tribunais constituiriam um meio mais confiável para garantir a segurança jurídica, a estabilidade, a previsibilidade, se comparados aos legisladores democráticos, que recebem as pressões populares e populistas e, nesse prisma, tendem a não ser eficientes em uma perspectiva puramente econômica.

Já outro grupo de analistas vê na expansão dos tribunais e do Poder Judiciário uma consequência lógica decorrente da retração do sistema representativo e de sua incapacidade de cumprir com as promessas de justiça e igualdade, inerentes ao ideal democrático e incorporadas nas constituições contemporâneas.

As pessoas, individual ou coletivamente consideradas, recorrem ao Poder Judiciário como um guardião último dos ideais democráticos. Há, ainda, explicações mais técnicas e mais próximas à realidade propriamente técnico-jurídica.

Para o jurista, a chamada "judicialização da política" é um termo equivocado, pois o que há é simplesmente a abertura que o direito oferece, em maior ou menor intensidade e grau, para que as normas constitucionais e seus princípios possam ser amplamente discutidos no Poder Judiciário.[14]

Assim, o avanço das constituições rígidas e analíticas, dotadas de sistema de controle de constitucionalidade, com inúmeras matérias sobre os mais diversos temas (direitos fundamentais, minorias, direitos sociais, tributação, orçamento, sistema previdenciário, serviços públicos, previdência social etc.), conduz a discussões e, inevitavelmente, a levar tais temas aos tribunais.

---

[14] Ou seja, os juízes brasileiros têm sido provocados e o ordenamento jurídico nacional contempla tais possibilidades. Desse modo, o próprio desenho institucional brasileiro agasalha a possibilidade da judicialização de questões com recorte moral e político. É evidente que o modo como essa competência será exercida pode determinar um maior ou menor "ativismo", aqui como em qualquer parte. Com razão está Oscar Vilhena que lembra o que chama de "ambição constitucional". Diz: "A Constituição transcendeu os temas propriamente constitucionais e regulamentou pormenorizada e obsessivamente um amplo campo das relações sociais, econômicas e públicas, em uma espécie de compromisso maximizador. Este processo, chamado por muitos colegas de constitucionalização do direito, criou, no entanto, uma enorme esfera de tensão constitucional e, consequentemente, gerou uma explosão de litigiosidade constitucional". VILHENA, Oscar Vieira. Supremocracia. *Revista Direito GV*, n. 8, p. 443 e segs., jul./dez. 2008.

A chamada superconstitucionalização dos mais variados temas e políticas públicas (juridicizadas e constitucionalizadas) leva, inevitavelmente, a esse resultado.

Sobre o tema, Luís Roberto Barroso[15] adota a mesma linha de pensamento ao afirmar:

> Há causas diversas para o fenômeno. A primeira delas é o reconhecimento da importância do Judiciário forte e independente, como elemento essencial para as democracias modernas. Como consequência, operou-se uma vertiginosa ascensão institucional de juízes e tribunais, assim na Europa como em países da América Latina, particularmente no Brasil. A segunda causa envolve certa desilusão com a política majoritária, em razão da crise de representatividade e de funcionalidade dos parlamentos em geral. Há uma terceira: atores políticos, muitas vezes, preferem que o Judiciário seja a instância decisória de certas questões polêmicas em relação às quais exista desacordo moral razoável na sociedade. Com isso, evitam o próprio desgaste na deliberação de temas divisivos, como uniões homoafetivas, interrupção de gestação ou demarcação de terras indígenas.

Dizer de forma irrefletida que os tribunais constitucionais se aproximam dos legisladores ou até os substituem parece, na maioria dos casos, certo exagero técnico.

A criatividade dos tribunais e cortes constitucionais não se confundem com a atividade legislativa. Os tribunais, cortes supremas não são e não devem ser legisladores. Creio que todos concordam com essa afirmação. Quando muito, um contralegislador e, em certas circunstâncias, um criativo intérprete do direito.

É dizer, isso não significa que não resultem para o legislador efeitos da declaração de inconstitucionalidade ou até um apelo ao legislador, ou a colmatação de uma lacuna para dar integral cumprimento à Constituição.

Sobre esse tema, já afirmamos em trabalho anterior:[16]

---

[15] BARROSO, Luís Roberto. *Constituição, democracia e supremacia judicial*: direito e política no Brasil contemporâneo. p. 8. Disponível em: <www.oab.org.br/>.

[16] FIGUEIREDO, Marcelo. El carácter contra mayoritário del poder judicial. In: MANILI, Pablo Luis (Coord.). *"Marbury vs Madison"*: reflexiones sobre una sentencia bicentenária. México: Porrúa; IMDPC, 2011. p. 45-79.

Por otro lado, podemos desmistificar la figura del legislador negativo de Kelsen frente al actual desarrollo de la justicia constitucional en el mundo occidental, sobre todo en Latinoamérica. Es decir, parece un non sense jurídico apegarnos a esta discusión sobre la solución a la "dificultad contra mayoritária" que en sí misma parece insoluble.

Creemos ser importante considerar cuál es el papel o la relación entre la justicia constitucional y los derechos fundamentales de la persona— o sea — ?que papel ejercen los Tribunales Constitucionales en la difusión, generalización e implementación de los derechos reconocidos y tutelados como fundamentales? Responder a esta pregunta parece más importante que discutir el ultrapasado mito del legislador negativo.

Lo importante será notar que en el desarrollo de la justicia constitucional, siempre habrá tensiones imposibles de eliminar entre los poderes y funciones del Estado. Lo importante, afirmamos, será preguntar cuál el resultado práctico de esas tensiones para el cuidadano o para la entidad solicitante.

Quiere decir, ¿La decisión preserva o actualiza el sentido de la norma constitucional? ¿La decisión es respetada por la sociedad civil, por los medios de comunicación social; está bien fundada? ¿Se presenta como una decisión racionalmente formulada y bien planteada? Mientras no tengamos respuestas exactas para tales cuestiones, ellas pueden constituir indicativos importantes para un buen camino a seguir.

III. Os exemplos internacionais

O já citado Ran Hirschl[17] traz inúmeros exemplos do que chama de: a) judicialização da política pura; b) prerrogativas centrais do Executivo; c) corroboração de mudanças de regime; d) justiça transicional; e e) definindo a nação por meio dos tribunais.

Os títulos são ilustrativos e autoexplicativos.

a) Na judicialização da política pura, traz o caso *Bush v. Gore*, eloquente exemplo de judicialização do processo eleitoral ou o que chama de "direito da democracia", o caso da Suprema Corte de Bangladesh que considerou inválidas listas de eleitores que haviam sido feitas para as eleições seguintes e o caso da Corte constitucional da Rússia que impôs um limite constitucional à tentativa de terceiro mandato do presidente Boris Yeltsin; ou da Suprema

---

[17] Ran Hirschl, O novo constitucionalismo e a judicialização da política pura no mundo, op. cit.

Corte colombiana que aprovou recentemente a constitucionalidade de uma emenda que removeu da Constituição a proibição de reeleição de oficiais governamentais, permitindo assim o presidente Álvaro Uribe se candidatar e ser reeleito para um segundo mandato.

b) No que denomina "prerrogativas centrais do Executivo" chama a atenção para as prerrogativas centrais de legislaturas e de executivos no que se refere às relações exteriores, segurança nacional e política fiscal.

A Suprema Corte do Canadá não hesitou em rejeitar a doutrina da "questão política" após a adoção da Carta Canadense de Direitos e Liberdades de 1982 (Operation Dismantle v. A Rainha)

A Corte constitucional da Rússia seguiu a mesma direção no caso da Chechênia, quando concordou em apreciar petições de vários membros da oposição na Duma, questionando a constitucionalidade de decretos presidenciais que ordenaram a invasão militar russa na Chechênia.

Rejeitando a reivindicação chechena de independência e sustentando a constitucionalidade dos decretos do presidente Boris Yeltsin como *intra vires*, a maioria dos juízes da Corte declarou que a manutenção e a integridade e unidade territorial da Rússia seria "uma regra inabalável que exclui a possibilidade de uma secessão unilateral armada em qualquer estado federativo".

Em 2004, a Suprema Corte israelense decidiu sobre a constitucionalidade e a compatibilidade com o direito internacional da barreira da Cisjordânia — uma polêmica rede de cercas e muros que separam Israel do território palestino.

c) Outra área de crescente envolvimento judicial é o que o autor chama de "corroboração de mudança do regime". O exemplo que dá é a saga da "certificação constitucional" na África do Sul: foi a primeira vez que uma Corte constitucional se recusou a aceitar um texto constitucional elaborado por um órgão constituinte representativo. Ou a restauração da Constituição de Fiji de 1997 pela Corte de Apelações de Fiji, em *Fiji v. Prasad*, em 2001, ou a decisão da Corte do Nepal, de fevereiro de 2006, que declarou inconstitucional a controversa Comissão Real para o Controle da Corrupção (CRCC), estabelecida após o golpe do Estado de 2005, e tantos outros casos.

E, por fim, dá exemplos de justiça transicional ou restaurativa como os que ocorreram na África do Sul no caso *Azanian People's Organization (Azapo) v.* Presidente da República da África do Sul (1996), a judicialização das disputas sobre o *status* de povos indígenas nas colônias de povoamento como Austrália, Canadá e Nova Zelândia, e os casos rumorosos julgados pelo TPI ao longo dos últimos anos.

Cremos que é importante recordar, por fim, que nem todo "ativismo político" e judicial é de ser aplaudido ou leva a bons resultados. Fica claro que existem riscos e conhecidos perigos já largamente apontados pela doutrina que devem ser evitados. Mas fica muito difícil teorizar a respeito da matéria sem ter em conta o perfil constitucional da justiça constitucional analisada e sua constituição.

Barroso[18] traz uma boa súmula das críticas doutrinárias que existem hoje a respeito da expansão da intervenção judicial na vida brasileira. Vejamos quais são elas.

IV. Críticas à expansão da intervenção judicial na vida brasileira

Barroso alinha três argumentos, a saber:

a) Crítica político-ideológica

Juízes e membros dos tribunais não são agentes públicos eleitos. Sua investidura não tem o batismo da vontade popular. Nada obstante isso, quando invalida atos do Legislativo ou do Executivo ou impõe-lhes deveres de atuação, o Judiciário desempenha um papel que é inequivocamente político.

Essa possibilidade de as instâncias judiciais sobreporem suas decisões às dos agentes políticos eleitos gera aquilo que em teoria constitucional foi denominado de dificuldade contramajoritária.

Ao lado dela, há, igualmente, críticas de cunho ideológico, que veem no Judiciário uma instância tradicionalmente conservadora das distribuições de poder e de riqueza na sociedade. Nessa perspectiva, a judicialização funcionaria como uma reação das elites tradicionais contra a democratização, um antídoto contra a participação popular e a política majoritária.

b) Crítica quanto à capacidade institucional

Envolve a determinação de qual poder está mais habilitado a produzir a melhor decisão em determinada matéria. Temas envolvendo aspectos técni-

---

[18] Luís Roberto Barroso, *Constituição, democracia e supremacia judicial*, op. cit.

cos ou científicos de grande complexidade podem não ter no juiz de direito o árbitro mais qualificado, por falta de informação ou de conhecimento específico. Também, o risco de efeitos sistêmicos imprevisíveis e indesejáveis pode recomendar uma posição de cautela e de deferência por parte do Judiciário.

O juiz, por vocação e treinamento, normalmente estará preparado para realizar a justiça do caso concreto, a microjustiça, sem condições, muitas vezes, de avaliar o impacto de suas decisões sobre um segmento econômico ou sobre a prestação de um serviço público.

c) Crítica quanto à limitação do debate

Afirma Barroso, com razão, que o mundo do direito tem categorias, discurso e métodos próprios de argumentação.

O domínio desse instrumental exige conhecimento técnico, treinamento específico, não acessível à generalidade das pessoas.

A primeira consequência drástica da judicialização é a elitização do debate e a exclusão dos que não dominam a linguagem, nem têm acesso ao *locus* de discussão jurídica.

Institutos como audiências públicas, *amicus curiae* e direito de propositura de ações diretas por entidades da sociedade civil atenuam, mas não eliminam esse problema. Surge, assim, o perigo de se produzir uma apatia nas forças sociais, que passariam a ficar à espera de juízes providenciais.

Na outra face da moeda, a transferência do debate público para o Judiciário traz uma dose excessiva de politização dos tribunais, dando lugar a paixões em um ambiente que deve ser presidido pela razão.[19]

Agregamos um último e talvez mais perigoso caminho para um ativismo excessivo: o desprestígio da Corte e o risco de um golpe branco no Poder Judiciário.

Foi o que infelizmente ocorreu em vários países de nossa região. A história recente da América Latina oferece muitos exemplos eloquentes em que os órgãos encarregados de controlar a Constituição sofreram abusivas intervenções do Poder Executivo como resposta a um uso ativo de seus poderes e competências.

---

[19] Ibid., p. 14.

A Argentina de Carlos Menem aumentou, como se sabe, o número de juízes da Corte Suprema para assegurar uma maioria de juízes afinados com seu pensamento e ideologia partidária. O mesmo fez, tempos depois, Néstor Kirchner, o finado marido da atual presidente da Argentina que também não prima pelo respeito à Constituição e suas liberdades.

No Peru, recordamos que Alberto Fujimori fechou as portas do Tribunal constitucional porque aquele decidiu contra os seus interesses políticos, e a Venezuela, quando o seu presidente, o coronel Hugo Chávez, obrigou a presidenta de sua Corte Suprema a renunciar de seu cargo, assegurando-se assim uma maioria a seu favor.

Também encontramos exemplos inversos, de cortes ou tribunais constitucionais que, apesar de algum ativismo, maior ou menor, ainda gozam de autonomia e independência, como é o caso da Colômbia e Costa Rica (mais ativistas) e creio que também, com algumas reservas, o Brasil[20] (não tão ativista se considerado o padrão colombiano).

V. Supremocracia

Esse foi o título de um artigo de Oscar Vilhena Vieira publicado na revista da Fundação Getulio Vargas de São Paulo.[21] A provocação do professor é interessante porque já o título diz muito. Pretende ressaltar que o Supremo

---

[20] Há mesmo quem não considere o Supremo Tribunal Federal um tribunal "constitucional" ativista. Entre outros, Thamy Pogrebinschi, por exemplo, afirma: "1. Não é verdade que o STF tem uma atuação contramajoritária, isto porque é inexpressivo o número de decisões declarando a inconstitucionalidade, em todo ou em parte, de leis e atos normativos promulgados pelo Congresso Nacional; 2. Ao contrário do que se diz, o STF reforça a vontade majoritária representada no Congresso Nacional, isto porque ele vem confirmando a constitucionalidade das leis e atos normativos em 86,68% das Ações Diretas de Inconstitucionalidade; 3. Não há enfraquecimento do poder majoritário do Legislativo, uma vez que, em decorrência da declaração de inconstitucionalidade, o Congresso propõe uma média de 6,85 projetos de lei versando sobre a mesma matéria". Por sua vez, Lenio Luiz Streck discute os resultados a que chegou a autora introduzindo uma série de questionamentos importantes sobre o funcionamento do STF no Brasil. Afirma: "Não podemos olvidar que os Tribunais e o STF fazem política quando dizem que não fazem; eles fazem ativismo quando dizem que não fazem; e judicializam quando sustentam não fazer". STRECK, Lenio Luiz. O que é isto, o ativismo judicial em números. *Consultor Jurídico*, 26 out. 2013.

[21] Oscar Vieira Vilhena, Supremocracia, op. cit., p. 441 e segs.

Tribunal Federal no Brasil está hoje no centro de nosso sistema político, o que estaria, na visão do professor, a demonstrar a fragilidade de nosso sistema representativo.

Sustenta Oscar Vilhena que o Supremo vem exercendo, ainda que subsidiariamente, o papel de criador de regras, acumulando a autoridade de intérprete da constituição com o exercício eventual de uma sorte de poder legislativo, tradicionalmente exercido por poderes representativos.

A hipótese fundamental do texto é de que houve um perceptível processo de expansão da autoridade dos tribunais ao redor do mundo, como já vimos, e, no Brasil, esse fenômeno teria ganhado ainda mais força.

Afirma Oscar Vilhena:

A enorme ambição do texto constitucional de 1988, somada à paulatina concentração de poderes na esfera de jurisdição do STF, ocorrida ao longo dos últimos vinte anos, aponta para uma mudança no equilíbrio do sistema de separação de poderes no Brasil. O Supremo, que a partir de 1988, já havia passado a acumular as funções de tribunal constitucional, órgão de cúpula do poder judiciário e foro especializado, no contexto de uma Constituição normativamente ambiciosa, teve o papel político ainda mais reforçado pelas emendas de número 3/93, e 45/05, bem como pelas leis 9.868/99 e 9.882/99, tornando-se uma instituição singular em termos comparativos, seja na sua própria história, seja com a história das cortes existentes em outras democracias, mesmo as mais proeminentes. Supremocracia é o que denomino, de maneira certamente impressionista, esta singularidade do arranjo institucional brasileiro. Supremocracia tem aqui um duplo sentido.

Em um primeiro sentido, o termo Supremocracia refere-se à autoridade do Supremo em relação às demais instâncias do judiciário. [...] Apenas em 2005, com a adoção da súmula vinculante, completou-se um ciclo de concentração de poderes nas mãos do Supremo, voltando a sanar sua incapacidade de enquadrar juízes e tribunais resistentes às suas decisões. Assim, supremocracia diz respeito, em primeiro lugar, à autoridade recentemente adquirida pelo Supremo de governar jurisdicionalmente (rule) o Poder Judiciário no Brasil. Neste sentido, finalmente o STF tornou-se supremo.

E um segundo sentido, o termo supremocracia refere-se à expansão da autoridade do Supremo em detrimento dos demais poderes. A ideia de colocar uma corte no centro de nosso sistema político não é nova. [...] A ampliação dos instrumentos ofertados para a jurisdição constitucional tem levado o Supremo não apenas a exercer uma espécie de poder moderador, mas também de responsável por emitir a última palavra sobre inúmeras questões de natureza substantiva, ora validando e legitimando uma decisão dos órgãos representativos, outras vezes substituindo as escolhas majoritárias. Se esta é uma atribuição comum a outros tribunais constitucionais ao redor do mundo, a distinção do Supremo é de escala e de natureza. Escala pela quantidade de temas que, no Brasil, têm natureza constitucional e são reconhecidos pela doutrina como passíveis de judicialização; de natureza, pelo fato de não haver qualquer obstáculo para que o Supremo aprecie atos do poder constituinte reformador. Neste sentido, a Suprema Corte indiana talvez seja a única que partilhe o status supremocrático do Tribunal brasileiro, muito embora tenha deixado para trás uma posição mais ativista.

Como exemplo de um grande número de casos de grande relevância no cenário jurídico nacional, oportuno recordarmos os seguintes:

a) O caso da reeleição para presidente da República, governadores e prefeitos

À ocasião tramitava uma proposta de emenda constitucional que rompia com a tradição brasileira, uma inovação histórica que trazia uma ruptura vertical em nossa tendência, um corte na nossa tradição no plano federal. Sem consulta ao povo, iniciou-se o processo legislativo dessa emenda (propiciadora das reeleições de Fernando Henrique Cardoso e Lula).

À época, Paulo Brossard, ilustre homem público e integrante do Supremo Tribunal Federal, constitucionalista conhecido, considerou a reeleição um insulto à nação, observou que foi preciso chegar à Presidência da República não um militar, não um general, mas um civil; não um homem de caserna, mas um professor universitário, para que o Brasil regredisse ao nível mais baixo da América Latina em matéria de provimento de chefia do Estado (mal sabia que essa seria lamentavelmente uma tendência latino-americana).

Imposta a reeleição, por certo, o eleitorado teria como um dos candidatos alguém da situação, e este, obviamente, disporia de toda a máquina estatal a seu favor (como sempre ocorre nestes casos), o que significa clara vantagem sobre os demais, em especial, se pertencesse a algum partido ligado às lideranças políticas de Brasília e ao Palácio do Governo.

Para a aprovação da Emenda da Reeleição, houve uma sucessão de fatos e acontecimentos inexplicados. Pesquisa feita pelo jornal *Folha de S.Paulo* às vésperas da sessão em que seria votada a emenda indicara a derrota da reelegibilidade presidencial para o período subsequente. Apareceram, então, denúncias de compras de votos para garantir, na Câmara, a vitória da proposta da reeleição. Dois deputados, cujas conversas telefônicas confirmavam essa versão, renunciaram a seus mandatos, lembra Rubem Azevedo Lima. A oposição quis criar uma Comissão Parlamentar de Inquérito para investigar as suspeitas de corrupção em torno do assunto, mas as lideranças do governo proibiram que seus liderados concordassem com as investigações. E, efetivamente, nada se apurou.

Impetrado um Mandado de Segurança (nº 22.864-DF), por senadores objetivando suspender a votação, em 2º turno, no Senado, do projeto de emenda, o pedido de liminar foi submetido ao plenário, tendo o STF indeferido a liminar (contra o voto do relator). E, com isso, a votação teve curso, tramitando o projeto nas casas respectivas, sendo, ao fim, aprovada a reeleição.

Considerou o Supremo Tribunal Federal, por maioria, que não havia, à primeira vista, "fumaça do bom direito" e indeferiu a medida liminar que objetivava suspender a votação da Emenda à Constituição Federal relacionada com a votação do Projeto de Emenda Constitucional nº 4/1997, vencido o ministro Marco Aurélio Melo.

b) O caso "Humberto Lucena": a ruptura da separação de poderes

Humberto Lucena, ex-presidente do Senado Federal, com importante participação na história política do país, à época da promulgação da Constituição de 1988. Esse senador, candidato outra vez ao cargo em 1994, fora acusado de utilizar a máquina pública (a gráfica do Senado) em benefício próprio, por haver confeccionado calendários em grande quantidade, distribuídos ao seu eleitorado.

A questão foi ao Tribunal Superior Eleitoral (TSE), que afirmou "configurar-se, no caso concreto, abuso de poder e de autoridade e uso indevido de recursos públicos, criando-se, também, situação de desigualdade com os demais candidatos". Propaganda eleitoral que é vedada pela legislação brasileira.

Inconformado, recorreu ao Supremo Tribunal Federal, que conheceu do recurso interposto e, na prática, manteve a decisão do Tribunal Eleitoral.

Após essa decisão do Supremo Tribunal Federal, em uma expressão exemplar do seu corporativismo, o Congresso Nacional tomou a iniciativa da Lei nº 8.985/1995 que tratou da anistia aos candidatos às eleições de 1994, processados ou condenados com fundamento na legislação eleitoral em vigor, nos casos lá especificados.

A lei anistiou o senador Humberto Lucena, tornando sem efeito a decisão condenatória do Tribunal Superior Eleitoral e confirmatória do STF. E, o que foi ainda pior, a lei foi feita "sob encomenda" e especificamente para o senador. Tinha, como se dizia, à época, o seu DNA.

O Conselho Federal da Ordem dos Advogados do Brasil, detectando a inconstitucionalidade da norma e a manobra política em curso, ingressou com uma ação direta de inconstitucionalidade no Supremo Tribunal Federal contra a lei argumentando, entre outros aspectos, que ela ofendia, claramente, o art. 1º da Constituição Federal e que trazia uma anistia com endereço certo e não genérica, rompendo, inclusive e especialmente, com o princípio da separação dos poderes, significando a desconstituição de uma decisão da Suprema Corte em benefício de determinadas pessoas.

Pois o Supremo Tribunal Federal julgou a ADI nº 1231-DF, relator min. Carlos Velloso, improcedente, vencidos os ministros Marco Aurélio, Carlos Britto e Sepúlveda Pertence.

Supunha-se que a ADI seria extinta, por se encontrar prejudicada, considerando-se que perdera, para alguns à época, o seu objeto, pois o único beneficiário dela, o senador Humberto Lucena, falecera em 13 de abril de 1998, e as eleições a que ele concorreria já transcorreram há vários anos. Um lamentável exemplo de inércia do Supremo Tribunal Federal.

c) O caso das células-tronco

O caso das células-tronco (ADI nº 3.510-0) é emblemático da atual etapa de expansão da autoridade do Supremo Tribunal Federal, como arena de discussão pública de temas de natureza político-moral.

De fato, a Lei nº 11.105/2005 permitiu a realização de pesquisas com células extraídas de embriões mediante a observância das seguintes exigências: a) que os embriões tenham sido resultado de tratamentos de fertilização *in vitro*; b) que os embriões sejam inviáveis, ou que não tenham sido implantados no respectivo procedimento de fertilização estando congelados há mais de três anos; c) que os genitores deem seu consentimento de que a pesquisa seja aprovada pelo comitê de ética da instituição. Além disso, a lei proibiu: a) a comercialização de embriões, células ou tecidos; b) a clonagem humana; c) a engenharia genética em célula germinal humana, zigoto humano e embrião humano.

A tese central movida pela Procuradoria-Geral da República no Supremo Tribunal Federal era a de que "a vida humana acontece na, e a partir da, fecundação". Fundada em tal premissa, sustentou que os dispositivos legais impugnados violariam dois preceitos da Constituição brasileira, o art. 5º, *caput*, que consagra o direito à vida, e o art. 1º, III, que enuncia como um dos fundamentos do Estado brasileiro o princípio da dignidade da pessoa humana.

Os argumentos desenvolvidos na peça inicial podem ser resumidos em uma proposição: o embrião é um ser humano cujas vida e dignidade seriam violadas pela realização das pesquisas que as disposições legais impugnadas autorizam.

A corrente majoritária foi liderada pelo ministro relator, Carlos Ayres Britto, acompanhado de outros cinco ministros(as). No seu voto, o relator destacou alguns pontos, como os que seguem:

a) As células-tronco embrionárias oferecem maior contribuição em relação às demais, por se tratarem de células pluripotentes; b) o bem jurídico vida, constitucionalmente protegido, refere-se à pessoa nativiva; c) não há obrigação de que sejam aproveitados todos os embriões obtidos por fertilização artificial, em respeito ao planejamento familiar e aos princípios da dignidade da pessoa humana e da paternidade responsável; d) os direitos à livre expressão da atividade científica e à saúde (que também é dever do Estado), bem como o §4º do art. 199 da CF de 1988, contribuem para afirmar a constitucionalidade da lei; e e) já se admitiu que a lei ordinária considere finda a vida com a morte encefálica (Lei nº 9.434/1997), sendo o embrião objeto das normas impugnadas incapaz de vida encefálica.

Na votação final, tivemos seis votos favoráveis à pesquisa, sem qualquer limitação aos termos da lei; dois votos favoráveis à pesquisa, mas com a exigência de sua prévia aprovação por um comitê de ética; e três votos no sentido da não admissão das pesquisas que importassem na destruição do embrião, o que significa, no estágio contemporâneo, sua proibição.

d) O caso da fidelidade partidária (MS nº 26.603-DF) e da Ação Direta de Inconstitucionalidade (ADI) nº 3.999-7-DF

Em apertada síntese, o Supremo Tribunal Federal decidiu, nesses casos, em que se discutia sobre a infidelidade partidária (MS nº 26.602/DF, MS nº

26.603/DF e MS nº 26.604/DF), que a permanência do congressista no partido pelo qual se elegeu é imprescindível para a manutenção da representatividade partidária do próprio mandato. Ou seja, definiu que, no nosso sistema eletivo proporcional (em que há necessidade de filiação partidária para participação nas eleições, e onde as vagas no Congresso são preenchidas segundo o coeficiente eleitoral obtido pelo partido), o "titular" do mandato é, na verdade, o partido político, e não o candidato eleito. Nesse sentido, a troca de partidos sem justa causa implica a perda do mandato, o qual permanece com o partido pelo qual o congressista se elegeu. É certo que no mesmo julgamento o Tribunal consignou que, na hipótese de mudança programática ou ideológica do partido, a troca de legendas fica autorizada. Entretanto, essa exceção apenas confirma a regra de que a permuta de partidos implica a perda do mandato.

Houve uma grande revolta da classe política à época porque o Supremo Tribunal Federal havia entendido por quase 20 anos que a perda de mandato parlamentar estava condicionada às hipóteses expressamente enumeradas na Constituição Federal. Nesse sentido, a perda do mandato por infidelidade partidária, por não ser hipótese enumerada, só poderia determinar a expulsão do mandatário do seu quadro partidário se assim previssem seus estatutos.

Em 2007, iniciou-se uma mudança desse entendimento. Não há dúvida que a experiência pluripartidária do Brasil demonstrou vícios e fragilidades democráticas importantes, entre as quais se destacam a existência dos denominados "partidos de aluguel" e uma prática de "troca constante de partidos" pelos políticos. Essa realidade, inclusive, alcançava a pauta do Congresso Nacional, que já havia elaborado em torno do tema uma dezena de projetos de lei, mas não havia aprovado nenhum deles.

Seja como for, parte da doutrina condenou a mudança de orientação do STF por "antecipar-se ao Congresso Nacional e, mais uma vez, por meio de uma decisão no controle difuso, que altera substancialmente a interpretação constitucional, definindo a perda do mandato eletivo alcançado por sufrágio universal".[22]

---

[22] Neste sentido, Adriana Ancona de Faria, em sua tese de doutoramento na PUC-SP: *O ativismo judicial do STF no campo político-eleitoral*: riscos antidemocráticos, sob nossa orientação, São

No julgamento da Reclamação nº 4.335-5-Acre, relatado pelo ministro Gilmar Mendes, o Supremo Tribunal Federal deixou mais uma vez claro que no processo de interpretação da Constituição seu conteúdo e, eventualmente, sua letra pode sofrer alterações.

Chama o fenômeno de mutação constitucional, o que não implicaria o reconhecimento por parte da Corte de qualquer erro ou equívoco interpretativo do texto constitucional em julgados pretéritos, mas contínuas e paulatinas adaptações dos sentidos possíveis da letra da Constituição à realidade que a circunda.

Nesse sentido, nesse caso, haveria a necessidade, segundo essa linha de pensamento, de um ajuste republicano tendo em vista a crise ética do sistema eleitoral brasileiro.

Finalmente, ainda na mesma linha (da existência de uma eventual mutação constitucional, reconhecida pelo Supremo Tribunal Federal), vale a pena recordar o caso da Lei de Crimes Hediondos e o HC nº 82.956 e a Reclamação nº 4.335.[23]

Após alguns anos sustentando a constitucionalidade da Lei de Crimes Hediondos, o Supremo Tribunal Federal, em decisão relatada pelo ministro Marco Aurélio, no HC nº 82.956, afastou a incidência do artigo que vedava a progressão de regime aos que houvessem sido condenados pela Lei de Crimes Hediondos, por entender que essa regra violava o princípio da dignidade humana e da individualização da pena.

Com base nessa decisão do STF, inúmeros condenados, com base na Lei de Crimes Hediondos, solicitaram a progressão de regime. O juiz da Vara de Execuções Penais de determinado estado brasileiro entendeu, no entanto, que não deveria autorizar a progressão de regime, pois o referido HC produziu efeitos apenas *"inter partes"*. Nesse sentido, aplicou o art. 52, X, da Constituição brasileira ao determinar que compete "privativamente ao Senado Federal suspender a execução no todo ou em parte de lei declarada inconstitucional pelo STF". Logo, enquanto o Senado não suspendesse a exe-

---

Paulo, 2013. Em sentido contrário, defendendo a posição do STF, ver MENDES, Gilmar Ferreira. Fidelidade partidária na jurisprudência do STF. In: MENDES, Gilmar Ferreira; BRANCO, Paulo Gustavo Gonet; VALE, André Rufino do. *A jurisprudência do STF nos 20 anos da Constituição*. São Paulo: Saraiva; IDP, 2010. p. 121 e segs.

[23] Ver a Reclamação nº 4.335, relator min. Gilmar Mendes.

cução da lei, o juiz de primeira instância não estaria obrigado a submeter-se à decisão do STF.[24]

Contra a denegação do pedido de progressão, insurgem-se inúmeros condenados, vindo o Supremo a apreciar a Reclamação nº 4.335. Após uma detalhada e sofisticada argumentação, o ministro relator buscou demonstrar que o sistema brasileiro de controle de constitucionalidade vem passando por um longo processo de mutação, marcado pela ampliação do controle concentrado em detrimento do controle difuso. Nesse sentido, especialmente após a introdução do efeito vinculante em nosso sistema jurídico, a regra do art. 52, X, ficou destituída de maior significado prático, tendo, portanto, ocorrido "uma autêntica reforma da Constituição sem expressa modificação do texto".

Esta mutação, evidentemente, consubstancia-se em novo direito constitucional,[25] na medida em que é avalizada pelo Supremo Tribunal Federal.

Segundo Oscar Vieira Vilhena,[26] referida mutação afetou, ainda que minimamente, a relação entre os poderes, suprimindo uma competência privativa do Senado Federal e transferindo-a para o próprio Supremo Tribunal Federal. Não se trata, assim, de qualquer mudança constitucional, mas, sim, de uma alteração de dispositivo, a princípio, protegido pelo art. 60, §4º, inciso III, da CF.

Segundo o autor, o que parece claro é que o Tribunal passou a se enxergar como dotado de poder constituinte reformador, ainda que a promoção das mudanças constitucionais não se dê com a alteração explícita do texto da Constituição.

Existem muitos outros casos (polêmicos) no que toca à tensão ou fricção entre os poderes da República. Mencione-se, por exemplo, o caso da verticalização das coligações partidárias (ADI nº 2.628-3), o caso sobre a definição do número de vereadores nas câmaras municipais (ADIs nº 3.345 e nº 3.365); o caso da cláusula de barreira (ADIs nº 1.351 e nº 1.354-8) e o caso da ficha limpa (ADI nº 4.578).

Por último gostaria de recordar o caso da união homoafetiva. Ele, creio, não é tanto um exemplo de "conflito entre poderes", mas muito mais um

---

[24] Sobre o tema, ver ainda a Reclamação nº 4.335 do STF, no Informativo 739 daquela Corte.
[25] Não sem certa oposição doutrinária.
[26] Oscar Vieira Vilhena, Supremocracia, op. cit., p. 456.

exemplo de como é "cômodo" ao legislador deixar questões sensíveis ao Judiciário, abdicando do dever de debater temas importantes para a sociedade.

É o caso. Ninguém duvida que caberia ao legislador discutir e regular o direito advindo da união entre parceiros do mesmo sexo e suas consequências jurídicas, inclusive, o casamento. Vários países na América Latina já disciplinaram o tema por intermédio de lei.

No Brasil, foi o Supremo Tribunal Federal que, provocado, acabou fixando o entendimento a respeito da união homoafetiva e seus efeitos jurídicos.

Assim, na ADPF nº 132/RJ e na ADI nº 4.277-DF, o Supremo Tribunal Federal deixou assentado o reconhecimento da união homoafetiva como "família" para os efeitos legais, dando interpretação conforme ao art. 1.723 do Código Civil brasileiro para "excluir do dispositivo em causa qualquer significado que impeça o reconhecimento da união contínua e duradoura entre pessoas do mesmo sexo como família. Reconhecimento que é de ser feito segundo as mesmas regras e com as mesmas consequências da união estável heteroafetiva".[27]

Não há espaço para dissertar sobre todos eles. Basta dizer que muitas vezes sob as vestes do ativismo judicial pode existir um perigo ao ideal e à prática democrática em determinada realidade política e institucional.

O juízo de inconstitucionalidade deve vir acompanhado, como sabemos, de uma sólida argumentação racional e fundamentada a fim de convencer (no sentido técnico) não só toda a comunidade jurídica e toda a sociedade atingida pela decisão, mas, sobretudo, a prestigiar o princípio da supremacia e unidade da Constituição.

O exercício criativo da atividade jurisdicional e constitucional é uma decorrência quase que natural do atual estágio de desenvolvimento dos tribu-

---

[27] A decisão do Supremo Tribunal Federal, em sua parte dispositiva é bem mais longa e não é o caso de transcrevê-la na integralidade. Basta assinalar trechos da mesma: "proibição de discriminação das pessoas em razão do sexo, seja no plano da dicotomia homem/mulher (gênero), seja no plano da orientação sexual de cada qual deles. A proibição do preconceito como capítulo do constitucionalismo fraternal. Homenagem ao pluralismo com valor sociopolítico cultural. Liberdade de dispor da própria sexualidade, inserida na categoria dos direitos fundamentais do indivíduo, expressão que é da autonomia da vontade. Direito à intimidade e à vida privada. Cláusula Pétrea. [...] Tratamento Constitucional da Instituição da Família. Reconhecimento de que a Constituição Federal não empresta ao substantivo 'família' nenhum significado ortodoxo ou a própria técnica jurídica. A Família como categoria sociocultural e princípio espiritual. Direito Subjetivo de Constituir Família. Interpretação não reducionista".

nais e cortes constitucionais. Porém, é preciso cautela para que os direitos fundamentais não sejam atropelados em nome de um grave desbalanceamento entre os poderes e funções do Estado.

É preciso que as decisões dos tribunais constitucionais sejam não só acatadas e respeitadas, mas também cuidadosamente construídas e, por que não, admiradas, para que o risco de serem antidemocráticas ou intrusivas possa ser menor. É o que Barroso, em artigo objeto de análise deste livro, sustenta por serem componentes da democracia substancial: as razões dos votos dos ministros do Supremo Tribunal Federal.

Nesse artigo, Barroso relaciona democracia com votos, razões e direitos, afirmando haver dois tipos de atuação do Supremo Tribunal Federal: a contramajoritária e a representativa. Isso porque vai na linha da "legitimação discursiva" da democracia deliberativa, entendendo haver a democracia formal, da qual compõe a democracia eleitoral, e a democracia substancial, fazendo parte desta a garantia de direitos, conquanto que bem fundamentados, com o "oferecimento das razões pelas opções feitas".[28] Constitui o fundamento de legitimidade de uma corte constitucional, basicamente, o respeito aos direitos fundamentais e às regras do jogo democrático.

Por fim, com razão, Stephen M. Griffin,[29] quando afirma:

> Na nova crítica democrática do judicial review, a questão deixa de ser as circunstâncias sob as quais os direitos fundamentais deveriam ser protegidos contra a incursão legislativa, e passa a ser, antes, quais direitos deveriam ser criados e qual instituição deveria ser a última palavra quanto ao objetivo e significado daqueles.

Referências

ALCALÁ, Humberto Nogueira. *El derecho procesal constitucional*. Santiago: Cecoch; Librotecnia, 2009.

---

[28] L. R. Barroso, "A razão sem voto", neste livro, p. 57.

[29] GRIFFIN, Stephen M. Enfim a hora da democracia? A nova crítica ao judicial review. In: BIGONHA, Antonio Carlos Alpino; MOREIRA, Luiz (Org.). *Legitimidade da jurisdição constitucional*. Rio de Janeiro: Lumen Juris, 2010. p. 281 e segs. (Coleção ANPR de Direito e Democracia).

BARCELLOS, Ana Paula de. Separação de poderes, maioria democrática e legitimidade do controle de constitucionalidade. *RTDP — Revista Trimestral de Direito Público*, São Paulo, v. 32, 2000.

BARROSO, Luís Roberto. A razão sem voto: o Supremo Tribunal Federal e o governo da maioria. Neste livro.

_____. *Constituição, democracia e supremacia judicial*: direito e política no Brasil contemporâneo. p. 8. Disponível em: <www.oab.org.br/>.

CARIAS, Allan Brewer. *Instituciones políticas y constitucionales*. Tomo VI, Justicia constitucional. Caracas: Universidad Católica del Táchira; Editorial Jurídica Venezolana, 1996.

CAVALCANTI, Themistocles Brandão. *Do controle de constitucionalidade*. Rio de Janeiro: Forense, 1966.

COUSO, Javier. Consolidación democrática y poder judicial. In: TRIBUNALES constitucionales y democracia. México: Suprema Corte de Justicia de la Nación, 2009.

FERREIRA, Pinto. *Princípios gerais de direito constitucional moderno*. 3. ed. Rio de Janeiro: José Konfino, 1955. t. I.

FIGUEIREDO, Marcelo. La evolución político-constitucional de Brasil. *Estudios Constitucionales*, a. 6, n. 2, 2008a.

_____. O controle das políticas públicas pelo Poder Judiciário. *Cadernos de Soluções Constitucionais*, v. 3, 2008b.

_____. El carácter contra mayoritário del poder judicial. In: MANILI, Pablo Luis (Coord.). *"Marbury vs Madison"*: reflexiones sobre una sentencia bicentenária. México: Porrúa; IMDPC, 2011. p. 45-79.

FONTE, Felipe de Melo. *Políticas públicas e direitos fundamentais*. São Paulo: Saraiva, 2013.

FRANCO, Afonso Arinos de Melo Franco. *Direito constitucional*. Teoria da Constituição. As constituições do Brasil. Rio de Janeiro: Forense, 1981.

GRIFFIN, Stephen M. Enfim a hora da democracia? A nova crítica ao judicial review. In: BIGONHA, Antonio Carlos Alpino; MOREIRA, Luiz (Org.). *Legitimidade da jurisdição constitucional*. Rio de Janeiro: Lumen Juris, 2010. (Coleção ANPR de Direito e Democracia).

HIRSCHL, Ran. O novo constitucionalismo e a judicialização da política pura no mundo. *Revista de Direito Administrativo*, Rio de Janeiro, v. 251, p. 139-178, maio/ago. 2009.

MENDES, Gilmar Ferreira. Fidelidade partidária na jurisprudência do STF. In: MENDES, Gilmar Ferreira; BRANCO, Paulo Gustavo Gonet; VALE, André Rufino do. *A jurisprudência do STF nos 20 anos da Constituição*. São Paulo: Saraiva; IDP, 2010.

STRECK, Lenio Luiz. O que é isto, o ativismo judicial em números. *Consultor Jurídico*, 26 out. 2013.

TUSHNET, Mark. *The new constitutional order*. Oxford: Princeton University, 2004.

VILHENA, Oscar Vieira. Supremocracia. *Revista Direito GV*, n. 8, jul./dez. 2008.

WALDRON, Jeremy. *A dignidade da legislação*. São Paulo: Martins Fontes, 2003.

Constituição, governo democrático e níveis de intensidade do controle jurisdicional

Clèmerson Merlin Clève*
Bruno Meneses Lorenzetto**

1. Introdução

A questão circular entre teoria e *praxis* possui como pano de fundo, na modernidade, o funcionamento de certo conjunto de instituições. No campo jurídico, a jurisdição constitucional e as relações de poder nela imbricadas apresentam especial relevância. A jurisdição constitucional tornou-se um *locus* privilegiado da convergência entre a *praxis* e a teoria, reclamando uma análise crítica acerca do seu lugar e do seu papel na sociedade contemporânea.

Este texto apresenta uma reflexão sobre o tema referido, tomando como ponto de partida as sugestivas ideias apresentadas por Luís Roberto Barroso em artigo publicado neste livro.[1]

---

* Professor titular de direito constitucional da Universidade Federal do Paraná. Professor titular de direito constitucional e presidente do Centro Universitário Autônomo do Brasil (UniBrasil). Professor do Máster Universitario en Derechos Humanos, Interculturalidad y Desarrollo da Universidad Pablo de Olavide, em Sevilha, Espanha. Pós-graduado em direito público pela Université Catholique de Louvain, Bélgica.

** Professor de direito da Pontifícia Universidade Católica do Paraná. Professor de direito do Programa de Mestrado em Direito (Direitos Fundamentais e Democracia) e da Graduação do Centro Universitário Autônomo do Brasil (UniBrasil). *Visiting scholar* na Columbia Law School, Columbia University, Nova York. Doutor em direito pela UFPR na área de direitos humanos e democracia. Mestre em direito pela UFPR na área do direito das relações sociais.

[1] BARROSO, Luís Roberto. A razão sem voto: o Supremo Tribunal Federal e o governo da maioria. Cabe a ressalva no sentido de que, no caso brasileiro, o Supremo Tribunal Federal não é apenas uma Corte constitucional, portanto, parcela significativa de suas decisões possui escopo

A projeção que a *jurisdictio* passou a ocupar na modernidade é tributária da redefinição do conceito de *política*. Esta foi distanciada de sua antiga feição aristotélica para assumir posto radicalmente diverso.[2] Hobbes em sua emblemática obra *O leviatã*,[3] esquadrinhou o sentido moderno de política da seguinte maneira: i) cabe à política estabelecer as condições adequadas para o funcionamento do Estado e da sociedade (com pretensão de universalização); ii) na transição entre teoria e prática, a aplicação se torna uma questão *técnica*, com a disposição das condições gerais que organizam o Estado e a sociedade, demandando-se o cálculo correto da produção legislativa, das relações intersubjetivas e do arranjo das instituições; iii) os arquitetos da nova ordem social devem voltar seus esforços no sentido da produção de comportamento calculável.[4]

A partir disso, é possível recordar que o início de grandes debates teóricos acaba por remeter, em diversas ocasiões, a questionamentos elementares sobre fatores práticos que permeiam a vida em sociedade, a fundação da

---

restrito às partes envolvidas no processo. Um exemplo de mudanças estruturais significativas na sociedade como um todo foi fornecido por Ronald Dworkin, a respeito do caso *Brown v. Board of Education* (1954): "Quando a Corte decidiu, em 1954, que nenhum Estado tinha o direito de segregar as escolas públicas por raça, levou o país à mais profunda revolução social já deflagrada por qualquer outra instituição política" (DWORKIN, Ronald. *O império do direito*. São Paulo: Martins Fontes, 2003. p. 4).

[2] A política era compreendida como a continuação da ética e, por isso, o caráter ético da ação (política) não estava separado da lei e dos costumes. A *polis* era o espaço para a busca da "boa vida". A *praxis* era distinta da *téchne*, que se relacionava com a produção de artefatos e o domínio habilidoso de certas atividades. Ante a inconstância ontológica de conceitos abstratos como a justiça, procura-se, por isso, fazer com que a política (moderna) sirva para assegurar o conhecimento da natureza essencial da justiça, agora identificada ao mundo das leis e contratos. Ver: ARISTOTLE. *Politics*. Londres: William Heinemann, 1932; HOBBES, Thomas. *Leviatã*. São Paulo: Ícone, 2000.

[3] "Embora nada do que é feito pelos mortais possa ser imortal, os homens, se usassem a razão como pretendem, poderiam, pelo menos, fazer com que seus Estados fossem assegurados, definitivamente, contra o perigo de perecer por males internos. Pela natureza de sua Instituição, eles estão destinados a viver tanto tempo quanto o gênero humano ou as Leis de Natureza ou, ainda, tanto quanto a própria Justiça, que lhes dá vida. Assim, quando são dissolvidos, não pela violência externa, mas por desordem intestina, a falta não está nos homens, mas na *Matéria*; mas, são eles seus modeladores e organizadores." Thomas Hobbes, *Leviatã*, op. cit., p. 230.

[4] Para Habermas, a separação da política da moralidade substituiu a diretiva que orientava a produção de uma vida "boa" e "justa", com a possibilidade de se fazer uma vida de bem-estar dentro de uma ordem constituída adequadamente. HABERMAS, Jürgen. *Theory and practice*. Boston: Beacon Press, 1973. p. 43.

comunidade política e a emergência do direito como meio de prevenção e solução de conflitos. Nesse contexto cabe perguntar: quem define *o que é o direito* e quem deve obedecê-lo? Quem está autorizado a *dizer* o direito?

Essas questões, que não demandam respostas definitivas, ensejam diferentes argumentações de acordo com as distintas correntes de pensamento. Todavia, adverte Ronald Dworkin, qualquer teoria do direito deve procurar responder pelo menos a uma parcela desses problemas. Assim, formulações acerca da legislação, da decisão judicial (*adjudication*) e da observância (*compliance*) da lei precisam ser desenvolvidas.[5]

As referidas formulações possuem seus respectivos destinatários: quem produz as leis; quem decide; quem obedece. Enquanto a preocupação daqueles que produzem o conjunto normativo relaciona-se, em princípio, com a questão da legitimidade e com a democracia, a teoria da decisão judicial precisa ser relativamente complexa, contemplando: i) uma "teoria da controvérsia", que estabelece os padrões para a decisão de *casos difíceis* e ii) uma "teoria da jurisdição" que defina os motivos e os momentos em que os juízes devem tomar decisões com base na teoria da controvérsia.[6]

Sendo, hoje, insuficiente uma teoria da jurisdição que exponha apenas os argumentos de justificação utilizados pelos juízes, cumpre dialogar com esferas de alto apelo valorativo como a democracia e a justiça.

Diante de tais apelos, procura-se esboçar um diagnóstico do papel da jurisdição constitucional no mundo contemporâneo governado pela ideia de maioria.

---

[5] DWORKIN, Ronald. *Levando os direitos a sério*. São Paulo: Martins Fontes, 2010. p. VIII.

[6] Ronald Dworkin, *Levando os direitos a sério*, op. cit., p. IX. Dworkin, por sua vez, apresentou propostas teóricas para a solução de casos difíceis e uma teoria da jurisdição. Tais formulações identificaram os problemas relacionados com as tradições do utilitarismo, do realismo e do juspositivismo. Em especial a tradição juspositivista foi criticada por sua incapacidade de compreender a importância de padrões que não são regras, eis que o positivismo seria um modelo de e para um sistema de regras. Outro aspecto que seria deficitário no repertório juspositivista seria a ausência de uma "teoria da jurisdição". Diante de um caso em que não exista uma regra que possa ser subsumida para solucionar o conflito, o juiz deveria usar seu poder discricionário (*judicial discretion*) para decidir o caso inédito, o juiz "criaria" uma nova lei. Como forma de enfrentar tal problemática, Dworkin propôs sua própria versão da teoria da controvérsia e da teoria da jurisdição, as quais buscam abranger, ao mesmo tempo, padrões para a solução de casos difíceis e maneiras de apresentar razões nas decisões (ibid., p. 49-50). DWORKIN, Ronald. *O império do direito*. São Paulo: Martins Fontes, 2003.

2. Breve olhar sobre um debate americano

2.1 A jurisdição constitucional e as origens do procedimentalismo

Cada geração constitucional organiza-se de acordo com eventos e textos que se tornam os *standards* de um determinado período histórico. Tal conjunto de dados jurídicos ao mesmo tempo que influencia a prática corrente torna-se matéria a desafiar renovadas elaborações. É nesse contexto que, no direito constitucional norte-americano, assume particular importância a nota de rodapé número 4 do caso *United States v. Carolene Products Co.* (1938).

A nota autorizou a estruturação de uma teoria da decisão complexa em matéria constitucional. O caso que ensejou a decisão contendo a famosa nota envolvia o questionamento a respeito da constitucionalidade de uma Lei de 1923 (*Filled Milk Act*),[7] que havia tornado ilegal o transporte de "leite modificado" (*Milnut*) de um estado para outro.[8]

O contexto histórico da decisão é relevante para compreender a mudança de paradigma que ela provocou no direito constitucional dos Estados Unidos. A presunção de constitucionalidade, para os atos normativos de natureza econômica, era contemporânea da maior presença do Estado na economia por meio das políticas do New Deal, assim como do processo,

---

[7] "'*Filled milk' was condensed milk in which the fat normally found in milk was replaced with vegetable oil. Filled milk was cheaper than regular condensed milk, and today we would regard it as healthier. Apparently it did not taste any different. [...] It is not difficult to see the Act as a piece of interest group legislation that favored the condensed milk industry by effectively driving a competitor out of business.*" STRAUSS, David A. Is Carolene Products obsolete? *University of Illinois Law Review*, v. 2010, n. 4, p. 1252, 2010).

[8] O caso tinha como precedente a decisão de *Nebbia v. New York* (1934), em que o estado de Nova York criou um conselho com poder de regular o preço do leite. Nebbia, dono de uma mercearia, foi condenado por vender leite fora dos preços estabelecidos e defendeu seu direito de fazê-lo perante a Suprema Corte com base na Décima Quarta Emenda da Constituição dos Estados Unidos, eis que o governo não poderia violar seu direito de fazer contratos sem a garantia ao devido processo legal (*due process*). Por maioria a Suprema Corte afirmou que nem o direito de propriedade nem o direito dos contratos era absoluto. Ainda, adotou postura deferente, afirmou que os estados eram livres para adotar políticas para promover o bem-estar público e que as cortes não tinham autoridade nem para realizar políticas nem para anulá-las quando produzidas pelo Legislativo. O controle de preços apenas seria inconstitucional se fosse arbitrário.

em curso, de redefinição do papel dos poderes no Estado.[9] Ainda, constituía uma mudança na perspectiva da Corte que havia declarado até o início da década de 1930 as leis que regulavam a economia e garantiam direitos para trabalhadores como inconstitucionais; por isso, o caso é posicionado no fim da "Era Lochner".[10] Nesse sentido, cumpriria à Corte, no exercício do controle de constitucionalidade, corrigir os defeitos no processo político democrático, permitindo que importantes decisões fossem tomadas pelos poderes legitimados democraticamente por meio do processo eleitoral.

A simplicidade das perguntas que levam a teorias complexas para respondê-las possui um correlato importante na nota de rodapé número 4, a mais famosa e fértil nota de rodapé da história da Suprema Corte. A partir dela, várias mudanças estruturais foram realizadas na compreensão do "lugar" que a Corte deveria ocupar no quadro da organização dos poderes, particularmente em função do exercício da fiscalização da constitucionalidade das leis.

A doutrina que vigorava nas três primeiras décadas do século XX era pautada por decisões da Suprema Corte que protegiam um conjunto vagamente definido de interesses substantivos, os quais haviam sido reunidos sob o título de "devido processo legal substantivo".[11] A preocupação daqueles

---

[9] "During the 1930's, the nation struggled with the constitutional implications of the Great Depression; during the 1940's, with those of the Second World War. In both cases, the basic thrust was the same — away from laissez-faire and toward activist government first at home and then abroad." ACKERMAN, Bruce. We the people: transformations. Cambridge: Harvard University, 1998. p. 280).

[10] O caso West Coast Hotel Co. v. Parrish (1937) é referenciado como crucial na guinada de perspectiva da Corte. Enquanto o caso Lochner é um exemplo do ativismo da Corte ao afastar a regulamentação da jornada de trabalho dos padeiros e, portanto, defender um modelo mais extremado de liberdade contratual, o caso West Coast Hotel trata de uma lei do estado de Washington que demandava o pagamento de um salário mínimo para mulheres e menores de idade. Ao contrário do que sucedeu em Lochner, a Corte manteve a legislação e garantiu o direito de Parrish de receber a diferença salarial existente entre os seus recebimentos e o mínimo previsto em lei. O chief justice Hughes apresentou o voto da maioria e afirmou que a Constituição não reconhecia uma liberdade absoluta e incontrolável, além disso observou que o salário mínimo no estado de Washington foi estabelecido após ter sido objeto de reflexão pública e por parte dos empregados e empregadores.

[11] COVER, Robert. The origins of judicial activism in the protection of minorities. The Yale Law Journal, v. 91, n. 7, p. 1287, 1983. Laurence Tribe anota que vários críticos da antiga perspectiva acerca da teoria do "devido processo legal substantivo" haviam indicado a inconsistência entre

que inicialmente se opuseram às decisões da "Era Lochner" (Holmes, Brandeis e Stone) estava no papel da Corte em invalidar o resultado de um processo que, em princípio, era legítimo. Contudo, foi necessária a intervenção do presidente Roosevelt na reconfiguração da Corte, com a nomeação do *justice* Hugo Black, para a formação de uma maioria crítica da antiga perspectiva do "devido processo legal substantivo".[12]

Faz-se prudente observar a proposta constante na nota de rodapé número 4.[13] Inicia asseverando que pode existir um âmbito mais restrito para a presunção de constitucionalidade quando a legislação se apresenta como

---

a cláusula prevista na Constituição que protege o *due process* e a doutrina derivada dela e que, independentemente de qual seja nossa atual perspectiva sobre o devido processo contemporaneamente, a maioria concordaria com o fato de que em 1787 os constituintes haviam adotado um sistema federativo para, entre outras coisas, proteger a propriedade privada. TRIBE, Laurence. *Constitutional choices.* Cambridge: Harvard University, 1985. p. 10-11.

[12] Como explica Eduardo Enterría: "*Esa crisis ha sido positivamente beneficiosa, porque ha permitido depurar los límites de la judicial Review y canalizarla predominantemente hacia la protección de los derechos fundamentales, abandonando el arbitrario terreno de las concepciones económicas*". ENTERRÍA, Eduardo García de. *La Constitución como norma y el Tribunal Constitucional.* 4. ed. Madri: Civitas, 2006. p. 180).

[13] "*There may be narrower scope for operation of the presumption of constitutionality when legislation appears on its face to be within a specific prohibition of the Constitution, such as those of the first ten amendments, which are deemed equally specific when held to be embraced within the Fourteenth. See Stromberg v. California, 283 U. S. 359, 283 U. S. 369-370; Lovell v. Griffin, 303 U. S. 444, 303 U. S. 452. It is unnecessary to consider now whether legislation which restricts those political processes which can ordinarily be expected to bring about repeal of undesirable legislation is to be subjected to more exacting judicial scrutiny under the general prohibitions of the Fourteenth Amendment than are most other types of legislation. On restrictions upon the right to vote, see Nixon v. Herndon, 273 U. S. 536; Nixon v. Condon, 286 U. S. 73; on restraints upon the dissemination of information, see Near v. Minnesota ex rel. Olson, 283 U. S. 697, 283 U. S. 713-714, 283 U. S. 718-720, 283 U. S. 722; Grosjean v. American Press Co., 297 U. S. 233; Lovell v. Griffin, supra; on interferences with political organizations, see Stromberg v. California, supra, 283 U. S. 369; Fiske v. Kansas, 274 U. S. 380; Whitney v. California, 274 U. S. 357, 274 U. S. 373-378; Herndon v. Lowry, 301 U. S. 242, and see Holmes, J., in Gitlow v. New York, 268 U. S. 652, 268 U. S. 673; as to prohibition of peaceable assembly, see De Jonge v. Oregon, 299 U. S. 353, 299 U. S. 365. Nor need we enquire whether similar considerations enter into the review of statutes directed at particular religious, Pierce v. Society of Sisters, 268 U. S. 510, or national, Meyer v. Nebraska, 262 U. S. 390; Bartels v. Iowa, 262 U. S. 404; Farrington v. Tokushige, 273 U. S. 284, or racial minorities, Nixon v. Herndon, supra; Nixon v. Condon, supra: whether prejudice against discrete and insular minorities may be a special condition, which tends seriously to curtail the operation of those political processes ordinarily to be relied upon to protect minorities, and which may call for a correspondingly more searching judicial inquiry.*

violadora de proibições específicas da Constituição. Na sequência, define que legislações que restrinjam processos políticos acabam por se sujeitar a um controle judicial mais exigente, tais como: restrições sobre o direito ao voto e a disseminação da informação, interferência em organizações políticas e a proibição de reuniões pacíficas. O mesmo se aplica no caso de leis que se direcionem contra minorias religiosas, nacionais ou raciais, pois o preconceito contra minorias *discretas* e *insulares*, implicando restrição indevida de processos políticos, demanda um controle judicial mais rigoroso.

O que explica a relevância conquistada pela referida nota de rodapé? A proteção contra abusos no processo político, via Judiciário, e a defesa do controle de constitucionalidade. A jurisdição constitucional deve ser exercida apenas nos momentos em que a legislação esteja a impedir a participação de minorias por motivos inaceitáveis associados a crença, nacionalidade ou raça. Em outras circunstâncias a Corte deve pautar seu trabalho pela presunção de constitucionalidade das leis e ser deferente perante o trabalho legislativo.

Como observou Robert Cover, a nota de rodapé número 4 combinou uma justificação textual e funcional para diferentes níveis de controle de constitucionalidade.[14] E a importância e originalidade da nota está em procurar traçar os limites para o exercício da jurisdição constitucional — ainda que se possa discordar do rol elencado por ela e da circunscrição do controle a uma perspectiva procedimentalista. Não é demasiado enfatizar que a nota de rodapé número 4 foi produzida em um cenário de crescente abuso por parte das políticas majoritárias e do declínio do constitucionalismo democrático, principalmente em solo europeu, diante do fim da República de Weimar e da ascensão de regimes totalitários.[15]

Também é importante compreender a redefinição de sentido sofrida pela ideia de "minoria". A partir da tradição presente no *Federalista*, o papel do Judiciário na proteção de minorias teria cunho inicialmente econômico, significando proteger a propriedade privada contra eventuais maiorias

---

Compare 17 U. S. Maryland, 4 Wheat. 316, 17 U. S. 428; South Carolina v. Barnwell Bros., 303 U. S. 177, 303 U. S. 184, n 2, and cases cited."

[14] Robert Cover, The origins of judicial activism in the protection of minorities, op. cit., p. 1291.

[15] Ver ARENDT, Hannah. *The origins of the totalitarianism*. San Diego: Harcourt Brace, 1976.

LEGITIMIDADE DA JURISDIÇÃO CONSTITUCIONAL

apaixonadas (facções) que pudessem agredir os "poucos" proprietários da burguesia emergente.[16] Entre 1787 e 1938, a semântica era, já, radicalmente diversa, alcançado as minorias "discretas e insulares" que não apenas sofrem derrotas temporárias na arena política,[17] ou não participam (simplesmente não votam e seus membros não são reconhecidos como cidadãos), ou não possuem predicados que as habilitem a participar da construção discursiva da esfera pública. É pela marginalidade de tais minorias que os processos políticos majoritários são colocados sob suspeita.[18]

Não há dúvida de que o papel ativo por parte do Judiciário na definição das políticas nacionais é algo que desafia cautela, podendo em certas circunstâncias contrariar as exigências democráticas. No caso *Carolene Products*, procurava-se, ao mesmo tempo, mudar o paradigma da Corte em relação ao seu ativismo anterior e apresentar um conjunto de "limites" que norteariam os momentos em que esta adotaria uma postura contramajoritária.[19]

É possível, por isso, extrair uma teoria da democracia da decisão tomada no caso *Carolene Products*. O processo democrático se apresenta como uma competição entre grupos, na qual derrotas e vitórias momentâneas precisam

---

[16] O Federalista n. 10. HAMILTON, Alexander; MADISON, James; JAY, John. *O Federalista*. Belo Horizonte: Líder, 2003. p. 59-67.

[17] Explica Strauss que: "*They are 'discrete' in the sense that they are separate in some way, identifiable as distinct from the rest of society. They are 'insular' in the sense that other groups will not form coalitions with them – and, critically, not because of a lack of common interests but because of 'prejudice'*". David A. Strauss, Is Carolene Products obsolete?, op. cit., p. 1257).

[18] Cover lembra que o sentido de "minoria" adotado na nota de rodapé número 4 já havia sido empregado no âmbito internacional na década de 1930: "*Furthermore, the premise for this international protection was that the nation-state, ordinarily dominated by a single racial, religious, or ethnic group, might fail to afford the benefits of its political processes to the racial, religious, or ethnic minorities within the state*". Robert Cover, The origins of judicial activism in the protection of minorities, op. cit., p. 1298. Para críticas a respeito do conceito de Estado-nação, ver: LORENZETTO, Bruno Meneses. *Direito e desconstrução*: as aporias do tempo, do direito e da violência. Belo Horizonte: Arraes, 2013.

[19] "Carolene *promises relief from the problem of legitimacy raised whenever nine elderly lawyers invalidate decisions of a majority of our elected representatives. The* Carolene *solution is to seize the high ground of democratic theory and establish that the challenged legislation was produced by a profoundly defective process.*" ACKERMAN, Bruce. Beyond Carolene Products. *Harvard Law Review*, v. 98, n. 4, p. 715, 1985).

ser aceitas, já que fazem parte do "jogo".[20] Contudo, não é aceitável que os competidores sejam arbitrariamente excluídos ou que nunca possam participar do próprio "jogo". Em análogas situações, que supõem o silenciar de uma parcela dos atores políticos, poderia ser justificada a atribuição de um papel para o Judiciário consistente na correção do processo democrático. Nesse ponto, a questão que permeia a tensão entre o constitucionalismo e a democracia fica mais do que evidente.[21]

Ao defender sua teoria a propósito da jurisdição constitucional em *Democracia e desconfiança*,[22] John Hart Ely pretendeu delinear o campo de atuação da Corte na solução de casos controversos. Quando e por quais motivos ela deveria interferir na legislação produzida pelo Parlamento e declarar sua inconstitucionalidade e em que momentos ela deveria silenciar, adotando uma postura deferente perante a produção do Legislativo. Como se sabe, a perspectiva adotada por Ely foi chamada de "procedimentalista".

Deve-se salientar que a obra de Ely emerge em um contexto político diverso daquele da nota de rodapé número 4. Há entre *Carolene Products* (1938) e *Democracia e desconfiança* (1980) um intervalo temporal preenchido pela Corte Warren (1953 a 1969).[23] O projeto de Ely era o de defender o

---

[20] Para Ackerman, o caso fornece uma teoria da democracia do New Deal como estrutura organizatória: "*While judges should defer to the legislature in ordinary economic disputes, 'a more exacting judicial scrutiny' might be required when the democratic process malfunctioned — either when the majority denied opponents crucial political rights or when legislation was motivated by prejudice against 'discrete and insular minorities'*". Bruceackerman, *We the people*: transformations, op. cit., p. 369).

[21] "O ponto inicial que 'assombra' a tensão entre a democracia e o constitucionalismo está no controle de constitucionalidade. A ideia, apresentada em um primeiro plano, é incômoda: pois, como o governo poder explicar ou justificar uma prática aparentemente não democrática por parte do Judiciário em que produções populares e democráticas (leis) são submetidas a um 'teste' de juridicidade por meio de uma lei superior (Constituição)? A busca por harmonizar esses dois lados é o motivo do assombro e envolve polos que acabam por se encontrar radicalmente comprometidos: a defesa do ideal de um governo limitado por normas (constitucionalismo) e o ideal de um governo exercido pelo povo (democracia)." LORENZETTO, Bruno Meneses. *Os caminhos do constitucionalismo para a democracia*. Tese (doutorado) — Universidade Federal do Paraná, Curitiba, 2014. p. 104-105.

[22] ELY, John Hart. *Democracia e desconfiança*: uma teoria do controle judicial de constitucionalidade. São Paulo: Martins Fontes, 2010.

[23] Warren foi *chief justice* entre 1953 e 1969, porém, de acordo com Owen Fiss: "*The Warren Court refers to that extraordinary phase of Supreme Court history that began in the mid-1950's, with*

LEGITIMIDADE DA JURISDIÇÃO CONSTITUCIONAL

legado de Warren diante dos ataques conservadores de uma nova Corte.[24] Pretendia, também, deslocar a acusação de "ativismo" destinada às decisões da referida Corte, ou, ao menos, rediscutir o problema democrático relacionado ao controle de constitucionalidade.[25]

Ely aparta as posturas *interpretacionistas* das *não interpretacionistas*. Enquanto as primeiras se restringiriam ao aproveitamento das normas explícitas para a construção do discurso constitucional, as segundas se abrem para o reconhecimento de normas para além do texto constitucional. A distinção entre os interpretacionistas e seus opositores está no grau de clareza interpretativa que pode vir a ser extraído da Constituição. Para Ely, *Roe v. Wade* (1973) foi uma decisão não interpretacionista.[26] Sua "desconfiança" se coloca em relação a essa postura.

Brown v. Board of Education *and the appointments of Earl Warren (1954) and William J. Brennan, Jr. (1956), and which reached its apogee in the early 1960's, when Justice Frankfurter retired and the liberal wing of the Court achieved a solid majority. Aside from Warren and Brennan, that majority included Hugo Black, William O. Douglas, and Frankfurter's replacement, Arthur J. Goldberg, who served from 1962 until 1965 and then was replaced by Abe Fortas. In 1967, the group of five was strengthened when Thurgood Marshall replaced Tom Clark. Now and then, they picked up the vote of Potter Stewart or Byron White or even that of their most forceful critic, John Harlan, a conservative who often found himself encumbered by his commitment to stare decisis. Earl Warren retired from the chief justiceship in 1969, but the phase of Supreme Court history that bears his name continued into the early 1970's, probably until 1974".* FISS, Owen. A life lived twice. *Yale Law Journal*, v. 100, p. 1117, 1991.

[24] "*In 1968, Richard Nixon ran against the Warren Court, and in so doing, attacked Justice Brennan as much as anyone, perhaps more so, given the commanding role that Brennan played on that Court.*" Ibid., p. 1121. "*[...] la posición de Ely no pretende ser una construcción imaginativa propia, sino que se presenta ante todo como una explicación o interpretación de la jurisprudencia Warren.*" Eduardo García de Enterría, *La Constitución como norma y el Tribunal Constitucional*, op.cit., p. 227.

[25] Sobre a Corte Warren explica Ely que sua reputação como "ativista" é devida, mas tal perspectiva precisa ser refinada: "É certo que essas decisões foram intervencionistas, mas o intervencionismo era alimentado não por um desejo por parte da Corte de impor certos valores substantivos que ela considerara importantes ou fundamentais, e sim pelo desejo de assegurar que o processo político — que é contexto em que tais valores *de fato podem ser* corretamente identificados, ponderados e proporcionados entre si — estivesse aberto aos adeptos de todos os pontos de vista, em condições de relativa igualdade". John Hart Ely, *Democracia e desconfiança*, op. cit., p. 98.

[26] Ibid., p. 5. Em *Roe v. Wade* (1973), apesar de a Constituição dos Estados Unidos não mencionar expressamente o direito à privacidade, a Suprema Corte reconheceu que esse direito ou a garantia de certas zonas de privacidade existe sob a Constituição. Além disso, concluiu que o direito pes-

É que, segundo Ely, essa variante do discurso constitucional dificilmente se concilia com a teoria democrática dos Estados Unidos. Ora, os não interpretacionistas usariam os direitos fundamentais para preencher as lacunas deixadas pelo Legislativo. Este seria o problema central do controle de constitucionalidade: "[...] um órgão que não foi eleito, ou que não é dotado de nenhum grau significativo de responsabilidade política, diz aos representantes eleitos pelo povo que eles não podem governar como desejam. Isso pode ser desejável ou não, dependendo dos princípios em que tal controle se baseia".[27]

Para Ely, tanto a Era Lochner como a Corte Warren podem ser chamadas de "ativistas". Contudo, a semelhança entre as Cortes intervencionistas termina nessa caracterização inicial. Ao contrário da Era Lochner, a Corte Warren apresentava uma preocupação processual ampla, tendo sido a primeira a considerar o vínculo entre a atividade política e o funcionamento adequado do processo democrático.[28] Ademais, o *modus operandi* da Corte Warren foi inspirado pela nota de rodapé número 4, que dispunha que a função da Corte seria a de manter a máquina do governo democrático funcionando, garantindo a abertura dos canais de participação e comunicação política.[29]

Bem por isso, durante a Corte Warren, o conjunto de classificações suspeitas foi expandido para além do caso central da raça. As classificações suspeitas tratam de leis que apartem os indivíduos segundo um determinado critério, sendo certo que, diante do critério, a raça, por exemplo, tal grupo minoritário sofra prejuízo:

> [...] um dos conjuntos de classificações que deveríamos considerar suspeitas são aquelas que deixam em desvantagem os grupos que sabemos serem objeto de depre-

---

soal à privacidade incluía a decisão a respeito do aborto. O *justice* Stewart em suas razões explicou que: "*The Constitution nowhere mentions a specific right of personal choice in matters of marriage and family life, but the 'liberty' protected by the Due Process Clause of the Fourteenth Amendment covers more than those freedoms explicitly named in the Bill of Rights*".

[27] Ibid., p. 8.

[28] Ibid., p. 98.

[29] Ibid, p. 101. "*[...] o controle judicial de constitucionalidade deve ocupar-se basicamente de eliminar as obstruções ao processo democrático, e a negação do voto parece ser a mais representativa das obstruções.*" Ibid., p. 156.

ciação generalizada, grupos que sabemos serem possíveis alvos de danos por parte dos outros (particularmente aqueles que controlam as deliberações legislativas).[30]

Em defesa da Corte Warren, Rebecca Zietlow enfatizou que a referida Corte promoveu a expansão dos "direitos de pertencimento", ou seja, de direitos de inclusão, de integração ao Estado e a "igualdade de filiação" à comunidade política.[31] Sob a óptica da Corte, os direitos de pertencimento reconhecidos pelo Legislativo seriam menos efetivos do que os derivados das decisões judiciais. Com isso, a defesa da deferência, nesse campo, passou para o lado dos conservadores.

Mas Zietlow lembra que a Corte Warren também precisa ser observada em seus momentos de deferência perante os outros poderes. Durante o período em que Warren foi *chief justice* a Corte declarou a inconstitucionalidade de apenas 23 leis federais.[32]

A Corte Rehnquist substituiu o ativismo adotado pela Corte de Warren por uma perspectiva conservadora. O tipo de ativismo de Rehnquist se voltou para proteger governos estaduais contra demandas por direitos civis; agentes estaduais contra exigências regulatórias federais; donos de propriedade privada contra leis de proteção ambiental e brancos contra ações afirmativas.[33]

2.2 A crítica ao procedimentalismo

Ely foi, como é natural numa sociedade aberta, alvo de críticas. Sua teoria do reforço da representação, apresentada como uma adequada justificativa do controle de constitucionalidade, foi questionada em seus argumentos centrais.

Para Paul Brest, a jurisdição constitucional, assim como qualquer tipo de jurisdição, envolve sempre uma interpretação. Logo, a dicotomia entre interpretacionistas e não interpretacionistas seria falsa, eis que todos estariam a interpretar a Constituição. Assim, se a adjudicação substancia sempre uma

---

[30] John Hart Ely, *Democracia e desconfiança*, op. cit., p. 206.

[31] ZIETLOW, Rebecca E. The judicial restraint of the Warren Court (and why it matters). *Ohio State Law Journal*, v. 69, p. 257, 2008.

[32] Ibid., p. 274.

[33] BALKIN, Jack M.; LEVINSON, Sanford. Understanding the constitutional revolution. *Virginia Law Review*, v. 87, n. 6, p. 1089, 2001.

A RAZÃO E O VOTO: DIÁLOGOS CONSTITUCIONAIS COM LUÍS ROBERTO BARROSO

iniciativa hermenêutica, a parte mais promissora do constitucionalismo estaria na investigação do próprio processo interpretativo.[34]

Brest também questionou a "desconfiança" de Ely em relação à atuação jurisdicional voltada para a proteção de direitos substantivos. O reconhecimento de que existem escolhas substantivas muito significativas nos textos constitucionais abre a porta para um passo além do papel que Ely procurou conferir à jurisdição constitucional.

Há uma significativa diferença entre um sistema em que os representantes procuram apresentar justificativas para suas decisões e um sistema determinado exclusivamente pelo poder político.[35]

Para Ely, como afirmado, o controle de constitucionalidade deveria abrir os caminhos para os procedimentos democráticos — sem interferência em causas substantivas. Isso é afirmado a partir da ideia de que os juízes não poderiam incluir seus próprios valores nas decisões. Como explana Ackerman, a perspectiva fundada em procedimentos entende que, embora não possamos convencer nossos legisladores, podemos insistir que eles tratem nossas demandas com respeito, considerando os argumentos morais e empíricos que lhes são ofertados, rejeitando-os apenas por meio de um escrutínio que suponha sua inadequação em função do interesse público. Se um grupo não recebe esse tratamento, não é aceito formalmente para participar do "debate", ele está a sofrer preconceito, questão que difere de análises que tratam da possibilidade ou impossibilidade dos argumentos, de seus méritos.[36]

---

[34] BREST, Paul. The Fundamental rights controversy: the essential contradictions of normative constitutional scholarship. *Yale Law Journal*, v. 90, 1981.

[35] Cass Sunstein afirma que a ideia de forçar governos a apresentar razões pode ser vista como muito abstrata. Por isso, elenca três casos paradigmáticos que auxiliam na ilustração da importância desta prática: *Plessy v. Ferguson* (1896), em que a Suprema Corte decidiu que a segregação com base na raça não violava a Constituição; *Lochner v. New York* (1905), em que a Suprema Corte invalidou uma lei que estabelecia uma jornada máxima de horas de trabalho para padeiros; *Muller v. Oregon* (1908), em que a Suprema Corte manteve uma lei que estabelecia um máximo de horas possível para o trabalho de mulheres. O principal problema das decisões, para Sunstein foi o seguinte: "*In all three cases, the Court took existing practice as the baseline for deciding issues of neutrality and partisanship. It did so by assuming that existing practice was prepolitical and natural [...]*". SUNSTEIN, Cass. *The partial Constitution*. Cambridge: Harvard University, 1993. p. 41.

[36] As Cortes deveriam, portanto, procurar remediar de maneira adequada tais procedimentos, sem que os juízes viessem a enfrentar a tarefa "suspeita" de prescrever valores substantivos: "*If Carolene somehow hoped to find a shortcut around this substantive inquiry into constitutional values, its journey was fated to fail from the outset. The difference between the things we call 'prejudice'*

O problema, assinala Cass Sunstein, é que a Constituição especifica vários valores substantivos.[37] Ou seja, a ideia central de democracia representativa demanda a defesa de *valores substantivos*, pois a própria democracia apresenta-se como um valor. Portanto, mesmo as características procedimentais da democracia, como os mecanismos que habilitam a participação política e a pluralidade partidária, estão fundadas em valores, embora sempre veiculados por normas contempladas pelo ordenamento constitucional.

De acordo com Laurence Tribe, uma dificuldade que se apresenta para aqueles que defendem as teorias procedimentais é o caráter substantivo dos compromissos mais importantes previstos na Constituição, que definem os valores que a comunidade política adota.[38] A liberdade religiosa, a proibição da escravidão, a proteção à propriedade privada são exemplos de valores substantivos.

Aquilo que é "enigmático" para Tribe é que se procura afirmar que a Constituição deveria estar preocupada com *processos* e não com *substâncias*. Porém, mesmo os procedimentos mais formais não podem ser compreendidos na ausência de uma teoria que demanda escolhas substantivas controvertidas.

Em direção análoga, para Sunstein, ao menos a base dos argumentos deve encontrar sustentação em razões substantivas e Ely não apresenta a defesa dos argumentos substantivos que dão suporte ao seu controle de constitucionalidade.[39]

O problema de uma perspectiva estritamente formalista é que ela não se importa com as *distorções comunicativas* advindas do uso de princípios interpretativos no movimento de atribuição de sentido aos textos jurídicos. Tanto os formalistas como aqueles que defendem o *status quo* não levam em consideração as disputas substantivas que são travadas na *atribuição de sentido* normativo para os textos, característica que restringe o alcance epistêmico delas.

---

and the things we call 'principle' is in the end a substantive moral difference. And if the courts are authorized to protect the victims of certain 'prejudices', it can only be because the Constitution has placed certain normative judgments beyond the pale of legitimacy". Bruce Ackerman, Beyond Carolene Products, op. cit., p. 740.

[37] Cass Sunstein, *The partial Constitution*, op. cit., p. 104.

[38] TRIBE, Laurence. The puzzling persistence of process-based constitutional theories. *Yale Law Journal*, v. 89, p. 1063, 1980.

[39] Cass Sunstein, *The partial Constitution*, op. cit., p. 106.

Além disso, no que tange à definição de minorias, pode-se questionar de maneira legítima se um grupo foi marginalizado dos processos políticos por fatores exógenos — alheios à sua esfera de ação —, ou por fatores endógenos.[40] A decisão que caberá à Corte não supõe apenas avaliar o grau de marginalização do grupo minoritário, mas se o próprio grupo deve participar do processo político.[41] A retórica constitucional que permeia a doutrina seria a de que a Corte não deveria realizar julgamentos substantivos, porém, a decisão sobre a situação de marginalidade de um grupo não pode ser apenas "técnica", ela será necessariamente política e valorativa.

A crítica endereçada à doutrina derivada de *Carolene Products* está no papel político que a jurisdição precisa ocupar ao reconhecer e proteger as minorias, algo que, em princípio, desafia a formação dos juízes. Ainda, a questão da "ausência de poder" de certas minorias também não encontra acolhimento pleno, pois, a "insularidade" (ou marginalidade) de cada grupo social possui suas particularidades históricas. Por isso, há necessidade de uma contínua atualização no processo de compreensão dos grupos tidos como excluídos do espaço de deliberação democrática.[42]

---

[40] Como exemplo extremo, um grupo de bandidos não forma um grupo minoritário com apelos políticos legítimos, eles foram excluídos por praticarem um crime, ou seja, por motivos devidos. O cenário é completamente distinto de minorias que não conseguem ter acesso a posições sociais adequadas ou não possuem o direito ao voto ou pessoas que são perseguidas por pertencer a um grupo religioso minoritário, tais são casos de exclusão indevida do processo democrático.

[41] "*Do gays and lesbians, for example, constitute a discrete and insular minority within the meaning of the* Carolene Products *footnote, so that courts should develop special rules to protect them against laws that disadvantage them?*" David A. Strauss, Is Carolene Products obsolete?, op. cit., p. 1266. Kenji Yoshino afirma que: "*The gay tipping point might suggest that Justice Stone was correct in his original assessment that 'discrete and insular minorities' were more likely to be politically powerless. Opponents of gay rights have long argued that gays are an extremely politically powerful minority, and therefore should not receive the protection of the courts. The temptation here might be to argue that political powerlessness should not be necessary to a finding of heightened scrutiny. But we should not jettison the concept of political powerlessness as a precondition of heightened scrutiny. Instead, we should refine it*". YOSHINO, Kenji. The gay tipping point. *Ucla Law Review*, v. 57, p. 1542, 2010.

[42] A decisão do caso *Carolene Products* foi incomodamente próxima das Leis de Nuremberg que retiraram dos judeus alemães seus direitos civis. Isso serviu para lembrar os americanos da retirada dos direitos civis dos negros. As consequências de decisões políticas majoritárias eram gritantes. A marginalidade de tais minorias permitiu que judeus e negros fossem alvo da exclusão do corpo político.

A Corte, no caso, deve autorizar os resultados substantivos que seriam obtidos na arena política caso as minorias não tivessem sido histórica ou sistematicamente excluídas dos processos democráticos de deliberação e barganha. Nesse ponto, cumpre reconhecer que existem grupos que são "anônimos e difusos" (como os pobres) e que acabam em perpétua desvantagem em uma democracia pluralista.[43]

Ackerman critica a pouca inclusão que o conceito de minoria produz em sua relação com a questão do preconceito. Dois exemplos ilustram a questão. O fato de os homossexuais serem uma minoria relativamente anônima não diminui o preconceito e, de outra sorte, o sexismo continua a ser um problema na realidade das mulheres, uma maioria "difusa e discreta".[44]

Para Ackerman, a ênfase na questão do preconceito pode abrir outra possibilidade de justificação do controle de constitucionalidade eis que, na hipótese, as Cortes não seriam apenas corretoras do processo democrático, mas, também, "críticas últimas do pluralismo".[45] De acordo com tal prisma, os juízes passariam a responder a um dever de proteção das minorias contra o preconceito, com fundamentos substantivos derivados do conjunto de princípios albergados na Constituição.

A fértil construção em torno de *Carolene Products* continua presente no pano de fundo de diversos precedentes e decisões da Corte.[46]

---

[43] Bruce Ackerman, Beyond Carolene products, op. cit., p. 724.

[44] Ibid., p. 731.

[45] Ibid., p. 741.

[46] A dissidência da *justice* Ginsburg na decisão do caso *Fisher v. University of Texas* (2013) é um exemplo disso. Para Ruth Ginsburg, as ações afirmativas são uma forma de os membros da maioria fornecerem uma vantagem para os da minoria ao invés de tratá-los injustamente. O legado de *Carolene Products* adverte que no caso de direitos que afetem minorias a Corte deve usar o "controle estrito" (*strict scrutiny*), a mais rígida das formas de controle de constitucionalidade. Contudo, Ginsburg entendeu que não seria o caso do uso de tal medida, pois as ações afirmativas, ao invés de vitimizarem uma minoria, procuram modestamente elevar sua condição social. Em sua decisão anotou que: "*Texas' percentage plan was adopted with racially segregated neighborhoods and schools front and center stage. [...] It is race consciousness, not blindness to race, that drives such plans*". Outra relação que pode ser traçada está na influência de John Hart Ely sobre o *justice* Stephen Breyer, como pontuou Cass Sunstein: "*Like Ely, Breyer does notrule out the view that courts should take an aggressive role in some areas, above all in order to protect democratic governance*". SUNSTEIN, Cass. Justice Breyer's democratic pragmatism. *The Yale Law Journal*, v. 115, n. 7, p. 1722, 2006. Ver: BREYER, Stephen. *Active liberty*. Nova York: Vintage, 2006.

Em *Bush v. Gore*, relatam Balkin e Levinson, a Suprema Corte providenciou um "curto circuito" no processo de representação democrática.[47] Decidindo um dos processos políticos mais sensíveis do país, ela determinou a interrupção do processo eleitoral que ainda ocorria (recontagem de votos).

Como reflexo da decisão, os Republicanos passaram a ter maioria e controlar os três poderes por um determinado período. O perigo do caso está no uso da jurisdição constitucional para garantir o domínio de um grupo político sobre os poderes ou sua permanência no poder por tempo indeterminado, ainda que sem apoio popular. Para Balkin e Levinson, esta seria a "verdadeira dificuldade contramajoritária",[48] e não aquela derivada das mudanças interpretativas que seguem a ascensão e a queda de partidos políticos, influenciando a composição da Suprema Corte.

Não por acaso, a teoria derivada de *Carolene Produtcs* recomenda o uso do nível mais elevado de escrutínio (*strict scrutny*) contra as medidas legislativas que procuram reforçar os próprios poderes. O caso *Bush v. Gore* acendeu o alerta para a possibilidade de um ataque advindo não apenas pela via "tradicional" do Legislativo, mas realizada pelo próprio Judiciário.

2.3 A Corte entre permanência e mudança

As mudanças que ocorrem nas diferentes configurações da Corte explicam, pelo menos em parte, a direção adotada nos seus julgados. A forma recorrente de questionar variações paradigmáticas está na proposição de considerações a respeito do papel que o Judiciário deve ocupar no quadro da organização dos poderes e, como consequência, como o controle de constitucionalidade se manifesta nesta ou naquela composição.

Os opositores da jurisdição constitucional expõem argumentos que vão desde o desrespeito aos precedentes como a violação à Constituição e ataques a modalidades interpretativas adotadas. Se a postura ideológica é favorável, defende-se uma posição ativista por parte da Corte. Se a Corte adota direção

---

[47] Jack M. Balkin e Sanford Levinson, Understanding the constitutional revolution, op. cit., p. 1081.

[48] Ibid., p. 1083. Sobre a dificuldade contramajoritária ver: BICKEL, Alexander. *The least dangerous branch*: the Supreme Court at the bar of politics. New Haven: Yale University, 1986.

LEGITIMIDADE DA JURISDIÇÃO CONSTITUCIONAL

oposta, argumenta-se em prol da autocontenção e da deferência, diante da ausência de legitimidade democrática do controle de constitucionalidade.

Duas das mais importantes objeções ao contemporâneo papel da Suprema Corte nos Estados Unidos, como o minimalismo advogado por Sunstein[49] e a proposta de valorização de manifestações populares defendida por Mark Tushnet,[50] se colocam nessa polarização, questionando as mudanças promovidas pela Suprema Corte a partir de suas últimas configurações conservadoras.[51]

De acordo com Levinson e Balkin, a qualidade de uma Corte não será avaliada estritamente por seu respeito aos precedentes, mas também pelo conjunto de princípios substantivos que ela maneja ao articular suas novas doutrinas.[52] Isso se aplica tanto para a Corte Warren como para a Era Lochner.[53]

Convém, portanto, analisar os princípios constitucionais que a Corte endossa, de maneira explícita ou implícita, em suas decisões. Logo, deve-se não apenas reconhecer que ela ocupa um papel destacado no desenho institucional desta ou daquela formação política, mas sua capacidade de tomar decisões que afetam de maneira decisiva, para melhor ou para pior, a vida da comunidade. Por isso, no século XXI, de forma mais contundente do que em cenários históricos passados, deve-se cuidar e vigiar o papel da Corte em seus momentos de produção da "alta política", bem como averiguar como

---

[49] SUNSTEIN, Cass. *One case at a time*: judicial minimalism on the Supreme Court. Cambridge: Harvard University, 1999.

[50] TUSHNET, Mark. *Taking the Constitution away from the Courts*. Princeton: Princeton University, 1999.

[51] Jack M. Balkin e Sanford Levinson, Understanding the constitutional revolution, op. cit., p. 1084. Sob a Presidência do *justice* Roberts, espera-se que a Suprema Corte siga uma pauta mais conservadora, permitindo maior interferência da religião na esfera pública, a maior participação de corporações nos processos eleitorais e a ampliação do espectro que garante o direito de portar armas, previsto na 2ª Emenda. De outra sorte, direitos ligados às ações afirmativas, ao aborto e à defesa de réus criminais tenderiam a ser reduzidos.

[52] Ibid., p. 1084.

[53] *"Chief Justice Roger Taney's poor reputation is not based on his embrace or rejection of minimalism, but on his support for slavery. Justice William Brennan's towering reputation rests not on his treatment of precedents or his embrace of judicial restraint but on the fact that he was on the politically progressive side of most controversies concerning civil liberties and civil equality. Stated more correctly, he was on the right side as judged by subsequent history (at least so far), whereas Taney was not."* Ibid., p. 1084.

ela confere "vida" para a Constituição, por meio da afirmação ou negação de princípios constitucionais.[54]

Ainda que as críticas dirigidas ao procedimentalismo sejam bastante relevantes, muitas vezes irrespondíveis mesmo, cumpre reconhecer que a partir de *Carolene Products* foi possível identificar um conjunto de padrões mediante os quais cumpriria à Corte decidir, adotando postura mais ativa, em função, inclusive, do manejo de escrutínio mais rigoroso, ou deferente em relação à produção legislativa, diante de escrutínio menos exigente.[55]

A nota de rodapé número 4 fornece uma "direção" para a justificação e o funcionamento da jurisdição constitucional e, por isso, entende-se que a decisão em *Carolene Products* ainda possa orientar debates contemporâneos acerca do tema, mesmo em diferentes países.

Ainda que seja imperioso reconhecer a diferença de contextos e práticas, os problemas suscitados pela nota de rodapé são pertinentes em qualquer estado democrático de direito.

Essa discussão é relevante, também, para nós, no hemisfério sul, diante dos recentes questionamentos a respeito do papel do Supremo Tribunal Federal no desenho institucional brasileiro. Quando, afinal, deve o STF ser "ativista" ou "deferente"?

Embora seja insuficiente, especialmente na circunstância de uma Constituição substantivamente exuberante como a nossa, afirmar que o Supremo Tribunal Federal deve proteger a dissidência política (o próprio direito de oposição política), desbloquear o processo democrático e proteger minorias marginalizadas, em suma, garantir que a democracia continue aberta e inclusiva e fornecer instrumentais para combater eventuais adversidades, isso não é pouco.[56]

---

[54] Tais princípios, em sua grande maioria, possuem abrigo tanto no sentido formal quanto material da Constituição.

[55] Ao que parece, os ataques a certo tipo de ativismo judicial querem que as coisas voltem a um lugar que nunca existiu. Mais relevante do que acusar o outro poder de adentrar em suas competências seria perceber que existe uma variação ondular (contingente) entre os espaços legitimados para a tomada de decisão e que, em termos futuros, não há como definir um controle rígido sobre quem passará a decidir qual matéria. A preservação da tensão entre o constitucionalismo e a democracia demanda mecanismos institucionais que garantam que um não venha a colonizar o outro por inteiro.

[56] Para discussões a respeito da importante proposta da democracia deliberativa ver: HABERMAS, Jürgen. *Between facts and norms*. Cambridge: MIT, 1998; NINO, Carlos Santiago. *La cons-*

Portanto, se a democracia procedimental e sua justificação para a realização do controle de constitucionalidade não podem ser abraçadas como um programa completo para a jurisdição constitucional, elas fornecem um importante ponto de partida para qualquer discussão acerca do processo e da substância das organizações políticas democráticas.

É sob a influência desse debate que se procura analisar o papel que o Supremo Tribunal Federal passou a ocupar a partir da redemocratização promovida pela Constituição de 1988.

3. Constituição Federal, controle jurisdicional e níveis de intensidade

3.1 O novo papel do Supremo Tribunal Federal

Na tradição americana, a dificuldade da diferenciação entre processos e substâncias decorre da natureza da Constituição, assim como do uso de uma linguagem abstrata sobre os direitos fundamentais.[57] Ademais, é recorrente a demanda pela interpretação de princípios implícitos[58] e a busca por uma *"Living Constitution"*, diante de um texto constitucional lacunoso e antigo.[59]

---

titución de la democracia deliberativa. Barcelona: Gedisa, 1997; SHAPIRO, Ian. *The state of democratic theory*. Princeton: Princeton University, 2003.

[57] Mesmo com a abolição da escravidão e com a edição das emendas constitucionais XVIII e XIV, a nefasta política do "separados porém iguais" (*separted but equal*) continuou a ser praticada nos Estados Unidos. A doutrina foi derivada do caso *Plessy v. Ferguson* (1896), o caso tratou como constitucional uma lei do Estado da Louisiana que determinava diferentes vagões de trem para brancos e negros.

[58] A IX emenda da Constituição dos Estados Unidos faz referência a proteções constitucionais não necessariamente previstas pelo texto da Constituição. Tribe indica a produção de normas substantivas extratextuais: *"The idea that the invisible Constitution in fact embodies certain substantive principles central to defining both the structure of government and the rights of persons — and that those norms are parts of the Constitution actually in force rather than of some merely possible Constitution — is likely to be among the most controversial of the propositions put forth in this book".* TRIBE, Laurence. *The invisible Constitution*. Nova York: Oxford University, 2008. p. 79.

[59] David A. Strauss, *The living Constitution*, op. cit.

No Brasil, tais problemas não aparecem com a mesma força. Além de a Constituição ter adotado um rol pormenorizado de direitos fundamentais,[60] entende-se que eles vinculam a todos, produzindo eficácia vertical e horizontal.[61] A existência de uma lista detalhada de direitos fundamentais, todavia, não reduz a polêmica em torno da interpretação da Constituição.[62] Apenas indica que a controvérsia sobre direitos substantivos no Brasil não demanda, na maioria dos casos, apelos a direitos extratextuais.[63]

Cumpre, também, reconhecer que a amplitude dos direitos positivados possibilita a leitura e a defesa de posições substantivas muitas vezes opostas.[64] Isso decorre das diferenças presentes em uma sociedade extremamente heterogênea como a brasileira, segmentada, fragmentada e caracterizada pela interação de distintos *ethos* em uma mesma comunidade política. Cada

---

[60] CLÈVE, Clèmerson Merlin; FREIRE, Alexandre. *Direitos fundamentais e jurisdição constitucional*. São Paulo: Revista dos Tribunais, 2014.

[61] SARMENTO, Daniel. *Direitos fundamentais e relações privadas*. Rio de Janeiro: Lumen Juris, 2003. p. 374-375; SILVA, Virgílio Afonso da. *Direitos fundamentais*: conteúdo essencial, restrições e eficácia. 2. ed. São Paulo: Malheiros, 2010.

[62] "Sabemos hoje, portanto, que as leis gerais e abstratas não eliminam o problema do Direito, aliás, ao contrário do que igualmente puderam acreditar os iluministas com a sua confiança excessiva na razão, elas inauguram o problema do Direito moderno que é precisamente o da aplicação de normas gerais e abstratas a situações sempre particularizadas, determinadas e concretas." NETTO, Menelick de Carvalho; SCOTTI, Guilherme. *Os direitos fundamentais e a (in)certeza do direito*: a produtividade das tensões principiológicas e a superação do sistema de regras. Belo Horizonte: Fórum, 2011. p. 134.

[63] Deve-se ressaltar, ainda, que tal possibilidade não é obstada no país, eis que, para além dos direitos fundamentais positivados, outros decorrentes do regime e dos princípios adotados pela Constituição podem ser incorporados. Art. 5º, §2º, CF.

[64] "Além disso, é fácil perceber o quão tênue é a passagem da aceitação de 'direitos grotescos' para a aceitação de ações sobre cuja inclusão no âmbito de proteção de algum direito fundamental não há consenso. Para ficar em um exemplo simples: festas ao ar livre, em local aberto ao público, estão protegidas pela norma que garante o direito de reunião (art. 5º, XVI)? Para a teoria externa e um modelo de suporte fático amplo a resposta é mais que óbvia: *prima facie* sim, ainda que isso possa ser restringido posteriormente, devido a alguma eventual colisão com outros direitos fundamentais ou interesses coletivos. Para aqueles que sustentam um suporte fático restrito e uma teoria interna a resposta poderá ser *não*, mas poderá ser *sim*. O problema é que, uma vez que se negue, a partir de uma concepção restrita e interna, que festas ao ar livre são exercício do direito de reunião, essa decisão, por ser definitiva, tem que valer inclusive nos casos em que tais festas não atrapalhem ninguém e tenham algum interesse público." Virgílio Afonso da Silva, *Direitos fundamentais*, op. cit., p. 154-155.

qual formula suas próprias concepções ideológicas, religiosas, de vida digna, o que acaba por repercutir na ampliação da complexidade social.[65]

A definição do Estado brasileiro, disposta na Constituição de 1988, como um estado democrático de direito, resulta de uma decisão política que buscou evidenciar que a democracia não apenas constituiria um valor fundamental, mas marca constitutiva da identidade constitucional do país.[66]

Ora, o estado democrático de direito deve ser compreendido como um estado de justiça. Não de qualquer justiça, subjetiva e arbitrariamente orientada, ou idealisticamente deduzida de parâmetros residentes fora ou sobre a Constituição, mas sim de uma justiça historicamente determinada e juridicamente conformada pela própria Constituição. O ordenamento jurídico do estado democrático de direito há de ser apreendido não apenas como aquele formalmente desenhado pela ação dos órgãos legislativos. Trata-se, antes, de apreendê-lo como bloco de ordenação normativa proveniente da ação daqueles órgãos, mas dotado de um sentido substantivo determinado.

O conteúdo das emanações normativas do Estado brasileiro encontra-se orientado para produzir uma ordem jurídica justa. Nos termos do Preâmbulo da Carta de 1988, os constituintes reuniram-se para "instituir um Estado Democrático, destinado a assegurar o exercício dos direitos sociais e individuais, a liberdade, a segurança, o bem-estar, o desenvolvimento, a igualdade e a justiça como valores supremos de uma sociedade fraterna, na ordem interna e internacional [...]".

Da atenta leitura da Constituição, é possível deduzir uma série de princípios e objetivos indicadores do conteúdo da dinâmica de conformação legis-

---

[65] "O problema do Direito moderno, agora claramente visível graças a vivência acumulada, é exatamente o enfrentamento consistente do desafio de se aplicar adequadamente normas gerais e abstratas a situações de vida sempre individualizadas e concretas, à denominada situação de aplicação, sempre única e irrepetível, por definição. O Direito moderno, enquanto conjunto de normas gerais e abstratas, torna a sociedade mais e não menos complexa." Menelick de Carvalho Netto e Guilherme Scotti, *Os direitos fundamentais e a (in)certeza do direito*, op. cit., p. 127.

[66] Conforme o art. 1º, *caput*, da Constituição Federal de 1988. A Constituição alemã, promulgada em maio de 1949, dispõe no art. 20.1: "A República Federal da Alemanha é um Estado Federal, democrático e social". Na Constituição de 1978, art. 1º, o Constituinte espanhol fixou que a "Espanha se constitui em um Estado Social e Democrático de Direito [...]". Quanto à Constituição portuguesa de 1976, no art. 2º, preceitua que "A República Portuguesa é um Estado de Direito Democrático [...]".

lativa. Referido conteúdo se expressa mediante regras ou princípios plasmados na Constituição (democracia, república, legalidade, segurança, justiça social e igualdade, entre outros) que, agrupados em torno dos direitos fundamentais, produzem o núcleo substantivo da ordem jurídica brasileira.

Ora, a reserva de justiça condensada na Constituição vincula todos os órgãos constitucionais.[67] Embora ela autorize várias leituras (comunitária, republicana e liberal igualitária), repelindo outras (libertária, anárquica, perfeccionista ou comunista), tal reserva condensa um núcleo substantivo compartilhado pelas mais importantes teorias da justiça. Para além disso, cumpre reconhecer que as diferentes *concepções de justiça*, plurais e substantivas, implicam cosmovisões singulares sobre o que é justo para, completando com conteúdo o *conceito* formal, fornecer critérios de escrutínio para a qualificação ou justificação de situações (normativas ou fáticas) como justas ou injustas. Ora, numa sociedade aberta e democrática, "na medida em que sabemos onde residem os desacordos, mais possibilidades haverá de superá-los".[68]

De qualquer modo, há na reserva de justiça plasmada na Constituição um núcleo duro que aponta para a igualdade, simultaneamente direito, princípio e objetivo, enquanto critério para o escrutínio das posições sociais. De modo que a conexão entre justiça e igualdade deve estar presente não apenas no momento da aplicação do direito, mas também no anterior, identificado com a sua construção normativa e institucional. A igualdade, na hipótese, é "um ideal a ser alcançado, e está implícito em toda e qualquer concepção

---

[67] "Após a crítica de Rawls ao utilitarismo e de Habermas ao positivismo jurídico e sociológico, que reduziam a normatividade ou a legitimidade do direito à sua própria força, não mais é possível pensar a Constituição e mais ainda as cláusulas constitucionais intangíveis sem levar em conta o seu conteúdo, suas qualidades intrínsecas. Para que certas cláusulas constitucionais possam ser aceitas como limitadoras do poder de cada geração de alterar suas próprias constituições é necessário que o seu conteúdo possa ser justificado e aceito racionalmente. O fato de terem sido estabelecidas por um poder constituinte anterior não é suficiente para garantir a sua legitimidade." VIEIRA, Oscar Vilhena. A Constituição como reserva de justiça. *Lua Nova*: Revista de Cultura e Política, São Paulo, n. 42, p. 78, 1997; CLÈVE, Clèmerson Merlin. *Atividade legislativa do Poder Executivo*. São Paulo: Revista dos Tribunais, 2011. p. 138-139.

[68] VELASCO, Marina. *O que é justiça*: o justo e o injusto na pesquisa filosófica. Rio de Janeiro: Vieira & Lent, 2009. p. 55.

plausível de justiça política".[69] Nesse caso, a sociedade é justa porque considera os cidadãos iguais. Ora, "isso exige instituições e normas que promovam a igualdade factual, isto é, políticas sociais de igualação ou equiparação".[70]

Há, contudo, um conjunto de obstáculos na transposição ou tradução das manifestações sociais produzidas no "mundo da vida" e sua compatibilização com os valores substantivos por parte das instituições políticas democráticas.[71] Um deles diz respeito à desconexão entre representantes e representados.[72]

O Legislativo ao mesmo tempo que viu diminuída sua capacidade de produzir consensos (ainda que contingentes) passou a promover uma substituição na sua atuação por um agir estratégico ou "estatístico". O ideal de democracia representativa continua a ser um pilar fundamental do estado democrático de direito, mas se torna insuficiente para lidar com a pluralidade e a complexidade advindas das diferentes identidades sociais dos grupos que compõem o país.

A responsabilidade pela produção de tais consensos passou a ser exercida também, em casos especiais, pelo Judiciário. Nesse poder, os interesses, em sua linguagem ordinária, são recepcionados e transformados em "razões", encontrando uma linguagem técnica que pode acolhê-los, a qual se mantém aberta para recepcionar tais dados do "mundo da vida". Além disso, têm-se a garantia processual do contraditório e de uma resposta institucional, formulada, *a priori*, de acordo com o conjunto normativo que regula a vida social.

---

[69] Marina Velasco, *O que é justiça*, op. cit., p. 91.

[70] Ibid.

[71] "*Normatively substantive messages can circulate throughout society only in the language of law. Without their translation into the complex legal code that is equally open to lifeworld and system, these messages would fall on deaf ears in media-steered spheres of action. Law thus functions as the 'transformer' that first guarantees that the socially integrating network of communication stretched across society as a whole holds together.*" Jürgen Habermas, *Between facts and norms*, op. cit., p. 56.

[72] Para Paul Hirst, a representação não poderia ser mais bem analisada se fosse perguntado quão bem um político representa um grupo de vontades, interesses ou indivíduos, para ele tal questão é irresolúvel: "*In fact the critique of 'representation' proves one thing, that there is no 'true' form of representation of the interests of the represented. All schemes of representation involve some element of substitution, and all such schemes have distinct political effects*". HIRST, Paul. *Representative democracy and its limits*. Cambridge: Polity, 1990. p. 12.

Entende-se, ademais, que o novo papel que o Judiciário assumiu em sua relação com o Legislativo decorre das seguintes reconfigurações: as cortes passaram a regular a atividade parlamentar ao impor limites substantivos ao processo legislativo por meio da realização da fiscalização da constitucionalidade; políticas substantivas passaram a ser derivadas da jurisdição; e o Judiciário passou a interferir na própria atividade política, ao impor restrições ao comportamento de grupos de interesse, partidos políticos e agentes políticos.[73]

John Ferejohn apresenta duas teses para explicar a judicialização da política.[74] A primeira diz respeito à *fragmentação* do poder dentro dos poderes, pois, nas situações em que a capacidade de ação política do poder é constrangida, as pessoas buscam a resolução de seus conflitos em instituições que podem fornecer uma resposta, motivo que leva o Judiciário a substituir o Legislativo em certas ocasiões. A segunda tese é a da *hipótese dos direitos*, em que as cortes são observadas como protetoras de valores substantivos importantes contra o potencial abuso político, ou, em outros termos, cumprem a função *contramajoritária* para proteger minorias — nos termos da teoria derivada do caso *Carolene Products*.

Na esfera da jurisdição constitucional tais teses ganham contornos mais salientes. Nas situações em que o Legislativo se recusa a decidir determinada matéria diante de seu potencial custo político, ocorre a transposição da discussão para o Judiciário que não precisa se preocupar com as consequências eleitorais de suas decisões.[75]

---

[73] FEREJOHN, John. Judicializing politics, politicizing law. *Law and Contemporary Problems*, v. 65, n. 3, p. 41, 2002.

[74] Ibid., p. 55.

[75] Sob um enfoque tradicional, uma das principais funções do controle de constitucionalidade é o de limitar decisões políticas majoritárias contrárias à Constituição e promover sua retirada do ordenamento jurídico, mesmo nas situações em que a lei é defendida pela maior parte da população. Dentro de tal perspectiva, seria inconsistente com o papel de um Judiciário independente a consideração pelas cortes dos efeitos públicos da decisão no sentido de esta causar comoção nacional ou mobilizações contrárias. Sunstein sugere duas estratégias, a consequencialista e a epistêmica, que qualificam a discussão a respeito dos impactos públicos da decisão da Corte, ver: SUNSTEIN, Cass. If people would be outraged by their rulings, should judges care? *Stanford Law Review*, v. 60, 2007.

A referida transferência da competência do Legislativo para outros âmbitos de decisão também ocorre na sua relação com o Executivo, que pode editar medidas provisórias. O constituinte procurou dotar o Executivo de competência para, sem a necessidade de prévia autorização do Congresso e em situações especialmente relevantes e urgentes, editar comando normativo dotado de força de lei[76] que, por seu turno, pode operar como um "teste" provisório da legislação definitiva a ser aprovada pelo Congresso.[77]

A judicialização da política em nossa realidade deve ser tratada, portanto, como um fenômeno histórico, derivado da estrutura institucional desenhada pelo constituinte que, por sua vez, possibilitou a canalização de demandas reprimidas na sociedade durante a ditadura para o texto constitucional.[78] Como resultado disso, encontra-se uma grande profusão de regras no texto constitucional brasileiro. Por sua vez, os princípios residem, em sua maioria, nos Títulos I e II, na parte da "reserva de justiça", que cuida dos direitos fundamentais.[79]

---

[76] CLÈVE, Clèmerson Merlin. *Medidas provisórias*. 3. ed. São Paulo: Revista dos Tribunais, 2010. p. 44.

[77] "A compreensão do art. 62 da Constituição não pode ser prisioneira da interpretação literal. Apenas uma interpretação sistemática é capaz de revelar o sentido do dispositivo constitucional. Por esta razão, uma vez adotada, a medida provisória (lei ou ato legislativo) deve ser submetida, imediatamente, ao Congresso Nacional, para conversão em lei formal. Está-se referindo, então, à conversão de lei precária em lei permanente derivada do processo público inerente à elaboração da lei formal. Nada mais do que isso: uma espécie de lei (a medida provisória: ato provisório) é convertida em outra espécie de lei (a lei formal, no caso, lei ordinária: ato permanente)." Ibid., p. 76-77.

[78] "A primeira grande causa da judicialização foi a *redemocratização* do país, que teve como ponto culminante a promulgação da Constituição de 1988. Nas últimas décadas, com a recuperação das garantias da magistratura, o Judiciário deixou de ser um departamento técnico-especializado e se transformou em um verdadeiro poder político, capaz de fazer valer a Constituição e as leis, inclusive em confronto com os outros Poderes. [...] A segunda causa foi a *constitucionalização abrangente*, que trouxe para a Constituição inúmeras matérias que antes eram deixadas para o processo político majoritário e para a legislação ordinária. [...] A terceira e última causa da judicialização, a ser examinada aqui, é o *sistema brasileiro de controle de constitucionalidade*, um dos mais abrangentes do mundo." BARROSO, Luís Roberto. Judicialização, ativismo judicial e legitimidade democrática. *Revista de Direito do Estado*, n. 13, p. 73-74, jan./mar. 2009.

[79] Um exemplo disso encontra-se na possível dicotomia que pode ser extraída do texto constitucional, tanto no sentido de perspectivas filosóficas heterônomas quanto de outras que procurem garantir amplíssima autonomia para os indivíduos. Tais perspectivas filosóficas colidem em situações que envolvam casos difíceis (ou decisões trágicas).

Entende-se que modificações no atual estado do fenômeno da judicialização da política não irão ocorrer no Brasil, a não ser que uma profunda reforma constitucional venha a redefinir a identidade constitucional vigente no país.[80]

Se até o advento da Constituição Federal de 1988 a via mais comum de manifestação do controle de constitucionalidade brasileiro era a difusa, a partir de então se destacou a fiscalização abstrata. Isso pela previsão de novas ações que desencadeiam a fiscalização em tese, pelo aumento do rol de legitimados ativos e pela previsão de mecanismos que potencializam o controle abstrato.

O significativo número de ações diretas que tramitam no STF reflete não só o incremento do controle abstrato, mas também da própria jurisdição constitucional brasileira.[81] Com a Constituição de 1988, fez-se valer a tese da força normativa das disposições constitucionais, o que acarretou maior atuação da jurisdição constitucional.

Deve-se ressaltar que o Judiciário brasileiro não encontra modelo correspondente no âmbito internacional, isso porque a Constituição de 1988, como nenhuma outra, conferiu-lhe um papel singular. O constituinte, diante de um passado de ausência de enraizamento das constituições, procurou conferir ao Judiciário um padrão de atuação capaz de auxiliar de maneira poderosa no processo de efetividade da Constituição.

Mas se, por um lado e em um primeiro momento, a tônica do constitucionalismo brasileiro foi a efetividade das normas constitucionais, aprendida essa lição, chega-se ao momento de pontuar as tensões que o crescimento da atividade judicial encerra com os postulados democráticos. Não se trata de defender uma postura sempre deferente da jurisdição constitucional,

---

[80] BARROSO, Luís Roberto. *O novo direito constitucional brasileiro*: contribuições para a construção teórica e prática da jurisdição constitucional no Brasil. Belo Horizonte: Fórum, 2012. p. 244.

[81] Não só ocorreu o incremento da fiscalização abstrata, mas também se observa uma "abstrativização" do controle concreto. Nesse sentido, o Supremo já aplicou a técnica da modulação de efeitos (natural do controle abstrato) em sede de controle incidental (RE-AgR n. 516.296, rel min. Joaquim Barbosa, j. 10.4.2007); conferiu efeitos gerais à decisão proferida no Mandado de Injunção nº 670 (MI n. 670, rel. min. Gilmar Mendes, j. 25.10.2007, *Informativo STF*, n. 485), instrumento que desencadeia uma fiscalização incidental da constitucionalidade.

LEGITIMIDADE DA JURISDIÇÃO CONSTITUCIONAL

mas sim considerar que seu manejo pode ser problemático em um ambiente marcado pelo compromisso democrático.[82]

Por isso, a jurisdição constitucional no Brasil precisa buscar um difícil equilíbrio no que diz respeito à separação de poderes e à necessidade de o Supremo Tribunal Federal fazer cumprir a Constituição.[83] Esta, conforme já anotado, ostenta natureza expansiva, o que implica aumento do âmbito de atuação do "guardião constitucional".[84]

Há, é verdade, muitas decisões do Supremo Tribunal Federal em casos difíceis.[85] Elas, porém, não compõem a maioria. E o *modus* operado pela Corte para solucionar questões polêmicas nem sempre supõe adoção de orientação ativista.

O ativismo, presente em decisões expansivas, manifesta-se, muitas vezes, em situações de défice de atuação dos demais poderes, especialmente para a proteção de grupos minoritários ou vulneráveis.[86] Contudo, em diversas

---

[82] CLÈVE, Clèmerson Merlin. *Temas de direito constitucional*. 2. ed. Belo Horizonte: Fórum, 2014. p. 395-396.

[83] Para Conrado Mendes: "Na separação de poderes, a interação é inevitável. A interação deliberativa é um ganho; a interação puramente adversarial, se não chega a ser uma perda, desperdiça seu potencial epistêmico. [...] A revisão judicial não precisa ser vista apenas como um dique ou uma barreira de contenção, mas também como um mecanismo propulsor de melhores deliberações. Não serve somente para (tentar) nos proteger da política quando esta sucumbe ao pânico ou irracionalidade, mas para desafiá-la a superar-se em qualidade". MENDES, Conrado Hübner. *Direitos fundamentais, separação de poderes e deliberação*. São Paulo: Saraiva, 2011. p. 211-212.

[84] A crítica normativa ao papel de "guardião" do STF não modifica sua função estrutural, porém, é relevante por apontar para outras formas de interação institucional e procurar superar a traiçoeira questão da "última palavra": "O tipo deliberativo de interação é o ideal que permeia, portanto, esse exercício. Dá uma justificativa condicionada para o papel do STF, mas, ao mesmo tempo, tira-o do pedestal de 'guardião'. [...] Mas não recusa, ao mesmo tempo, a legitimidade de o STF praticar um acentuado ativismo em certas circunstâncias. Isso está em sintonia com a concepção de separação de poderes delineada no capítulo anterior, segundo a qual não há (e nem pode haver) receitas abstratas e prefixadas que esgotem a definição das funções". Ibid., p. 214.

[85] Dworkin explica que: "[...] mesmo quando nenhuma regra regula o caso, uma das partes pode, ainda assim, ter o direito de ganhar a causa. O juiz continua tendo o dever, mesmo nos casos difíceis, de descobrir quais são os direitos das partes, e não de inventar novos direitos retroativamente. Já devo adiantar, porém que essa teoria não pressupõe a existência de nenhum procedimento mecânico para demonstrar quais são os direitos das partes nos casos difíceis". Ronald Dworkin, *Levando os direitos a sério*, op. cit., p. 127.

[86] Para Barroso: "A ideia de *ativismo judicial* está associada a uma participação mais ampla e intensa do Judiciário na concretização dos valores e fins constitucionais, com maior interferência

oportunidades, o STF decidiu de maneira diversa, optando pela *deferência* diante dos outros poderes, em situações que envolviam casos difíceis.[87]

---

no espaço de atuação dos outros dois Poderes. A postura ativista se manifesta por meio de diferentes condutas, que incluem: (i) a aplicação direta da Constituição a situações não expressamente contempladas em seu texto e independentemente de manifestação do legislador ordinário; (ii) a declaração de inconstitucionalidade de atos normativos emanados do legislador, com base em critérios menos rígidos que os de patente e ostensiva violação da Constituição; (iii) a imposição de condutas ou de abstenções ao Poder Público, notadamente em matéria de políticas públicas". Luís Roberto Barroso, Judicialização, ativismo judicial e legitimidade democrática, op. cit., p. 75. O autor afirmou ter abandonado o uso do termo "ativismo judicial", devido à sua vinculação estritamente negativa, por ter se tornado artifício retórico depreciativo. BARROSO, Luís Roberto. Não tenho nenhum orgulho do volume de processos que o Supremo julga. *Os Constitucionalistas*, 23 fev. 2015. Disponível em: <www.osconstitucionalistas.com.br/entrevista-luis-roberto-barroso-nao-te-nho-nenhum-orgulho-do-volume-de-processos-que-o-supremo-julga>. Acesso em: 2 mar. 2015. Entende-se que, apesar do baixo rigor semântico a que o conceito acaba por ser submetido em certas ocasiões, o mesmo não perdeu seu potencial explicativo descritivo. Anota Carlos Campos que: "Embora incontestável do ponto de vista descritivo, o ativismo judicial não é uma unanimidade sob a perspectiva normativa. A ascensão política de juízes e cortes sempre foi alvo de muitas críticas. A prática é acusada de afrontar o princípio democrático e o valor do autogoverno popular. Fala-se em mutação do 'Estado legislativo parlamentar em um Estado Jurisdicional governado pelo Tribunal Constitucional' e que 'esse Tribunal torna-se, em sentido peculiar, o soberano da constituição' em clara violação ao princípio da separação de poderes". CAMPOS, Carlos Alexandre de Azevedo. *Dimensões do ativismo judicial do Supremo Tribunal Federal*. Rio de Janeiro: Forense, 2014. p. 35.

[87] Três casos emblemáticos podem ser citados para ilustrar o argumento. 1) No caso da demarcação de terras indígenas, conhecido como Raposa Serra do Sol (PET 3.388 — RR, rel. Carlos Brito, j. 19.3.2009, *DJE* 25.9.2009), tem-se na Constituição definido em regra a propósito do domínio de tais áreas pelas populações indígenas e por populações tradicionais, como os quilombolas. A regra já vinha sendo manejada pelo Executivo no sentido de sua concretização, com a competência do presidente da República para definir a demarcação da área — seria possível a transferência de tal poder para o Legislativo, caso ela viesse a ser regulamentada em lei. No momento da decisão pelo STF de tal questão, a Corte, em termos gerais, não foi ativista — excepcionados os dispositivos estipulados pelo min. Menezes Direito que tiveram de ser julgados novamente pelo próprio STF. No julgamento dos Embargos de Declaração do caso em 2013 (PET 3388 ED — RR, rel. min. Roberto Barroso, j. 23.10.2013, *DJE* 4.2.2014), o relator, min. Roberto Barroso, afastou o caráter vinculante das condicionantes e explicou que as diretrizes não poderão ser objeto de questionamento em outros processos. Prestou-se, portanto, deferência ao Executivo, que dispõe de melhores meios técnicos para conhecer a matéria, como, por exemplo, a realização de estudos antropológicos. 2) A Lei da Biossegurança (11.105/2005), seguiu um processo legislativo permeado por grandes discussões promovidas pelo próprio Legislativo, próximas ao desejável para qualquer matéria que venha a ser submetida ao apreço do legislador. A decisão do STF (ADI 3510, rel. min. Carlos Britto, j. 29.5.2008, *DJE* 28.5.2010), também auxiliada pela participação popular via audiências públicas, prestou deferência ao processo legislativo ao reconhecer a constitucionalidade da lei. 3) No caso da união estável de pessoas do mesmo sexo (ADPF 132, rel. min. Carlos Britto, j. 5.5.2011, *DJE*

LEGITIMIDADE DA JURISDIÇÃO CONSTITUCIONAL

Do passado quase silencioso imposto ao Judiciário, passou-se para um paradigma da necessária interação com os outros poderes, em certos momentos, no sentido da cooperação, em certas ocasiões, como freio, ou mesmo como protagonista de uma tensão produtiva.[88]

No Brasil, faz-se possível notar a aproximação paulatina entre o modelo americano, em que se privilegia o controle difuso de constitucionalidade,[89] e o modelo europeu,[90] no qual há a ênfase no controle concentrado operado por uma Corte constitucional. O Supremo Tribunal Federal, contemporaneamente, apesar de manifestações favoráveis nesse sentido, ainda não assumiu o papel de uma verdadeira instância limitada à "guarda da Constituição", ou de Corte constitucional.[91]

Manifesta-se, portanto, a convergência entre as formas de controle difuso-incidental e concentrado-principal. Afinal, ambos se orientam no sentido da proteção de direitos substantivos referenciados nos direitos fundamentais dispostos na Constituição. Por isso, pode-se afirmar que o controle abstrato não está limitado à defesa da ordem constitucional objetiva.[92]

14.10.2011), pode-se dizer que o STF assumiu uma postura mais ativista ao utilizar a técnica da interpretação conforme a Constituição; contudo, esta foi feita dentro da lógica de proteção de grupos minoritários, uma das razões que justificam a própria jurisdição constitucional.

[88] "Um desenho institucional consiste na alocação de faculdades de estatuir e de faculdades de vetar em diferentes agentes. Entre vetos e estatuições, desenha-se um processo decisório, distribuem-se poderes, moldam-se incentivos institucionais, criam-se canais saudáveis de interlocução. Numa sucessão de testes, uma decisão coletiva finalmente é tomada. [...] O controle de constitucionalidade seria uma veto a mais na intrincada rede das faculdades de vetar e estatuir que compõe a engenharia da separação de poderes." MENDES, Conrado Hübner. *Controle de constitucionalidade e democracia*. Rio de Janeiro: Elsevier, 2008. p. 132.

[89] *Marbury v. Madison* (1803).

[90] KELSEN, H. *Jurisdição constitucional*. São Paulo: Martins Fontes, 2007.

[91] CLÈVE, Clèmerson Merlin. *A fiscalização abstrata de constitucionalidade no direito brasileiro*. 2. ed. São Paulo: Revista dos Tribunais, 2000. p. 413.

[92] "As três dimensões anteriormente analisadas — juridicidade, constitucionalidade, direitos fundamentos — indiciam já que o princípio do estado de direito é informado por duas ideias ordenadoras: (1) ideia de ordenação subjetiva, garantindo um status jurídico aos indivíduos essencialmente ancorado nos direitos fundamentais; (2) ideia de ordenação objetiva, assente no princípio da constitucionalidade, que, por sua vez, acolhe como princípio objetivamente estruturante o princípio da divisão de poderes. Essas duas dimensões não se divorciam uma da outra, mas o acento tônico caberá agora à ordenação funcional objectiva do Estado de direito." CANOTILHO, J. J. Gomes. *Direito constitucional e teoria da Constituição*. 7. ed. Coimbra: Almedina, 2003. p. 250.

A RAZÃO E O VOTO: DIÁLOGOS CONSTITUCIONAIS COM LUÍS ROBERTO BARROSO

Não há duvidas, pois, sobre o fortalecimento gradual do Judiciário e em especial do Supremo Tribunal Federal, após a estabilização democrática do Brasil. Tal constatação não procura desviar a atenção para o aspecto eminentemente agonista, adversarial que caracteriza a democracia.[93] Pelo contrário, com a estabilização e a constância de certo conjunto de processos elementares a garantir a democracia durante as duas últimas décadas, manifestaram-se o aprofundamento das discussões políticas e a inclusão de novos problemas para deliberação na arena pública. Contudo, mesmo diante da aposta constitucional na democracia representativa e no protagonismo do Legislativo, a inércia deste em certas ocasiões acaba por deixar espaços de poder "vazios" que são preenchidos pelo Judiciário, tanto que algumas justificativas do ativismo judicial são tecidas em torno das omissões dos demais poderes.[94]

Sendo certo que o ativismo do Supremo Tribunal Federal não deve ser confundido com o de todo o Judiciário, as razões apresentadas para embasar uma postura menos deferente por parte da Corte são, em geral, as seguintes: i) a Constituição é uma Ordem Fundamental "guardiã" de princípios substantivos e não apenas uma "Lei Quadro";[95] ii) a defesa de direitos fundamentais e dos princípios fundamentais que estão na base de nossa comunidade política é tarefa do Judiciário;[96] iii) tal tarefa reclama, muitas

---

[93] Chantal Mouffe lembra que a democracia é algo frágil que ela precisa ser defendida constantemente: MOUFFE, Chantal. *El retorno de lo político*. Barcelona: Paidós, 1999.

[94] Sobre o ativismo, Carlos Campos pontua acerca de sua multimensionalidade: "Essas decisões apresentam diferentes dimensões, e não apenas forma única de manifestação, o que significa dizer que o ativismo judicial consiste em práticas decisórias, em geral, multifacetadas e, portanto, insuscetíveis de redução a critérios singulares de identificação. Há múltiplos indicadores do ativismo judicial como a interpretação expansiva dos textos constitucionais, a falta de deferência institucional aos outros poderes de governo, a criação judicial de normas gerais e abstratas, etc.". Carlos Alexandre de Azevedo Campos, *Dimensões do ativismo judicial do Supremo Tribunal Federal*, op. cit., p. 163.

[95] Lei cujas disposições genéricas orientam a aplicação das normas de um determinado ordenamento jurídico. Ver: J. J. Gomes Canotilho, *Direito constitucional e teoria da Constituição*, op. cit., p. 785-786.

[96] Nesse sentido, Dworkin enfatiza a importância de argumentos de princípio ao invés de argumentos políticos no exercício da jurisdição constitucional: "Se queremos a revisão judicial — se não queremos anular *Marbury* contra *Madison* — devemos então aceitar que o Supremo Tribunal Federal deve tomar decisões políticas importantes. A questão é que motivos, nas suas mãos, são bons motivos. Minha visão é que o Tribunal deve tomar decisões de princípio, não de política — decisões sobre que direitos as pessoas têm sob nosso sistema constitucional, não decisões sobre

vezes, o uso de novas técnicas de decisão para fazer face à complexidade social nacional e promover sentidos de justiça constitucional; iv) o ativismo da Corte é subsidiário, aparecendo apenas nas circunstâncias de inércia dos demais poderes.

O fortalecimento do Supremo Tribunal Federal pode ser explicado, também, em decorrência de outros fatores. O efeito vinculante de suas decisões,[97] a repercussão geral no recurso extraordinário[98] e a possibilidade de edição de súmulas vinculantes[99] são mecanismos que foram acompanhados por novas técnicas de decisão como a interpretação conforme, a declaração de inconstitucionalidade sem redução de texto,[100] o apelo ao legislador,[101] sem contar

---

como se promove melhor o bem-estar geral —, e que deve tomar essas decisões elaborando e aplicando a teoria substantiva da representação, extraída do princípio básico de que o governo deve tratar as pessoas como iguais". DWORKIN, Ronald. *Uma questão de princípio*. São Paulo: Martins Fontes, 2005. p. 101.

[97] RCL 2189 MS, rel. min. Gilmar Mendes, j. 3.2.2003, *DJU* 7.2.2003. BINENBOJM, Gustavo. *A nova jurisdição constitucional*. 2. ed. Rio de Janeiro: Renovar, 2004. p. 195.

[98] Art. 102, – CF: "§3º No recurso extraordinário o recorrente deverá demonstrar a repercussão geral das questões constitucionais discutidas no caso, nos termos da lei, a fim de que o Tribunal examine a admissão do recurso, somente podendo recusá-lo pela manifestação de dois terços de seus membros". A repercussão geral foi regulamentada pela Lei nº 11.418, de 19.12.2006. O STF, por sua vez, editou a Emenda Regimental nº 21, de 30.4.2007.

[99] "É evidente, porém, que a súmula vinculante, como o próprio nome indica, terá o condão de vincular diretamente os órgãos judiciais e os órgãos da Administração Pública, abrindo a possibilidade de que qualquer interessado faça valer a orientação do Supremo, não mediante simples interposição de recurso, mas por meio de apresentação de uma reclamação por descumprimento de decisão judicial (CF, art. 103-A)." MENDES, Gilmar Ferreira; BRANCO, Paulo Gustavo Gonet. *Curso de direito constitucional*. 7. ed. São Paulo: Saraiva, 2012. p. 1040.

[100] "Como técnica de interpretação, o princípio impõe a juízes e tribunais que interpretem a legislação ordinária de modo a realizar, da maneira mais adequada, os valores e fins constitucionais. Vale dizer: entre interpretações possíveis, deve-se escolher a que tem mais afinidade com a Constituição. [...] Como mecanismo de controle de constitucionalidade, a interpretação conforme a Constituição permite que o intérprete, sobretudo o tribunal constitucional, preserve a validade de uma lei que, na sua leitura mais óbvia, seria inconstitucional. Nessa hipótese, o tribunal, simultaneamente, *infirma* uma das interpretações possíveis, declarando-a inconstitucional, e *afirma* outra, que compatibiliza a norma com a Constituição. Trata-se de uma atuação 'corretiva', que importa na declaração de inconstitucionalidade sem redução de texto." BARROSO, Luís Roberto. *Curso de direito constitucional contemporâneo*: os conceitos fundamentais e a construção do novo modelo. São Paulo: Saraiva, 2009. p. 301.

[101] "O constituinte de 1988 criou dois instrumentos para lidar com as omissões inconstitucionais: o mandado de injunção e a ação direta de inconstitucionalidade por omissão. Atendeu, assim,

a maior atenção conferida ao instituto da reclamação,[102] a vinculação à *ratio decidendi* e a transcendência dos motivos determinantes das decisões.[103] Tudo isso levou a uma revisão da própria função que o Supremo Tribunal Federal exerce na jurisdição constitucional, com a releitura e a potencialização dos institutos processuais dispostos originariamente pelo constituinte.

Qual seria, afinal, o papel do Supremo Tribunal Federal dentro do desenho institucional estabelecido pelo constituinte? A Corte seria um espaço deliberativo revisional? A sua função seria a de apresentar remédios fortes ou fracos diante de eventuais violações à Lei Fundamental?[104] Pois, não apenas o STF precisa se questionar constantemente sobre o seu papel — quais

---

a um reclamo generalizado da sociedade e da doutrina em busca de maior efetividade para as normas constitucionais, enfrentando uma das principais disfunções históricas do constitucionalismo brasileiro." BARROSO, Luís Roberto. *O controle de constitucionalidade no direito brasileiro*: exposição sistemática da doutrina e análise crítica da jurisprudência. São Paulo: Saraiva, 2011. p. 153-154.

[102] "A jurisprudência do Supremo Tribunal, no tocante à utilização do instituto da reclamação em sede de controle concentrado de normas, deu sinais de grande evolução no julgamento da questão de ordem em agravo regimental no Rcl. 1.880, em 23-5-2002, quando a Corte restou assente o cabimento da reclamação para todos aqueles que comprovarem prejuízo resultante de decisões contrárias às teses do STF, em reconhecimento à eficácia vinculante *erga omnes* das decisões de mérito proferidas em sede de controle concentrado." Gilmar Ferreira Mendes e Paulo Gustavo Gonet Branco, *Curso de direito constitucional*, op. cit., p. 1456.

[103] "Em sucessivas decisões, o Supremo Tribunal Federal estendeu os limites objetivos e subjetivos das decisões proferidas em sede de controle abstrato de constitucionalidade, com base em uma construção que vem denominando *transcendência dos motivos determinantes*. Por essa linha de entendimento, é reconhecida eficácia vinculante não apenas à parte dispositiva do julgado, mas também aos próprios fundamentos que embasaram decisão. Em outras palavras: juízes e tribunais devem acatamento não apenas à conclusão do acórdão, mas igualmente às razões de decidir." Luís Roberto Barroso, *O controle de constitucionalidade no direito brasileiro*, op. cit., p. 230.

[104] "*In a conversationalist theory of judicial review, for example, the role of courts is simply to deliberate, not to decide, so that weak remedies, because they entail less sacrifice of judicial efficacy, will almost always be preferred over weak rights. On the other hand, in a democratic minimalist understanding, a key part of the court´s role is to resolve concrete controversies without resort to the kind of broad or deep judicial reasoning that can destabilize constitutional order, so that weak rights will almost always be preferred to weak remedies. Similarly, in a departmentalism understanding, the courts' role is simply to decide the particular concrete controversy; judicial opinions are not afforded any presumptive respect in the broader political process and, thus, nothing is lost when courts adopt a weak rights, as opposed to weak remedies, approach.*" DIXON, Rosalind. Creating dialogue about socioecnomic rights: strong-form versus weak-form judicial review revisited. *International Journal of Constitutional Law*, v. 5, p. 411, 2007.

motivações justificam a realização do controle de constitucionalidade — mas, também, sobre a intensidade do controle a realizar.

Entende-se que ao Supremo Tribunal Federal não cabe nem a adoção de um comportamento ativista, nem uma postura que abrace apenas a deferência como orientação. A insuficiência de tais modelos, para além do pêndulo político que pode existir dentro da configuração ideológica da Corte, foi constatada nos diferentes arranjos aos quais a Suprema Corte americana foi submetida.

O ativismo pode ser, em determinada conjuntura histórica, uma peça fundamental para promover direitos civis, mas o mesmo discurso pode ser também manejado para a desconstrução de conquistas alcançadas duramente. A defesa do enfraquecimento do papel da Corte aparenta ser uma medida radical de um contexto que nos é estranho. A postura, hoje, decorre da longa duração de uma Corte conservadora nos Estados Unidos que vai moldando, por meio de suas sucessivas decisões, aspectos determinantes da comunidade política americana.

Tal realidade que, nos últimos tempos, vê os progressistas defendendo outros lugares de produção jurídica para além da Corte, implica o retorno do problema sem fim que o controle de constitucionalidade apresenta. Diante da dificuldade contramajoritária[105] é mais produtivo defender apenas uma das várias formas de democracia e abandonar o constitucionalismo ou, alternativamente, enfrentar a tensão entre ambos, defendendo a necessidade de um compromisso?

Uma versão sofisticada do argumento em defesa do controle de constitucionalidade deve assinalar que os pré-requisitos ideais do processo democrático possuem *valor epistêmico*.[106] A teoria epistêmica da democracia defendida por Carlos Santiago Nino, ao mesmo tempo que questiona o uso do controle de constitucionalidade, apresenta três exceções. Nesse sentido, em determinados momentos, a fiscalização da constitucionalidade das de-

---

[105] Alexander Bickel, *The Least Dangerous Branch*, op. cit., p. 16.

[106] "*Una teoría alternativa para establecer una conexión apropiada entre el valor de la democracia y el control judicial de constitucionalidad sería argumentar que el primero requiere de ciertas precondiciones. Cuando los jueces interpretan la constitución y ésta prevalece por sobre la legislación ordinaria, están en realidad protegiendo esas precondiciones.*" Carlos Santiago Nino, *La constitución de la democracia deliberativa*, op. cit., p. 272.

cisões do Parlamento se justificaria para garantir que elas sejam confiáveis ou eficazes.

A primeira exceção trata do controle do procedimento democrático. O procedimento democrático é o resultado de um conjunto (anterior) de regras e estas devem estar norteadas para a *maximização epistêmica* do processo político.[107] O problema de fundo está na questão de entregar para a democracia a responsabilidade pela determinação da própria democracia. Por isso, a proposta de democracia procedimental é relevante, por levar em consideração a importância das condições das discussões e das decisões democráticas.

A segunda exceção trata da proteção da autonomia pessoal. O controle de constitucionalidade faz sentido contra políticas que procurem impor ideais perfeccionistas aos indivíduos ou ideais pessoais sobre toda a comunidade política. Para Nino, a razão para não seguir os mandamentos de uma legislação perfeccionista é que seu fundamento real se pauta em um ideal de excelência humana.[108] Por isso, em tais situações, entende-se que os juízes podem interferir na legislação e afastar normas que visem impor um comportamento de excelência a todos os indivíduos e, como consequência, restringir seu campo de escolhas éticas.

A terceira exceção sugerida por Nino se volta para a questão da eficácia e da preservação das práticas sociais fundadas na Constituição. O exercício da fiscalização da constitucionalidade é justificado nos casos em que se tem como objetivo a proteção da convenção constitucional que garante a eficácia das próprias decisões democráticas.[109] Busca-se preservar a *possibilidade real* de efetivação de dimensões ideais de uma determinada Constituição. Mesmo no caso de uma lei que cumpre os requisitos necessários da deliberação parlamentar, tal dispositivo pode se irradiar para obstar outras práticas democráticas. Em tais situações o controle de constitucionalidade poderia ser justificado, ainda que não exista uma "fórmula" que consiga estabelecer com precisão a ocorrência de tais casos.[110]

---

[107] Alexander Bickel, *The Least Dangerous Branch*, op. cit., p. 273.

[108] Ibid., p. 279.

[109] Ibid., p. 281.

[110] "*Es, en última instancia, una cuestión de juicio si está justificado limitar el funcionamiento de la democracia, no para promover directamente la democracia como en el primer caso de control ju-*

Em nossa realidade, não é possível — diante do papel atribuído para o STF pela Constituição —, e nem seria desejável, uma pura deferência do Judiciário diante dos outros poderes. Mesmo a doutrina de Nino teria dificuldade de passar pelo filtro da experiência constitucional brasileira.

3.2 Controle de constitucionalidade e níveis de intensidade

Em certas situações, a funcionalidade do controle de constitucionalidade identifica-se com a garantia da regularidade dos processos democráticos, substanciando, inclusive, um turno deliberativo adicional sobre eventual matéria em questionamento, o que implica qualificação do debate majoritário. Contudo, mesmo entre nós, ele não seria compatível com um modelo de justificação ativista que acreditasse que, em todos os casos, um grupo de juízes não eleitos possa decidir, de modo solipsista, sobre a vida de toda a população.

O princípio da *presunção da constitucionalidade* se torna, por conseguinte, um guia fundamental para a atuação das cortes. Derivado da separação dos poderes opera como limitador dos arroubos ativistas, como explica Barroso:

> [...] não devem juízes e tribunais, como regra, declarar a inconstitucionalidade de lei ou ato normativo quando: a) a inconstitucionalidade não for patente e inequívoca, existindo tese jurídica razoável para preservação da norma; b) seja possível decidir a questão por outro fundamento, evitando-se a invalidação de ato de outro Poder; c) existir interpretação alternativa possível, que permita afirmar a compatibilidade da norma com a Constituição.[111]

Nos Estados Unidos, adota-se, no exercício da jurisdição constitucional, o "teste de três níveis" (*three tier test*) para a aferição do grau de legitimidade do texto legislativo impugnado. O julgamento a respeito de qual tipo de escrutínio será submetido o dispositivo legal costuma ser respaldado nos

---

dicial de constitucionalidad, sino para preservar una práctica que le otorga eficacia a las decisiones democráticas." Ibid., p. 282.

[111] Luís Roberto Barroso, *Curso de direito constitucional contemporâneo*, op. cit., p. 300. No mesmo sentido ver: SOUZA NETO, Cláudio Pereira de; SARMENTO, Daniel. *Direito constitucional*: teoria, história e métodos de trabalho. Belo Horizonte: Fórum, 2012. p. 458.

precedentes da Corte. Na circunstância, envolvendo o caso violação a um direito fundamental, mais rigoroso será o controle, ou seja, quanto mais importante o direito, mais ativa será a atuação da Corte.

O mais básico dos testes é o da racionalidade (*rational basis review*) ou escrutínio mínimo (*minimum scrutiny*). Qualquer lei submetida ao controle de constitucionalidade passa por esse teste, independentemente do conteúdo sobre o qual ela verse. Trata-se de um juízo bastante elementar, no qual a demanda argumentativa no sentido da justificação da constitucionalidade da lei é baixa. O teste é superado com a simples demonstração de que a lei constitui um meio racional e razoável para a persecução de um determinado fim legítimo. Caracteriza-se, portanto, como um escrutínio que privilegia a deferência por parte da Corte em relação à legislação produzida pelo Congresso. Os exemplos mais recorrentes envolvem casos que tratam de matéria econômica.[112]

O segundo nível de escrutínio é o intermediário (*intermediate scrutiny*). Caracteriza-se por demandar que o governo prove que a lei questionada trata de um interesse importante e, mais, que existe uma relação *substantiva* entre tal interesse e a prescrição legal.[113] Com fulcro na cláusula da "igual proteção" (14ª Emenda da Constituição dos Estados Unidos), verifica-se, por meio de tal teste, de maneira mais rigorosa, a constitucionalidade de leis envolvendo discriminação de gênero e casos de restrição à liberdade de

---

[112] Atribui-se a James Thayer uma das defesas mais radicais no sentido da deferência do Judiciário: THAYER, James Bradley. *The origin and scope of the American doctrine of constitutional Law*. Boston: Little, Brown and Company, 1893. Sobre a relação entre Tahyer e o escrutínio mínimo, ver: FALLON JR., Richard H. Strict judicial scrutiny. *University of California Law Review*, v. 54, 2007. Outro exemplo histórico relevante está na dissidência de Holmes em *Lochner v. New York* (1905): "*[A] Constitution is not intended to embody a particular economic theory, whether of paternalism and the organic relation of the citizen to the state or of laissez faire. It is made for people of fundamentally differing views [...] I think that the word 'liberty', in the 14th Amendment, is perverted when it is held to prevent the natural outcome of a dominant opinion, unless it can be said that a rational and fair man necessarily would admit that the statute proposed would infringe fundamental principles [...]*". Sobre a relação entre Holmes e Thayer ver: POSNER, Richard. The rise and fall of judicial self-restraint. *California Law Review*, v. 100, p. 526, 2012.

[113] Em *Craig v. Boren* (1976) o *justice* Brennnan afirmou que: "*To withstand constitutional challenge, previous cases establish that classifications by gender must serve important governmental objectives and must be substantially related to achievement of those objectives*". Deriva-se desse caso a criação do segundo nível de escrutínio.

expressão.[114] Realiza-se, com esse tipo de escrutínio, o teste das classificações "quase-suspeitas".

Em seu último nível, o controle de constitucionalidade supõe escrutínio estrito (*strict scrutiny*), a gradação mais elevada sendo manejada pela Corte em situações bastante precisas, em especial quando o legislador adota classificações suspeitas — tais como restrições ao direito de voto e nos direitos de não discriminação[115] —, mas, também, quando adota classificações que onerem direitos fundamentais, como nas garantias previstas na 4ª Emenda da Constituição dos Estados Unidos[116] ou no acesso aos tribunais.[117]

O escrutínio estrito exige a demonstração, pela autoridade, de que a classificação adotada pelo ato impugnado satisfaça três requisitos para ter sua legitimidade reconhecida pela Corte:[118] i) ela deve refletir um interesse *imperioso* (*compelling*); ii) deve ser estabelecida *sob medida* (*narrowly tailored*) para atingir o interesse; iii) e deve constituir o meio *menos restritivo* (*least restrictive means*) necessário para atingir tal finalidade.[119]

---

[114] No caso *Clark v. Jeter* (1988), a *justice* O'Connor estabeleceu que: "*Between [the] extremes of rational basis review and strict scrutiny lies a level of intermediate scrutiny, which generally has been applied to discriminatory classifications based on sex or illegitimacy. To withstand intermediate scrutiny, a statutory classification must be substantially related to an important governmental objective*". A lei da Pensilvânia que determinava que uma "criança ilegítima" deveria provar a paternidade antes de buscar ajuda de seu pai e que o prazo para tanto era até os seis anos foi declarada inconstitucional pela Suprema Corte.

[115] No caso *Grutter v. Bollinger* a *justice* O'Connor observou que: "*We have held that all racial classifications imposed by government 'must be analyzed by a reviewing court under strict scrutiny.' [...] We have never held that the only governmental use of race that can survive strict scrutiny is remedying past discrimination. Nor, since Bakke, have we directly addressed the use of race in the context of public higher education. Today, we hold that the Law School hás a compelling interest in attaining a diverse student body. [...] We [also] find that the Law School's admissions program bears the hallmarks of a narrowly tailored plan*". *Grutter v. Bollinger* (2003).

[116] Que protege os indivíduos de buscas, sem fundamentação, em sua propriedade e seus documentos e demanda a necessidade de uma causa provável (*probable cause*) para a realização de buscas e apreensões.

[117] MORO, Sergio Fernando. *Legislação suspeita?* Afastamento da presunção de constitucionalidade da lei. 2. ed. Curitiba: Juruá, 2003.

[118] "[...] extremamente rigoroso, em que ocorre praticamente uma inversão na presunção de constitucionalidade do ato normativo." Cláudio Pereira de Souza Neto e Daniel Sarmento, *Direito constitucional*, op. cit., p. 459.

[119] Uma comparação entre os níveis de escrutínio e a proporcionalidade foi feita da seguinte maneira: "*The first stage of PA mandates inquiry into the 'suitability' of the measure under review.*

Ainda que a Corte não tenha definido de maneira mais precisa qual o conceito de um interesse governamental *imperioso*, entende-se que diz respeito a algo necessário, crucial, em sentido inverso de algo que pode ser escolhido com maior discricionariedade pelos agentes políticos.

Se a política desenvolvida pelo governo não for produzida *sob medida* para atingir seu objetivo, transbordando os limites do interesse público, a norma não pode ser considerada adequada.[120]

Além disso, a lei ou a política deve adotar os meios menos restritivos na persecução do interesse. Ainda que tal avaliação possa ser realizada em conjunto com a anterior, a Suprema Corte acaba por efetivar uma análise separada de cada um dos aspectos relacionados com a constitucionalidade da lei.

A demanda por um escrutínio mais exigente (*more exacting judicial scrutiny*) foi derivada da Nota de Rodapé n. 4 de *Carolene Products*, e de seu projeto de justificação do controle de constitucionalidade no sentido do desenvolvimento de um *standard* elevado para a fiscalização, o qual complementaria o controle baseado na racionalidade (*rational basis*), nos casos de direitos que demandassem atenção especial.

Compreende-se que o escrutínio estrito foi criado não como um mecanismo para afastar a constitucionalidade de qualquer lei, mas como instru-

---

The government must demonstrate that the relationship between the means chosen *and the* ends pursued *is rational and appropriate, given a stated policy purpose. This mode of scrutiny is broadly akin to what Americans call 'rational basis' review, although under PA, the appraisal of government motives and choice of means is more searching. In most systems, few laws are struck down at this stage. The second step — 'necessity'— embodies what Americans know as a 'narrow tailoring' requirement. At the core of necessity analysis is a least restrictive-means (LRM) test, through which the judge ensures that the measure at issue does not curtail the right more than is necessary for the government to achieve its goals. [...] The third step — balancing* stricto sensu *— is also known as 'proportionality in the narrow sense'. In the balancing phase, the judge weighs, in light of the facts, the benefits of the act (already found to have been narrowly tailored) against the costs incurred by infringement of the right, in order to decide which side shall prevail"*. MATHEWS, Jud; SWEET, Alec Stone. All things in proportion? American rights doctrine and the problem of balancing. *Emory Law Journal*, v. 60, p. 106-107, 2011.

[120] Ver *Adarand Constructors, Inc. v. Peña* (1995): *"The decision here makes explicit that federal racial classifications, like those of a State, must serve a compelling governmental interest, and must be narrowly tailored to further that interest. Thus, to the extent that Fullilove held federal racial classifications to be subject to a less rigorous standard, it is no longer controlling. Requiring strict scrutiny is the best way to ensure that courts will consistently give racial classifications a detailed examination, as to both ends and means. It is not true that strict scrutiny is strict in theory, but fatal in fact"*.

LEGITIMIDADE DA JURISDIÇÃO CONSTITUCIONAL

mento que procurou combinar elementos doutrinários de diferentes tempos para controlar leis em defesa de direitos.[121] O uso expresso do termo aconteceu em um caso posterior, em *Skinner v. Oklahoma* (1942).[122]

A Suprema Corte americana, porém, nem sempre soube manejar de maneira adequada esse conjunto de instrumentais. O caso *Korematsu v. United States* (1944) é um exemplo de que mesmo diante de um escrutínio rígido[123] a Corte pode falhar, adotando uma postura deferente equivocada ao confirmar a constitucionalidade de uma Ordem Executiva que determinou a prisão de nipo-americanos em campos de internamento durante a II Guerra Mundial, independentemente de possuírem ou não cidadania americana.[124]

---

[121] Jud Mathews e Alec Stone Sweet, All things in proportion?, op. cit., p. 130-131. Deve-se lembrar que o caso *Carolene Products* foi menos uma introdução de um nível de escrutínio mais rigoroso e mais uma mudança do foco — no sentido da deferência — do controle de constitucionalidade. WINKLER, Adam. Fatal in theory and strict in fact: an empirical analysis of strict scrutiny in the federal courts. *Vanderbilt Law Review*, v. 59, p. 799, 2006. Para Tribe, em *Carolene Products* a Suprema Corte declarou que manteria regulações na esfera socioeconômica se qualquer conjunto de fatos conhecidos, ou que pudessem ser inferidos, suportassem a decisão política. Tal controle limitado acabou por se tornar quase que em uma abdicação judicial completa. A Corte passou a usar fatos e razões hipotéticas para manter leis sobre economia e saúde ou mesmo, em certos casos, sem qualquer razão substantiva. TRIBE, Laurence. *American constitutional law*. 3. ed. Nova York: Foundation Press, 2000. p. 1362.

[122] A Suprema Corte decidiu que a lei de Oklahoma que previa a possibilidade da esterilização de criminosos após a terceira condenação configurava uma ofensa a um importante direito fundamental, o direito à reprodução. Além disso, a não previsão da esterilização para crimes de colarinho branco violava a Cláusula de Igual Proteção da 14ª Emenda Constitucional: "*He is forever deprived of a basic liberty. We mention these matters not to reexamine the scope of the police power of the States. We advert to them merely in emphasis of our view that strict scrutiny of the classification which a State makes in a sterilization law is essential, lest unwillingly or otherwise invidious discriminations are made against groups or types of individuals in violation of the constitutional guaranty of just and equal laws*".

[123] "*It should be noted, to begin with, that all legal restrictions which curtail the civil rights of a single racial group are immediately suspect. That is not to say that all such restrictions are unconstitutional. It is to say that courts must subject them to the most rigid scrutiny. Pressing public necessity may sometimes justify the existence of such restrictions; racial antagonism never can.*"

[124] "*The story of Japanese Americans and strict scrutiny begins with Hirabayashi v. United States and Korematsu v. United States. In these cases, the Court justified its upholding of race-based restrictions on American citizens of Japanese ancestry on the grounds of the exceptional demands of wartime military necessity.*" ROBINSON, Greg; ROBINSON, Toni. *Korematsu* and beyond: Japanese Americans and the origins of strict scrutiny. *Law and Contemporary Problems*, v. 68, p. 30, 2005.

A RAZÃO E O VOTO: DIÁLOGOS CONSTITUCIONAIS COM LUÍS ROBERTO BARROSO

Não obstante, mesmo com o risco de emergência de juízo falho, defende-se o manejo de *standards* que possam orientar o exercício da fiscalização da constitucionalidade, o que não exclui, ao contrário, exige, a apreciação simultânea de outros dados decorrentes da conjuntura política, do diagnóstico do momento histórico, da densidade deliberativa à qual a matéria foi exposta, considerados também os precedentes e a coerência do romance em cadeia.[125]

Os *standards*, aproveitada a ideia dos níveis distintos de escrutínio, são úteis para a discussão sobre os parâmetros para o controle de constitucionalidade no Brasil. Não visam, por isso, afastar outras formulações análogas que possam refinar as considerações apresentadas. Poderiam pensar alguns que uma dogmática constitucional emancipatória implica prática em descompasso com as exigências democráticas porque instrumentalizadora de um suposto ativismo judicial. Nada mais falso. É verdade que essa dogmática se preocupa com a realização dos comandos constitucionais, em particular aqueles tratando dos direitos fundamentais. E nesse passo acredita no importante papel a ser desenvolvido pelo Judiciário brasileiro, sobretudo no exercício da jurisdição constitucional. Nem por isso propõe um papel para o juiz que esteja além daquele desenhado pela arquitetônica da organização dos poderes da Constituição ou que implique indevida compressão do campo de escolhas legítimas do legislador a partir de um processo aberto de deliberação com repercussão na arena pública.[126]

O Judiciário ocupado com as promessas constitucionais não será nem ativista, nem deferente com as escolhas do legislador. Operará, conforme o caso, mas sempre a partir de bases racionais com sustentação na Lei Funda-

---

[125] Ronald Dworkin, *O império do direito*, op. cit. Também podem ser utilizados os seguintes critérios: "(1) O primeiro aspecto a ser considerado é o *grau de legitimidade* democrática do ato normativo. [...] (2) A democracia também deve calibrar a autocontenção judicial num sentido inverso. [...] (3) Critério igualmente importante se relaciona à proteção de minorias estigmatizadas. [...] (4) Outro critério diz respeito à relevância material do direito fundamental em jogo. [...] (5) Outro importante elemento a ser considerado é a comparação entre as capacidades institucionais do Poder Judiciário e do órgão que editou o ato normativo discutido. [...] (6) Finalmente, outro elemento a ser considerado é a época de edição do ato normativo". Cláudio Pereira de Souza Neto e Daniel Sarmento, *Direito constitucional*, op. cit., p. 460-463.

[126] CLÈVE, Clèmerson Merlin. *Para uma dogmática constitucional emancipatória*. Belo Horizonte: Fórum, 2012.

mental, ora um controle mais forte, ora um controle mais débil do ato (omissivo ou comissivo) impugnado. Transitará entre a autocontenção, prestando deferência à escolha do legislador, e o controle mais forte (ativismo) para a proteção desta ou daquela situação,[127] manejando de maneira adequada o postulado da proporcionalidade.[128]

Em qualquer caso, porém, deverá adotar postura vigilante a respeito dos postulados da democracia (que implicam autogoverno e definição de escolhas prioritariamente por meio do processo público de deliberação). Há momentos, como aqueles que envolvem a defesa de minorias contra a discriminação, a proteção da liberdade de manifestação e de opinião, a proteção do mínimo existencial, verdadeiras condições para o exercício da democracia, exigentes de um controle forte do Judiciário.

Há outros, ao contrário, desafiantes, *prima facie,* de uma postura de autocontenção, de deferência para com a decisão do legislador. São necessários argumentos muito robustos para justificar, em casos assim, uma ação distinta do órgão judicial. Citem-se, por exemplo, as questões difíceis que supõem interpretação de cláusulas constitucionais (abertas) autorizadoras de concepções distintas e razoáveis num ambiente de pluralismo moral.

Nesses casos, em princípio, a escolha do legislador, tomada a partir de um processo público de deliberação, não deve ser substituída pela do juiz. Aqui, sim, ocorrente a substituição, manifestar-se-ia hipótese eventualmente contrastante com a experiência democrática.

Não se trata, para o juiz, portanto, de agir contra a democracia, mas, antes, para a democracia. Quer-se uma sociedade de livres e iguais, não uma

---

[127] Id. *Jurisdição constitucional, ativismo e democracia.* Conferência de abertura. In: CONVENÇÃO LATINO-AMERICANA DE DIREITO (COLAD), IX, 2011, Curitiba.

[128] Deve-se anotar que, entre nós, o postulado da proporcionalidade, que é amplamente utilizado como instrumento de controle dos atos do poder público: "Ele se aplica apenas a situações em que há uma relação de causalidade entre dois elementos empiricamente discerníveis, um meio e um fim, de tal sorte que se possa proceder aos três exames fundamentais: o da adequação (o meio promove o fim?), o da necessidade (dentre os meios disponíveis e igualmente adequados para promover o fim, não há outro meio menos restritivo do(s) direito(s) fundamentais afetados?) e o da proporcionalidade em sentido estrito (as vantagens trazidas pela promoção do fim correspondem às desvantagens provocadas pela adoção do meio?)". ÁVILA, Humberto. *Teoria dos princípios*: da definição à aplicação dos princípios jurídicos. São Paulo: Malheiros, 2004. p. 112-113. Ver também: Virgílio Afonso Silva, *Direitos fundamentais*, op. cit., p. 167-182.

A RAZÃO E O VOTO: DIÁLOGOS CONSTITUCIONAIS COM LUÍS ROBERTO BARROSO

sociedade inadequadamente paternalista, onde o juiz possa agir como uma espécie de pai caridoso. Dito isso, é necessário reiterar que, diante de uma Constituição analítica, ampla, como a nossa, muitas questões que antes remanesciam no exclusivo campo da política são, agora, levadas ao Judiciário em função de escolha operada pelo constituinte. Mas aqui, mais uma vez, cumpre lembrar que judicialização não implica necessariamente ativismo.

Em síntese, entre nós é defensável a tese no sentido de que o manejo de um controle de constitucionalidade forte, ou de um escrutínio mais estrito, faz sentido nas seguintes circunstâncias:

A) Para a defesa das condições para o exercício da democracia em matérias que envolvam i) liberdade de expressão (direito ao protesto[129] e censura ao discurso silenciador);[130] ii) proteção do processo democrático (regularidade do processo legislativo e controle do poder político ou econômico no processo eleitoral);[131] iii) proteção de minorias (legislação suspeita ou com presunção de inconstitucionalidade);[132] iv) outros direitos básicos naquilo

---

[129] Ver GARGARELLA, Roberto. *El derecho a la protesta*: el primer derecho. Buenos Aires: Ad--Hoc, 2005. Para quem o direito ao protesto é o "primeiro direito", permite demandar a recuperação dos outros direitos.

[130] Fiss procura redefinir o papel do Estado no que tange à liberdade de expressão. Ao invés de apenas pensar em tal direito em termos antagônicos com o Estado, seria possível ver a liberdade de expressão como um direito público, instrumento da autodeterminação coletiva, e o Estado como um "amigo da liberdade" de expressão. FISS, Owen. *Libertad de expresión y estructura social*. México: Fontamara, 1997. p. 13-14.

[131] "[...] refletindo assim um compromisso constitucional cada vez mais forte com a ideia de que todos os cidadãos qualificados para tal devem participar da tomada de decisões públicas." John Hart Ely, *Democracia e desconfiança*, op. cit., p. 165.

[132] De acordo com o tipo de discriminação e como ela incide sobre uma minoria. Em casos de "classificações suspeitas" o nível de escrutínio por parte da Corte precisa ser elevado para proteger as minorias. Algumas leis podem "passar no teste", mas a maioria deve acabar por ser declarada inconstitucional diante da dificuldade por parte do governo em justificar a medida discriminatória. Além disso, no caso de classificações "quase suspeitas", o nível intermediário de escrutínio é recomendado. Contudo, nem a própria definição de "classificações suspeitas" é pacífica. Alguns Tribunais podem enfatizar a questão de a minoria ser "discreta e insular", outros podem se concentrar na imutabilidade de características do grupo e ainda também podem enfatizar com o histórico de discriminação relacionado com o grupo minoritário. Para Marcy Strauss: "*Thus, although described in different ways, the basic factors for determining suspect class status were in place by the early 1980s: (1) prejudice against a discrete and insular minority; (2) history of discrimination*

que é condição necessária (embora não suficiente) para a proteção da dignidade humana;[133] e v) direitos sociais,[134] em particular os prestacionais, nos casos de eficácia originária ou diante da defesa do mínimo existencial[135] (que não se confunde com o mínimo vital), verdadeiras condições materiais para a democracia.

B) Contra leis perfeccionistas, de esquerda (todos devem ser solidários, generosos, bons e virtuosos) ou de direita (criminalização indevida de condutas — relações homoafetivas, *verbi gratia*).[136]

---

against the group; (3) the ability of the group to seek political redress (i.e., political powerlessness); (4) the immutability of the group's defining trait; and (5) the relevancy of that trait. Using some combination of these factors, the Court has deemed various groups suspect, others quasi-suspect, and still others nonsuspect since the 1970s. Facial classifications based on race, national origin, and religion are considered suspect and receive strict scrutiny. Gender and illegitimacy are considered quasi-suspect and receive intermediate scrutiny. Age, socioeconomic status, and mental disability are subject to rational basis review. All other classifications (such as sexual orientation) either have not been decided or are reviewed under the default rational basis standard". STRAUSS, Marcy. Reevaluating suspect classifications. *Seattle University Law Review*, v. 35, p. 146, 2011.

[133] De acordo com Barroso: "[…] deve-se aceitar uma noção de dignidade humana aberta, plástica e plural. Grosso modo, esta é a minha concepção minimalista: a dignidade humana identifica 1. O valor intrínseco de todos os seres humanos; assim como 2. A autonomia de cada indivíduo; e 3. Limitada por algumas restrições legítimas impostas a ela em nome de valores sociais ou interesses estatais (valor comunitário)". BARROSO, Luís Roberto. *A dignidade da pessoa humana no direito constitucional contemporâneo*: a construção de um conceito jurídico à luz da jurisprudência mundial. Belo Horizonte: Fórum, 2012. p. 72.

[134] "[...] eles são, em sentido material, direitos a ações positivas fáticas, que, se o indivíduo tivesse condições financeiras e encontrasse no mercado oferta suficiente, poderia obtê-las de particulares, porém, na ausências destas condições e, considerando a importância destas prestações, cuja outorga ou não outorga não pode permanecer nas mãos da simples maioria parlamentar, podem ser dirigidas contra o Estado por força de disposição constitucional." LEIVAS, Paulo Gilberto Cogo. *Teoria dos direitos fundamentais sociais*. Porto Alegre: Livraria do Advogado, 2006. p. 89.

[135] "O mínimo existencial, na qualidade de direito fundamental, exibe, como este, as suas facetas de direito subjetivo e de norma objetiva. Como *direito subjetivo* investe o cidadão na faculdade de acionar as garantias processuais e institucionais na defesa dos seus direitos mínimos. Do ponto de vista *objetivo* o mínimo existencial aparece como norma de declaração de direitos fundamentais, que deve cobrir o campo mais amplo das pretensões da cidadania. Mas, sendo pré-constitucional, não lhe prejudica a eficácia a circunstância de se encontrar implícito no discurso constitucional." TORRES, Ricardo Lobo. *O direito ao mínimo existencial*. Rio de Janeiro: Renovar, 2009. p. 38-39.

[136] A legislação perfeccionista pode se apresentar de diferentes maneiras, por isso, envolve discussões sobre o controle sobre o consumo de drogas, de bebida no trânsito, de cigarros em ambientes públicos e o direito à saúde. O perfeccionismo se caracteriza por entender que aquilo que

A jurisdição constitucional guarda os valores substantivos necessários para a legítima deliberação pública. Porém, isso não é suficiente, tais valores substantivos devem ser interpretados por todos aqueles que venham a ser afetados pela decisão, por isso a importância da preservação de espaços deliberativos e instituições que transformem as manifestações plurais advindas da sociedade em direitos.

Os espaços em que podem ocorrer tais manifestações se dão tanto no âmbito representativo clássico quanto por intermédio de outras formas menos tradicionais. Precisa-se reconhecer, por exemplo, a importância que as audiências públicas e o *amicus curiae* possuem para qualificar as razões do exercício da jurisdição constitucional.

Além dos casos que reclamam, em princípio, uma postura ativa por parte da Corte, entende-se que outras ocasiões demandam um controle débil (*soft*), a autocontenção ou deferência para com as decisões do legislador:

A) No caso de políticas públicas instrumentalizadoras de direitos sociais naquilo que se reporta à eficácia derivada ou que exceda as fronteiras do mínimo existencial.

B) Nas questões eminentemente políticas, considerando, sempre, porém, que tais questões não constituem cláusula imunizadora. Há necessidade de respeito à dimensão política da vida e da discricionariedade legislativa em relação àquilo que não é obrigatório constitucionalmente.

C) Nos resultados plebiscitários, referendários, leis de iniciativa popular, momentos constituintes[137] e, mesmo, leis novas que resultam de um processo regular e aberto de deliberação, deve-se, em princípio, prestar deferência diante dos resultados e das razões do legislador.

Não se trata aqui de admitir uma postura procedimentalista. Trata-se de, no processo argumentativo e deliberativo levado a termo pelo Judiciário, considerar, com peso adequado, as razões do legislador. Nesses casos há uma

---

é bom para um indivíduo ou satisfaz seus interesses é independente de seus próprios desejos ou da escolha de sua forma de vida, logo, cabe ao Estado escolher quais valores e planos de vida são objetivamente melhores para os indivíduos. NINO, Carlos Santiago. *Ética y derechos humanos*: un ensayo de fundamentación. Buenos Aires: Astrea, 1989.

[137] ACKERMAN, Bruce. *We the people*: foundations. Cambridge: Harvard University, 1993.

LEGITIMIDADE DA JURISDIÇÃO CONSTITUCIONAL

presunção forte de constitucionalidade das leis, a qual pode, não obstante, ser afastada por outras razões, mesmo não populares, mas determinantes. É bom lembrar que o juiz constitucional figura como um guardião dos princípios permanentes da comunidade política constitucionalizada.

Por fim, deve-se reconhecer a existência de um conjunto de questões difíceis que, quando judicializadas, em poucas ocasiões serão resolvidas de modo tranquilo. Temas que envolvem o direito à vida, eutanásia, aborto, por exemplo, colocam à prova, como *questões limites*, os fundamentos de quaisquer teorias que procurem oferecer solução ao problema da tensão entre o controle de constitucionalidade e o governo da maioria. Cuida-se, aqui, de problemas que indicam a impossibilidade da formulação de consensos, já que supõem apresentação de razões que podem ser utilizadas na defesa de distintos pontos de vista com idêntico suporte constitucional.

Tais casos, embora causem consternação, nem sempre podem "aguardar" deliberações densas por parte do Legislativo ou mesmo do Judiciário. Em tais circunstâncias, decide-se, porque não há outro caminho, devendo-se, geralmente, preferir as soluções *razoáveis e atuais* oferecidas pelo legislador.

4. Conclusão

Em um limitado diagnóstico de época, percebe-se que o papel do Supremo Tribunal Federal tem mudado. Essa nova feição, entretanto, ainda está em construção e nem todas as roldanas e parafusos foram ajustados. Ora, esse novo papel precisa ser discutido, com humildade, abertura e raciocínio crítico. Impõe-se, porém, advertir que o Supremo Tribunal Federal não está fora do jogo político. Como em qualquer ambiente democrático,[138] as decisões judiciais, sendo corretas ou não, precisam ser cumpridas. Isso não quer dizer que não possam ser, na arena pública, com o devido respeito e com bons

---

[138] "*I maintain that democracy should not be understood as simple majoritarianism — let the political branches have their say — but rather as a deep and broad-based deliberative process in which we — all of us — give content to the values that define us as a nation. Constitutional pronouncements do not prevent or even stifle such deliberations, but rather, by fully revealing the threat that is posed to our basic commitments, give such deliberations a certain vitality.*" FISS, Owen. The perils of minimalism. *Theoretical Inquires in Law*, v. 9, p. 647-648, 2008.

argumentos, questionadas. Afinal, em uma sociedade aberta, o voto vencido de ontem pode ser o voto condutor de amanhã.[139]

Referências

ACKERMAN, Bruce. Beyond Carolene Products. *Harvard Law Review*, v. 98, n. 4, 1985.

_____. *We the people*: foundations. Cambridge: Harvard University, 1993.

_____. *We the people*: transformations. Cambridge: Harvard University, 1998.

ARENDT, Hannah. *The origins of the totalitarianism*. San Diego: Harcourt Brace, 1976.

ARISTOTLE. *Politics*. Londres: William Heinemann, 1932.

ÁVILA, Humberto. *Teoria dos princípios*: da definição à aplicação dos princípios jurídicos. São Paulo: Malheiros, 2004.

BALKIN, Jack M.; LEVINSON, Sanford. Understanding the Constitutional revolution. *Virginia Law Review*, v. 87, n. 6, 2001.

BARROSO, Luís Roberto. *Curso de direito constitucional contemporâneo*: os conceitos fundamentais e a construção do novo modelo. São Paulo: Saraiva, 2009a.

_____. Judicialização, ativismo judicial e legitimidade democrática. *Revista de Direito do Estado*, n. 13, jan./mar. 2009b.

---

[139] Ver, a respeito: TUSHNET, Mark. *I dissent*: great opposing opinions in landmark Supreme Court cases. Boston: Beacon Press, 2008. "Sem dúvida, o escrutínio intertemporal das decisões da Suprema Corte, que jamais se confunde com desacato, autoriza afirmar que determinado voto dissidente é que era o melhor, merecendo servir como inspiração para mudança de opinião, a par de alento para movimentos em defesa dos direitos civis, novas posturas ambientais e abordagens morais civilizatórias. Não são inusuais os casos em que a maioria da Corte entendeu de acordo com tendências epocais e tomou rumos interpretativos que conflitam com os anseios das gerações futuras. Em contrapartida, alguns votos dissidentes deixaram transparecer que foram prolatados com visão de longo prazo, amparados em perspectiva que faltou à maioria." WEDY, Gabriel; FREITAS, Juarez. O legado dos votos vencidos na Suprema Corte dos Estados Unidos. *Consultor Jurídico*, 26 mar. 2015. Disponível em: <www.conjur.com.br/2015-mar-26/legado-votos-vencidos-suprema-corte-estados-unidos>. Acesso em: 26 mar. 2015.

_____. *O controle de constitucionalidade no direito brasileiro*: exposição sistemática da doutrina e análise crítica da jurisprudência. São Paulo: Saraiva, 2011.

_____. *A dignidade da pessoa humana no direito constitucional contemporâneo*: a construção de um conceito jurídico à luz da jurisprudência mundial. Belo Horizonte: Fórum, 2012a.

_____. *O novo direito constitucional brasileiro*: contribuições para a construção teórica e prática da jurisdição constitucional no Brasil. Belo Horizonte: Fórum, 2012b.

_____. Não tenho nenhum orgulho do volume de processos que o Supremo julga. *Os Constitucionalistas*, 23 fev. 2015. Disponível em: <www.osconstitucionalistas.com.br/entrevista-luis-roberto-barroso-nao-tenho-nenhum-orgulho-do-volume-de-processos-que-o-supremo-julga>. Acesso em: 2 mar. 2015.

_____. *A razão sem voto*: o Supremo Tribunal Federal e o governo da maioria.

BICKEL, Alexander. *The least dangerous branch*: the Supreme Court at the bar of politics. 2. ed. New Haven: Yale University, 1986.

BINENBOJM, Gustavo. *A nova jurisdição constitucional*. 2. ed. Rio de Janeiro: Renovar, 2004.

BREST, Paul. The fundamental rights controversy: the essential contradictions of normative constitutional scholarship. *Yale Law Journal*, v. 90, 1981.

BREYER, Stephen. *Active liberty*. Nova York Vintage, 2006.

CAMPOS, Carlos Alexandre de Azevedo. *Dimensões do ativismo judicial do Supremo Tribunal Federal*. Rio de Janeiro: Forense, 2014.

CANOTILHO, J. J. Gomes. *Direito Constitucional e Teoria da Constituição*. 7. ed. Coimbra: Almedina, 2003.

CLÈVE, Clèmerson Merlin. *A fiscalização abstrata de constitucionalidade no direito brasileiro*. 2. ed. São Paulo: Revista dos Tribunais, 2000.

_____. *Medidas provisórias*. 3. ed. São Paulo: Revista dos Tribunais, 2010.

_____. *Atividade legislativa do Poder Executivo*. São Paulo: Revista dos Tribunais, 2011.

_____. *Jurisdição constitucional, ativismo e democracia*. Conferência de abertura. In: CONVENÇÃO LATINO-AMERICANA DE DIREITO (COLAD), 9., 2011, Curitiba.

_____. *Para uma dogmática constitucional emancipatória*. Belo Horizonte: Fórum, 2012.

_____. *Temas de direito constitucional*. 2. ed. Belo Horizonte: Fórum, 2014.

_____; FREIRE, Alexandre. *Direitos fundamentais e jurisdição constitucional*. São Paulo: Revista dos Tribunais, 2014.

COVER, Robert. The origins of judicial activism in the protection of minorities. *The Yale Law Journal*, v. 91, n. 7, 1983.

DIXON, Rosalind. Creating dialogue about socioecnomic rights: strong-form versus weak-form judicial review revisited. *International Journal of Constitucional Law*, v. 5, 2007.

DWORKIN, Ronald. *O império do direito*. São Paulo: Martins Fontes, 2003.

_____. *Uma questão de princípio*. São Paulo: Martins Fontes, 2005.

_____. *Levando os direitos a sério*. São Paulo: Martins Fontes, 2010.

ELY, John Hart. *Democracia e desconfiança*: uma teoria do controle judicial de constitucionalidade. São Paulo: Martins Fontes, 2010.

ENTERRÍA, Eduardo García de. *La Constitución como norma y el Tribunal Constitucional*. 4. ed. Madri: Civitas, 2006.

FALLON JR., Richard H. Strict judicial scrutiny. *University of California Law Review*, v. 54, 2007.

FEREJOHN, John. Judicializing politics, politicizing law. *Law and Contemporary Problems*, v. 65, n. 3, 2002.

FISS, Owen. A life lived twice. *Yale Law Journal*, v. 100, 1991.

_____. *Libertad de expresión y estructura social*. México, DF: Fontamara, 1997.

_____. The perils of minimalism. *Theoretical Inquires in Law*, v. 9, 2008.

GARGARELLA, Roberto. *El derecho a la protesta*: el primer derecho. Buenos Aires: Ad-Hoc, 2005.

HABERMAS, Jürgen. *Theory and practice*. Boston: Beacon, 1973.

_____. *Between facts and norms*. Cambridge: MIT, 1998.

HAMILTON, Alexander; MADISON, James; JAY, John. *O Federalista*. Belo Horizonte: Líder, 2003.

HIRST, Paul. *Representative democracy and its limits*. Cambridge: Polity Press, 1990.

HOBBES, Thomas. *Leviatã*. São Paulo: Ícone, 2000.

KELSEN, H. *Jurisdição constitucional*. São Paulo: Martins Fontes, 2007.

LEIVAS, Paulo Gilberto Cogo. *Teoria dos direitos fundamentais sociais*. Porto Alegre: Livraria do Advogado, 2006.

LORENZETTO, Bruno Meneses. *Direito e desconstrução*: as aporias do tempo, do direito e da violência. Belo Horizonte: Arraes, 2013.

_____. *Os caminhos do constitucionalismo para a democracia*. Tese (doutorado) — Universidade Federal do Paraná, Curitiba, 2014.

MATHEWS, Jud; SWEET, Alec Stone. All things in proportion? American rights doctrine and the problem of balancing. *Emory Law Journal*, v. 60, 2011.

MENDES, Conrado Hübner. *Controle de constitucionalidade e democracia*. Rio de Janeiro: Elsevier, 2008.

_____. *Direitos fundamentais, separação de poderes e deliberação*. São Paulo: Saraiva, 2011.

MENDES, Gilmar Ferreira; BRANCO, Paulo Gustavo Gonet. *Curso de direito constitucional*. 7. ed. São Paulo: Saraiva, 2012.

MORO, Sergio Fernando. *Legislação suspeita*? Afastamento da presunção de constitucionalidade da lei. 2. ed. Curitiba: Juruá, 2003.

MOUFFE, Chantal. *El retorno de lo político*. Barcelona: Paidós, 1999.

NETTO, Menelick de Carvalho; SCOTTI, Guilherme. *Os direitos fundamentais e a (in)certeza do direito*: a produtividade das tensões principiológicas e a superação do sistema de regras. Belo Horizonte: Fórum, 2011.

NINO, Carlos Santiago. *Ética y derechos humanos*: un ensayo de fundamentación. Buenos Aires: Astrea, 1989.

_____. *La constitución de la democracia deliberativa*. Barcelona: Gedisa, 1997.

POSNER, Richard. The rise and fall of judicial self-restraint. *California Law Review*, v. 100, 2012.

ROBINSON, Greg; ROBINSON, Toni. Korematsu and beyond: Japanese Americans and the origins of strict scrutiny. *Law and Contemporary Problems*, v. 68, 2005.

SARMENTO, Daniel. *Direitos fundamentais e relações privadas*. Rio de Janeiro: Lumen Juris, 2003.

SILVA, Virgílio Afonso da. *Direitos fundamentais*: conteúdo essencial, restrições e eficácia. 2. ed. São Paulo: Malheiros, 2010.

SHAPIRO, Ian. *The state of democratic theory*. Princeton: Princeton University, 2003.

SOUZA NETO, Cláudio Pereira de; SARMENTO, Daniel. *Direito constitucional*: teoria, história e métodos de trabalho. Belo Horizonte: Fórum, 2012.

STRAUSS, David A. Is Carolene Products obsolete? *University of Illinois Law Review*, v. 2010, n. 4, 2010a.

_____. *The living Constitution*. Oxford: Oxford University, 2010b.

STRAUSS, Marcy. Reevaluating suspect classifications. *Seattle University Law Review*, v. 35, 2011.

SUNSTEIN, Cass. *The partial Constitution*. Cambridge: Harvard University, 1993.

_____. *One case at a time*: judicial minimalism on the Supreme Court. Cambridge: Harvard University, 1999.

_____. Justice Breyer's democratic pragmatism. *TheYale Law Journal*, v. 115, n. 7, 2006.

_____. If people would be outraged by their rulings, should judges care? *Stanford Law Review*, v. 60, 2007.

THAYER, James Bradley. *The origin and scope of the American doctrine of constitutional law*. Boston: Little, Brown and Company, 1893.

TORRES, Ricardo Lobo. *O direito ao mínimo existencial*. Rio de Janeiro: Renovar, 2009.

TRIBE, Laurence. The puzzling persistence of process-based constitutional theories. *Yale Law Journal*, v. 89, 1980.

_____. *Constitutional choices*. Cambridge: Harvard University, 1985.

_____. *American constitutional law*. 3. ed. Nova York: Foundation, 2000.

_____. *The invisible constitution*. Nova York: Oxford University, 2008.

TUSHNET, Mark. *Taking the Constitution away from the Courts*. Princeton: Princeton University, 1999.

_____. *I dissent*: great opposing opinions in Landmark Supreme Court cases. Boston: Beacon, 2008.

VELASCO, Marina. *O que é justiça*: o justo e o injusto na pesquisa filosófica. Rio de Janeiro: Vieira & Lent, 2009.

VIEIRA, Oscar Vilhena. A Constituição como reserva de justiça. *Lua Nova*: Revista de Cultura e Política, São Paulo, n. 42, 1997.

WEDY, Gabriel; FREITAS, Juarez. O legado dos votos vencidos na Suprema Corte dos Estados Unidos. *Consultor Jurídico*, 26 mar. 2015. Disponível em: <www.conjur.com.br/2015-mar-26/legado-votos-vencidos-suprema--corte-estados-unidos>. Acesso em: 26 mar. 2015.

WINKLER, Adam. Fatal in theory and strict in fact: an empirical analysis of strict scrutiny in the federal courts. *Vanderbilt Law Review*, v. 59, 2006.

YOSHINO, Kenji. The gay tipping point. *Ucla Law Review*, v. 57, 2010.

ZIETLOW, Rebecca E. The judicial restraint of the Warren Court (and why it matters). *Ohio State Law Journal*, v. 69, 2008.

A jurisdição constitucional como parte de um ciclo institucional de decisão democrática

Eduardo Mendonça*

I. Introdução

Não é fácil expressar, menos ainda em poucas palavras, a minha profunda satisfação em participar de uma obra coletiva coordenada pelo professor Oscar Vilhena Vieira e destinada a dialogar com o pensamento do professor Luís Roberto Barroso. O primeiro é um dos pioneiros no exame ostensivo das relações entre direito e política no Brasil, tema subjacente à minha própria reflexão. O professor Barroso, por sua vez, é um dos principais responsáveis pela aproximação entre o direito constitucional brasileiro e o estado da arte na disciplina, tal como praticada e discutida nos Estados Unidos e na Europa ocidental. Da efetividade da Constituição à dignidade da pessoa humana, nenhum tema relevante tem escapado do seu olhar atento e da sua capacidade de conciliar elaboração teórica com didatismo, seriedade intelectual com leveza e bom humor. Hoje, no Supremo Tribunal Federal, o ministro Luís Roberto Barroso nos enche de orgulho e contribui, de forma muito destacada, para a elevação da qualidade do debate público no Brasil.

Não poderia terminar essa introdução sem uma nota pessoal: as ideias que apresento a seguir se beneficiaram, amplamente, do meu privilégio de haver sido orientado pelo professor Barroso em todas as etapas da minha formação acadêmica, bem como da interlocução que mantemos para meu

---

* Professor de direito constitucional do Uniceub. Mestre e doutor em direito público pela Uerj. Advogado.

imenso proveito. No que tais ideias possam ter de úteis, meu sentimento é de coautoria. No que sejam equivocadas, a culpa é minha mesmo.

Dadas as limitações de espaço, vou me concentrar em três pontos que dialogam muito de perto com o artigo do professor Barroso: (i) as insufiências da democracia representativa e o papel de complementação/contraponto que pode ser exercido pela jurisdição; (ii) a ideia de que um tribunal constitucional possa exercer um papel de *representação argumentativa* da sociedade; e (iii) a inserção da jurisdição constitucional em um ciclo institucional de decisão democrática.

II. Democracia representativa e jurisdição

O notório sentimento geral de desapontamento com o funcionamento da democracia representativa não é, naturalmente, um fator autônomo de legitimação para a jurisdição constitucional. Mesmo onde esse mecanismo goze de forte sustentação na opinião pública — como nos Estados Unidos e na Alemanha[1] —, é possível questionar sua legitimidade democrática a partir de argumentos teóricos respeitáveis.

---

[1] Tomando como referência os dois modelos mais estudados de jurisdição constitucional, a base de apoio popular é expressiva. Nos *Estados Unidos*, mesmo após a decisão impopular tomada no caso *Bush v. Gore* — quando determinou a suspensão da recontagem de votos suspeitos na Flórida —, a Suprema Corte continuou a ostentar índices de aprovação social superiores a 60%, inclusive quanto à indagação específica acerca de quem deve ser o responsável pela palavra final a respeito das questões politicamente controvertidas. Esses dados são referidos, *e.g.*, por KRAMER, Larry. *The people themselves*: popular constitutionalism and judicial review. Nova York: Oxford University, 2004. p. 232. Na *Alemanha*, a aprovação do Tribunal Constitucional é ainda mais elevada, com picos próximos a 70%, somados a uma forte percepção geral de reconhecimento da independência da sua atuação. Para um estudo detalhado, com dados abundantes e diferentes critérios de cruzamento, ver VORLÄNDER, Hans; BRODOCZ, André. Das Vertrauen in das Bundesverfassungsgericht: Ergebnisse einer representativen Bevölkerungsumfrage. In: VORLÄNDER, Hans (Ed.). *Die Deutungsmacht der Verfassungsgerichtsbarkeit*. Wiesbaden: VS Verlag für Sozialwissenschaften, 2006. p. 259-295. No *Brasil*, segundo dados de pesquisa conduzida pelo Ibope em 2012, o índice de confiança dos brasileiros no STF seria de 54 pontos (em uma escala de 0 a 100), em comparação com 39 pontos do Congresso Nacional. O Poder Judiciário, considerado de forma mais abrangente, recebeu 47 pontos de avaliação. Entre os poderes estatais, a Presidência da República era a mais bem avaliada, com 63. E todos perdiam do Corpo de Bombeiros, com 83. A despeito da falta de estudos mais elaborados, esses resultados correspondem ao senso comum, notadamente quanto à baixa

O principal deles decorre do contraste com os méritos intrínsecos da deliberação levada a cabo em órgãos eletivos, idealizada para privilegiar a igualdade política dos eleitores e permitir que as concepções políticas divergentes possam testar umas às outras.[2] Seria possível citar, igualmente, a possível inadequação do Judiciário para a avaliação de variáveis complexas, correndo-se o risco de captura pelos grupos de interesse com maior acesso à jurisdição.[3] Subvertendo um pouco o senso comum, pode-se até possível cogitar do risco de que os juízes se deslumbrem com a própria popularidade e sejam mais populistas do que os políticos, sobretudo por não se verem obrigados a fazer cálculos sistêmicos de governabilidade, gerenciar a escassez dos orçamentos reais ou mesmo enfrentar as dificuldades práticas associadas a suas determinações.

Essas são linhas de reflexão muito mais consistentes do que o apego apriorístico a máximas como a de que *o Parlamento é a casa do povo* ou de que o juiz, por não ser eleito, atuaria como uma força necessariamente *contramajoritária e desviante na democracia*.[4] Esse tipo de retórica grandiloquente é frágil até do ponto de vista teórico, passando convenientemente ao largo da vasta literatura que identifica as limitações intrínsecas da representação política e a existência de outras formas de transferência de legitimidade.[5] E torna-se ainda mais superficial pela observação da realidade, marcada por

---

avaliação do Poder Legislativo. A pesquisa foi objeto de divulgação ampla e pode ser consultada, a título de exemplo, na seguinte página eletrônica: <www.conjur.com.br/2012-dez-24/populacao--confia-stf-congresso-nacional-ibope>.

[2] Sobre o tema, ver NINO, Carlos Santiago. *The constitution of deliberative democracy*. New Haven: Yale University, 1996. p. 117 e segs.

[3] Sobre esse risco, com referências adicionais, ver FONTE, Felipe de Melo. *Políticas públicas e direitos fundamentais*. São Paulo: Saraiva, 2013. p. 182-183.

[4] BICKEL, Alexander. *The least dangerous branch*: the Supreme Court at the bar of politics. 2. ed. New Haven: Yale University, 1986. p. 16.

[5] A origem da crítica contemporânea ao mecanismo da representação política pode ser buscada na obra de Joseph Schumpeter, cujas ideias centrais reverberam de forma muito nítida no pensamento de autores como Robert Dahl e Martin Shapiro. Para um vislumbre na formulação original, ver SCHUMPETER, Joseph. *Capitalism, socialism and democracy*. Kindle edition. posição 5.401: "Repetirei, então, que mesmo que as opiniões e os desejos dos cidadãos individuais fossem dados perfeitamente definidos e independentes para que o processo democrático pudesse trabalhar com eles, e se todos agissem com base neles com racionalidade ideal e prontidão, disso não se seguiria necessariamente que as decisões políticas produzidas por esse processo, a partir do material bruto dessas vontades individuais, representariam algo que pudesse, em qualquer sentido convincente, ser chamado de vontade do povo. Não apenas é imaginável mas também, sempre que as vontades

LEGITIMIDADE DA JURISDIÇÃO CONSTITUCIONAL

um profundo e disseminado *desencantamento* com os mecanismos tradicionais da democracia representativa.

Os recentes protestos populares ocorridos no Brasil tiveram sua dose de catarse irrefletida, mas deitam raízes em uma percepção difusa de que a política não está funcionando como deveria. Isso não significa necessariamente que os órgãos representativos atuais sejam piores do que aqueles de 20 anos atrás. Provavelmente é o contrário, com todas as novas formas de transparência e controle social hoje existentes, bem como pela melhoria geral dos índices de escolaridade e inclusão social. O fato de as pessoas estarem mais dispostas a criticar a atuação dos agentes eleitos e a buscar meios alternativos para influenciarem a decisão dos assuntos coletivos não deixa de ser um sinal de vitalidade da democracia.[6]

O *problema* é que esses mesmos avanços se somam a outros fatores e formam uma combinação explosiva. Com uma cultura de direitos incorporada ao senso comum, uma boa dose de insatisfação com os governos e acesso quase universal à *internet* como praça pública virtual, estranho seria se a insatisfação não chegasse às ruas. Na expressão feliz de certo autor, tais inovações reduzem a *capacidade moratória* da democracia representativa,[7] cujas demoras, impasses institucionais e irrupções mal disfarçadas de autointeresse deixam de ser aceitos, com a naturalidade de antes, por uma sociedade *hiperinformada*. Disso resulta, com crescente frequência, um de dois resultados negativos: ou a ânsia social por decisão fica represada, retroalimentado a frustração com a política, ou se produz a transferência da responsabilidade a outros centros de poder. Não raro, com a aceitação resignada ou mesmo com o estímulo do próprio Parlamento.[8]

---

individuais são muito divididas, é muito provável que as decisões políticas produzidas não se conformarão com o que 'o povo realmente quer'". (Tradução livre)

[6] CROUCH, Colin. *Postdemokratie*. Cambridge: Polity, 2013. p. 8: "Naturalmente é possível — como sublinham Pharr, Putnam e Dalton (2000) — apontar a crescente instatisfação com a política e os políticos como um sinal de saúde da democracia: cidadãos politicamente maduros e exigentes esperam mais de seus líderes do que os servos devotos das gerações anteriores". (Tradução livre)

[7] MÜNKLER, Herfried. Regierungsversagen, Staatsversagen und die Krise der Demokratie. *Berliner Republik*, n. 2, 2010. Disponível em: <www.b-republik.de/aktuelle-ausgabe/regierungsversagen-staatsversagen-und-die-krise-der-demokratie>.

[8] Essa transferência de responsabilidade não é nova, embora tenha se intensificado em muitos contextos. O fenômeno já era identificado por John Hart Ely, insuspeito de excessos radicais con-

Tal insatisfação difusa com a política verifica-se de forma constante no Brasil e na imensa maioria dos outros países, incluindo os mais desenvolvidos. Na Alemanha, após uma intensa onda de protestos populares que também degringolou em tumultos, chegou-se a cunhar a expressão *cidadania furiosa*, com a qual se pretende apreender esse misto inusitado de incivilidade e consciência cívica.[9] O mesmo papel foi exercido pelos *indignados*, na Espanha, e pelo movimento "Ocupar Wall Street", cujos manifestantes foram eleitos, pela revista *Time*, como a *personalidade do ano* de 2011.[10]

Esse estado de coisas — que alguns pensadores têm chamado de *pós--democracia*, *neodemocracia* e até de *política sem política* — tem uma repercussão direta e imediata sobre a jurisdição constitucional. Isso porque, ressalvados os movimentos radicais e quase anárquicos, parte relevante dos insatisfeitos pode aumentar seu senso de identificação com o apelo de um tribunal que, relativamente afastado da política partidária, seja visto como contraponto deliberativo aos canais tradicionais de representação política. Um órgão ao qual as pessoas podem se dirigir diretamente, de forma individual ou por intermédio de grupos organizados, que se abre à participação de diversos outros atores sociais e que tem o dever de fornecer uma resposta fundamentada ao que lhe é perguntado.[11] Na Alemanha, em meio aos protestos populares referidos, uma das palavras de ordem era: "decisão do povo! Ou então iremos ao tribunal".[12]

---

tra a preferência do legislador na conformação das escolhas políticas. Ver ELY, John Hart. *Democracy and distrust*. 2002. p. 131-132.

[9] A expressão original é *Wütbürgertum*, da qual se extrai o qualificativo de *cidadão furioso* (*Wütbürger*). O termo foi incluído em um dos principais dicionários do país com a seguinte definição: "cidadão que, por conta do desapontamento com determinadas decisões políticas, se dispõe a protestar e participar de manifestações públicas de maneira muito veemente".

[10] BLÜHDORN, Ingo. *Simulative Demokratie*: Neue Politik nach der postdemokratischen Wende. Berlim: Suhrkamp, 2013. p. 14-16.

[11] MICHELSEN, Danny; WALTER, Franz. *Unpolitische Demokratie*: Zur Krise der Repräsentation. Berlim: Suhrkamp, 2013. p. 41.

[12] Literalmente: "*Volksentcheid! Sonst klagen wir*". Ver ibid., p. 41-42: "De fato, não é mais apenas a oposição que tenta, fora do Parlamento, utilizar o Tribunal Constitucional em Karlsruhe para colocar pressão sobre o governo. Mais recentemente, muitas iniciativas dos cidadãos encontraram na queixa constitucional o instrumento aparentemente único para se fazerem notar como a voz do soberano constitucional, em oposição a seus representantes. Entre essas iniciativas destacam, nos últimos tempos, os processos de massa contra o arquivamento de dados e o Mecanismo de

Esse deslocamento de expectativas é facilitado por uma longa trajetória institucional de afirmação daquela Corte como ator independente das maiorias políticas, mas permeável à opinião pública. Em maior ou menor extensão, essa é a *fórmula mágica* de todos os tribunais que se disponham a exercer papel semelhante, incluindo o Supremo Tribunal Federal. Quando a confiança seja estabelecida, a mera existência desse outro fórum já pode contribuir para deixar o arranjo democrático mais palatável, mesmo que ele seja profundamente seletivo na escolha das causas que serão apreciadas — inclusive como meio de preservar sua capacidade de decidir em tempo satisfatório.[13]

Também por isso, é impensável que a jurisdição tome para si, de forma abrangente, a função de decidir a multiplicidade de questões políticas que se apresentam no dia a dia de um país. A utilidade peculiar desse mecanismo está associada, necessariamente, a uma forma de complemento à atuação dos órgãos eletivos. Até porque, transformado em governo, um tribunal logo estaria enredado nos mesmos problemas da política majoritária. É o desenho institucional que permite à jurisdição funcionar como um canal diferenciado para certas discussões de princípio — não a suposição de que os juízes sejam feitos de matéria diferente daquela dos demais mortais.

Não se trata, portanto, de profetizar o fim da democracia representativa. Em verdade, já parece hora de colocar em perspectiva o próprio discurso de que se estaria vivendo uma *crise dos parlamentos*[14] — termo que sugere uma transitoriedade reconfortante, como se a crise fosse passar e tudo fosse voltar a ser como antes. Essa não é a primeira vez que as instituições estatais passam por mudanças profundas na sua estrutura e na forma como o seu papel é percebido pela sociedade. Na sequência imediata das revoluções liberais, a própria representação política era vista como desconfiança, como

---

Estabilização Europeia (ESM). O *slogan 'decisão do povo! Ou então iremos ao tribunal'*, utilizado pela Associação *Mais Democracia* quando do ajuizamento de suas queixas constitucionais contra a ratificação do ESM e do acordo fiscal em junho de 2012, é um sinal paradigmático dessa ameaça de se utilizar o direito contra a política criadora do direito". (Tradução livre)

[13] KNEIP, Sascha. *Verfassungsgerichte als demokratische Akteure*: Der Beitrag des Bundesverfassungsgericht zur Qualität der bundesdeutschen Demokratie. Baden-Baden: Nomos, 2009. p. 278.

[14] Sobre o tema, ver CLÈVE, Clèmerson Merlin. *Atividade legislativa do Poder Executivo*. 2000. p. 45. e ss; e PRIETO SANCHÍS, Luis. *Ley, princípios, derecho*. Madri: Dykinson, 1998. p. 5 e segs.

um resquício da ideia aristocrática de um governo dos *mais proeminentes*.[15] Com o tempo, essa percepção foi dissipada ao ponto de se passar ao extremo oposto: o processo legislativo passou a apresentar a si mesmo como democracia corporificada, ofendida em suas bases quando mecanismos alternativos ocupam um protagonismo eventual.

Esse tipo de discurso maniqueísta deve ser substituído por uma visão mais equilibrada das interações institucionais, recolocando no centro da tela a constatação de que todas elas correspondem a formas de justiça procedimental imperfeita.[16] Ou seja, a arranjos decisórios que se imagina sejam capazes de produzir resultados justos na maioria dos casos, a partir da comparação com determinadas pautas a ele exteriores. É isso que impõe, como regra, a obediências às leis, ainda quando sejam consideradas injustas por determinado grupo ou mesmo pela maioria das pessoas. Os parlamentos têm um mérito intrínseco como mecanismo decisório. Disso não decorre que devam ser venerados como oráculos democráticos e blindados contra o mero exame de suas eventuais insuficiências.

De forma correspondente, tampouco se cuida de inventar um novo papel para a jurisdição constitucional, e sim de intensificar a visibilidade e a intensidade da função que sempre exerceu: contraponto à política majoritária, criado ou tolerado pelo próprio sistema político para testar seus atos a partir de um exame relativamente afastado das disputas políticas cotidianas. Ao fazer isso, nada impede que a jurisdição aproxime os resultados finais daquilo que o povo deseja ou esteja disposto a considerar, após alguma reflexão, como mais justo. Nos Estados Unidos, parte significativa da literatura converge no reconhecimento de que a Suprema Corte consolidou sua autoridade a partir de movimentos muito claros de alinhamento com o sentimento social dominante, pontuados por ousadias pontuais que a sociedade estaria disposta a tolerar, inclusive por corresponderem a aplicações controversas de princípios básicos compartilhados.[17]

---

[15] DAHL, Robert. *How democratic is the American Constitution*. New Haven; Londres: Yale University, 2008. p. 60.

[16] RAWLS, John. *A theory of justice*. Cambridge: the Belknap Press of Harvard University Press, 1999. p. 173.

[17] Nessa linha, com referências adicionais, ver LAIN, Corinna Barret. Upside-down judicial review. *The Georgetown Law Journal*, v. 101, p. 113, 2012. No mesmo sentido, ver FRIEDMAN,

LEGITIMIDADE DA JURISDIÇÃO CONSTITUCIONAL

Essa convergência é reconhecida, inclusive, pelos críticos atuais da Corte, que denunciam o que seria um distanciamento dessa postura de prudência em razão de uma consolidação excessiva de sua autoridade moral no imaginário coletivo.[18] Mesmo sem ingressar nas peculiaridades do debate norte-americano, o que se pode aproveitar da sua longa experiência é a vasta reflexão sobre a necessidade de que um tribunal constitucional, para exercer papel legítimo, consiga se incluir verdadeiramente na interação dinâmica com os agentes eleitos e com a sociedade. Sem isso, cai-se na perplexidade manifestada por diversos críticos do *judicial review* na época de sua introdução e expansão nos Estados Unidos: por que atribuir a uns poucos senhores de meia-idade, sem votos, a prerrogativa de contrariar os agentes eleitos e, em tese, o próprio povo?[19]

A expansão do papel que se espera da jurisdição constitucional devolve atualidade à pergunta. A resposta dada neste trabalho, naturalmente indicativa, é a de que a jurisdição constitucional somente pode aspirar a uma legitimação democrática contingente, resultante da sua capacidade de ser reconhecida pela sociedade como um canal valioso, mas não exclusivo, para o processamento de argumentos de princípio. E assim desempenhar alguns papéis relevantes na dinâmica de decisão democrática: possibilitar que minorias se expressem e sejam reconhecidas naquilo que decorra dos compromissos constitucionais, que determinados gargalos políticos sejam superados ou expostos à luz do dia, que argumentos e informações relevantes sejam incluídos no espaço público. Tudo isso mantendo uma postura de coragem respeitosa diante dessa mesma sociedade, que afinal conserva sempre o poder de realinhar suas instituições.

Nesse ambiente, a legitimação do poder pela representação eleitoral deve continuar a deter a primazia, mas passa a conviver e a exigir a complementação de novas formas de legitimidade associadas ao paradigma da democracia deliberativa. Isso dá origem a um sistema institucional complexo, que se pretende democrático e transfere esse qualificativo às decisões por ele

---

Barry. *The will of the people*: how public opinion has influenced the Supreme Court and shaped the Constitution. Nova York: Farrar, Strauss & Giroux, 2009. p. 11.

[18] Larry Kramer, *The people themselves*, op. cit., p. 232.

[19] Para uma interessante descrição dos debates que antecederam e se seguiram à adoção da *judicial review* nos Estados Unidos, ver Barry Friedman, *The will of the people*, op. cit., p. 10.

produzidas.[20] Todas elas sujeitas a um dever de fundamentação, expostas à crítica pública e passíveis de revisão permanente.

Sob esse ponto de vista, há muito espaço para o aperfeiçoamento do desenho institucional e até para a proposição de modelos alternativos, inclusive com o objetivo de conter o decisionismo judicial e incrementar ou recuperar a capacidade de intervenção efetiva do legislador na orientação política. Apesar disso, é preciso ter o cuidado de não teorizar sobre nuvens, denunciando violações a modelos de democracia e de separação dos poderes que não mais existem e, provavelmente, não podem mais existir.[21] Algo como dar as costas para a realidade e contemplar, com olhar saudoso, o século XIX. Ao revés, mesmo a proposição de ideais regulativos deve levar em conta as dificuldades funcionais do Poder Legislativo para exercer de modo exauriente a orientação da vida política em geral,[22] bem como o agravamento desse problema em temas sensíveis e polêmicos. Deve reconhecer, igualmente, a textura aberta da ordem jurídica — inclusive como opção política do próprio constituinte e do legislador —, bem como as consequências disso para a atividade de aplicação judicial do direito.

III. A jurisdição constitucional como parte de um *ciclo institucional democrático*

Não se pode encarar de forma descontextualizada a noção de que cabe à jurisdição constitucional proferir a palavra final sobre os temas que lhe são submetidos. Embora isso seja verdade do ponto de vista estático, cada decisão está inserida em um ciclo dinâmico de conformação democrática. Nesse

---

[20] Nessa mesma linha, sustentando que a legitimação do sistema institucional deve ser avaliada pela atuação conjunta de suas instituições, ver FALLON, Richard. The core of an uneasy case *for* judicial review. *Harvard Law Review*, v. 121, n. 7, p. 1725, 2008.

[21] Não é necessário ser um defensor do ativismo judicial para chegar à mesma conclusão. Embora esteja longe de ser um entusiasta da jurisdição constitucional e critique severamente o que identifica como excessos retóricos do Tribunal constitucional alemão, Habermas destaca o equívoco de se aferir a legitimidade das instituições contemporâneas pelos paradigmas jurídicos que se construíram no Estado social e, sobretudo, no Estado liberal. Ver HABERMAS, Jürgen. *Faktizität und Geltung*: Beiträge zur Diskurstheorie des Rechts und des demokratischen Rechtsstaats. Frankfurt am Main: Suhrkamp, 1998. p. 306-307.

[22] GRIMM, Dieter. *Die Zukunft der Verfassung*. Frankfurt am Main: Suhrkamp, 1991. p. 166-175.

contexto, há interferências políticas na escolha dos magistrados e no procedimento pelo qual decidem, limites formais e informais ao que pode ser decidido, influências da opinião pública anteriores e posteriores, bem como mecanismos de superação política da jurisprudência. Disso se podem extrair duas conclusões relevantes.

A primeira é a de que a decisão judicial é apenas *provisoriamente final*, uma vez que a mudança de entendimento é sempre possível e nem sequer deve ser vista como algo intrinsecamente negativo. Ela pode se dar pela oscilação da própria jurisprudência ou por uma reação por parte dos outros poderes, espontânea ou estimulada pela sociedade. Na medida em que a mudança tenha se processado por canais institucionais legítimos, essa ocorrência não significa necessariamente uma derrota da jurisdição constitucional. A ideia de ciclo democrático aceita como natural as variações de entendimento prevalente, em correspondência com o processo contínuo de *processamento* das percepções majoritárias à luz das balizas inerentes ao estado de direito.[23]

Por outro lado, e aqui se cuida da segunda conclusão, a falta de reações institucionais indica certa acomodação dos agentes eleitos ao que foi decidido pelo órgão jurisdicional. Isso pode parecer pouco, inclusive pelo argumento de que a tentativa de superar a jurisprudência poderia envolver custos políticos elevados para os agentes eleitos, limitando a sua possibilidade real de interferir. Imagine-se, *e.g.*, eventual proposta de emenda destinada a desautorizar o reconhecimento das uniões homoafetivas ou o aborto nos casos de anencefalia. É razoável supor que propostas como essas tenderiam a gerar uma onda de insatisfação nas pessoas diretamente afetadas e mesmo naquelas que, embora estivessem inicialmente alheias ou indiferentes, tachariam a medida como retrocesso social ou desmoralização da Corte.

Ou seja, não é despropositada a suposição de que os custos políticos relacionados com a superação de jurisprudência possam ser mais elevados do

---

[23] SILVA, Virgílio Afonso da. O STF e o controle de constitucionalidade: deliberação, diálogo e razão pública. *Revista de Direito Administrativo*, Rio de Janeiro, v. 250, p. 214, 2009: "Se se compreende o controle de constitucionalidade como um processo de diálogo, logo se percebe que esse diálogo, ao contrário do processo em sentido jurídico-formal, não tem fim. O diálogo está sempre aberto a novos argumentos, seja por parte do legislador, seja por parte dos tribunais, seja por parte da sociedade civil".

que os de um ato político originário com o mesmo teor. E certamente serão mais intensos, politicamente, do que a inércia em relação aos mesmos temas, da qual decorria o *status quo* modificado pela jurisdição. Não se pode afirmar, porém, que esse agravamento seja arbitrário ou ilegítimo. Em um plano mais geral, é natural e desejável que haja dificuldade institucional na superação das decisões de um tribunal constitucional, ao qual se atribui a função de proteger o pacto constituinte contra as circunstâncias da política ordinária. Quando os agentes eleitos se lançam em uma iniciativa para reverter um entendimento emanado dessa origem, expõem-se à possível crítica de que estariam ignorando ou subvertendo, deliberadamente, as normas mais importantes do sistema jurídico. É razoável que somente procedam a esse passo com a perspectiva de apoio ou, no mínimo, indiferença por parte da população.

De forma mais específica, e com maior importância, a dificuldade concreta pode resultar do fato de a manifestação jurisdicional estar em razoável sintonia com demandas sociais, possivelmente frustradas pela recalcitrância ou desinteresse do sistema político em produzir o mesmo resultado.[24] Esse teria sido, *e.g.*, o pano de fundo para a decisão da Suprema Corte em *Brown vs. Board of Education*, na qual se declarou a invalidade da segregação racial nas escolas. Sob a aparência de revolução, o ato jurisdicional seria antes o marco de deflagração de um impulso de reforma já dominante na sociedade, contrastado por focos de resistência minoritária, mas influentes, que vinham conseguindo criar custos políticos elevados demais para uma atuação

---

[24] Em instigante artigo doutrinário, Corinna Barret Lain identifica essa possibilidade de que a realização da vontade majoritária ocorra de cima para baixo, nos seguintes termos: "Polarização política, interesses especiais monetarizados, deficiências de votação, poderes de veto — existe um conjunto de razões pelas quais o processo de decisão democrático pode não produzir resultados majoritários, assim como há um número de razões pelas quais decisões da Suprema Corte podem. Tomadas em conjunto, essas duas correntes separadas de doutrina sugerem um mundo em que, às vezes, os papéis institucionais parecem colocados de ponta cabeça: os ramos mais majoritários em teoria são os menos majoritários na prática, e vice-versa. Nesse mundo invertido, uma decisão da Suprema Corte pode parecer contramajoritária porque o termo de comparação contra o qual é analisada — o desenho ostensivamente majoritário dos ramos legislativo e executivo — não é majoritário no final das contas. Em uma democracia representativa, às vezes os ramos majoritários não o são" (Corinna Barret Lain, Upside-down judicial review, op. cit., p. 115-116, 2012; tradução livre).

LEGITIMIDADE DA JURISDIÇÃO CONSTITUCIONAL

dos agentes eleitos. Essas resistências se provariam tão encarnecidas que a efetiva unificação das escolas levaria mais de uma década para se implementar de forma generalizada.[25]

No Brasil, situação semelhante ocorreu nas decisões do STF que vedaram o nepotismo no poder público e reconheceram o direito da mulher de interromper uma gestação de feto anencefálico.[26] Em ambos os casos, a manifestação do Tribunal foi reconhecidamente ao encontro de opiniões que eram dominantes no corpo social, mas que o legislador não pôde, não soube ou não quis *captar*. Esse desencontro pode ser explicado por diferentes fatores. No caso da anencefalia, o interesse em não desagradar minorias ruidosas e articuladas, somado ao baixo custo político da inércia na perspectiva individual de cada parlamentar.

Nesse sentido, sequer se pode descartar a hipótese de a jurisdição ter produzido o resultado correspondente à percepção majoritária dos próprios agentes eleitos, a despeito de não estarem dispostos a assumir o ônus de implementação da medida.[27] Já em relação ao nepotismo, não é leviano supor que o autointeresse dos agentes políticos tenha desempenhado um papel relevante na falta de uma iniciativa do Congresso, secundado pela naturalidade com que a população parecia aceitar o apadrinhamento de parentes como um traço da cultura nacional, ainda que negativo.

Mesmo quando não seja possível identificar um efetivo alinhamento entre a atuação judicial e a vontade popular, a falta de respostas institucionais bem-sucedidas pode ser entendida como uma sinalização de que, pelo menos, as Cortes não teriam adotado posição grosseiramente conflitante com o sentimento social. Com isso não se está sugerindo que o fundamento de validade da jurisdição constitucional seja sua capacidade de realizar ou sua

---

[25] BARROSO, Luís Roberto. *O novo direito constitucional brasileiro*: contribuições para a construção teórica e prática da jurisdição constitucional no Brasil. Belo Horizonte: Fórum, 2012. p. 275.

[26] Em sentido semelhante quanto ao nepotismo e incluindo, na mesma categoria, a decisão que determinou a perda do mandato parlamentar pela troca injustificada de partido, ver PEREIRA, Jane Reis Gonçalves. Retrospectiva direito constitucional 2008: a expansão do Judiciário e o constitucionalismo cosmopolita. *Revista de Direito do Estado*, n. 13, p. 16, 2009.

[27] Sobre essa transferência de responsabilidade política, das instâncias eleitas para a jurisdição constitucional, ver GRABER, Mark. The nonmajoritarian difficulty: legislative deference to the Judiciary. *Studies in American Political Development*, n. 7, p. 37-38, Spring 1993.

A RAZÃO E O VOTO: DIÁLOGOS CONSTITUCIONAIS COM LUÍS ROBERTO BARROSO

prudência de não afrontar a vontade majoritária, assumindo que ela realmente exista.[28] Afirma-se apenas que o ato jurisdicional deve ser visto como parte integrante de um *ciclo institucional de decisão democrática*, o qual abre espaço para atuações mais ou menos impopulares por parte dos três poderes, bem como para mecanismos de reação que podem ou não prosperar.

Em outras palavras, é bastante razoável sustentar que a jurisdição constitucional se move, naturalmente, dentro de uma certa *faixa de aceitabilidade política e social* — delimitada pelo desenho institucional vigente, pelas interações pretéritas e correntes entre a jurisdição e o sistema político e pela própria cultura jurídica dominante. Em alguns casos, o tempo se encarregará de dissipar insatisfações e incorporar uma decisão, antes polêmica, ao senso comum. No Brasil, esse processo ocorreu, *e.g.*, em relação às próprias uniões estáveis convencionais, inicialmente reconhecidas pelo Judiciário na contramão de preconceitos fortemente arraigados.[29] Em outras situações, é possível que a polêmica persista indefinidamente, como se verifica nos Estados Unidos quanto à decisão em *Roe Vs. Wade*, que liberou o aborto até o final do primeiro trimestre de gestação.

Mesmo nesse caso extremo, porém, é simplista acusar a Suprema Corte americana de estar se impondo voluntaristicamente há mais de 30 anos, o que significa desconsiderar, convenientemente, a incapacidade ou o desinteresse das instâncias políticas em produzir a superação do precedente. Nessa linha, o banimento da pena de morte também foi ensaiado pela Corte, mas foi objeto de reação efetiva.[30] Ao fim e ao cabo, a jurisdição foi responsável

---

[28] Corinna Barret Lain, Upside-down judicial review, op. cit., p. 118: "Além disso, identificar a vontade majoritária é notoriamente difícil. Pesquisas de opinião pública podem ser distorcidas, dependendo de como as perguntas sejam formuladas. Apoio institucional pode refletir a opinião das elites, e não da população. O mesmo se pode dizer da mídia popular. Ainda assim, cada uma dessas medidas é vital para entender o contexto sociopolítico mais abrangente em que a Suprema Corte opera; cada uma delas desempenha um papel na indicação da visão majoritária. Na extensão em que a vontade majoritária exista — e, algumas vezes, talvez frequentemente, isso não acontece — ela é o produto de uma confluência de forças, cada uma delas contribuindo da sua própria maneira para um sentido de consenso". (Tradução livre)

[29] A título de exemplo, na jurisprudência do STF, v. RE 52.541, *DJ* 7.11.1963, rel. min. Ribeiro da Costa.

[30] No julgamento de *Furman v. Georgia*, 408 U.S.238 (1972), por maioria de cinco a quatro, a Suprema Corte invalidou a legislação da União e de outros 39 estados acerca da aplicação da pena

LEGITIMIDADE DA JURISDIÇÃO CONSTITUCIONAL

por deflagrar a inovação em matéria de aborto, mas sua continuidade precisa ser creditada ao sistema institucional de forma mais ampla.

E aqui é interessante notar que essa responsabilidade compartilhada ganha especial relevo nas questões de maior repercussão, nas quais uma parcela da sociedade exerce ou poderia efetivamente exercer pressão pela derrubada da jurisprudência. Isso produz uma distorção curiosa: os casos que costumam ser invocados para se criticar uma possível transferência ilegítima de poder, das maiorias políticas para os tribunais, são justamente aqueles em que o crivo da opinião pública pode ser mais imediato e intenso — o que reforça a tese de acomodação democrática.

Em oposição a essa linha argumentativa, é certo que se pode suscitar, sobretudo sob o ponto de vista político, o argumento de que a ausência de reações efetivas às decisões judiciais não seria propriamente resultado de uma acomodação democrática, e sim de uma excessiva passividade do povo e dos agentes eleitos.[31] Nesse ponto, ainda que o conformismo possa desempenhar um papel relevante na ausência de questionamentos mais incisivos, continua sendo impossível ignorar que a autoridade de uma corte constitucional é, por definição, *aceita* — e não *imposta*.[32] E aqui é preciso evitar

---

de morte. Como os demais estados já não adotavam a prática, o resultado foi tornar a medida temporariamente impossível. Em meio a profundo dissenso, com apenas dois dos magistrados declarando claramente a inconstitucionalidade chapada desse tipo de sanção, prevaleceu uma visão intermediária no sentido de que a pena de morte seria inválida nos termos então praticados, sobretudo pela tendência de que as condenações recaíssem de forma desproporcionalmente mais elevada sobre acusados negros. Apenas quatro anos depois, 35 dos 39 estados já havia editado novas leis e reintroduzido a prática, acompanhada de algumas salvaguardas procedimentais, como a exigência de corpos de jurados diversos para as fases de condenação e imposição da pena. Para uma análise específica sobre o julgamento, seu pano de fundo e as reações legislativas que se seguiram, ver Corinna Barret Lain, Upside-down judicial review, op. cit., p. 125 e segs.

[31] Larry Kramer, *The people themselves*, op. cit., p. 233: "A supremacia (judicial) é um princípio ideológico cujo único propósito é persuadir os cidadãos comuns de que, qualquer que seja a sua opinião sobre as decisões da Suprema Corte, não é seu papel questionar a sua autoridade. É um mecanismo para defletir e diluir a energia do constitucionalismo popular. Essa energia não pode ser inteiramente contida, e a história tem demonstrado repetidamente quão irresistíveis podem ser as pressões políticas opostas contra uma Corte que 'vai longe demais'. O objetivo da supremacia judicial é tornar esse ponto de ruptura tão distante quanto possível: maximizar a autoridade da Corte ao inculcar uma atitude de deferência e submissão aos seus julgamentos". (Tradução livre)

[32] Barry Friedman, *The will of the people*, op. cit., p. 14: "A Corte tem esse poder apenas porque, ao longo do tempo, o povo americano decidiu cedê-lo aos *justices*. A outorga do poder é condicional

recair no pecado inverso, criticando o suposto elitismo da jurisdição e seu possível avanço sobre o processo democrático a partir de uma pressuposição, velada, de que o povo precisa ser conduzido para fora de sua alegada passividade por alguma outra elite ilustrada, política ou acadêmica. Ainda mais sem que esse discurso venha acompanhado de ideias adicionais para revitalizar os canais tipicamente políticos de representação, cujos atos também são recebidos com manifesto distanciamento e passividade por parte da grande maioria, sem falar nas mais recentes irrupções de ira com as insuficiências dos mecanismos tradicionais de representação.

Em rigor, é mais fácil que a interferência de um tribunal constitucional desperte algum tipo de reação popular do que a atuação difusa do Legislativo. Não apenas pela especial visibilidade das controvérsias judicializadas, mas sobretudo porque a jurisdição não se beneficia do manto de legitimidade democrática pressuposta que o senso comum atribui, em abstrato, às decisões tomadas pelos agentes eleitos.[33] Isso faz com que as manifestações jurisdicionais precisem se justificar em dois planos: o do seu próprio mérito e o da validade da sua interferência. Essa é uma alavanca intuitiva para a crítica pública, caso haja agentes dispostos a promovê-la. É isso, aliás, que fazem os doutrinadores que se opõem à jurisdição constitucional ou defendem variações atenuadas, de forma perfeitamente legítima. O que se questiona aqui é, unicamente, a tentativa de apresentar o mecanismo como um intruso na democracia, passando ao largo da sua incorporação pelo sistema democrático e, ao mesmo tempo, colocando em segundo plano as vicissitudes inerentes aos canais diretamente representativos.

Por tudo quanto foi exposto, há uma dose considerável de exagero retórico na afirmação de que a jurisdição constitucional seria capaz de proferir

---

e poderia ser retirada a qualquer tempo. As ferramentas de controle popular não se dissiparam; elas apenas não foram necessárias". (Tradução livre)

[33] Justamente por isso, aliás, alguns autores defendem que decisões em temas polêmicos podem acabar exacerbando nichos de resistência a processos de evolução social, retardando a afirmação política dos direitos subjacentes. Na literatura norte-americana, o exemplo mais citado seria o recrudescimento das forças conservadoras em resposta à decisão proferida em *Roe v. Wade*, que reconheceu a possibilidade de as mulheres optarem pelo aborto até o final do primeiro trimestre da gestação. Sobre o tema, sustentando que a deflagração do debate não é prejudicial em si mesma, ver POST, Robert; SIEGEL, Reva. Roe Rage: democratic constitutionalism and backlash, *Harvard Civil Rights-Civil Liberties Law Review*, v. 42, 2007.

a palavra final em toda e qualquer controvérsia, ainda mais de forma sistemática. De certa forma, a jurisdição fala por último até que fatores externos consigam influenciá-la na outra direção ou o sistema político reúna condições para falar mais alto. O fato de isso não ocorrer com frequência ou em certas matérias controversas não legitima a suposição contrafactual de que às maiorias restaria apenas a opção de se conformarem, resignadamente, com os desígnios judiciais. Em vez disso, a jurisdição se insere em um sistema institucional complexo de processamento das aspirações e interesses políticos existentes na sociedade, instituído democraticamente. Desse sistema fazem parte, igualmente, as instituições representativas, com suas próprias limitações intrínsecas no que concerne à captação e realimentação do sentimento social. Nesse arranjo, é mais fácil alocar a responsabilidade pelas iniciativas do que encontrar um *culpado* único pelos resultados provisoriamente finais.

IV. A jurisdição constitucional como instância de representação argumentativa da sociedade

Em essência, é um reducionismo supor que haja uma identidade absoluta entre democracia e regra majoritária.[34] Tomada na sua literalidade, essa concepção poderia levar à conclusão de que, após uma votação geral, os vencedores poderiam, *democraticamente*, decidir escravizar os perdedores. Ou então excluí-los da fruição de determinados direitos, como a liberdade religiosa, pelo menos até o desfecho da próxima rodada de votações. Os exemplos extremos ajudam a evidenciar o equívoco desse ponto de vista, que consiste em equiparar a democracia a uma regra procedimental de decisão — a prevalência da maioria — sem qualquer conteúdo substancial que justifique ou imponha a adoção desse critério. Esse automatismo é compreensível e suficiente para a operação cotidiana da democracia, mas é superficial.

Em vez disso, uma reflexão mais atenta permite identificar a democracia com o regime em que todos os cidadãos podem participar do processo de

---

[34] MENDES, Conrado Hübner. *Controle de constitucionalidade e democracia*. Rio de Janeiro: Elsevier, 2008. p. 69 e 70.

autogoverno, de forma contínua e com um mínimo de igualdade formal.[35] Não se trata de um jogo de palavras. Do ponto de vista lógico, a regra majoritária decorre de um fundamento material, que é a igualdade essencial dos participantes do processo decisório.[36] Somente entre iguais é que faz sentido impor a maioria de votos como critério para a tomada de decisões vinculantes para todos. É assim que a autodeterminação pessoal se converte em autovinculação ao governo coletivo.[37] Por isso mesmo, também do ponto de vista lógico, tal conversão nunca pode dar origem a procedimentos ou resultados que tratem os indivíduos como meros objetos de decisão.

Disso decorre, para cada pessoa, o direito de ser tratada como membro igualmente digno da comunidade política.[38] Na prática, esse direito básico se especializa em um conjunto amplo de direitos fundamentais, idealmente subtraídos do poder de disposição das maiorias. O complemento necessário é um *direito fundamental de exigir fundamentos* para os atos de autoridade.[39] Os fundamentos teóricos da democracia impedem a anulação do indivíduo perante a coletividade e, mais ainda, a anulação da sociedade em face dos órgãos eletivos. Nesse sentido, o mandato conferido aos agentes políticos em um momento inicial não desobriga o poder público de responder questionamentos quanto à validade dos atos por ele praticados. Essa lógica está

---

[35] Em linha semelhante, identificando o fundamento último da democracia com a realização do autogoverno, nas perspectivas individual e coletiva, ver MÖLLERS, Christoph. *Die drei Gewalten*: Legitimation der Gewaltengliederung in Verfassungsstaat, Europäischer Integration und Internationalisierung. Weilerswist: Velbrück, 2008. p. 57 e segs.

[36] VIEIRA, Oscar Vilhena. *Supremo Tribunal Federal*: jurisprudência política. São Paulo: Malheiros, 2002. p. 26.

[37] FLEINER-GERSTER, Thomas. *Teoria geral do Estado*. São Paulo: Martins Fontes, 2006, p. 434; e KELSEN, Hans. *Teoria geral do direito e do Estado*. São Paulo: Martins Fontes, 2005. p. 408-410.

[38] BARROSO, Luís Roberto. A razão sem voto: o Supremo Tribunal Federal e o governo da maioria. 2015: "A democracia, portanto, para além da dimensão procedimental de ser o governo da maioria, possui igualmente uma dimensão substantiva, que inclui igualdade, liberdade e justiça. É isso que a transforma, verdadeiramente, em um projeto coletivo de autogoverno, em que ninguém é deliberadamente deixado para trás. Mais do que o direito de participação igualitária, democracia significa que os vencidos no processo político, assim como os segmentos minoritários em geral, não estão desamparados e entregues à própria sorte. Justamente ao contrário, conservam sua condição de membros igualmente dignos da comunidade política".

[39] FORST, Rainer. *Das Recht auf Rechtfertigung*: Elemente einer konstruktivistischen Theorie der Gerechtigkeit. Frankfurt am Main: Suhrkamp, 2007. p. 255.

LEGITIMIDADE DA JURISDIÇÃO CONSTITUCIONAL

por trás do direito de petição e do acesso à justiça de forma geral, não apenas para a defesa de interesses próprios, mas também como instrumento para participação na gestão dos interesses coletivos. É isso que justifica a existência de figuras como a ação civil pública e a ação popular, entre outras formas de mobilização do aparato jurisdicional, por parte da sociedade, para o controle dos atos estatais.

Veja-se que aqui não se contém um argumento no sentido de considerar a jurisdição constitucional imprescindível, já que, em tese, as próprias maiorias poderiam ficar encarregadas de estabelecer o marco divisório entre o que podem ou não impor por critérios de mera preferência/conveniência, sem violar direitos fundamentais.[40] No entanto, onde haja jurisdição constitucional, o reconhecimento de que a democracia não se exaure na regra majoritária, incorporando também um direito de exigir fundamentos, pode contribuir em grande medida para a legitimação democrática do mecanismo. Isso porque a jurisdição permite a indivíduos e grupos confrontarem os atos do poder público a partir da sua própria visão sobre o conteúdo de seus direitos, exigindo que um órgão estatal justifique sua validade com base em argumentos jurídicos. Mesmo que seja para afirmar que as normas vigentes não imporiam determinada providência necessária e que a escolha política efetuada, no caso, não poderia ser considerada ilegítima.

A capacidade de processar e responder às manifestações da sociedade, por meio de argumentos consistentes à luz da Constituição, pode conferir à jurisdição constitucional uma espéciede *representação argumentativa*.[41] O ponto é referido no artigo do professor Luís Roberto Barroso, nos seguintes termos:

---

[40] Ibid., p. 249: "Ao contrário de uma forma muito forte de autotranscendência (como em Nagel), basta que pessoas racionais diferenciem dois *contextos de justificação*: o contexto ético, no qual se encontram as respostas a perguntas sobre conceitos de vida boa, que não precisam necessariamente ser capazes de consenso geral; e o contexto da validade de normas gerais, que devem se apoiar em argumentos a serem justificados em bases de reciprocidade e generalidade. Esses contextos não devem ser compreendidos como domínios valorativos separados *a priori*; em vez disso, são definidos discursivamente". (Tradução livre). No mesmo sentido, destacando que a defesa da supremacia parlamentar não significa negação da premissa de que os direitos fundamentais seriam limites à pura vontade majoritária, ver WALDRON, Jeremy. The core of the case against judicial review. *The Yale Law Journal*, v. 115, p. 1364-1365, 2006.

[41] A primeira manifestação da ideia pode ser encontrada em ALEXY, Robert. Ponderação, jurisdição constitucional e representação popular. In: SOUZA NETO, Cláudio Pereira de; SARMEN-

A RAZÃO E O VOTO: DIÁLOGOS CONSTITUCIONAIS COM LUÍS ROBERTO BARROSO

Em uma visão tradicional e puramente majoritária da democracia, ela se resumiria a uma *legitimação eleitoral* do poder. Por esse critério, o fascismo na Itália ou o nazismo na Alemanha poderiam ser vistos como democráticos, ao menos no momento em que se instalaram no poder e pelo período em que tiveram apoio da maioria da população. Aliás, por esse último critério, até mesmo o período Médici, no Brasil, passaria no teste. Não é uma boa tese. Além do momento da investidura, o poder se legitima, também, por suas ações e pelos fins visados.[42] Cabe aqui retomar a ideia de democracia deliberativa, que se funda, precisamente, em uma legitimação discursiva: as decisões políticas devem ser produzidas após debate público livre, amplo e aberto, ao fim do qual se forneçam as *razões* das opções feitas. Por isso se ter afirmado, anteriormente, que a democracia contemporânea é feita de votos e argumentos. Um *insight* importante nesse domínio é fornecido pelo jusfilósofo alemão Robert Alexy, que se refere à corte constitucional como *representante argumentativo da sociedade*. Segundo ele, a única maneira de reconciliar a jurisdição constitucional com a democracia é concebê-la, também, como uma representação popular. Pessoas racionais são capazes de aceitar argumentos sólidos e corretos. O constitucionalismo democrático possui uma legitimação discursiva, que é um projeto de institucionalização da razão e da correção.[43]

O raciocínio coloca em evidência a necessidade de que todo o poder exercido em um ambiente democrático seja encarado como manifestação de uma autoridade delegada pelo conjunto de cidadãos. Apesar desse mérito, a ideia produz uma aproximação entre jurisdição e representação política que deve ser tratada com cautela. Do ponto de vista estrutural, o Parlamento é formado por um processo de escolha popular. Disso decorre algum tipo de *conexão palpável* entre a vontade dos eleitores e a escolha dos eleitos, transferindo aos segundos um papel de efetiva *representação* dos primeiros.[44] Ainda

---

TO, Daniel (Org.). *A constitucionalização do direito*: fundamentos teóricos e aplicações específicas. Rio de Janeiro: Lumen Juris, 2007. p. 302.

[42] Ver MOREIRA NETO, Diogo de Figueiredo. *Teoria do poder*. Parte I. São Paulo: Revista dos Tribunais, 1992. p. 228-231, em que discorre sobre a legitimidade *originária*, *corrente* e *finalística* do poder político.

[43] Luís Roberto Barroso, A razão sem voto: o Supremo Tribunal Federal e o governo da maioria, op. cit.

[44] MÖLLERS, Christoph. Legalität, Legitimität und Legitimation des Bundesverfassungsgericht. In: JESTAEDT, Matthias et al. *Das entgrenzte Gericht*: Eine kritische Bilanz nach sechzig Jahren Bundesverfassungsgericht. Berlim: Suhrkamp, 2011. p. 318-319.

que o mandato seja livre e não mais imperativo, o mecanismo é idealizado para estabelecer um ponto de contato entre a opinião pública e a formação da vontade política do Estado. Em tese, a periodicidade das eleições tem o papel de renovar e preservar esse alinhamento mínimo, permitindo a substituição dos parlamentares que não hajam correspondido às expectativas sociais.

A jurisdição constitucional, por sua vez, não é baseada na legitimação eleitoral e, por isso mesmo, não dispõe de nenhum elemento originário de conexão estrutural com todo o conjunto de cidadãos. Por mais plural que seja o processo decisório de um tribunal, as suas decisões terão sido produzidas com a participação de uma pequena fração dos interessados — sejam aqueles que simplesmente se deram ao trabalho de litigar, sejam aqueles que tiveram melhores condições de superar as dificuldades do acesso à justiça. Mais importante ainda é constatar que o critério imediato de legitimidade da jurisdição constitucional não é a harmonia de suas decisões com a vontade popular, e sim a capacidade de demonstrar que elas correspondem a desenvolvimentos consistentes da ordem jurídica.

Isso não significa que a opinião pública seja irrelevante. Como já se demonstrou, a jurisdição precisa operar dentro de uma faixa de aceitabilidade social, sob pena de sua influência ser tão corajosa quanto efêmera, inexistindo razões para que uma sociedade preserve juízes-filósofos cujas convicções destoem inteiramente do meio circundante. Para além de uma base de respeitabilidade difusa,[45] o apoio popular específico a determinado provimento jurisdicional é um *plus* a ser celebrado. Decisões populares aumentam o capital institucional de que a Corte dispõe, conferindo suporte, a médio e longo prazos, para futuras atuações efetivamente contramajoritárias.[46] A despeito da relevância prática desse modelo de acumulação de prestígio, a popularidade de um provimento jurisdicional não pode funcionar como fator autônomo de legitimação.[47]

---

[45] Sobre a ideia de apoio difuso como pressuposto de sustentabilidade da jurisdição consitucional, ver EASTON, David. *Uma teoria de análise política*. Rio de Janeiro: Zahar, 1968. Na literatura nacional, ver BRANDÃO, Rodrigo. *Supremacia judicial* versus *diálogos constitucionais*: a quem cabe a última palavra sobre o sentido da Constituição? Rio de Janeiro: Lumen Juris, 2012.

[46] Luís Roberto Barroso, *O novo direito constitucional brasileiro*, op. cit., p. 279.

[47] No mesmo sentido, ver Jane Reis Gonçalves Pereira, Retrospectiva direito constitucional 2008, op. cit., p. 16: "Essa asserção, todavia, não significa que a nova postura assumida pelo STF, espe-

Ao contrário, parte essencial da utilidade de juízes e tribunais consiste na percepção social de que eles não são meras variantes da classe política, operando por uma lógica diversa e estando dispostos a contrariar a opinião pública quando entendam ser isso necessário para o desempenho da sua função institucional. Não se pode, portanto, entender o termo *representação argumentativa* como a mera capacidade de traduzir, em linguagem jurídica, o sentimento social dominante. Por essas razões, em vez de adotar a ideia de que a jurisdição constitucional funciona como representante argumentativo da coletividade, parece mais adequado colocar em evidência seu papel de *catalisador do direito individual de participação no autogoverno*, invocado quer por um único indivíduo, quer por grupos numerosos.

Cuida-se aqui da *democracia na perspectiva de cada pessoa*, que tem o direito de questionar as ações e omissões das autoridades públicas para exigir que cumpram a ordem jurídica vigente e, sobretudo, que respeitem a sua igual dignidade como membro da comunidade política.[48] Ainda quando a vontade majoritária consiga superar resistências e se impor, os vencidos devem ter a oportunidade de expor seus argumentos — sobretudo quando pretendam defender que a decisão teria invadido um espaço insuscetível de preenchimento por juízes de mera preferência. Imagine-se, *e.g.*, que uma lei proíba determinada prática religiosa, como o sacrifício ritual de animais. Mesmo que o banimento prevaleça, é razoável afirmar que, segundo a concepção atual de democracia, os afetados deveriam ter o direito de sustentar que essa não seria uma opção disponível para as maiorias, por se inserir no domínio do direito fundamental à liberdade religiosa.[49]

---

cialmente no que toca ao alcance das súmulas vinculantes, não represente um perigo para a democracia representativa. Os precedentes em questão não se legitimam procedimentalmente pelos resultados que viabilizaram. Em outras palavras, a forma não pode ser blindada pelo conteúdo. A conversão das súmulas vinculantes em instrumentos de normatização — além de não ter respaldo no texto constitucional — representa uma severa releitura do princípio da separação de poderes, que não é contemplada nem mesmo pelas visões mais complacentes com a expansão do poder judicial. A questão em pauta, portanto, não é se queremos ou não um Judiciário ativista, mas que grau de ativismo a democracia brasileira pode tolerar".

[48] ROSANVALLON, Pierre. *Democratic legitimacy*. Princeton; Oxford: Princeton University, 2011. p. 131.

[49] O STF ainda não se pronunciou sobre o sacrifício de animais em rituais religiosos, mas produziu dois precedentes em que se declarou a inconstitucionalidade de práticas tradicionais que

LEGITIMIDADE DA JURISDIÇÃO CONSTITUCIONAL

Nesses termos, a jurisdição funciona como canal de amplificação da autonomia moral que serve de fundamento, lógico e filosófico, para todos os arranjos coletivos que se pretendam democráticos. Enquanto o Parlamento representa as correntes politicamente relevantes — em intensidade proporcional à sua capacidade de obter sucesso eleitoral —, a jurisdição teria o papel de dar a qualquer um, maioria ou minoria, a prerrogativa de se colocar diretamente como sujeito do processo democrático, exigindo respostas estatais na linguagem dos direitos. Sendo bem-sucedida nessa tarefa, uma Corte constitucional pode ser assimilada pelo conjunto da sociedade como um fórum argumentativo relevante: uma alavanca de complemento e contraponto às instâncias representativas na materialização do autogoverno democrático.

Esse é o fundamento teórico mais proeminente para se defender a conveniência de que a jurisdição constitucional deva poder ser acessada, de forma direta, por qualquer indivíduo que se sinta lesado em seus direitos fundamentais — sem prejuízo de que isso exija um filtro de cabimento extremamente rigoroso, de modo a limitar a efetiva atuação judicial aos casos de violação grave e manifesta. Esse raciocínio é encontrado com especial ênfase na literatura alemã, na qual se destaca a essencialidade da *Verfassungsbeschwerde* (queixa constitucional) no sistema de legitimação do Tribunal Constitucional Federal.[50] Responsável por quase 97% de todas as ações analisadas pela Corte,[51] essa classe processual se notabiliza justamente pela possibili-

---

seriam incompatíveis com a regra constitucional, prevista no art. 225, VII, que veda a crueldade contra esses seres. Os casos analisados envolviam a farra do boi e a rinha de galo.

[50] Sascha Kneip, *Verfassungsgerichte als demokratische Akteure*, op. cit., p. 278: "Do ponto de vista ideal, a grande quantidade de queixas constitucionais expressa não apenas a forte legitimação empírica do Tribunal Constitucional Federal, mas também a autopercepção dos cidadãos como controladores dos poderes democráticos: na medida em que se dirigem a Karlsruhe com ações constitucionais, eles podem fazer com que ocorra o controle da atividade executiva, legislativa e mesmo da judicatura. Dessa forma, o Tribunal Constitucional torna-se uma espécie de '*lender of the last resort*' (garantidor último), funcionando como uma boia de salvação de última instância quando todos os outros caminhos — tanto políticos quanto jurídicos — hajam sido esgotados. Essa percepção sobre o Tribunal explica, afinal, os seus impressionantes índices de aprovação social, a despeito das ínfimas perspectivas de sucesso das queixas constitucionais individuais". (Tradução livre)

[51] Estatísticas detalhadas podem ser consultadas em seção específica na página eletrônica do Tribunal constitucional alemão: <www.bundesverfassungsgericht.de/organisation.html>.

dade de ajuizamento individual, fazendo com que a sociedade civil seja o principal agente de provocação da jurisdição constitucional.[52]

No Brasil, como se sabe, a legitimação individual para suscitar a atuação do STF, via arguição de descumprimento de preceito fundamental, chegou a ser prevista na Lei nº 9.882/1999, mas acabou vetada por *contrariedade ao interesse público*. No caso, o temor de se provocar uma maior sobrecarga do Supremo Tribunal Federal serviu de justificativa para o bloqueio de uma inovação que estaria alinhada com seu papel institucional por excelência. Enquanto isso, a Corte se debate no julgamento anual de dezenas de milhares de processos que sequer discutem autêntica matéria constitucional, de mandados de segurança contra quaisquer atos do Tribunal de Contas da União a uma enxurrada de *habeas corpus*, em sua imensa maioria desprovidos de qualquer tese constitucional específica.[53] É esse tipo de discrepância que acaba provocando a sobrecarga menos justificável do STF, com reflexos negativos, inclusive, sobre a eficácia dos demais canais de provocação da Corte.

V. Conclusão: a contribuição da jurisdição constitucional para o debate público

Com as limitações e contingência descritas, mais do que afirmar que a jurisdição constitucional pode ser um mecanismo aceitável de decisão democrática, o que se defende é que ela dispõe de bons argumentos a seu favor.[54] Situar em uma Corte a palavra *provisoriamente final* pode ajudar a construir,

---

[52] Em linha semelhante, a possibilidade de acesso individual — copiada do sistema alemão — teria sido uma das causas para a rápida afirmação da jurisdição constitucional na Colômbia, uma vez que reforça nos magistrados a percepção da legitimidade da sua atuação. Sintomaticamente, uma das reações do sistema político à *postura ativista* do Tribunal constitucional consistiu na criação de condicionantes ao acesso individual. Ver GLOPPEN, Siri et al. *Courts and power in Latin America and Africa*. Nova York: Palgrave Macmillan, 2010. p. 58-59.

[53] Em 2013, o STF julgou 5.085 pedidos de *habeas corpus*. Em 2012, foram 5.028. Estatísticas abrangentes disponíveis em: <www.stf.jus.br/portal/cms/verTexto.asp?servico=estatistica&pagina=pesquisaClasseAnosAnteriores>.

[54] Para uma defesa forte da jurisdição constitucional, já no contexto do debate atual sobre a matéria, sustentando que se trata do complemento natural à própria ideia de constitucionalismo, ver SCHAUER, Frederick. Judicial supremacy and the modest constitution. *Califórnia Law Review*, v. 92, n. 4, p. 1056, 2004.

LEGITIMIDADE DA JURISDIÇÃO CONSTITUCIONAL

manter ou aprofundar um equilíbrio deliberativo entre as forças sociais relevantes, complementando a atuação das instâncias representativas. E isso em diversos sentidos, entre os quais três merecem destaque: (i) introduzindo novos argumentos no espaço público ou colocando-os em evidência;[55] (ii) ajudando a superar gargalos ou resistências autointeressadas do sistema político; e (iii) permitindo a participação e facilitando a consideração de agentes sociais que teriam acesso dificultado aos agentes eleitos.

A soma desses aspectos, quando funcionais, permite que a jurisdição constitucional atenue distorções e limitações intrínsecas da democracia representativa, tornando-a mais palatável para pessoas imersas em uma cultura individualista de direitos fundamentais.[56] O processo de decisão perante um tribunal dá a cada pessoa ou grupo social a oportunidade de deduzir seus pleitos de justiça, cobrando a observância do estado de direito e do seu direito de serem tratados com igual respeito e consideração. Para as minorias em especial, ainda quando não saiam vitoriosas do seu *dia na Corte*, essa pode ser uma forma de ouvir e fazer ouvir sua própria voz, tornando menos abstrata a ideia de que participam em um projeto coletivo de autogoverno democrático.[57]

A existência, extensão e legitimidade da interferência judicial sobre as decisões das instâncias eleitas devem estar permanentemente abertas a crítica e revisão. Não existe uma coação externa ou interna irresistível que proíba

---

[55] Sobre a ampliação do alcance de argumentos, por vezes efetuada pela jurisdição constitucional, ver Luís Roberto Barroso, A razão sem voto: o Supremo Tribunal Federal e o governo da maioria, op. cit.: "É estranho, mas vivemos uma quadra em que a sociedade se identifica mais com seus juízes do que com seus parlamentares. Um exemplo ilustra bem a afirmação: quando o Congresso Nacional aprovou as pesquisas com células-tronco embrionárias, o tema passou despercebido. Quando a lei foi questionada no STF, assistiu-se a um debate nacional. É imperativo procurar compreender melhor esse fenômeno, explorar-lhe eventuais potencialidades positivas e remediar a distorção que ele representa".

[56] A referência ao individualismo, aqui, é descritiva e não pejorativa. Os direitos fundamentais funcionam como limites ao poder da maioria, dando a cada pessoa a prerrogativa de exigir respeito à sua autonomia moral e questionar os atos do poder público a ela ofensivos. Essa constatação conceitual não é refratária à existência mais ou menos intensa de um espírito comunitário, que poderá direcionar a delimitação sobre o conteúdo desses direitos, por parte de todos os órgãos estatais. Com o sentido que lhes seja reconhecido — mais ou menos amplo —, um direito fundamental serve, por definição, para que uma pessoa possa se opor à sua própria funcionalização no interesse de terceiros.

[57] FISHER, Louis. *Constitutional dialogues*: interpretation as political process. Princeton: Princeton University, 1988. p. 63.

determinada sociedade de superar decisões jurisdicionais que considere inaceitáveis ou mesmo de abolir ou atenuar o mecanismo de forma mais geral. O fato de essa não ser a tendência contemporânea confere respaldo à tese de que há uma acomodação do controle jurisdicional no interior da democracia, e não à suposição contrafactual de que o sistema político e o próprio povo estariam sendo usurpados por uns poucos senhores togados.

Admitidas tais ressalvas e assentado esse alcance restrito, não há nada que sugira um poder ilimitado da jurisdição constitucional para defender uma sociedade do seu próprio autoritarismo, mas tampouco para desqualificar, *a priori*, a possibilidade de que ela possa contribuir para aumentar a qualidade geral do debate público, fornecendo um canal adicional e diferenciado para o processamento de argumentos de princípio.[58]

Referências

ALEXY, Robert. Ponderação, jurisdição constitucional e representação popular. In: SOUZA NETO, Cláudio Pereira de; SARMENTO, Daniel (Org.). *A constitucionalização do direito*: fundamentos teóricos e aplicações específicas. Rio de Janeiro: Lumen Juris, 2007.

BARROSO, Luís Roberto. *O novo direito constitucional brasileiro*: contribuições para a construção teórica e prática da jurisdição constitucional no Brasil. Belo Horizonte: Fórum, 2012.

BICKEL, Alexander. *The least dangerous branch*: the Supreme Court at the bar of politics. 2. ed. New Haven: Yale University, 1986.

BLÜHDORN, Ingo. *Simulative Demokratie*: Neue Politik nach der postdemokratischen Wende. Berlim: Suhrkamp, 2013.

BRANDÃO, Rodrigo. *Supremacia judicial* versus *diálogos constitucionais*: a quem cabe a última palavra sobre o sentido da Constituição? Rio de Janeiro: Lumen Juris, 2012.

---

[58] É nesse sentido limitado que se concorda, no presente artigo, com a afirmação de Ronald Dworkin no sentido de que a jurisdição constitucional pode melhorar a qualidade do debate público. Ver DWORKIN, Ronald. *Freedom's law*: the moral reading of the American Constitution. Cambridge: Harvard University, 1996. p. 345. Em linha semelhante, ver Pierre Rosanvallon, *Democratic legitimacy*, op. cit., p. 141.

CLÈVE, Clèmerson Merlin. *Atividade legislativa do Poder Executivo*. 2000.

CROUCH, Colin. *Postdemokratie*. Cambridge: Polity, 2013.

DAHL, Robert. *How democratic is the American Constitution*. New Haven; Londres: Yale University, 2008.

DWORKIN, Ronald. *Freedom's law*: the moral reading of the American Constitution. Cambridge: Harvard University, 1996.

EASTON, David. *Uma teoria de análise política*. Rio de Janeiro: Zahar, 1968.

ELY, John Hart. *Democracy and distrust*. 2002.

FALLON, Richard. The core of an uneasy case *for* judicial review. *Harvard Law Review*, v. 121, n. 7, 2008.

FISHER, Louis. *Constitutional dialogues*: interpretation as political process. Princeton: Princeton University, 1988.

FLEINER-GERSTER, Thomas. *Teoria geral do Estado*. São Paulo: Martins Fontes, 2006.

FONTE, Felipe de Melo. *Políticas públicas e direitos fundamentais*. São Paulo: Saraiva, 2013.

FORST, Rainer. *Das Recht auf Rechtfertigung*: Elemente einer konstruktivistischen Theorie der Gerechtigkeit. Frankfurt am Main: Suhrkamp, 2007.

FRIEDMAN, Barry. *The will of the people*: how public opinion has influenced the Supreme Court and shaped the Constitution. Nova York: Farrar, Strauss & Giroux, 2009.

GLOPPEN, Siri et al. *Courts and power in Latin America and Africa*. Nova York: Palgrave Macmillan, 2010.

GRABER, Mark. The nonmajoritarian difficulty: legislative deference to the Judiciary. *Studies in American Political Development*, n. 7, Spring 1993.

GRIMM, Dieter. *Die Zukunft der Verfassung*. Frankfurt am Main: Suhrkamp, 1991.

HABERMAS, Jürgen. *Faktizität und Geltung*: Beiträge zur Diskurstheorie des Rechts und des demokratischen Rechtsstaats. Frankfurt am Main: Suhrkamp, 1998.

KELSEN, Hans. *Teoria geral do direito e do Estado*. São Paulo: Martins Fontes, 2005.

KNEIP, Sascha. *Verfassungsgerichte als demokratische Akteure*: Der Beitrag des Bundesverfassungsgericht zur Qualität der bundesdeutschen Demokratie. Baden-Baden: Nomos, 2009.

KRAMER, Larry. *The people themselves*: popular constitutionalism and judicial review. Nova York: Oxford University, 2004.

LAIN, Corinna Barret. Upside-down judicial review. *The Georgetown Law Journal*, v. 101, 2012.

MENDES, Conrado Hübner. *Controle de constitucionalidade e democracia*. Rio de Janeiro: Elsevier, 2008.

MICHELSEN, Danny; WALTER, Franz. *Unpolitische Demokratie*: Zur Krise der Repräsentation. Berlim: Suhrkamp, 2013.

MÖLLERS, Christoph. *Die drei Gewalten*: Legitimation der Gewaltengliederung in Verfassungsstaat, Europäischer Integration und Internationalisierung. Weilerswist: Velbrück, 2008.

_____. Legalität, Legitimität und Legitimation des Bundesverfassungsgericht. In: JESTAEDT, Matthias et al. *Das entgrenzte Gericht*: Eine kritische Bilanz nach sechzig Jahren Bundesverfassungsgericht. Berlim: Suhrkamp, 2011.

MOREIRA NETO, Diogo de Figueiredo. *Teoria do poder*. Parte I. São Paulo: Revista dos Tribunais, 1992.

MÜNKLER, Herfried. Regierungsversagen, Staatsversagen und die Krise der Demokratie. *Berliner Republik*, n. 2, 2010. Disponível em: <www.b--republik.de/aktuelle-ausgabe/regierungsversagen-staatsversagen-und--die-krise-der-demokratie>.

NINO, Carlos Santiago. *The constitution of deliberative democracy*. New Haven: Yale University, 1996.

PEREIRA, Jane Reis Gonçalves. Retrospectiva direito constitucional 2008: a expansão do Judiciário e o constitucionalismo cosmopolita. *Revista de Direito do Estado*, n. 13, 2009.

POST, Robert; SIEGEL, Reva. Roe Rage: democratic constitutionalism and backlash, *Harvard Civil Rights-Civil Liberties Law Review*, v. 42, 2007.

PRIETO SANCHÍS, Luis. *Ley, princípios, derecho*. Madri: Dykinson, 1998.

RAWLS, John. *A theory of justice*. Cambridge: the Belknap Press of Harvard University Press, 1999.

ROSANVALLON, Pierre. *Democratic legitimacy*. Princeton; Oxford: Princeton University, 2011.

SCHAUER, Frederick. Judicial supremacy and the modest constitution. *Califórnia Law Review*, v. 92, n. 4, 2004.

SCHUMPETER, Joseph. *Capitalism, socialism and democracy*. Kindle edition.

SILVA, Virgílio Afonso da. O STF e o controle de constitucionalidade: deliberação, diálogo e razão pública. *Revista de Direito Administrativo*, Rio de Janeiro, v. 250, 2009.

VIEIRA, Oscar Vilhena. *Supremo Tribunal Federal*: jurisprudência política. São Paulo: Malheiros, 2002.

VORLÄNDER, Hans; BRODOCZ, André. Das Vertrauen in das Bundesverfassungsgericht: Ergebnisse einer representativen Bevölkerungsumfrage. In: VORLÄNDER, Hans (Ed.). *Die Deutungsmacht der Verfassungsgerichstsbarkeit*. Wiesbaden: VS Verlag für Sozialwissenschaften, 2006. p. 259-295.

WALDRON, Jeremy. The core of the case against judicial review. *The Yale Law Journal*, v. 115, 2006.

O âmbito material da representação discursiva pela jurisdição constitucional: um diálogo com Luís Roberto Barroso

*Cláudio Pereira de Souza Neto**

Em seu texto, o professor Luís Roberto Barroso sustenta que a jurisdição constitucional também exerce função representativa. Tratar-se-ia, porém, de uma "representação discursiva". Não discordo da tese. Já tive oportunidade, inclusive, de sustentar ideias semelhantes sob o título de "governo das razões". Considero, porém, necessário explicitar alguns detalhes importantes da tese para evitar que, a partir dela, se possa sustentar uma ampliação da esfera material de atuação do Poder Judiciário, para além do que seria legítimo em uma democracia.

I

Um primeiro ponto a ser esclarecido é que a representação discursiva também é exercida pelo Parlamento no âmbito de uma democracia representativa. Cuida-se de elemento decisivo do conceito de democracia representativa, que pode ser observado desde os momentos iniciais de sua história. Isso pode ser observado, em especial, no debate entre a teoria da soberania popular, formulada por Rousseau, e a teoria da soberania nacional, formulada por Sieyès. Vejamos:

---

* Professor da Universidade Federal Fluminense. Doutor em direito pela Uerj. Advogado.

LEGITIMIDADE DA JURISDIÇÃO CONSTITUCIONAL

a) A *soberania popular*, concebida classicamente por Rousseau, se traduz como a *autonomia pública* que tem lugar quando as normas jurídicas são elaboradas por seus próprios destinatários.[1] Na vida privada, as pessoas são livres quando obedecem à sua própria consciência, quando cumprem as normas que prescrevessem a si mesmas. Entretanto, a liberdade irrestrita de realização dos interesses particulares levaria ao "conflito de todos contra todos": ao "estado de guerra" imaginado pelos contratualistas.[2] O desafio apresentado aos teóricos da política moderna era formular um modelo de sociedade que garantisse ao mesmo tempo e na maior medida possível a liberdade e a segurança. A resposta democrática de Rousseau para a questão consistia em converter os súditos em soberanos, o que ocorreria quando os que aprovassem as leis fossem os mesmos a obedecê-las.[3] Se a vontade inscrita na lei é a do próprio cidadão, este não obedece senão a sua própria vontade, e a "obediência à lei que se estatui a si mesmo é liberdade".[4] Por meio da participação popular no processo de elaboração das leis, realiza-se o ideal democrático de liberdade política: "cada um, unindo-se a todos, só obedecesse a si mesmo".[5] A autonomia, quando referida ao direito estatal, se traduz como *soberania popular*. Para essa perspectiva, o povo é o soberano. Trata-se da teoria enunciada, por exemplo, no preâmbulo da Constituição norte-americana: "Nós, o povo dos Estados Unidos, [...] promulgamos e estabelecemos esta Constituição [...]".

b) A teoria da *soberania nacional* é, em sua origem, proposta como alternativa, menos radical, à teoria da soberania popular. Sua formulação tradicional se deve a Sieyès, para quem a *nação* é "um corpo de associados

---

[1] Ver BOVERO, M. Ética e política entre o maquiavelismo e o kantismo. *Lua Nova: Revista de Cultura e Política*, São Paulo, n. 25, p. 145-151, 1992.

[2] Ver HOBBES, Thomas. *Leviathan* or the matter, form and power of a commonwealth ecclesiasticall and civil. Oxford: Basil Blackwell, 1946.

[3] Ver KELSEN, Hans. *A democracia*. São Paulo: Martins Fontes, 2000. p. 27 e segs., 35 e segs. Como ressalta Kelsen, se todos são iguais, ninguém é legítimo para limitar a esfera privada de outrem. A ausência de uma autoridade legiferante, todavia, comprometeria a organização da vida em comunidade. No plano ideal, a solução encontrada para esse dilema é o autogoverno do povo. A autonomia pública é uma decorrência da conjugação da igualdade com a liberdade na estrutura social.

[4] ROUSSEAU, J.-J. Do contrato social. In: OS pensadores. São Paulo: Abril Cultural, 1978. p. 37.

[5] Ibid., p. 32.

que vivem sob uma lei comum e representados pela mesma legislatura".[6] À nação pertence o poder soberano, que se expressa no momento de feitura da Constituição: "só a nação tem direito de fazê-la".[7] No art. 3º da Declaração dos Direitos do Homem e do Cidadão a ideia é recepcionada: "O princípio de toda a soberania reside essencialmente na Nação". Por isso, "nenhuma corporação, nenhum indivíduo pode exercer autoridade que dela não emane expressamente". É deste último aspecto do conceito de nação que se extraem as consequências práticas mais importantes para a aferição da titularidade do poder constituinte: a nação é uma "unidade orgânica permanente",[8] não se confunde com o conjunto de indivíduos que a compõem em determinado momento da vida nacional. A ênfase na unidade e na permanência, como elementos da nação, caracterizaria a forma como o conceito seria recepcionado pela Assembleia Constituinte francesa, permitindo que esta se despojasse das exigências de participação efetiva do povo inerentes à soberania popular. Não por acaso, essa versão da teoria também

---

[6] SIEYÈS, Emmanuel Joseph. *Qu'est-ce que le tiers Etat?* 2. ed. quadrige. Paris: PUF, 1989. Observa-se que estamos tratando da ideia de "nação cívica", tal como formulada por Sieyès, não da de "nação histórica". Enquanto aquela se traduz, em termos jurídicos, no vínculo de pertencimento à comunidade política, esta se constitui, em termos culturais, como "comunidade de destino". Enquanto o conceito cívico de nação se desenvolveu na França, o conceito histórico predominou na Alemanha, valendo-se da influência do historicismo e do romantismo alemão. Enquanto o conceito cívico de nação é compatível com o pluralismo, o conceito histórico deu lugar ao nacionalismo chauvinista. Ver HABERMAS, Jünger. Cidadania e identidade nacional. In: HABERMAS, Jünger. *Direito e democracia*: entre facticidade e validade. Rio de Janeiro: Tempo Brasileiro, 1997. v. 2; LACROIX, Justine. Le "national-souverainisme" en France et en Grande-Bretagne. *Revue Internationale de Politique Comparée*, v. 9, n. 3, 2002.

[7] Emmanuel Joseph Sieyès, *Qu'est-ce que le tiers Etat?*, op. cit.

[8] Ver CARRE DE MALBERG, R. *Teoría general del Estado*. México: Fondo de Cultura, 2001. p. 951: "Junto, ou melhor, por cima da teoria inicial que faz do cidadão célula componente da nação, a Constituinte deriva a ideia de unidade orgânica da nação [...] que implicava, essencialmente, a ideia de unidade da vontade e da representação nacionais". Sobre essa versão do conceito de nação, ver KRULIC, Joseph. L'idée de peuple dans la tradition constitutionnelle française. *Sens Public*, fev. 2007; MAULIN, Éric. Carré de Malberg et le droit constitutionnel de la Révolution française. *Annales Historiques de la Révolution Française*, n. 328, 2001. Na literatura brasileira, ver FERREIRA FILHO, Manoel Gonçalves. *O poder constituinte*. São Paulo: Saraiva, 1999. p. 23: "nação é a encarnação da comunidade em sua permanência, nos seus interesses constantes, interesses que eventualmente não se confundem nem se reduzem aos interesses dos indivíduos que a compõem em determinado instante".

foi adotada, no Brasil, na Constituição Imperial de 1824, segundo a qual "os Representantes da Nação Brasileira" eram "o Imperador e a Assembleia Geral" (art. 11) e "todos estes Poderes no Império do Brasil" eram "delegações da Nação" (art. 12).[9]

Por conta dessa distinção entre a nação, em sua "unidade orgânica", e a mera associação de indivíduos, participar da "representação" da vontade nacional, ao invés de ser um "direito do cidadão", se convertia num atributo conferido a quem a nação desejasse. Ao contrário de veículo de "expressão" da soberania popular, a representação figuraria como "imputação" de um poder-dever pela nação.[10] Ainda que se conteste essa interpretação do conceito de nação, é certo que a ênfase na representação, proposta por Sieyès, adotava o pressuposto de que o povo não tinha como participar permanentemente da tomada de decisões públicas, ao contrário do que pensava Rousseau.[11] Era, inclusive, conveniente que não o fizesse. Do contrário, os privilegiados, em especial os proprietários rurais, multiplicariam seu poder dirigindo os votos dos seus subordinados.[12] A teoria da soberania nacional reduzia, por isso, o potencial insurgente da ideia de que a soberania não era atributo da monarca, mas do povo, além de *não* estar, como a teoria

---

[9] Seria, contudo, completamente impreciso equiparar os projetos institucionais adotados pela Constituição francesa de 1791 e a Constituição brasileira de 1824. Enquanto na constituinte francesa prevaleceu a orientação "monárquico-republicana", de Sieyès, no Brasil, foi vitoriosa a incorporação do modelo "monarquiano", em que a unidade da nação era representada pelo monarca. Não é por outra razão que, de acordo com o art. 98, o monarca, além de chefe supremo da nação, era também o seu "Primeiro Representante", cabendo-lhe o exercício do "Poder Moderador", que era "a chave de toda a organização política": "O Poder Moderador é a chave de toda a organização Política, e é delegado privativamente ao Imperador, como Chefe Supremo da Nação, e seu Primeiro Representante, para que incessantemente vele sobre a manutenção da Independência, equilíbrio, e harmonia dos mais Poderes Políticos". Sobre esses e outros aspectos do debate, ver LYNCH, Christian Edward Cyril. *O momento monarquiano*: o Poder Moderador e o pensamento político imperial. Tese (doutorado em ciência política) — Instituto Universitário de Pesquisas do Rio de Janeiro, Rio de Janeiro, 2007.

[10] Ver Manoel Gonçalves Ferreira Filho, *O poder constituinte*, op. cit., p. 25.

[11] Ver GOYARD-FABRE, Simone. L'idée de représentation à l'époque de la Révolution française. *Études Françaises*, v. 25, n. 2-3, 1989; TYRSENKO, Andreï. L'ordre politique chez Sieyès en l'an III. *Annales Historiques de la Révolution Française*, n. 319, 2000; BRUNET, Pierre. La notion de représentation sous la Révolution française. *Annales Historiques de la Révolution Française*, n. 2, 2002.

[12] Ver LOSURDO, Domenico. *Democracia ou bonapartismo*. Rio de Janeiro: UFRJ, 2004. p. 45 e segs.

da soberania popular, inerentemente vinculada ao princípio da igualdade política. A teoria comporta, inclusive, a possibilidade de a nação eleger reis como representantes, como fizeram os constituintes de 1971, na França, e de 1824, no Brasil, ao lhes imputar o múnus, que deveria ser exercido, nos dois casos, em conjunto com assembleias eleitas. Mas mesmo este último espaço de participação era restringido: a Constituição de 1791 distinguia entre "cidadania ativa" e "cidadania passiva" (Cap. I, seção II), e conferia apenas aos cidadãos ativos (homens proprietários) direitos políticos; os demais, apesar de comporem a comunidade nacional, não poderiam votar ou ser eleitos. O mesmo ocorria na Constituição de 1824, que também estabelecia critérios censitários para conferir direitos políticos (arts. 90 a 97).

Como se observa, subjacente à noção de representação política, já está implícita a atribuição de poder para os órgãos representativos, que teriam como deliberar de modo mais detido sobre os assuntos de interesse público. Pressupunha-se que as decisões dos representantes seriam mais racionais. Na origem, ao contrário do que acontece hoje, a noção de representação política não se vinculava à de soberania popular, ao contrário do que parece ocorrer hoje nos estudos que debatem temas conexos ao da "dificuldade majoritária". Os representantes do povo não têm um mandato para apenas reproduzir as ideias de seus representados. Seu mandato é mais amplo: devem representar seus eleitores examinando as questões que integram a agenda parlamentar com uma profundidade que os cidadãos seriam incapazes de fazer.

II

Mais recentemente, a dimensão deliberativa da representação política tem sido enfatizada em contraposição ao chamado modelo agregativo de democracia, que concebe a política como um processo de agregação das vontades ou preferências individuais pré-constituídas. Os indivíduos deteriam a capacidade de formar um *ranking* de preferências e de escolher, entre as elites políticas, as que se mostrem mais capazes de atender a essas preferências.[13] O resultado da interação democrática não seria, destarte, uma decisão correspondente ao bem comum, mas o mero somatório de interesses particulares.

---

[13] Domenico Losurdo, *Democracia ou bonapartismo*, op. cit., p. 28.

LEGITIMIDADE DA JURISDIÇÃO CONSTITUCIONAL

Para essa vertente da teoria democrática, "os homens racionais não estão interessados nas políticas *per se*, mas em suas próprias rendas de utilidade".[14] Em razão disso, as preferências pessoais não seriam passíveis de modificação por meio do diálogo que tem lugar na deliberação; as opções políticas são consideradas exógenas à própria política, *i.e.*, pré-constituídas à participação do cidadão na vida pública. O elemento argumentativo não exerceria influência decisiva nessa escolha. Presume-se que, pelo menos em curto prazo, "os gostos políticos dos cidadãos são fixos".[15]

Em contraposição, a tendência contemporânea da teoria democrática é a de valorizar o momento comunicativo que se instaura quando governantes e cidadãos procuram justificar seus pontos de vista sobre as questões de interesse público. O fundamental para a perspectiva democrático-deliberativa é compreender a democracia além da prerrogativa majoritária de tomar decisões políticas. A democracia deliberativa implica igualmente a possibilidade de se debater acerca de qual é a melhor decisão a ser tomada.[16] A legitimidade das decisões estatais decorre não só de terem sido aprovadas pela maioria, mas também de terem resultado de um amplo debate público em que foram fornecidas razões para decidir. É nesse debate que as diversas posições, defendidas pelas mais variadas doutrinas filosóficas, morais e religiosas, se confrontam, e, na sua busca por uma adesão que vá além de seu círculo de adeptos, procuram se sustentar em argumentos centrados no campo do que é amplamente compartilhado. O debate público possui, por isso, um potencial legitimador e racionalizador.

Observe-se, porém, que a democracia deliberativa não reduz a política a esse momento deliberativo. Na verdade, a democracia envolve inúmeras outras atividades, tais como a educação política, a organização, a mobilização etc.[17] O que diferencia a democracia deliberativa das demais teorias

---

[14] Domenico Losurdo, *Democracia ou bonapartismo*, op. cit., p. 63.

[15] Ibid., p. 67.

[16] Segundo Forst, no centro da democracia deliberativa está uma "prática política de argumentação entre cidadãos livres e iguais, uma prática na qual as perspectivas individuais e coletivas estão sujeitas à mudança através da deliberação, e na qual só as normas, regras e decisões que são o resultado de alguma forma de acordo entre os cidadãos, baseado em boas razões, são aceitas como legítimas". FORST, Rainer. The rule of reasons. Three models of deliberative democracy. *Ratio Juris*, v. 14, n. 4, p. 346, dez. 2001.

[17] Ver WALZER, Michael. Deliberation, and what else? In: MACEDO, Stephen (Org.). *Deliberative politics*: essays on democracy and disagreement. Nova York; Oxford: Oxford University, 1999.

democráticas é apenas sua ênfase na deliberação, e não a exclusividade dessa atividade. A democracia deliberativa não se distingue, contudo, apenas por sua ênfase na discussão, em lugar da negociação entre grupos de interesse e do voto em eleições periódicas. O fundamental é incorporar à ideia de "discussão" a de "justificação" ou "prestação de contas" (*accountability*).[18] O problema nesse campo é definir para quem as políticas devem ser justificadas, sobretudo quando se tem em vista a "representação política".

Aqui está uma diferença importante entre a democracia deliberativa e o modelo agregativo. Quando a democracia deliberativa impõe a necessidade de que as decisões públicas sejam justificadas sob um ponto de vista moral, está exigindo que possam ser aceitas não só por aqueles que votaram nos representantes, mas por todos os afetados. A democracia deliberativa, diferentemente da agregativa, pressupõe a possibilidade da mudança de opiniões por meio da interação comunicativa. Os representantes não estão absolutamente vinculados ao que pensa seu eleitorado.[19] A democracia deliberativa se caracteriza pelo fornecimento de razões para decidir que possuem a pretensão de convencer também os adeptos de outras doutrinas.[20]

---

p. 58 e segs. Uma versão mais radical desse argumento é fornecida por Hardin, segundo o qual a democracia deliberativa é apenas um "método falível", e se, através de tal método, instala-se no poder um governante totalitário, "a revolução e as armas parecem ser métodos ainda melhores". (HARDIN, Russell. Deliberation: method, not theory. In: Stephen Macedo (Org.), *Deliberative politics*, op. cit., p. 117). É de se objetar, em resposta a Hardin, que a democracia deliberativa só pode ser pensada nos quadrantes do estado democrático de direito, e se autocompreende como reconstrução de seu sistema de princípios.

[18] Sobre a importância da justificação na legitimação democrática, ver, também: TREMBLAY, Luc B. Deliberative democracy and liberal rights. *Ratio Juris*, v. 14, n. 4, p. 434 e segs., dez. 2001.

[19] Ver GUTMANN, Amy; THOMPSON, Dennis. *Democracy and disagreement*. Cambridge; Londres: The Belknap Press of Harvard University, 1996. p. 128 e segs.

[20] Como esclarece Cohen, "o conceito de justificação previsto pelo núcleo do ideal de democracia deliberativa pode ser captado em um procedimento ideal de deliberação política. Em tal procedimento, os participantes se veem como iguais; aspiram a defender e criticar instituições e programas em termos de considerações que outros têm razões para aceitar, dado o fato do pluralismo razoável e o suposto de que esses outros são também razoáveis; e estão dispostos a cooperar em conformidade com os resultados de tal discussão, considerando esses resultados como obrigatórios". COHEN, Joshua. Procedure and substance in deliberative democracy. In: BENHABIB, Seyla (Org.). *Democracy and difference*: contesting the boundaries of the political. Princeton: Princeton University, 1996. p. 100.

III

Não há, portanto, contradição entre representação política e deliberação. Pelo contrário, o que se demanda dos representantes é que debatam, que convençam seus pares de seus pontos de vista, mas que também se abram ao convencimento. E essa exigência não é irrealista relativamente ao Parlamento brasileiro. Não é acurada a descrição do processo decisório que tem lugar na esfera parlamentar como um processo desprovido de deliberação. Na verdade, o processo decisório que ocorre no Congresso Nacional costuma ter uma qualidade superior a que lhe é conferida pela crítica pública. O procedimento legislativo padrão envolve o exame da matéria por múltiplas comissões temáticas, bem como pela Comissão de Constituição e Justiça, que avalia sua compatibilidade com a ordem constitucional. Nessas comissões, convocam-se audiências públicas. Os parlamentares recebem abertamente os representantes dos diversos interesses envolvidos. A regra é que haja, portanto, um longo e complexo debate sobre o tema objeto de deliberação. Até há casos em que o Parlamento decide apressadamente, e não observa as previsões regimentais que exigem o debate no âmbito das comissões. Mas essa não é a regra. A regra é o exame minucioso de cada aspecto, até em decorrência do impulso dos interessados. Observe-se, por exemplo, o que ocorre com os códigos, cujo processo legislativo perdura, normalmente, por anos ou décadas.

O processo legislativo envolve não só deliberação em ambiente de publicidade, como se sabe. Envolve muito de negociação e barganha. Mas a imposição não deliberativa da vontade da maioria dos representantes geralmente provoca uma reação violenta, que dificulta a continuidade da cooperação em um ambiente de pluralismo. O normal, porém, é um processo legislativo amplo e inclusivo, do qual as próprias minorias parlamentares participam ativamente.

Por outro lado, nem sempre as deliberações ocorridas no STF têm a qualidade idealizada. Em razão da grande quantidade de processos levados à apreciação da Corte, bem como da grande diversidade de matérias, é comum que os ministros examinem apressadamente os temas, muitos dos quais de grande importância. No STF, não há, ademais, comissões especializadas, nem a diversidade de experiências, visões e especialidades que se observam na vida parlamentar. A Corte não é tampouco tão aberta ao diálogo com os interessados como o Parlamento, nada obstante as importantes alterações pelas quais o processo constitucional vem passando nas últimas duas décadas, como a adoção do instituto do *amicus curiae* e a realização de audiências públicas. De todo modo, a regra é que os ministros, em razão do grande acúmulo de trabalho, não possam dar a devida atenção a cada processo. É sintomático que apenas o relator de cada processo costume comparecer às audiências públicas ocasionalmente convocadas.

O que há de fato é a grave deslegitimação dos representantes eleitos em razão das relações promíscuas mantidas com o poder econômico, em razão, sobretudo, do modelo de financiamento eleitoral hoje em vigor, do qual resultam sucessivos casos de corrupção. Além disso, o sistema eleitoral abre espaço para a eleição de candidatos desprovidos de representação efetiva. Essas disfunções, que caracterizam a vida parlamentar hoje no Brasil, retiram sua dignidade e parecem impedir que se dê a devida importância às virtudes que também caracterizam a dinâmica parlamentar. Não parece acurado, porém, fixar uma distinção rígida entre o Parlamento, como um espaço de vícios, e o Judiciário, como espaço de virtudes; ou mesmo entre o Parlamento, como a esfera da vontade, e o Judiciário, como a esfera da razão. Ainda que o sistema político brasileiro seja repleto de problemas, é inegável que tem levado à escolha de representantes que, em seu conjunto, representam os valores do brasileiro médio. Suspeito que o discurso predominante no direito constitucional brasileiro sobre a relação entre jurisdição e política incorra na chamada "falácia do espantalho": exagera-se na descrição das virtudes do Judiciário e nos defeitos do Parlamento. Seja sob o ponto de vista do processo decisório formal, seja sob o prisma da prática concreta de deliberação, normalmente a dinâmica parlamentar exibe vantagens consideráveis sobre a que tem lugar no Supremo Tribunal Federal, inclusive no tocante à racionalidade discursiva: o debate parlamentar é mais aberto, mais plural e pode perdurar por mais tempo.

IV

As presentes observações são apresentadas não para sustentar que não cabe à jurisdição constitucional exercer a função de representar argumentativamente a sociedade. Entendo que essa representação argumentativa deve ocorrer, mas de modo subsidiário à representação que ocorre no Parlamento e na esfera pública informal. Nesse sentido, a jurisdição constitucional deve se concentrar na garantia do arranjo institucional do estado de direito, que enfeixa as condições para a cooperação na deliberação democrática, sobretudo a liberdade e a igualdade. A jurisdição constitucional tem como função precípua garantir e promover aquelas condições em caso de violação ou omissão da maioria. Certamente, o ideal é confiar à deliberação pública a justificação das decisões políticas, por motivos tanto de legitimação quanto de racionalização. No entanto, esse potencial legitimador e racionalizador só se manifesta em contextos em que seus pré-requisitos são respeitados. Caso contrário, as cortes constitucionais podem contribuir. Para que sua função se exerça legitimamente, é necessário que se restrinja a um papel subsidiário em relação à deliberação pública e parlamentar. É precisamente isso o que ocorre quando a jurisdição constitucional concretiza as condições da deliberação democrática em lugar das maiorias parlamentares e, até mesmo, contra elas.[21]

Contudo, o fato de as condições para a deliberação democrática fornecerem o limite material para a atuação da jurisdição constitucional não implica que a definição do escopo de tais condições esteja fechada ao potencial racionalizador do debate público. As próprias decisões proferidas no âmbito da jurisdição constitucional, tendentes à garantia daqueles pré-requisitos, devem se justificar deliberativamente. Uma das características centrais do modelo deliberativo é justamente essa "validação recursiva" das condições que tornam a deliberação possível.[22] Por isso, não é correto afirmar que os direitos fundamentais estejam completamente "fora da agenda" do deba-

---

[21] Esses argumentos são formulados, em especial, por Santiago Nino. Para o autor, tanto a atividade de construção monológica (Rawls) quanto a deliberação democrática (Habermas) possuem um "valor epistêmico", *i.e.*, são capazes de operar a justificação racional de direitos morais. O autor considera, no entanto, que, embora o valor epistêmico da deliberação democrática seja maior, ele só se manifesta quando seus pré-requisitos estão presentes. Se isso não ocorre, a deliberação democrática perde proporcionalmente sua vantagem epistêmica, e a justificação monológica ganha importância. Mas, para que essa forma de justificação não se torne elitista, deve funcionar subsidiariamente à deliberação pública. É isso que acontece quando a jurisdição constitucional concretiza o que o autor denomina "direitos *a priori*", que são as precondições para que a deliberação democrática leve a cabo o seu valor epistêmico. Ver, em especial: NINO, Carlos Santiago. *El constructivismo ético*. Madri: Centro de Estudios Constitucionales, 1989. p. 91 e segs.

[22] Sobre a noção de "validação recursiva", ver BENHABIB, Seyla. Toward a deliberative model of democratic legitimacy. In: Sheila Benhabib (Org.), *Democracy and difference*, op. cit., p. 79.

te público. Tais direitos estão em constante "mutação", e a recepção dessa mutação por parte das cortes constitucionais deve se dar discursivamente. Estado de direito e espaço público assumem, então, uma imbricação ainda mais profunda. O espaço público depende do direito porque este garante um contexto de liberdade e igualdade. Mas o direito, se não se deixa permear pelas expectativas normativas que advém do espaço público, se autonomiza. Tanto a esfera pública quanto a Corte constitucional são espaços que devem se caracterizar pela deliberação, e são espaços complementares. Quando a teoria democrático-deliberativa afirma que tais direitos devem ser mantidos "fora da agenda", tem em vista apenas evitar alterações formais que atinjam o seu núcleo essencial, não alterações substanciais que decorram do debate acerca do seu "significado" e de sua "extensão".[23]

É o que o STF tem feito, por exemplo, no caso de algumas decisões importantes sobre a reforma política. Observe-se, por exemplo, a deliberação, ainda em curso, sobre o financiamento empresarial das campanhas eleitorais. A jurisdição não está invadindo a esfera da política, mas consolidando as bases para que a democracia se exerça plenamente no Brasil, sem que a vontade popular seja usurpada pelos detentores do poder econômico. Como os atuais parlamentares foram eleitos de acordo com as regras hoje em vigor, não é razoável esperar que deliberem de modo racional e imparcial sobre projetos de lei tendentes a sua alteração. A atuação da jurisdição constitucional torna-se, então, especialmente necessária. Nesse caso, como sugeria Mendonça, a vontade representativa não se confunde com a vontade majoritária, que rejeita o financiamento empresarial das campanhas eleitorais. Nesse caso específico, a deliberação ocorrida no Supremo Tribunal Federal tende a ser mais racional, mais imparcial e mais democrática. E se restringirá à esfera material própria da jurisdição constitucional, que é a da garantia

---

[23] Como lembra Hoecke, "a democracia deliberativa não é importante só no nível da *justificação* e da *legitimação* do direito, mas também no nível da *determinação de seu conteúdo*". HOECKE, Mark van. Judicial review and deliberative democracy: a circular model of law creation and legitimation. *Ratio Juris*, v. 14, n. 4, p. 421, dez. 2001. O caráter aberto dos princípios da democracia deliberativa pode ser exemplificado por meio das mutações pelas quais tem passado o catálogo de direitos norte-americano. Lembre-se, por exemplo, da emblemática jurisprudência da Suprema Corte sobre a igualdade. Efetivamente, tais direitos sempre foram objeto do debate público, e suas mutações constituem os pontos altos da política daquele país.

das condições para a deliberação democrática. Se o Parlamento realiza as alterações na legislação que a harmonizem com a Constituição, tanto melhor. Porém, se tais alterações não são feitas, torna-se imperioso que o STF garanta a integridade da democracia brasileira, e suprima o financiamento empresarial da vida política do país.

V

Penso que a conclusão ora sustentada não divirja das propostas pelo professor Barroso em seu artigo. Também entendo, como ele, que a jurisdição constitucional possa realizar a representação discursiva da sociedade. Tais observações têm apenas o objetivo de delimitar com a maior precisão possível o âmbito material de atuação da jurisdição constitucional, que deve se circunscrever à garantia das condições da própria democracia. Em sua definição, porém, a jurisdição constitucional atuará deliberativamente, exercendo a representação discursiva da sociedade.

Referências

BENHABIB, Seyla. Toward a deliberative model of democratic legitimacy. In: _____. (Org.). *Democracy and difference*: contesting the boundaries of the political. Princeton: Princeton University, 1996.

BOVERO, M. Ética e política entre o maquiavelismo e o kantismo. *Lua Nova*: *Revista de Cultura e Política*, São Paulo, n. 25, p. 145-151, 1992.

BRUNET, Pierre. La notion de représentation sous la Révolution française. *Annales Historiques de la Révolution Française*, n. 2, 2002.

CARRE DE MALBERG, R. *Teoría general del Estado*. México: Fondo de Cultura, 2001.

COHEN, Joshua. Procedure and substance in deliberative democracy. In: BENHABIB, Seyla (Org.). *Democracy and difference*: contesting the boundaries of the political. Princeton: Princeton University, 1996.

FERREIRA FILHO, Manoel Gonçalves. *O poder constituinte*. São Paulo: Saraiva, 1999.

FORST, Rainer. The rule of reasons. Three models of deliberative democracy. *Ratio Juris*, v. 14, n. 4, dez. 2001.

GOYARD-FABRE, Simone. L'idée de représentation à l'époque de la Révolution française. *Études Françaises*, v. 25, n. 2-3, 1989.

GUTMANN, Amy; THOMPSON, Dennis. *Democracy and disagreement*. Cambridge; Londres: The Belknap Press of Harvard University, 1996.

HABERMAS, Jünger. Cidadania e identidade nacional. In: HABERMAS, Jünger. *Direito e democracia*: entre facticidade e validade. Rio de Janeiro: Tempo Brasileiro, 1997. v. 2.

HARDIN, Russell. Deliberation: method, not theory. In: MACEDO, Stephen (Org.). *Deliberative politics*: essays on democracy and disagreement. Nova York; Oxford: Oxford University, 1999.

HOBBES, Thomas. *Leviathan* or the matter, form and power of a commonwealth ecclesiasticall and civil. Oxford: Basil Blackwell, 1946.

HOECKE, Mark van. Judicial review and deliberative democracy: a circular model of law creation and legitimation. *Ratio Juris*, v. 14, n. 4, dez. 2001.

KELSEN, Hans. *A democracia*. São Paulo: Martins Fontes, 2000.

KRULIC, Joseph. L'idée de peuple dans la tradition constitutionnelle française. *Sens Public*, fev. 2007.

LACROIX, Justine. Le "national-souverainisme" en France et en Grande--Bretagne. *Revue Internationale de Politique Comparée*, v. 9, n. 3, 2002.

LOSURDO, Domenico. *Democracia ou bonapartismo*. Rio de Janeiro: UFRJ, 2004.

LYNCH, Christian Edward Cyril. *O momento monarquiano*: o Poder Moderador e o pensamento político imperial. Tese (doutorado em ciência política) — Instituto Universitário de Pesquisas do Rio de Janeiro, Rio de Janeiro, 2007.

MAULIN, Éric. Carré de Malberg et le droit constitutionnel de la Révolution française. *Annales Historiques de la Révolution Française*, n. 328, 2001.

NINO, Carlos Santiago. *El constructivismo ético*. Madri: Centro de Estudios Constitucionales, 1989.

ROUSSEAU, J.-J. Do contrato social. In: OS pensadores. São Paulo: Abril Cultural, 1978.

SIEYÈS, Emmanuel Joseph. *Qu'est-ce que le tiers Etat?* 2. ed. quadrige. Paris: PUF, 1989.

TREMBLAY, Luc B. Deliberative democracy and liberal rights. *Ratio Juris*, v. 14, n. 4, dez. 2001.

TYRSENKO, Andreï. L'ordre politique chez Sieyès en l'an III. *Annales Historiques de la Révolution Française*, n. 319, 2000.

WALZER, Michael. Deliberation, and what else? In: MACEDO, Stephen (Org.). *Deliberative politics*: essays on democracy and disagreement. Nova York; Oxford: Oxford University, 1999.

PARTE 3

Resposta e comentários de Luís Roberto Barroso às críticas

Contramajoritário, representativo e iluminista: o Supremo, seus papéis e seus críticos

Luís Roberto Barroso

I. Introdução

Meu primeiro sentimento ao escrever este posfácio é o de agradecer ao professor Oscar Vilhena Vieira pela iniciativa deste livro. Ao receber meu artigo "A razão sem voto: o Supremo Tribunal Federal e o governo da maioria", com o pedido de que o encaminhasse para eventual publicação em uma prestigiosa revista, Oscar teve a ideia de organizar este livro. Na sequência, elaborou uma lista de colaboradores de primeira linha — com uma ou outra sugestão minha —, conseguiu que cada um enviasse previamente um texto e comandou um memorável seminário de todo o dia na Escola de Direito da Fundação Getulio Vargas de São Paulo. Na ocasião, pude dialogar e debater com todos os participantes desta obra, num debate franco, aberto e amistoso. Foi um dia de deleite intelectual e de grande proveito pessoal. Guardo na memória e no coração as discussões de alto nível em que a crítica sincera — ora favorável, ora divergente — estreitou laços de fraterna amizade acadêmica. Oscar é uma dessas pessoas diferenciadas, que além de brilhar com luz própria, ilumina o caminho para os outros. Sua integridade, gentileza e modéstia dão um toque de classe à seriedade científica e consistência teórica da sua produção acadêmica.

II. Resposta às críticas

Na concepção original desta obra, eu deveria, após a leitura dos textos e da realização dos debates, apresentar uma resposta às posições divergentes lançadas pelos participantes. Talvez, em algum lugar do futuro, seja o caso de fazê-lo. Por ora, no entanto, pareceu-me próprio deixar aos leitores a possibilidade dialética de avaliar diferentes visões, sem que o autor do texto que originou o debate se arrogue o privilégio de dar a última palavra. De todo modo, embora abdicando da resposta individualizada aos questionamentos, apresento um comentário geral. Para tanto, extraí do conjunto notável de trabalhos que integram este livro três críticas recorrentes à minha visão dos papéis do Supremo Tribunal Federal:

1. a de que eu forneço uma legitimação móvel e apriorística para qualquer atuação do Tribunal;
2. o risco democrático de o STF se arvorar em representante da sociedade;
3. a impossibilidade de prestação de uma jurisdição constitucional de qualidade, à vista do volume de processos apreciados pelo Tribunal.

São críticas bem embasadas, que merecem ser enfrentadas com seriedade e rigor científico. Não farei uma defesa analítica de fôlego das minhas teses, já longamente expostas no meu artigo. Porém, alguns breves comentários podem animar o debate e trazer novas reflexões aos leitores.

A *primeira crítica* é a de que meus argumentos transformariam o STF em um alvo móvel, que nunca pode ser atingido pela crítica democrática, já que lhe conferi uma legitimidade apriorística, isto é, "sobredeterminada". Nessa linha, segue o argumento, se o Tribunal age contramajoritariamente — *i.e.*, contra o Congresso —, ele está legitimado pela defesa, por exemplo, dos direitos fundamentais. Por outro lado, se ele age no vácuo do Congresso, mas com apoio da sociedade, está legitimado por sua função representativa. Por fim, se ele age contra o Congresso e a opinião pública, mas em nome de um avanço civilizatório, está legitimado por seu papel iluminista. Em suma, não erraria nunca. O argumento é engenhoso, mas a defesa da minha posição é simples. Esses papéis — contramajoritário, representativo e iluminista — não são fungíveis. Se o Tribunal desempenhar um deles, quando deveria desempenhar o outro, sua atuação será ilegítima.

Assim, se o Tribunal for contramajoritário quando deveria ter sido deferente, sua linha de conduta não será defensável. Se ele se arvorar em ser representativo quando não haja omissão do Congresso em atender determinada demanda social, sua ingerência será imprópria. Ou se ele agir como vanguarda iluminista fora das situações excepcionais em que deva, por exceção, se imbuir do papel de agente da história, não haverá como validar seu comportamento. Para que não haja dúvida: sem armas nem a chave do cofre, legitimado apenas por sua autoridade moral, se embaralhar seus papéis ou se os exercer atrabiliariamente, o Tribunal viverá o seu ocaso político. Quem quiser se debruçar sobre um *case* de prestígio mal exercido, de capital político malbaratado, basta olhar o que se passou com as Forças Armadas no Brasil de 1964 a 1985. E quantos anos no sereno e com comportamento exemplar têm sido necessários para a recuperação da própria imagem.

A *segunda crítica*, presente em diversos dos *papers*, é referente ao risco democrático. Não deixa de ser curioso que a teoria constitucional tenha superado suas angústias em relação à dificuldade contramajoritária das cortes constitucionais, mas que veja maiores problemas em uma atuação representativa. Aqui cabem duas observações importantes. A primeira é que o Tribunal não pode se investir de uma pretensão de representação metafísica da sociedade, qual um Oráculo de Delfos fora de época, com as respostas certas para todas as aflições. É necessário que estejam presentes condições concretas e socialmente controláveis de demanda social não atendida pelo processo político majoritário para justificar uma intervenção. A segunda é que este papel representativo — a representação argumentativa da sociedade, na terminologia de Alexy — é eventual e necessariamente subsidiário. Por evidente, o órgão de representação popular por excelência é o Legislativo. Portanto, aprimorar o sistema representativo é a prioridade número um. Somente nas suas falhas mais graves é que se justifica a representação supletiva pelo Supremo. Não há troca de papéis. E mais: juízes constitucionais não são os reis filósofos da República de Platão, portadores da virtude e da verdade. Seu único poder é o do convencimento racional e moral. Se falharem nesse propósito, nada os salvará.

A *terceira crítica* diz respeito à impossibilidade de prestação de uma jurisdição de qualidade, à vista do volume de processos. Essa talvez seja a crítica mais difícil de responder. Até porque, desde que ingressei no Tribunal, venho insistindo, em conversas internas e em manifestações públicas, na necessidade de se fazerem mudanças profundas, revolucionárias, no modo como o Supremo Tribunal Federal atual. A mais radical é a de que o STF não pode admitir mais recursos extraordinários com repercussão geral do que possa julgar em um ano. Tudo o mais, que não tenha sido selecionado, transita em julgado. Também tenho proposto que a seleção dos recursos com repercussão geral seja feita por semestre, por um critério comparativo. Feita a escolha, designa-se a data de julgamento daquele processo. Por exemplo: a Repercussão Geral nº 1 (RG nº 1), selecionada em junho de 2016, será julgada na quarta-feira, dia 3 de fevereiro de 2017, como primeiro caso da pauta. A RG nº 2 será julgada na quarta-feira, dia 10 de fevereiro de 2017, como primeiro processo da pauta. E assim por diante. No modelo atual, as pautas são feitas às quintas-feiras, com dezenas de processos para serem julgados na quarta e na quinta-feira seguintes, o que é uma fórmula péssima. Sem tempo para se prepararem adequadamente, os ministros votam com pouca reflexão ou pedem vista. Também é procedente a crítica de que o volume astronômico transforma o processo decisório do Tribunal, em mais de 90% dos casos, em uma Corte de decisões monocráticas.

Na vida real, o que acontece é que os ministros e o presidente fazem, de modo individual e improvisado, o que no resto do mundo é feito de maneira institucional. Cada ministro, com seu gabinete, seleciona o que vai levar a Plenário, cabendo ao presidente fazer a pauta. De modo que julgamentos efetivos em Plenário são cerca 100 ou 200 processos por ano (julgamentos em lista não contam), o que não destoa quantitativamente de outros países. Mas, de fato, o volume de processos e a pouca antecedência da pauta comprometem a qualidade da atuação do Tribunal e motivam os controvertidos pedidos de vista, apelidados, em alguns casos com justa razão, de "perdidos de vista". De modo que os que professam essa crítica podem se juntar a mim no esforço de transformar o Tribunal, reduzindo a voracidade terceiro-mundista de tudo julgar, na crença equivocada de que competência é poder, mesmo que mal exercida.

III. Minhas ideias centrais

Parece-me bem, antes de encerrar, reiterar de modo sintético algumas das ideias essenciais do meu texto.

1. As três dimensões da democracia contemporânea

A democracia contemporânea apresenta três dimensões. Na sua dimensão de *democracia representativa*, o elemento essencial é o *voto* e os protagonistas são o Congresso Nacional e o presidente da República. Há problemas diversos na dimensão representativa da democracia brasileira, sobretudo no tocante à eleição para a Câmara dos Deputados. Nela, um sistema eleitoral proporcional e de lista aberta cria um modelo em que mais de 90% dos deputados não são eleitos com votação própria, mas mediante transferência de voto partidário. Nessa fórmula, o eleitor não sabe exatamente quem o elegeu e o parlamentar não sabe exatamente por quem foi eleito. Como consequência, eleitores não têm de quem cobrar e os eleitos não sabem a quem prestar contas. Não há legitimidade democrática que possa ser adequadamente satisfeita por uma equação como essa.

A segunda dimensão é a da *democracia constitucional*. Para além do componente puramente representativo/majoritário, a democracia é feita também, e sobretudo, do respeito aos *direitos fundamentais*. São eles precondições para que as pessoas sejam livres e iguais, e possam participar como parceiros em um projeto de autogoverno coletivo. Tivemos muitos avanços nessa área: liberdade de expressão, de associação e de reunião assinalam a paisagem institucional brasileira. Ao lado delas, foram agregadas conquistas importantes em temas de direitos sociais, como educação e saúde, e avanços nas liberdades existenciais, com o reforço na proteção dos direitos de mulheres, negros e homossexuais. O protagonista dessa dimensão da democracia é o Judiciário e, particularmente, o *Supremo Tribunal Federal*.

A terceira dimensão da democracia contemporânea identifica a *democracia deliberativa*, cujo componente essencial é a apresentação de *razões*, tendo por protagonista a *sociedade civil*. A democracia já não se limita ao momento do voto periódico, mas é feita de um debate público contínuo que deve acompanhar as decisões políticas. Participam desse debate todas as instâncias da sociedade, o que inclui o movimento social, imprensa, universidades, sindicatos, associações, cidadãos comuns, autoridades etc. A democracia deliberativa significa a troca de argumentos, o oferecimento de razões e a justificação das decisões que afetem a coletividade. A motivação, a argumentação e o oferecimento de razões suficientes e adequadas constituem, também, matéria-prima da atuação judicial e fonte de legitimação de suas decisões.

2. Os três papéis do Supremo Tribunal Federal

Supremas cortes e tribunais constitucionais em todo o mundo desempenham, ao menos potencialmente, três grandes papéis: contramajoritário, representativo e iluminista. Também assim o Supremo Tribunal Federal. O papel contramajoritário identifica, como é de conhecimento geral, o poder de as cortes supremas invalidarem leis e atos normativos, emanados tanto do Legislativo quanto do Executivo. A possibilidade de juízes não eleitos sobreporem sua interpretação da Constituição à de agentes públicos eleitos foi apelidada por Alexander Bickel como "dificuldade contramajoritária". Como assinalado, esse é um dos temas mais estudados na teoria constitucional. A despeito da subsistência de visões divergentes, entende-se que esse é um papel legítimo dos tribunais, notadamente quando atuam, em nome da Constituição, para protegerem os direitos fundamentais e as regras do jogo democrático, mesmo contra a vontade das maiorias.

Em segundo lugar, cortes constitucionais em geral, e o Supremo Tribunal Federal em particular, desempenham, em diversas situações, um papel representativo. Isso ocorre quando atuam (i) para atender demandas sociais que não foram satisfeitas a tempo e a hora pelo Poder Legislativo, (ii) bem como para integrar a ordem jurídica em situações de omissão inconstitucional do legislador. No texto, citei os exemplos da proibição do nepotismo, da imposição da fidelidade partidária e da regulamentação da greve no serviço público. Numa situação um tanto intermediária em relação ao papel contramajoritário e representativo posicionam-se as decisões que interferem com a execução de políticas públicas. Nessa linha, há julgados envolvendo o tema da concretização de direitos sociais, nas quais se determinam providências como fornecimento de medicamentos, melhoria das condições de hospitais e escolas, realização de obras de saneamento e reformas de presídios, entre outras.

Por fim, em situações excepcionais, com grande autocontenção e parcimônia, cortes constitucionais devem desempenhar um papel iluminista. Vale dizer: devem promover, em nome de valores racionais, certos avanços civilizatórios e empurrar a história. São decisões que não são propriamente contramajoritárias, por não envolverem a invalidação de uma lei específica; nem tampouco são representativas, por não expressarem necessariamente o sentimento da maioria da população. Ainda assim, são necessárias para a proteção de direitos fundamentais e para a superação de discriminações e preconceitos. Conforme registrado no texto, situam-se nessa categoria a decisão da Suprema Corte americana em *Brown v. Board of Education*, deslegitimando a discriminação racial nas escolas públicas, e a da Corte constitucional da África do Sul, proibindo a pena de morte. No Brasil, foi este o caso do julgado do Supremo Tribunal Federal que equiparou as uniões homoafetivas às uniões estáveis convencionais, abrindo caminho para o casamento de pessoas do mesmo sexo.

Gostaria de enfatizar um último ponto antes de enunciar minha conclusão. Desde que cheguei ao Tribunal, em junho de 2013, tenho procurado, em certos casos, estabelecer um diálogo institucional com o Congresso. Embora, do ponto de vista formal, caiba à Suprema Corte a última palavra sobre a interpretação da Constituição, tal competência não deve significar supremacia nem muito menos arrogância judicial. Em mais de um caso em que havia omissão do legislador ou vácuo decorrente da declaração de inconstitucionalidade de alguma lei, propus uma solução que deveria ser aplicada a partir de 180 dias ou um ano, para que o Congresso pudesse dispor sobre a matéria durante esse tempo, se assim desejasse. A ideia ainda não se tornou dominante, mas acho que tem uma chance razoável de ser adotada em algumas situações.

Conclusão

O Brasil enfrenta muitos problemas que vêm de longe. Conseguimos avançar muito, mas ainda estamos atrasados e com pressa. Por essa razão, é preciso ir buscar soluções e respostas originais, fora da caixa. O debate de ideias deve ser universal, mas as soluções devem ser particulares. Nem tudo o que eu penso e disse pode ser universalizado. Cada povo carrega a sua própria história, as suas circunstâncias e os seus desafios. Porém, na frase feliz de Albert Einstein, "não podemos resolver nossos problemas pensando do mesmo modo como pensávamos quando os criamos".

Brasília, 7 de dezembro de 2015.

Rua Santa Mariana, 21
Bonsucesso . 21061-150 . Rio de Janeiro . RJ
orcamento@zit.com.br
zit.com.br